大连理工大学土木水利学院建立六十周年
潘家铮敬题
己丑夏

人人都在谈机遇，抓机遇！

机遇是什么？

机遇是可遇而不可求，每个人都有自己的机遇，机遇就在你身边，好好的把握它，努力做好你身边该做的事。

当你回首看时，你会感到你已经抓住了自己的机遇。

贺土木水利学院建院60周年院庆

郎以若

2009年6月1日

庆贺建设工程学部
创建七十周年

攻坚克难　追求卓越

创造教学与科研的新业绩

为实现中华民族伟大复兴的中国梦

作出新的更大的贡献

与各位老师和同学们共勉

林皋

二〇一九.五

敬贺

土木水利学院成立六十周年

知行合一

广育英才

赵国藩敬贺

二〇〇九年五月

赵国藩印

以感恩心做人，
以责任心做事，
为我国工程科技
创新发展再做贡献。

孔宪京 2018.11.22

"团结、进取、求实、创新"的优良校风，始终激励我们历届毕业生不断成长。

56届水利系毕业生

谢世楞

2009.1

七律　母校建校六十年感怀

景物依稀貌换颜
六十寒暑创非凡
园花竞放绽桃李
馆舍攀升见洞天
学子抒情倚广厦
良师睿智润心田
明珠育教弘科技
浪浮之涯纳百川

蒙建文
二〇〇九年六月一日

秉承传统
继往开来
砥砺人才
永创辉煌

敬贺母校六十华诞

许文海

二〇〇九年四月十五日

20 世纪 50 年代的二馆

20 世纪 50 年代的水利馆

20 世纪 50 年代的西山学生食堂

20 世纪 50 年代的西山学生宿舍

1960 届学生在二馆前集体出发支援辽宁省农业水利化

1956 届水工建筑专业学生毕业前夕合影

大连工学院校门

20 世纪 90 年代的二馆

20 世纪 90 年代的水利馆

今日二馆

综合实验一号楼

综合实验三号楼

海岸和近海工程国家重点实验室

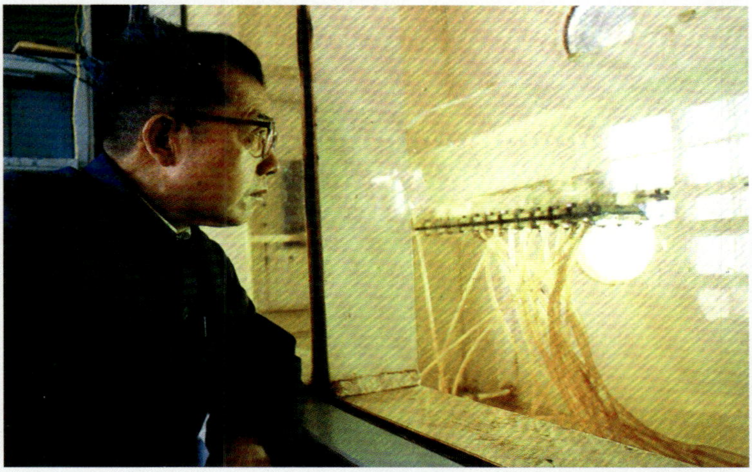

李士豪教授
（水动力学专家，土木工程系创始人之一，首任系主任）

陆文发教授
（著名桥梁和海洋工程结构专家）

章守恭教授
（著名岩土工程专家）

马啸、戴宗信、李士豪、汪坦（前排左起）等
与 1954 届水工结构专门化毕业生合影

1950 年升旗仪式

屈伯川院长在开学典礼上讲话

1951 年开学典礼

1956 届 411 班女生在认真学习

1957 年水利工程系 619 班学生与李士豪教授合影

1958 年水利工程系 613 班学生在金州南山参加技术革新劳动

1959 年校庆十周年水利工程系与化工机械系学生合影

1958 年支援辽宁省农业水利化建设

1961 届学生毕业分配前在二馆门前表决心

1962 年董毓新教授（左二）在越南援建结束时，河内水利水电学院领导亲切送行

1965 年 4 月水利工程系半脱产政治辅导员合影

1966 年水利工程系 633 班学生到新金县参加劳动

1968 年大连工学院越南留学生毕业留念

20 世纪 70 年代钱令希教授在施工现场进行指导

1976 年 7 月 28 日，唐山丰南地区发生强烈地震。当时在塘沽华北石油勘探指挥部所属海洋指挥部开门办学的海工 75 级师生经历了这次地震。图为师生们在北塘帮助社员重建家园

20 世纪 80 年代邱大洪教授和邢至庄教授为开发海洋石油资源，组织设计我国第一个钢筋混凝土采油平台

1976 年海工专业学生在天津塘沽参加生产学习

20 世纪 70 年代末我校主持设计的大连新港鲇鱼湾 10 万吨油码头

1982 届部分学生与毕业设计指导教师宋彧浙教授（中排右二）等合影

1989 年建校 40 周年校庆部分教师和校友合影
（左起：邱大洪、赵昭阳、张祥久、陆文发、李士豪、
金永权、钱令希、何福林、屈伯川、宋爱平、张建平）

20 世纪 80 年代水力学教研室
教师在水利馆前合影

20 世纪 80 年代工程抗震研究室
教师在实验室合影

2009 年 9 月建设工程学部成立仪式

中国科学院院士 钱令希教授
（1916—2009）

中国科学院院士 邱大洪教授

中国科学院院士 林皋教授

中国工程院院士 赵国藩教授（1924—2017）

中国工程院院士 欧进萍教授

中国工程院院士 孔宪京教授

中国工程院首批院士，
原冶金工业部部长
戚元靖（1929—1994）
（1951—1952 年在大连
工学院水能利用专业学习）

中国工程院院士，港口和海岸
工程专家，中交第一航务工程
勘察设计院有限公司高级技术
顾问，1956 届水道和港口专业
毕业生，我校第一届杰出校友
谢世楞（1935—2018）

中国工程院院士，1987 届水工结构工程专业博士毕业生，
郑州大学教授，我校第三届杰出校友 王复明

中国工程院院士，1986 届水工结构工程专业硕士毕业生，
北京师范大学教授，我校第三届杰出校友 杨志峰

国务院学位委员会学科评议组原成员 周晶教授

国务院学位委员会学科评议组成员、
教育部“长江学者”奖励计划特聘教授、
国家杰出青年科学基金获得者 李宏男教授

国务院学位委员会学科评议组成员、
“百千万人才工程”国家级人选 董国海教授

“百千万人才工程”国家级人选、
教育部“长江学者”奖励计划特聘教授、
国家杰出青年科学基金获得者 唐春安教授

教育部“长江学者”奖励计划特聘教授、
国家杰出青年科学基金获得者 滕斌教授

教育部“长江学者”奖励计划特聘教授、
国家杰出青年科学基金获得者 沈永明教授

“百千万人才工程”国家级人选、教育部“长江学者”奖励计划
特聘教授、国家杰出青年科学基金获得者 程春田教授

教育部“长江学者”奖励计划特聘教授、
国家“万人计划”科技创新领军人才 张弛教授

国家杰出青年科学基金获得者 王永学教授

国家杰出青年科学基金获得者、
国家“万人计划”科技创新领军人才 伊廷华教授

国家“万人计划”教学名师、
宝钢教育基金优秀教师特等奖获得者 陈廷国教授

教授国家“万人计划”科技创新领军人才 李钢教授

2001 年 9 月第一届亚太海岸工程会议在大连召开，大会主席邱大洪院士（右二）和李玉成教授（左二）同参加会议的专家交流

2004 年林皋院士出席国际坝工大会

赵国藩院士访问东京大学

欧进萍院士在第六届国际振动工程学术会议上做报告

2001 年孔宪京教授在第一届亚太海岸工程会议上致词

韩国城教授（左二）带队考察广岛原子弹爆炸遗址

皇家工程院院士 Eatock Taylor 来校访问

加拿大工程院院士罗锦添博士来校讲学

英国皇家工程院院士 Dragan Savic 教授访问建设工程学部

2012 年承办第 21 届国际冰会议

校长郭东明院士（左六）会见土木水利学科国际评估专家组成员

参与洋山港工程设计工作

三峡工程机组、厂房、升船机
和船闸的技术攻关研究

参加“863”项目——3 000 米水深半潜式
钻井平台关键技术研究

广东西江金马大桥工程设计

2008 年林皋院士率队赴汶川开展震后灾害评估

2015 年 10 月，桥隧研发基地张哲教授
主持设计的大连星海湾大桥建成通车

港珠澳大桥海底沉管试验全景图

2014 年获评全国建筑工程专业一级注册建造师继续教育培训先进单位

参加第一届全国大学生结构设计竞赛

首届“创新杯”水力学、流体力学模型设计竞赛颁奖仪式

2010 年中国工程院首届土木工程安全与可持续发展高层论坛在我校举行

第 167 场中国工程科技论坛暨 2013 水安全与水利水电可持续发展高层论坛在我校举行

大连理工大学
建设工程学部部志

（1949—2019）

《大连理工大学建设工程学部部志》编写组 编

The Chronicle of Faculty of Infrastructure Engineering, Dalian University of Technology

大连理工大学出版社
Dalian University of Technology Press

图书在版编目(CIP)数据

大连理工大学建设工程学部部志 /《大连理工大学建设工程学部部志》编写组编. --大连 : 大连理工大学出版社，2019.6
ISBN 978-7-5685-2045-4

Ⅰ. ①大… Ⅱ. ①大… Ⅲ. ①大连理工大学—校史 Ⅳ. ①G649.283.13

中国版本图书馆 CIP 数据核字(2019)第 100890 号

大连理工大学建设工程学部部志
DALIAN LIGONG DAXUE JIANSHE GONGCHENG XUEBU BUZHI

大连理工大学出版社出版
地址:大连市软件园路 80 号　邮政编码:116023
电话:0411-84708842　邮购:0411-84708943　传真:0411-84701466
E-mail:dutp@dutp.cn　URL:http://dutp.dlut.edu.cn
大连图腾彩色印刷有限公司印刷　　大连理工大学出版社发行

幅面尺寸:185mm×260mm　印张:26　插页:32　字数:601 千字
2019 年 6 月第 1 版　　2019 年 6 月第 1 次印刷

责任编辑:于建辉　　责任校对:闫诗洋
封面设计:冀贵收

ISBN 978-7-5685-2045-4　　定　价:99.00 元

《大连理工大学建设工程学部部志》编写组

组　长　张　弛　杨　庆

副组长　王晶华　李英敏　宁德志　李　钢　李冬生　于　龙

成　员（以姓氏笔画为序）

于泽伟　于惟惟　万　劢　方　芳　田　苗　吕伟华

齐　乐　孙艳萍　李　特　杨永鑫　谷岳奕　张丽敏

陈肖东　孟楷越　胡　晶　姜岳峰　敖梦远　袁　颖

顾　茜　高凌辉

《大连理工大学土木水利学院院志》编写委员会

顾　问　邱大洪　林　皋　赵国藩　欧进萍　金同稷　孔宪京

主　任　李宏男

副主任　周惠成　马震岳

委　员（以姓氏笔画为序）

司炳君　齐东海　李英敏　李林普　李彦硕　李桂玲

范素兰　金春山　胡安妮　戴倩云

《大连理工大学土木水利学院院志》编写组

组　长　马震岳

成　员（以姓氏笔画为序）

于惟惟　司炳君　刘精晶　齐东海　孙艳萍　李英敏

李林普　李彦硕　范素兰　金春山　赵　伟　胡安妮

顾　茜　高凌辉　戴倩云

序

岁月沧桑砥砺，七秩薪火相传。2019 年，在喜迎大连理工大学七十周年华诞之际，作为学校最早成立的院系之一，建设工程学部也迎来了创建七十周年。七十年栉风沐雨，七十载春华秋实，土生金蒸蒸日上，水生木欣欣向荣。一代又一代建工人秉承"厚德和物、勤学创新"的优良传统，追求卓越，奋斗不息，怀家国大任而致远，历时代沧桑而弥坚；一辈又一辈建工人，团结进取，求实创新，用勤劳与智慧，拓荒凌水河畔，开辟了一座馥郁芬芳的桃李园。

七十年来，在党的教育方针指引下，在社会各界的关怀支持下，全体教职工戮力同心，共谋发展，建设工程学部已经成长为学科齐全、人才荟萃、实力雄厚的教学科研单位，培养了大批优秀人才，为国家发展和社会进步做出了重要贡献。为记录和反映七十年的辉煌发展历程，鉴往知来，承前启后，我们在《大连理工大学土木水利学院院志》(以下简称"原志")的基础上，增编了近十年的相关内容，形成《大连理工大学建设工程学部部志》。本书仍分基本情况、发展历程、人才培养、科学研究与学科建设、精神风采五个篇章，亦辅以教职工名单、历届毕业生名单、大事记等。正如原志序言所述，这是对先贤学人的铭感与纪念，更是对后学新进的鞭策与激励，它将成为维系一代又一代建工人情感的宝贵财富，鼓励后来者奋发图强，不断超越，其意义不言而喻。同时，当借此志编写之机，审思过去，把握现在，瞩望未来，为再创辉煌提供支撑与借鉴。

衷心感谢原志编委会、编写组的高瞻远瞩和所做的开创性工作！如有缺遗与不当之处，还望批评指正，以期再版时修正。

《大连理工大学建设工程学部部志》编写组

2019 年 5 月

目　录

第一篇　基本情况 …… 1

第一节　师资队伍 …… 5

第二节　学科与专业设置 …… 9

第三节　学院(系、中心)介绍 …… 13

第四节　研究所介绍 …… 18

第二篇　发展历程 …… 41

第一节　建设工程学部发展历程 …… 43

第二节　党政机构沿革 …… 69

第三节　学院(系、中心)与研究所沿革 …… 75

第三篇　人才培养 …… 83

第一节　本科生培养 …… 85

第二节　研究生培养 …… 109

第三节　学生思想政治教育与管理工作 …… 112

第四篇　科学研究与学科建设 …… 125

第一节　科学研究 …… 127

第二节　学科建设 …… 144

第三节　实验室建设 …… 155

第四节　国际交流与合作 …… 162

第五篇　精神风采 …… 165

第一节　建工精神 …… 167

第二节　名家风采 …… 169

第四节　校友年度人物 …… 213

附　录 …… 234

附录一　教职工名单 …… 234

附录二　博士生导师名册 …… 240

附录三　博士后流动站人员名单 …… 244

附录四　优秀博士、硕士学位论文一览表 …… 247

附录五　主要纵向科研项目一览表(2009—2018)…… 249
附录六　主要科研成果获奖情况一览表…… 255
附录七　出版教材、学术著作一览表(2009—2018)…… 263
附录八　优秀教学成果奖情况…… 269
附录九　大事记…… 272
附录十　博士研究生名单(1981—2018级)…… 287
附录十一　硕士研究生名单(1978—2018级)…… 308
附录十二　本(专)科毕业生名单…… 348

后　记…… 408

第一篇

基本情况

建设工程学部由建校初期的土木工程系(1949—1955)发展而来,后经历了水利工程系(1955—1985)、土木工程系(1985—1996,扩建)、土木建筑学院(1996—2002)、土木水利学院(2002—2009)几个发展阶段。2009 年 9 月成立建设工程学部。

建设工程学部设有水利工程学院、土木工程学院、交通运输学院、建设管理系和深海工程研究中心,形成了“三院一系一中心”的发展格局。此外,还有两个国家级科研实验平台——海岸和近海工程国家重点实验室、桥梁与隧道技术国家地方联合工程实验室,一个国际科研实验平台——海洋油气工程国际合作联合实验室,一个国家级实验教学平台——国家级土木水利实验教学示范中心。

水利工程学院下设 10 个研究所,分别是:水资源与防洪研究所,水环境研究所,水电与水信息研究所,水利电力研究所,水力学研究所,水工研究所,海洋工程研究所,港口与近海工程研究所,工程图学研究所,工程抗震研究所。

土木工程学院下设 12 个研究所,分别是:岩石破裂与失稳研究所,岩土工程研究所,结构工程研究所,结构监控研究所,桥梁工程研究所,建筑材料研究所,工程力学研究所,智能结构系统研究所,工程测量与监测研究所,建筑环境与设备研究所,建筑环境与新能源研究所,建筑能源研究所。

交通运输学院下设 4 个研究所,分别是:道路工程研究所,交通规划研究所,智能交通研究所和物流研究所。

海岸和近海工程国家重点实验室下设 9 个分室,分别是:水动力学分室,工程抗震分室,结构工程分室,岩土工程分室,岩石工程分室,结构监控分室,智能结构分室,港口工程分室,深海工程分室。其他各类科研实验室依托各研究所建设。

国家级土木水利实验教学示范中心下设 10 个教学实验室、1 个基地和 1 个活动中心,分别是:工程水力学实验室,港口航道与海岸工程实验室,桥梁工程实验室,交通工程实验室,工程测量与监测实验室,土木工程结构实验室,建筑材料实验室,岩土工程实验室,建筑环境与能源应用工程实验室,工程管理实验室,土木水利创新实践基地,大学生结构设计活动中心。

学部机关设有综合办公室、教务办公室、学生工作办公室、研究生管理办公室、党委办公室和团委。

学术机构包括学术委员会、学位评定分委员会、学科建设委员会等,各博士学科点设有点长、副点长。在人才培养方面,各本科专业设有专业负责人,此外还设有教学指导委员会、实验教学指导委员会和招生就业指导委员会。在民主管理和监督方面,设有民主管理委员会和工会。

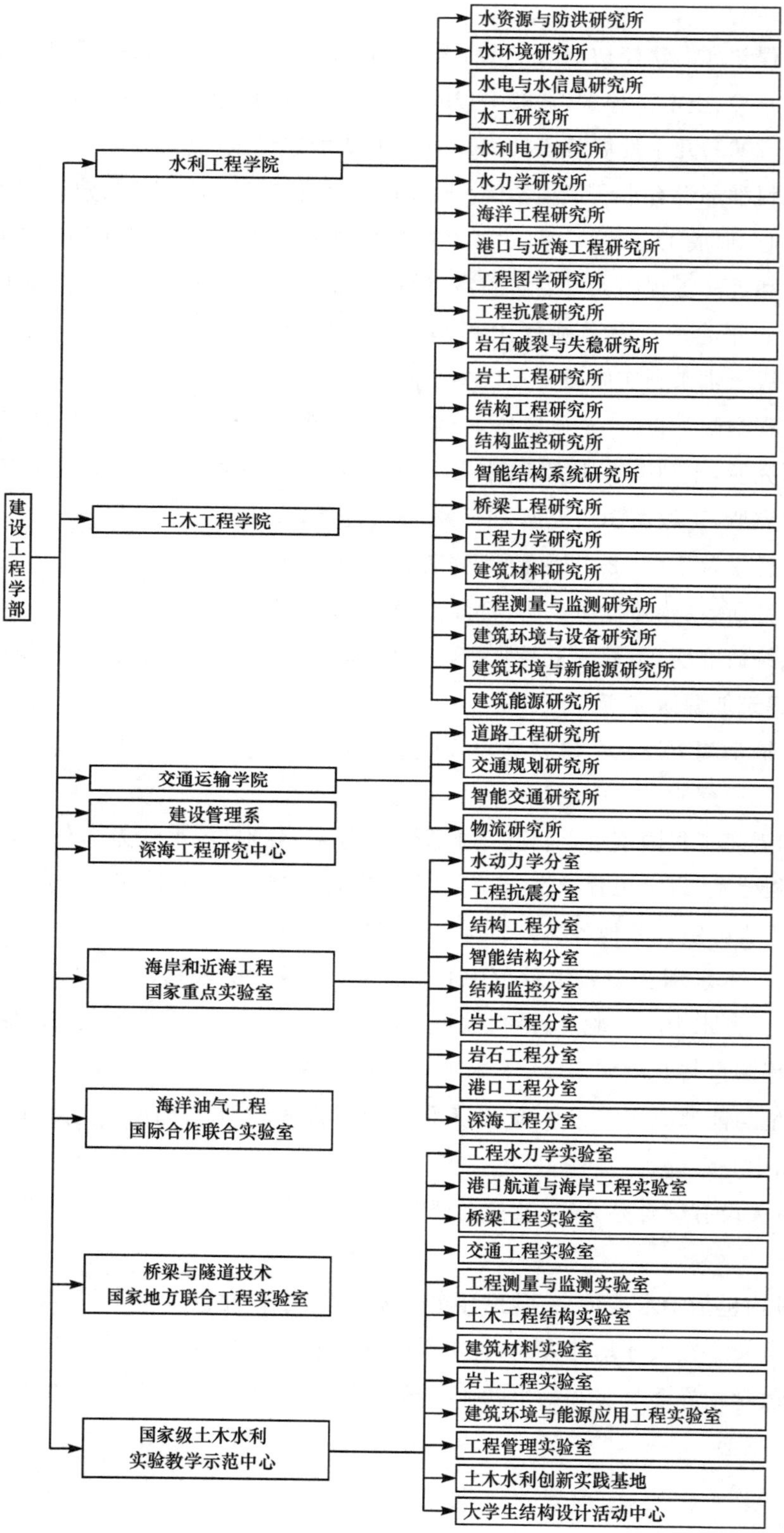

建设工程学部组织架构图

第一节　师资队伍

截至2018年底，建设工程学部教职工为290人，其中教授100人，副教授103人，中国科学院院士2人，中国工程院院士2人，国务院学位委员会学科评议组成员2人，国家级有突出贡献专家8人，“百千万人才工程”国家级人选4人，教育部“长江学者”奖励计划特聘教授6人，国家杰出青年科学基金获得者10人。

两院院士（4人）：

中国科学院院士：邱大洪　林　皋
中国工程院院士：欧进萍　孔宪京

兼职教授中的两院院士（10人）：

王　浩　王景全　王　超　杜彦良　张建云　杨志峰　王复明　陈政清　谢礼立
马洪琪

国务院学位委员会学科评议组成员（2人）：

李宏男　董国海

国家级有突出贡献专家（8人）：

洪承礼　邱大洪　林　皋　宋玉普　王永学　李宏男　欧进萍　董国海

“百千万人才工程”国家级人选（4人）：

唐春安　欧进萍　董国海　程春田

教育部“长江学者”奖励计划特聘教授（6人）：

唐春安　滕　斌　李宏男　沈永明　程春田　张　弛

国家杰出青年科学基金获得者（10人）：

王永学　滕　斌　沈永明　李宏男　欧进萍　唐春安　程春田　伊廷华
宋钢兵（海外）　程　亮（海外）

“973计划”项目首席科学家（3人）：

欧进萍　滕　斌　唐春安

“973计划”青年科学家专题项目首席科学家：

伊廷华

中组部国家高层次人才特殊支持计划科技创新领军人才(3人)：

伊廷华　李　钢　张　弛

中组部国家高层次人才特殊支持计划教学名师：

陈廷国

教育部跨世纪优秀人才培养计划基金获得者(3人)：

王永学　孔宪京　唐春安

教育部新世纪优秀人才支持计划入选者(17人)：

董国海　柳淑学　陈健云　任　冰　何　政　张吉礼　梁正召　常　钧　周　智
伊廷华　李　昕　邹德高　王宝民　李　钢　宁德志　张　弛　韩宝国

国家优秀青年科学基金获得者(6人)：

宁德志　伊廷华　李　钢　马玉祥　张腾飞　赵云鹏

享受国务院特殊津贴专家(31人)：

邱大洪　林　皋　洪承礼　韩国城　何广讷　金崇磐　李鉴初　李彦硕　李玉成
倪汉根　王惟诚　俞聿修　陈士荫　郭威勤　齐东海　李奠国　宋玉普　王本德
张　哲　赵廼义　周　晶　卜华仁　欧进萍　王永学　李宏男　周惠成　沈永明
滕　斌　唐春安　陈廷国　李俊杰

2013—2017年教育部高等学校教学指导委员会委员(3人)：

宋向群　赵胜川　陈廷国

中国青年科技奖获得者：

马震岳

高等学校青年教师教学科研奖励基金获得者：

程春田

全国十大桥梁人物：

张　哲

当代中国杰出工程师：

贾金青

全国优秀科技工作者(5人)：

邱大洪　林　皋　欧进萍　李宏男　伊廷华

辽宁省优秀专家(8人)：

邱大洪　林　皋　洪承礼　王立久　王本德　程春田　迟世春　伊廷华

辽宁省优秀教师(2人)：

邱大洪　韩国城

辽宁省领军人才：

李宏男

辽宁省高等学校攀登学者：

李宏男

辽宁省高等学校学科拔尖人才：

王永学

辽宁省中青年学科带头人(3人)：

滕　斌　李宏男　唐春安

辽宁省教学名师(3人)：

陈廷国　王子茹　宋向群

辽宁省工程勘察设计荣誉大师：

张　哲

辽宁省“百千万人才工程”百人层次人选(19人)：

孔宪京　王永学　马震岳　孙昭晨　李宏男　吴智敏　滕　斌　沈永明　董国海
柳淑学　程春田　柳春光　何　政　张吉礼　周　智　伊廷华　王宝民　宁德志
李　钢

辽宁省“百千万人才工程”千人层次人选(19人)：

周惠成　迟世春　梁书秀　邱文亮　赵艳华　梁正召　邹德高　杨有福　唐洪祥
王忠涛　张　弛　任　冰　刘　君　李　昕　伊廷华　张宝刚　宁德志　张婷婷
马玉祥

辽宁省“百千万人才工程”万人层次人选(3 人):

安永辉　申建建　王文渊

辽宁省优秀青年骨干教师(10 人):

董国海　沈永明　张宁川　吴智敏　杨　庆　陈健云　刘亚坤　贾艾晨　程春田
黄丽华

辽宁省兴辽英才计划“高层次人才培养支持计划”科技创新领军人才:

伊廷华

辽宁省兴辽英才计划“高层次人才培养支持计划”科技创新青年拔尖人才(2 人):

马玉祥　裴华富

辽宁省青年科技奖十大英才:

伊廷华

大连市优秀专家(20 人):

邱大洪　洪承礼　林　皋　宋玉普　王立久　董国海　孔宪京　李宏男　李志军
沈永明　宋玉普　王永学　许士国　滕　斌　张　哲　周　晶　周惠成　程春田
端木琳　马震岳

大连市首批突出贡献专家(2 人):

孔宪京　张　哲

大连市领军人才(5 人):

程春田　李宏男　沈永明　迟世春　伊廷华

国家创新研究群体:

“海洋环境及灾害作用与结构安全防护”科研团队(带头人:滕斌)
“工程安全与监控”科研团队(带头人:李宏男)

教育部创新团队:

“海洋环境及灾害——机理、影响、预报及防护”科研团队(带头人:滕斌)
“工程结构破坏机理及安全性评价”科研团队(带头人:李宏男)

第二节　学科与专业设置

建设工程学部现有 3 个一级学科，1 个一级学科国家重点学科，1 个二级学科国家重点学科，2 个一级学科辽宁省重点学科；2 个博士后科研流动站；2 个一级学科博士点，14 个二级学科博士点和 16 个二级学科硕士点；1 个国家重点实验室，1 个国家地方联合工程实验室，1 个国际合作联合实验室，3 个辽宁省重点实验室，2 个辽宁省高校重点实验室；1 个辽宁省协同创新中心，1 个国家级实验教学示范中心。

建设工程学部学科设置情况

一级学科	二级学科	国家重点学科	辽宁省重点学科	博士点	硕士点
水利工程	水文学及水资源	☆	☆	△	○
	水力学及河流动力学	☆		△	○
	水工结构工程	☆		△	○
	水利水电工程	☆		△	○
	港口、海岸及近海工程	☆		△	○
土木工程	结构工程	☆	☆	△	○
	岩土工程			△	○
	防灾减灾及防护工程			△	○
	桥梁与隧道工程			△	○
	供热、供燃气、通风及空调工程			△	○
	工程管理			△	○
	市政工程			△	○
材料科学与工程	材料学(建筑材料)			△	○
交通运输工程	道路与铁道工程			△	○
	交通运输规划与管理				○
	交通信息工程及控制				○

注：水利工程、土木工程两个一级学科设有博士后科研流动站。

截至 2018 年底，建设工程学部在校学生 3 141 人，其中本科生 1 723 人、硕士研究生 953 人、博士研究生 465 人。

国家重点实验室：

海岸和近海工程国家重点实验室

国家地方联合工程实验室：

桥梁与隧道技术国家地方联合工程实验室

国际合作联合实验室：

海洋油气工程国际合作联合实验室

国家级实验教学示范中心：

国家级土木水利实验教学示范中心

辽宁省重点实验室：

工程防灾减灾实验室　土木工程基础设施安全监测与控制实验室
水资源调控与防洪减灾实验室

辽宁省高校重点实验室：

海岸和近海工程实验室　水科学与水利工程实验室

辽宁省协同创新中心：

工程防灾减灾协同创新中心

建设工程学部现有7个本科专业，分别是：水利水电工程，港口航道与海岸工程，海洋资源开发技术，土木工程(含国际班)，建筑环境与能源应用工程，交通工程，工程管理。分别介绍如下。

水利水电工程

培养水利水电工程领域工程师、项目经理和研究人员。1997年10月通过全国高等学校水利水电类专业教学指导委员会专业教育评估，2007年被评为国家级特色专业和辽宁省示范专业，首批进入教育部卓越工程师教育培养计划，2014通过第一次工程教育专业认证，2017年通过第二次工程教育专业认证。

主干课程：水利水电规划、水工建筑物、水电站建筑物、水利工程施工等。

港口航道与海岸工程

培养具有港口工程、航道工程与海岸工程的规划、设计、施工、管理及科研能力，在交通运输、海岸与近海开发利用等部门从事相关工作的高级工程技术人才。该专业是学校历史最为悠久、综合实力最强的专业之一，是国家级特色专业，在全国高校专业排名中始终名列前茅。1949 年招收第一批学生 23 人，建校初期拥有著名力学专家钱令希院士等大批杰出的优秀师资队伍。所在学科点 1996 年被确定为“211 工程”重点建设学科。

主干课程：港口规划与布置、港口水工建筑物、水运工程施工技术与管理、河流动力学与航道整治、渠化工程、海洋环境保护与修复、水运工程建设法规等。

海洋资源开发技术

是国家战略性新兴产业专业，培养对沿海城市岸线资源和所属海域空间资源进行规划、设计、施工、管理和科研方面的高级工程技术人才。

主干课程：工程水文学、海洋环境与荷载、海岸动力与地貌学、海洋资源与管理、海洋地理信息系统及数字化技术、海洋空间开发利用规划原理与方法、海洋空间开发利用水工建筑物、海洋生态环境保护与修复、城市规划概论、滨海景观学、水运工程施工技术与管理、海域使用论证与海洋环境影响评价等。

土木工程

培养掌握土木工程学科基本理论和专业知识，在房屋建筑、道路桥梁、地下工程等领域从事规划、设计、施工、管理、技术开发和科学研究工作的高级工程技术人才。设有建筑工程、道路桥梁工程和地下工程三个专业方向。1999 年、2004 年、2009 年、2016 年先后 4 次以优异成绩通过全国高等学校土木工程专业教育评估委员会专业教育评估，2006 年被评为辽宁省示范性专业，2007 年被评为国家级特色专业。

主干课程：理论力学、材料力学、结构力学、土力学、水力学、钢筋混凝土结构、钢结构、工程测量、工程制图、计算机基础等。

土木工程（国际班）

旨在培养适应国际土木工程建设需要，具备土木工程基础理论与专业知识，具有较强工程实践能力和创新思维，懂管理、懂技术、懂经济、懂法规，获得工程师基本训练和专业英语训练，具备参与国际竞争力的高素质、复合型、国际化高层次土木工程专业技术人才。只招收英语语种考生。

主干课程：钢筋混凝土结构学、钢结构、结构概念与体系、建筑结构抗震、高层建筑结构设计、荷载与结构设计方法、工程结构分析软件及应用、组合结构设计原理、基础工程和砌体结构与木结构等。所有课程均采用全英语授课。

建筑环境与能源应用工程

以建筑为主要对象，在充分利用自然能源基础上，采用人工环境与能源利用工程技术创造适合人类生活与工作的舒适、健康、节能、环保的建筑环境和满足产品生产与科学实验要求的工艺环境，以及特殊应用领域的人工环境（如地下工程环境、运载工具内部空间环境等）。2012 年和 2017 年先后两次通过全国高等学校建筑环境专业教育评估委员会的专业教育评估。

主干课程：工程热力学、流体力学、传热学、建筑环境学、热质交换原理与设备、流体输配管网、建筑环境测试技术、暖通空调、建筑用制冷技术、建筑热源、供热工程、燃气储存与输配、建筑设备自动化、建筑设备工程施工技术与管理。

交通工程

面向现代交通运输发展需要，培养在交通运输领域从事交通运输系统规划、设计、建设与运营管理等工作的高级工程技术人才。

主干课程：交通工程导论、城市规划概论、运筹学、交通系统分析、交通流理论、交通管理与控制、交通经济与政策、交通规划、交通法规与安全、道路建筑材料、道路勘测设计、路基路面工程、道路工程施工、公路养护技术等。

工程管理

培养具备土木工程技术及与工程建设相关的管理、经济、法律、信息等基本知识，获得工程师基本训练，基础扎实、知识面宽、能力强、综合素质高，富有实践能力和创新精神，能在国内外工程建设领域从事全过程项目策划、管理和运作的复合型高级管理人才。

主干课程：工程力学、工程结构、土木工程施工、工程经济学、工程估价、工程项目管理、财务会计、组织行为学、房地产策划与开发、建设与房地产法规、工程项目投融资、国际工程管理、数据库与信息系统、BIM及软件应用等。

第三节　学院(系、中心)介绍

水利工程学院

水利工程学院由水利工程一级学科相关的10个研究所组成。水利工程学科是一级学科国家重点学科,学校“211工程”“985工程”和“双一流”重点建设学科,涵盖5个二级学科博士点和5个二级学科硕士点。学院设有博士后科研流动站、一级学科博士点,有港口航道与海岸工程、水利水电工程、海洋资源开发技术3个本科专业,为国家培养了大批高水平人才,毕业生广受社会好评。

学院拥有1个国家重点实验室(海岸和近海工程国家重点实验室),2个辽宁省重点实验室(工程防灾减灾实验室、水资源调控与防洪减灾实验室),1个辽宁省高校重点实验室(水科学与水利工程实验室)。

学院师资力量雄厚,在职教职工106人,其中教授47人,副教授39人,博士生导师53人,中国科学院院士2人,国家有突出贡献专家5人,“百千万人才工程”国家级人选2人,教育部“长江学者”奖励计划特聘教授4人,国家杰出青年科学基金获得者5人,教育部跨世纪优秀人才培养计划基金获得者2人,教育部新世纪优秀人才支持计划入选者8人,国家优秀青年科学基金获得者3人,国家创新研究群体1个,教育部创新团队1个,辽宁省创新团队1个,辽宁省教学名师奖获得者2人,宝钢教育基金优秀教师奖获得者3人。

近年来,水利工程学院依托海岸和近海工程国家重点实验室,紧紧围绕水利科技前沿和国家重大战略需求,形成了港口、海岸与近海工程、高坝抗震、水工钢筋混凝土结构可靠度、水资源优化和水库防洪等特色研究方向,承接了大量国家重大研究专项、“十三五”国家重点研发计划、国家自然科学基金等科研项目,产生了包括十余项国家级科技奖励成果的标志性成果,为国家水利工程建设做出了积极贡献。

三维随机波浪造波机

水利枢纽泄洪消能研究

土木工程学院

土木工程学院由土木工程一级学科相关的12个研究所组成。土木工程学科是一级学科辽宁省重点学科，也是学校“211工程”“985工程”和“领军型大学剑河工程顶尖学科建设计划”重点建设学科，涵盖6个二级学科博士点和7个二级学科硕士点。学院设有博士后科研流动站、一级学科博士点，有土木工程、土木工程(国际班)、建筑环境与能源应用工程3个本科专业。

学院具有一流的科研平台和科研实力，现有1个国家重点实验室(海岸和近海工程国家重点实验室)，1个国家地方联合工程实验室(桥梁与隧道技术国家地方联合工程实验室)，2个省级重点实验室，1个省级工程实验室，1个国家“111”学科创新引智基地，1个国家创新研究群体，1个教育部创新团队，2个辽宁省创新团队。同时，学院牵头组建并获批辽宁省“工程防灾减灾”协同创新中心。依托先进的实验室群，先后承担了国家自然科学基金(集成、重大、重点、重大国际合作、重大仪器专项等)、国家重点基础研究发展计划(973计划)项目、国家科技支撑计划项目和省部级重点基金项目等科研课题，学术成果丰硕。2009年以来，学院先后获国家科技成果奖励6项、省部级科技成果奖励40余项。

学院在职教职工122人，其中教授42人，副教授51人，博士生导师47人，中国工程院院士1人，国务院学位委员会学科评议组成员1人，国家有突出贡献专家3人，“百千万人才工程”国家级人选2人，教育部“长江学者”奖励计划特聘教授2人、国家杰出青年科学基金获得者4人，“973计划”项目首席科学家2人，中组部国家高层次人才特殊支持计划科技创新领军人才1人，教育部跨世纪优秀人才培养计划基金获得者1人，教育部新世纪优秀人才支持计划入选者9人，国家优秀青年科学基金获得者3人，辽宁省教学名师奖获得者1人，宝钢教育基金优秀教师奖获得者5人。

学院与10余个国家(地区)近70所著名大学及科研机构建立了长期稳定的合作关系，包括美国伊利诺伊大学香槟分校、英国爱丁堡大学、澳大利亚西澳大学等；聘请10余位海外知名学者和教授作为学院的名誉、客座教授。

波音公司飞机空调系统实验

结构力学组合实验装置

2 500 kN 混凝土动态三轴实验机
（国内最大、国际唯一的六缸真三轴动态实验系统）

大型鼓式土工离心实验机

交通运输学院

交通运输学院现有教授 5 人、副教授 9 人、讲师 5 人、海外特聘教授 4 人。教师多数毕业于东京大学、名古屋大学、得克萨斯大学奥斯汀分校等世界著名高校。现有交通工程本科专业，交通运输工程一级学科硕士点、市政工程和交通系统工程两个二级学科博士点。

学院依托学校土木工程、管理科学与工程、计算机科学与技术等优势学科，形成了学缘结构合理、研究实力较强的教学科研团队，在交通规划与管理、智能交通系统、道路工程结构与材料、路面养护技术等方向具有鲜明特色。近 5 年，承担国家自然科学基金项目 20 项，研究成果为解决我国交通问题提供了有力的理论支撑。

学院十分重视国际交流，每年组织学生访学团赴境外短期实习，选派优秀本科生到伊利诺伊大学香槟分校、慕尼黑工业大学交换学习，推荐优秀本科生和硕士生到康奈尔大学、西北大学、弗吉尼亚大学、明尼苏达大学、新加坡国立大学等世界著名高校留学。目前有来自俄罗斯、巴基斯坦、越南、塞内加尔等 10 个国家的留学生在校攻读硕士和博士学位。

交通仿真实验截图

外国留学生参加学院新年联欢会

建设管理系

建设管理系成立于 2011 年 11 月，以工程管理研究所为基础，吸引外部人才和整合校内资源组建而成。建设管理系借助学校强大的工程学科和管理学科优势，瞄准国内一流，高标准建设工程管理学科。2014 年通过住房和城乡建设部的工程管理专业评估。

建设管理系现有教师 9 人，其中教授 3 人，副教授 5 人，交叉学科共享师资 7 人，外聘教授 5 人，海天学者 1 人，博士生导师 6 人，硕士生导师 10 人。建设管理系拥有自设的土木工程管理二级学科博士点和硕士点、项目管理工程硕士点和工程管理本科专业。

建设管理系设有工程项目管理研究所、建设技术与信息工程研究所、房地产研究所、建设经济与管理研究所和工程管理实验室，主要研究方向包括 BIM 与信息技术应用、建筑工业化、投融资、绿色建筑、风险与灾害管理、工程项目管理与项目治理等。

建设管理系教师近年完成了多项研究课题，如大型水电站工期优化与可视化研究、重大工程的全生命周期造价控制与研究、重大工程风险控制研究、绿色建筑评价体系及评价方法研究、大连市“十一五”和“十二五”建设科技发展规划课题、住宅产业化综合效益分析等 30 余项，发表论文 200 余篇，其中 SCI 检索 30 余篇，获得大连市科技进步一等奖 1 项，辽宁省科技进步三等奖 1 项。目前承担多项国家自然科学基金项目、“十三五”国家重大科技专项、省部级科研项目和企业委托项目等。在教学方面，近年出版 15 部教材和著作，获批“十二五”普通高等教育本科国家级规划教材 2 部，国家级精品资源共享课 1 门。与国内、港澳及国外的多所高校建立了长期合作交流关系。

建设管理系充分发挥大连理工大学在土木水利、管理学科的优势，凝练了工业化、信息化与可持续发展等若干优势与特色研究方向，使工程管理学科成为工程与经济管理学科交叉融合的平台，成为新的学科增长点，为国家培养大批德才兼备、勤奋实干的复合型工程管理人才。

学生参加建设工程与管理创新竞赛获二等奖

美国普渡大学 Robert Cox 教授来访

深海工程研究中心

深海工程研究中心是大连理工大学为响应国家重大海洋战略要求、促进我国深海工程技术进步、推动海洋工程学科发展而于 2006 年成立的研究机构。中心以深海工程环境与水动力分析、海洋工程结构设计与分析、深海工程与可再生能源装备、海洋工程结构检测与实验技术等为主要研究方向。目前，正稳步推进教育部“深海工程创新实验基地”的建设，将建成具有世界先进水平的多功能风、浪、流联合深水实验平台，为我国深海工程技术的发展提供重要的科学研究和技术服务支撑。

深海工程研究中心现有全职工作人员 12 人，兼职人员 2 人。其中教授 3 人，副教授 5 人，中国工程院院士 1 人，教育部“长江学者”奖励计划特聘教授 1 人，国家杰出青年科学基金获得者 2 人，“973 计划”项目首席科学家 1 人。

拟建深海工程创新实验基地

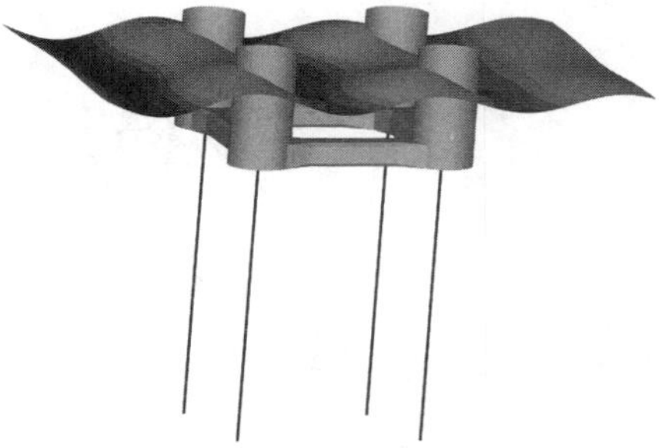

TLP 平台的二阶水动力特性分析
（自主软件 QTFDUT）

中心自成立以来，组织和承担了多项国家级重要研究项目，包括："973 计划"首席项目"深海工程结构的极端环境作用与全寿命服役安全"，国家"863 计划"项目"3 000 米水深半潜式钻井平台关键技术研究"课题，国家自然科学基金创新研究群体项目"海洋环境及灾害作用与结构安全防护"，国家重大科技专项课题"平台水动力性能、系泊定位系统分析"和"浮体水动力分析技术研究"，以及国家自然科学基金重大项目"大型深海结构水动力学理论与流固耦合分析方法"等课题。近 5 年来，中心发表研究论文 200 余篇，获得省部级以上科技奖励 5 项、国家发明专利 5 项、软件著作权 6 项。

参加"863 计划"项目（3 000 米水深半潜式钻井平台关键技术研究）

第四节 研究所介绍

水资源与防洪研究所

水资源与防洪研究所成立于1986年，设有水文学及水资源二级学科博士点，依托于水利工程一级国家重点学科及博士后流动站。研究所一直致力于水资源配置与调控、防洪减灾、水文循环机理、汛限水位动态控制、工程可变模糊集等课题的研究。近年来研究所不断引进高端人才，开拓新的研究方向，形成了技术过硬、特色鲜明、富有创造力的团队。现有教师13人，其中教授5人，副教授5人，讲师3人，教育部“长江学者”奖励计划特聘教授1人，科技创新领军人才1人。以研究所的科技创新团队与平台为核心，获批水资源调控与防洪减灾辽宁省重点实验室。

研究所已完成国家自然科学基金、科技支撑等科研项目100余项，其中负责科技支撑重点研发计划项目1项、国家自然科学基金重点研究项目2项。相关研究成果应用于松花江、辽河、雅砻江等水库群及大型流域，应用于大伙房、碧流河、于桥、丹江口等大型水库调度运行，为全国70余座大型水库开发了洪水调度系统，建立了北京、天津、大连等重要城市的供水、排水调度决策系统，为南水北调中线和东线等重大工程提供技术支撑。创新成果获得国家级、省部级科技奖励20余项，其中全国水库洪水调度决策支持系统工程，获国家科技进步二等奖；专著《系统模糊决策理论与应用》，获国家教委学术著作优秀奖、中国图书奖；缺水条件下多水源多目标水资源精细化配置与调控，获教育部科技进步一等奖；黑龙江省防汛指挥决策支持系统，获黑龙江省科技进步二等奖；碧流河水库汛限水位动态控制方法研究与应用，获大连市科技进步一等奖。出版专著10余部，发表论文600余篇，其中SCI收录150余篇，EI收录约300篇。

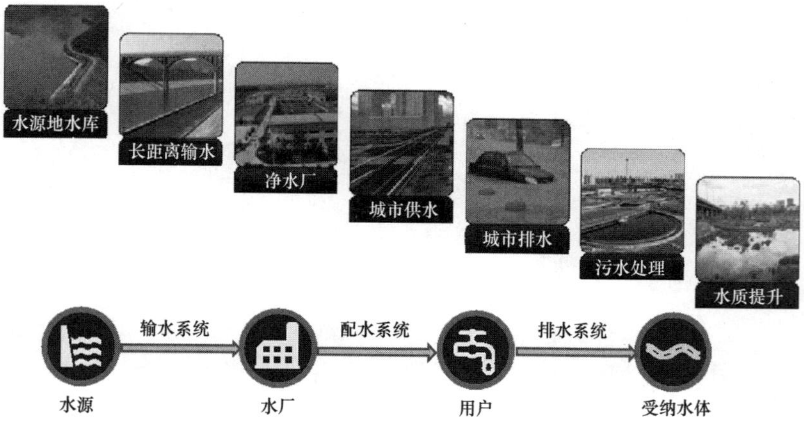

系统解决全链条的水资源、水环境、水生态、水安全问题

研究所注重学生综合素质、专业能力、实践能力和创新意识的培养，一方面与美国康奈尔大学、伊利诺伊香槟分校、中佛罗里达大学、新加坡国立大学、英国埃克塞特大学等学校形成良好的国际合作，每年均派送学生出国联合培养；另一方面与水利行业管理部门、科研院所、设计院、大型国企等紧密合作，解决国家水文水资源领域的重大需求问题，为社会输送大批高质量的技术与管理人才。

水环境研究所

水环境研究所成立于 2000 年 5 月，以流域、水系和水利工程为背景，从事水利与生态环境交叉领域科学研究及教学工作。研究工作主要涉及流域、河流生态环境保护、水库水质监测及水污染治理、河流洪水资源利用与管理、水土保持等领域，致力于解决与水文、水资源相关联的水环境及生态问题，创造人水和谐空间。研究所特别重视实际背景条件下的感性认识积累和科学问题提炼，探索水文与水环境、水生态相互作用的内在机制，科学经济地解决实际问题。

近 20 年来，开展了多方面的开拓性研究工作，先后承担了国家自然科学基金重点项目、科学仪器基础研究专款项目，“十一五”国家科技支撑计划项目重点课题，“973 计划”“863 计划”项目子课题，教育部重点项目课题，辽宁省自然科学基金项目等 20 余项纵向课题；同时承担了有关部门委托的 20 余项应用课题。鉴定科技成果 3 项，获得国家发明专利 25 项，出版专著 5 部，发表学术论文 300 余篇。

研究所已培养博士研究生 29 名，硕士研究生 115 名，工程硕士研究生 25 名，其中 4 人获得辽宁省优秀硕士论文奖，20 余人次获得大连理工大学优秀研究生奖。现有教授 2 名，副教授 2 名，在读博士研究生 13 名，硕士研究生 25 名。研究所拥有成套的水环境现场监测、水质分析化验、蒸散发分离测量、重力侵蚀计量等实验设备和完善的办公配套设施，为适应我国生态文明建设的战略需求，开展水环境与水生态科学研究，培养高层次适应性专门人才奠定了良好基础。

全天候水环境智能监测系统

黄土坡面重力侵蚀过程实验

水电与水信息研究所

水电与水信息研究所成立于 2002 年 5 月，主要面向国家西电东送工程、能源结构转型中重大科学技术问题，开展相关的基础理论研究和工程应用服务。经过十多年潜心研究和面向企业实际应用工程开发，已经发展成为在国内外有较大影响的超大规模复杂水电系统优化、清洁能源电力市场、多能源互补、洪水预报、云计算、大数据研究和开发团队。

研究所还招收水文学及水资源、水利水电工程、电力系统及其自动化、计算机技术应用4个专业硕士、博士生，在国内外高校独树一帜。团队现有教授1人，副教授5人，讲师1人，自聘研究人员8人。

研究所建成了面向电网及水电系统科学问题研究和应用服务的物理/虚拟清洁能源高效利用及电力市场能源互联仿真平台，其中物理平台由32台高性能服务器、高性能计算集群、20余台工作站、80余台PC以及FCSAN存储、高性能负载均衡、4套正反向隔离设备、4套防火墙、光纤交换机、路由器等设备构成，可建立与华东电网公司、中国南方电网公司、云南电网、贵州电网、福建电网、澜沧江流域集控中心、北盘江流域集控中心等单位离线与在线应用系统远程联机。2018年获批大连市清洁能源高效利用重点实验室、大连市清洁能源高效利用与电力交易工程研究中心。

研究所承担并完成70多项企业委托项目，总经费超过1.1亿元。先后完成了包括国家杰出青年科学基金、国家自然科学基金重大国际合作、国家自然科学基金重大计划重点支持项目、“863计划”重大专项和“973计划”课题等20余项，总经费3 000多万元。授权国家发明专利34项，实用新型专利11项，软件著作权129项。获得国家自然科学二等奖1项、省部级科学技术一等奖4项、省部级科学技术二等奖10项，获日内瓦发明展金奖1项、中国专利优秀奖1项。发表期刊论文270余篇，其中：SCI检索94条；ESI高被引论文7篇，单篇SCI引用超过300次的有2篇，超过200次的有2篇，超过100次的有4篇。

经过多年潜心研究，研究所构建了超大规模复杂水电系统优化调度的求解理论方法体系，提出了处理不确定性径流的水电站(群)调度规则、巨型水电站高水头机组不规则限制区快速回避、风光水火核多电源互补协调优化调度等理论方法，在水电电力市场电价预测、多元电力市场竞价博弈和风险控制等方面取得初步的研究成果。以2003年开始研发云南电网水调高级应用软件为契机，经过十多年不断持续开发，成功研发多层级水电互联系统通用调度高级应用软件平台，应用于电网/流域集控/水电站年、月、旬方式制定，日前发电计划及实时调度运行，已广泛应用于南方、华东、东北3个区域电网，云南、贵州、福建、重庆、浙江、广西6个省级电网，澜沧江、乌江等7个水电基地，涉及全国300多座大中型水电站，云南和贵州3 000多座小水电和新能源，应用水电装机达1.9亿kW，约占全国水电的56%。

研究所率先开发了国内首个省级电网清洁能源电力交易系统——昆明电力交易系统，包括信息发布、市场交易、市场结算、数据跟踪及用户管理等5个一级功能，年度交易、月度交易、日前交易、购电企业结算、售电企业结算等25个二级功能，信息审核、交易申报、交易确认、交易执行等99个三级功能。截至2018年底，交易主体达7 662家，累积成交电量近2 642亿千瓦时，实现了云南全省大工业用电量的95.3%，省内售电量的62.4%由交易系统完成。云南电力交易系统在国内外产生了较大影响，中央电视台、凤凰电视台多次进行了报道。

此外，研究所还率先成功开发省地一体化大小水电协调优化调度系统，实现了云南电网1 700多座小水电全部接入，并纳入电网的统一调度管理；研发华东电网多层级一体化调度系统，实现了7条特高压多馈入直流水电与统调火电、核电、抽蓄、气电、常规水电等多电源互补调度。

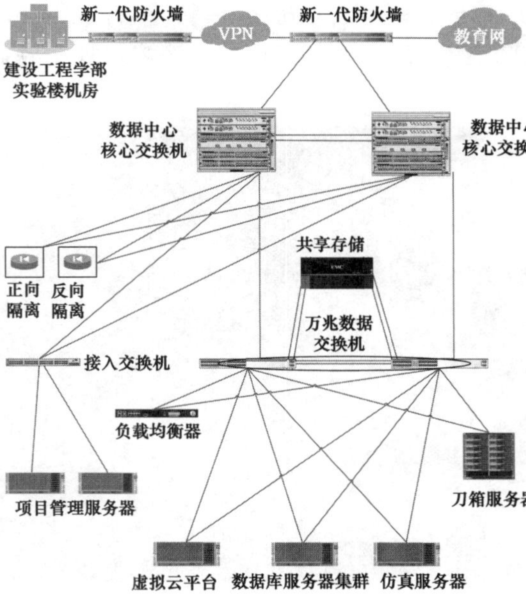

能源互联仿真分析平台

水利电力研究所

水利电力研究所的前身是水能利用教研室、水电站研究所、水利水电研究所，承担水利水电工程专业的本科生、研究生培养与科学研究及社会服务工作，建校初即开始组建，改革开放后得到快速发展。水力发电学科是全国第一批"水力发电工程"博士学科点，1978年开始招收硕士生，1986年开始招收博士生，同年发起建立"土木水利"博士后科研流动站并最早吸收博士后研究人员。现有教职工6人，其中教授2人，副教授3人，工程师1人，在读硕士、博士研究生23人。

研究所承担"水电站建筑物"和"水利工程施工"等专业主干课教学，以及课程设计、毕业设计和实习等实践性教学任务，"水利工程施工"入选第一批国家级精品资源共享课，教育教学成果获得国家级教学成果奖和辽宁省教学成果奖。

主要研究方向有：

(1)水轮发电机组动力学：主要包括水轮发电机组轴系振动、大部件振动、振动故障诊断分析与治理、动态参数反演识别、振动传递路径分析、水机电结构耦联系统动力分析。

(2)水利电力工程建筑物结构静动力分析与优化：主要包括水电站厂房结构静动力分析、进水塔拦污栅等建筑物结构分析、压力管道和蜗壳结构分析、地下洞室群稳定性分析、核电站工程结构安全分析、大坝安全可靠性分析等。

(3)混凝土筑坝技术、温度控制与可靠度分析：包括水电站施工总进度计划与工期的系统分析与优化研究、水电工程施工总进度标准化、工程网络计划编制、施工可视化管理系统等。

本学科相继承担了国家自然科学基金、科技攻关、支撑计划、国家重大研发计划等国家级课题，学术研究始终处于国际学术前沿。在研究解决关键工程技术问题方面，结合三峡、小湾、溪洛渡、拉西瓦、锦屏、瀑布沟、糯扎渡、白鹤滩、乌东德等巨型工程，开展专题研究，多数研究成果被应用于工程设计，产生了良好的经济与社会效益。成果应用于《水电站厂房设计规范》的修订。

梯级水电站教学模型

近年，承担了巴基斯坦阿莱瓦、马来西亚巴贡、缅甸邦朗、缅甸耶涯、缅甸密松、赞比亚伊泰兹等水电工程厂房和大坝、压力管道的研究和咨询课题，成果得到国际工程技术界的肯定，为中国水电赢得世界声誉做出了贡献。

从我国第一座大型抽水蓄能电站十三陵电站起，研究所相继承担了琅琊山、张河湾、西龙池、宜兴、白山、蒲石河、呼和浩特、仙居、丰宁等大型工程的机组与厂房振动研究，成果被应用于设计导则的修订和工程设计。

在核电站工程结构抗震安全评价方面，承担了岭奥、台山和红沿河等核电工程的结构安全分析评价，成果应用于工程设计。

牵头或参与完成的科研成果，曾获得水利部科技进步二等奖（2 项），国家教委科技进步二等奖 1 项，电力部科技进步二等奖 1 项，机电部科技进步三等奖 1 项，教育部提名国家科技进步一等奖 1 项，中国电力科技进步三等奖 1 项，云南省科技进步三等奖 1 项，建设部华夏科技进步三等奖 1 项，湖北省科学技术奖一等奖 1 项，中国水力发电技术一等奖 1 项、三等奖 1 项，国家科技进步二等奖 1 项。成果“水轮发电机组振动”获联合国技术信息促进系统中国分部“发明创新科技之星”奖等。

研究所董毓新教授曾担任《国际水力机械丛书》第七卷 *Vibration and Oscillation of Hydraulic Machinery* 的编委，是中国唯一的编委。承担水利部组织出版的《中国水利百科全书·水力发电卷》主编工作（于 2004 年 9 月出版）。出版教材《水电站建筑物》《水力机械》《水工建筑物抗震计算基础》《水电站电气设备》，专著《水电站机组及厂房振动的研究与治理》《水电站建筑物结构分析》《水电站厂房和机组耦合动力学理论及应用》等，《水轮发电机组动力学》获辽宁省优秀图书一等奖。

水利电力研究所建有专业教学实验室和科研实验室，可开展水轮机和压力引水系统水击压力的教学实验，水工水电站结构物静动力模型实验和机组振动真机实验等，拥有先进的实验测试仪器和数据分析软件。

水力学研究所

水力学研究所现有教授 2 人，副教授 2 人，工程师 1 人，技工 1 人。

主要研究方向：

(1)新型、高效消能工的研究。

(2)流激振动、空化空蚀破坏的研究。

(3)电站尾水河道整治研究。

(4)复杂流动的数值模拟与可视化研究。

(5)二程渗流稳定与控制研究。

(6)长距离输水的水力学问题研究。

(7)水力过渡流的模拟研究。

研究所近五年来共承担完成国家基金、省部基金、重大工程泄洪消能、空化空蚀、流激振动水弹性模型实验、各类流场的数值模拟、尾矿坝泄洪系统、三向渗流场的物模与数模、河口或近岸的潮流与泥沙输运等专题研究项目共计 200 余项。获得电力部科技进步奖、大禹水利科学技术奖等共 16 项。获批国家专利 10 余项，发表论文 300 余篇，近 100 篇论文为 SCI、EI 和 ISTP 引用与检索。完成科技专著 20 部。

水力学研究所现有实验室面积 1 500 余平方米，具备流体量测的先进设备和大流量供水设施，拥有先进的测试仪器和计算机软件。工程水力学实验室是土木水利国家级实验教学示范中心的重要组成部分。

大型实验水槽

水利工程泄洪消能研究

水工研究所

水工研究所为水利工程一级学科，水工结构工程二级学科的教学、科研与专业人才培养基地，其前身为 1955 年成立的水工教研室。现有教授 2 人，副教授 2 人，讲师 1 人，工程师 1 人。

目前主要研究方向有：

(1)大坝及重大工程建筑物的抗震研究。

(2)水工模型实验与数值仿真研究。

(3)大坝健康诊断和监测系统研究。

(4)水工建筑物流固耦合研究。

(5)海洋空间资源开发利用。

经过几代水工人的不懈努力与建设,研究所经历了辉煌,正在续写新的篇章。研究所于1978年首批建立水工结构工程硕士点,1981年首批建立博士点,1988年建立博士后流动站。承担完成多项国家基金、省部基金和重大工程的水工结构研究,获得教育部科学技术一等奖等多项奖励,获得国际、国家发明专利10余项,软件著作权5项,发表论文100余篇。现有面积700余平方米水工实验大厅,拥有先进的测试仪器设备。

水工建筑物原型、模型实验

海洋工程研究所

海洋工程研究所是伴随海洋工程专业和国家重点实验室建设发展起来的,其研究领域——港口、海岸及近海工程——于1984年被授予博士点学科,1988年被评为国家重点学科。1986年本学科点被确定为“211工程”重点建设学科,同时本学科所在的一级学科“水利工程”学科被授权为一级学科博士点。1988年设立水利工程博士后流动站,2005年该流动站被授予全国优秀博士后流动站称号。

在邱大洪院士、李玉成教授等前辈的带领下,一批中青年学术骨干迅速成长为该学科领域的学术带头人。现有各类人员56人,其中中国科学院院士1人,教育部“长江学者”奖励计划特聘教授2人,国家杰出青年科学基金获得者3人,国家优秀青年科学基金获得者3人,教育部新世纪优秀人才支持计划入选者5人,在职教授17人,副教授9人。拥有2座多功能水池、7座不同功能的水槽。分别配备有U形多向不规则波造波机系统,低、高频(长、短周期)复合造波系统,不规则波造波系统,冰区溢油环境实验系统,PIV激光流场测试系统等大型仪器设备。

研究所目前在以下几个方向开展研究工作:海岸和近海波浪理论的研究与应用,海浪的频谱及方向谱结构与变形,波浪水流与结构物的相互作用,海冰堆积机理及海冰与结构物相互作用,海洋环境的演变机理与调控,方向谱造波及分析技术,海洋空间资源开发关键科学与技术问题,海上养殖设施动力特性及应用,仪器设备研制等。

研究所获得国家科技进步二等奖3项、三等奖2项,教育部、交通部、辽宁省等科学进步奖20余项,各种专利20余项,软件著作权10余项。目前正在进行的研究课题包括国际合作项目、国家重点研发计划、“973 计划”、国家科技重大专项课题、国家自然科学基金重点项目、国家基金项目、“863 计划”项目和各类生产研究课题等。

李志军、王永学教授在南极考察

港口与近海工程研究所

港口与近海工程研究所前身为港工教研室，长期从事港口、海岸及近海工程专业的教学与科研工作。研究所现有教授 2 人，副教授 4 人，讲师 1 人。

研究所拥有海洋工程实验室和港口数值仿真实验室，包括一座 40 m×8 m×1 m 的波浪双向流浑水实验水池和一座 50 m×1 m×1.5 m 的波浪双向流浑水实验水槽及其不规则波造波机。港口数值仿真实验室主要从事港口航道通过能力、智慧港口生产作业、港口大数据、港口空间数据分析等。

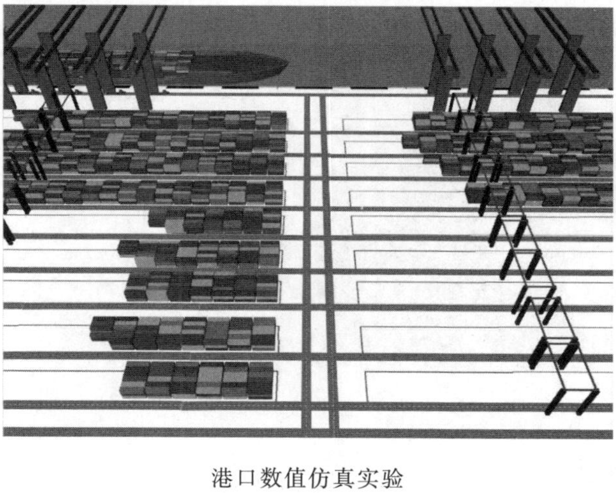

港口数值仿真实验

研究所主要研究领域有：港口规划、港口工程设计、港口物流、综合运输系统等。在港口航行作业系统仿真、港口生产系统优化、港口集疏运系统、生态型港口、智慧型港口等领域取得了一系列成果。负责完成多项国家自然科学基金、省部基金项目和企事业项目。主持完成了我国第一个人工海滨浴场的设计，负责完成了当年东北最大外资项目的工程方案策划工作，负责完成了东北首个航运价格指数体系并发布实施。研究成果先后获得水运建设行业协会科学技术特等奖、水运建设行业协会科学技术一等奖、高等学校水利类教学成果一等奖、辽宁省科学技术二等奖、辽宁省教学成果奖、高等学校水利类专业优秀教材奖、中国港口协会科学技术一等奖等多项荣誉。

工程图学研究所

工程图学研究所成立于2009年9月，其前身为测绘教研室。承担建设工程学部所有专业本科生的“画法几何及工程制图”技术基础课的教学工作，也曾承担“阴影透视”“计算机图形学”等其他图学类课程的教学工作，同时承担本科生创新实验、毕业设计等指导工作。

研究所教师长期致力于工程图学的教学研究和教学改革，完成了国家级、省级和校级教改项目多项，多次获得省级和校级优秀教学成果奖。编写教材10余部，其中2部为教育科学“十五”规划教材，1部为高等学校“十五”规划教材，2部为水利部核心教材，2部为高等学校土建类专业“十三五”创新规划教材。多部教材获中国工程图学学会及省、市级优秀著作奖。多年来，“画法几何及工程制图”课程一直被评为国家精品课、国家精品在线开放课程、辽宁省精品资源共享课、学校优秀（一类）课等；教师个人也获得辽宁省教学名师、宝钢教育基金优秀教师奖、学校教学质量优秀奖等多项奖励。

在学科建设上，依托于土木工程一级学科和水利工程国家一级重点学科从事科学研究工作，在水文水资源、水环境、结构工程专业招收博士、硕士研究生。现已培养博士研究生5人，硕士研究生60人。主持完成国家自然科学基金项目“我国水资源开发利用陆海空协同与优化配置的研究”及横向课题多项，获大禹奖、辽宁省自然科学学术成果奖多项，在国内外发表教学、科研论文110余篇。

部分成果

工程抗震研究所

工程抗震研究所是港口、海岸及近海工程和水工结构工程两个国家级重点学科的依托单位。现有土木工程和水利工程两个一级学科博士点和博士后科研流动站。

研究所的前身是1977年成立的工程抗震实验室，在国内最早开展水工大坝的抗震研究。工程抗震实验室是海岸和近海工程国家重点实验室的分实验室，也是辽宁省工程防灾减灾重点实验室。现有研究与技术人员24人，其中教授12人，副教授8人，博士生导师16人，中国科学院院士1人，中国工程院院士1人。

主要研究方向：

(1)工程结构防灾减灾理论与实验技术。

(2)结构动态性能识别与健康监测。

(3)智能材料与结构振动控制。

(4)高层建筑、桥梁、生命线、海洋工程、核电厂等重大工程问题研究。

(5)大坝等水工结构静动力数值分析、模型实验与安全评价技术。

(6)岩土工程建筑物、边坡、地基的稳定与数值模拟。

(7)混凝土材料、岩土材料的静动态本构关系与计算模型。

(8)水工结构安全监测、健康诊断和加固技术。

近五年来获批1项国家自然基金重大项目、3项国家自然科学基金重点项目、20余项面上以及青年基金项目，还完成了水工、港工、海工、核电以及工民建等方面数十项重大工程项目。近年共获得国家科技进步二等奖2项，省部级一等奖6项。

工程抗震实验室面积3 000余平方米，拥有国内唯一的水下地震模拟系统，还拥有超大、大型和中型土工静/动多尺度三轴实验系统，压力管道实验机，光栅/光纤调制解调仪，地质雷达等设备。

水下振动台

多尺度土工静、动三轴实验系统

岩石破裂与失稳研究所

岩石破裂与失稳研究所成立于2006年，以国民经济建设中的重大岩土工程灾害为背景，基于物理实验、数值模拟及并行计算、微震监测技术，重点开展岩石破坏机理及其岩石工程灾害预测防治的基础性和应用性研究，积极承担国民经济建设(包括水利、交通、矿业、建筑工程等领域的岩土工程)中具有挑战性的重大岩土工程稳定性分析和监测任务。

目前，研究所已经承担国家重点基础研究计划“973计划”项目1项、“973计划”课题

5 项、国家重点研发项目子课题 3 项、自然科学基金重点项目及重大国际合作项目 2 项、国家自然科学基金项目重大仪器专项 1 项、国家自然科学基金面上项目 30 余项，以及 20 余项国家重大水电工程、矿山工程、交通工程的企业合作课题，包括大岗山水电站、锦屏水电站、溪洛渡水电站、陕西煤化集团董家沟煤矿等国家重大工程。相关研究成果促进了岩石破坏力学的发展，为工程灾害分析和监测方法的建立提供了新的理论依据，为保障岩石工程安全提供了新的技术手段，促进了岩石工程安全的行业技术进步。获得中国岩石力学与工程学会特等奖 1 项、省部级科技进步一等奖 3 项、教育部自然科学奖 2 项。

研究所现有教授 3 人，副教授 4 人，讲师 1 人，研究生 60 余人。

主要研究方向：

(1)岩石破裂过程与失稳理论研究。

(2)岩土工程稳定性大规模科学计算及其分析方法研究。

(3)基于微震监测技术的岩土工程动力灾害分析预测研究。

(4)岩石力学的细观-宏观-工程计算。

(5)裂隙(节理)岩体力学。

(6)多场耦合条件下的岩体力学与工程。

目前研究所拥有完善的岩石力学测试仪器设备，包括深腾 1800 高性能服务器、岩石-混凝土三轴实验机系统、微震监测系统、PAC16 通道声发射仪、探地雷达、扫描电镜、岩石类材料 3D 打印机、电磁辐射仪、多通道虚拟现实系统、岩石表面三维参数测试系统等。

微震监测系统

多通道虚拟现实系统

岩土工程研究所

岩土工程研究所是水利工程与土木工程学科的重要科学研究、教学与研究生培养基地。现由 11 人组成，其中教授 5 人，副教授 4 人，高级工程师 2 人，博士生导师 6 人。实验室现有使用面积 1 500 多平方米，除常规土工与岩石力学实验设备外，引进先进的土工静力-动力液压三轴-扭转多功能剪切仪、土工鼓式离心机实验系统、高低温高压差多项耦合岩土测试系统及土工非饱和三轴实验系统。可承担常态土/粉煤灰静动力特性实验、海底天然气水合物(可燃冰)\海冰\冻土\海洋软土(岩)与地热能源开发中的高温高压岩石等的静动力学特性实验、地基与桩基的静动力测试、土工非饱和三轴实验、离心模型实验等岩土工程方面的科学研究和工程服务。

目前承担国家自然科学基金重点项目、国家重点研发计划课题、国家及省自然科学基金项目 10 余项及实际岩土工程问题科学计算项目 30 多项。结合研究工作已出版专著 6 部，主编论文集 4 套，在国内外核心期刊发表论文 500 余篇，其中 30 余篇论文获土木工程学会、岩石力学与工程学会等优秀论文奖，200 余篇被 SCI、EI、ISTP 检索。先后获得国家科技进步二等奖、中国港口科技进步一等奖、教育部科技进步二等奖、辽宁省科学技术二等奖、电力工业部科技进步二等奖、冶金工业部科技进步三等奖、国家级教学成果二等奖和辽宁省教学成果一等奖等奖励。

主要研究方向：

(1)海洋土的本构理论和数值分析方法研究。

(2)新型海洋地基基础分析理论与设计方法及防灾。

(3)沿海软土地基新型加固处理方法。

(4)近海交通工程基础结构的地震破坏机理与监测。

(5)边坡稳定性分析理论与方法及滑坡机理研究。

(6)特殊土岩的工程特性与本构模型及其数值分析方法。

(7)岩土灾害监测与评估技术。

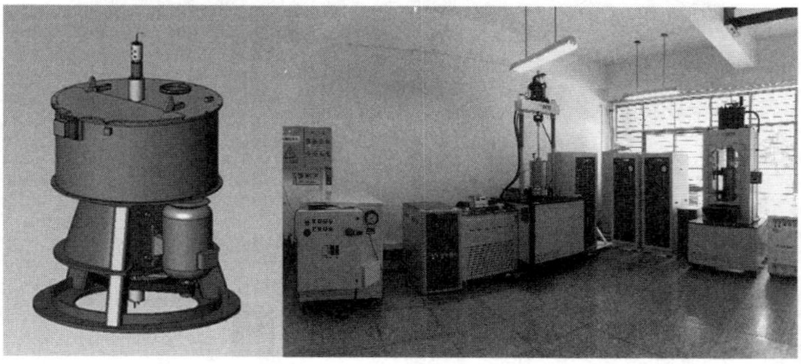

土工静力-动力液压三轴-扭转多功能剪切仪

结构工程研究所

结构工程研究所依托的一级学科于 1998 年被批准成立土木水利博士后流动站，2000 年被批准为土木工程一级学科博士点；所依托的二级学科结构工程于 2007 年被批准为国家重点学科。现有教授 8 人，副教授 11 人，博士生导师 7 人，在读博士研究生近 50 人，在读硕士研究生 100 余人。

研究所在土木工程、水利工程、交通工程等各领域承担了多项国家科技攻关项目、“863 计划”项目、国家自然科学基金项目和国家规范修编项目，在混凝土材料、混凝土结构的理论和实验研究方面取得了突出的成果，曾获国家科技进步奖 8 项，省部级科技进步奖 30 余项，在 SCI 收录的国际期刊发表论文 300 余篇，撰写论著和教材 40 余部，修编规范 10 余部，培养博士研究生 200 多名，硕士研究生近 1 000 名。

结构工程实验室是海岸和近海工程国家重点实验室分室，该实验室具有国际先进的实验设备，如混凝土动三轴实验系统，MTS 疲劳实验系统，5 000 kN、10 000 kN 压弯实验机等。实验设备可进行静力至动力、小吨位至大吨位、单轴至多轴实验。

主要研究方向：

(1)工程结构可靠度理论及应用。

(2)钢筋混凝土结构耐久性。

(3)钢筋混凝土结构抗震性能。

(4)混凝土断裂力学。

(5)钢结构及钢-混凝土组合结构。

(6)木结构及钢-木组合结构。

大型液压伺服静、动态真三轴实验机

结构监控研究所

结构监控研究所创建于2014年,主要开展灾害荷载作用下工程结构分析、控制和健康监测等相关理论、实验与工程应用研究工作。现有科研人员7人,其中教授4人,副教授2人,讲师1人,教育部"长江学者"奖励计划特聘教授1人,国家杰出青年科学基金获得者1人,国家"万人计划"科技创新领军人才1人,国家优秀青年科学基金获得者1人,获国家技术发明二等奖1项、国家科技进步二等奖2项。

研究所拥有先进的实验设备与仪器,包括100 kN万能实验机、NDI Optotrak三维运动捕捉系统、美国MOI公司的Si420、Sm425、Sm125、Sm130光纤光栅解调仪、美国NI公司的PXI数据采集仪等实验设备。研究所科研实力雄厚,始终站在学科研究的前沿,围绕地震、强风等对工程结构的作用,开展工程结构抗灾设计与分析、抗灾控制技术和健康监测等基础性研究工作,并取得了许多重要研究成果。承担了国家重点研发计划"村镇建筑灾变机理与适宜性防灾设计理论"、国家基金创新群体"工程安全与监控"、"973计划"课题"特大跨桥梁性能感知理论与方法"、科技支撑计划课题"台风多发地区村镇建筑抗风与控制关键技术研究"等一批国家重点和重大项目。

主编和参编标准、规范10多部,培养出百余名博士、硕士研究生。相关研究成果应用于多项大型工程中,如:全国十大剧院之一——大连国际会议中心(夏季达沃斯论坛永久会址)、世界最大跨度弦支穹顶结构工程——大连体育馆、世界最高等级深水港——天津港、大连市民健身中心、胜利石油平台健康监测系统、大连理工大学实验3#楼地下水库监测系统、中海油JZ20-2 NW平台健康监测系统、中海油NB35-2WHPB海洋石油平台健康监测、大连新港 30 万吨输油码头结构健康监测等，大大提高了工程结构的安全度，创造了极大的经济效益和社会效益。

部分减震控制工程案例

智能结构系统研究所

智能结构系统研究所成立于 2006 年 5 月，以欧进萍院士科研团队为核心，致力于重大工程结构的健康监测与智能控制系统的科学理论和工程技术研究。现有科研人员 11 人，其中教授 6 人，副教授 4 人，讲师 1 人，中国工程院院士 1 人，国家杰出青年科学基金获得者 1 人。

主要研究方向：

(1)高层建筑设计理论及新型结构体系。

(2)结构全寿命健康监测、安全评定与智能维护。

(3)结构抗震、抗风与智能控制。

(4)FRP 制品、构件及其高耐久性智能结构。

(5)预制装配式智能减振防灾结构体系。

研究所拥有先进的实验设备与仪器，包括二维地震台、材料实验机、光纤解调仪、布里渊应变温度测试系统、声发射测试系统、压电测试系统、网络矢量分析仪、NI 数据采集系统、无线采集系统及测试平台。目前已建成可以从事基于力、热、声、光、电等基本物理量监测、转换和数字化处理的有线或无线传感器网络、大规模多种类数据采集、远程通信与数据管理的结构智能监测系统，以及系列结构控制方法、技术与装置的研究开发与工程应用实验基地。

研究所牵头或参与了系列重大计划与项目，包括“973 计划”、“863 计划”、国家科技支撑计划以及国家自然科学基金重大、重点研究项目等，并将科研成果应用于数十项重大工程，主要有湖南矮寨大桥、水立方、南京三桥、海洋平台等，为我国相关学科在国际上占有突出地位做出了贡献；获得国家、省部级奖项 10 余项，其中国家科技进步二等奖 3 项、省部级科技进步一等奖 7 项；获得国家发明专利 50 余项；培养博士研究生 60 余名、硕士研究生 150 余名，指导出站的博士后 20 余名。

桥梁工程研究所

桥梁工程研究所现有教授 5 人、副教授 5 人、讲师 1 人、工程师 3 人，设有桥梁与隧道工程专业博士点、硕士点。

主要研究方向：

(1)现代桥梁设计理论及新型桥梁结构。

(2)桥梁结构分析与工程控制。

(3)桥梁抗震。

(4)桥梁结构检测与健康监测。

(5)桥梁风工程。

(6)桥梁拓宽加固技术。

(7)隧道及地下工程安全监测。

研究所拥有桥隧结构实验室和风洞实验室，于 2015 年被国家发改委批准为桥梁与隧道技术国家地方联合工程实验室。桥隧结构实验室占地面积 2 800 平方米，实验大厅长 60 米、宽 32.5 米，设有剪力墙、加载锚槽和反力架，可进行大比例尺模型加载实验；拥有地震台、疲劳实验机、压剪实验机、万能实验机等先进大型设备；设有模型制作室、混凝土配置室、结构冻融室以及健康监测中心，可以进行材料、构件以及结构的动静性能实验研究。风洞实验室是全钢结构单回流闭口式边界层风洞，实验段长 18 m、宽 3 m、高 2.5 m，最大设计风速 50 m/s，采用全自动化的测量控制系统，适用于桥梁与建筑结构等抗风实验研究。

大连星海湾大桥

近年来，桥隧工程研究所将科研与工程实践有机地结合起来，承担了包括多座具有国际影响的大型桥梁在内的设计项目 200 余项，包括国家自然科学基金及省部级课题在内的科研项目100余项，积累了丰富的设计和科研经验。很多桥梁设计科研成果在国内处于领先水平，部分达到国际先进水平，特别在独塔砼斜拉桥与刚构协作体系、斜拉悬吊协作体系、砼自锚式悬索桥、钢管砼单片桁架拱桥、先简支后连续施工工艺、旧桥的加宽加固设计、跨海大桥设计关键技术、弯桥设计方法等领域具有重大创新。近几年，科研成果获得省部级科技进步奖6项，省部级优秀设计奖15项，获国家发明专利16项，出版专著3部，发表论文300余篇。

工程力学研究所

工程力学研究所隶属于结构工程专业方向，主要负责建设工程学部本科生和研究生基础力学和专业力学方面的教学工作，同时也在结构工程的相关领域开展多方面科研工作。现有教授4人，副教授1人，讲师1人。其中博士生导师2人，硕士生导师4人，国家“万人计划”教学名师1人，宝钢教育基金优秀教师特等奖获得者1人、优秀教师奖获得者2人。5位教师均多次获得大连理工大学教学质量优秀奖。

研究所自20世纪70年代成立以来，在学校本科教学工作中一直发挥着重要作用。目前开设的课程包括理论力学、材料力学、工程力学、结构力学、结构动力学、弹性力学及有限元程序设计等十余门中(英)文课程。其中结构力学、材料力学(英文)均被评为国家级精品课程，结构力学、工程力学被评为辽宁省精品课程。多年来，研究所传承了严谨、认真、负责的教学作风，教学工作受到广大师生的一致好评，在国际化教学、实践教学和基于互联网的在线教学改革和建设中多次荣获国家、省部和校级教学成果奖。

在学科建设方面，研究所依托于结构工程和港海工程专业从事广泛的科研工作。先后承担了“973计划”和“863计划”子课题、国家自然科学基金、辽宁省自然科学基金、企事业合作项目等20余项科研项目，主要研究方向包括：结构的静动力、疲劳、稳定性等力学计算分析；结构的弹塑性分析方法研究和计算机辅助设计系统的开发；结构安全性评定与加固方法研究；结构可靠度分析及优化；码头结构静力、动力计算研究；堆场防风防尘设计研究；结构振动控制及非线性计算分析；高阶数值方法，包括高阶有限元、谱单元、求积元等及其在固体和流体力学中的应用等。研究所多年来已培养博士、硕士研究生百余人，在国内外期刊发表研究论文百余篇。

新港港务公司五、六区泊位改造

西部内河散货堆场防风防尘设计施工技术研究

建筑材料研究所

建筑材料研究所主要承担建筑材料方面的教学、科研与社会服务工作。研究所在材料学(建筑材料)、结构工程、水工结构、市政工程博士点招收博士研究生及博士后研究人员,在材料学(建筑材料)硕士点与建筑与土木工程领域招收硕士研究生。1985 年、2001 年分别开始招收硕士研究生和博士研究生,迄今研究生毕业近 200 人,在读研究生 50 余人。

研究所现有教师 10 人,其中教授 3 人,副教授 4 人,高级工程师 2 人,工程师 1 人,博士生导师 4 人,硕士生导师 8 人。材料分析、成型、养护、微观测试等条件齐全,拥有先进的大中型科研仪器设备 300 余件,满足基础科研以及建筑材料的研发及检测工作。

主要研究方向包括现代混凝土理论与技术、工程材料技术与应用、废弃物建材资源化、功能和智能建筑材料等。承担"十一五""十二五""十三五"国家科技支撑计划、重大研发计划、"973 计划"课题、国家自然科学基金等科研项目,取得了多项原创性成果。曾获国家技术发明二等奖、国家教学成果二等奖等多项奖励。编写的《建筑材料学》《建设法规》《道路建筑材料》等教材在国内有较大影响力。近 5 年发表论文 360 余篇(SCI、EI 检索 200 余篇),获批专利 21 项,出版专著 8 部。

X 射线衍射仪

混凝土快速冻融实验机

工程测量与监测研究所

工程测量与监测研究所于 1949 年建校初期创建,现已发展成为建设工程学部本科教学与研究生培养、科学研究与工程实践研究的重要基地。

研究所现有教工 8 人,其中教授 1 人,副教授 4 人,工程师 3 人,包括国家杰出青年科学基金获得者、"973 计划"青年科学家专题项目首席科学家、国家"万人计划"科技创新领军人才、科技部中青年科技创新领军人才等。

研究方向主要包括大跨度桥梁监测系统优化设计与系统集成、基于监测的桥梁性能演化分析及灾变预警、中小跨径桥梁不中断交通快速检测与评估等,先后主持国家"973

计划”青年科学家专题项目、国家杰出青年科学基金、国家优秀青年科学基金等20余项，研究成果在我国首座中承式飘带型提篮拱桥——沈阳伯官大桥、我国首座全组合结构越江桥梁——杭州九堡大桥等得到应用，获国家科技发明二等奖、国家科技进步二等奖、教育部自然科学一等奖、华夏建设科学技术一等奖等科技奖励。

研究所在结构工程、防灾减灾及防护工程方向招收博士研究生，在建筑与土木工程、结构工程方向招收硕士研究生。在教学方面，主要负责全校土木、水利类各专业本科生和研究生的测量相关课程。先后主持住房和城乡建设部、辽宁省等各类教学研究和教改项目20余项，主编完成各类教材10余部，获辽宁省教学成果一等奖等奖励。

研究所的工程测量与监测实验室拥有国际先进水平的美国FARO Foucs大空间三维扫描仪、英国Imetrum非接触式应变位移视频分析系统、瑞士Leica GPS信号接收机、比利时LMS振动与模态测试分析系统、美国Trimble GPS信号接收机、美国Trimble DINI精密水准仪以及全站仪、经纬仪、水准仪等各种类型的电子及光学精密测量仪器。

沈阳伯官大桥工程健康监测

建筑环境与设备研究所

建筑环境与设备研究所创建于1999年。1999年9月开始招收第一届建筑环境与设备本科生；2000年获得本学科硕士和博士学位授权点，获招收博士后科研人员资格；2000年9月开始招收第一届硕士研究生；2003年9月开始招收博士研究生。2004年成为学校“211工程”和“985工程”重点建设学科，2008年获批辽宁省重点学科。2012年5月通过全国高等学校本科专业教育质量评估，2017年5月通过全国高等学校本科专业教育质量评估复评。

经过20年的发展，研究所形成了建筑与飞机舱室环境构建与评价、建筑能源供应与输配、建筑环境设备、可持续性建筑技术等研究方向。拥有人工环境气候室、空气源热泵性能综合实验台、大型飞机客舱环境实验台等一批先进的实验系统及设备。先后承担国家重点研发计划课题 2 项、子课题 6 项；国家“973 计划”“863 计划”项目、国家“十五”“十一五”“十二五”课题/子课题 10 余项；国家基金项目 13 项；承担中欧、中芬、中美、中韩等政府间国际合作项目，以及与美国波音公司、日本松下公司等跨国公司合作项目 10 余项。发表专著 5 部，SCI 论文 100 余篇。参与获得国家教学成果奖 1 项，省部级科技奖 3 项。

研究所现有教师 10 人，其中教授 3 人，副教授 4 人，讲师 2 人，工程师 1 人。国家优秀青年科学基金获得者 1 人，引进海外学术大师 1 人、客座教授 5 人、海天学者 4 人。

人工气候室与大型客舱环境实验台

建筑环境与新能源研究所

建筑环境与新能源研究所成立于 2002 年 10 月，通过多学科交叉合作及聘请国际知名专家为客座教授、开放式人才积聚等方式，形成了独具特色的研究团队。特别是近年来创造性地提出了融合中华传统文化的节律协同气候自适应建筑室内环境营造理论和方法，取得了一批有影响的原创性研究成果。研究所现有教授 1 人、副教授 3 人、讲师 1 人、聘请客座教授 7 人。

主要研究方向包括：节律协同气候自适应建筑室内环境营造理论与方法，基于人工智能大数据适应性感知环境实验技术，中国人的适应性舒适理论，室内健康环境表征参数及评价方法，建筑物自然能源高效利用系统及关键技术，建筑环境污染控制与人类健康、公共安全，建筑环境感应及干预信息化监测评价平台。

人、建筑和自然环境信息感应理论实验平台

研究所先后承担了包括国家自然科学基金、国家重点研发计划项目、科技支撑计划课题、国际合作项目等国内外重要科研项目30余项，在国内外重要的学术期刊和国际会议上发表论文300余篇，出版著作十余部，已培养博士、硕士研究生70多名。承担《建筑环境学》《热质交换原理》《暖通空调》《建筑热源》等建筑环境与能源应用工程专业主干核心课程或专业必修课的授课任务。

建筑能源研究所

建筑能源研究所自2011年成立以来，依托建设工程学部和土木工程学院，秉承“立德，明志，担当，奉献，创新，求实，格严，致远”的学术精神与育人理念，坚持“基础研究带动学科发展，重大需求引导研究方向”的理念，以“物联网领域→可再生能源→建筑能源装备→建筑能源系统→绿色建筑”为主线，建立了面向建筑全寿命过程节能减排需求、以建筑全寿命过程能效提升为主体、兼有特殊人工环境构建的理论体系、技术体系和工程应用示范体系，在人才培养、科学研究、团队建设、实验室建设和社会服务等方面，取得了突出的成绩。

主要研究方向：

(1)建筑能源系统物联网与大数据技术。

(2)暖通空调智能控制理论与技术。

(3)机电系统BIM集成设计与装配式技术。

(4)强化传热与新型热泵制冷智能装备。

(5)热电冷PVT技术及建筑一体化。

(6)工业能源系统节能技术与装备。

研究所承担各级各类科研项目100余项，项目经费总额6 000余万元。完成20余项工程示范项目。获批发明专利30余项，实用新型专利19项，外观设计专利5项，软件著作权登记证书11项，软件产品登记证书7项。参与编制行业标准3项，出版专著3部。发表学术论文310余篇，其中SCI检索64篇，EI检索137篇。获得黑龙江省技术发明一等奖1项、辽宁省科技进步二等奖1项，四川省科学技术进步奖科技进步类三等奖1项，辽宁省科学技术进步奖科技进步类三等奖1项，辽宁省优秀工程勘察设计一等奖1项，第十八届中国国际高新技术成果交易会优秀产品奖，辽宁省自然科学学术成果奖论文类一等奖2项、二等奖4项、三等奖2项等。

研究所现有科研人员15人。8名专职教师中，教授2人，副教授2人，讲师4人。博士后1人，教育部新世纪优秀人才支持计划入选者1人。专职科研人员7人。研究所国际合作与学术交流活跃，聘请海天学者1人、客座教授9人。培养博士后5人，博士研究生20余人，硕士研究生70余人。现有博士研究生25人，硕士研究生34人。张吉礼教授入选辽宁省“百千万人才工程”百人层次、江苏省“创新创业人才”、苏州市“姑苏创新创业领军人才”、常州市“创新创业领军人才”，赵天怡副教授获暖通空调百名优秀青年、大连市青年科技之星等称号。

研究所 2014 年 11 月通过“辽宁省绿色建筑与节能工程实验室”论证。拥有国际领先、国内一流的自制实验平台，主要包括：

(1)高效蒸发冷凝换热实验平台。

(2)中央空调系统集成控制实验平台。

(3)建筑能源系统物联网与能效评价实验平台。

(4)太阳能光热光电综合利用实验平台。

(5)污水流动和传热综合实验平台。

欢送 2018 届毕业生

师生业余活动

道路工程研究所

道路工程研究所现有教师 10 人，其中教授 4 人，副教授 3 人，讲师 2 人，工程师 1 人。市政工程学科和道路与铁道工程学科分别隶属于土木工程一级学科和交通运输工程一级学科，具有工学博士和硕士学位授予权。

上饶市北环路城市主干道交叉口

近年来，研究所承担了国家自然科学基金项目 9 项、省部级科研项目与国际合作项目 30 余项。为适应国家交通发展战略需要，在路面结构设计理论、路面力学、路面材料非连续力学计算及多尺度模拟、沥青材料流变学分析及复合材料力学行为表征等方面开展了基础与应用研究；结合沈大高速公路重点课题，在路面材料耐久性方面进行了系统研究；在路面材料再生理论与技术方面、新型道路建筑材料路用性能方面、道路养护新技术与方法方面进行了系统的理论与实验研究；在水泥混凝土、水泥乳化沥青复合路面材料方面开展了研究与探索;开发了集成化道路工程 CAD 系统、桥梁结构计算分析与设计系统软件;承担了多座道路桥梁设计、科研及加固研究项目;承担了多项市政工程、公路工程及桥梁项目的可研与评估工作;承担国际机场跑道建设与维修工程设计及方案研究;完成的科研项目获省、部级科技进步二等奖 2 项、三等奖 2 项,其他奖励 8 项;参编了《公路沥青路面设计规范》等行业规范与技术规程 3 部;取得国家发明专利授权 20 余项;获得国家级、省部级教学成果奖二等奖 2 项、校级教学成果奖多项。研究所拥有较完备的道路工程学科与教学实验平台,可进行沥青及其混合料与路面结构相关理论与技术的系统研究,并取得了一批受到行业认可并具良好市场前景的研究成果。研究所培养了大批本科生及硕士、博士研究生。他们在国内外高速公路、城市道桥、地铁、磁悬浮轨道、机场等工程建设领域,为祖国和学校赢得了良好声誉。

河南新安人民广场

交通规划研究所

交通规划研究所现有教师 5 人,其中教授 2 人,副教授 3 人。

交通规划研究所自 2009 年 9 月成立以来,坚持走本土化与国际化相结合的发展道路,面向国内交通运输业的重大战略与需求,瞄准世界学科前沿,服务"一带一路"建设,在人才培养、科学研究、社会服务等方面初步形成了大工特色。近年来,承担了国家自然科学基金项目、省部级科研项目、国际合作项目三十余项,在交通需求预测、交通行为分析、新能源汽车政策分析、交通流理论、土地利用和交通整合规划、供应链与物流管理等方面,取得了一定研究成果。

交通规划研究所十分重视国际交流与合作。近年来,策划组织召开了中日韩一日生活圈与大连城市基础设施建设国际研讨会、大连国际航运中心建设院士咨询座谈会、第一届公私合作关系国际会议、中日交通研究论坛,承办了第六届交通运输领域国际学术会议、第六届旅游交通国际研讨会等多项国际会议。通过国家或学校各类项目支持,每年邀请国外知名学者来校短期授课或讲学。联合智能交通研究所,在全校率先开设全英文授课硕士点,接收来自"一带一路"沿线国家的 20 余名留学生攻读学位,每年组织学生海外研修团赴德国、丹麦、日本、韩国、新加坡等地参观学习。

策划主办首届公私合作关系国际大会

智能交通研究所

智能交通研究所与交通规划研究所共同承担交通运输学院交通系统工程二级学科博士点(隶属于管理科学与工程一级学科)、交通运输工程一级学科硕士点(包含交通运输工程与管理、交通信息技术及控制二级学科)的教学、科研及学生培养工作。现有教授 2 人,副教授 5 人,讲师 2 人,外聘海天学者教授 5 人。

智能交通实验室是土木水利实验教学中心交通工程实验室分室,自 2009 年成立以来不断发展壮大,现已拥有 4 个智能交通应用平台和 6 个实验教学组块。应用平台包括基于新一代网络的教学平台和仿真实验平台,交通信息集成和服务平台,信息收集和智能控制可视化平台,综合交通规划评价和政策评价平台。实验教学组块包括交通通信技术集成和信息收集实验组,微观交通仿真和交通网络信号控制实验组,交通规划和低能耗交通系统建设实验组,交通信息处理和动态预测实验组,交通安全和行为分析实验组,以及智能化导向交通政策分析实验组。

近五年来,研究所先后承担了基于动态交通信息的路径选择行为的实证研究等国家自然科学基金项目 8 项、国际合作项目 3 项、环形交叉口的交通控制方法及其适应性研究、港珠澳大桥珠海连接线及西部沿海直线延长线工程交通组织设计等部委、省、市科研项目 20 余项,并多次主办或承办交通运输领域的国际会议。研究所坚持走本土化与国际化相结合的发展道路,以培养具有国际视野的精英人才为己任,在学科布局、团队建设、人才培养及科学研究方面的特色和优势日益突出。

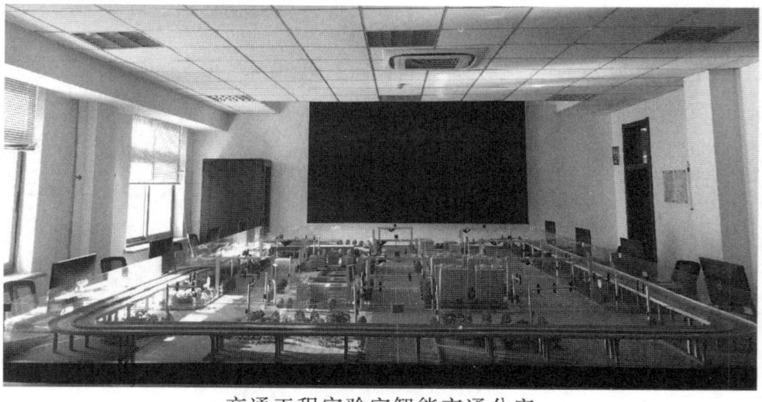

交通工程实验室智能交通分室

第二篇

发展历程

第一节　建设工程学部发展历程

从 1949 年土木工程系创建开始，经历水利工程系、土木工程系、土木建筑学院、土木水利学院等几个发展阶段，再到 2007 年学校实行学部制改革以后，建设工程学部走过了 70 年的光辉历程。

一、创建初期的土木工程系（1949—1955）

大连工学院建院的基础是原旅大市的关东工业专门学校和关东电气工业专门学校，设有机械、造船、土木、化工等传统学科为主的 9 个系。经 1952 年开始的大规模院系调整，只剩下机械、土木、化工 3 个系。

1. 建系初期（1949—1951）

建系初期，土木工程系设置两个专业组，即港口工程和建筑工程专业组。1949 年 10 月从北京和上海经过统一招生，招收了 40 名进步青年入学，其中港口工程组 23 人，建筑工程组 17 人，他们就是土木工程系的第一届学生（简称 49 级或 53 届）。1950 年 8 月在华东区（考点：上海）、华北区（考点：北京）和中南区（考点：武汉）又统一联合招收 50 名学生，加上当时大连大学留下的预科毕业生，共招收 54 名学生，仍然分在两个专业组学习。由于当年东北各大院校在全国统一联合招生和发榜的日期早于全国其他地区，这批学生入学后，有近 10 名同学又收到了清华大学和唐山交通大学（现西南交通大学）等院校的录取通知书，但中国共产党亲手创办的这所新型大学吸引了他们，这些同学自觉地留下继续学习。

这一时期土木工程系教学内容主要是基础理论课，由基础课教师讲课。当时院领导强调新型大学一律要用中文教材，因此，高等数学、微积分是自编的，其特点是内容充实，附有大量必须完成的作业。物理课强调实验，规定每个学生必须独立完成十个实验，所用实验仪器设备大部分都是学院机械工厂自制的。外语教学一律改为俄语，由苏联教师授课。第一届测量课由专业教师侯穆堂副教授主讲，他还带领首届港口工程班学生于 1950 年暑假到黑龙江省佳木斯市笔架山水库进行测量实习。这次实习是理论联系生产实际教学活动的首次尝试。一个月的测量实践，使学生巩固和丰富了测量理论知识，掌握了测量技能，圆满完成了生产任务，受到当地领导的好评。

大连工学院从创院开始就重视学生的政治思想教育。1950 年 8 月大连工学院独立办院后，为加强新生的思想教育，在院党委领导下成立了政治思想工作一年级办公室，室主任为王英烈同志。新生入学后按系分班，共 12 个班，每两个班配备一名专职政治指导员（青年教师，部分为党员），七班政治指导员是后来担任化工系党总支书记的李竹同志。学校规定每学年对每个同学做一次政治思想鉴定，系主任和任课教师都要参加。当时正值抗美援朝初期，全院学生集体在大食堂就餐时，由院团委和学生会领导的“进步青年”播音台宣读时事政策，全系同学保家卫国的热情高涨。1950年末，朝鲜战场形势紧张，不少同学响应党的号召，尽自己的财力积极捐献，还纷纷报名参加空军干校，组织起来动手消灭昆虫，防备美军的细菌战。当时同学们随身携带自己的血型标记，随时准备为回国的志愿军伤员输血。

学生的学习任务很紧张(每周六天，上午上课，下午和晚上复习、写作业)，但每天下午4点后，班级组织各种文体活动，每周六晚必有一场电影。星期日自由活动。同学们的课余生活还是愉快的。

从1949年4月建系开始到1951年8月，师资主要由院党委通过国内外招聘而来，共14人(教授4人，副教授5人，讲师5人)。

开创时期的师资素质与水平至关重要，所谓名师出高徒。几十年的教学与科研实践证明，这支队伍是优秀的。下面介绍建校初期的四位著名教授。

首先是土木工程系第一任系主任李士豪教授。他是中华人民共和国成立前经地下党介绍从上海乘邮轮绕道香港，又从香港乘苏联货轮经朝鲜，于1949年3月28日到大连工学院的，是建校元老之一。他当时就是国内著名的教授、水力学专家。建系初期为了全面开设专业课程，在行政工作十分繁忙之际，他主动带头讲多门课程。作为系主任，他还亲自参加学生的年终鉴定。1956年，他响应党中央向科学进军的号召，带头组织水力学教研室教师开展“护坦脉动压力”的理论与实验研究，带动全系开展科学实验。他来系后积极要求加入共产党，于1956年7月1日光荣地加入了中国共产党。

第二位是章守恭教授。他于1949年4月来系，是国内桥梁基础和钢筋混凝土结构专家，结构设计和基础施工经验丰富。为了给三年级学生准时开设“钢筋混凝土结构学”课程，他通过短期学习俄文，翻译了苏联的《钢筋混凝土结构学》教材，正式出版发行后，在全国得到应用。此外，他从1954年起讲土力学课程，是土力学与地基基础学科的奠基人。

第三位是陆文发教授。他于1951年10月从美国来系，是美国工学博士，钢结构和桥梁设计专家。他来系后编写了内容丰富的钢结构讲义，用来给学生上课，同时还培养年轻师资，为钢结构与桥梁学科发展打下了良好基础。

第四位是汪坦教授，他是国内知名的建筑学专家。于1950年初来校，组建建筑专业，1951年他带领第一届建筑专业17名学员边建校边讲课，参加了凌水河建校设计与施工，两年中把全部精力贡献给了新校舍建设和培养这一届学生身上。1953年开始组建建筑施工教研室，他担任建筑施工教研室第一任主任，给学生讲授“施工组织设计”。1954年，调到清华大学建筑系。

1951年暑假后，国家给大连工学院分来6名大学毕业生。土木工程系第一次增加了青年师资，他们来自国内名牌院校：清华大学5人，北京大学1人。他们虚心好学，带来了各自院校的好学风和好作风。由于当时课多，助课人少，有些人需要同时助教两三门课，虽然辛苦但学到了很多知识，为日后的成长打下了良好基础。如后来成为中科院院士的邱大洪和林皋。

2. 专业教育大发展时期(1952—1954)

(1)师资力量和学生数量的增长

1952 年,经屈伯川院长亲自邀请,国内著名力学专家钱令希教授从浙江大学来土木工程系任教。钱令希教授知识渊博,到系后亲自给本科生讲课,积极培养青年教师。正像赵国藩院士回忆时所说的那样:“我 1949 年从上海交通大学毕业,1950 年 7 月来大连工学院土木工程系任教,边工作,边学习,听了力学专家钱令希讲的‘弹性力学’和桥梁专家陆文发讲的‘桥梁工程’课,在他们的鼓励与指导下,1952 年就开始担任‘钢筋混凝土结构学’的讲课任务”。

1952 年 8 月,从上海交通大学和天津大学分配 3 名青年教师来系任教。

1952—1953 年,全国院系调整规模较大,使得师生数量大增。其中:

从哈尔滨工业大学调入两届水能利用研究班学员(53 届 4 人,54 届 25 人)和指导教师——苏联专家郭洛瓦切夫斯基(列宁格勒工学院副教授)。调入 55 届水能本科生(5 年制)22 人和 54 届两年制水能、水工大专生 71 人(他们本应是 1956 年毕业的本科生,因国家急需水利人才,响应国家号召自觉提前两年毕业)。其中 53 届研究班学员王世泽和陈可一当时已基本完成学业,来系后马上承担了教学任务。

从东北工学院调入教师 9 名和 53 届水利工程专业学员 30 人,后者来系后经过近一年的学习,因国家需要提前三个月毕业,成为第一届水工专业毕业生。调入路工专业 53 届学员 26 人、54 届学员 23 人。1953 年 5—12 月,53 届路工组学员在张万发教授带领下,参加了我国第一个供喷气式飞机起降的大连军用机场建设,为我国国防建设做出了贡献。根据国家统一部署,54 届路工组学员毕业后,土木工程系停办道路工程专业。

1952 年,大连工学院土木工程系建筑专业组调出,与东北工学院建筑系合并,但学员留下,54 届建筑组和港工组全体同学改学水利工程专业。

因苏联港工专家卡斯巴申的到来,54 届 54 名学生在毕业前的最后一个学期又一分为三:水能利用班(20 人)、水工结构班(16 人)和港口工程班(18 人),于 1954 年暑假按时毕业。

(2)第一届建筑组同学为建设新校区做贡献

院系调整后第一届建筑组同学对建设凌水河大连工学院新校区做出了突出贡献。1951 年,大连工学院决定在栾金村凌水河畔建设新校区,总负责人是马啸同志。在建筑学专家汪坦教授带领下,该班 17 名同学进驻校区空地,他们从测量校区地形图开始,进行房屋建筑的设计,在一所大庙中绘制图纸。当时的生活条件非常差,全体同学住在花果山上的一座简易房中。1952 年夏的一个晚间,突然下了一场雷阵雨,闪电击中了部分同学,来自江苏的施福臻和来自河北的刘儆受伤,经抢救无效,为建设新校区献出了宝贵的生命。基建处专门为这两位优秀学生举行追悼会,他们的遗体被安葬在大连市公墓。经过努力,不到两年时间,凌水河畔就建起了一馆、二馆、西山三栋学生宿舍和学生大食堂等校舍。1953 年暑假,土木工程系同学搬进凌水河新校区学习。1953 年 8 月,这班同学完成了新校区初建任务,毕业后全部分配到了重要建设岗位,其中张祥久留系,后来担任了大连工学院副院长,负责学校基建工作。

(3)在党总支的领导下开展工作

1952 年 9 月,土木工程系成立了党总支,马啸同志为第一任总支书记,并于 1954 年 10 月开始兼任土木工程系系主任助理。马啸同志是中华人民共和国成立前上海交通大学学生自治会常委,学生运动的领导人之一。他热爱党,工作认真负责,组织能力强,关心群众,在师生中享有较高的威信。1953—1954 年,党总支先后成立了教师党支部和三、四年级学生党支部。全系师生在党的教育下,在党员模范作用影响下,发扬集体主义精神,师生以服从组织分配为荣,为以后各项工作顺利发展打下了良好基础。

(4)全面向苏联学习,进行教学改革

教学改革的内容主要有:实行学年制;设置专业,按专业的教学计划培养专门人才,本科生培养目标为工程师;加强实践性教学环节建设;尽量采用苏联教材;各年级主学俄语;理论教学试行"六节一贯制"(上午安排六节课,间操 20 分钟并供给一次干粮);体育教学施行"劳动与卫国"制度;改革考试制度;准备延长学制;全系教师按相近学科成立教研室,在教研室主任领导下开展教学研究。

这期间又聘请了两位苏联专家,一位是水力学专家拉莱,一位是港工实验专家卡斯巴申,他们对引导青年教师开展科研工作起到了积极作用。特别是卡斯巴申亲自指导以港口工程教研室青年教师李玉成为首的科研小组(成员有孙意卿、佘美龄等),掌握风浪测量的先进实验技术,较早地建立了自己的实验港池和风浪槽,进行浅水波研究。这是土木工程系最早集体开展科学研究的教研室。他们几十年一直坚持港口工程实验研究,为港工实验室及海岸和近海工程国家重点实验室的建设打下了坚实基础。

在全国水利类高等院校中,我校土木工程系首次进行了生产实习,总结经验后由水利部推广到全国。

1953 年 6 月,水工专业三年级 54 名同学按计划完成了主要的技术基础课学习,以及木结构、钢筋混凝土结构和钢结构的课程设计。6 月中旬土木工程系接到水利部通知,委托该年级学生到官厅水库进行生产实习,实习后要总结经验,准备向全国推广。系里决定派教学秘书蒋水心同志带领该班同学于 6 月底前往水库工地。官厅水库大坝工地在北京市西北永定河官厅山峡内,是中华人民共和国成立后修建的第一个大型水利工程。实习队到工地后住进了工棚,分两个组,在工地技术人员指导下,轮换参加大坝和溢洪道的施工质量控制工作。他们耐心指导农民应怎样掌握填土质量,怎样达到心墙打夯标准。由于同学们验收方量公平,得到广大农民信任,大坝保质保量,农民工也多劳多得,建设进度明显提高。暑假后同学们回到学校,官厅水库工地给土木工程系师生传来了喜报:同学们走后,永定河上游出现了历史上第二大洪水,由于官厅水库大坝已具初步高度,拦蓄了这场洪水,致使下游北京、天津的居民工作和生活正常,免遭生命财产的巨大损失。据初步估算,仅这次拦蓄洪水所产生的经济效益,就相当于修建水库的全部投资。喜讯使同学们非常高兴,让他们看到了自己未来所从事的水利事业会给国家带来这样大的经济效益,会给两岸人民带来长久的安宁,从而坚定了他们为水利事业贡献一生的信念。一个月的生产实习收获是巨大的,系领导及时组织师生进行了总结,并向水利部教育司进行了汇报,经验很快推广到了全国。

1953 年,第一届毕业生共有水工、港工、路工和建筑 4 个专业 94 人,有 18 名优秀毕业生留系任教，其中港工 5 名，水工 8 名，路工 4 名，建筑 1 名。他们都成为日后土木工程系的领导和骨干。港工金同稷、路工辛雨农、建筑张祥久还成为院领导。

在全国水利高等院校中，土木工程系最早开展了毕业设计教学环节。1954 年暑假，苏联专家郭洛瓦切夫斯基指导的 25 名研究班学员毕业，毕业前夕每位学员都独立完成了一份毕业设计，内容包括：设计说明书一本，计算书一本，附图一本及工程设计图纸十大张。答辩通过后才准予毕业。当这些成果（特别是十大张工程图纸）展出后，其质量之高令低年级全体同学赞叹不止，极大地促进了他们在学习上的进取心。其中有 6 名毕业生留系任教，是质量较高的年轻师资。系领导为了尽早在本科生教学中实行毕业设计，决定对 54 届本科毕业生毕业分配后，让水工、水能 14 名学员（含留校教师 2 人）和港工 7 名学员（含留校教师 2 人）回校半年，补做了和上述研究班同样水平的毕业设计，并总结了经验，为下届做了准备。系领导对 55 届毕业生调整了教学计划，利用毕业前三个月的时间，全体学生进行有重点的毕业设计。到 56 届学生毕业时，毕业设计就达到了全面规范的水平。

这期间广大教师认真执行教学计划，纷纷编写教学大纲、教学日历；教研室积极开展教学法研究，新上课教师必须通过试讲。因此，涌现出不少教学质量和教学效果较好的教师，如“结构力学”老师杨国贤。他关爱学生，精心备课，其概念清楚、生动幽默的讲课风格，同学们仍记忆犹新。

各年级学生努力以“三好”为目标，在学习上刻苦钻研，互帮互学；在体育方面坚持锻炼，为早日达到“劳卫制”标准而努力。在文娱活动方面，操场上的集体舞，周末大礼堂经常有各种独唱、独奏、重唱、小合唱、小魔术、小杂技演出，活跃了大学生活。

1954 年 9 月 1 日，大连工学院由重工业部领导改为由高等教育部领导。杨秀峰部长曾致函大连工学院，肯定了 1949 年创办以来在学习苏联先进经验、进行教学改革工作中取得的成绩。

二、水利工程系的建设与发展（1955—1985）

1955 年，土木工程系更名为水利工程系，直至 1984 年再次更名为土木工程系。水利工程系的时间跨度大，发展历程十分复杂而艰难曲折，中间经历了 1955—1966 年较好的发展时期，“文革”期间的停滞不前和动乱年代的艰苦办学，以及改革开放后的全面振兴。

这一时期，水利工程系的专业设置和人才培养主要以水利工程领域的水利水电工程和港口、海岸与近海工程为主。

1. 1955—1966 年的水利工程系

这一时期的组织机构是：

系主任：李士豪（1955—1960，1962—1966），邢至庄（1960—1962）。

党总支书记：马啸（1955—1956），穆蕴香（1956），李栋（1957—1966）。

（1）坚实发展阶段（1955—1957）

1955 年，教育部在我校召开全国水利院系领导会议，讨论并通过水工专业全国统一的教学计划，颁发全国，要求必须严格执行。专业全名定为河川枢纽与水电站建筑专业，下设水工结构和水能利用两个专门化。

教学计划讨论稿是水利工程系通过5年的教学实践拟定的。计划明确了培养目标和课程设置，合理安排了认识实习、生产实习、毕业实习等实践环节；决定了主要技术基础课和专业课的课程设计、大作业课时数；最后，对毕业设计的目的、课时数、内容和大纲等也都提出了明确要求。按学校统一要求，对数、理、化、外语、政治与体育课也进行了安排。56届、57届两届毕业生是完全按照全国统一教学计划培养的，全面完成了工程训练。毕业设计答辩时，聘请清华大学张光斗教授为答辩委员会主席，张光斗教授对我系毕业生的质量给予了很高的评价。不久，又制订了港工专业的全国统一的教学计划，定名为内河水道与港口工程专业。

1956年，教育部批准水利工程系扩大招生，增至295人，分在水工和港工两个专业（共12个班）学习，是水利工程系五年学制历史上招生最多的一年。1958年学校增设新专业，从中先后调出38名同学，到院各科师资班短期学习，毕业后留院任教。到1961年毕业时有水工5个班（共165人）、港口工程3个班（共92人）。

这一年港工专业还有三名越南留学生入学，他们随港工611班上课，毕业后回国。其中邓光连毕业回国后，曾担任越南交通部水运勘察设计院院长。

1956年，水利工程系的主要师资有：水能教研室15人（陈可一、宋彧浙、蒋水心、陈守煜、董毓新、李鉴初、刘子榕、李彦硕、朱传琛、曹善安、张宗盛、汤兆珊、张介人、夏允积、王玉枝）；水工教研室15人（赵昭阳、林皋、陈汝治、庄鹏、金崇磐、赵山、郭威勤、方荣、解树岩、陈壁宏、宋鹏飞、黄橙、陈德钜、徐福生、陈美珍）；港工教研室16人（侯穆堂、邱大洪、邢至庄、李玉成、陈士荫、邢次青、蒋惠民、王惟诚、孙景谋、孙意卿、俞聿修、虞和莹、赵迺义、方稻香、洪承礼、桂玉昆）；建筑施工教研室11人（周传耀、齐东海、金同稷、周世昌、李玉琦、李栋、熊一中、马良、吴宗盛、王恩磊、萧宗谊）；结构教研室6人（戴宗信、杨国贤、彭声汉、于国荣、郑芳怀、许福宗）；水力学教研室7人（李士豪、范怀远、申震亚、王钟泰、尚全福、郭梅仪、韩国城）；土力学教研室7人（章守恭、彭阜南、何广讷、王中正、朱玮、郑人龙、李玉蓉）；工程结构教研室7人（陆文发、赵国藩、徐积善、陈继祖、陈朝鹄、高俊升、李树瑶）；建材教研室3人（王庆寿、王景贤、辛雨农）；测绘教研室5人（范家鼎、冯章材、张景琦、眭庆曦、李奠国）。前三个专业教研室人数较多，主要是指导毕业设计需要。到1956年8月，水利工程系教职员工总数达到109人，师资队伍的规模与层次在国内同类院校的水利工程系中处于领先水平。

通过前一段教学实践和向苏联学习，水利工程系教材建设有所发展。例如，港工教研室邱大洪与侯穆堂合作，编著并出版了我国高校第一部通用教材《港口及港工建筑物》；一些青年教师翻译出版了苏联的专业参考书，在高校引起了强烈反响。

1955年，在屈伯川院长的直接领导下，在两位苏联专家的指导下，在院机械仪器厂的大力支持下，水利馆水力学及水力机械、港工、水工、水能四座实验大厅相继建成，并且使用电测技术实验。

水利工程系教学的发展和实验室建设带动了科研发展。1955—1956年，在李士豪主任的组织下，水利工程系开办了两期电测技术学习班，请专家讲授电测技术。参加学习的还有全国兄弟院校和科研单位的同志。两期学习班后，在水利馆专门成立了电测量仪器室。之后，研制了一批电测传感器，可以测量水流的脉动流速、脉动压力、水位、应力、振幅和振动加速度等。1955 年刚刚归国的钱学森教授参观后说：回国后走了很多地方，在这里第一次看到了水利工程实验中使用电测技术，想不到国内已建立了这样现代化水平的实验室，令人感到非常振奋。电测技术很快普及到全国，扩大了大连工学院在国内的影响。

1956 年 7 月，高等教育部发布《高等学校招收副博士研究生暂行办法》。同年，批准我院第一批指导教师共 7 人，其中水利工程系有 4 人，他们是：钱令希教授，李士豪教授，章守恭教授，陆文发教授。第一批研究生于 1956 年 12 月入学。1957 年，高等教育部又通知取消“副博士”，改称研究生。

1956 年，中央向全国发出了向科学进军的号召，全体师生积极响应。当时一些青年教师就结合生产问题和学术问题在全国杂志上发表论文，随后有的高年级同学组成了科研小组。不少教师结合生产开展了学术研究和科学实验工作。为了把师生组织起来发挥集体力量搞科研，走理论结合科学实验的道路，李士豪主任带头组织水力学教研室开展“护坦脉动压力”的理论与实验研究，在全系起了示范和带头作用。1956 年，大坝抗震科研组组建成立，由林皋任组长。科研组结合广东省新丰江流溪河混凝土拱坝，进行了抗震专题攻关，发展了新理论，掌握了先进的实验技术，培养了一批科研力量，为以后土木工程系的科研发展积累了经验，为抗震研究室的建立打下了基础。

根据学校教学与科研发展的需要，早在 1954 年钱令希教授就已兼任大连工学院新成立的(科学)研究部部主任，领导和组织全院的科学研究工作。1958 年，院党委任命钱令希教授为新创建的数理力学系系主任。1981 年，钱令希教授任大连工学院第二任院长。

(2)全国教育大革命时期(1958—1960)

1958 年，中央提出“教育为无产阶级政治服务，教育与生产劳动相结合”的教育方针，全国高等院校开展了教育大革命。水利工程系也开始了教育大革命，主要内容有：

在全院大办工厂、大办新专业思想指导下，1958 年上半年水利工程系抽调部分师资筹办军港建筑和水利工程施工等专业。

为支援全院办新专业，从水利工程系 60 届、61 届、62 届学生中相继抽调 70 多人，参加学校的各种师资班，短期学习毕业后分配到数学、物理、电工等专业和无线电、造船等系任教，后来均成为学校的骨干教师。

1958 年 9 月，全国大炼钢铁达到了高潮，水利工程系全体师生奔赴金州，在过去旧的露天铁矿区挖铁矿、砸矿石，修建小高炉自炼钢铁 20 天。后来，为了农业高产，奔赴金州郊区人民公社参加深翻地劳动 10 天。1958 年秋，水利工程系全系师生分成两路：一路是水利工程专业师生组成的水利化小分队(由教师、高年级学生和低年级学生搭配组成)，开赴辽宁省各市、县修水库、小电站、灌溉渠系、打深井等水利化任务艰巨的地区，参加水利化建设；另一路是港口工程专业师生，其中一大部分奔赴山东、河北京杭大运河两岸，完成了 380 多公里的大运河测量任务，一部分参加了全国第一个大型渔港——大连渔港——的规划与设计，一部分承担了小平岛军港工程设计任务。还有一些教师组成科研小组和设计小分队在学校和工地工作。

1959年寒假后，全系师生回校开始了一段安静的理论课教学，根据教育部指示，调整了各年级的教学计划。各专业教学计划调整总的原则是：全年放假两个月，劳动两个月，学习八个月。

教育大革命时期水利工程系教学的最大变化是将学生独自系统完成的毕业设计改为师生一起参加真实的工程设计（通称“真刀真枪设计”）。如水工59届师生结合锦西金宝岭水库所做的真刀真枪毕业设计，港工59届师生结合大连渔港所做的真刀真枪毕业设计；水利工程60届、61届师生参加的新金县龙头山水库设计；港工60届、61届师生参加的大连渔港设计、小平岛军港设计；港工、水工师生共同参加的营口大闸设计等。真刀真枪毕业设计的主要内容是：教师结合设计讲专业课，每个同学参加部分设计任务，由教师指导完成。由于参加设计的同学分工不同，每个同学对自己参加的工作掌握得比较深入，但对整体设计工作却了解不深；此外理论教学的系统性也受到一定干扰。但真刀真枪毕业设计却大大提高了教师和部分学生骨干的设计能力。他们又把这些生动的知识运用于教学，提高了教学质量。

1958年后，全国、全院教育大发展，有13名教师调离了水利工程系。他们是：根据教育部调令，大连工学院党委批准派出的以戴宗信教授为首的支援郑州工学院创办水利工程系的教师7名，包括2名教授（戴宗信、陈汝治）、1名副教授（庄鹏）、4名讲师（蒋水心、王钟泰、刘子榕、郑人龙）；支援学校筹建基础部的2名教师；因其他原因调走4人。

1960年大连工学院被确定为教育部直属全国重点大学。对水利工程系教学、科研提出了更高标准的要求。

（3）调整、巩固、充实与提高时期（1961—1966）

1961年，中央对国民经济发展提出了“调整、巩固、充实、提高”八字方针。1961年9月，教育部制定了《教育部直属高等院校暂行工作条例（草案）》（简称“高教60条”）。学校要求各系贯彻“高教60条”在教学方面的工作主要有：修订教学计划，整顿教学秩序，加强教材的整顿和建设，加强实验教学环节，努力提高教学质量，要精雕细刻，贯彻“少而精、学到手”的原则。在科研方面要尽早集中全系科研师资力量，成立研究室，开展高科技领域攻关。水利工程系开展了如下工作：

1961—1962年，贯彻“高教60条”，调整了专业及各年级教学计划。这期间主要工作是停办三个新专业和调整各年级教学计划。

停办三个新专业：抽调的师资全部回原教研室，已经开始上课的建筑施工专业学生，插入到港工与水工各班。

调整各年级教学计划：因62届学生只有近一年的时间就要毕业，故首先调整了62届水工、港工两个专业的教学计划。在重点安排学好主要技术基础课的同时，恢复了本人必须独立完成的毕业设计任务。各专业教研室总结了近几年的经验，结合我国工程实际，充实了毕业设计内容，使这届毕业设计质量较前有所提高。62届同学经过几年的生产劳动锻炼和毕业设计训练，渴望着毕业后为祖国水利建设服务。1962年暑期，水利部给水利工程系水工专业的毕业分配名额没有一个在大城市、大设计院和大科研所，全部在基层管理水库，但全部同学还是服从组织分配。所幸的是，几十年后他们都成为我国各大水库的管理骨干和技术负责人。

1963—1966 年，水利工程系开展全面提高教学质量工作。通过两年的整顿，整个教学环节全面恢复并在原有基础上达到了新的高度。以生产实习为例，1963 年港口工程专业学生在上海张华滨码头工地、预制构件场、101 船厂实习，取得了很好的效果。

这三年水利工程系全面贯彻“高教 60 条”，严格执行教学计划，教学秩序稳定，为全面提高教学质量，贯彻“少而精、学到手”的原则创造了良好条件，具体开展了如下三方面工作：

第一，系领导组织全系教师深入开展教学法研究。在当时，水电站教研室陈可一同志的教学效果是历届学生公认的。为此，系领导让教研室全面总结了他在开展教学法研究方面的经验，并在全院教师大会上介绍。青年教师反响较大，深入讨论学习，他们认识到一个教师要想达到好的教学效果，只全面搞懂教学内容是不行的，必须有一套教学方法。大家收获很大。

第二，通过一个教师在一次批改考卷发生错判、错给成绩事件，对全系教师开展了如何认真对待每一个教学环节、遵守教学纪律的讨论。在以后再未发现类似事件。

第三，制定了学生的严格考试制度、升降级制度，对多门课程考试不及格、补考后仍不及格者，勒令退学。

1964 年，水利工程系成立水工研究室(高坝结构与水力学研究室)。1964 年，大连工学院承担了水下爆炸的部分研究任务，水利工程系集中全系 14 名骨干力量，组织起来专职搞科研，成立了系党总支和行政直接领导的科研机构——水工研究室，室主任由李士豪兼任，副主任为林皋，党支部书记为郭威勤，室秘书由系科研秘书李彦硕兼任，成员有：董毓新、韩国城、倪汉根、杨文祥、陈德钜、徐福生、王恩磊、范垂义、王焕典、郭淑珍等。实现了多年来发挥组织力量搞科研，贯彻高校两个中心的计划。

当时研究室分两个课题组：一个从事混凝土大坝温度应力控制与大块体混凝土试件导温、导热系数的实验研究，简称大坝温度应力组；一个从事水库中爆炸冲击波对大坝的动力响应理论与实验研究，简称水动力学组。全体同志斗志昂扬，学习理论，学习大庆“三老四严”的工作作风，紧张地开展工作。为培养学生，两个组有五名 66 届学生参加，实验分析与总结报告就是他们的大学毕业论文。

大坝温度应力组自制了为大型混凝土试块加热的大型储水钢罐，配以先进的加温与测温设备，首次做了三个 1 m 直径的混凝土试球，用先进的量测仪器进行实验，得到了初步成果；水动力学组亲自熔解 TNT 炸药，中间放入雷管制成球形起爆试件，在院部东山煤厂附近修复了废旧大水池，然后用附近井水将其充满，池边坝体模型上设有传感器，旁边小房中设有电力引爆和接收传感器反应的仪器，初步爆破成功，水池中间掀起高高的水柱，得到了有关数据。但由于“文革”的开始，理论分析和实验研究未能深入下去。

1957—1966 年，总共分配来系的青年师资共 43 人(本校 30 人，外校 13 人)，实验技术师资 10 人，他们和原有教师一起，经过了全国“大跃进”和水利工程系教育大革命的锻炼，在调整、提高时期得到了妥善安排，在教学理论与生产实际结合上提高较大。这样，到 1966 年 8 月全系教师 122 人，实验技术人员 21 人，职工 6 人，共有 149 人。

2."文革"时期的人才培养与科研工作(1967—1979)

(1)招生及人才培养

1971年水利工程系在全省最早开始招生。第一批水工专业新学员于5月份入学,学制三年。其中来自全省下乡知识青年100人,省水利工程局技术工人20名,分成4个班学习。1972年和1973年各招收水工2个班、港工1个班;1974年招收水工2个班、港工2个班和海工(新专业)1个班;1975年和1974年一样,只水工专业增加1个工人班;1976年招收水工2个班,港工3个班,海工1个班。

这期间的学制均是三年制。6届学生培养方式是两年半在校学习理论课和必需的实验,半年左右时间定期走出去结合生产设计教学。

教学计划制订的原则是:在水利工程系原有教学计划基础上,数学、力学等基础课主要内容不削弱,钢筋混凝土、水力学、土力学等技术基础课主要内容不削弱,主要结构的理论计算与设计绘图不削弱,专业课的教学与毕业设计结合生产设计进行。以水工专业为例,几年来他们在广大教师的带领下,到碧流河水库、葠窝水库、长沼水库、潘家口水库、大黑汀水库、庄河灌区、崂山灌区、棲霞岭灌区等工地,参加混凝土坝的设计与施工和灌溉渠系的渡槽(包含各种形式)设计与施工;到柴河水库、臻子岭水库参加土坝的设计校核等,都取得了很好的效果。这一时期在工地开展教学与设计,师生同吃同住,培养了师生感情。教师为培养学生付出了辛勤劳动,使学生得到了知识和设计锻炼,学生毕业后绝大多数成为各条战线的骨干,不少人成为又懂业务又懂政策的管理干部,如水利部原副部长周英,辽宁省水利厅原厅长仲刚。部分学生毕业后继续攻读硕士、博士学位,成长为学术带头人,如土木水利学院前任院长周晶教授,原任大连理工大学党委常务副书记孔宪京教授等。

1971年前后,海洋石油总公司支援海岸工程专业10万元,这是我国高校与产业单位互动的重要例证。

为了适应海洋石油开发的需要,1974年1月组建海洋石油建筑工程专业,同年招收一个班30人。

1975年海城大地震,辽河大堤多处受到严重破坏。在余震未停的日子里,水利工程系全系师生受命开赴营口市老边区,从勘察、提出处理方案到施工修复大堤,奋战七天,胜利完成了任务。

(2)科学实验和先进的大型工程设计施工

1973年由邢至庄牵头组成鲇鱼湾10万吨油码头设计施工组,水利工程系、力学系、机械系多名教授、骨干教师共20余人组成团队,完成了我国第一座大型油码头的设计和施工任务,1976年5月1日正式建成使用。由于设计先进,质量过硬,1978年获得全国科学大会奖,接着又获得国家建委优秀设计金质奖。

由董毓新负责,5名教师组成设计小分队,到碧流河水库工地参加水电站设计;由宋彧浙教授负责,4名教师到庄河英纳河水库搞大坝技术设计,为大连市水利建设贡献了力量;由卜华仁负责,6名教师组成设计、施工小分队,参加松树水库的设计、施工到建成。

以新建的海工专业教师为主,参与设计完成了渤海湾4号钢质海上采油平台及5号浮动平台，为我国海上采油事业贡献了力量。

(3)新增师资来源

此时期水利工程系新增教师 38 人，实验技术师资 2 人，共 40 人。

来自本系 66—70 届的 12 名同志经过补课、自学，都很快地胜任了教学工作。他们来系后赶上了 20 世纪 80 年代恢复研究生考试制度的机遇，边工作边学习，一些人考取了硕士生，有的人后来又考取了博士生。20 世纪 90 年代有 4 人成为教授、博士生导师，学科带头人。如宋玉普、康海贵、王清湘、王立久等。1996 年后宋玉普被选为土木建筑学院党委书记。

为新建海工专业引进师资 2 人，卢佩琼、张玉洲，为专业教学与科学实验做出了贡献。

本系 74—79 届毕业生 13 人。这 13 名新师资留系参加教学后，有 4 名考取了硕士生，2 名又考取了博士生，成为博士生导师(周晶、孔宪京)；有 2 名新师资根据党的需要转作专职政治工作，后来成为土木水利学院副院长(戴倩云)和党委副书记(李桂玲)。

引进本院基础部教师和国内其他高校教师、设计院、水库管理局工程师 11 人，实验技术师资 2 人。这期间，来自本院基础部的 4 名教师(郑芳怀、李心宏、李世廉、高仁良)从 20 世纪 70 年代初就和水利工程系专业教师一起办学，为基础课与专业课有机配合、理论教学与生产设计结合，提高教学质量做出了贡献。

引进的 3 名工程师范素兰、胡维书、王本德都有丰富的生产设计经验，来校后马上担负起讲课和科研任务。如王本德，他 1962 年从水利工程系毕业后分配到辽宁省大伙房水库，17 年一心扑在大伙房水库的洪水预报调度和生产科研前线。1979 年调回水利工程系后，在陈守煜教授指导下，理论水平又有了新的提高，20 世纪 90 年代他成为博士生导师后，使水资源学科更加紧密地联系生产实际。20 多年来他带领全教研室师生为全国 60 多座大型水库做出防洪调度软件，取得巨大经济效益。2003 年获得国家科技进步二等奖。

到 1979 年 10 月，水利工程系教师 160 人，实验技术师资 23 人，职员 6 人，全系教职工总数 189 人。

从 1949 年到 1979 年的三十年间，土木工程系(水利工程系)共为我国前 6 个“五年计划”输送了 3 968 名大学毕业生，其中水工(包括水能)2 303 人，港工 1 562 人，海工 103 人。

在 1949—1979 年办学期间，水利(土木)工程系从建系开始就坚持理论教学与生产实际相结合的道路。随着时代的发展，各时期教学安排虽有变化，但总在不断完善与提高中。总结水利(土木)工程系的办学经验可知，理论与生产实际相结合的办学之路有利于培养新型的师生关系，有利于老中青教师之间的团结与合作，有利于加强干群联系。水利(土木)工程系全体教师继承和发扬了建系初期的集体主义精神，在几十年的办学过程中代代相传，潜移默化地形成了团结、求实、严谨、诚信和具有极强凝聚力的大工土木水利人精神。

3. 改革开放后的水利工程系(1980—1984)

(1)招生及人才培养迎来新的春天

党的十一届三中全会以后，改革开放使高等教育迎来了又一个春天。1977 年全国恢复高考，水利工程开始正式招生。1977 级入学新生共 5 个班，有水工、港工和海工三个专业。

同时，研究生招生工作也正式恢复。1978 年第一届研究生入学，分别在水工结构和结构工程等专业学习。20 世纪 80 年代是水利工程系培养研究生打基础和大发展的十年。从 1978 年招收硕士生开始，到 1981 年招收专业方向的博士生（水工结构工程），1984—1986 年相继招收结构、海动、高速水流、水资源和水电站方向的博士生。

20 世纪 80 年代首次派一批中年教师到国外进修，这些教师后来均成为土木工程系教师队伍中的骨干力量。

1980 年开始，水利工程系增加了大批有生力量。

1981 年全系教学秩序走上正轨，邢至庄继续被任命为系主任，齐东海被任命为主管教学的副主任，开始进行教学计划拓宽专业面的试点，制订了四年学制含有实习环节和毕业设计的教学计划，增加了选修课，建立了严格教学管理和严谨学风等一系列制度，水利工程系办学进行了一系列教学改革的尝试，取得了突出成绩。

（2）教师队伍发展壮大

20 世纪 80 年代，水利工程系 50 年代的教师已经五六十岁。到 1987 年底，他们中间有 24 人晋升为教授，连同 80 年代前的 8 名教授，全系在职教授共 32 名，按到土木工程系任教时间先后顺序，他们是：李士豪、赵昭阳、王庆寿、赵国藩、萧宗谊、宋彧浙、陆文发、范家鼎、邱大洪、林皋、杨国贤、何广讷、齐东海、申震亚、董毓新、陈守煜、金崇磐、陈壁宏、李鉴初、陈继祖、邢至庄、王中正、李玉成、金同稷、邢次青、张景琦、王惟诚、李彦硕、洪承礼、俞聿修、韩国城和倪汉根。在这十年内，先后有 10 名教授被教育部批准为博士生导师，他们是：林皋、赵国藩、邱大洪、倪汉根、陈守煜、董毓新、李玉成、韩国城、俞聿修和陈壁宏。

（3）科学研究进入快速发展阶段

科学研究进入振兴与快速发展阶段。高速水流研究室争取到了水电部资助建成了变压箱水工实验大厅。20 世纪 80 年代利用世界银行贷款，结构研究室引进美国 MTS 公司电液伺服结构疲劳实验系统，抗震研究室引进先进的地震模拟系统振动台，科研能力和成果水平快速提升。

全系师生一起向世界先进国家学习高科技，大力开展电子计算机技术、研制各种大型复杂结构的有限元电算程序和尖端实验技术、各研究室广泛结合生产任务进行学术研究和国家重大项目的科技攻关。教学、科研不断取得重大丰硕的成果。

20 世纪 80 年代初期水利工程系为我国水电部工程师举办了一次有限元程序设计电算培训班，全国各大水电设计研究院都有人参加。这次学习班向工程界普及了电算知识，使工程技术人员掌握了计算机算法，扩大了影响。

三、土木工程系的建设与发展（1985—1996）

随着 1983 年工民建专业的招生，1985 年岩土专业和 1986 年道桥专业的招生，水利工程系于 1985 年又扩建改名为土木工程系。

这一时期的组织机构是：

系主任：韩国城(1983—1994)，周晶(1994—2002)。

党总支书记：郭威勤(1980—1986)，卜华仁(1986—1996)。

1988—1996年，水利工程系50年代和60年代教师又晋升40名教授，按毕业时间先后顺序，他们是：冯章材、陈士荫、尚全夫、朱玮、蒋惠民、郑芳怀、李奠国、眭庆曦、曹善安、徐福生、陈美珍、赵迺义、虞和莹、吴宗盛、桂玉昆、张廷芳、陈慰如、金春山、陈汉、刘大中、卜华仁、潘锦嫦、连竞、郭承侃、杨景芳、李心宏、范素兰、王全增、王本德、龙宗耀、高仁良、赵廷有、李林普、王凤龙、黄承逵、崔莉、宋玉普、王立久、康海贵、王清湘。

他们中间有1/3参加培养和指导研究生工作，有2/3为本科各课程主讲教师和毕业设计指导教师，其中部分同志还兼任了系和教研室的领导工作。

这一时期从国内外引进的博士和具有高级职称的教师、总工和访问学者共18人，到2007年他们都成为教授、博士生导师和各学科的带头人，典型代表是张哲。

张哲，1967年于唐山铁道学院毕业后在齐齐哈尔铁路局工作，专长桥梁设计。1980年考入兰州铁道学院攻读硕士研究生并于1983年毕业。1985年来到土木工程系，任道桥教研室副主任。1993年组建桥梁工程研究所，2006年建成大型风洞实验室，在新桥型设计理论研究方面有重大突破。20年来他和教研室师生一起在国内主持设计了100余座大型桥梁获得成功。

20世纪80年代水利(土木)工程系负责主持完成了若干项有特色的国家科技攻关、生产设计与科研项目，新的科研领域不断拓展。其中，几项有较大影响的实例是：

1983年邱大洪教授作为技术总负责主持并完成了教育部五所高校联合设计组“六五”科技攻关任务“混凝土多用采油平台的可行性研究”。

1984年由陆文发教授负责设计大连滨海路北大桥，全长230 m，宽12.5 m，是一座美丽的三跨简支加劲桁架悬索式大桥，为大连市增加了一道风景线，游客每到此处都要留影留念。

1985年由抗震研究室主任林皋主要负责的“丰满水电站泄水洞进水口水下岩塞爆破”，是一个风险很大的生产科研项目，经过开创性的研究，该课题胜利完成。1985年科研成果“丰满水电站泄水洞进水口水下岩塞爆破”获国家科技进步一等奖。

1989年董毓新教授主持并完成了“三峡超大型机组稳定性及其标准研究”的“七五”科技攻关任务。该领域的成果曾获水利部和教育部科技进步奖。

1989年李彦硕教授主持并完成了“三峡升船机塔柱选型，动、静、温度应力与稳定电算程序研制与实验”的“七五”科技攻关任务，科研成果被设计采用。

这一时期随着我系科研结合生产任务的增多与深入，国内各专业“规范”编制组纷纷邀请我系有关教授参加，赵国藩、俞聿修、李彦硕等科研成果被《水工钢筋混凝土结构设计规范》《港口工程技术规范》和《水电站进水口设计规范》所采用。

20世纪90年代，土木工程系开始拥有大量一、二级学科和学科带头人。大批年轻的博士生导师在成长，在培养博士生和博士后方面得到很大发展，一些水平较高的课题组占领了国内阵地。

1990年海岸和近海工程国家重点实验室通过国家验收，正式对外开放，1994年5月通过了国家评估。

1991 年邱大洪教授当选为中国科学院院士，1997 年林皋教授和赵国藩教授分别当选为中国科学院和中国工程院院士。

从 1977 年恢复高考以来到 1997 年这 20 年的时间里，由于全体水利(土木)工程系教师在培养研究生建立新学科期间，广泛结合生产任务进行科研和学术研究，教学、科研不断取得丰硕的成果，特别是承担国家重大项目的“七五”“八五”攻关(包括三峡工程)，国内专家组鉴定这些项目一律达到了国内领先和国际先进水平。一些课题成果发表后，不少设计施工单位主动找上门来要求给予咨询。一些课题组占领了国内阵地，获得了大量国家级、省部级的奖项。此外，通过国内外发表大量学术论文、出版专著、参加国内各专业设计规范制定、参加全国教学指导委员会编写全国通用高校教材以及参加各种国际国内学术会议等，水利(土木)工程系知名度大大增加，为校内外优秀大学毕业生报考水利(土木)工程系硕士生、博士生、博士后创造了条件，水利(土木)工程系研究生数量不断增加，系领导可以自主地从优秀毕业研究生中选择新师资，使这时期师资建设走上良性循环的道路。从 1979 年末到 1997 年末，这 20 年来水利(土木)工程系共培养博士后 19 人，博士生 115 人，硕士生 475 人，从中选择了 45 名(包括部分原本系 69 届教师、5 名博士后、20 名博士生、20 名硕士生)留系任教，他们都是 21 世纪初组建土木水利学院时的教授、副教授、各研究室骨干，部分教师成为各学科带头人、博士生导师和院、校的领导。

1985—1995 年是全系新、老教师团结合作最繁忙的十年，也是教学、科研取得巨大成果的十年，是老教师逐年退居二线的十年。到 20 世纪末，水利(土木)工程系五六十年代来校工作的教师绝大多数都已退休，优秀的中青年师资成为新的学术带头人，他们青出于蓝而胜于蓝，胜利地完成了水利(土木)工程系师资队伍的新老交替，迎来了充满希望的 21 世纪。这些退休教师有的被学院返聘，如李心宏教授、郑芳怀教授接受礼聘为力学系讲课，齐东海教授为全校大学生开“交响乐欣赏”课程，1996—2003 年有 5 000 名大学生选修此课，为提高大学生文化素质教育做出了贡献；有的教师继续承担生产科研任务，有的教师被返聘给工程硕士讲课，给监理培训班讲课，有的从事自己喜爱的工作，等等。退休的党员在校离退休工作处党总支领导下，仍在一个支部，每月过一次组织生活，关心着全院和全系的大事。毕业生值年返校，退休的教师都被邀请参加，听取同学们几十年来工作成绩的汇报，享受着桃李满天下的喜悦。

四、土木建筑学院的建设发展(1996—2002)

经过建校以来 50 多年的历程，土木、水利学科的快速发展，过去由土木、水利专业派生的建筑系、设计院、监理公司快速发展，在社会已具有一定的影响力。但是在土木、水利行业蓬勃发展的大形势下，在承担大型建设工程项目中，分散的组织模式在当时的条件下已经不能满足社会发展的要求，同时在强调产、学、研紧密结合的办学指导思想下。学校在 1996 年 7 月决定将土木工程系、建筑系、设计院和监理公司合并，成立土木建筑学院。此期间的组织机构是：

院长：周晶(1996—2002)。

党委书记：宋玉普(1996—1999)，周惠成(1999—2002)。

在土木建筑学院模式下的6年时间中，两个教学单位获得的广泛交流对促进学科发展和建设、人才培养等起到了积极的作用。

1. 学科建设方面取得了很大的发展

1998年6月，经国务院学位委员会第十六次会议审议通过，我院水利工程获得一级学科博士学位授予权。2000年9月25—28日，国务院学位委员会学科评议组第八次会议于北京召开。经专家评审，我院土木工程获得一级学科博士学位授予权。至此，我院“土木工程”和“水利工程”均成为一级学科博士点，覆盖了学院的所有主要学科和学科方向。

(1)土木工程一级学科的建设与发展

土木工程一级学科专业有：结构工程（辽宁省重点学科）、岩土工程、交通土建工程（桥梁与隧道）、防灾减灾与防护工程、建筑环境与设备、土木工程施工与管理。其中，结构工程于1978年建立硕士点，1984年建立博士点；岩土工程于1978年建立硕士点；桥梁与隧道、防灾减灾也已建立硕士点。目前有院士1人（赵国藩教授）；教育部“长江学者”奖励计划特聘教授2人（李宏男教授、徐士烺教授）；博士生导师16人，除结构工程外，其余三个二级学科有博士生导师12人，分别挂靠在水工结构、计算力学、结构工程等博士点上。

土木工程学科现有相关实验室6个（结构工程、抗震、岩土、建材、测绘、水力学）占地面积3 617平方米，专职人员19人；主要设备包括：MTS结构疲劳实验机；地震模拟系统与大型静、动三轴仪。在“211工程”重点学科建设项目中，结构实验室和抗震实验室各扩建201平方米，并将投资700多万元建成水下地震模拟系统，混凝土三轴实验机与土工空心圆柱循环压缩剪切仪。

自1995年以来，本学科所属各博士点、硕士点，共承担欧共体合作项目1项、国家攀登计划专题3项、杰出青年科学基金2项、自然科学基金10项、国家科技攻关专题4项及大量的地方政府和企业资助课题研究。在结构可靠性与耐久性、混凝土结构理论、地震作用结构与地基相互作用、岩土工程非线性分析、预应力桥梁世纪理论等方面取得了不少的达到国内领先和国际先进水平的成果。共有32项获得省部级及国家级科技进步奖，其中国家科技进步一等奖1项。

土木工程一级学科下，已有5个专业招收本科生：工业与民用建筑专业、岩土工程专业、道路桥梁专业、建筑环境与设备专业、建筑工程施工与管理专业。设有土木工程博士后流动站，结构工程博士点，岩土工程博士点，桥梁与隧道工程硕士点。结构工程有博士生导师7个，其余三个硕士点有博士生导师6人，分别挂靠在结构工程、水工结构工程、计算力学等博士点招收博士生。本学科三年来共授予博士学位36人，硕士学位54人。现在在读博士生47人，硕士生53人。

土木工程各二级学科自招收研究生以来，共培养硕士学位获得者200余名；博士学位获得者120余名。其中，聘为教授以上专业技术职称的50余名，他们在各自的工作岗位上发挥着愈来愈重要的作用。

(2)水利工程一级学科的建设与发展

水利工程学科是大连理工大学的传统优势学科,其水工结构专业是我国首批建立的博士点(1981)。经过近50年的建设,本学科已经成为我国水利工程科学研究和人才培养的重要基地,形成了一支稳定的、结构合理、有创新能力、有团队精神的教学科研队伍,拥有20世纪90年代末国际先进水平的实验设备(固定资产达1 200万元人民币),整体研究水平始终处于国内前列,尤其是近海及海岸工程、水工建筑物抗震理论与实验技术、水工钢筋混凝土基本理论和结构设计、工程结构可靠度和高速水流泄洪消能等方面在国际上也有一定影响。2001年大连理工大学水工结构工程学科被评为国家重点学科。

该学科设置有水工结构工程、水资源与防洪、水力学及河流动力学、水利水电工程和港口、海岸及近海工程等多个二级学科点。其中港口、海岸及近海工程和水工结构工程为国家重点学科。学科有博士生导师24人,其中中国科学院院士2人(林皋院士和邱大洪院士),教育部"长江学者"奖励计划特聘教授2人(滕斌和李宏男),国家杰出青年科学基金获得者2人,教育部跨世纪人才1人,国家级、省市级有突出贡献专家4人。仅"九五"期间,完成国家攀登计划2项、国家自然科学基金重大项目2项、重点项目4项、国家科技攻关项目6项,并取得了一批高水平的科研成果。获得国家科技进步一等奖1项、二等奖3项,三等奖7项,获得教育部、水利部和辽宁省等省部级科技进步奖20多项。此外,赵国藩院士于1999年荣获陈嘉庚技术科学奖。在教学和人才培养方面,2001年获得国家优秀教学成果二等奖1项,辽宁省优秀教学成果一等奖1项。

本学科设置有专业齐全的实验室,包括水工抗震、水工、水力学、水电站、建筑材料、岩土力学、结构工程和测量图学等,有配套先进的实验设备。近3年授予博士学位44人、硕士学位91人。现在在读博士生56人,硕士生64人。

在该研究领域有深厚的研究工作积累,承担过和正在承担包括三峡工程在内的大型水利水电工程的重大研究课题,获得过国家级及省部级科技奖励多项。

(3)港口、海岸及近海工程二级学科的建设与发展

港口、海岸及近海工程学科点是在大连工学院(大连理工大学前身)建校时成立的,自20世纪50年代起即开始从事有关波浪、港工结构等方面的研究工作。海岸工程专业于1984年被授权为博士点,1988年被评为国家重点学科,同年设立水利工程博士后流动站。1990年海岸和近海工程国家重点实验室建成并开始运行,先后两次通过国家评估。1996年本学科点被确定为"211工程"重点建设学科,1998年本学科所在的一级学科——水利工程被授权为一级学科博士点。经过半个多世纪的发展,目前本学科点拥有固定资产2 000多万元,各类人员30人,其中教授14人(中国科学院院士1人,教育部"长江学者"奖励计划特聘教授2人,博士生导师12人,国家杰出青年科学基金获得者3人)。目前本学科点在读博士与硕士研究生近100人。

目前本学科点与国外一流学科比较,虽然在水动力方面拥有毫不逊色的研究水平、研究队伍和实验条件,但是在非线性波浪作用下深水海工建筑物的结构动力反应及设计理论、海洋环境预报理论和方法、冰区溢油理论和修复方法、海洋动力条件下海洋土的工程特性与海洋工程结构地基分析设计理论等方面的水平和能力仍存在着较大的差距,难以适应国际上科学技术日新月异的发展和我国海洋开发中出现的新需求。这急需拓宽研究

领域和加强实验条件建设,为我国的海洋经济腾飞、社会发展和人才培养做出新贡献。

本学科在“九五”期间“211工程”支持的基础上,“十五”期间的建设总体目标是学科综合实力在国内处于一流水平(国内高校港口、海岸及近海工程学科范围内,排名前两名),在国际港口、海岸及近海工程学术界有一定影响;造就一批能够把握学科前沿的学术带头人,形成一个梯队结构合理的研究队伍;能够培养具有坚实的理论基础、很强的工程实践能力的高层次博士后、博士生,较宽知识面的硕士生和本科生。进一步提高解决我国以及亚太地区的港口、海岸及近海工程及相关的水利工程中的重大科技攻关项目的能力。

预计通过“十五”期间的学科建设,本学科点将具备多学科交叉的综合实验条件,总体科研实力将跃上一个新的台阶。在非线性波浪对深水海工建筑物作用的研究方面达到国内领先水平,部分达到国际先进水平;在海洋土的工程特性和本构模型、现代海洋地基设计理论等海洋土力学的基础性研究中达到国内领先水平,部分达到国际先进水平;在冰区溢油研究上达到国内领先水平,部分达到国际先进水平;在海洋环境研究上达到国内领先水平,部分达到国际先进水平。解决一批我国港口、海岸及近海工程、交通、能源、环保等领域的重大工程建设项目中的关键技术问题。

2.社会办学与新专业的建设

1996年以后国家开始工程硕士招生,学院抓住这一契机,从此开始了工程硕士培养的工作,取得了很好的经济效益,同时,扩大了我院在社会的影响。六年共招收工程硕士362人。

继1993年成为交通部监理工程师定点培训学校之后,1998年经过努力又成为建设部监理工程师定点培训学校,为建设监理行业培养了近万名监理工程师,培训分布全国20多个城市,由于我们在培训工作中组织有序,授课认真、严谨,得到了建设部和交通部有关部门和主办单位的好评。交通部委托我院编写了166.8万字的《注册土木工程师(港口与航道工程)职业资格考试复习辅导材料(上册)》,并在后期的监理工程师注册考试题库的建设中发挥了重大的作用。

1998年开始筹建工程管理和建筑环境与设备本科专业,1999年开始招生(工程管理两个班,建筑环境与设备一个班)。现在这两个专业都是二级学科博士点。这两个专业的建设和发展,为土木和水利两个一级学科的建设与发展起到了积极的促进作用。

五、土木水利学院的建设与发展(2002—2009)

2002年6月,土木水利学院正式组建。这一时期的行政机构是:

院长:李宏男(2002—2009)。

党委书记:周惠成(2002—2009)。

21世纪初期,土木水利学院步入了学科快速发展、师资队伍不断壮大、科研水平快速提升、人才培养质量不断提高的辉煌时期。

至2008年底,学院有4个系,即土木工程系、水利工程系、城市建设系和交通工程系。土木工程系设有结构工程教研室(所)、桥梁工程教研室(所)、建筑材料教研室(所)、力学教研室、测绘教研室和钢结构研究所6个教研室(所);水利工程系设有水利水电研究所、水资源与防洪研究所、水环境教研室(所)、水电与水信息研究所和港海工程教研室;城市建设系设有工程管理教研室、建筑环境与设备教研室(所)和建筑环境与新能源研究所;交通工程系设有道路工程教研室(所)和道路规划管理教研室。学院有14个研究所(研究中心),即海洋工程研究所、结构工程研究所、工程抗震研究所、岩土工程研究所、水利水电工程研究所、大连港口发展研究中心、大坝老化再生工程化技术中心、结构健康监测与控制研究中心、防灾减灾研究中心、大连水务研发中心、岩石破裂与失稳研究中心、智能结构系统研究所、测量信息技术研发中心和建筑节能技术中心。学院还有一个国家重点实验室,下设三个分实验室,即水动力学实验室、结构实验室和抗震实验室。

1. 学科建设

这一时期,学院全力投入"211工程"和"985工程"的建设中。学院从2003年起启动"十五""211工程"建设,建设总经费达627万元,从2004年起启动"985工程"Ⅱ期、"海洋和水利资源利用工程及灾害防治"科技一级创新平台的建设,建设总经费达3 908万元。学院"十五""211工程"子项目建设成果显著,2006年顺利通过了教育部组织的专家验收,得到了较高的评价。从2008年起启动了"十一五""211工程"建设,建设总经费达750万元。学院认真总结"985工程"Ⅰ期的经验,以"985工程"Ⅱ期为契机,制定了学科发展中长期规划,经过几年的建设,学科建设取得了很大的发展,促进了学科优化和交叉,推进了资源共享,创建了高水平学术团队,建设、改善平台的教学、科研条件和基础设施,提高了科学研究水平和承担大课题、大项目的竞争实力。

海岸和近海工程国家重点实验室于2003年和2008年两次通过了国家组织的重点实验室评估,并取得了优秀的成绩。

2006年4月29日桥梁工程研究所的风洞实验室落成剪彩,这是学院"985工程"Ⅱ期的标志性成果,也是东北地区首家桥梁、建筑结构的民用风洞实验室。实验室的建立填补了东北地区在该领域风洞实验上的空白。

2004年学院批准建设省级高等学校重点实验室"水科学与水利工程";2007年学院批准建设辽宁省重点实验室"工程防灾减灾";2007年学院工程水力学实验室被评为辽宁省示范教学实验室,这也是学院第一个省级示范教学实验室。

2004年水利工程一级学科在国家学科评估中,在各高校中排名第三位,土木工程一级学科排名第五位。2006年成立了交通工程学科,以及相应的交通工程系和本科专业,并从2007年开始招收本科生。

2007年学院以优异的成绩圆满完成了国家重点学科的评估与申报工作。"水利工程"一级学科原有的2个二级学科重点学科,以优异成绩通过评估。在此基础上,"水利工程"被批准为国家一级学科重点学科,"土木工程"所属二级学科"结构工程"被批准为国家二级学科重点学科,学科建设跃上了新的台阶。

2004年以滕斌教授为带头人的"海洋环境及灾害——机理、影响、预报及防护"科研团队获教育部创新团队,2005年以李宏男教授为带头人的"工程结构破坏机理及安全性评价"科研团队获教育部创新团队,2006年以徐世烺教授为带头人的"新型工程材料与重大工程结构关键技术”科研团队和以上两个团队获辽宁省创新团队。

2007 年学院获得教育部“高等学校学科创新引智计划”资助，引智基地建设为高水平国际学术交流和人才培养提供了高端平台。

2005 年学院综合实验三号楼竣工，2009 年综合实验四号楼竣工，改善了学院的实验室条件，为引进和开发先进的实验仪器设备，建设高水平的现代化实验室创造了条件。

2. 师资队伍建设

到 2008 年底，学院有在职教职工 214 人，其中教授 57 人，副教授 47 人，两院院士 4 人，国务院学位委员会学科评议组成员 2 人，教育部“长江学者”奖励计划特聘教授 5 人，国家级有突出贡献专家 7 人，国家杰出青年科学基金获得者 7 人。

学院于 2003 年起提出了“三个建设”，即“院士后备梯队建设”“青年学术带头人梯队建设”和“青年教师队伍的博士化建设”。经过五年的建设，学院教职工总数从 173 人扩大到 214 人，其中教学科研人员从 116 人扩大到 168 人，教师中具有博士学位的比例从 47%上升到 77%。学院加大引进人才的力度，拓宽引进渠道，对于薄弱学科和急需专业，给予特殊的引进人才政策，五年共引进人才 62 人，其中教育部“长江学者”奖励计划特聘教授 1 人(唐春安)，教授 6 人，副教授 6 人。2006 年新任校长中国工程院院士欧进萍来校，带来了智能结构系统学科，增强了学院科研力量。学院积极培养青年教师，提高青年教师的业务水平和综合素质，为青年教师设立培养基金，选派优秀的青年教师出国进修、学习，举办青年教师学术论坛。在这五年的学校职称评聘中，学院新增教授 14 人，副教授 30 人。

3. 科学研究

学院在不断拓宽研究领域，积极参与国家科技发展计划，在抓基础研究的同时，面向经济建设的主战场，将科学研究同国家经济的发展紧密结合。

学院保持科研经费的快速增长，争取到了很多大项目和纵向课题，科研“质”和“量”都有了较大飞跃，学院的科研水平全面提升。这一时期，学院申请国家自然科学基金项目 120 项，重大研究计划专题 2 项，重点基金 10 项。“十一五”支撑计划项目 18 项，“973 计划”项目5 项，“863 计划”项目 2 项。学院科研经费从 2002 年的 2 071 万增加到 2008 年的11 110 万。

学院科研成果丰硕，共获国家级科技进步奖 6 项；共获省部级科技进步奖 46 项，其中一等奖 12 项，二等奖 19 项，三等奖 15 项；共发表学术论文 2 909 篇；授权专利 49 项；出版专著 66 部。

学院管学研、产学研合作发展迅速。先后成立了“大坝老化再生技术工程化研究中心”“港口发展研究中心”“深海工程研究中心”等研究机构，为解决新的科技问题开展了研究工作。参与了辽油-大工研究院的科研合作，与华东水电勘测设计研究院、新疆生产建设兵团、三峡总公司、中交水运设计院等大型企业建立了长期稳定的合作关系。

学院坚持鼓励自主创新，努力提高教学、科研工作者的积极性和创造力，从 2005 年开始召开奖励大会，对教学、科研获奖成果进行奖励。截止到 2008 年共奖励 799 项，奖励现金和匹配经费达 119 万元。

4. 人才培养

这一时期，学院积极加强教学管理，深入教学改革，提高人才培养质量。坚持育人为本、人才第一的原则，不断强化育人主体，细化育人过程，优化育人环境。

截止到 2008 年底，学院在校学生 2 579 人，其中博士研究生 464 人，硕士研究生 741 人，本科生 1 374 人。

本科生各专业招生规模平稳，共招收本科生 2 337 人，毕业2 124 人；研究生招生数量不断扩大，硕士研究生人数从 2002 年的 187 人扩大到 2008 年的 286 人，共招收 1 647 人，毕业 961 人；博士研究生招生数量从 2002 年的 59 人扩大到 2004 年的 113 人，不断递增，2005 年后每年约招收 80 人，这一时期共招收 619 人，毕业 311 人。学院从 2002 年开始招收工程硕士，目前已招收工程硕士 543 人，毕业 507 人。

学院积极开展专业建设，争创精品课程和优秀课程。2002 年新开本科生专业——建筑环境与设备工程，2004 年“结构力学”被评为辽宁省精品课程，2007 年新开本科生专业——交通工程。2004 年土木工程专业以全票通过建设部土木工程专业的评估，位于评估院校的前三位。2007 年水利水电工程专业和土木工程专业被评为国家特色专业。2007 年“画法几何与工程制图”与机械学院联合申报，被评为国家精品课程；工程力学教研室的“工程力学”被评为辽宁省精品课程；2008 年“水力学”课程被评为辽宁省普通高等学校精品课程。

2007 年学院开设结构抗震和海洋工程两个创新实践方向，2008 年开始招生，共招收 69 人，其中结构抗震创新实践班 45 人，海洋工程创新实践班 24 人。

学院教学成果丰硕，这一时期共获教学成果奖 48 项、学校本科教学改革基金立项项目 64 项。

学院努力开展创新教育，系统地建立了创新实践培养体系。2007 年获批建设“面向工程的土木水利大类人才培养模式”国家人才培养模式创新实验区。从 2007 年起，学院在大学生创新性实验计划项目中，共申请到国家级项目 13 项，校级项目 20 项，院级项目 109 项。

学院积极开展各种竞赛活动，努力培养大学生的创新实践能力。2007 年承办了辽宁省大学生结构设计竞赛，2008 年承办了全国大学生结构设计竞赛。

学院注重研究生培养质量，加强研究生论文质量监督与管理，研究生学位论文质量有了明显的提高。这一时期共获得辽宁省优秀博士论文 1 篇，辽宁省优秀硕士论文 4 篇，学校优秀博士论文 5 篇，学校优秀硕士论文 71 篇。

学院积极开展学术交流活动，营造浓厚学术氛围，提高研究生学术水平。2006 年承办了全国博士生学术论坛水利、土木两个分论坛活动。

学院广泛地开展国际合作交流活动，已与多个国家和地区的十几所大学签订了学生交流协议，与英国爱丁堡大学、澳大利亚西澳大学签订了本科生“2＋2”联合培养协议。这一时期，学院选派研究生参加公派研究生留学项目，有 17 名“2＋2”本科生享受到国外大学全额奖学金。

这一时期学生就业率一直很高，初次就业率 90％以上，学生深受用人单位的欢迎。

土木水利学院党政班子和全体教职员工将秉承院训"厚德和物，勤学创新"的精神，继续巩固已取得的成果，进一步推进教育创新和教学改革，努力做好创新人才培养、学科建设与调整、骨干教师队伍建设、党建及理想信念培养等各项工作，研究新情况，解决新问题，创造性地开展好各项工作，为建设创新型国家及创办国际知名的高水平研究型大学多做贡献。

六、建设工程学部的建设与发展（2009—2018）

2009 年 9 月 22 日，建设工程学部成立，标志着大连理工大学自 2007 年以来以学部制为主要内容的基层学术组织改革迈出了重要步伐。建设工程学部以水利工程、土木工程和交通运输三个一级学科及工程管理交叉学科为基本单元，以海岸和近海工程国家重点实验室为支撑平台和学科基地，下设水利工程学院、土木工程学院、交通运输学院和建设管理系（筹）。

建设工程学部部长：李宏男（2009—2014）、董国海（2014—2018）、张弛（2018 至今）、

建设工程学部党委书记：马震岳（2009—2014）、杨庆（2014 至今）。

2007 年以来，大连理工大学依托一级学科群稳步推进学部制改革。建设工程学部的成立，为土木水利学科的跨越式发展奠定了新的里程碑。2012 年 12 月，建设管理系正式成立。2015 年 1 月，深海工程研究中心并入建设工程学部。至此，建设工程学部形成了"三院一系一中心"的发展格局。

建设工程学部以"985 工程""211 工程"和一流大学、一流学科建设为契机，充分发挥传统学科专业的办学优势和特色，抢抓振兴东北老工业基地的历史机遇，努力发展新兴学科和交叉学科，师资力量进一步壮大，人才培养质量、科学研究水平、服务社会能力显著提高，优秀的历史文化得到传承创新，各项事业取得了跨越式发展。

建设工程学部以马克思列宁主义、毛泽东思想、邓小平理论、"三个代表"重要思想、科学发展观和习近平新时代中国特色社会主义思想为指导，积极贯彻党的"十七大""十八大"和"十九大"精神，深入学习《国家中长期教育改革和发展规划纲要（2010—2020）》，落实《大连理工大学中长期发展战略规划（2010—2020）》和《大连理工大学学部制管理若干规定（暂行）》，按照统筹推进世界一流大学和一流学科建设决策部署，紧紧围绕建设特色鲜明的世界一流大学目标，努力把水利工程和土木工程学科建设成为顶尖主干学科，把交通运输工程学科建设成为特色交叉学科，为国家经济社会发展提供有力的智力支持和技术服务。

2009—2018 年是建设工程学部成立后的第一个十年，是承前启后、创新发展的重要战略机遇期。学部立足大连、辽宁和东北，面向全国，放眼世界，以学部制建设为改革的发动机，以全新的思维和高度的组织力做好顶层设计和统筹规划，坚持整合、拓新、外向、前瞻的指导思想，构建学部专业学科的全优布局，汇聚一流的师资队伍，打造系统完善的研究平台。

建设工程学部下设水利工程学院、土木工程学院、交通运输学院、建设管理系和深海工程研究中心。学部有3个一级学科(水利工程、土木工程、交通运输工程),1个一级学科国家重点学科(水利工程),1个二级学科国家重点学科(结构工程),2个一级学科省重点学科(水利工程、土木工程);2个一级学科博士点(水利工程、土木工程),13个二级学科博士点和16个二级学科硕士点,2个博士后科研流动站(水利工程、土木工程);1个国家重点实验室(海岸和近海工程国家重点实验室),1个国家地方联合工程实验室(桥梁与隧道技术国家地方联合工程实验室),1个国际合作联合实验室(海洋油气工程国际合作联合实验室),3个辽宁省重点实验室(工程防灾减灾实验室,土木工程基础设施安全监测与控制实验室,辽宁省水资源调控与防洪减灾重点实验室),1个辽宁省高校重点实验室(水科学与水利工程实验室);2个国家自然科学基金委创新研究群体;1个辽宁省协同创新中心(工程防灾减灾协同创新中心),1个国家级实验教学示范中心(国家级土木水利实验教学示范中心);7个本科专业。学科群和研究平台为高水平人才培养、学术研究和社会服务提供了强大支撑。

1. 学科建设

"211工程"Ⅰ期,投入经费1 043万元;"211工程"Ⅱ期,投入经费750万元;"211工程"Ⅲ期,投入经费1 700万元;"952工程"Ⅰ期,投入经费1 270万元;"952工程"Ⅱ期,投入经费4 910万元;"952工程"Ⅲ期,投入经费6 092万元;2016年"双一流"学科建设至今,投入经费3 490万元。

2011年,"土木工程基础设施安全监测与控制实验室"获批为辽宁省重点实验室。2012年,"桥梁与隧道安全技术工程实验室"获批为辽宁省工程实验室,成为建设工程学部第一个省级工程实验室。2012年12月,桥梁工程研究所自筹经费完成了"桥隧结构实验室(桥隧研发基地)"的建设,正式投入使用。该实验室总建筑面积约5 000平方米,为目前东北地区最大、最先进的桥隧结构实验室,为桥梁与隧道工程学科以及土木工程学科的发展提供了新的支撑平台。2015年,"桥梁与隧道技术国家地方联合工程实验室"获得国家发展和改革委员会批复组建,获批建设经费100万元。2016年,以大连理工大学为联合单位申报的"消防与应急救援国家工程实验室"获得国家发展和改革委员会批复组建,建设工程学部参与火灾监测预警与蔓延防控技术领域的合作。2017年,张弛教授牵头的"辽宁省水资源调控与防洪减灾重点实验室"获得辽宁省科技厅批准组建。2018年,程春田教授牵头的"大连市清洁能源高效利用重点实验室"获批组建。

2015年,"工程防灾减灾协同创新中心"获批为辽宁省第三批协同创新中心,获批建设经费200万元。

2012年,水利工程和土木工程学科均被列为学校"顶尖学科建设计划"重点建设学科。

2015年,建设工程学部成立"学科建设管理委员会",完成水利工程、土木工程、交通运输工程的学科规划,明确了各自学科的建设目标,规划了学科方向,重点提出了人才培养和师资队伍建设方案。2015 年 7 月 10—13 日，建设工程学部召开土木工程、水利工程学科建设方向专家咨询会，土木、水利工程领域专家学者齐聚大工，为学科发展“把脉”。前来参会的有台湾大学杨永斌院士、中国水利水电科学研究院王浩院士、南京水利科学研究院院长张建云院士、石家庄铁道大学副校长杜彦良院士以及多位知名专家学者；还有南昌大学校长周创兵、温州大学校长蔡袁强、国家自然科学基金委员会水利工程学科主任李万红、国家自然科学基金委员会土木工程学科主任茹继平、四川大学副校长许唯临、中国海洋大学副校长李华军、大连海事大学副校长潘新祥、郑州大学副校长高丹盈、清华大学国家重点实验室主任李庆斌、清华大学国家杰出青年科学基金获得者李先庭等专家学者。会议听取了土木工程学院院长何政教授和水利工程学院院长张弛教授关于两个学科建设规划的论证报告，与会专家学者与建设工程学部教师进行了充分的讨论和交流。

2016 年，新一轮学科建设启动，水利工程、土木工程和交通运输工程三个一级学科建设规划通过学校评审。学校拨款 560 万元用于平台建设，购置仪器设备 13 台套；高端人才专项立项 3 项，金额为 600 万元。2018 年学校拨款 560 万元用于平台建设，购置仪器设备 11 台套；高端人才专项立项 3 项，金额为 650 万元。

2017 年 7 月，《建设工程学科群建设方案》经校内外多方论证获批通过，成为建设国内领先、国际一流水平学科群的指导性文件。

2018 年 4 月 30 日至 5 月 1 日，土木水利学科开展国际评估。担任此次评估的国际专家有：美国、日本、墨西哥三国院士，国际地震工程学会会长，日本京都大学中岛正爱教授；加拿大工程院院士、西安大略大学施罗布丹·西姆诺维科教授；新加坡国立大学副校长菲利普·利方教授；美国伊利诺伊大学芝加哥分校副校长法家德·安萨利教授；美国伊利诺伊大学香槟分校水文水资源领域专家蔡喜明教授；国际土力学与岩土工程学会副主席、日本东京大学東畑郁生教授；美国罗格斯大学高级基础设施和运输中心主任阿里·马尔教授；原西澳大学土木与水资源工程学院院长程亮教授；美国休斯敦大学智能材料和结构实验室创始人宋钢兵教授。中岛正爱教授担任评估组组长。

2018 年土木、水利学科接受国际专家组评估

土木、水利学科的国际评估是我校首次开展的国际学科评估。5 月 1 日上午，校长郭东明院士会见了评估组的国际专家。副校长贾振元在大会上致辞，并为各位国际评估专

家颁发聘书。建设工程学部副部长于龙做了土木、水利学科的学科建设汇报。会议由建设工程学部部长董国海主持。

专家组与土木、水利学科师生座谈

专家组参观实验室

现场评估期间，国际评估专家实地考察土木、水利工程学科的教学、科研实验基地，与建设工程学部领导班子座谈，与土木、水利学科教师和学生分别座谈。

专家们一致认为，大连理工大学土木、水利学科科研实力雄厚，有着高质量的本科生、研究生教育，尤其是实验室设备与资源，给专家组留下深刻印象。希望学科增强内部整合，形成主力方向；加强与学校其他院系协同，交叉融合新兴科技。学校相关职能部门负责人参加了评估会议。

十年间，海岸和近海工程国家重点实验室于 2013 年、2018 年两次通过科技部评估，2014 年完成实验室第六届领导班子换届和学术委员会换届。水利工程、土木工程参加了教育部第三轮、第四轮学科评估，在 2012 年第三轮学科评估中，水利工程排名第四，土木工程排名第八；2016 年第四轮学科评估首次采用“分档”方式公布结果，水利工程被评为 B^{+}，土木工程被评为 A^{-}，交通运输工程被评为 C。

2. 师资队伍建设

2009—2019 年，引进各类人才 98 人，其中教授 15 人，副教授 23 人，讲师及工程师 60 人。44 位教师晋升为正高职(其中破格晋职 2 人)，88 位教师晋升为副高职。

2009—2018 年，以下教师获评各类高层次人才称号：

中国工程院院士：孔宪京

兼职教授中的两院院士：王复明　杨志峰　陈政清　谢礼立

国务院学位委员会学科评议组成员：李宏男　董国海

国家有突出贡献专家：董国海

“百千万人才工程”国家级人选：董国海　程春田

教育部“长江学者”奖励计划特聘教授：程春田　张　弛

中组部国家高层次人才特殊支持计划教学名师：陈廷国

中组部国家高层次人才特殊支持计划科技创新领军人才：伊廷华　李　钢　张　弛

教育部新世纪优秀人才支持计划入选者：

张吉礼　梁正召　常　钧　周　智　李　昕　伊廷华

邹德高　王宝民　李　钢　宁德志　张　弛　韩宝国

国家杰出青年科学基金获得者:程春田　伊廷华

国家优秀青年科学基金获得者:马玉祥　伊廷华　宁德志　张腾飞　赵云鹏

教育部教学指导委员会委员:宋向群　赵胜川　陈廷国

全国十大桥梁人物:张　哲

全国优秀科技工作者:邱大洪　林　皋　欧进萍　李宏男　伊廷华

辽宁省院士人选培养工程:李宏男　孔宪京　程春田

辽宁省领军人才:李宏男

辽宁省优秀专家:程春田　迟世春　伊廷华

辽宁省“百千万人才工程”百人层次人选:张吉礼　周　智　王宝民　宁德志　李　钢

辽宁省“百千万人才工程”千人层次人选:

任　冰　刘　君　李　昕　伊廷华　张宝刚　张婷婷　马玉祥

辽宁省“百千万人才工程”万人层次人选:安永辉　申建建　王文渊

辽宁省兴辽英才计划“高层次人才培养支持计划”科技创新领军人才:伊廷华

辽宁省兴辽英才计划“高层次人才培养支持计划”科技创新青年拔尖人才:

马玉祥　裴华富

辽宁省青年科技奖十大英才:伊廷华

大连市首批突出贡献专家:孔宪京　张　哲

大连市领军人才:程春田　李宏男　沈永明　迟世春　伊廷华

当代中国杰出工程师:贾金青

大连理工大学“星海学者”:程春田　孔宪京　李宏男

大连理工大学“星海杰青”:伊廷华　宁德志　张　弛　李　钢

大连理工大学“领军人才”岗位第Ⅰ类人选:董国海　贾金青　张　弛　李　钢

大连理工大学“领军人才”岗位第Ⅱ类人选:何　政

大连理工大学“星海青千”:裴华富　唐福建

大连理工大学“星海优青”:

梁正召　马玉祥　张腾飞　崔　瑶　徐博瀚

赵云鹏　安永辉　徐　斌　刘婉秋　张婷婷

大连理工大学“星海骨干”:

申建建　刘婉秋　安永辉　康　飞　乔东生

张婷婷　欧阳剑　曲春绪　施　伟　王海超

为了加大培养和引进高端人才的工作力度，2015 年制定了《建设工程学部高端人才培养/引进政策》。同年，修订《建设工程学部 2015—2017 年人才队伍规划》。2016 年，修订《建设工程学部 2016—2020 年人才队伍规划》。2017 年完成《建设工程学部“十三五”师资队伍规划》《建设工程学部高端人才岗位协议工资制方案》。学部举办了海内外青年学者论坛、大连理工大学青年学者星海国际论坛建工学部分论坛等，编印海内外招聘宣传册，赴美国、英国、日本、新加坡等积极招聘海外教师。

3. 人才培养

在人才培养方面，坚持立德树人，突出人才培养的核心地位，培养德智体美劳全面发展、与土木水利一流学科相适应的高水平的建设者和接班人。加强创新创业教育，大力推进个性化培养，全面提升学生的综合素质、国际视野、创造能力，以及在技术快速变化时代如何思考，如何学习。以学科为基础，以改革为动力，切实加强专业建设，以大类招生、大类培养为基础，贯通“本硕博”培养体系，集中建设土木水利特色示范专业，大力发展土木水利工程信息化、智慧交通和海洋资源开发等新工科专业，形成教学与科研紧密结合、工程与学术紧密结合、基础与创新紧密结合、严谨与开放紧密结合的富有活力与特色的人才培养新模式。保持本科生现有招生规模，扩大硕士、博士研究生招生数量，根据社会需要及时调整各专业招生结构，发展新的研究生招生学科方向。构建富有活力与特色的人才培养新模式，培养兼具人文情怀、工程素养和创新意识的行业领军人才，培养综合型、工程型、创新型的多层次、多类型拔尖人才，努力做到教学与科研紧密结合、工程与学术紧密结合、基础与创新紧密结合。完善卓越工程师教育培养体系与管理模式，切实加强与企业共建的国家级工程教育实践中心建设，扩大受益学生面，全面提升毕业生的就业层次和发展空间。充分发挥土木水利实验教学中心的示范辐射作用，建设国家级土木水利虚拟仿真实验教学中心。

4. 科学研究与社会服务

在科学研究方面，进一步聚焦学术前沿，如环境与工程耦合复杂关系、流域环境演变、海岸海洋工程基础、超大跨桥梁分析理论、深长隧道安全及耐久性、地震致灾机理及结构防灾减灾和健康监测、交通需求管理，多模式综合交通系统等，争取在水生态、海洋环境、新型结构和工程系统、全寿命监测控制与防灾减灾、智能交通等方面形成研究特色。

在社会服务方面，注重应用，解决重大工程问题。成立“大连理工大学跨海交通工程研究中心”，开展多学科交叉研究，与政府、企业和科研机构在重大跨海交通工程上开展交流、沟通和技术服务。深度参与大连湾跨海工程、南海岛礁等建设。以海岸和近海工程国家重点实验室建设为基础，以结构和防灾实验中心建设、深海工程研究中心建设为引擎，整合现有的实验系统，实现办学资源的高度共享，构建学部层面甚至跨学部的大平台，打造成为国际一流的学术研究基地和人才培养基地。

第二节　党政机构沿革

一、土木工程系时期(1949 年 4 月—1955 年 6 月)

1. 行政机构

系主任:李士豪
副系主任:戴宗信
主任助理:马啸(兼)
系秘书:赵国藩、张祥久
辅导室主任:解树岩

2. 党组织机构

1952 年 9 月成立土木工程系党总支委员会。
书　记:马啸
副书记:李栋

二、水利工程系时期(1955 年 6 月—1985 年 3 月)

1955 年 6 月经教育部批准,“土木工程系”更名为“水利工程系”。

1. 行政机构

● 第一任
系主任:李士豪
副主任:戴宗信
主任助理:马啸(兼)、解树岩
行政秘书:崔玉邦
教学秘书:蒋水心
学生秘书:杨国贤
科研秘书:徐积善
● 第二任
系主任:李士豪
副主任:赵昭阳、邢至庄

● 第三任

系主任：邢至庄

副主任：赵德雍(兼)、董毓新、赵昭阳

● 第四任

系主任：李士豪

副主任：邢至庄、赵昭阳、辛雨农

办公室主任：于文锦

行政秘书：黄志中

教学秘书：尚全夫

科研秘书：杨文祥、李彦硕

设备秘书：孙意卿

● 第五任

组　长：张爱华

副组长：胡英杰、王文治、杜守石、陈修柱、冯振居、赵一兵、邢至庄、张国林、胡云阶

● 第六任

组　长：程子栋

副组长：朱承志、李栋、赵昭阳

● 第七任

组　长：李栋

副组长：乔传恕、葛启宽(兼)、杨锡春、张京奎

● 第八任

系主任：邢至庄

副主任：魏启瑞、蒋惠民、辛雨农、金同稷、齐东海

● 第九任

系主任：韩国城

副主任：齐东海、潘锦嫦、孙景利

2. 党组织机构

● 第一届

党总支书记：马啸

副书记：邢至庄、解树岩

● 第二届

党总支书记：穆蕴香

● 第三届

党总支书记：李栋

副书记：解树岩

● 第四届

党总支书记：李栋

副书记:解树岩、赵德雍

- 第五届

党总支书记:李栋

副书记:解树岩、赵德雍、乔传恕

- 第六届

党总支书记:李栋

副书记:乔传恕、解树岩、蒋丽音

- 第七届

党总支书记:程子栋

副书记:张爱华

- 第八届

党总支书记:李栋、戴倩云

副书记:乔传恕、张爱华

- 第九届

党总支书记:李栋

副书记:葛启宽、戴倩云、张京奎、邢至庄、王裕宁、郭威勤

- 第十届

党总支书记:郭威勤

副书记:魏月兰、王裕宁

辅导室主任:张明珠

- 第十一届

党总支书记:郭威勤

副书记:魏月兰、曹秀荣

辅导室主任:曹秀荣

副主任:张群、王洪有

3. 其他机构

(1)1965 年 4 月成立水利工程系政治处

- 第一任

主　任:解树岩

副主任:乔传恕、蒋丽音

- 第二任

主　任:乔传恕

副主任:王裕宁、李林普、张国林、杨锡春

(2)1972 年 3 月成立水利工程系办事机构

- 水利工程系教育组

组长:邢至庄

副组长:蒋丽音、尚全夫

● 水利工程系办公室
主　任：邢至庄
副主任：辛雨农、杜守石（兼）、隋学志、蒋丽音、陈洪媛、姜吉文
(3)1977 年 8 月成立系务委员会
主　任：邢至庄
副主任：辛雨农、蒋丽音

三、更名后的土木工程系时期（1985 年 3 月—1996 年 5 月）

1. 行政机构

● 第一任
主　任：韩国城
副主任：郑芳怀、卜华仁、孙景利
● 第二任
系主任：韩国城
副主任：李世廉、郑芳怀、孙景利、范素兰、俞聿修、戴倩云（兼）、王增新、栾永斌、康海贵
● 第三任
主　任：周晶
副主任：陈廷国、康海贵、栾永斌、袁永博
办公室主任：陈洪媛、栾永斌
副主任：凌人成

2. 党组织机构

● 第一届
党总支书记：卜华仁
副书记：曹秀荣、戴倩云
● 第二届
党总支书记：卜华仁
副书记：李桂玲、戴倩云
● 第三届
党总支书记：卜华仁
副书记：戴倩云、李桂玲
● 第四届
党总支书记：宋玉普
副书记：戴倩云、李桂玲

四、土木建筑学院时期(1996 年 5 月—2002 年 6 月)

土木建筑学院由土木工程系、建筑工程系、土建勘察设计研究院、大连理工工程建设监理公司组成。

1. 行政机构

● 第一任
院　长:周晶
副院长:柳长洲、陈廷国、袁永博、戴倩云、梁圣复、周惠成(兼)、康海贵
● 第二任
院　长:周晶
副院长:周惠成(兼)、康海贵、袁永博、梁圣复、戴倩云(兼)

2. 党组织机构

1996 年 10 月成立土木建筑学院党委。
书　记:宋玉普、周惠成
副书记:李桂玲、戴倩云
学生办公室主任:万志全、郭驰

五、土木水利学院时期(2002 年 6 月—2009 年 9 月)

1. 行政机构

● 第一任
院　长:李宏男
副院长:周惠成(兼)、孙昭晨、吴智敏、袁永博、戴倩云(兼)、张日向、郭驰(兼)
● 第二任
院　长:李宏男
副院长:周惠成(兼)、马震岳、姜峰、张宁川、郭驰(兼)、宋向群、李英敏、司炳君

2. 党组织机构

● 第一届
党委书记:周惠成
副书记:李桂玲、戴倩云、郭驰
● 第二届
党委书记:周惠成
副 书 记:李桂玲、郭驰、胡安妮、李英敏

六、建设工程学部时期(2009 年 9 月—2018 年 12 月)

(一)行政机构

● 第一任
部　长:李宏男
副部长:马震岳、赵胜川、宋向群、张吉礼、胡安妮、李英敏、王晶华、吴智敏
● 第二任
部　长:董国海
副部长:吴智敏、李昕、王宝民、李英敏、王晶华、于龙
部长助理:赵雪峰、宁德志、李钢
● 第三任
部　长:张弛
副部长:宁德志、李钢、于龙、李英敏、王晶华、李冬生
部长助理:李冬生、吕林、马玉祥、裴华富

2. 党委机构

● 第一届
党委书记:马震岳
副 书 记:胡安妮、李英敏、王晶华
党委委员:李宏男、宋向群、陈廷国、王立成、刘亚坤
● 第二届
党委书记:杨庆
副 书 记:李英敏、王晶华
党委委员:董国海、宋向群、刘亚坤、年廷凯、潘宝峰、王立成
● 第三届
党委书记:杨庆
副 书 记:李英敏、王晶华
党委委员:张弛、宁德志、李钢、李冬生、于龙、马玉祥

3. 纪委机构

● 第一届
纪委书记:王晶华
纪委委员:柳淑学、李钢、于龙、孟秀英
● 第二届
纪委书记:王晶华
纪委委员:潘宝峰、王立成、李建波、韩晓雨

第三节 学院（系、中心）与研究所沿革

2009 年建设工程学部成立以后，设水利工程学院、土木工程学院、交通运输学院和建设管理系（筹）。深海工程研究中心于 2015 年并入建设工程学部，各学院设研究所。学院（系、中心）与研究所机构与负责人沿革情况如下。

水利工程学院

2009 年
院长：董国海
副院长：陈健云、王国利
2014 年
院长：张弛
副院长：刘亚坤、宁德志、于龙

土木工程学院

2009 年
院长：杨庆
副院长：吴智敏、邱文亮
2014 年
院长：何政
副院长：年廷凯、伊廷华、杨有福

交通运输学院

2009 年
院长：赵胜川
副院长：陈静云
院长助理：刘锴
2014 年
院长：赵胜川
副院长：潘宝峰、刘锴

水资源与防洪研究所

1986 年　水资源教研室　主任：陈守煜
1988 年　与水电站教研室合并
1995 年　水资源教研室单独成立研究室　主任：王本德

2001 年　水资源与防洪研究所　所长:周惠成;副所长:王国利

水环境研究所

2001 年　所长:许士国

水电与水信息研究所

2002 年　所长:程春田

水工研究所

1955 年　水工教研室　主任:赵昭阳;副主任:陈汝治;秘书:宋鹏飞
1959 年　水工教研室　主任:赵昭阳;副主任:林皋
1961 年　水工(含水能)教研室　主任:宋彧浙;副主任:陈可一、林皋
1964 年　水工研究室　主任:李士豪;副主任:林皋
1977 年　水工研究室　主任:董毓新;副主任:宋彧浙、夏允积
1980 年　水工教研室　主任:宋彧浙;副主任:赵山
1985 年　水工研究室　主任:赵山
1986 年　水工研究室　主任:陈壁宏
1990 年　水工研究室　主任:邵龙潭
1993 年　水工研究室　主任:李俊杰
2005 年　水利水电研究所　所长:马震岳;副所长:李俊杰、金生
2006 年　水利水电研究所　所长:马震岳;副所长:李俊杰、金生
实验室主任:马震岳
2007 年　水利水电研究所　所长:刘亚坤;副所长:张运良、许青
实验室主任:刘亚坤
2015 年　水工研究所　所长:宿晓辉;实验室主任:宿晓辉

水利电力研究所

1954 年　水能利用教研室　主任:王世泽
1955 年　水能利用教研室　主任:王世泽;副主任:陈可一;秘书:李彦硕
1961 年　水电站教研室(与水工教研室合并)
主任:宋彧浙;副主任:陈可一、林皋
1980 年　水电站研究室　主任:董毓新;副主任:李彦硕
1986 年　水电站研究室　主任:李彦硕;副主任:周永平
1988 年　水电站研究室(与水资源研究室合并)
主任:李彦硕;副主任:王本德
1995 年　水电站研究室　主任:马震岳;副主任:沈成能
2005 年　水利水电研究所(与水工研究室和水力学研究室合并)

主任:马震岳;副主任:李俊杰、金生
2007年　水利水电研究所　所长:刘亚坤;副所长:张运良、许青
2014年　水利电力研究所　所长:马震岳;副所长:张运良

水力学研究所

1955年　水力学教研室　主任:李士豪;副主任:范怀远;秘书:郭梅仪
1959年　水力学教研室　主任:李士豪;副主任:范怀远
1961年　水力学教研室　主任:范怀远;副主任:韩国城
1963年　水力学教研室　主任:李士豪;副主任:范怀远
1977年　水力学教研室　主任:李士豪;副主任:尚全夫、杨景芳
1982年　水力学教研室　主任:李士豪;副主任:尚全夫
1984年　水力学教研室　主任:李鉴初;副主任:尚全夫
1985年　水力学教研室　主任:李鉴初
1991年　水力学教研室　主任:倪汉根
1995年　水力学教研室　主任:崔莉
2001年　水力学教研室　主任:金生;副主任:刘亚坤
2005年　水利水电研究所(含水电站、水工)　所长:马震岳
2007年　水利水电研究所(含水电站、水工)
所长:刘亚坤;实验室主任:刘亚坤
2014年　水力学研究所　所长:刘亚坤;实验室主任:刘亚坤

海洋工程研究所

1978年　所长:邢至庄;副所长:邱大洪、蒋惠民、郭威勤
1996年　所长:孙昭晨
2002年　名誉所长:邱大洪;副所长:王永学、孙昭晨、沈永明、董国海、滕斌
2004年　所长:王永学;副所长:柳淑学、孙昭晨、沈永明、董国海、滕斌
2009年　所长:王永学;副所长:柳淑学、任冰、梁书秀
2014年　所长:柳淑学;副所长:任冰、梁书秀、张群

港口与近海工程研究所

1997年　港海工程教研室　主任:郭子坚;副主任:张日向
2001年　港海工程教研室　主任:张日向;副主任:郭子坚
2009年　港口与近海工程研究所　所长:张日向;副所长:郭子坚
2012年　港口与近海工程研究所　所长:郭子坚;副所长:姜萌
2015年　港口与近海工程研究所　所长:郭子坚;副所长:王文渊

工程图学研究所

1951 年　测量学、港口工程教研组　组长：侯穆堂

1952 年　测量教研组　组长：王俊

1953 年　测量教研组　组长：范家鼎

1955 年　测量与制图教研室　主任：范家鼎

1958 年　测量与制图教研室　主任：范家鼎

1964 年　测量与制图教研室　主任：范家鼎；副主任：冯章材

1977 年　测绘教研室　主任：范家鼎；副主任：李奠国、冯章材

1982 年　测绘教研室　主任：范家鼎；副主任：冯章材、李奠国

1984 年　测绘教研室　主任：冯章材；副主任：李奠国

1987 年　测绘教研室　主任：李奠国；副主任：吕昌

1993 年　测绘教研室　主任：吕昌；副主任：王子茹

1997 年　测绘教研室　主任：王子茹；副主任：袁永博

2009 年　工程图学研究所　所长：王子茹

2014 年　工程图学研究所　所长：贾艾晨

工程抗震研究所

1978 年　工程抗震研究室　主任：林皋；副主任：倪汉根

1983 年　工程抗震研究室　主任：韩国城；实验室主任：王炳乾

1984 年　工程抗震研究室　主任：金崇磐；实验室主任：王炳乾

1989 年　工程抗震研究室　主任：楼梦麟；副主任：周晶；实验室主任：王炳乾

1992 年　工程抗震研究室　主任：周晶；副主任：孔宪京；实验室主任：王炳乾

1994 年　工程抗震研究室兼实验室　主任：孔宪京

1996 年　工程抗震研究室　主任：孔宪京；实验室主任：朱彤

1998 年　工程抗震研究室　主任：迟世春；副主任：陈建云、朱彤；实验室主任：朱彤

2004 年　工程抗震研究所　所长：李昕；副所长：刘君、朱彤；实验室主任：朱彤

2007 年　工程抗震研究所　所长：李昕；副所长：刘君、朱彤；实验室主任：朱彤

2014 年　工程抗震研究所　所长：李建波；副所长：徐斌；实验室主任：朱彤

岩石破裂与失稳研究所

2006 年　所长：唐春安

岩土工程研究所

1980 年以后组织机构：

1980 年　岩土工程研究室　所长：章守恭；副所长：王中正

1984 年　岩土工程研究室　所长:王中正;副所长:范煦

1985 年　岩土工程研究室　所长:王中正;副所长:朱玮

1986 年　岩土工程研究室　所长:朱玮;副所长:郭承侃、金春山

1989 年　岩土工程研究室　所长:金崇磐;副所长:郭承侃、金春山

1993 年　岩土工程研究室　所长:金春山;副所长:郭承侃

1995 年　岩土工程研究室　所长:栾茂田;副所长:邵龙潭

1997 年　岩土工程研究室　所长:栾茂田;副所长:杨庆

2013 年　岩土工程研究所　所长:杨庆;副所长:唐小微

结构工程研究所

1951 年　所长:赵国藩

1986 年　所长:吴宗盛

1991 年　所长:宋玉普

1996 年　所长:黄承逵

2001 年　所长:王清湘

2003 年　所长:殷福新

2004 年　所长:吴智敏

2005 年　所长:贾金青

2009 年　所长:吴智敏

结构监控研究所

2014 年　所长:李宏男

2016 年　所长:李钢

智能结构系统研究所

2006 年　所长:欧进萍

2014 年　所长:李冬生

桥梁工程研究所

1987 年　道桥教研室　主任:龙宗耀;副主任:张哲

1992 年　桥梁教研室(桥梁工程研究所)　主任(所长):张哲

2003 年　桥梁结构实验室　主任:张哲

2006 年　风洞实验室　主任:张哲

2015 年　桥隧工程研究所　所长:张哲;副所长:黄才良、檀永刚

桥隧工程实验室　主任:张哲;副主任:耿铁锁

风洞实验室　主任:张哲;副主任:许福友

2019 年　桥隧工程研究所　名誉所长:张哲;所长:邱文亮;副所长:檀永刚
桥隧工程实验室　名誉主任:张哲;主任:邱文亮;副主任:耿铁锁
风洞实验室　名誉主任:张哲;主任:邱文亮;副主任:许福友

工程力学研究所

1978 年　工程力学教研室　主任:杨国贤;副主任:郑芳怀
1988 年　工程力学教研室　主任:陈汉;副主任:王增新
1992 年　工程力学教研室　主任:陈廷国;副主任:姜峰
1995 年　工程力学教研室　主任:姜峰;副主任:关增伟
2008 年　工程力学研究所　所长:黄丽华

建筑材料研究所

1985 年以前　建筑材料教研室　主任:王庆寿
20 世纪 80 年代后期至 2010 年　建筑材料教研室主任(研究所所长):王立久
1978—1996 年　建筑材料实验室　主任:王儒贤
1997—2003 年　建筑材料实验室　主任:曹永民
2003—2010 年　建筑材料实验室　主任:王立久
2010—2014 年　建筑材料教研室　主任(研究所所长)兼实验室主任:王宝民
2014 年　建筑材料教研室　主任(研究所所长):王宝民
建筑材料实验室　主任:常钧

工程测量与监测研究所

1951 年　测量学、港口工程教研组　组长:侯穆堂
1952 年　测量教研组　组长:王俊
1953 年　测量教研组　组长:范家鼎
1955 年　测量与制图教研室　主任:范家鼎
测量实验室　主任:范家鼎
1964 年　测量与制图教研室　主任:范家鼎;副主任:冯章材
测量实验室　主任:范家鼎
1977 年　测绘教研室　主任:范家鼎;副主任:李奠国、冯章材
测量实验室　主任:李奠国
1982 年　测绘教研室　主任:范家鼎;副主任:冯章材、李奠国
测量实验室　主任:于文锦
1984 年　测绘教研室　主任:冯章材;副主任:李奠国
测量实验室　主任:于文锦
1987 年　测绘教研室　主任:李奠国;副主任:吕昌

测量实验室　主任:吕昌
1993 年　测绘教研室　主任:吕昌;副主任:王子茹
1996 年　测量实验室　主任:袁永博
1997 年　测绘教研室　主任:王子茹;副主任:袁永博
2009 年　测量与空间信息研究所　所长:袁永博;实验室主任:袁永博
2014 年　工程测量与监测研究所　所长:伊廷华;实验室主任:伊廷华
2015 年　工程测量与监测研究所　所长:伊廷华;实验室主任:赵璐

建筑环境与设备工程研究所

1999 年　建筑环境与设备工程教研室　主任:端木琳
2000 年　建筑环境与设备工程实验室　主任:端木琳
2002 年　建筑环境与设备工程研究所　所长:端木琳
2007 年　建筑环境与设备工程研究所　所长:端木琳;副所长:张吉礼
2009 年　建筑环境与设备工程研究所　所长:王树刚;副所长:赵金玲、张腾飞
实验室主任:王树刚
2014 年　建筑环境与设备工程研究所　所长:张腾飞;副所长:李祥立
实验室主任:张宝刚

建筑环境与新能源研究所

2002 年　所长:陈滨
2007 年　所长:陈滨;副所长:赵金玲
2011 年　所长:陈滨;副所长:张宝刚
2015 年　所长:陈滨;实验室主任:张宝刚

建筑能源研究所

2011 年　所长:张吉礼;实验室主任:马良栋

道路工程研究所

1988 年　道桥教研室　主任:龙宗耀;副主任:张哲
1993 年　道桥教研室　主任:张哲
1997 年　道路教研室　主任:陈静云
1998 年　道路研究所　所长:陈静云
2014 年　道路教研所　所长:陈静云;副所长:李玉华

交通规划研究所

2009 年　所长:赵胜川

2011 年　所长：赵胜川；副所长：刘锴

智能交通研究所

2009 年　所长：王仲

建设管理系

2012 年　主任：李忠富　主任助理：姜韶华
2014 年　主任：李忠富　主任助理：姜韶华

深海工程研究中心

2007 年　主任：欧进萍；常务副主任：滕斌；副主任：黄一、岳前进
主任助理：翟钢军
2015 年　主任：滕斌；副主任：翟钢军、周道成
2018 年　主任：吕林；副主任：翟钢军、周道成

第三篇

人才培养

第一节　本科生培养

一、1949—1965

土木工程系从创建开始，在党的领导下坚定不移地为社会主义建设服务，创造和积累了丰富的教育教学实践经验，奠定了进一步发展的良好基础。

1. 全面学习苏联的教学经验

全面学习苏联的教学经验是土木工程系建系初期的主要教育思想和理念。1953年三位苏联专家来到土木工程系，即水能专家郭洛瓦切夫斯基、水力学专家拉莱和港工专家卡斯巴申。三位苏联专家对土木工程系的建设和发展起了相当大的作用。在全校向苏联学习方面土木工程系处于前列，也为全国同类高校提供了经验。

土木工程系的工作在苏联专家指导下进行，当时的系主任、有关教研室主任、相关教师经常向苏联专家请教和征求意见，苏联专家有绝对的权威，当时曾把苏联专家的意见视为“法律”，必须遵照执行。

教学计划的制订和实施，课程设置与进度，课程环节的安排，教学活动的开展都基本上按照苏联的模式。在课程设置上值得提出的是开设“建筑机械与建筑施工技术”和“建筑施工组织计划”课。在教学计划中增设这两门课是学习苏联的结果，在全国同类高校中是最早的。

讲课基本采用苏联的教材，教师根据苏联的教材编写讲义，当时土木工程系翻译了苏联的《钢筋混凝土》，并正式出版，成为全国同类高校的教学用书。

为了有利于向苏联学习，全体教师突击学习俄语，学俄语、用俄语、读俄语之风十分盛行，教师的俄语水平有了很大提高。俄语是本科教学中唯一的必修外语课。

三位苏联专家为土木工程系的研究生班讲课，这个研究生班的学生后来都成为土木工程系的教学和学术骨干。

在苏联专家的帮助下，土木工程系建成了国内第一座能进行港口工程模型实验的实验大厅，并引进一整套模型实验的设备和技术。

2. 贯彻教育为政治服务、教育与生产劳动相结合的方针

教育为政治服务，教育与生产劳动相结合也是这一时期的重要的教育思想和理念。

在教学过程中很重视对学生进行思想政治教育，除党组织和政治辅导员外，授课教师和辅导教师也注意做学生的思想工作。授课教师除讲授科学技术知识外，还注意讲授内容的思想性。老师与学生联系接触的机会比较多，除课程的辅导答疑外，学生举行活动往往邀请老师参加或师生共同组织文娱活动，如1956年的歌颂黄河的诗歌朗诵会、舞会、师

生弦乐四重奏等。教师合唱团，几乎每周练唱一次，在系、院组织的晚会上经常演出，由4名师生组成的弦乐四重奏，演奏世界名曲，曾在全市大学生文娱比赛中获奖。丰富的文化生活把师生团结在一起，使整个土木工程系呈现一派生动活泼的景象。当时还组织部分老师联系一个班的学生，了解学生，帮助解决学生的思想、学习、生活方面的问题，甚至与学生同吃同住一段时间，师生关系比较密切。

在教学组织上重视并积极实施教育为政治服务，将教学与生产劳动结合起来。从全校来看，土木工程系成效比较突出。1953年工业运输专业全体师生支援国防建设，参加建设我国第一个由苏联设计的起降喷气式飞机的大型军用机场，历时半年多，机场建成投入使用后，全体师生回到学校继续学习，为国防建设做出了突出贡献。1958年港工专业部分师生承担京杭大运河山东河北段380公里的测量任务，历时两个多月出色地完成了任务，提供了全套图纸资料和论证报告。同年水工专业部分师生承担辽宁省水利化任务。1959年港工专业师生承担我国第一个大型渔港的勘测设计任务。20世纪60年代大连渔港工程成为水利工程系的教学基地，1959—1965年的历届港工专业学生的生产实习都在大连渔港建设工地进行，毕业设计也是结合大连渔港工程进行。1959年港工专业师生承担了大连小平岛军港工程设计任务，水工专业师生参加了辽宁省龙头山水利工程的设计和施工，老师在工地上结合工程施工来讲施工课。

贯彻教育与生产劳动相结合突出地体现在生产实习和毕业设计这两个教学过程中。水利工程系在这两个教学过程中取得的成果在全校形成了良好的影响，并且积累了经验。这一时期的生产实习和毕业设计积累的经验主要如下。

第一，在本科人才培养中，生产实习是一个重要的特殊教学过程，其重要性表现在理论与实践相联系，教学与生产相结合，学生通过生产实践获得知识和培养能力。其特殊性表现在学生深入到生产、社会、群众中，得到多方面的培养，这个培养过程强调实践性、社会性、综合性和独立性，学生亲身参加一些生产活动，建立起工程感，使之体会到工程建设的艰巨性和工程师的价值及应有的素质。此外，生产实习还是一个纽带，将学校与工程建设单位紧密地连接在一起。例如，1963年港工专业学生在上海张华滨码头工地实习，艰苦的实习生活，紧张的学习和劳动，师生的朴实作风，使学生和工人建立起真诚良好的关系。实习结束，当师生乘坐的轮船将要驶出黄浦江而接近工地时，工地上所有的施工船舶，汽笛齐鸣，欢送师生，学生借用船上的广播播放了热情洋溢的感谢信，这一动人景象令人难忘。水利工程系与交通部的一局一处(天津)和三处(大连)、二局二处(武汉)、三局一处(上海)建立起比较密切的关系，得到了他们对教学的大力支持和协助。

第二，毕业设计是学生在校学习的最后一个学期的教学过程，这是一个十分重要的综合性的教学过程。我系从1954年就开始进行这一教学环节，到1958年强调毕业设计要“真刀真枪”，作真实的设计，结合一项在建的工程项目，学生在老师指导下做设计，学生感到真实感和责任感，学生会投入很大热情认真地去完成设计任务，学生的学习创造了一定的价值。毕业设计是学生综合运用所学知识，在分析和解决实际问题的过程中，反复运用，使理论知识和专业知识得到巩固和深化。为了深入分析某一实际问题，还需要在已有的知识基础上扩充知识和学习新知识。毕业设计的做法从此一直坚持下来。

师生结合实际工程进行教学，既为国家的工程建设服务，又得到了锻炼，使师生的思想和业务都得到了很大的提高。

3. 完善的教学组织管理体系

在学习苏联教学模式的基础上，水利工程系形成了一套比较完善的教学组织管理体系，教学质量比较高。

在一个新学年的开始要制订或修订教学计划。教学计划是一切教学工作的纲领，制订、修订和执行教学计划是土木工程系教学工作的大事，多年来形成了一种制度，由系主任认真制订，经院长批准，严格执行。

在教学计划的框架下形成了一套科学严谨的课程体系，即基础课、技术基础课、专业课。

基础课包括：高等数学、党史、哲学、政治经济学、俄语、画法几何与工程制图、测量、体育、物理、化学。

技术基础课包括：理论力学、材料力学、结构力学、土力学及地基基础、水力学、建筑材料、工程地质、钢筋混凝土结构、工程水文学。

水工专业课包括：水工建筑物、水电站建筑物、水利水电规划、电气设备、水利工程施工。

港工专业课包括：港口及港工建筑物、内河水道、渠化工程、水运工程施工。

各门课包括教学、练习和实践环节。实践环节包括实验课和课程设计课。实习包括测量实习、认识实习、生产实习和毕业实习。

在教学文件方面，各门课要编写教学大纲和教学日历。实验课要编写实验大纲和指导书，课程设计要编写设计任务书和指导书，生产实习要编写实习大纲和指导书，毕业设计要编写设计任务书和指导书。

在教学制度方面，对老师有试讲和检查性听课制度。课程设计和毕业设计的指导老师要试做，对指导实习的老师要求提前去实习工地做准备工作。

对学生课程按教学计划规定考试或考核。考试采用口试和笔试，课程设计和毕业设计都要经过答辩考核，生产实习也需经过答辩评定成绩和给出评语。

这个时期很重视教研室的建设和发挥教研室的作用。教研室是基层教学组织，根据课程或课程类型来划分，教师分属在某一教研室中。教研室的职能：制订课程教学大纲、教学日历，编制课程设计任务书、指导书，编制实验大纲和指导书，研讨教学内容、教学方法和教学改革，试讲、试作、听课，科学报告讨论。教研室在保证教学质量、提高教师教学水平上起了很大作用。

水利工程系从 1954 年以来设置水工和港工两个专业。1958 年根据当时国家的形势要求，又增设了三个新专业，即人民公社专业、军港和施工专业。从已有的水工、港工专业的二年级学生中抽调学生转到新专业，这三个新专业于 1961 年停办。

这 17 年中学校以教学为主，很多有名望的教授都在教学第一线，在教学中很重视教学思想、教学内容、教学方法和对学生的指导。各门课程除主讲教师外，都有助课教师，助课教师由助教承担，听课、答疑、讲解习题课。这时期教师全身心投入教学，严格管理，学生具有优良的学风，教学质量比较高。

4. 教师队伍建设保证了人才培养质量

土木工程系教师的来源：一是建校时从国内大学中招聘的教授，个别的是中华人民共和国成立后从英美国家回国的教授；二是中华人民共和国成立初期国内大学毕业生经国家统一分配来的教师；三是土木工程系自己培养的学生毕业留校；四是苏联专家培养的研究生班毕业留校的、少数中华人民共和国成立后派去苏联学成归国的教师。

教师队伍从建系初期(1952)的 40 余人发展到 20 世纪 60 年代的约 200 人。50 年代后期为支援郑州工学院调出 7 人，支援校内其他系以及其他原因调出 10 余人，这个时期共从土木工程系调出近 30 人。

学生毕业后根据教育部下达的指标进行工作岗位分配，每个学生皆有适当的工作单位。大多数学生分配到我国水利部、电力部的各大设计院和工程局，交通部的各大航务工程局及其所属的航务工程处和设计院，以及省市的水利厅和交通厅，从事管理、设计和施工工作，他们大多成为这些单位的技术骨干和领导干部。另外有少数学生分配到国内几所设水利工程系的院校，如华东水利学院(河海大学)、天津大学、武汉水电学院(武汉大学)。

这一时期水利工程系培养了大批实用型的人才，多数人成为社会主义建设的骨干，为我国的经济建设做出了积极贡献。这些人基础知识比较扎实，政治思想素质比较高，服从分配，踏实肯干，能严格要求自己，作风朴实，得到了用人单位的好评。

二、1966—1976

1966 年“文革”以来，学校的教学工作处于停顿状态。

1971 年复课，开始了工农兵学员的教学活动，学制为三年，来自全省 100 名下乡知识青年和三个水利工程局选送的 20 名学员来到水利工程系组成水工实验班，部分教师和实验班学员到辽宁省葠窝水利工程工地进行开门办学，开创了开门办学的先河。师生结合工程实际，教师在工地上为学员讲课。

1972 年开始招收港工专业一个班，1974 年增设海洋石油建筑工程专业，后来改名为海洋工程专业。

开门办学是走出学校到生产实际中办学，教师结合生产讲课，学生结合生产劳动学习，当时强调教学与生产结合、理论与实践结合，完全打破了传统的教学方式和教学组织，与生产结合不上的课程或内容回到校内课堂上讲授。教学组织以级队为单位，级队设级队长和指导员。指导员负责级队师生的思想政治工作，级队长全面负责教学计划、课程安排、教学活动和管理。例如，港工 74 级队(74 年入学的工农兵学员)，学员不是经过考试入学，而是由组织选派入学，这样，学员的文化水平相差很大，老师教学很困难。但这些学员有吃苦耐劳精神，有强烈的学习愿望，他们把学习作为政治任务，所以非常刻苦勤奋，虽然有的只有初中文化程度，但最后还是能基本掌握所学知识。1974 年入学第一年的第一学期，到天津新港开门办学，第二学期结合大连海运局的工程到大连湾棉花岛进行教学。第二年的上学期到黄岛港进行教学并参观了青岛港、日照港、连云港、烟台港，下学期到上海港，最后到镇海交通部第三航务工程局第四工程队进行毕业设计，这是典型的开门办学。开门办学模式延续到1976年。

三、1977—1984

1976年粉碎“四人帮”以后，经过拨乱反正，高等教育恢复了正常的秩序，开始遵照高等教育规律进行工作，特别是进入20世纪80年代以后，实施改革开放政策，解放思想，开阔视野，逐渐脱离了苏联的教育模式，借鉴和吸取欧美的一些教育形式，出现了新的局面，有了更大的发展。

1977年全国恢复高考，77级(恢复高考后的第一届)的学生经过考试，意气风发地进入了大连工学院。水利工程系77级分为三个专业(水工专业2个班、港工专业2个班、海工专业1个班)，共有学生170名。当时水利工程系负责教学的教育革命组组长是蒋丽音，齐东海、李彦硕担任教学秘书。1981年全系教学工作由系主任领导，齐东海担任主管教学工作的副系主任。1977年至1985年水利工程系的教学从恢复、重建到发展主要做了以下工作：

恢复正常教学秩序，教学从无序到有序逐渐走上正轨，进行了教学改革的研究，作了一些改革的尝试。拓宽专业面的研究工作，参加国家教委关于全国理工科院校专业目录的改革工作，参加全国专业目录的审定工作；制订水利工程系水利水电工程、港口及航道工程、海洋工程等专业的教学计划和培养规格，在教学计划中进行了一定的改革；建立严格的教学管理、教学秩序，培养严谨的学风；提倡电化教学；理论联系实际，教学、科研、生产三结合。

1. 制订教学计划

学习和贯彻党和国家关于教育的有关指示和规定，如“中共中央关于教育体制改革的决定”，教育部颁发的“关于全国普通高等学校修订工程本科教学计划的原则和规定”等。要适应改革开放，适应全面经济体制改革形势和任务对高等教育人才培养提出的要求，要考虑世界新技术革命的兴起，科学技术的发展对人才培养的影响。

进行调查研究。要从我国的实际出发，了解工程的现状和发展，用人单位对我系毕业生的评价，为此作了调查研究。例如，在制订港口及航道工程专业本科生的教学计划和培养规格时，参考了交通部颁发的有关港口和航道工程技术政策文件；与有关领导和专家进行了座谈讨论，他们从不同的角度，生动具体地阐述了我国港口和航道工程的现状、发展和差距。此外，在制订教学计划的过程中，征求了交通部属的十个主要设计院和工程局的意见，他们用信函方式对培养目标、知识结构、能力培养、教学计划、课程设置、教学内容、教学环节等提出了中肯的意见。用人单位要求高等学校培养具有综合知识和多职能的人才，不仅要培养应用型的人才，还要培养开拓型的人才。

参考和借鉴国外同类学校的教学计划，如日本东京大学、美国加州大学、南卡罗林纳大学、德国波恩大学、英国伯明翰大学等。

办学目标仍然是培养德智体全面发展的高级工程技术专门人才。在智育要求上增加了一些具体的阐述,如港口及航道工程专业提出"主要培养从事港口及航道工程设计和施工,并具有初步的科学研究能力和勘测、规划、工程管理方面知识的高级工程技术人才"。

教学计划的制订以"文革"前的教学计划为基础,根据改革开放对人才培养的要求进行了一定的改革。学制仍为四年。教学计划进行的改革如下:

第一,加强基础理论。加强基础理论是制订教学计划的重要思想,强化了六大力学的学习。力学课增加了弹性力学,水力学分为水力学(Ⅰ)和水力学(Ⅱ)。水力学(Ⅰ)是水工和港工两专业共同的内容,水力学(Ⅱ)按水工专业、港工专业的工程特点分别设置内容,同时开出流体力学选修课。

第二,拓宽专业面。港口及航道工程专业包括港口工程及航道工程两个方面,除建筑物设计和施工知识外,还应有一定的规划、工程管理和技术经济方面的知识。减少专业课的时数,较大地压缩专业课传统教学中过深、过细的内容,反映最新的科学技术成就。增设选修课扩展学生的知识视野。为此,单设规划课,如水工专业设水利水电规划,港工专业设港口规划,引导学生学习和重视工程建设宏观方面的知识,增加技术经济和工程管理的课程或内容。1981 年开设了关于组织管理科学的系统工程概论选修课。

第三,实验课,如水力学实验课、土力学实验课,单独设课,单计学时,不作为课程的一个环节,以加强实验能力的培养。

第四,增设计算机和算法语言课程。

第五,加重一、二年级的教学量,减轻三、四年级的教学量,在三、四年级开选修课,给学生较多的自学时间和空间。

第六,开放实验室,在水力学老师的大力支持下,首先开放了水力学实验室,全天开放,学生可随时到实验室做实验,有利于学生创造性地学习。

第七,进行双语教学,为了有利于专业外语的学习,在 79 级的水力学课上,进行了双语教学的试点,部分内容用英语讲课。

第八,开始采用学分制,但并不是完全的学分制。

水利工程系一贯重视教学计划的制订和执行工作,这也是大连工学院一项十分重要的管理制度。学校以水利工程系为试点,屈伯川院长亲自抓,马啸教务长亲自领导部署,水利工程系组成制订教学计划的专家组,采用领导、专家、群众相结合的方式,首先由负责教学的系主任提出教学计划草案,在专家组内讨论,征求相关教研室和教师的意见,经过多次讨论定稿,取得屈伯川院长的同意,最后形成教学计划。在这一教学计划的基础上,1985 年又制订了港口及航道工程专业的本科生培养计划。

2. 教学管理

严格的教学管理主要体现在教学系主任的工作上。教学系主任深入课堂听课,每周 1～2 次,了解课堂教学情况,严格课堂纪律。从生产实习的准备、动员到去生产实习地点检查学生实习情况。逐一检查各组学生作毕业设计的情况。检查每学期的考试,从考试动员到逐个考场的检查,处理违纪学生,检查评分。参加教研室讨论教学的会议。参加某课程的试讲,检查实验课教学的准备情况。

"严师出高徒""玉不琢,不成器",这是当时教学管理的一个理念。水利工程系各门课的老师也都恪尽职守，严格要求自己，从而严格要求学生，培养出的学生具有严谨的学风，认真的学习态度，毕业后在工作岗位上普遍地表现出认真实干、基础好、能力强、信得过（这是用人单位的反映）的工作作风。

水利工程系的严格作风为全校树立了榜样。首先从期末考试抓起，认真做好考试动员，考前清理考场，排座位，考生座位上不准有书和笔记本，不准自带草稿纸（统一发草稿纸），严格监考，处理作弊者不讲情面，评分不讲特殊照顾。这样坚持下来，就扭转了一些混乱和无序现象，形成了良好的系风。

20 世纪 80 年代初，水利工程系教学楼（二馆）周围有一些“文革”期间遗留下来的、干扰教学的设施，严重地影响楼内上课。例如，教学楼附近的修理车间、加工生产的噪声；教学楼前的篮球场地打球的吵闹声；校内施工场地运土卡车驶经教学楼的噪声等。当时的教学系主任分别给校长写了多次报告，坚决要求改变这种状况，最终得到了学校的同意，迁移车间，拆除篮球场地，另辟运土道路。从这三件事开始，教学楼有了一个比较安静的教学环境。

1983 年国家教委发出了对理工科专业拓宽专业面的指示。当时全国理工科院校的专业目录有 600 余项，专业划分过细过窄，不利于人才培养，培养出的人才也不利于使用，因而提出拓宽专业面的要求，我系承担了关于水工专业和港工专业拓宽专业面的研究工作。通过研究和参加全国同类学校的拓宽专业面的工作会议，我系的水工和港工两个专业的名称定为水利水电工程专业和港口及航道工程专业。关于港口及航道工程专业名称的确定有这样一个过程。审定前我系根据学校所处的地理位置确定以港口工程为主，认为内河航道工程主要是在南方，称为港口工程专业，这一观点未得到交通部的认同。交通部坚持港口与航道并重的要求，因此为了使教学适应国家的需要，我系提出了“港口及航道工程专业”，得到了交通部的赞许。1984 年国家教委召开全国理工科院校专业目录专家审定会，我校派出钱令希、林安西、齐东海、陈方震四名专家出席会议，经过专家审定会审定专业目录定为两百多个，在这个会上起草了水利水电工程专业、港口及航道工程专业的培养要求。

建系初期土木工程系就有建筑学专业，当时有教师 2 人，一个班的学生。1953 年停办。20 世纪 80 年代，由于改革开放，建筑业的发展，建筑设计的人才极其短缺，而我国设有建筑学专业的学校又很少，毕业生数量远不能满足国家发展的需要。在这种形势下，认为当时的水利工程系有增设建筑学专业的可能性和必要性。因此，从 1983 年开始酝酿和向教育部申报筹建建筑学专业，经过努力，得到批准。1983 年的下半年，从水工和港工两个专业抽调一部分学生组成一个班（20 余人），同时联系调入和招聘师资。

1984 年国家教委在北京召开全国理工科院校的专业目录专家审定会。会议期间，南京工学院齐康教授（城市规划专家）与我系教师交换了增设建筑学专业的想法。经过努力，齐康教授来学校兼职，为创办建筑系提供了有利的条件。1985 年，大连工学院以水利系的建筑专业为基础成立了建筑系，1983 年水利工程系建筑学专业的学生就是建筑系的第一届毕业生。

1984 年学校举行了一个电化教学示范会，化工系的老师作了电化教学演示。学校推广电化教学，引起了教学系主任的兴趣，感到在课堂教学中电化教学的需要及优越性。因此，开始在水利工程系推广采用电化教学。为此拨出一定经费在教学楼(二馆)三楼阶梯教室安装电化教学设备，使讲课手段得到一定的改善。

理论联系实际，教学、科研、生产相结合是水利工程系一贯的教学理念和办学思想。改革开放以来，仍然坚持并有所发展。水利工程系的本科教学既重视理论教学，又重视实践教学；既重视知识的传授，又重视能力的培养。生产实习和毕业设计仍是水利工程系坚持抓好的两个实践性教学过程，在全校有一定影响。

祖国的大江南北几乎都有水利工程系师生的足迹和身影，师生们在山山水水中学习和探索。港口及航道专业师生北起鸭绿江的丹东港、浪头港，南至广东省的湛江港，踏遍了沿海的各大港口：大连港、营口港、秦皇岛港、天津港、烟台港、青岛港、黄岛港、连云港港、上海港、镇海港、宁波港、湛江港，以及长江上的武汉港、九江港、南京港、重庆港，大运河上的船闸，广东省的东江、北江和小北江等。水利水电工程专业北起鸭绿江下游的辽宁省太平湾水电站工程、桓仁水电站工程、吉林省的白山水电站工程和丰满水电站，南至浙江省的紧水滩水电站工程、新安江水电站，长江上的葛洲坝水利工程，河北省的大黑汀和潘家口水利工程，四川省的铜街子水电站工程，以及辽宁的中型水利工程，如大伙房水利工程、观音阁水利工程、葠窝水利工程等。

在改革开放新的形势下，77级、78级学生的毕业设计有了一些新的发展。

第一，鼓励学生创新，使学生的设计思路不局限于老师的指导和已有的成果，鼓励学生有自己的思路。例如，水工专业78级周惠成同学所做的设计题目是“辽宁省汤河水库枢纽工程设计”。该工程已于1970年建成，周惠成的设计并未受已有成果的限制，而是发挥了自己的独特见解，经过深入论证，提出了比原设计方案更为经济合理的方案，完成的成果十分出色。

第二，毕业设计做科研论文，做论文是引导学生进行科学研究的训练。过去的毕业设计主要是做工程设计，77级、78级两级进行了毕业论文尝试，实践证明毕业设计做论文是可行的和必要的。例如，港工专业78级栾茂田同学的论文题目是“钢筋混凝土环形、圆形截面偏心受压、受弯、受拉、轴与受拉构件抗裂度及裂缝宽度的计算”。这篇论文被评为优秀毕业论文，并推荐到《海洋工程》学报上发表。又如，港工专业78级徐光同学的论文题目是“S江河口挡潮闸下游潮汐不稳定流数值计算”。题目要求采用四点隐式差分，考虑滩地和侧流的情况，建立不稳定流方程式，进行电算(那时电算在国内的高校中才开始不久)。他在数值计算方法基本未学的情况下，自学了有关书籍和文献20余篇，编制了比较大的程序，得出了比较好的结果，这篇论文也被推荐发表。77级、78级学生所做的一些毕业设计成果，曾向访问我系的英国、美国的教授介绍，也得到他们的高度称赞和较高评价。

学生结合老师的科研项目做毕业论文是完成科研任务的一支力量，既培养了学生的科研能力，又促进了科研的开展，从77级、78级的学生看，多数学生有比较强烈的求知愿望，有自觉刻苦的学习精神，有认真求实的工作态度。在做论文过程中，他们努力查阅文献，日夜认真地做实验，通宵地进行电算和分析，有力地推动了科研的进程，并取得比较好的成果，老师感到满意。

1982年教育部增补郑芳怀为高等学校工科力学教材编审委员会委员。

1984年交通部成立港口及航道工程专业教材编审委员会，齐东海为副主任委员，邢次青、洪承礼、金崇磐为委员。

1984 年水利电力部成立水利水电工程专业教材编审委员会：齐东海、宋彧浙、赵国藩、董毓新为委员。

1985 年教育部高等教育自学考试委员会成立土建类工程专业自学考试委员会，齐东海为委员。

1984 年大连工学院成立教材编审委员会，齐东海为副主任委员。

四、1985—1995

1985 年水利工程系更名为土木工程系，拥有四个专业：水利水电建筑工程专业（简称水工专业）、港口及航道工程专业（简称港工专业）、海洋工程专业（简称海工专业）、工业与民用建筑工程专业（简称工民建专业），约 800 名本科生。

1977 年恢复高考后，学校的教学秩序逐渐恢复。1987 年学校召开第九届教育教学工作会议，正式通过《大连理工大学关于加强本科教学的决定》，确立了本科教学工作在学校各项工作中的中心地位。强调培养人才是学校的根本任务，本科生教学是培养专门人才的基础。土木工程系长期以来形成的优良传统之一，即本科教学工作扎实、教风学风优良，也因此得到更好的发扬。这期间系主任为韩国城，主管教学工作的副系主任为郑芳怀，1987 年至 1995 年为范素兰，教学秘书先后为沈成能、周发毅、眭骁等。

1. 专业建设

土木工程系发展到 1985 年已有四个专业。1986 年曾根据人才需求状况从其他专业的学生中抽调部分学生改学岩土工程专业，该专业仅办一届，1989 年有 11 名毕业生，1977 年至 1989 年水工专业基本上每届三个班，1990 年之后每届一至两个班。港工专业比较稳定，每届两个班，海工专业每届一个班。

工民建专业始建于 1983 年，前两届为一个班，之后每年两个班。为了办好该专业，专门成立了工民建专业教研室和钢结构教研室。本专业按学校招生计划于 1993 年和 1994 年招收两届专科班，学制两年，1995 年和 1996 年先后有 61 名专科生毕业。

随着土木工程学科的发展，1988 年筹建了公路与城市道路工程专业（简称道桥专业）。引进相关师资，建立专业实验室，并聘请哈尔滨建筑工程学院兼职教授任教，聘请大连市交通局高级工程师任部分专业课主讲。当时恰逢辽宁省交通厅派人前来商谈委托培养事宜，希望学校从 1990 年开始连续三年为其培养公路与城市道路工程专业的学生，以解决省内用人之需。考虑交通系统人才需求的迫切性，1988 年土木工程系决定从水工与港工专业的三年级学生中，征求自愿改学道桥专业的学生 20 名，组建第一届道桥专业 867 班，调整了该班的教学计划，并于 1990 年如期毕业。同年，在辽宁省生源中为交通厅招收委培生，连续三年，每年 30 人，毕业生由辽宁省交通厅提供省内的就业岗位。

2.“大土木”教学计划的制订与实施

随着经济体制改革和高等教育的发展，在计划经济向市场经济的过渡时期，人才市场也发生了许多变化。20 世纪 90 年代末期虽然毕业分配制度没有完全取消，但是双向选择、自主择业已初露端倪。1987 至 1990 年，各专业毕业生对口分配的比例不断下降，比如，水工专业对口就业的比率从 85.3%逐年下降至 48%。这表明相当数量的毕业生离校后不从事所学专业的技术工作。改革势在必行。

1988 年学校针对在计划经济条件下长期设置的专业口径过窄，难以适应市场经济和科技发展的需要，甚至出现个别专业毕业分配比较难的问题，开始组织各院系探讨拓宽培养口径，率先在化工学院和土木工程系进行试点“大化工”“大土木”教学计划。

作为试点单位，土木工程系对此十分重视，先后召开各种层次的座谈会，统一认识，探讨路子，本着宽口径、厚基础的指导思想制订了“大土木”教学计划。具体做法是：

把四年学制的八个学期分成两个阶段，第一阶段五个学期，五个专业的课程设置、教学大纲、教材和教学日历全部统一，其中包括教学实验、测量实习和认识实习等实践教学，不分专业进行基础知识教育，课时约占理论学时总数的 75%。第二阶段三个学期，分专业进行工程教育。

基础知识教育阶段的课程设置和教学要求，从土木类各专业的共性出发，扩大了基础知识的范围和深度。土木工程系历来重视三大力学，即固体力学（理论力学、材料力学、结构力学）、流体力学（水力学）、散粒体力学（土力学），给学生的未来发展做了足够的储备。“大土木”教学计划首先对它们进行了改革。过去工民建专业不设水力学课，各专业对土力学的要求和学时也不尽相同，经过分析调整，各专业统一设置水力学（一）和土力学课，而在后续课中为水利专业设置水力学（二），为工民建专业和道桥专业分别设置地基基础和基础工程课。

组织各教研室按“大土木”教学要求制订教学大纲、编写新教材和补充讲义，更新教学文件。

为拓宽学生知识面，提高其基本技能和电算能力、经营管理能力而开设选修课。如建筑绘画、建筑初步、结构电算、土木工程决策经济分析导论、土木工程建设经营管理、房地产业及其开发和计算机数据库管理等。

“大土木”教学计划 1990 年 4 月和 10 月分别在全国“水利水电类专业设置与改革”专题讨论会和全国第二届高校土木工程系系主任工作研讨会上做了大会发言，得到兄弟院校的关注和好评，会后此发言刊登在《水利高等教育》1990 年第 2 期上。

“大土木”教学计划在制订和实施过程中也遇到了一些困难，有认识问题也有具体问题，比如，教学大纲的内容问题、课程设置的次序问题、适用教材问题等。但是通过教师的努力，统一思想，精心安排，编写新教材等，使“大土木”教学计划在执行中不断得到充实和完善。

3. 课程建设与改革

课程建设与改革主要包括课程体系、教学内容、教学方法和教学手段等方面的建设与改革。

课程体系和课程内容的改革和建设是一项重要而艰巨的任务。在不断压缩理论课时的情况下，从科技发展的现状出发重新审视已往的课程体系和课程内容实属必须。力学教研室把理论力学、材料力学、结构力学这三大力学统筹考虑，明确分工，使各门课程的内容前后衔接而不重复，以节省学时，提高教学效果。

1987 年，学校制订了《一类课程质量标准》和《一类课程评估指标体系》等课程建设文件，设立了《课程建设基金》，随后评出一类课 21 门。土木工程系"水力学"课和与力学系共同参评的"理论力学"课，是首次被学校批准的校级一类课程。

教材建设在执行"大土木"教学计划之后，按照宽口径的教学要求和教学大纲，水力学教研室组织编写了《基础水力学》，作为新型教材于 1995 年在高等教育出版社出版。先后出版的教材还有《港口规划与布置》《水力机械》《水工钢筋混凝土结构学》等。在 1987 年 1 月全国首次举办的高校教材评优活动中，由董毓新教授参与主编的《水电站建筑物》获水电力部优秀教材一等奖，我系参编的《水工钢筋混凝土结构学》获全国高校优秀教材奖，洪承礼教授编写的《港口规划与布置》获交通部优秀教材一等奖。

在教学方法和手段方面，主要做了建筑材料实验课的电化教学片，水力学实验的台式化，开设了材料力学实验和结构力学、弹性力学、土力学等课程的电算。

4. 实践性教学环节

实践性教学环节主要指实习和毕业设计，它对学生消化理解和运用课堂所学的理论知识，增加感性认识，体验未来工作有重要的作用。尽管实习经费不足、每位学生毕业设计的经费标准十年不增加，土木工程系和有关教研室还是竭尽所能，在现有条件下把这些教学环节安排好。

土木工程系各专业教学计划中有三类实习，即测量实习、认识实习和生产实习。

测量实习两周，由测绘教研室负责指导和考核。该教研室自力更生在校园周围的山头上和校园内建立三角控制网，形成校园及其周边的测量实习基地，为每年的测量实习提供了条件。

认识实习在第四学期末进行，历时两周。按专业进行。执行"大土木"教学计划以后，按基础教学的要求统一安排与各种专业有关的学习内容。参观水库大坝、海港、渔港、油港，参观高层建筑、开发小区、建筑小品、高速公路、立交桥等。通过教师和有关部门工程技术人员的现场讲解，开阔了学生的眼界，为今后的学习、专业选择和择业提供了一定的帮助。

生产实习为四周。通过生产实习使学生深入施工现场参加生产活动，获取施工方面的知识，通过理论联系实际培养学生独立分析和解决工程问题的能力。生产实习与其他院系比较有所不同，实习工地为露天作业，建筑物形体大、周期长。生产实习宜选择进入主体工程施工阶段的工程。经过争取，教务处实习科在经费紧缺的情况下给予了支持。因此，水工专业连续四年去四川省铜街子水电站实习，港工专业到上海浦东港、浙江省北仑港实习。为了保证实习效果，曾委派专职辅导员随队管理。

毕业设计（论文）是培养学生应用所学知识，分析和解决工程实际问题能力的重要环节，是毕业前的一次综合训练。

毕业设计选题有两种：一种是结合生产任务真题真做，师生面向生产，毕业设计有经济价值和实用价值。海工专业、水工专业、道桥专业等都做过这种"真刀真枪"的毕业设计,但是这种题目不易获得。另一种选题是有工程背景的真题假做,而大量的毕业设计题目是后者。为了提高毕业设计质量,避免毕业设计题目长期不变,土木工程系出资鼓励教师收集新题目,并对做同一题目的学生人数加以限制。

以往毕业班的学生80%做毕业设计,20%做毕业论文,这两种题目有两种不同的收获,两种训练都很必要,但是毕业设计阶段时间有限,毕业生的分配去向多数是设计院,企事业单位的设计、管理和施工部门,所以,毕业前的综合训练以毕业设计为宜。从1989年起毕业班学生基本上都做毕业设计,保送和已考取研究生的学生因为读研期间有论文可做,所以规定他们必须做毕业设计。

提高毕业设计质量的另一做法是加强和提高指导力量。这个阶段正值高学历的青年教师走上讲台,他们缺乏工程实践,通过三种途径提高他们的指导能力。

第一,派到生产第一线参加半年至一年时间的生产实践。至1991年先后派出获博士和硕士学位的青年教师各一名到基层参加社会实践;派三位青年教师到生产管理部门参加技术工作;派两位青年教师到省级设计院参加生产设计。

第二,参加生产实习。

第三,实行毕业设计指导教师考核上岗制度。系务会决定,对准备指导毕业设计的青年教师进行考核,要求他们在老教师指导下预做毕业设计,并在系主任专门聘请的答辩小组内进行答辩,然后上岗。

另外,土木工程系自出酬金在毕业设计前四周聘请建筑系教师参与指导工民建专业的建筑设计。聘请生产单位的工程师参加毕业设计指导、评阅和答辩,如请大连市水利勘测设计院、大连市公路局的工程师。

毕业设计的进行方式随选题的类型而有所不同。

真题真做通常要“走出去”在现场进行,设计成果由师生共同完成。1987年3月,海工专业的师生在广东省湛江市南海西部石油公司进行了为期三个多月的工程设计。其他专业也有这种工程实践。“走出去”的另一种形式是将已落实工作单位的学生直接安排到用人单位参加生产设计。1990年4月应用人单位的要求将两名学生送到交通部水运规划设计院做毕业设计,效果良好。但是,毕业设计仍以在学校完成为主。

5. 建立教学、科研、生产三结合基地

从毕业设计起步,走出校门面向生产实际,通过与生产单位的互动建立三结合基地。

1987年和1988年,海工专业的教师先后带领四年级学生,深入湛江、东营、青岛等地,结合南海西部石油公司和胜利油田开发工程做毕业设计,完成了“南海涠11-4海上油田开发工程方案设计”“92.5米水深自升式钻井船改造的结构设计”“涠11-4海上油田海底输油管道可行性设计”和“涠11-4海上油田开发工程评价和经济评价”以及“胜利油田307构造浅海开发工程可行性研究”。完成上述生产设计任务的同时完成了毕业设计,还与两座油田建立了初步的合作关系。

1989年和1990年,海工专业师生再次赴胜利油田,先后完成了“埕北海上油田开发工程总体方案”设计、“胜利4号钻井船消波保护装置的研究和概念设计”。

1991年,工民建专业师生为大连电业局做了18米跨设备仓库的施工图设计。

1992 年，水工专业 6 位教师带领 32 名学生到哈尔滨，与黑龙江省水利水电勘测设计院的工程技术人员合作，完成了黑龙江省第二批电气化县的骨干工程——呼玛县团结水电站的施工图设计。

结合实际工程做毕业设计，不仅产生了企业和社会效益，同时从产业部门获得了研究课题。例如，结合胜利油田的开发项目做了三届毕业设计，油田委托学校进行实验研究。同样，辽河油田也委托进行科学研究。这种与产业部门长期的技术交流和技术合作，互惠互利，逐渐形成了教学、科研、生产的三结合基地。

在与黑龙江省水利水电勘测设计院的合作中，建立了更为密切的三结合关系。不仅承接了四项团结水电站的模型实验和电算课题，还进行广泛的技术交流和咨询。在团结水电站施工过程中，学校应设计院和呼玛县的邀请，派专家组到施工现场，对大坝工程地质和工程措施进行专题会审。在人才交流方面，通过现场毕业设计的考核，设计院录用了两名毕业生，并委派他们到团结水电站当设计代表。学校也接受三名设计院的工程技术人员来校进行电算培训。

为了就地就近扩大三结合基地，1993 年 3 月和 9 月，土木工程系又分别与大连水利勘测设计院、大连碧流河水库管理局签订了联合培养协议书。协议书的内容有六项，概括为：甲方（学校）为乙方提供技术援助，乙方为甲方提供毕业设计资料、毕业设计指导和实习场地等。

“产校”结合办学，拓宽了办学的路子，产生了一定的社会影响。1987 年 9 月 16 日，《光明日报》报道了海工专业在南海西部石油公司真刀真枪毕业设计的做法。“三结合”的改革成果得到了学校和社会的肯定和奖励，由范素兰、王全增、曹善安、李林普、杨文祥五人申报的教学成果“产研结合，建立教学、科研、生产三结合基地”1990 年获学校教学改革一等奖，1993 年获辽宁省教学成果二等奖。

1993 年 5 月电力工业部聘请我系李彦硕、王本德、宋玉普、杨文祥为高校水利水电工程专业教学指导委员会委员。

6. 教学管理

土木工程系历来以教风严谨、管理严格、学风端正、凝聚力强而闻名，坚持严格的教学管理，并落到实处，为建立良好的教风和学风打下了基础。

课程建设领导小组负责全系重点建设课程的评估和各类课程的教学质量检查。建立教职工请假制度，教研室主任出差向系主任请假，主讲教师出差必须将课程安排好，教研室主任同意、教学副系主任批准，以保证教学工作正常进行。

党政班子重视教学工作，加强系级管理，由韩国城、范素兰、戴倩云申报的“加强系级管理、深化教学改革”的教学成果，1990 年获学校一等奖，1993 年获辽宁省二等奖。

新老交替关系到教学质量、系风和教风，系及教研室都十分重视以老带新，不同的教研室有不同的做法。比如，力学教研室继承了老教研室主任杨国贤教授培养主讲教师的传统，按照教学规律，通过每一个教学环节培养训练年轻教师，致使土木工程系力学系列课程的主讲教师教学效果十分突出。主讲材料力学的郑芳怀教授和主讲理论力学的李心宏教授的课堂效果，得到广大学生的好评。

测绘教研室的制图教学小组集中精力搞教学，以老带新，发挥集体的智慧研讨教学法，积极申请教改立项，撰写教材和教学法文章，按一类课程的标准进行课程建设。

建校初期建造的部分实验室和实验设备已经落伍、老化，有些已经影响教学实验的效果。为了改善实验条件，一方面向学校申请经费，另一方面由系和教研室出资更新和补充部分教学设备。比如，水力学实验室利用科研结余的资金将水利馆部分楼体加层，扩大实验空间。实验员徐孟川同志以室为家，学习浙江大学的经验，在申请购进部分实验设备后自己动手设计和组装台式化水力学实验台，改善了教学实验环境和手段。这期间还改建了水利馆的水塔。

建材实验室设计创作了所有建材实验的幻灯片，细化学生的实验小组，改善了过去不能人人动手的状况，提高了实验教学的效果。

实行教学改革需要不断总结过去规划未来。领导班子十分重视教学经验的交流和积累，除了组织观摩教学、师生座谈会之外，还鼓励教研室和教师总结教改经验。每年都有若干篇教改文章发表在学校主办的《高等教育研究》期刊和教务处每年编辑的《教育教学论文集》上。《高等教育研究》1991 年第 4 期还出版了“土木工程教育”专辑。1990 年 5 月全系组织了教学成果展览，各教研室提供有关教学方面的简介、图片和各种教学成果。这不仅是教学经验的积累，也是各教研室成绩的展示，促进了全系的教学工作。

在学籍管理方面，既有严明的纪律，又有灵活的政策。即使对本系教工的子女也坚持一视同仁，构建公正的育人环境。由于坚持一视同仁，有令必行，深得学生的理解和支持，对建设良好的系风、学风奠定了基础。

对受过学籍处理的学生加强管理和鼓励，通过班主任和辅导员的帮助教育，有八名留降级的学生经过努力回到原来的班级。对学习优秀的学生鼓励参加辅修班，用高透明度的方法选拔免试攻读硕士生，允许学有余力的学生提前毕业等，调动了学生的学习积极性，促进了学风建设。

为了激励学生刻苦学习，健康成长，形成积极向上的学习氛围，我系与有关方面联系建立校外奖学金。1992 年 8 月，辽宁省交通厅公路局为委培的学生制定了《“公路与城市道路工程”专业学生奖学金暂行条例》。同年 9 月，水利工程系 62 届毕业生苏建华先生遵照其母亲黄奕娇女士的意愿，提供奖学金本金一万美元，为土木工程系高年级本科生设立奖学金，以其父亲名字命名为“苏君谦奖学金”。第一届奖学金评比时，黄奕娇女士特地从印度尼西亚前来颁奖，使获奖学生深为感动。

7. 社会办学

土木工程系为社会各界培育了大批人才。1981 年，接受电力部的委托与电力部水电建设总局签订协议，并于 1982 年 2 月举办了“水电工程设计理论进修班”。这也是最早为社会办的培训班。

广西水电培训班。1983 年，广西壮族自治区水电局在系统内选派 56 名在职学员到校学习水工专业，为他们制订了培训计划，在校学习两年，1986 年 1 月毕业。离校后，全部学员返回各自工作岗位加以重用。

营口市工民建专业大专班。1989 年营口建工局因为本系统留不住本科毕业生，在本地区自行招生30名送到土木工程系，按专科规格委托培养，系统内部承认其大专学历。1992年学成后返回营口建工局系统就业。

交通部水运监理工程师培训。为适应市场经济的需求，1989年国家开始试行工程建设监理制度，国务院所属各部委开始进行监理工程师培训。1990年，我系主动与大连市建委联系，承担大连市建委的建设监理工程师培训任务。1993年初，土木工程系获得交通部水运工程监理工程师培训资质（我校是唯一一所具有资质且不属于交通部部属的院校）。系领导立即组建具有丰富教学经验和工程经验的授课班子，从1993年3月在秦皇岛举办第一期水运监理工程师培训班之后，连续在北京、天津、上海、深圳、珠海、青岛、烟台、大连、吉林、哈尔滨等城市的水运交通部门举办监理工程师培训班30余期，培训学员近3 000人。教学效果和严谨的教风受到各主办单位和学员的好评，同时得到交通部质量监督总站的肯定和赞扬。

通过培训工作不仅取得了办学的经济效益，缓解了办学经费的不足，同时与部分企事业单位建立了业务联系。由于土木工程系在培训工作中充分表现出重点院校的教学水准和优良品质，赢得了交通部质量监督总站（简称总站）的信任。在后续的各项工作中，总站都对我系委以重任，比如，研制水运监理工程师培训试题库；编制全国统考试题；编写和审查培训教材等。

五、1995—2009

1995年学校进行体制改革，土木工程系、建筑系、土建勘测设计研究院和理工工程监理公司合并，组建土木建筑学院。院长周晶，主管教学的副院长康海贵，教学秘书刘亚坤。

土木建筑学院的组建为校内“三结合”提供了条件。设计院、监理公司是企业性质的生产单位，与教学单位相结合可以取长补短互惠互利。设计院生产项目多，人手不够，学院派建筑系、土木工程系的教师前去支援或兼职；学生做毕业设计，设计院派工程师前来指导，或接纳学生去设计院参加生产设计；工民建专业的生产实习基本上都派往监理公司的监理工程中，由监理工程师和生产实习指导教师共同指导，而一些青年教师在无课的时间安排去从事监理工作，以积累工程经验。由此可见，土木建筑学院的成立为教学与生产提供了相互支援的发展空间。

2002年6月按照学校统一规划，设计院、监理公司独立，建筑系扩建为建筑艺术学院，原土木工程系更名为土木水利学院。院长李宏男，主管教学的副院长先后为吴智敏、张日向、姜峰，教学秘书刘亚坤、许青、王宝民。土木水利学院建院时本科教学单位为三个系，分别为水利工程系、土木工程系、城市建设系。

1. 专业建设与专业教育评估

根据发展土木工程学科的需要和为了提高毕业生在市场经济条件下的综合素质、竞争能力，学院再次调整专业布局和学科结构，先后创办了工程管理、建筑环境与设备工程两个新专业。1998年学院成立了建筑设备工程教研室，并提交了专业论证报告。1999年1月20日教育部以《关于1998年度教育部直属高校专业设置问题的批复》，批准我院建筑环境与设备工程专业自1999年秋季招生。由此,我院成功地创办了以人居环境为学科发展方向,研究建筑环境和建筑节能技术的新专业。2000年学院为其投资70万元建设450平方米的专业实验室,以满足高质量教学的需要。同年,我院还创办了金融管理科学、经济科学与土木工程技术为一体的工程管理专业。

1998年,国家教委将本科专业目录由1993年的504种调整合并为249种。据此学校教务处于1998年10月制订并下发各院系归并本科专业的意见,将原建筑工程专业、交通土建工程专业归并为“土木工程”专业;将原港口航道与治河工程专业、海岸与海洋工程专业归并为“港口航道与海岸工程”专业。至2000年调整后,土木建筑学院按照新的专业目录最终拥有五个专业:水利水电工程专业、港口航道与海岸工程专业、土木工程专业、建筑环境与设备工程专业、工程管理专业。

水利部《关于核准高等学校水利水电类专业教育指导委员会和各教学组1997年工作计划的通知》和《高等学校水利水电类专业教学指导委员会转发水利部(97)人字函10号文的通知》,要求教育教学组长所在学校的专业进行评估,并将评估结果、专业改造建议等上报教学指导委员会。我校是水利部教学指导委员会水工结构教学组长单位,所以1997年10月土木建筑学院水利水电建筑工程专业申请评估。校党委和行政专门召开会议布置评估工作,成立以土木建筑学院院长为组长的评估工作组,按水利部水电类专业评估指标体系(试行)进行自评,提交自评报告。次年水利部专家组到校视察,得到好评并予以通过。

1999年1月我院工民建专业向全国高校建筑工程专业教育评估委员会递交自评报告,申请教育评估。同年6月9—12日全国高校建筑工程专业教育评估委员会赴大连理工大学视察小组一行4人,在组长吴学敏的带领下进行了为期4天的视察。在视察报告中对自评报告的评价是:经过实地视察,视察小组认为自评报告的内容能反映校、院、系和建筑工程专业的实际情况。我院工民建专业通过评估。

建筑工程专业评估以后,由于教委专业目录的归并,工民建专业与道桥专业合并为土木工程专业,所以2003年7月我院再次向建设部高校土木工程专业教育评估委员会申请土木工程专业评估。受建设部高校土木工程专业评估委员会派遣,视察小组于2004年6月1—4日进行实地视察。视察小组由组长湖南大学沈蒲生教授等5人组成。专业评估获得通过。

2. 本科教学工作水平评估

我校是首批接受教育部本科教学工作水平评估的国家重点建设的高校之一。2004年10月16—22日学校接受了教育部教学工作水平评估专家组的考查和评估,并获得了高度评价。土木水利学院为此付出了很大的努力,2004年3月学院启动自评工作,成立评估领导小组和评估工作组,制订自评工作计划,召开各种会议,进行自查、整改,提交自评报告等,为学校的教学工作水平评估提供了保障。

通过本科教学工作水平评估,学院更深刻地体会到以评促建的意义,在教学文件的建立、执行和保管等方面有了更高的要求,教学档案室更加规范。

3. 课程改革、建设及教改立项

学校在教学内容、课程体系的改革中，着力于量大面广的基础课和技术基础课，学院依据学校的相关政策和制度做了相应的改革和建设。1996 年工程力学教研室继续着力将力学系列课程的理论力学、材料力学、结构力学及其电算等课程进行了体系上的改革试点，将教学内容分成静力学和动力学两大部分，又配以各式模块，如结构稳定计算、结构的极限荷载、疲劳与断裂等，供学有余力又有兴趣的学生选择。

学院重视课程建设和基础理论教学，专业大类基础课全部由本院教师主讲，在十门必修课中有五门(画法几何与工程制图、水力学、结构力学、土力学、钢筋混凝土结构)被评为校优秀误，占专业基础必修课的 50%。为了加速课程建设，学院还实行课程建设负责人制度，有计划地补充和完善相应的教学内容与教材，比如，画法几何与工程制图课除了更新讲课内容，出版了教材和习题集，配置了相关的选修课，还编写了多本拓展学生空间思维和识图能力的参考书。重视基础课为后续课打下了坚实的基础，为提高学生未来工作能力增加了底蕴。2004 年结构力学课被评为辽宁省精品课。

实行“大土木”教学计划和学分制以后，拓宽了学生知识面，给他们更多的发展空间。学院鼓励教师开设经济类、管理类、现代计算技术类、文化修养类和相关专业类的选修课。提倡双语教学和使用多媒体，受到学生的欢迎和好评。

教材建设是课程建设的内容之一。学院“十五”教材规划鼓励编写具有鲜明特点的教材，五年内资助 20 部左右的自编教材，从专项经费中支持十项电子教材多媒体辅助教材建设，加强国外教材引进和原有教材修订再版。2001 年至 2003 年本院出版教材 31 本，其中“九五”国家级重点教材 1 本，统编教材 6 本。这期间获奖成果有：辽宁省优秀图书一等奖和三等奖各 2 项，第三届交通类专业教材优秀奖 1 项。

1994 年国家教委实施《高等教育面向 21 世纪教学内容和课程体系改革计划》，学校制定了《大连理工大学教育改革基金实施管理办法》，土木水利学院对本院教职工申请学校教材出版基金和教改项目基金按 50%进行资金匹配，激励教师进行教学改革。

2000 年 6 月全国高校教学研究会批准我院《21 世纪中国高等教育人才培养体系研究计划》立项 3 项，同年 11 月辽宁省级教改立项 1 项，校内教改立项从 2001 年至 2004 年共 30 项。

4. 教学条件及教学管理

对本科教学条件的投入和改善是学院领导班子比较重视的工作之一。以 2002 年为例，学院出资 0.5 万元为钢筋混凝土结构和钢结构课程购买教具一套；投资 30 万元为测绘教研室购买 GPS 全球定位测量系统；两次投资近 30 万元为力学教研室计算机房购买服务器一台，更新本科学生用的微机 40 台；出资 3.6 万元为院资料室购买图书资料和期刊。

为了给师生提供更多的资料信息，学院决定用横向科研收入的 1%(后随着科研经费的大幅提高，改为 0.5%)作为学院资料室发展专项基金，到目前为止资料室拥有藏书 1.32 万种、1.7 万册，各类中外期刊 310 种，合计 0.34 万册，为广大教职员工和学生(研究生）提供了相当丰富的资料和信息储备。

学院有完善的教学管理制度，除了执行学校的有关规定，如教学改革与建设、教务管理等文件（教学大纲、教学日历等），还自制了教学管理人员的工作职责，教学文件与教学资料的归档保存制度。如制定教务员工作职责，开辟专门的教学档案室，对教学资料和成果进行档案化管理。档案室内存有毕业设计（论文）、试题及标准答案、考卷和考卷小结、成绩单等。在考试方面，我院重点实行考教分离制度，以考察老师课堂教学的效果。

学院从1997年开始先后接受建设部三次土木工程专业评估，其中每年一次自评，五年一重评。评估是教学建设的契机，被评估专业按评估体系和指标进行建设，同时带动其他专业照此办理，使院系各级教学管理人员明确科学化、规范化的管理目标，促进了教学质量保证与监控体系的建设。

为了调动各方面的积极因素，提高本科教学质量和办学水平，1997年9月土木建筑学院成立了教学咨询组，并制订了《土木建筑学院教学咨询组工作职责（试行）》，内容主要有五项：教学改革与教学计划的制订；教学质量检查；教学质量奖与教学成果奖评比；期末考核工作；青年教师培养。咨询组专家由学院聘任。

5. 教风与学风

土木水利学院教师的共同特点是严谨治学、从严执教、爱护学生。在教学过程中，讲课之后的答疑、质疑、作业全批全改是教师的传统习惯。多年形成的师德、教风使众多教师成为学校的宝贵财富，即使退休之后仍活跃在教学岗位上。比如，八十高龄的齐东海教授退休不离岗，仍在著书立说，从事教改项目；为了提高学生的素质，在全校开设选修课，举办各种文化艺术类活动。又如为了培养青年教师、加强基础教育，学校聘任七位“礼聘教授”为本科生上基础课，其中两位是本院力学教研室的郑芳怀、李心宏教授。

学院历来有教书育人的好传统，使学生与教师之间、毕业生与院系之间建立了深厚的爱师、爱校情结。反映在校友关心学院、积极与有关的系、教研室合作。他们想学校、想老师，回校举办的校友会最多，不仅重温和增进了友谊，也给学校提供了各种发展机会和帮助。

在培养青年教师方面，一方面老教师为人师表、言传身教；另一方面学院制定了优惠政策，2003年以来为新留校和引进的青年教师配备高配置的计算机，为35周岁以下的博士和30岁以下的硕士每月分别发放500元和300元津贴等，着力实现环境留人、待遇留人和感情留人，使新一代中青年骨干队伍迅速成长。

学生在教师、班主任、辅导员的教育、管理和帮助下，在传统的院风、系风的带动下，形成了勤奋刻苦读书、锐意进取拼搏、自觉遵守校纪校规的优良学风。四年苦读打下了坚实的理论基础，“土木人”精神造就了踏实的工作作风。毕业生的业务能力和工作表现得到了用人单位的认可。2003年学院向用人单位发出160份毕业生质量调查表，回收交通部、建设部等设计院、工程公司等30多个单位79份反馈表。从政治表现、业务水平和工作能力三个方面给予评价，统计的结果是：拥护党的方针政策方面，评价好和比较好的占96.2％；工作态度和道德修养方面，评价好和比较好的占97.5％；专业基本功扎实程度评价好和比较好的占98.7％；计算机应用能力好和比较好的占97.5％。

6. 联合办学

从2002年起，学院与英国爱丁堡大学土木工程系签订土木工程专业“2+2”联合培养协议。2003年有两位学生获英国签证到爱丁堡大学留学。

7. 社会服务

1998年大连理工大学获得建设部工程建设监理工程师培训院校资质，1998年3月开始监理工程师培训工作，至今20多期，学员三千余人。受大连市工程建设监理协会的委托，从2001年开始为参加全国监理工程师执业资格考试的学员开办考前辅导班五期；为大连地区的总监理工程师进行岗前培训四期。1998年4月学院接受大连市城乡建设委员会建筑业管理处的邀请，参与全市建设监理企业资质核查工作。

2005年6月至11月受交通部质量监督总站的委托，无偿地为其编制《水运工程实验检测人员培训考试试题库编写考题大纲》，并为试题库编写考题。考题编写单位有广州、上海、武汉、天津等地检测中心和东南大学、长沙理工大学等院校。我院出题数量占总题量的1/2，由我院主编。上述编写单位中唯有我院不属于交通部属院校，可见交通部对我校的信任程度。

8. 办学特色

学院有两个一级学科（水利工程、土木工程），12个二级学科（其中1个国家一级学科重点学科和1个二级学科重点学科、2个省一级学科重点学科），2个博士后流动站，12个博士和硕士点。学科建设过程是师资的成长过程。学院有两院院士4人、国家有突出贡献的专家6人、教育部“长江学者”奖励计划特聘教授5人、国家杰出青年科学基金获得者7人等。中青年学术带头人都是随学科建设而成长起来的，其他中青年教师在良好的科研条件和学术氛围中成长迅速，构成学院强大的师资队伍，为本科教育提供了保障。学科发展加速了办学条件的改善，科研所、实验室为本科教学和学生的创新活动提供了平台。

产学研相结合办工科教育。学院办学思想之一是理论与实践相结合，走三结合之路。产学研相结合可以改变封闭的办学模式，拓宽办学的路子，提高教学质量和办学效益。通过与社会的接触和交流，锻炼和提高教师与学生的科研水平，使人才培养符合社会需要，为社会创造财富的同时改善办学条件。

产学研三结合的形式主要有承担工程设计任务和横向科研课题；带领学生走出校门，在参加实际工程设计中完成毕业设计；产校结合，建立相对稳定的协作关系等。

六、2009—2018

1. 专业建设与评估认证

经教育部批准，建设工程学部新增海洋资源开发技术专业，2011年开始招生。同年，土木工程（国际班）开始招生。

在特色专业建设方面，2009年土木工程专业获得国家第二批质量工程建设项目。2009年水利水电工程专业被评为辽宁省普通高等学校本科示范性专业。2010年，港口航道与海岸工程被批准为第六批国家级高等学校特色专业建设点。2012年，土木工程专业获首批国家“专业综合改革试点”项目，由中央财政专项资金支持建设经费150万元，建设周期为3年。2013年，土木工程专业获批教育部本科教学工程“专业综合改革试点”项目、辽宁省本科教学工程“人才培养模式改革试点”项目；海洋资源开发技术专业获批辽宁省高校重点支持本科专业。2015年，土木工程专业获辽宁省首批本科优势特色专业。学部继续开展“面向工程的土木水利大类人才培养模式”（涉及土木工程、水利水电工程、港口航道与海岸工程、工程管理、土木英强等专业）国家人才培养模式创新实验区建设。

2009年，土木工程专业接受建设部评估，成绩优秀，今后将每8年重评一次。建筑环境与设备工程专业通过住房和城乡建设部本科教育评估，有效期五年。工程管理专业通过住建部高等教育专业评估委员会的本科教育评估。2014年，港口航道与海岸工程、水利水电工程专业通过中国工程教育认证协会组织的工程教育认证。2015年，建筑环境与能源应用工程、土木工程2个专业接受住建部高等教育评估委员会教学质量督查，专家给予充分肯定。2016年，交通工程专业迎接工程教育专业认证；建筑环境与能源应用工程专业接受住建部高等教育评估委员会教学质量督查。建筑环境与能源应用工程专业、土木工程专业、水利水电工程专业、港口航道与海岸工程专业均以优异成绩和最高有效期顺利通过评估或认证，获得专家高度评价。2017年11月，接受教育部本科教学工作审核评估专家组的全面考察评估。

2. 本科教学工作审核评估

根据《教育部关于开展普通高等学校本科教学工作审核评估的通知》，大连理工大学于2017年11月13日至16日接受了教育部本科教学工作审核评估专家组的全面考察评估。2016年11月到2017年10月，历时一年，建设工程学部完成了教学基本状态数据库填报、教学档案整理等自评自建工作，持续改进教学质量，极大促进了教学管理水平和人才培养质量提升。学部召开本科教学审核评估、专业认证（评估）及实验室安全工作布置会议，成立了审核评估工作组，制定了《建设工程学部本科教学审核评估工作方案》。通过全体教职工的努力，完成了审核评估各项工作，撰写了《建设工程学部本科教学审核评估自评报告》，为学校的本科教学工作审核评估提供了支持与保障。通过本次审核评估，更加深刻地认识到以评促建的意义，坚定了全面提高人才培养能力，建设一流大学、培养一流人才的目标。

3. 课程建设与教学改革

2009年，建设工程学部获批学校第一批核心课程建设项目，共13门课程。各门核心课程负责人制定建设目标，拟定了实施计划，全面提升课程建设质量，努力培育省级和国家级精品课程。2015年，张吉礼负责的“建筑用制冷技术”课程入选辽宁省精品资源共享课建设课程。在第十四届全国多媒体课件大赛中，王子茹的“直线的投影”（微课）、王吉忠的“钢筋混凝土结构”（多媒体课程）获高等教育组（本科组）二等奖。在辽宁省教育软件大赛中，王吉忠的“钢筋混凝土结构”（多媒体课程）获高等教育组（本科组）三等奖。刘亚坤的“《水力学》精品资源共享课建设”获得校教改课程专项资助。2018 年，结构力学、画法几何及土木工程制图、水利工程施工三门课程入选国家精品在线开发课程。学部还开设双语课程 50 门，邀请国外知名教授为本科生讲课（“土力学”“结构力学”等）。

学部动员教师积极申报教学改革项目，获得住房和城乡建设部土建类高等教育教学改革项目 3 项，辽宁省教改重点项目 22 项；校重大教改项目 1 项，重点教改项目 14 项，面上项目 73 项，教材建设项目 59 项。建筑环境与能源应用工程专业参与欧盟资助的“伊拉斯谟＋”国际教学建设项目。

2014 年，水利水电工程、港口航道与海岸工程、海洋资源开发技术、建筑环境与能源应用工程专业获批高等学校本科教学改革与教学质量工程建设项目，港口航道与海岸工程专业获批辽宁省普通高等学校本科重点建设专业（类型：综合改革试点专业），总经费达 342 万元。2015 年，土木工程、水利水电工程、港口航道与海岸工程、海洋资源开发技术、建筑环境与能源应用工程等 5 个专业“十二五”期间立项的高等学校本科教学改革与教学质量工程建设项目全部执行完毕，累计投入经费 650 万元，专业实力进一步增强。2016 年，学部获批国家“本科教学工程”项目 10 项，分别是：慕课课程建设项目 3 项、国家级工程实践教育中心项目 1 项、校外实习基地项目 3 项、国际化人才培养项目 1 项（土木工程专业国际班深度国际化建设）、综合改革试点专业 1 个（交通工程专业）、国家级实验教学示范中心项目 1 项，获批总经费 120.2 万元。

4. 师资队伍与教学成果

自 2009 年以来，建设工程学部本科教学工作排序均为校前三名，2017、2018 年学校排名第一。先后获得 2014—2015 学年（首届）大连理工大学教学管理先进单位称号，土木水利实验教学中心获得教学管理先进集体称号。2017 年，获得教学管理先进单位和留学生管理工作先进集体称号。

2012 年，全面修订了 8 个本科专业的本科生培养方案。2016 年，按照“工程教育认证标准”的要求修订 2016—2020 级本科生培养方案，完成国家数据平台本科基本数据采集工作。

学部重点加强力学教学团队（带头人陈廷国）、水力学教学团队（带头人金生）、水利水电工程教学团队（带头人马震岳）建设，培育国家级和省级教学团队。陈廷国教授的“工程力学教学团队”获批 2009 年普通高等学校省级教学团队。

2010 年，曲激婷获第二届全国水利学科青年教师讲课竞赛一等奖，艾红梅、张宏战获二等奖。测量学获批学校优秀课程。建筑材料课件获辽宁省第十一届教育软件大赛三等奖。

2011 年，王子茹获第七届辽宁省教学名师奖，贾艾晨获宝钢教育基金优秀教师奖，王骞获校青年教师讲课竞赛二等奖。

2012 年，王宝民获宝钢教育基金优秀教师奖。李钢获校青年教师讲课竞赛一等奖。在教育部第十二届全国多媒体课件大赛上，郭莹的《土力学与地基基础》课件获一等奖，王宝民的《建筑材料学》课件获二等奖。辽宁省普通高等教育本科教学成果奖一、二、三等奖各1项。

2013年，王永学获第二届屈伯川奖教金。王宝民获教学质量优秀奖。陈廷国获实验教学与实验室建设突出贡献奖，张哲、王宝民获先进个人。郭莹、王宝民获得第十二届全国多媒体课件大赛奖。钢筋混凝土结构学获批学校优秀课程。

2014年，王吉忠获宝钢教育基金优秀教师奖。陈廷国、王永学获评为“中国路桥——榜样在身边”优秀教师，唐洪祥、李冬生获评为优秀班主任标兵。王立成获第四届全国水利学科青年教师讲课竞赛一等奖，曲激婷获第六届全国结构力学及弹性力学讲课竞赛一等奖。王胤、马志先获学校青年教师讲课竞赛二等奖。

2015年，宋向群获第十一届辽宁省普通高等学校本科教学名师奖。李志军获大连理工大学第三届屈伯川奖教金。年廷凯获宝钢教育基金优秀教师奖。张婷婷、李静获“中国路桥——榜样在身边”优秀教师称号，张明媛、崔瑶获“中国路桥——榜样在身边”优秀班主任标兵称号。张婷婷获全国土木工程材料青年教师讲课比赛一等奖、第二届全国高校微课教学比赛辽宁省赛区三等奖。

2016年，黄丽华获宝钢教育基金优秀教师奖。董伟获第五届全国水利学科青年教师讲课竞赛特等奖。

2018年，陈廷国获得宝钢基金优秀教师特等奖。杜志达获得全国水利高等院校水利类专业带头人称号。张婷婷获第十六届霍英东青年教师二等奖。唐洪祥指导的毕业设计获“全国岩石力学与工程优秀毕业设计(论文)奖”。“中国路桥——榜样在身边”优秀教师评选，李冬生获学术研究类教师称号教师，杜志达、霍林生、赵璐获教育教学类教师称号，田苗获就业指导类教师称号。

2013年以来，3位教授入选新一届教育部高等学校教学指导委员会委员。

在教学成果方面，2014年，陈廷国负责的“融合重点学科资源，建设土木水利类专业高水平实验教学示范中心”、宋向群参与的“研究型大学工程教育改革与卓越工程师培养的探索与实践”荣获高等教育国家级教学成果二等奖；姜峰参与的“研究型大学拔尖创新人才培养体系的构建与实践”荣获高等教育国家级教学成果一等奖。2015年，年廷凯主持的“工程地质实验教学改革与实践性教学基地建”获辽宁省高等教育学会“十二五”优秀高教研究学术成果一等奖。唐国磊主持的“沿海港口航道仿真实验教学系统的开发与应用”获校优秀教学成果二等奖。2017年，陈廷国、张吉礼主持完成的项目分别获得学校教学成果奖一等奖。刘亚坤、唐国磊主持的项目分别获得水利教指委教学成果一等奖，王永学、黄丽华主持的项目分别获水利教指委教学成果二等奖。材料力学英文课程入选“教育部来华留学英文授课品牌课程”。2018年，在辽宁省普通高等教育本科教学成果评选中，张吉礼、年廷凯主持的项目获得一等奖；陈廷国、刘亚坤主持的项目获得二等奖；黄丽华主持的项目获三等奖。刘亚坤、唐洪祥负责的项目分别获得学校教学成果一等奖、三等奖。

在教材建设方面，2010年，《道路建筑材料》和《测量实验及实习指导教程》在国家级出版社出版。《工程水文学》和《港口规划与布置》2部教材在人民交通出版社出版。《建筑材料学》获大连市科学著作一等奖，《水力学》获二等奖。《道路建筑材料》获学校优秀教材奖。李忠富、王立久、刘亚坤、郭子坚、王树刚、伊晓东等编著的6部教材获批“十二五”普通高等教育规划教材。2014年，3部教材入选第二批“十二五”国家级规划教材，分别是

《工程水文学》《规划与布置》和《工程经济学》。4 部教材入选第二批"十二五"辽宁省规划教材，分别是《港口规划与布置》《工程经济学》《水工钢筋混凝土结构》和《道路建筑材料》，其中《水工钢筋混凝土结构学》《工程经济学》分别获得校 2014 年优秀教材一等奖和二等奖。2013 年，《水运工程施工（第二版）》获评高等学校水利学科专业规范核心课程教材。

5. 创新项目及学生竞赛

建设工程学部教师均积极指导大学生创新性实验计划项目。2009—2019 年，获批大学生创新性实验计划项目 768 项，其中国家级 94 项，省级 43 项，校级 332 项，院系级 298 项。结构设计大赛和测绘之星大赛于 2011 年获批辽宁省高校大学生创新创业竞赛项目。

两个创新实践方向——海洋工程和抗震工程，进一步规范大学生创新实践基地活动，制定新的培养计划，2009 年开始招生。

2009 年，举办学校结构设计竞赛和水力学模型设计竞赛等活动，培养和提高大学生的创新实践能力。2012 年，举办"苏一光"杯第三届测绘技能大赛、第二届交通科技大赛和《画法几何与工程制图》课程建筑工程模型作品展。

2009 年，本科生参加全国结构设计竞赛并获得一等奖。2011 年，本科生获第二届全国大学生水利创新设计大赛特等奖 1 项、二等奖 3 项，学部获优秀组织奖；获第六届全国大学生交通科技大赛二等奖 1 项，辽宁省测绘之星大赛一等奖 1 项。2012 年，本科生获第七届交通科技大赛一等奖，第三届环保科技创意设计大赛金奖、最佳科技展示奖，第二届土木工程专业大学生论坛论文一等奖，第五届节能减排社会实践与科技竞赛一等奖，第七届结构设计大赛最佳制作奖等。2013 年，本科生在"建设工程与管理创新"竞赛、"挑战杯"辽宁省大学生课外学术科技作品竞赛、第二届全国虚拟仪器大赛等竞赛中获得佳绩。2015 年，本科生在第四届全国大学生水利创新设计大赛、首届全国大学生岩土工程竞赛、第十届全国大学生交通科技大赛、全国大学生课外学术科技作品竞赛等多项科技竞赛中分别取得了特等奖、一等奖等国家级奖励 10 项，省级 2 项，市级 5 项。2016 年，本科生在全国土木工程专业本科生优秀创新实践成果决赛中，获全国一等奖 2 项、二等奖 1 项；在第九届亚洲地区校际结构设计邀请赛中获优胜奖。2018 年，本科生获中国大学生制冷空调竞赛二等奖，第十一届全国节能减排大赛二等奖，第十一届"建设工程与管理创新竞赛"（ICCEM）决赛大赛三等奖，ASCE 和 AISC 联合举办的钢结构桥梁大赛赛区第八名。

6. 合作交流

2012 年，教育部等 23 个部门批准 626 家企事业单位为首批国家级工程实践教育中心建设单位，其中 5 家单位获批与我校建设工程学部共建国家级工程实践教育中心，土木工程专业与中建八局联合建立的中心获得 200 万元经费支持。2014 年，与中建八局、大连港集团、辽宁水勘院等企业联合实施"卓越计划班"，实践教育中心建设取得实质性进展。2015 年，土木工程、水利水电工程、港口航道与海岸工程三个专业的"卓越工程师培养计划"取得新进展，工程实践教育中心建设成效显著，继续与中建八局、辽宁省水勘院、大连港集团等合作，聘请企业技术骨干开设 13 门课程。2016 年，学部深入推进土木工程、港口航道与海岸工程、水利水电工程专业卓越工程师计划。大工-中建八局"卓越计划班”开设的6门课程陆续出版了卓越系列教材。与青岛海信网络科技股份有限公司合作建立实践教学基地。

优秀学生志愿转专业中，106人转入学部，15人转出。选派21人赴哈尔滨工业大学、华南理工大学、中南大学、中国海洋大学交流访学。接受外校访学学生44人。

2016年，学部承办大连市高校本科土木工程专业实验教学研讨会，教育部高等学校流体力学及水力学课程教学指导小组扩大会议暨课程教学研讨会。2017年，学部承办中国水利教育协会高等教育分会第五届第四次理事会暨2013—2017年教育部高等学校水利类专业教学指导委员会第五次全体(扩大)会议和第五届全国大学生水利创新设计大赛(参赛高校84所、参赛学生近700人)，扩大了学校影响。

7.土木水利实验教学中心建设

2009年6月，土木水利实验教学中心被评为辽宁省实验教学示范中心建设单位，2010年1月，被评为国家级实验教学示范中心建设单位。学部专门设立土木水利实验教学中心管理委员会和实验教学指导委员会，加强组织和管理。2010年，在国内首开土木水利学科前沿实验课程，并获辽宁省实验室建设先进集体称号。2012年，国家级土木水利实验教学中心顺利通过国家级实验教学示范中心验收，成绩优秀。四年来，投入建设经费853万元，其中学校投入608万元，自筹经费245万元。2014年，土木水利实验教学中心承担的校重点实验室建设项目“面向卓越工程师培养的工程实践及创新平台建设”等顺利推进。2017年，聘请国内外知名专家成立第二届教学指导委员会。2018年，土木水利实验教学中心获中央高校改善基本办学条件经费261.58万元和学校实验室建设经费14万元支持，创新平台建设达到国内领先水平。本科生创新开放基金吸引了澳大利亚西澳大学、清华大学、日本神奈川大学等20余所高校学生开展研究。

第二节　研究生培养

一、1949—1978 年研究生培养工作

大连工学院(现大连理工大学)培养高层次的人才是从 1952 年开始的。

1953 年哈尔滨工业大学土木建筑系水利工程专业 29 名研究班学员调来我校,到 1954 年暑期毕业时,土木工程系共有研究班学员 29 人,均为水能利用专业。

1962 年教育部实行全国统一招收研究生的制度,水利工程系水工与港工专业开始招收第一批研究生。

1977 年 10 月,国务院批转教育部《关于 1977 年高等学校招生工作的意见》和《关于高等学校招收研究生的意见》,恢复了统一招生考试的制度。1978 年我校第一届研究生招生录取 108 人(我系 17 人),学习的专业共有 9 个,水利工程、海洋工程就在其中。

二、恢复学位制后研究生培养工作

1981 年 11 月 3 日,国务院首批批准大连工学院为博士学位授予单位,我系水工结构工程批准为博士学位授予学科和专业,批准我系林皋教授为博士生导师。

1984 年 1 月 13 日,国务院批准我系结构工程与港口、海岸及近海工程为博士学位授予学科和专业,批准我系赵国藩、邱大洪教授为博士生导师。

1986 年 7 月 28 日,国务院学位委员会批准我系水力学、水文学与水资源及水力发电工程三个学科、专业有博士学位授予权。批准我系倪汉根、陈守煜、董毓新、李玉成等 4 人为博士生导师。

1990 年 10 月,国务院学位委员会批准我系韩国城、俞聿修、陈璧宏三人为博士生导师。

1991 年 1 月 25 日,中宣部、国家教委、人事部、国务院学位委员会召开大会,表彰全国有突出贡献的博士、硕士学位获得者、回国留学人员及大学毕业生。受表彰的博士有周晶、徐世烺、楼梦麟、马震岳等 4 人。

1993 年,经国务院学位委员会第五批审核,新增我系建筑材料博士点,周晶(水工结构工程)、宋玉普(建筑结构工程)和王本德(水文学及水资源)被批准为博士生导师。

1994 年,学校自主审批博士生导师。

1998 年 6 月,经国务院学位委员会第十六次会议审议通过,我院水利工程增列为一级学科博士学位授予权学科。

2000 年 9 月 25—28 日,国务院学位委员会学科评议组第八次会议于北京召开。经专家评审,我校土木工程获得一级学科博士学位授予权。至此,我院“土木工程”和“水利

工程”均成为一级学科博士点，覆盖了学院的所有主要学科和学科方向。

2001—2005年，研究生招生每年递增20%，随着学院研究生导师的增加，2006—2009年每年招生数量略有增长。

2007年9月11日，根据教育部《关于进行研究生培养机制改革试点工作的若干意见》和《大连理工大学研究生创新基金管理暂行办法》精神，学校修订了《大连理工大学研究生培养机制改革实施细则》，各院系遵照执行。

三、2009—2018年研究生培养工作

2011年，招生专业新增工程管理硕士专业，新增交通运输工程一级学科硕士学位授权点和交通信息工程及控制、交通运输规划与管理等两个二级学科招生专业。当年开始，按照土木水利工程一级学科（群）设置考试科目、统一录取，初步实现大类招生。

2009—2018年，建设工程学部共新增博士生导师70人，硕士生导师102人。博士生导师达到117人，硕士生导师达到247人。

在培养方案及考核办法方面，2010年对各类研究生的培养方案和毕业标准进行了全面修订，制定了土木工程领域统一培养方案。制定博士研究生中期考核办法，规范了博士研究生发表论文非EI检索中文有效期刊目录。2011年，制定了土木工程（含岩土、结构、防灾、桥隧、市政）及土木工程其他二级学科、水利工程二级学科的研究生课程体系和课程目录，完善了课程大纲，明确了学术活动要求，提高了全日制专业学位硕士生总学分。完成《交通运输工程硕士研究生国际化专业培养方案》制定工作。2012年，开展国内外著名大学研究生培养方案调研工作，在此基础上对学博士生、学术型硕士生、专业学位研究生的培养方案进行了大规模的修订。2016年，根据教育部《关于改进和加强研究生课程建设的意见》，各学科参照国家学术学位研究生培养基本要求，对研究生培养方案进行了全面修订，优化了一级学科研究生课程体系及整体学分结构，制定了硕博连读及直接读博研究生培养方案。同时，加强研究生全英文课程体系建设，制定了土木工程、水利工程、交通运输工程一级学科全英文课程培养方案。

2014年，建筑与土木工程专业领域被列为学校全日制工程硕士综合改革试点领域。2017年，水利工程领域获批全日制专业学位研究生培养改革试点，学制改为3年，新修订的培养方案从2018级新生开始执行；2018年，完成了全日制专业学位硕士培养方案修订及整合工作，首次制定了工程博士培养方案。

2009—2018年，建设工程学部获评全国优秀博士学位论文1篇，全国优秀博士论文提名2篇，辽宁省优秀博士论文4篇，辽宁省优秀硕士论文4篇，校优秀博士论文17篇，校优秀硕士论文215篇，校优秀博士论文资助1篇。2012年，董国海教授指导的博士生马玉祥获2012年度全国百篇优秀博士学位论文，实现了在“优博”方面零的突破。

2009年，新增在职工程硕士广州办学点，完成了以广州、上海和大连3地为主的2010年在职工程硕士招生工作，招生95人。2010年，在职工程硕士新增工程项目管理硕士专业，并开始招生。学部走访了中建八局、中交三航院等10余个知名企业和政府部门，扩大工程硕士招生宣传。与广州中交集团四航院和四航局签署了全日制工程硕士实践基地协

议，外聘企业硕导9人。2012年，与营口市哈勃继续教育学校、新疆乌鲁木齐广播电视大学、沈阳百源欣才教育培训中心、福建广播电视大学等四所培训机构签订联合培养工程硕士协议。

2010年，建设工程学部承办了汶川工程震害及治灾机理与土木工程防灾减灾全国博士研究生学术会议、首届全国(U30)混凝土材料设计大赛暨第四届全国建筑材料学科导师及研究生论坛。2011年，举办2011年全国土木工程研究生学术论坛，10位资深专家作特邀报告。2015年，参加全国研究生创新论坛和圆桌会议，加入未来土木工程师联盟(Future League)并担任常任理事。

第三节　学生思想政治教育与管理工作

一、学生管理体制的沿革

1949年，大连大学时代，学校设有学生指导科，负责学生的思想政治教育与管理工作。随着土木工程系第一批学生的入学，学生管理体制诞生。

从1950年起，为加强对一年级学生的教育与管理，成立了一年级政治思想工作办公室。办公室统一管理学院七个系共计十二个班的学生工作，土木工程系同学主要分布在第七班，少数分布在第四班。这一时期学生工作具有明显的“延安模式”，即培养政治鲜明的、具有延安精神和批判精神的革命人才，为刚刚解放的中国青年一代奠定思想基础。办公室的主要职能是：在学生中开展配合镇压反革命运动的思想工作、抗美援朝的组织动员等。当时，办公室决定，每个学年都要为每一名同学做思想鉴定，系主任和主要任课教师都要参加。这些标志着学生工作从无到有，走向正规。

1952年，土木工程系成立党总支，在大三、大四学生中成立学生党支部。1952年年底，根据高教部发出的《关于在高等学校重点试行政治工作制度，设立政治辅导处》的指示，土木工程系在各年级设立辅导员，1955年成立土木工程系辅导室。

在20世纪50年代初，参照苏联高等学校的做法，实行“班三角”的制度。即由共青团支部书记、班长、学生代表（学生会的基层负责人）组成领导集体，领导全班的政治工作、学习、生活、文娱、体育等活动，既体现了党团组织的领导，又较广泛地吸收了群众的意见和要求。同时开展思想工作的学生组织还有学生党支部，每两个年级成立一个党支部，每个年级成立一个党小组，党支部和党小组发挥组织优势，指导班委会和团支部工作，起着鲜明的“旗帜”和坚固的“战斗堡垒”作用。

1956年，尝试在党总支的领导下，由系主任主管，下设教学秘书（抓教学）、学生秘书（抓学生工作）、科研秘书（抓科研）来开展全系教学管理工作。

1957年，水利工程系辅导室加强了政治领导。每个年级均设置两名半脱产辅导员。同时，每个年级成立党支部，由一名辅导员兼任党支部书记。辅导员与学生“同吃同住”。

1958年，在“大跃进”的教育革命中，辅导员在党总支领导下担负起组织学生参与“大炼钢铁和全省水利化等”活动的职责。

1961年，开始设置“级队”组织，年级在统一管理的前提下更加规范。同时，学校基础部开始介入系内的学生管理工作，即由基础部管理一、二年级的学生工作，开展通识教育；系管理三、四年级的学生工作，开展专业教育，这种制度实行了两年后被取消。

1962年，一度由学校政教室指导系辅导室开展学生工作。辅导室也增设年级主任（抓学习），辅导员改称“政治辅导员”（抓思想），年级主任与政治辅导员共同开展学生工作。

1963 年，学生管理统一回归系负责。

1964 年，为加强级队的领导，学校向级队授第一面“队旗”。

1977 年，正式确立班主任制度。

1978 年，恢复专业教研室，学生组织从“文革”的“专业连队”中逐渐回归。

1978 年，党总支指导下的学生工作制度进一步确立，水利工程系有专职的副书记负责学生思想工作，辅导室设学办主任，同时辅导员队伍规模也进一步扩大。

1998 年，选拔第一批流动专职辅导员，辅导员队伍建设走上了“专兼结合”的道路，为辅导员队伍专业化、职业化、专家化奠定了基础。

2002 年至今，辅导室改称“学生工作办公室”，在学校党委学生工作部和学院的双重指导下开展工作，协助做好招生就业工作，创新性地开展理想信念塑造、党员形象示范、文明道德修身、优良学风强化、扶贫助学励志、创新能力培育、文化素质提升、心理健康教育等八项工程。

今天，建设工程学部学生工作办公室已经发展成一个特色鲜明、专兼结合、文理互补、战斗力强的先进集体，多次被评为学校“学生工作先进集体”。学院学生工作队伍现有 9 人，其中主管学生工作副书记兼副院长 1 名、学生工作办公室主任 1 名、团委书记 1 名，其他专职辅导员 3 名、兼职辅导员 3 名。学生工作办公室全体教师，坚持以科学发展观为指导，贯彻以学生为本的理念，开展精英教育，倡导责任担当，为传承土木人精神、培养新世纪的土木水利类行业精英贡献力量。

二、本科生思想政治教育与管理工作（2009—2018）

党的十七大报告首次提出了“育人为本，德育为先”，党的十八大报告进一步强调把立德树人作为教育的根本任务，2016 年 12 月全国高校思政会议的召开提出了“培养什么人、如何培养人以及为谁培养人”的根本问题。2018 年 9 月，习近平总书记在全国教育大会上发表重要讲话，提出了“九个坚持”以及“六个下功夫”，为新形势下如何做好教育工作提供了行动指南。十年来，学部始终贯彻党的教育方针，以学生为主体，以培养德智体美劳全面发展的社会主义建设者和接班人为目标，凝聚共识、倾心引领、精心谋划、专业导航。

1. 价值引领，理论导航，培养又红又专接班人

十年来，学部坚持贯彻党和学校的教育方针，坚持理想信念教育入脑入心，顺应时代发展，不断丰富、拓展教育载体及形式。打造核心价值观教育长廊等，开展社会主义核心价值观系列教育活动。以“青马工程”为核心，逐步打造四层理论学习体系，在落实“两组”学习制度基础上，建设“薪火计划”“栋梁计划”“青春计划”学习体系，激发青年学生学习热情，培养坚定的青年马克思主义者。2016 年，学校正式启动了传承红色基因主题教育，学部积极响应，开展系列活动，组织全体本科生开展了“红色基因大讨论”等传承红色基因教育系列活动。2018 年，学部成为学校首批“三全育人”试点学部，深入贯彻落实学校思想政治工作“1149”工程，逐步形成辅导员、专业教师、专业班主任、思政班主任、校友导师、家

长、企业“七位一体”的全员参与、全程导航、全方位培养的“三全育人”格局。

2018 年，完成了由以年级、专业为单位设置党支部到贯穿高低年级纵向设置党支部的改革，更好地发挥党支部战斗堡垒作用。近年来，本 2012 级第二学生党支部、本 2011 级第二学生党支部、本 2012 级第一学生党支部、本 2013 级第二党支部、本 2013 级第二党支部、本 2014 第一党支部、本 2014 第一党支部、本 2015 党支部等多个党支部荣获“先进基层党组织”，王中兴、姜锋、王黎明、陈宇彤、牛文静等多名本科生党员荣获“优秀共产党员”称号，沈绍东、王天博、杨峻等多名本科生荣获“优秀毕业生党员”称号。

2. 遵循规律，分层指导，促学生成长成才

学部以建设高水平本科教育为目标，在大学生增长知识见识上下功夫，教育引导学生珍惜学习时光，心无旁骛求知问学，增长见识，丰富学识，大力培育优良学风，拓展瞄准前沿的学科视野。

学部将学风建设贯穿本科生培养全过程。新生入学即举办新老生交流会，帮助新生快速融入大学生活；定期组织月考，加强学生学业的过程管理；通过“立项答辩—中期检查—结项总结”的优良学风建设立项评审促班级优良学风养成；采取一帮一、多帮一等方式带动学习困难同学共同进步。

学部坚持每学年举行“建工之星”评选，在学部内打造见贤思齐的良好风气。以学业指导与咨询中心为平台，邀请专业教师为学业困难同学指点迷津，答疑解惑。发挥优秀同学及党员的带动作用开展学习帮扶活动，分享学习经验，改进学习方法。积极打造各类科创平台，为学生进行创新型学习培育优良氛围，大力推动科创教育。学部各专业举办、承办如结构设计大赛、水力学模型大赛、水利创新设计大赛、MDV 中央空调设计应用大赛、测绘技能大赛等专业竞赛。2017 年，学部承办第五届全国大学生水利创新设计大赛，刘亚坤教授指导的《一种基于绿色环保住宅设计理念的水资源综合利用系统》斩获大赛特等奖。积极推动师生走出国门奔赴海外参加各类学术竞赛，如国际钢桥比赛、EERI 抗震模型结构比赛、ASCE 挡土墙大赛等。

自 2009 年以来，学部涌现出 5 名全国水利之星（2011 年启动评选）、11 名全国水利优秀毕业生（2009 年启动评选）、5 名中国土木工程学会高校优秀毕业生（2014 年启动评选），共有 7 名同学获评学校优秀学生标兵，60 人次获市三好学生，获评 20 个市先进班集体、80 个校先进班集体、近 90 个校优良学风班，累计获得 100 余项专利，发表各类学术论文近百篇，参与大学生创新创业计划项目的学生近 2 000 人，获得各类科技竞赛奖项近3 000 项。

3. 搭建平台，悦动青春，提升学生文化素养

坚持以文化人，以文育人，营造浓郁的校园文化氛围。在过去十年中，学部以坚持文化自信、传承创新、统筹协同为基本原则，以积极向上、丰富多彩的校园文化活动为载体，不断挖掘传统文化内涵，发扬大工精神，传承红色基因，推动形成厚重的校园文化积淀，打造具有建工特色的校园文化平台。

十年来，从“联系青年，服务大局，当好桥梁，从严治团”四维工作格局出发，坚定理论

教育，加强品德教育，推进实践育人，鼓励科技创新，培育良好学风。学部连续7年获得团建工作“优秀组织院系”，基层团支部荣获“大连市红旗团支部”“大连市先进团支部”、校“标兵团支部”、校“十佳团支部”、校“活力团支部”等荣誉。2017年土水1603团支部获得“全国高校‘活力团支部’”“辽宁省高校‘活力团支部’”。

涵育传统文化，挖掘文化内涵。学部自2009年成立以来，连续十年开展新生诗朗、青春歌会、嘉年华等校园文化活动；七次举办“榜样风采 荣耀建工”颁奖典礼，表彰先进集体和优秀个人；学部打造的“核心价值观宣传长廊”荣获全国“四进四信”活动优秀项目，并开展“红色基因”主题团日，学部部长董国海教授、党委书记杨庆教授等全体党委委员全程参与讨论，将大工精神印刻到每一位青年团员心中。

将大工精神融入峰岚作品，十年来，在学部团委的指导下，历届参与者不断挖掘历史典故，品读时代精神，积极创新创造，打造出众多文艺精品，展现出新时代建工学子的良好精神风貌。学部共捧得峰岚杯文艺大赛“优胜杯”三次；荣获语言类一等奖一次、二等奖一次、三等奖两次、第四名一次；乐器类二等奖两次；舞蹈类一等奖四次、三等奖两次；舞蹈作品《使命》受邀参加大连高等院校舞蹈精品展演；舞蹈《大圣归来》受邀参与大连市网络春晚录制表演。

弘扬体育竞技精神，展现青年奋发向上精神面貌。学部积极引导学生参与体育锻炼，强化学生身体素质，鼓励学生参加各类体育比赛，争做德智体美劳全面发展的社会主义建设者和接班人。回首十年运动会的成绩，学部获男子团体第2名两次、第3名三次、第5名两次、第6名一次；获女子团体第3名三次、第4名一次、第5名一次、第6名一次；获团体总成绩第3名四次、第4名四次，并多次荣获精神文明奖。2013年，李少壮同学打破了男子1 500 m和男子5 000 m项目的双项纪录。2014年，李少壮同学再一次刷新了去年自己创下的男子5 000 m项目纪录。2015年，集体项目毽球比赛中建工代表队打破了该项目的校记录。

十年来，学部高度重视第二课堂育人工作。激励学生创办、参加各类社团组织，增强综合素质。学部严格落实《高校学生社团管理暂行办法》，秉承“淘汰落后、培育优质”的社团发展理念，规范社团管理，加强监督考核。学部团委为支持校园文化建设，于2011年成立社团联合会，发展学部二级社团。社团数量由2011年的1家发展至2014年10余家各类社团。2015年，学部社团步入正常轨道，开展荧光夜跑、绝对挑战影视音乐文化大赛等特色活动。2016年学部出台《建设工程学部社团管理考核办法》，进行社团年审考核，注销不合格社团。2017年，学部社团2家晋升校级社团、评选为校十佳二级社团、校优秀二级社团。2018年拥有25家各类社团，每年开展各类活动50余次，其中更有如ASCE-ISG中国区交流年会等国际性交流活动，“我是写手文化比赛”等社团自创活动以及与专业相关的学术性活动，整体态势在稳定中不断向上发展。

4. 组建团队，深入社会，探索社会实践育人

十年来，学部不断拓宽学生社会实践渠道，以多种方式鼓励学生参加各类社会实践活动，在实现中国梦的生动实践中放飞青春理想。

建立社会实践六体系，召开社会实践表彰大会，制定、完善《建设工程学部社会实践指

导细则》《社会实践指导手册》《建设工程学部社会实践管理考核条例》等文件，汇编《建工之旅》，与大连 100 越野赛的赛事组委会合作，负责组织大连 100 越野赛这一国际赛事的大学生志愿者招募、培训工作。目前每年约 1 000 人参与寒暑期社会实践，占本学部本科生总数近 60%；每年新注册志愿者约 500 人，志愿服务累计参与 2 000 余人次，服务总时长 13 000 余小时。

2009 年至今，学部 7 次荣获寒、暑假社会实践优秀组织单位，学部青协、红十字会连续三年荣获校优秀分会，"连理拾珍"服务队连续四年获评校十佳服务队。"阳光溢鸿儿童村"志愿服务队连续 6 年荣获校十佳服务队，5 次获得大连市青年志愿者行动优秀项目奖。

5. 奖励先进，助学解忧，建设发展型奖助体系

学部注重通过奖助学金的评比强化育人实效。立足"评审过程公开公正、教育成果辐射全员"的工作理念，不断深化奖、助学金评比过程中的引领示范效果和帮扶励志作用。学部积极加强校企联动，引入社会及校友资源，不断加大学校、学部两层次奖、助力度，激发学生学习热情，培育学生积极向上的奋斗精神，同时，选树优秀榜样典型，在提升学部本科生教育质量上发挥了重要激励作用。

时至今日，学部累计接受单位及个人捐助 10 余项，累计金额 430 余万元，获益学生数量 1 300 余名。

建设工程学部奖学金捐助统计（1995 年至今）

名称	出资人	年均金额	起止时间	总额
邱大洪院士奖学金	校友	8 000	1995 年至今	192 000
苏君谦、黄奕娇奖学金	苏建华先生	10 000	1995 年至今	240 000
水资源琫德奖学金	王本德教授、水资源研究所	20 000	2008—2017	200 000
赵国藩院士奖学金	校友	23 000	2008 年至今	253 000
中国路桥奖助学金	中国路桥责任有限公司	200 000	2009 年至今	2 000 000
林皋院士奖学金	林皋院士、学部工程抗震研究所校友及校外相关研究机构	17 000	2010 年至今	153 000
中国港湾奖学金	中国港湾工程有限责任公司	55 000	2011 年至今	440 000
新兴铸管奖学金	新兴铸管股份有限公司	25 000	2014 年至今	125 000
中交四航院奖、助学金	中交第四航务工程勘察设计院有限公司	100 000	2015 年至今	400 000
太比雅智慧水业人才奖助学金	北京太比雅科技股份有限公司	100 000	2016—2017	200 000
建工衔隽奖助学金	校友	100 000	2018 年至今	100 000

在奖学金层面，自 2009 年起，学部本科生累计接受国家奖学金、国家励志奖学金、潘家铮奖学金、张光斗奖学金、钱正英奖学金、林皋院士奖学金、赵国藩院士奖学金等近 20

项奖学金的资助，获奖学生数量 1 500 余名，累计奖励额共计 700 余万元。学部年均奖励金额连续十年持续高居学校前列，累计获奖学生近 2 500 名，累计奖励金额近 1 000 万元。学部定期编写奖学金汇编，增进企业对获奖学生的了解；举行各类座谈会、企业考察等活动，加强学生与企业间交流，增进学生感恩意识的同时，帮助在校学生深入了解行业动态。

在助学金层面，作为传统工科学部，学部近十年家庭经济困难学生占比 21%左右，高于学校平均水平。为切实解决家庭经济困难学生的实际问题，学部在奖助勤贷补五个方面为贫困学子构筑坚固的成长保障。奖学金设置划分优秀类及清寒类，在倡导普通学生树立学习目标，形成良好学风的基础上，更加鼓励贫寒学子励志争先，涵养奋斗情怀。近十年，学部自筹校友、企业助学金总金额近 59 万元，获益学生近 200 人，学部自筹助学金资助比例位于学校前列。近五年，学部发放助学金总额(包括国家助学金、校发社会助学金、学部自筹助学金)持续提升，实现了助学金资助全覆盖。同时学校、学部为家庭经济困难学生提供勤工助学岗位、国家助学贷款的办理支持和各类日常临时补助。多渠道、多角度、多方面切实解决学生成长道路上的后顾之忧。

在力保全员全点位资助的同时，学部更加注重家庭经济困难学生的全面发展和自我提升。通过“爱心宣讲会”“榜样介绍会”“励志成才训练营”、组建社区服务队等活动，培养学生“三爱三信”，教育引导学生自立自强守信。自 2009 年至今，涌现了“中国大学生自强之星”1 人，“辽宁省励志成才大学生”2 人，获校级自立自强类荣誉称号 6 人，学部级自立自强类荣誉称号 25 人，学部培育了一批刚健有为、自强不息、勇于担当、懂得回馈的新时代新青年。

6. 瞄准前沿，放眼世界，开展国际访学与交流

学部积极支持学生走出国门参加各项学术交流活动，扩展视野。每年组织学生赴韩国、德国、新加坡等地开展交流访问活动，为同学们搭建了国际交流学习的平台。逐步形成了短期交流、交换生项目、自费留学等形式互相补充的对外交流形式。

自 2012 年以来，交通学院每年组织本科生参与国际交流访问活动，累计 14 名教师、104 名本科生参与共计 6 个国家的国际交流活动。学部各专业教师也积极响应学校、学部号召，拓展国际交流覆盖面，提升交流质量。例如，何政老师、崔瑶老师多次带领学生参加各类土木工程学科相关国际竞赛。学部学生工作办公室教师也积极号召各类学生参加学校、学部组织的各类国际交流活动。同时，积极组织学习优秀学生、学生干部骨干以及部分家庭经济困难学生等参与出国交流活动，并鼓励学生撰写出国访学心得，召开分享会，努力营造良好的国际交流氛围。

7. 专业团队，专心咨询，专注大学生心理育人工作

学部认为，学生心理健康决定个人健康、心理素质反映综合素质、心理文化映射校园文化。学部以“精准传播心理知识、打造高素质朋辈心理团队、开展阳光心理活动、传播心理正能量”为理念，以“提供优质咨询服务，促进学生身心和谐”为指导思想，以“使同学们积极、健康、快乐、阳光地成长”为目标，开展心理健康教育相关工作。多年来，学部构建了由学生工作负责人主抓，专职辅导员担任心理工作负责人，统筹“国家注册心理咨询师”力

量，所有辅导员积极参与的心理健康教育、服务、监控"三位一体"体系。

学部自2009年成立"学生事务咨询中心"，聘请优秀的心理咨询师和职业指导师组成心理咨询师团队，团队中有教授、副教授等心理咨询专家，为学生提供学业指导、就业指导、政策指导、心理辅导，营造全方位的导航氛围，中心自成立以来处理了心理案例300余例，察心理动态之端倪，扼心理危机事件于萌芽。学部学生工作办公室每月召开重点关注对象心理健康状态研判会，在保护同学们隐私的前提下，对学生个体进行心理问题严重程度评估，防微杜渐，防患未然。

学部连续十年开展"大学生活，从心开始"新生适应性讲座、让大学新生自入学之日起识读大学、认知自我、树立阳光心态。学部长期坚持心理工作"九个一"心理工程：即每天回复心理咨询师信箱邮件、每天回复心理咨询师QQ留言，每月更新心理主题博客、每月开展朋辈心理讲座、每月进行心理排查、每月进行咨询师督导、每季度赏析心理电影、每学期进行心理委员考核及评优、每学年开展新生心理适应讲座等，这些长期坚持的日常工作，向同学们渗透积极向上的心理文化，同学们从内心真正接纳了心理工作，争当心理文化的传播者。学部创新构建的朋辈心理辅导模式，基本破解大学生突发心理危机事件难题，学部多年来无心理危机恶性事件发生，朋辈心理辅导模式受到大连日报、搜狐网等媒体报道。

连续多年，学部新生心理普查出席率100%，约谈出席率100%；心理动态排查参与率100%，新生团体辅导参与率100%，持续获得心理工作"四个100%"。学部荣获校"心理工作先进单位"、校"心理剧大赛一等奖"、校"手语操大赛二等奖"等荣誉。学部围绕心理方向开展国家级2项、共7项各类课题，有20余篇高水平的心理主题研究论文发表或获奖，出版规划教材《新编心理学》《春风化雨——高校学生工作案例集》等两本心理学著作，心理工作的研究成果曾获得国家级研究成果二等奖、三等奖，校优秀教学成果奖等奖励。

8.创新载体，深入网络，让思想工作与信息技术相融合

随着网络时代到来，育人工作迎来新挑战，学部积极反应，及时占领网络阵地。经历了校内网、辽宁大学生联盟、中国大学生在线、易班等多个网络平台，做到"哪里有学生，哪里就有我们的声音"。

辅导员全员参与网络育人工作，每年人均博文发表数量均位居全校前列，3篇博文获得辽宁省优秀思想政治教育博文，同时多篇优秀博文入选学生处汇编"博导青春"、多篇博文获校"影响力网文"奖。积极号召学部领导、专业教师、校友等加入网络思政队伍，打造"师说"专栏，利用新媒体平台与学生交流，润物细无声地进行理想信念教育。

学生工作官方网络平台"DUT建工青年"已成为凝聚青年、教育青年的重要阵地，2018年，在学校首届"优秀网络媒体"评选中获评"新锐网络媒体"，学部连续多年荣获校"网络思想政治教育工作先进集体"。

9.精心谋划，服务全局，大力开展招生宣传工作

在学校招生就业处的指导下，学部教职工以高度责任心积极投身负责河北省、云南省及省内营口市三个区域的招生宣传工作，共100余名教职工参加招生宣传工作，取得了优

异成绩，为提升我校本科生生源质量、助力我校双一流建设做出巨大贡献。

自 2009 年学部负责河北省招生宣传工作以来，学部累计派出 400 余人次参加河北省招生宣传工作，其中包括：副校长、学部党委书记、副部长等领导干部，国家"万人计划"科技创新领军人才、国务院学位委员会学科评议组成员、教育部新世纪优秀人才支持计划等各类高水平专业教师。学部招生宣传队伍的人员层次及数量均位居学校前列。

2010 年，学部正式启动河北省优秀生源基地建设工作，当年即与衡水中学、石家庄二中等重点高中签署协议、建立生源基地，近 10 年时间累计建设 17 所重点生源基地，100%覆盖河北省前十强高中，牢固确保我校在河北省本科生源质量。与此同时，学部每年以年均 3 场以上的频率，派出专业教授前往各高中开展大工讲堂，展示学部学术实力，为高中学子普及学科前沿知识，获得生源基地校的一致好评。过去十年共开展大工讲堂近 50 场，内容包括水利工程、结构减震、超高层建筑、极地科学、化学材料及职业规划等多方面学科知识。

过去十年，学部共计走访河北省省内近百所中学，举行近 200 场高考招生咨询会，累计接待家长学生数万名，行程遍布河北省内全部地级市及过半县级市。在扩大招生宣传范围的同时，学部招生宣传队伍为确保招生宣传工作的精准性，建立了现场宣传、热线电话、QQ 群、微信平台等四位一体的多层次宣传模式，便于考生和家长全面了解招生政策，认真登记意向考生，平均命中率在 20%以上。我校在河北省的录取分数线与河北省一本分数线分差持续提高，2018 年我校在河北省理科录取最低分数线为 651 分，一本分数线为 511 分，高出一本线 140 分，创历史新高；在河北省文科录取最低分数线为 644 分，一本分数线为 559 分，高出一本线 85 分。

学部自 2009 年负责辽宁省营口市招生宣传工作，10 年间学部累计派出 100 余人次参加营口市招生宣传工作，到访营口 10 余所高中，100%覆盖营口前 5 强高中；开展大工讲堂 20 余场，与辽宁省实验中学营口分校、营口高中及大石桥一中签署协议、挂牌建立生源基地；累计为我校招入百余名优秀生源。

2013 年，在河北省及营口市之外开始负责云南省招生宣传工作。学部经过周密策划组织，派出 17 名专业教师，成立 8 个招生宣传小组，开展 17 场高考招生咨询会，遍及昆明、玉溪、曲靖等云南省近 10 个主要地级市。2018 年我校在云南省理科录取最低分数线高出一本线 100 分，录取最低位次较 2017 年提高 868 名。

学部在招生宣传工作的大力投入获得学校的高度认可及好评，自 2009 年以来，学部 10 年共获评校招生宣传工作先进单位 8 次，连续多年获得优秀组织奖。涌现出吕品、丁英俊、于贵书、孟楷越等多位招生宣传工作先进个人。

10. 校企协作，搭建桥梁，着力做好就业指导工作

就业是最大的民生，是学生培养的最后一公里，学部就业工作对内完善就业指导服务体系，提高学生就业竞争力；对外创新校企合作模式，充分挖掘企业资源，扩展就业渠道，为供需双方搭建优质桥梁，为国家基础设施建设、"一带一路"倡议输送大量人才。

就业指导工作完成了由提供就业渠道到提供就业指导再到提供完善的生涯规划教育的提升，在全校范围内率先成立"大学生职业规划与就业协会"，坚持开展就业动员会、简

历设计大赛、生涯规划大赛、"一对一就业帮扶",使低年级同学有生涯目标、高年级同学有就业竞争力。

"深耕成熟市场、深挖潜力市场、拓展区域市场"是学部就业市场建设的不变思路。自2011年起便梳理"百家名企目录""重点单位引导目录",制定本年度就业市场建设方案,科学布局。每年主动走访中国建设集团、中国交通建设集团等大型央企,与中建八局签署"卓越工程师"协议,人才培养贴近社会需求,实现"订单式"培养;与龙湖地产、中建一局、中交四航局。中建二局等多家单位签署实习协议;每年暑假组织"报国企业行"活动,带领学生走进企业,加深校企联系,由最初每年一支队伍十余名学生参与发展至每年四支队伍近百名学生参与,有效扩大学校影响力及就业市场。

基于学部专业性强、多年市场建设的结果,每年直接对接的企业层次高、数量多。学部每年依托职协为企业提供"一站式招聘服务",累计完成近500场专场招聘会服务,连续多年承办中交建集团40余家子公司的团组招聘会,为学生提供充足就业岗位。

十年来,学部就业率始终保持在97%以上,位居全校前列,签约世界500强企业比例逐年提高,升学率逐年提高,连续十年获得"大连理工大学就业工作先进集体"称号。

11. 遵循规律,精准施策,开展特殊群体教育工作

服务于国家民族事业、国防事业发展,学部是全校最早招收西藏少数民族学生以及国防生的学部之一,藏族学生约占全校藏生30%。学部举办"藏韵汉语沙龙""团体辅导"等少数民族学生素质提升工程;召开座谈会;推荐少数民族学生高层次就业;每年开展少数民族之星评选;组织少数民族学生考前答疑辅导等,培养出榜样大工郭瑾、西部计划志愿者兰晶晶等多位典型。

对于学业基础弱、军政任务重的国防生群体,学部多爱一分。在新生入学时给予探望;定期召开座谈会;组织国防生考前答疑;国防生就业政策变化后,确保全部落位。在历届国防生标兵评选中成绩显赫,近10名国防生在全校国防生评选中获"优秀国防生标兵"称号。

学部坚持十年开展家访工作。针对家庭经济困难、学业困难等各类学生群体,结合大学生成长的实际需求,通过召开区域家长会和入户家访等多种模式进行家校互动,形成育人合力,有效地扩大了学校的育人实效及社会影响力。

12. 不忘初心,提升技能,以专业化队伍提升育人实效

为贯彻全员育人理念,引导广大教师争做"四有好老师",拉近师生距离,自2009年起评选"中国路桥——榜样在身边"优秀教师评选、"中国路桥"奖教金评选,累计39名教师获奖,极大提升教师育人积极性,营造浓厚育人氛围。

截至2018年,有辅导员9人,包括1名教授、1名副教授、2名讲师。近年来为提升队伍素养、增强队伍战斗力,开展"思想政治队伍素质能力提升系列培训",将专业班主任、思政班主任纳入培训范围。聘请校友班导师、校友导师,为学生提供多元指导。1人获全国第五届辅导员职业技能大赛片区赛二等奖、第五届辽宁省辅导员大赛一等奖、辽宁省辅导员年度人物、大连市优秀辅导员标兵。出版专著2部,累计发表论文50余篇,2项省级课

题、5 项市级课题、10 余项校级课题。学部连续八年获得校“思想政治教育工作先进集体”、连续十年获校“就业工作先进集体”、校“先进团委”等荣誉，为学校培养和输送了 9 名科级以上干部。在取得累累硕果的基础上，正在面向新时代，放飞新梦想，谱写新篇章！

三、研究生思想政治教育与管理工作(2009—2018)

2009 年起，建设工程学部完善了研究生思想政治教育与管理工作机制，在全校率先成立了研究生思想政治工作小组，明确了导师、党支部和研究所为研究生思想政治教育与管理工作的主体地位。学部成立了研究生工作办公室，设研究生思想政治工作助理，明确了各级研究生管理人员，建立了研究生工作办公室牵头、各研究所研究生日常工作负责人分工负责的日常工作机制；设立了部长接待日，建立了与研究生直接沟通的快速通道，进一步加强研究生思想政治和教育管理工作。

1. 就业工作

2009 年，学部博士毕业生 73 人，硕士毕业生 204 人，工程硕士 86 人。为应对金融危机带来的就业难问题，当年学部发布招聘信息 60 多家，协助组织招聘会 40 余场，研究生社会就业率达到 93%，名列全校第三。包括攻读博士学位和出国留学人员在内内，连续 6 年研究生就业率达到 100%。

2010 年，13 个专业中，有 3 个专业连续 3 年就业率 100%，11 个专业连续 3 年就业率保持在 95%以上。

2012 年，在全校第一个成立研究生就业服务中心，为毕业生和用人单位提供“专业化指导，精细化管理，优质化服务”，提升研究生整体就业质量和层次。接待用人单位 80 余家，召开招聘会 50 余场。及时发布就业快讯，召开就业困难研究生就业推进会。积极开拓就业市场，提升就业层次，在多家单位建立实习基地。硕士生就业率全校名列前茅。

2014 年起，组织建立了多家实习基地，开展职业生涯规划系列活动。编写《建工研究生就业指导手册》，同步推送至微信平台。开展“筑建芳华、职海无涯”就业文化月等活动，与华润置地东北大区签等订校企合作协议，走访川渝等地多家企业。

2. 奖励机制

2012 年，修订《建设工程学部研究生奖励评定实施细则》，顺利完成了国家奖学金、各种专项奖学金和评奖评优工作。全学年共评选先进研究生集体 6 个，优秀个人 307 人次，国家奖学金 49 人，辽宁省三好学生 4 人，大连市三好学生 4 人，“榜样大工”学术类 1 人，发放奖学金总额 129.5 万元，得到研究生院和学生的高度评价。

2013 年，评选先进研究生集体 12 个，优秀个人 292 人次，国家奖学金 48 人，辽宁省励志成才大学生 1 人，大连市三好学生 4 人，大连市优秀班集体 1 个；新设学部研究生标兵奖，评选出 4 人。发放奖学金 134.6 万元。

2014 年，评选先进研究生集体 4 个，优秀个人 351 人次。其中国家奖学金 34 人，辽宁省优秀毕业生 10 人，大连市优秀毕业生 14 人，大连市三好学生 4 人，大连市优秀思想政治教育工作者 1 人，大连市优秀班集体 1 个。发放奖学金 95.5 万元。

2015 年，评选国家奖学金获得者、省优秀毕业生等优秀个人 340 人次，发放各类奖学金 168.1 万元。2016 年，学部评选出研究生先进集体 11 个，国家奖学金获得者、省优秀毕业生等优秀个人 330 人次，发放各类奖学金 153.9 万元。

3. 文化建设、社会实践与国际交流

2015 年，创立研究生微信公众平台，利用图文、音视频等形式，定期推送新闻快讯、招生就业、学术科研、校园文化等服务内容，平台的关注量达到 1 600 余人，多次在学校微信排行榜公众平台评比中上榜，位居前三名。从该榜成立至今，建工学部研究生微信公众平台是唯一上榜的研究生微信平台。2009—2019 年，学部每年承办 20 余项校级研究生活动，同时平均每年举办 30 余项各类院系特色活动。

2015 年，首次组织研究生参加报国企业行，与企业达成就业实践基地和校外联合导师合作协议，获评为校暑期社会实践优秀活动三等奖。2016 年，开展“第二届研究生职业生涯规划系列活动”，走近华润、恒大、碧桂园、龙湖等大型企业，赴武汉开展暑期社会实践活动。与浙江省水利水电勘测设计院、宁波天成设计有限公司签署了工程实践基地协议。2017 年，学部赴广州、深圳 6 家企业实践。与华润置地签署实践基地协议。2018 年，参加学校报国企业行暨研究生院暑期社会实践活动，先后走访了川渝地区的中建设计院（东北院）重庆分院、重庆市政设计研究院、四川省水利水电勘察设计研究院和中国中铁二院工程集团有限责任公司 4 家设计单位，中交二航局第二工程有限公司、中建三局成都公司 2 家施工单位，以及龙湖集团重庆公司，走访了全国唯一一家由高校校友会众筹的企业——大学客文创咖啡馆。

2017 年首次组织研究生赴澳大利亚访学团，到新南威尔士大学、悉尼大学、西澳大学、皇家墨尔本理工大学、莫纳什大学进行了为期 10 天的学术交流访问。2018 年再次组织研究生赴英国访学，到艾克赛特大学、巴斯大学、利物浦大学、爱丁堡大学进行了为期 9 天的学术交流，参观了剑桥大学。

4. 心理健康教育

2012 年，聘请两位国家二级心理咨询师作为研究生心理健康指导教师，成为学校第一个研究生心理健康教育试点单位。举办系列心理健康教育讲座，开展研究生群体素质拓展训练和个别辅导。2013 年，组建研究生心理健康协会、增设班级心理委员，进行心理健康状况调查研究，开展团体素质训练及个别辅导，举办系列讲座。积极进行学术廉洁教育，发展研究生志愿者 104 名，4 位研究生获校优秀志愿者称号。2015 年以来，继续开展心理健康讲座、积极宣传心理健康知识，壮大心理协会、班级心理委员等队伍，提高学生心理健康水平和应对挫折的能力。开展系列研究生心理健康教育活动，包括问卷调查、心理学讲座、电影欣赏、心理辅导座谈、户外素质拓展、开通微信平台心理健康板块等。

5. 荣誉与奖励

2009 年，获 2008—2009 年度校研究生管理工作“先进集体”称号，2008 级研究生会以

总成绩排名第一获“校优秀研究生会”。在校研究生奖学金评比中,有 66 人获“校优秀研究生”,14 人获“校优秀学生干部”,1 人获校研究生单项奖,28 人获各项专项奖学金,奖金金额近 10 万元。

2010 年,1 名博士生入选教育部学术新人奖。2011 年,1 名博士生获校科技创新奖,1 人获校“学术之星”。研究生工作获学校“先进集体”称号。研究生会获“校优秀研究生会标兵”(排名第一),5 人获“大连市三好学生”称号。

2012 年,获校研究生教育管理工作先进集体。学部研究生会获校研究生团学工作先进集体、校园文化建设优秀奖、创业实践优秀奖、权益生活工作优秀奖。

2013 年,获研究生教育管理工作先进集体,校学校研究生团学工作先进集体、校园文化建设优秀奖、优秀宣传阵地建设组织优秀奖。1 人获评大连市优秀思想政治工作者。

2014 年,获校研究生团学工作先进集体。1 人获评大连市优秀思想政治工作者。

2015 年,获评校研究生教育管理工作先进集体,2 人获评大连市优秀思想政治工作者。研究生团学工作获得先进集体称号。

2016 年,被评为大连市 2015—2016 年度思想政治教育工作先进基层单位,1 人获评大连市优秀思想政治工作者。研究生会被评为研究生团学工作先进集体。

2017 年,被评为大连市 2016—2017 年度思想政治教育工作先进基层单位,1 人获评大连市优秀思想政治工作者。研究生会被评为研究生团学工作先进集体。

2018 年,研究生会获评校研究生团学工作先进集体,学部获评校 2017—2018 学年度研究生教育管理工作先进集体。1 人获评大连市优秀思想政治工作者。

第四篇

科学研究
与学科建设

第一节 科学研究

一、1949—1965

1949年建校伊始，土木工程系先后从国内外招聘了李士豪、章守恭、汪坦、侯穆堂、钱令希、陆文发、宋彧浙等著名教授和专家，他们具有丰厚的学养以及丰富的教学及工程实践经验，为土木工程系的专业建设和学科建设奠定了坚实的基础。1951年暑期后，从清华大学、北京大学等高校分配来一批大学生充实教师队伍，1953年土木工程系自己培养的一批优秀毕业生(53届)留校任教，这批青年教师后来均成为专业建设和学科发展的骨干与栋梁。

1952—1954年土木工程系先后有郭洛瓦切夫斯基(水能利用专家)、拉莱(水力学专家)及卡斯巴申(港口工程专家)三位苏联专家来系进行教学和指导科研工作，他们对引导土木工程系青年教师进行科学研究起到了积极作用。

1954年4月建成了具有国际先进水平的水动力学实验基地——大连工学院水利馆(2005年拆除重建)，该馆包括港口工程实验室、水工模型实验大厅、水电站实验大厅、水力学实验室等实验设施，并配备了与实验研究有关的仪器设备。它的建成为港口工程和水利水电工程学术研究提供了实验基地，广大教师利用这些实验设施与仪器设备开展一系列的科学研究并取得了令人瞩目的成果，为土木工程系的发展奠定了物质基础。

1956年，在中央向科学进军号召的鼓舞下，全系师生纷纷制订个人规划，结合生产问题开展学术理论研究和科学实验工作。

1956年3月大连工学院第六次学术会议召开，会议通过了《关于大连工学院十二年(1956—1967)远景规划草案决议》和《水利工程系科学研究远景规划》。根据学校科学研究远景规划，水利工程系提出了六个研究方向(含31个中心问题)，主要包括：波浪及潮汐对水工建筑物、海岸及水库岸边的作用研究；水文观测方法和技术的研究；梯级开发和水利经济计算；船闸和干船坞计算理论的研究；高坝水利枢纽的水动力学研究；水工、港工建筑物合理形式的研究及计算方法的改进。

1956年水利工程系根据屈伯川院长在大连工学院第一次党代会上提出的《把力量组织起来，大力开展科学研究》报告的要求，第一个科研组——大坝抗震科研组成立，科研组结合广东省新丰江流溪河混凝土坝的地震灾害进行了抗震专题攻关。

由卡斯巴申与李玉成完成的成果《电拟法应用在立波中的研究》，收录在1956年高教部编辑的《全国高校已完成的重要科学研究题目汇编》中。

1961年6月学校成立科学技术委员会，水利工程系主任李士豪教授被任命为副主任。

1962年教育部实行全国统一招收研究生的制度，水利工程系水工与港工专业开始招收第一批研究生。

1963 年教育部投资支持建立结构实验室。

1964 年 3 月中华人民共和国科学技术委员会出版的《科学技术研究成果公报》公布了大连工学院 1962 年至 1963 年完成的七项科研成果，其中水利工程系《破波(涌浪)对混合堤的作用》科研成果入选。

根据学校《为了集中科研力量，加强重点项目，保证国家下达的研究项目任务完成》的指示精神，1964 年 9 月经学校批准，水利工程系集中了全系 14 名科研骨干，成立了以李士豪为主任(兼职)、林皋为副主任的“高坝结构与水力学”研究室(简称水工研究室)，研究室下设“大坝温度应力组”与“水动力学组”两个课题组。

1965 年 7 月学校举办毕业设计成果展览会，水利工程系 200 余名师生结合大连渔港、某军港、水库及渠灌等实际工程项目进行的“真刀真枪”毕业设计成果在展览会展出。

二、1966—1976

尽管在“文革”期间科学研究受到干扰，研究体制受到破坏，但广大教师和研究人员仍主动适应经济建设要求，团结奋斗，利用一切可能的条件坚持科学研究。

1966 年 1—3 月，高教部直属院校科研成果展览会在北京隆重举行，由水利工程系主持设计的《大连渔港设计》成果参加了展览。

是年 7 月，由水利工程系师生从 1959 年起开始进行规划与设计的中国最大的现代化渔港——大连渔港，在大连市大连湾建成投产。

1969 年 2—3 月，渤海湾出现历史上特大冰封，海冰将我国建在渤海湾上的一座固定式导管架型钻井平台——渤海二号平台推倒，给我国开发渤海石油造成一定困难。是年年底，受石油部 641 厂(中海油渤海石油公司前身)邀请，我校派出了以钱令希教授为首、以水利工程系教师为主的 30 多人组成的小分队，前往 641 厂协助分析渤海二号平台被海冰推倒的原因以及研究新渤海二号平台结构设计的海冰荷载的计算方法。

1970—1973 年，水利工程系港工科研小组每年冬季到渤海湾的钻井平台上进行海冰现场观测，以确定海冰荷载对平台的作用力，同期水利工程系部分教师参与了新渤海二号平台、渤海三号平台、渤海四号平台及渤海五号沉浮式平台的设计。

从 1972 年起，由水利工程系选址、规划与我校五个系联合设计的我国规模最大、技术最先进的十万吨级原油出口港——大连新港，在大连鲇鱼湾建成投产。

三、1977—1995

1977 年学校编制了“1978—1985 科学技术发展规划”，提出“以应用科学为主，侧重理论，侧重提高”的方针，规划了 25 个大项，55 个研究课题。其中水利工程系有 3 大项列入发展规划，即：

工程建筑物抗震研究——工程建筑物动力特性及破坏机理，地基及土工建筑物稳定性，工程建筑物由于水流引起的震动的研究等。

海洋工程动力因素的研究——浮体和孤立墩柱与海洋动力因素相互作用的研究，海上采油建筑物结构理论的研究等。

高速水流——闸门、泄洪洞及坝内深孔高速水流问题的研究等。

1977 年 11 月辽宁省科学大会在沈阳召开，水利工程系“大连新港设计与实验”“直墙式建筑物波浪力的研究”“动水压力的计算与电算程序”“水坝动力模型实验的直接摄影法”等 4 项科研成果获辽宁省科学大会奖。

1978 年 2 月全国科学大会在北京隆重召开，水利工程系“大连新港设计与实验”“直墙式建筑物波浪力和大型油轮靠泊力的研究”“水库地震及水工建筑物抗震设计规范”“拱坝应力分析计算法的改进”等 4 项科研成果获全国科学大会奖。

1978 年 3 月学校宣布在水利工程系建立海洋工程研究所，并恢复水电站教研室。

经辽宁省批准，赵国藩、宋彧浙 2 人晋升为教授，邱大洪、董毓新和邢至庄等 3 人晋升为副教授，这是“文革”后首次晋升技术职务。1978 年 11 月校学术委员会重新组成，李士豪、陆文发和章守恭任副主任。

1980 年 8 月，大连工学院学报编委会重新成立，章守恭、李士豪和陆文发任副主编。

当年，学校接受世界银行中国大学项目第一批贷款，我系购进了不规则波发生系统、地震模拟系统及结构疲劳实验系统 3 套仪器设备。

1981 年 11 月 3 日，国务院首批批准大连工学院为博士学位授予单位，我系水工结构工程批准为博士学位授予学科和专业，批准我系林皋教授为博士生导师。

1981 年，在北京召开的全国 70 年代优秀设计奖表彰大会上，我系主持设计的“鲇鱼湾油港设计”荣获 70 年代优秀设计奖。

1982 年 3 月在北京农业展览馆举行的教育部直属高校科技成果展览中，我系《大连新港设计与研究》项目参加展出。高速水流研究室受水电部委托研制成功的大型水工实验设备——变压箱，通过了水电部组织的评议。

1983 年 5 月 17 日，国家教委正式批准我系海洋工程研究所为部属研究机构，学校任命邢至庄为海洋工程研究所所长。

1984 年，国务院批准结构工程与海岸工程为博士学位授予学科和专业，批准赵国藩、邱大洪教授为博士生导师。洪承礼教授被交通部任命为我国重点工程——营口鲅鱼圈建港指挥部总工程师。

1985 年，国家颁发首届国家级科技进步奖，我系获一等奖 1 项：丰满水电站泄水洞进水口水下岩塞爆破（林皋）；二等奖 1 项：港口工程技术规范——海港水文（俞聿修）；三等奖 2 项：水工钢筋混凝土结构设计规范（赵国藩、李树瑶）、10 万吨级丰坞式船台设计（洪承礼）。

1986 年 4 月 23 日，由国家教委资助，大连工学院、上海交通大学、美国机械工程师学会近海力学与极地工程（OMAE）委员会和中国造船学会、中国海洋工程学会联合发起的“中国近海力学与极地工程研讨会”在大连棒棰岛宾馆召开。

1986 年 6 月 8 日，国家教委首批科技进步奖颁奖，水利工程系参与研究的“海上钢筋混凝土多用平台可行性研究”“莺歌海崖 13-1 天然气田开发利用可行性研究”两项成果获国家教委科技进步一等奖。

1986年6月9日，国家计委、国家教委批准建设海岸工程（后改为海岸和近海工程）国家重点实验室，该实验室是针对我国海岸带港口和浅海石油开发中急需解决的重大课题而建设的，主要进行该领域的基础研究和应用基础研究。

1986年7月28日，国务院学位委员会批准我系结构力学及水力发电工程两个学科、专业有博士学位授予权。批准我系倪汉根、陈守煜、董毓新、李玉成等4人为博士生导师。

1986年12月，洪承礼教授被批准为国家有突出贡献的中青年专家，倪汉根教授被评为辽宁省有突出贡献的中青年专家。

1988年7月23日，我系邱大洪教授被聘任为国家教委科技委员会土木、建筑、水利学科组副组长。10月12日，全国博士后管理协调委员会批准我系土建工程专业（后改为土木工程）、水利工程专业设立博士后科研流动站。11月3日，经校务委员会研究，聘任我系邱大洪、林皋教授为校学术委员会委员。12月，我系邱大洪、林皋教授被评为国家有突出贡献的中青年专家。

当年，海岸工程被批准为国家重点学科。

1989年9月20—25日，日本岗山大学竹宫宏和教授来校讲学，并在日本文部省资助下与我系林皋教授开展为期两年的国际合作研究。

1990年7月23—25日，我国第一个承担海岸和近海工程领域的应用基础研究和关键工程技术研究的国家重点实验室——大连理工大学海岸和近海工程实验室（原名海岸工程实验室）通过国家验收，并向国内外正式开放。主要设备填补了国内空白，达到了国际水平。

1990年10月，国务院学位委员会批准我系近海及海岸工程（后改为近海工程）为博士学位授予权学科、专业，批准韩国城、俞聿修、陈璧宏3人为博士生导师。11月，我系青年教师徐世烺副教授在北京举行的霍英东教育基金第二次高等院校青年教师基金颁奖仪式上获研究类奖。12月，国家教委、国家科委在北京联合召开了全国高等学校科技工作会议，我系林皋教授、邱大洪教授获“全国高等学校先进科技工作者”荣誉称号，赵国藩教授获国家教委科技工作者荣誉证书。“工程结构可靠度”“水文与水资源系统模糊优化”两项科研项目获国家教委科技进步二等奖；“大型及超大型机组稳定性及标准研究”“泡动力学及其应用”“水电站尾水河道的清挖及其水流与泥沙运动特性研究”三项科研成果获国家教委科技进步三等奖。

1990年3月，土木工程系港口工程、工程结构、工程力学及海洋工程四个教研室联合承担的“七五”国家重点攻关专题75-25-04-01“大直径预应力混凝土管桩连片式码头技术开发”所属的4个课题，由于在执行过程中做出优异成绩，获得国家计委、国家科委和财政部1989年联合颁发的“集体荣誉证书”。

1990年4月，根据学科发展需要，学校批准土木工程系成立结构工程研究所，韩国城教授任所长。

1991年1月25日，中宣部、国家教委、人事部、国务院学位委员会召开大会，表彰全国有突出贡献的博士、硕士学位获得者、回国留学人员及大学毕业生。受表彰的博士有周晶、徐世烺、楼梦麟、马震岳等4人，受表彰的大学毕业生有我系海洋石油建筑工程82届毕业生董强。

1991 年邱大洪教授当选为中国科学院院士。

1992 年 11 月 25 日，经党中央和国务院批准，邱大洪、洪承礼、林皋、赵国藩、董毓新等 14 人为国务院特殊津贴获得者。

1992 年 1 月 8 日，中共党员、九三学社创始人之一(该社中央委员)、我校建校元老之一、原水利工程系系主任、水利工程专家李士豪教授不幸逝世，享年 77 岁。

1992 年 1 月，经国务院审核、批准，我系邱大洪教授于 1991 年底光荣当选为中国科学院学部委员。

1992 年 6 月，邱大洪教授应聘为第三届国务院学位委员会学科评议组成员。

1992 年 10 月初，马震岳副教授获得第三届中国青年科技奖。

是年 12 月 26 日，在沈阳隆重召开的以“科技振兴辽宁，青年开创未来”为主题的辽宁省首届青年学术年会上，我系青年教师周惠成被评为首届青年先进科技工作者，同时其论文获得青年优秀科技论文一等奖。

1992 年由李玉成教授编著，我校出版社出版的专著《海浪对海上建筑物的作用》获部委级优秀学术著作奖。

1993 年 2 月，洪承礼教授当选全国人大代表，邱大洪当选全国政协委员。

1993 年 8 月 22 日，中共中央总书记、国家主席江泽民同志利用来连主持华北、东北八省(区市)经济工作座谈会和大中型企业座谈会的机会，来到我校师生员工中间，并饶有兴趣地考察了我系海岸和近海工程国家重点实验室。

同年，经国务院学位委员会第五批审核，新增我系建筑材料博士点，周晶(水工结构工程)、宋玉普(建筑结构工程)被批准为博士生导师。

1994 年 4 月 5 日，国家教委发来通知，我系齐东海等 12 人荣获国务院颁发的 1993 年国务院特殊津贴。

1994 年 4 月 17 日，由我校主办、我系承办的国际海洋工程会议在北京友谊宾馆举行。这是一次涉及浅海地区和中国海洋油气资源开发技术，海洋水动力学与海上结构分析及海洋环境影响等领域的高水平国际学术会议。来自美国、日本、英国、法国、德国及中国等 17 个国家和地区的 130 位专家、学者参加了大会。我国海洋石油总公司、中国科学院、船舶总公司、石油化工总公司、清华大学、上海交通大学、同济大学、天津大学、中国石油大学及大连理工大学均派出了参会代表。中国科学院院士、我校沿岸和近海工程国家重点实验室主任邱大洪教授任大会主席，国家自然科学基金、国家教委、中国联合国教科文组织全国委员会的领导出席了大会开幕式。程耿东副校长代表学校出席了会议。

1994 年 12 月 15 日，国防科工委设立的光华科技基金会在北京颁发 1993 年度奖金，我系赵国藩教授获一等奖，董毓新教授获二等奖。

1995 年 4 月 14 日，中共中央政治局常委，全国政协主席李瑞环等领导同志参观了我系海岸和近海工程国家重点实验室，并同邱大洪及我校师生进行了亲切交谈。

1995 年 5 月，经人事部批准，宋玉普教授被评为 1994 年度国家级有突出贡献的中青年专家。

是月，经人事部批准，周晶教授被批准享受国务院特殊津贴。

1995 年 8 月 14 日，大伙房水库管理局来函，高度评价了由陈守煜教授领导的课题组在国内首创的“调洪计算数值解法”。该解法给省政府抗旱防汛总指挥部决策提供了多种可行预选方案，可提前8个多小时发出第一非常溢洪道过流的警报，使抚顺部分地区人员迅速疏散，抚顺市、沈阳市比较安全地度过了建库37年来发生过的最大洪水，使两市免受更大的损失。水库管理局称“调洪数值解法”在这次洪水调解中产生的社会效益和经济效益是巨大的，是不可估量的，是一项值得大力推广的科研成果。

1995年10月25日，辽宁省第二届青年学术年会在大连召开，我系有5位青年教师荣获“辽宁省优秀青年(科技)工作者”称号，他们是孔宪京、周惠成、孙昭晨、王永学、马震岳。

四、1996—2008年

1996年

5月17日，经学校批准，由土木工程系、建筑工程系、土建勘测设计研究院、理工工程监理公司共同组建土木建筑学院，院长为周晶教授。

6月科研处发布信息：我校自1994年对全校各院系所试行科技实力综合评估以来，今年已经是第三次，由于首次评估依据的是1991年至1993年的年平均值，所以三次评估所反映的是最近五年的总体情况。评估结果，土木工程系连续三次独占鳌头，积分值总和全校第一。

8月27—28日，由我院抗震研究室承办的国际岩土防灾区划研讨会在我校召开。中国、日本、泰国等国20余位专家学者就如何解决防范岩土所造成的自然灾害问题进行了学术研讨。我院抗震研究室的科研工作得到了与会专家的一致好评。会议由水电部水利水电科学研究院岩土研究所所长陈祖煜主持。

10月，经省优秀专家评审委员会评定，我院董毓新、赵国藩、邱大洪、洪承礼、林皋及王立久六位教授当选“辽宁省优秀专家”。

12月，在公布的1996年国家教委科技进步奖中，我院“混凝土静态及动态断裂特性研究”“波浪渗流理论的工程应用”两项成果获国家教委科技进步二等奖；“多目标系统模糊优化理论与应用”“孔板泄洪洞的空化特性”获国家教委科技进步三等奖。

1997年

1月8日首届“邱大洪奖教、奖学金”颁奖，郭莹等4名青年教师、任冰等4名研究生和陈维江等4名本科生获奖。“邱大洪奖教、奖学金”是由热爱我校建设的校友提供1万美元本金设定的，旨在奖励土木工程系在教学科研中取得突出成绩的青年教师及在校研究生和本科生，以鼓励有志从事土木建筑教育、研究与应用的优秀人才的成长。每年评选一次，奖金各1 000元。

1月9日，在大连市委、市政府资助的《大连理工大学教授学术丛书》出版首发式上我院董毓新、李彦硕教授合著的《水电站建筑物结构分析》获得资助出版。

七位教授被中共大连市委、市政府命名为大连市优秀专家，他们是邱大洪、洪承礼、林皋、宋玉普、赵国藩、董毓新、王立久。

王永学教授获国务院特殊津贴。

12月1日，在1997年中国科学院院士和中国工程院院士增选中，我院水工结构与抗震专家林皋教授和土木建筑结构专家赵国藩教授分别当选为中国科学院院士（技术科学部）和中国工程院院士（土木、水利与建筑工程学部）。

12月15日，海岸和近海工程国家重点实验室主任王永学教授申报的“非低温模拟冰实验研究”获得1997年度国家杰出青年科学基金资助，经费为60万元。

12月30日，我院李玉成教授等承担的“波浪谱在缓坡上的变形及破碎”成果获国家教委科技进步二等奖。

1998年

3月第九届全国政协会议上，邱大洪院士当选全国政协常委。

3月28日，中国科学院院士林皋教授获“全国优秀科技工作者”殊荣。这项评选活动是中国科学技术协会为了进一步激励广大科技工作者积极投身于科教兴国的伟大事业，弘扬“尊重知识、尊重人才”，在全国范围内开展的。大连市共有两位专家获此殊荣。

5月1日，我院被评为大连市先进集体，其中李玉成教授被评为辽宁省“九五”创业立功活动先进个人，并被颁发辽宁省“五一劳动奖章”。

6月，经国务院学位委员会第十六次会议审议通过，我院水利工程增列为一级学科博士学位授予权学科。

栾茂田入选教育部跨世纪优秀人才奖励计划，获经费资助30万元。

赵国藩院士完成的“工程结构可靠度理论及应用”成果获国家科技进步二等奖，这是我校首次以第一单位获国家科技进步奖最高等级，被列为校标志性成果。

1999年

3月11日，土木建筑学院科技工作会议召开。院长周晶教授总结了几年来土木建筑学院的科技工作，对近两年来全学院的科技项目、经费、论文和获奖情况做了回顾，表彰了一些成绩突出的教研室和教师。林皋教授、赵国藩教授结合自己的科研获奖情况做了重点发言；三本德教授、栾茂田教授、程春田副教授也分别交流了自己的科研工作体会。会上，科技处卢中昌处长表示将全力支持配合土木建筑学院的科技工作，并介绍了我校科技工作的整体部署和本年度的工作重点。

11月4日，我校海岸和近海工程国家重点实验室第三届学术委员会第三次会议在大连博览大酒店召开，到会委员12人。开幕式由海岸和近海工程国家重点实验室学术委员会主任邱大洪院士主持，常务副校长纪卓尚教授致开幕词，参加会议的有副校长孔宪京教授、土木建筑学院院长周晶教授及科技处、实验室的有关同志。委员们认真听取了实验室主任王永学教授做的《实验室工作报告》。哈尔滨工程力学研究所谢礼立院士做了《关于抗震设计样板规范》的学术报告，孔宪京教授、王永学教授、宋永发副教授也分别做了学术报告。委员们到实验室检查了三次建设项目执行情况，审批了1999年度《大连理工大学海岸和近海工程国家重点实验室开放课题基金》。

赵国藩院士获1999年第八届陈嘉庚奖(该奖每两年评一次,共设8个奖项,包括数理科学奖、化学科学奖、生命科学奖、地球科学奖、医药科学奖、信息科学奖、农业科学奖和技术科学奖,每个奖项获奖人数1人,奖金10万元)。赵国藩院士本次获得的是陈嘉庚技术科学奖。

邱大洪院士获首届“国家自然科学基金委员会与香港研究资助局联合科研资助基金”资助,金额为39万元人民币和78万元港币。

2000年

2000年7月23—25日在大连理工大学召开了《纤维混凝土结构技术规程》修订第一次工作会议。会上赵国藩院士宣读了中国工程建设标准化协会(2000)建标协字第15号和第28号通知。大连理工大学副校长孔宪京教授到会致辞祝贺并做了讲话。与会代表回顾了规程颁布8年来所取得的成就和纤维混凝土技术领域新的发展,认真地讨论了规程修订工作的内容和计划,并取得了一致意见。

由中国水利学会水利量测技术研究会、海岸和近海工程国家重点实验室共同主办的“第八届全国水利量测技术综合学术研讨会”,于2000年9月19—22日在我校召开。会议由水利量测技术委员会主任、原中国水科院陈炳新院长主持。出席会议的代表共60人,提交学术论文47篇。会上有40位代表就“水工量测”和“土工量测”等专题进行了学术报告和研讨。

9月25—28日,国务院学位委员会学科评议组第八次会议在北京召开。经专家评审,我校土木工程获得一级学科博士学位授予权。至此,我院“土木工程”和“水利工程”均成为一级学科博士点,覆盖了学院的所有主要学科和学科方向。

大连理工大学海岸和近海工程国家重点实验室第三届学术委员会第四次会议于11月3—4日在大连召开。学术委员会15位委员出席了会议。开幕式由海岸和近海工程国家重点实验室学术委员会主任邱大洪院士主持,大连理工大学副校长孔宪京教授参加了开幕式并致辞。参加会议的还有重点实验室的研究人员及博士、硕士研究生等34人。会议讨论通过了《大连理工大学海岸和近海工程国家重点实验室2000年度工作报告》,并通过了有关工作决议。

王永学获辽宁省高等学校“十佳”科技标兵称号。

2001年

科研经费达到1 900多万元,增长率高于40%。2001年自然科学基金的申报,我院取得了突破性成果——获得2项重点基金(230万元),1项国家杰出青年科学基金(80万元),7项面上基金(141万元),总经费451万元。尤其值得指出的是,新学科方向——水环境在水资源与环境的结合上取得突破,获得1项重点基金。

水文学及水资源学科,在与信息学科的交叉研究上也取得了大的突破。在校领导的带领下,与信息学院联合,在激烈竞争中一举中标,承接了大型防洪减灾软件开发项目——“黑龙江省防汛指挥决策支持系统(第一期)”,总软件开发经费525万元。

2002 年

学院获得两项国家“863 计划”项目，一项国家自然科学基金重点项目，6 项国家自然科学基金面上项目，实到科研经费 2 480 万元。

在科研获奖、专利和鉴定方面取得了可喜的成绩，已获得国家科技进步二等奖 1 项，省部级科技进步一等奖 2 项、二等以下 3 项，市级科技进步一等奖 2 项、二等以下 2 项，获专利 10 项。鉴定项目 26 项，其中达到国际先进水平 20 项。

举办国内学术会议 1 次，国外学术讲座 20 次，国内学术讲座 35 次，学院学术讲座 200 余次，参加国际学术会议 19 人次。国内学术会议 100 余人次。争取到 2004 年“第三届中-日-美结构健康监测与控制暨中国第四届结构控制学术会议”的主办权。由中国水利学会青年科技工作委员会和中国水力发电工程学会青年工作委员会主办，大连理工大学土木水利学院、海岸和近海工程国家重点实验室等 4 个单位承办的第九届全国水利水电工程青年学术交流会于 9 月在大连召开。本次大会先后收到论文 240 篇，收录论文集的学术论文 201 篇，《水利学报》2002 年第 12 期刊登 11 篇。大会安排了 10 个主题报告和 40 个分组专题报告。大会期间，与会代表参观了大连理工大学海岸和近海工程国家重点实验室。

学院与省内外有关企业和政府部门建立了长期、稳定的校企合作关系，这些单位包括辽宁省公路局、水利厅、大连市建委、市水务局、交通部、水利部、建设部及其所属设计院、胜利油田、辽河油田等。学院与大连水务局联合成立了“大连水务研究中心”。

为适应学科建设的发展，教学科研人员有一个有利工作的环境，完成了全院机构改革调整，将全院机构分成 3 个系、4 个研究中心和 6 个研究所。

在有关教师的共同努力下，较好地完成了由教育部组织的“海洋工程”和“水工结构工程”两个国家重点学科“十五”“211 工程”重点学科建设项目的申报，顺利通过了专家立项论证。学校通过了 10 项，我院占 20%。

11 月 4 日，海岸和近海工程国家重点实验室(大连理工大学)第三届学术委员会第六次会议在大连召开。会议由海岸和近海工程国家重点实验室学术委员会主任邱大洪院士主持，大连理工大学副校长郭东明教授参加了开幕式并致辞。该会议主要针对 2003 年重点实验室评估准备工作进行指导和检查。委员们对《实验室评估申请报告(初稿)》进行了认真审议，对实验室五年的工作给予了充分的肯定，对《实验室评估申请报告(初稿)》的编写提出了修改意见和建议。

2002 年 11 月到 2003 年 3 月，李志军教授参加国家极地考察办公室组织的中国第 19 次南极科学考察，承担走航和定点海冰物理调查研究，掀开了大连理工大学参与极地科学活动的序幕。

2003 年

学院获得国家自然科学基金项目 9 项，这也是近年来获得最多的一年，其中重点项目 1 项，国家杰出青年科学基金 B 类 1 项，国家自然科学基金面上项目 7 项；获辽宁省自然科学基金 4 项。

在科研获奖方面，获得国家科技进步二等奖 1 项，教育部自然科学二等奖 1 项，辽宁省自然科学二等奖、三等奖各 1 项，辽宁省科技进步三等奖 1 项等各项奖励近 10 项。还获得辽宁省第四届青年科技奖一项。

2 月 26 日，由邱大洪院士主持的国家自然科学基金重点项目“近海海域潮、波、波流共同作用下污染物迁移转化规律研究”通过结题验收。专家组一致认为该项目完成了研究计划提出的各项研究任务，取得了较丰硕的研究成果，部分成果在工程中得到应用，项目综合评价为 A。

5 月，海岸和近海工程国家重点实验室在国家组织的评估中取得了优良成绩。

在辽宁省首次举行的高校重点实验室的评选中，我院有“海岸和近海工程”和“水科学和水利工程”被评为辽宁省高校重点实验室。

在学校举行的首次科研团队建设中，我院有 4 个 A 类团队、1 个 B 类团队得到了学校的批准，这将更加有利于学科建设、构筑学科大平台。

为配合振兴东北老工业基地和将大连建成“东北亚重要的航运中心”的建设，我校与大连市港务局共同成立了“港口发展研究中心”，办公室设在我院。

启动了“十五”“211 工程”两个国家重点学科“海岸和近海工程”和“水工结构工程”的建设，完成了经费分配工作。

增设了“土木工程信息技术”二级学科，已得到校学位委员会批准，报送国务院学位委员会备案。

为检验几年来各学科点的建设情况，我院申报了两个一级博士学科点“土木工程”和“水利工程”的国家评估。

2003 年 7 月到 9 月，我院李志军教授和硕士研究生董西路参加国家极地考察办公室组织的中国第 2 次北极科学考察，这是李志军教授继 2002 年初首赴南极科考后的又一次远征，完成了大连理工大学极地探索零的突破。在为期两个月的北极科学考察中，李志军教授执行海冰物理航空、走航和冰面立体调查，并且和董西路同学一起对我校电信学院自动化实验室研制的温度采集模块进行了极地测试。

周晶教授被聘任为国务院学位委员会学科评议组成员。

我院李宏男教授(工程与材料科学部:建筑环境与结构工程)和沈永明教授(工程与材料科学部:水利学)担任国家自然科学基金委员会第十届评审专家部。

孔宪京教授担任第五届教育部科学技术委员会学部委员(工程技术一部)。

董国海获第四届辽宁省青年科技奖暨辽宁省十大科技英才和大连市青年科技奖。

2004 年

学院科研经费达到 4 011 万元，比去年同期增长了 96%，创历史新高。本年度的科研项目从量和质上都有较大飞跃。共获得国家自然科学基金项目 14 项，这也是我院历史上获得最多的一年，其中重点项目 2 项，国家杰出青年科学基金 B 类 1 项，国家自然科学基金面上项目 7 项，青年基金 4 项；获辽宁省自然科学基金 5 项，其中重点项目 1 项，面上项目 3 项，博士启动基金 1 项；交通部西部开发项目 1 项；还有一项教育部重大专项基础研究项目也基本获得批准。

2004 年学院科研成果丰硕:获得教育部自然科学二等奖项,辽宁省科学技术进步一等奖、三等奖,自然科学二等奖、三等奖各 1 项等奖励近 10 项。还获得第四届辽宁省青年科技奖 1 项。

广泛开展国内外学术交流活动。2004 年举办了国际学术会议 1 次,国内学术会议多次,学术讲座 160 余次,参加爱国际学术会议 42 人次。

成功承办了首届大连理工大学青年教师学术活动月学术报告分会,组织了来自土木水利学院、船舶学院、建筑艺术学院、机械学院、动力系的 20 多位青年教师进行了学术报告,为活跃青年教师的学术气氛起到了积极的推动作用。

组织申报了"985 工程"Ⅱ期、"海洋和水利资源利用工程及灾害防治"科技一级创新平台,获得批准,并开始启动。这一项目的实施,将会对我院未来的发展起到至关重要的作用。

加强实验室建设,为学科发展提供了坚实的基础。在学校的大力支持和广大教职工的共同努力下,省高校重点实验室"水科学和水利工程"顺利通过了省组织的评估。今年我院还申报了"水科学和水利工程"省级重点实验室。

为配合振兴东北老工业基地和支持我国的水利电力开发和建设,在学校的支持下,学院丰满电厂共同成立了"大坝老化再生技术工程化研究中心",并为解决丰满电站大坝老化开展了研究工作。

加强科研团队建设,积极组织申报的"港口、海岸及近海工程"科技创新团队,在教育部组织的评审中,位于 180 多个申请团队的前 59 位。这将更加有利于学科建设、构筑学科大平台,提升该学科以及我院在高层次里的竞争地位。

"海洋环境及灾害——机理、影响、预报及防护"科研团队入选首批教育部创新团队。

11 月 30 日,"大连港甘井子栈桥码头运行状态检测与靠泊能力评估"项目在大连理工大学通过验收。大连港甘井子码头是一座已有 75 年历史的钢栈桥结构,全长 347 米。我校振动与强度测试中心抗震实验室受大连港集团有限公司委托,由林皋院士作为项目顾问、周晶教授作为项目负责人的课题组,经过三个月工作,对主桥钢结构和码头混凝土结构进行了全面检测和有限元计算,分析了栈桥钢结构损伤度,并验算了码头靠泊能力,最终对整个结构的安全性做出了评价,针对目前存在的工程问题提出了建议。验收组由来自大连港集团有限公司、大连港设计研究院等单位的 12 位专家组成。

2005 年

学院科研总经费仍然保持很高的水平,达到 4 159 万元,位于全校第二位。本年度共获得国家自然科学基金项目 14 项,这也是在 2004 年创造历史纪录的基础上,又创新高。其中重点项目 2 项,国家杰出青年科学基金 B 类 1 项,国家自然科学基金面上项目 7 项。还获得科技部"973 计划"项目 1 项,国家基金委国际合作与交流项目 7 项,教育部新世纪优秀人才基金 1 项及其他各类基金和纵向课题 9 项。通过科研体制创新和高水平科技创新团队的组建,学院的科研实力和整体竞争力有了较大的提高。

在科研成果获奖方面,收获喜人。"水利工程"博士后流动站在全国评比中名列第二,获得全国优秀博士后流动站荣誉称号(我校唯一获得此称号的博士后流动站);获得建设部华夏建设科学技术一等奖 1 项，教育部提名国家科技进步一等奖、二等奖各 1 项，辽宁省政府科技进步二等奖和三等奖各一项。王本德教授获得辽宁省优秀专家荣誉称号。鉴定成果 2 项，出版专著 5 部，专利申请和获得授权分别为 12 项和 8 项。

举办国际学术会议 2 次，学术讲座 200 余次，参加国际学术会议 32 人次，特邀报告 18 篇，派遣和接受国内外合作研究人员 71 人次。

"工程结构破坏机理及安全性评价"科研团队入选教育部创新团队。

"十五""211 工程"重点建设项目(2 个)完成，大部分指标超过了预期目标。

启动"985 工程"Ⅱ期建设，以"海洋和水利资源利用及灾害防治工程"科技创新一级平台的建设为中心，重点建设"海岸与近海工程""水利资源利用和防灾减灾""海洋与水工结构新材料和新结构"3 个二级平台，并得到 1 400 万元的前期建设经费投入。

科学考察有新的创举。硕士生雷瑞波作为中国第 22 次南极科考队的一员，成为辽宁省高校南极越冬科考第一人。

重视建立与大型企业的长期稳定的合作关系，提高为重大工程服务和解决关键技术问题的能力和水平。先后接待或走访了中国石油集团海洋工程有限公司、胜利油田、二滩水电开发公司、澜沧江水电开发公司、成都水电设计院等单位，并与相关单位签订了全面合作协议，深化在科技合作与交流、人才培养、技术开发等方面的合作。

2006 年

科研经费再创历史新高，科研总经费达到 5 016 万元，首次突破5 000万元，创下历史最高。国家自然科学基金申请获得新的突破，申报各类国家基金 56 项，获准 21 项，获准率为 37.5%，其中重点基金 3 项。获准经费共计 1 041 万元。获批项目数和经费数均创新的纪录。"十一五"科技支撑计划及其他省市项目收获喜人。在"十一五"的开局之年，我院"十一五"科技支撑计划的申报，获得全面丰收，共获得各领域的支撑计划项目 14 项，合同经费达到 2 300 余万元。其中，我校牵头的项目有 5 项，总经费达到 1 690 万元。

科技成果奖励获得大丰收。赵国藩院士参与完成的项目获国家科技进步二等奖。2006 年度获得教育部中国高校科学技术奖一等奖 3 项，二等奖两项；此外，还作为参加单位获得了教育部科技进步一等奖 1 项。获得中国电力科学技术奖二等奖 1 项。获得辽宁省政府科技进步一等奖 1 项，二等奖和三等奖各 1 项；辽宁省自然科学学术成果一等奖 1 项；辽宁省优秀工程勘察设计一等奖 1 项。

由国家自然科学基金委员会组织，来自全国著名高等院校和研究机构的专家对两项国家自然科学基金重点项目的研究成果给予了较高评价，认为项目全面地完成了研究计划书预定的研究内容，研究工作取得了突出成果，综合评价为"A"。

共举办国际和国内会议 6 次。如第七届亚太海岸工程会议，第四届亚洲岩土工程与环境岩土工程研讨会，全国纤维混凝土会议，水工水力学学术年会等。参加学术会议和交流达到 290 余人次。邀请校外和国外专家来院讲学共 81 人次。

"十五""211 工程"建设子项目分别于 2006 年 4 月和 5 月，顺利通过了学校和教育部组织的专家验收，得到较高评价。

为适应国家和学校在学科上的发展，在学校领导下，经过多次反复讨论、论证，我院成立了交通工程学科以及相应的交通工程系和本科专业，计划 2007 年正式招生。这项举措，进一步拓宽了我院的科学研究和专业领域的学科范围。

组织申报“防灾减灾工程辽宁省重点实验室”。

4 月 29 日，东北地区首家桥梁、建筑结构民用风洞实验室在我校顺利落成。大连市副市长宋增彬，校党委书记林安西，校长欧进萍，院士程耿东、林皋、赵国藩出席落成典礼。典礼后，宋增彬等一行参观了实验室设备。该风洞实验室于 2005 年 7 月开工建设，历时 10 个月，总投资 628 万元。

6 月中旬，校党委副书记孔宪京、中科院院士林皋应邀访问华东水电设计院，并代表学校与之签订全面合作协议，学校科技处、土木水利学院相关人员随同访问。林皋院士及有关教授还做了高拱坝抗震、近岸与海洋工程、高坝泄洪消能等专题讲座。

2006 年 8 月到 10 月，李志军教授参加德国威格纳极地与海洋研究所组织的南极威德尔海冬季科学考察，打开了参与国际科学考察的大门。

2007 年

科研经费保持快速增长势头，完成总经费 6 380 万元的课题研究，其中纵向经费 1 551.96 万元，科研的“质”和“量”均有极大提升。自然科学基金申请保持高水平获准率。2007 年我院获批 15 项，总经费 387 万元；目前在研的国家重点项目 7 项，共计 935 万元。“十一五”支撑计划申报成果喜人，我院获准负责项目 5 项，经费总计 1 690 万元，并参与 9 项，经费 385 万元。

科技奖励喜获丰收。2007 年共获得省部级以上奖励 8 项，取得历史性突破。其中，共获得国家奖 3 项（全校 4 项，国家科技进步二等奖 2 项，自然科学二等奖 1 项）；教育部一等奖 1 项，二等奖 3 项。

以优异的成绩圆满完成了国家重点学科的评估与申报工作。“水利工程”一级学科原有的 2 个二级学科重点学科，以优异成绩通过评估；在此基础上，“水利工程”被批准为国家一级学科重点学科，学科建设跃上了新的台阶。新申报了“结构工程”国家重点学科，并以优异的成绩获得批准。这样，土木工程一级学科领域也建立了重点学科，为学院的全面、协调、快速发展奠定了良好基础。

“985 工程”Ⅱ期科技创新一级平台建设（海洋和水利资源利用及灾害防治工程），顺利通过了中期检查，建设成效显著。

成功申报了辽宁省重点实验室“工程防灾减灾”，并获得批准。这也是我院第一个省级重点实验中心，为进一步申报国家级重点实验室奠定了基础。

工程水力学实验室被评为辽宁省示范教学实验中心，这也是我院第一个省级示范教学实验室，这必将大大促进本学科的建设。

推进学科的交叉与融合，培育新的学科增长点，启动了深海工程研究中心，并初步取得成效。

获得教育部“高等学校学科创新引智计划”资助，引智基地建设将为高水平国际学术交流和人才培养提供高端平台。

综合实验4号楼顺利启动、建设，目前已基本封顶。为进一步改善学院的实验室条件，引进和开发先进的实验仪器设备，建设高水平的现代化实验室创造了条件。

8月28日，李志军教授、王永学教授启程参加澳大利亚南极局组织的国际海冰物理与生态冬季科学考察，此次考察主要探究2007年9—10月南极洲海冰和调查海冰物理环境与南大洋生态结构之间的关系。我院李志军教授、王永学教授作为中国科学家代表参加此次考察，承担海冰内部组构、并面风速剖面和海冰生物多样性任务。

2008年

科研经费保持快速增长势头，截至12月中旬，完成科研总经费突破1亿元，总计1.111亿元，名列全校第一，与2007年相比增长率为75.5%。尤其令人鼓舞的是，纵向科研经费达到4 895.8万元(2007年纵向经费1 660万元，科研总经费6 331万元)，在“质”和“量”上均有极大提升。国家自然科学基金申请保持高水平获准率，2008年我院获批28项，再创历史新高，其中重大研究计划专题2项，重点基金1项，国际交流合作重点基金1项，总经费1 476万元；尤其令人欣慰的是，获批青年基金项目15项，说明我院青年教师的学术研究整体上站在了学科前沿，发展潜力很大。我院在承担国家重大课题上有新的突破，负责国家“973计划”“863计划”和“十一五”科技支撑计划项目的课题7项，参加课题5项，课题合同总经费超过2千万元。

2008年共获得省部级以上奖励7项，其中教育部一等奖2项，二等奖1项。连续几年科研成果获奖保持强劲势头，说明学院重大标志性成果有良好的持续性和覆盖面。

海岸和近海工程国家重点实验室顺利通过了五年一次的建设评估，成绩位于参评实验室前列，取得了优良成绩。

国家一级学科第二轮第二次评估工作顺利完成，“土木工程”“水利工程”两个一级学科参评。

“211工程”Ⅲ期正式启动，我院有两个重点建设项目列入学校计划，分别是“水利和海洋资源可持续利用的关键问题”和“重大土木工程结构基本理论与灾害防治”，建设经费预算分别为1 200万元和600万元。

完成了“985工程”Ⅲ期建设的预研方案初步论证工作，我院牵头组织的“海洋、水利和土木工程的可持续发展及灾害防治”被列入科技创新一级平台，预算建设总经费可望达到1亿元左右。

“985工程”Ⅱ期建设处于收尾阶段，各建设项目总体上进展顺利，正在组织进行校内预验收。

学院进一步加强与国内外大学和学术界的交流与合作，与美国休斯敦大学、韩国海洋大学等多所学校签订了院系级合作协议。学院邀请了来自美国、日本、韩国等国和中国台湾、中国香港等地区多位知名专家学者到我院工作和讲学，不断拓宽教师的国际视野，扩大国际学术交流与合作。

学院承办的“第六届国际振动工程学术会议”“第五届国际结构控制与监测学术研讨会”和“第二届结构工程新进展国际论坛”，分别于2008年6月和10月顺利召开。2008

年7月，由我院和天津大学联合承办的“第一届建筑能源与环境国际会议”顺利召开。会议扩大了我院的对外影响，取得了良好的效果。

2008年7—9月，李志军教授和博士研究生雷瑞波参加国家极地考察办公室组织的中国第3次北极科学考察，执行北冰洋浮冰边缘融化速率现场研究。

我院教师积极参加汶川地震灾害评估和灾后恢复重建工作。欧进萍院士担任国家汶川地震专家委员会委员，赴四川重灾区实地考察地震和地质灾害情况。我院参与地震灾区调查与重建规划的达20余人次，为抗震救做作出了重要贡献。吴智敏教授志愿赴地震灾区高校支教，在极端艰苦条件下教书育人，甘做奉献。

管学研、产学研合作进一步加强。2008年，我院与新疆生产建设兵团、三峡总公司、新疆水利厅、新疆水利设计院、中交水运设计院等单位进行了意向性合作洽谈，取得了有效成果；辽油-大工研究院的科研合作富有成效。

综合实验4号楼已经竣工，教学科研条件将得到进一步改善。一些大型实验设备的购置和改造正按计划顺利进行。

五、2009—2018年

2009—2018年，这十年间，建设工程学部的科学研究与社会服务工作突飞猛进，在经费总量量、基金项目、科研成果、论文专利等各方面都有较大丰收。下面简述或列表予以总结。

2009—2018年，科研总经费15.22亿元，其中，纵向科研经费7.33亿元，横向科研经费7.89亿元。

2009—2019年，共获批国家自然科学基金356项，总经费27 113.55万元。

年份	获批项目数	总经费/万元	重点项目	面上项目	青年基金项目数	国家杰出青年科学基金	国家优秀青年科学基金	创新研究群体连续资助	重大国际合作项目	仪器专项
2009	23	632	—	23	—	—	—	—	—	—
2010	37	1 304	—	22	13	1	—	—	—	—
2011	46	2 137	1	22	21	—	—	—	—	—
2012	46	3 804.7	5	22	14	—	2	—	—	—
2013	31	5 137	1	17	9	—	—	1	1	2
2014	37	3 117	2	18	11	—	2	1	—	—
2015	36	2 545.65	1	25	4	—	—	—	—	—
2016	43	3 681.5	2	26	5	1	1	—	—	1
2017	46	2 679.4	2	28	12	—	—	—	—	—
2018	42	2 075.3	1	28	9	—	1	—	—	—

2009—2018 年，共获得国家自然科学/技术发明二等奖 10 项，省部级以上奖励 94 项。

年份	国家奖	其他省部级以上奖励
2009	1	8
2010	3	6
2011	—	2
2012	1	6
2013	2	14
2014	—	17
2015	2	11
2016	—	20
2017	1	2
2018	—	8

2009 年，以教育部“长江学者”奖励计划特聘教授滕斌为学术带头人的“海洋环境及灾害作用与结构安全防护”科研团队，获得国家创新研究群体科学基金资助，这是我校获得的第二个国家创新研究群体。2011 年，以李宏男教授为学术带头人的“工程安全与监控”科研团队，经国家自然科学基金委员会批准，获得国家创新研究群体资助，首批经费 600 万元。

2011 年，由滕斌教授牵头的“973 计划”项目“深海工程结构的极端环境作用与全寿命服役安全”获得批准并正式启动，这是学部“973 计划”项目首席科学家的历史性突破。2009—2018 年，学部共负责“973 计划”项目 3 项，课题 12 项；参与国家高技术研究发展计划(863 计划)课题 2 项；负责国家科技支撑项目课题 2 项，参与课题 8 项。

2016 年，获批国家重大专项(高技术船舶专项)1 项，项目经费 1 481.76 万元。获批“十三五”重点研发计划项目 4 项，课题负责 13 项。2011 年，由张吉礼教授牵头申报的住建部和财政部“2011 年高校节能监管体系建设专项资金项目”获得批准，我校获得节约型校园示范建设专项资金 400 万元。

2009—2018 年，专利申请 1 396 项，其中发明专利申请 892 项。专利授权 673 项，其中发明专利授权 321 项。获得中国专利优秀奖 1 项。

年份	专利申请	发明专利申请	专利授权	发明专利授权
2009	59	32	17	11
2010	24	18	45	18
2011	70	43	30	15
2012	44	36	32	16
2013	72	50	34	20
2014	105	76	42	20
2015	170	108	110	53
2016	183	120	63	35
2017	266	170	140	72
2018	403	239	160	61

建设工程学部积极推进产、学、研及校企合作，培育重大项目。2009 年，与中国路桥工程总公司签署了全面合作协议，确定在人才培养、科研合作与技术开发、项目培育申报等方面开展全面合作。2010 年，学部与大连市建筑设计研究院、中建八局大连分公司等单位签署了协议；走访了大连、庄河、丹东、长兴岛开发区的城建局、规划局、国土资源与房屋局等政府部门，就相关研究项目进行了洽谈，并落实了部分研究项目。

2011 年，积极策划开展了北京地区的专访活动，时任校长欧进萍院士率团与学部有关领导一起走访了水利部、中国交通建设集团公司、水利水电规划设计研究院、中国水电工程顾问集团公司、交通部公路科学研究院等水利、交通领域的管理部门和科研设计单位，就人才培养、科学研究和学科平台建设等方面进行了深入交流。与水利部水利水电规划设计研究院和中国水电工程顾问集团公司签署了全面合作战略协议，访问成果丰硕。与新疆生产建设兵团、中国建筑集团、中国路桥工程有限责任公司、中国港湾工程有限责任公司等单位积极开展交流与合作，成立了大连理工大学新疆建设工程研究中心。与大连市土地储备中心的科技合作正积极展开，就大连新机场沿岸商务区建设工程中的科技攻关和人才培养进行全方位合作。

2012 年，校领导带队访问了中交水运规划设计院、中水东北勘测设计研究有限责任公司和丰满发电厂，进一步巩固了校企双方多年坚实的合作基础；学部学院领导班子成员走访了交通部相关部门和大连市土地储备中心，建立了合作意向。2012 年，水利工程学院访问韩国水利部，并与对方签署战略合作协议，就东北亚的水资源问题开展合作研究。同时，与辽宁省水利厅、黑龙江省水利厅、大连市水务局等单位沟通，争取建立中韩水利部门之间更广泛的业务联系。2017 成立“大连理工大学跨海交通工程研究中心”，负责组织开展多学科交叉研究，与政府、企业和科研机构在重大跨海交通工程上开展交流、沟通和技术服务等工作。

2009 年，建设工程学部承办中国工程院首届土木工程高层论坛，2013 年承办第 167 场中国工程科技论坛暨 2013 水安全与水利水电可持续发展高层论坛，2014 年承办国家基金委“水力学和海岸动力学青年学者交流会暨发展战略研讨会”。

第二节 学科建设

一、水利工程一级学科国家重点学科建设

建设工程学部拥有水利工程和土木工程2个一级学科博士点和水利工程、土木工程博士后科研流动站。水利工程学科是我校的传统优势学科，是学校长期予以重点建设的学科之一。

1981年，水工结构工程被批准为全国首批博士学科点。随后，港口、海岸及近海工程和水力发电工程（以后调整为水利水电工程），相继成为全国第一批同类学科的博士点。

1988年第一轮国家重点学科评定中，我校有4个学科列入国家重点学科，海岸工程学便是其中之一。1996年，港口、海岸及近海工程被批准为国家重点学科，并被列入“九五”和“十五”“211工程”重点建设子项目。1998年，水利工程被批准为一级学科博士点。

2001年第二轮国家重点学科评定中，我校增加到9个。其中土木水利工程学院的水工结构工程和港口、海岸及近海工程被批准为国家重点学科，“水工建筑物的安全性与耐久性”被列为“十五”“211工程”重点建设子项目。2002年水文学及水资源被评为辽宁省重点学科。

2004年，“海洋和水利资源利用及灾害防治工程”被批准成为“985工程”Ⅱ期一级平台，成为学校的两个一级平台之一，予以重点建设。在2002年至2004年的第一轮全国一级学科整体水平评估中，水利工程学科获得全国第3名。

2007年的第三轮国家重点学科评定后，水利工程被确定为一级学科国家重点学科，结构工程为二级学科国家重点学科。

2017年，在第四轮学科评估中，水利工程学科全国综合排名第5。

经过长期的发展与建设，尤其是“211工程”“985工程”和“双一流”的重点建设，水利工程学科一直以应用基础创新研究为支撑，以重大工程关键技术攻关为导向，通过凝练学科方向，强化学科特色，优化队伍结构，提升师资水平，整体水平得到了极大提升。经过半个多世纪的发展，形成了海洋环境动力学、水工和核电结构抗震分析、水利水电资源高效利用等特色研究团队，取得了多项达到国际顶尖水平的研究成果，在工程实践中取得显著的经济与社会效益。

海洋环境动力学方面：在海洋环境动力学理论、数值仿真及模型实验方面开展大量创新工作，开发了具有自主知识产权的水波浮体分析软件、水池海洋环境模拟和同步采集系统，先后主持“973计划”等多个国家级重大科研项目，拥有海洋领域国家自然基金创新群体团队，成果应用于我国首座深海平台“海洋石油981”、四大海区（东、南、黄、渤海）的离岸养殖区、港珠澳大桥等重大工程，获国家自然科学二等奖1项、国家科技进步二等奖2项。

水工和核电结构抗震分析方面：面向国家水电和核电建设的重大需求，开展重大水利工程与核电工程性能演化机理、结构地震风险分析等研究，建立了高坝和核电厂构筑物数值分析与抗震设计理论及安全评价方法。先后主持自然科学基金重大研究计划(欧进萍院士为专家组组长)等多个国家级重大科研项目，拥有工程安全领域国家自然科学基金创新群体团队，成果应用于我国六十多座水电大坝和十余座核电站，获国家科技进步二等奖 3 项。

水利水电资源高效利用方面：建立了大规模水库群供水及发电优化调度理论体系，并自主研发了大型调控软件系统及应用平台；先后主持“973 计划”、“863 计划”、重点基金等多项国家级重大项目，拥有长江学者创新团队，研究成果广泛应用于南水北调工程、澜沧江、乌江等大型流域集控中心，中国南方电网、华东电网、东北电网三大电网公司等，获国家自然科学二等奖 1 项。

二、结构工程二级学科国家重点学科建设

1949 年建校时即设立了土木工程专业。结构工程学科点于 1978 年获得全国第一批硕士学位授权，1984 年获得博士学位授权，2002 年被批准为辽宁省重点学科，2007 年被批准为国家重点学科。1998 年获准成立土木水利博士后流动站。1999 年土木、水利两个一级学科分列，获准成立土木工程博士后流动站，2000 年获准成立土木工程一级学科博士点。

老一辈学术带头人赵国藩院士在国内最早将苏联的极限状态设计理论引入国内，出版了《混凝土结构极限状态设计》一书。从 20 世纪 50 年代始即率先开展混凝土结构刚度、裂缝和极限状态设计的研究，同时开展了结构可靠度的研究。20 世纪 70 年代赵国藩院士及课题组被建设部、水电部、交通部混凝土结构设计规范修订组邀请参加了混凝土正常使用极限状态的研究和修编，多数成果被设计规范采用。近年来，随着科学技术的发展和经济社会需求的高速增长，学科方向不断拓新，以可靠度理论为基石，在混凝土结构基本理论、土木工程材料与结构、新型桥梁结构体系与工程应用、结构动力作用、效应分析与设计理论，以及结构监测、控制与安全防护等方向均取得了丰硕的创新性理论成果和工程应用。经过多年的集中建设，形成了突出的学科综合优势，在钢筋混凝土结构理论及应用、土木工程材料与结构、大跨结构设计理论与工程应用、结构监测、控制与安全防护、高层及高耸结构抗灾研究与设计等方面进一步突破发展，在国内处于领先地位。李宏男教授团队为教育部创新团队。结构工程实验室为国家重点实验室三个主要分室之一。

三、“211 工程”重点建设子项目

土木水利学院时期的重点学科建设，自“九五”开始即列入学校的“211 工程”建设子项目：

“九五”期间：港口、海岸及近海工程。

“十五”期间：港口、海岸及近海工程，水工建筑物的安全性与耐久性。

“十一五”期间：水利和海洋资源可持续利用的关键问题，重大土木工程结构基本理论

与灾害防治。

1. 水利和海洋资源可持续利用的关键问题

本建设项目所面向的学科前沿为水利和海洋资源可持续利用工程中的重大科学与技术问题，紧密围绕国家和地区在海岸和海洋资源、水资源、水电能源开发利用工程领域的重大需求，以及海洋和水利资源可持续利用所面临的日益急迫的环境与安全问题，为国家经济社会的快速可持续发展提供知识支撑。建设目标是瞄准支撑国家或东北地区社会、经济与生态环境可持续发展的国家级重大项目，解决海洋和水利资源可持续利用及环境、灾害治理中的重大科学与技术问题。

本建设项目确立 3 个主要研究方向：海洋资源开发和海岸工程中的环境与灾害问题；河川枢纽开发治理中的重大工程问题，水利资源开发利用及其环境问题。以若干具有国际影响和声誉的学术大师培育为中心，锻造一支国家级科技创新团队和若干卫星型的省部级学术团队。以国家重点实验室建设为支撑，与“985 工程”等建设计划相协力，构建支持高水平学术研究、标志性成果创造、创新型高层次人才培养的国家级平台。

重点突破和解决的关键理论与技术问题包括：海洋动力因素及其与重大海洋工程建筑物的相互作用；近海、深海资源开发利用的重大工程建设及环境灾害治理的基本理论和关键技术；海洋再生能源利用和海洋环境与保护；大型复杂坝工结构的静动态设计理论和抗震与安全问题；水资源及雨洪资源综合利用的理论、水生态水环境与防洪减灾。深层次开展与环境、信息、管理等学科的交叉融合，形成具有学科前沿引领能力的优势学科方向，推动海洋和水利资源利用工程的理论创新与技术集成，力争在最短的时间内使我国的水利学科整体上达到国际前沿或领先水平。

本项目总经费数为 1 200 万元。其中，中央专项资金预算为 1 000 万元，地方政府共建资金预算为 200 万元，主要用于条件建设。

项目建设的总体成效是：支撑前沿学术研究，服务国家重大需求，汇聚学术精英，培养创新人才，推动和引领水利工程学科发展。通过“211 工程”Ⅲ期的建设，为建成世界一流的水利学科奠定坚实基础。

2. 重大土木工程结构基本理论与灾害防治

重大土木工程结构基本理论与灾害防治项目建设，面向经济社会发展对土木、水利、交通、能源等基本建设工程的重大需求，立足解决关系国民经济命脉的重大、重要工程的结构安全和灾害防治问题。

项目建设的指导思想是：重点建设，整体集成，特色鲜明，全面提升。重点突破和解决的关键理论与技术问题包括：以结构耐久性和材料静动态多轴本构模型研究为基础的工程结构基本理论研究，以结构可靠度为基础、以信息科学和智能结构为支撑的重大工程结构安全控制与防灾减灾研究，支撑可持续发展的新型工程结构材料与新型结构体系研究，建立重大工程结构的安全与灾害防治体系。深层次开展与材料、信息、管理、控制、环境等学科的交叉融合，形成若干具有学科前沿引领能力的优势学科方向，推动土木工程结构的理论创新与技术集成。以结构工程国家重点学科的集中建设为支点，支持和带动防灾减灾、岩土工程、桥梁工程和建筑环境工程等学科的快速发展，争取将土木工程建设成为国家一级重点学科，整体实力处于国内前列，并具有显著的国际影响力。

以国家重点实验室分室和省重点实验室建设为支撑，与“985 工程”等建设计划相协力，构建支持高水平学术研究、标志性成果创造、创新型高层次人才培养的国家级平台。重点建设的子平台包括：高性能流体和结构数值模拟平台，混凝土材料和结构基本特性实验平台，工程结构安全实验和监测系统平台，建筑节能结构实验平台。

项目建设的总体成效和目标是：支撑前沿学术研究，服务国家重大需求，汇聚学术精英，培养创新人才，推动和引领土木工程学科发展。通过“211 工程”Ⅲ期的建设，为建成世界一流的土木学科奠定坚实基础。

四、“985 工程”一级科技创新平台建设

土木水利学院时期的学科建设被纳入学校“985 工程”Ⅱ期和Ⅲ期的一级平台进行重点建设。

1.“985 工程”Ⅱ期建设——海洋和水利资源利用及灾害防治工程科技创新平台（Ⅰ类）

子平台	巩固传统优势学科方向	发展新的学科方向
海岸与近海工程	海岸和近海的水动力学要素研究	深海工程开发与海洋空间利用工程中的水动力学问题及灾害防治
	波浪与工程结构物相互作用研究	海冰灾害形成机理、冰荷载及其与建筑物的动力相互作用
	港口工程规划与港工结构物设计理论	动力作用下近海海域污染物迁移规律研究
		海洋新能源开发利用工程关键问题研究
水利资源利用与防灾减灾	大坝等水工建筑物静动态分析	水工混凝土结构动态特性、动力灾变机理和抗震措施研究
	土石坝稳定分析与抗震研究	核电站海域工程堤防构筑物抗震安全评价方法研究
	水资源优化配置	水资源综合利用的新理论和雨洪水资源利用
	水库防洪调度	水库汛限水位动态控制和防洪减灾决策支持系统
	水库和水电站(群)的优化调度	水利水电信息系统和水利环境研究
海洋与水工结构新材料和新结构	工程结构可靠度	重大土木水利工程结构的动态机理和动力灾变
	工程结构安全监测与安全评价	智能化结构体系与健康监测
	岩土力学基本理论与工程应用	非线性土动力学与岩石破裂失稳研究
	建筑材料与工程结构设计理论	新型工程材料及材料-结构一体化设计理论

“海洋和水利资源利用及灾害防治工程”科技创新平台的建设目标是瞄准支撑国家和

东北地区社会、经济与生态环境可持续发展的国家级重大项目，解决海洋和水利资源开发利用及灾害防治中的重大科学与技术问题。

“海洋和水利资源利用及灾害防治工程”一级科技创新平台下设 3 个二级平台，即海岸与近海工程、水利资源利用与防灾减灾、海洋与水工结构新材料和新结构。平台旨在加强水利、土木、信息、管理等学科的交叉与融合，培养高素质、创新能力强的复合型人才，造就一批把握学科前沿的学术带头人及创新团队，形成一支年龄与专业结构合理、学术思想活跃的科研和教学队伍，具有解决国家重大工程问题的能力。为我国特别是东北老工业基地振兴与发展做出巨大贡献，在国际海洋和水利工程领域占有重要地位，真正成为在本领域内能够代表国家科研、教学水平的国家队伍。

经过 5 年努力，平台全面完成了“985 工程”Ⅱ期一级科技创新平台的建设目标，尤其在重大基础研究与工程应用研究、平台队伍建设、人才培养、学术交流等方面取得了突出进展。

(1)在学科方向的凝练与发展方面，经过“985 工程”Ⅱ期的重点建设，在传统优势学科方向的基础上，围绕海洋和水利资源利用及其利用工程中的灾害防治问题与环境问题等，凝练、拓展形成了若干具有引领实力和新兴前景的研究方向。通过“985 工程”Ⅱ期的重点建设，学科水平整体上有质的提升，学科地位处于国内前列，并初具国际影响与声誉，学科方向的特色和创新力更加鲜明与突出。

(2)在学科队伍建设方面，提出并实施了“三个建设”，即“院士后备梯队建设”“青年学术带头人梯队建设”“青年教师队伍的博士化建设”。从 2004 年以来，平台重视与加强队伍建设，在新的研究方向上，重点引进高水平学术带头人和青年学术骨干，队伍规模每年以 10～15 人的水平增长，结构更加合理。重点建设以创新团队为组织形式的攻关团队，着力培育学术大师，后备人才培养成效显著，建成了教育部创新团队 2 个，辽宁省团队 2 个，校级团队 5 个，具备申报和建设国家级创新群体的实力和条件。已经形成了一支整体上具有国家级创新群体之水平与实力的科研队伍。

(3)在实验室建设方面，重点对所依托的国家重点实验室和辽宁省高校重点实验室，进行建设和更新改造。共完成实验室建设投资 2 965 万元，实验条件得到了极大改善，保证了高水平科研和人才培养的需要。整合水科学与水利水电工程密切相关的实验室资源，组建并申报了辽宁省高校重点实验室，开始启动建设，并顺利通过辽宁省教育厅组织的中期检查验收。结合综合实验 3 号楼的建成，水力学和河流动力学、海洋动力学相关的实验条件，以及专业教学实验条件，得到极大改善。建成了大型风洞实验室，成为东北地区最大的民用风洞，为开展建筑结构和桥梁结构模型实验创造了良好条件，已开展了多座桥梁和体育馆的风学实验。

海岸和近海工程国家重点实验室的实验设备进行了改造和更新，建设了低、高频，长、短周期造波机系统，浑水水槽及液压伺服不规则造波机系统，海岸污染环境模拟系统环境水槽，波-流水槽造流系统，冰区溢油环境实验系统，以及 PIV&LIF 测量系统。以国家重点实验室为依托，通过集中、重点和系统的建设，已形成大型先进的实验室群，实验条件更加完善，具备开展高水平科学研究的综合能力，可以开展土木水利工程领域的前沿研究，如海岸与近海波浪流联合作用下的结构物安全分析与优化研究，海洋环境研究，海洋冰力学研究，大型水工水力学和环境水力学实验研究，大型结构物水下地震模拟实验研究，结构和土木材料的静动态实验研究，水资源和水利信息的小流域原型实验以及高性能模拟仿真研究等。

海岸和近海工程国家重点实验室以优良成绩通过评估。批准建立了“工程防灾减灾”辽宁省重点实验室。“水科学和水利工程”辽宁省高校重点实验室的建设进展顺利，2 次通过了省里组织的验收评估。

实验室系统的完善和提升，对海洋和水资源之利用及重大工程结构之防灾减灾在全国范围内起到了不可替代的作用，已成为东北地区乃至全国具有先进水平与研究条件的科学研究和人才培养基地。同时，实验室也已成为国内外学术交流与合作研究的共享平台。

(4)在科学研究方面，通过“985 工程”Ⅱ期的建设，承担国家级大项目、参与国家重大工程建设的能力和水平有极大提升，充分发挥了国家级研究机构服务于经济社会发展的作用和效能。5 年中，共承担科研经费 30 916 万元，其中纵向经费突破 1 亿元。在科研项目方面，承担了多项重大的研究项目，如“973 计划”和“863 计划”项目 10 项，国家自然科学基金重点项目 7 项，主持并参与了“十一五”国家科技支撑项目 18 项，重大土木水利工程生产项目百余项，2008 年科研总经费达到 1 亿元以上，其中纵向科研经费 5 000 万元以上。科学研究取得了一批重要成果，包括国家级奖励成果 4 项，省部级自然科学和科技进步一等奖 7 项。

科学研究实现了从“量”到“质”的嬗变，科研工作总体实力和质量快速提升。在科研总量增长的同时，更加注重对于工程学科领域的基础理论研究和应用性基础理论研究，在解决重大工程技术问题的同时，推动理论创新和学术进步。

平台建设在推动学术繁荣和学术创新的同时，对国家和区域的经济建设和社会发展均做出了重要贡献。本建设项目主要属于工程学科领域，研究和解决工程实践中的重大而关键的技术问题，始终是学科建设的重要任务。在海洋、港口、交通、物流等基础设施建设方面，积极参与了上海洋山港、海南木兰湾、曹妃甸港口工程、大连新港新 30 万吨级进口原油码头工程、大连大窑湾港区工程、大连 LNG 码头、上海东海大桥、杭州湾大桥、舟山金塘大桥、青岛前湾大桥等重大工程建设的技术攻关，贡献突出。多次参加南北极科学考察。获得 2 项国家自然科学和科技进步二等奖等重要成果。在水利水电开发利用方面，开展了世界级高坝——双江口土石坝(314 m，世界最高土石坝)、溪洛渡高拱坝(278 m)和锦屏一级高拱坝(305 m，世界第一高拱坝)，世界最高的碾压混凝土坝——龙滩大坝(216.5 m)，世界最高地震烈度区工程(地震峰值加速度 0.557 5g)——大岗山拱坝，世界瞩目的三峡工程等数十座大型、巨型工程的重大工程技术攻关研究，获得部级科技进步一等奖等多项重要成果，整体水平世界领先。在国家水利建设专项基金和水利部重大科技项目等的支持下，共完成 70 余座水库洪水调度系统的设计开发，占全国建设任务的三分之一强。据不完全统计，共为国家累计减少洪灾损失近 100 亿元，创造直接经济效益近 10 亿元，社会效益巨大，成果获得国家科技进步二等奖。

(5)在人才培养方面，培养理论基础坚实、工程实践能力强的高素质博士、硕士研究生以及具有宽广知识面、分析问题和解决问题能力强的本科生，是平台建设的首要职责，也是社会效益的集中体现。5 年来,已培养博士生 283 人,硕士生 811 人。研究生的培养质量稳步提高,学位获得率、外审(盲审)通过率和一次就业率接近 100%,本科生的一次就业率达到 95%以上,毕业生广受社会欢迎,在振兴东北老工业基地和国家建设的相关领域做出了应有的贡献。另一方面,还十分重视工程领域的人力资源开发与培养,5 年来共培养工程硕士和研究生进修班学员 416 人,为社会培养了大批骨干工程技术人才,取得了良好的社会效益。土木工程和水利水电领域的主干专业,均是我校的传统优势专业,平台建设为专业建设提供了强力支撑。

2."985 工程"Ⅲ期建设——海洋、水利和土木工程的可持续发展及灾害防治科技创新平台(Ⅰ类)

本项目的建设目标是瞄准支撑国家或东北地区社会、经济与生态环境可持续发展的国家级重大项目,解决海洋和水利资源开发利用及灾害防治中的重大科学与技术问题,为建设创新型国家和保持经济社会的可持续发展提供资源环境、能源与工程安全方面的重要的理论基础和技术支撑。

本项目定位为基础研究和应用基础研究,在建设"海洋、水利和土木工程的可持续发展及灾害防治"创新平台中,注重水利、土木、信息、管理、环境、交通、建筑、能源等学科的交叉与融合,培养高素质、创新能力强的复合型人才,造就一批把握学科前沿的学术带头人及创新团队,形成一支年龄与专业结构合理、学术思想活跃的科研和教学队伍,具有解决国家重大工程问题的能力。为我国特别是东北老工业基地振兴与发展做出巨大贡献,在国际海洋、水利、土木工程领域占有重要地位,真正成为在本领域内能够代表国家科研、教学水平的国家队伍。

2010 年以来,创新平台以学科和基地建设为核心,队伍建设、团队建设、人才培养和科学研究为辅,扎实推进"985 工程"Ⅲ期建设,取得良好成效,进一步优化了平台的学科布局,提高了学科整体实力和国际影响力。

依靠"985 工程"专项经费的支持,平台将学科建设放在突出的位置,在重点建设特色优势学科的同时寻找新的学科增长点,在海洋、水利、土木以及建筑、交通工程学科领域建立一个相互渗透、支持、依托的学科群体,取得良好进展。在 2012 年度教育部组织的学科评估中,水利工程和土木工程一级学科继续保持居于国内前列的地位。此外,结合辽宁省领军大学建设要求,水利工程和土木工程两个学科被列入"顶尖学科建设计划",得到重点支持。目前,水利工程和土木工程成为学校标志性的学科高峰,交通运输工程和建筑技术科学成为学校重点培育的准高原学科;港口和海洋工程、水工结构工程、结构工程和防灾减灾及防护工程成为具有明显突出优势的学科高峰中的高峰。

平台充分利用"985 工程"专项经费加强科研平台建设,助推学科发展。2011 年,启动"结构和工程防灾综合实验中心"桥梁实验室部分的规划建设,并获批"辽宁省桥梁与隧道工程安全技术工程实验室",已投入使用,"土木工程基础设施安全监测与控制辽宁省重点实验室"获批建设;2013 年,占地面积近 2 万平方米的"结构和工程防灾综合实验中心"获教育部批准建设,已进入规划设计阶段。此外,有计划地对现有各实验室进行整合以及软硬件建设,凝练具有特色的科研平台,争取未来获批土木工程领域的国家重点实验室或工程技术中心。2012 年 3 月，由大连理工大学总负责，土木、水利学科领域位居前列的哈尔滨工业大学、天津大学等 8 家单位参与的“工程防灾减灾协同创新中心”组建运行，并参加了国家“2011 协同创新中心”的评审认定。

（1）在队伍建设方面，通过“985 工程” Ⅲ期的建设，汇聚和造就了一批具有国内领先水平并在国际上有较大影响的学术领军人物。现有中国科学院、中国工程院院士 4 人，“973 计划”项目首席科学家 2 人，教育部“长江学者”奖励计划特聘教授 1 人，国家杰出青年科学基金获得者 1 人，国家优秀青年科学基金获得者 2 人，教育部新世纪优秀人才支持计划入选者 8 人，辽宁省高等学校攀登学者支持计划人选 1 人，辽宁省高校学科拔尖人才 1 人，辽宁省“十大科技英才”1 人，辽宁省中青年学科带头人 2 人，宝钢教育基金优秀教师奖 1 人。在学术领军人物和后备人才培育工程中，有 2 位教授成为 2011 年中国科学院院士有效候选人，4 位教授分别为 2013 年度两院院士有效候选人；有一位教授入选“辽宁省院士后备人选培养工程”，多位教师入选“辽宁省‘百千万人才工程’”，形成了一支年龄与专业结构合理、富有创新能力和发展潜力的人才梯队。

创新团队建设稳步推进。2011 年，平台新增“工程安全与监控”国家创新研究群体；2012 年，平台原有“海洋环境灾害作用与结构安全防护”国家创新研究群体通过了国家自然科学基金委员会的考核评估，以优异成绩获得滚动支持；获批省教学名师领军的工程力学辽宁省级教学团队。此外，在交通运输工程、建筑设备和新能源、城市规划与建筑设计学科，形成了若干名中青年学术带头人领军的创新团队，明显提升了平台的创新能力和竞争实力。

（2）在科学研究方面，实施“985 工程” Ⅲ期建设以来，通过加强人才队伍、科研平台和技术平台建设及公共服务体系建设，加强国际合作与交流，显著增强了平台的整体科研实力，开展前沿领域研究和承担国家重大科研项目的能力明显提升。共主持国家自然科学基金 187 项。其中，重大（重点）项目 11 项，重大仪器专项 2 项，重大国际合作 3 项；作为首席科学家（单位）承担“973 计划”项目 2 项，承担“973 计划”课题 10 项、“863 计划”课题 2 项；作为项目负责承担国家支撑计划项目 2 项、课题 13 项，其他省部级及行业性纵向项目 131 项；单项科研经费 100 万元以上的项目共 36 项（不含 2013 年），其中超过 1 000 万元的项目共 3 项。从 2010 年以来，每年科研经费均超过 1 亿元，纵向课题经费比例约占总经费的 50%。

（3）在人才培养方面，通过“985 工程” Ⅲ期的建设，平台的人才培养质量和数量均有大幅提高，按照“实施精英教育、培养精英人才”的总体要求，对人才培养模式、课程体系、教学方法手段等进行综合改革，推出加强全面素质教育、培养学生创新意识和创新能力的举措，取得显著成效。重视教育教学研究，承担各层次教改立项 10 余项，获得辽宁省教学成果一等奖 1 项、二等奖 2 项；加强教学团队和精品课程建设，拥有辽宁省教学团队 1 个、国家精品课程 1 门，辽宁省精品课程 2 门；新开设全英语教学的土木工程专业国际班，增设了“海洋资源开发技术”新专业；修订了研究生和本科生培养方案，实现大类培养和专业教育相结合的培养模式。目前，平台的拔尖创新人才培养体系已经形成并趋于完善，人才培养质量不断提升，获得 2012 年度全国百篇优秀博士学位论文奖 1 项，全国优秀博士学位论文提名奖 1 项，辽宁省优秀工学博士学位论文 2 篇，教育部博士生学术新人奖 2 人，校优秀博士学位论文、优秀硕士学位论文和校博士生学术新人奖30余人次；四年共招收博士生393人、硕士生1 966人，本科生和研究生一次就业率分别保持在约98%和100%。同时，与多所国际知名大学建立了“2＋2”“2＋3”和“4＋1”的联合培养模式，并邀请美国伊利诺伊州立大学香槟分校的Spencer等国际知名教授讲授本科生和研究生课程，开设讲座，并组织学生到国外知名大学访学交流。

(4)在国际交流方面，以国际学术标准打造国际水平的学科平台，积极开展国际学术交流与合作，与许多国家和地区的大学建立了广泛的合作关系，初步形成了与国际接轨的学科条件和学术环境。获批滚动建设教育部高等学校学科创新引智基地“重大土木水利工程防灾减灾学科创新引智基地”，吸引了较多高水平、高层次国内外学者来校进行学术交流与实质性的合作研究，先后有美国、日本的高级学者来学校进行为期1～3个月的合作研究；聘请美国伊利诺伊大学芝加哥分校土木与材料工程系Farhad Ansari教授和加拿大卡莱顿大学罗锦添教授等37名海外知名学者为“海天学者”“客座教授”；年平均举办国际学术会议5次，接待海外学者来校讲学及访问百余人次，派出师生赴国(境)外参加学术会议、讲学、合作研究等100余人次，在重要国际会议做特邀报告35次，多位专家学者被国际学会任命为主席、副主席。

(5)在社会服务方面，积极参与海洋、水利和土木工程可持续发展的战略咨询、技术研讨和人才培训等工作，围绕海洋资源开发、水利水电、土木建筑和交通运输工程领域，攻克解决了若干重大工程建设、运营管理和灾害防治中的关键技术问题，形成多部国家标准、设计规范和规程；参与《水工建筑物抗震设计规范》《核电厂结构抗震规范》《水运工程抗震规范》《水电站进水口设计规范》等多项国家和行业发展规划与行业标准制定工作。在核电站和高土石坝建设、电网和水库运行调度、水电站系统安全和灾害防治等方面，已承担80%以上的核电站海域工程抗震评价，参与了包括三峡、溪洛渡、小湾等世界级高坝和几乎国内所有大型水电工程以及上海洋山港、杭州湾大桥等港口重大工程建设的技术攻关，创造了巨大的经济效益；在区域电网及洪水资源的优化调度方面的研究成果已应用到接近我国2012年水电总装机容量的1/3的工程以及300多座大中型水电站群和1 700多座小水电站群，为社会创造直接经济效益达几十亿元，累计减少洪灾损失近百亿元。

五、一流学科建设

建设工程学科群是《大连理工大学一流大学建设方案》中重点建设的7个学科群之一，包括水利工程、土木工程、建筑学和交通运输工程四个一级学科。从1949年建校时的土木工程系开始，经过近70年的薪火相传，目前水利工程和土木工程两个学科已发展成为具有一定影响力的国际知名学科，建筑学和交通运输工程两个学科也形成了一定特色，四个学科多年来自然形成了结合紧密、互相支撑、协同发展的学科群。学科群整体实力强劲，2017年全国第四轮学科评估中水利工程获评B^{+}档、土木工程获评A^{-}档，建筑学获评B档；2013—2016年四年间土木工程类QS学科排名均位居世界101～150位。

平台建设目标与规划是：把握“一带一路”“海洋强国”“振兴东北”的国家战略机遇，围绕海洋资源开发、超级工程建设等重大需求，打造具有国际领先水平的海岸与海洋工程、重大工程防灾减灾等特色优势研究方向，带动水资源水电联合调度、桥隧工程、岩土与地下工程、建筑能源与环境、智慧城市等5个特色学科方向以及若干新兴学科方向协同创新，实现学科群向国内领先、国际一流的水平跨越，建成国际知名、国内顶尖的建设工程人才培养基地和科技创新基地。

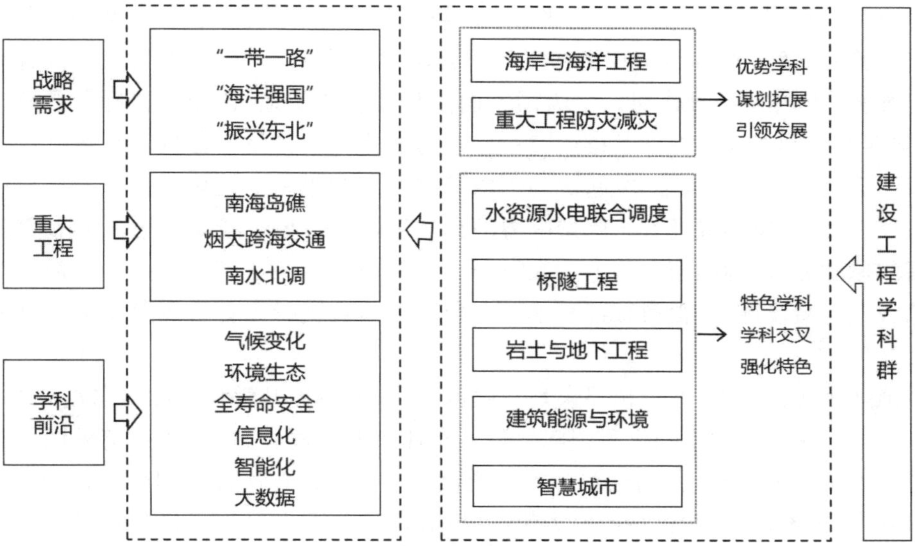

学科群建设内容规划图

在师资队伍建设方面，2015年初，《建设工程学部高端人才培养/引进奖励政策》《土木工程学科建设经费使用办法》和《水利工程学科建设经费使用办法》相继出台，实施领军人才精确引进，学科带头人培养提升，优秀青年人才培育支持三步并举的人才建设计划，效果显著。2016年以来，学部新增中国工程院院士1人，教育部"长江学者"奖励计划特聘教授1人，国家杰出青年科学基金获得者1人，国家"万人计划"科技创新领军人才2人，教学名师1人。

在人才培养方面，坚持立德树人的根本任务，扎实推进教育教学理念的深刻变革，高度重视本科和研究生教育教学工作，积极鼓励教师进行教学改革与教学研究。同时，学校教育教学改革基金立项指南中对专业建设与专业综合改革、创新创业教育等方向重点支持，给予各专业的建设提供了强有力的支持。在学科建设经费分配方案中，对教育教学成果进行有限资助，建立了有潜力成果培育、获奖成果奖励的激励机制。近年来，获批国家"本科教学工程"项目37项，慕课课程建设项目16项，工程教育实践中心项目5个，校外实习基地项目3个，国际化人才培养项目4项，专业综合改革试点1个，国家级实验教学示范中心项目2个，新工科项目2个，一流学科建设项目3个，创新创业项目1个，共计经费407.4万元。获得高等学校水利类专业教学成果奖4项，获辽宁省普通高等教育本科教学成果奖7项、研究生教学成果一等奖2项。陈廷国教授获得国家"万人计划"教学名师称号，张哲教授获评"全国十大桥梁人物"称号，张婷婷副教授获第十六届霍英东教育基金青年教师二等奖，黄丽华获"宝钢优秀教师奖"。与中建八局合作，全面启动"面向卓越工程师培养的工程实践(土木工程)及创新平台"建设。

在教材与课程建设方面，已上线慕课4门，已出版数字化教材4门。材料力学课程入选“2016年度来华留学英文授课品牌课程”。宋向群、郭子坚、唐国磊主编的教材获选高等学校水利学科专业规范核心课程教材及数字教材。

在平台建设方面，积极推动资源整合与共享，集中优势资源，重点投入，打造以国家重点实验室为主、省部级实验室为辅的多维度、交叉合作的公共支撑平台。海岸和近海工程国家重点实验室通过第六次科技部评估，成绩良好。新获批辽宁省水资源调控与防洪减灾重点实验室、辽宁省高等学校海洋工程国际联合研究院。“海洋工程国际联合研究中心”经国家科技部国际合作司认定为国家国际科技合作基地(国家级国际联合研究中心类)。与西澳大利亚大学海洋基础研究中心通力合作，建设“海洋油气工程国际合作联合实验室”，已获得教育部批准立项，成为国内海洋工程类唯一的国际合作联合实验室。该实验室计划2020年建成具有国际影响力的海洋工程科研基地，形成支撑中国海洋工程技术创新的原动力，成为国家和地方重大海洋工程领域技术核心智库。此外，“海洋工程大比尺综合性实验设施”获得教育部科学事业费重大项目支持和首批国家重大科技基础设施项目立项。

在国际化建设方面，通过顶层谋划和政策引导，努力提升学科国际知名度。2018年，建设工程学部完成土木水利学科国际评估通讯评审及现场评审工作，邀请外国专家9人到校进行现场评审，10人进行通讯评审。此次评估为学校首次开展国际评估工作。专家们一致认为，土木、水利学科科研实力雄厚，有着高质量的本科生、研究生教育，尤其是实验室设备与资源，给专家组留下深刻印象。希望学科增强内部整合，形成主力方向；加强与学校其他院系协同，交叉融合新兴科技。开展学科国际评估工作，旨在以国际标准和视角梳理学科的特色和优势，找出土木、水利学科建设存在的问题以及解决问题的突破口，从而推进世界一流大学和一流学科建设，借鉴和推广意义重大。此外，建设工程学部还充分利用高等学校学科创新引智基地和学校海天学者基金，汇聚一批国际一流的专兼职外籍专家团队；鼓励与支持教师承办与参加高水平国际学术会议，加入国际学术组织与国际期刊并担任职务；扩大与国外知名高校联合培养本科生与研究生规模，提高国际交流比例，扩大留学生招生规模。

第三节　实验室建设

一、海岸和近海工程国家重点实验室

海岸和近海工程国家重点实验室于1986年由国家计委批准筹建，1990年通过国家验收后被批准对国内外开放，1994年、1997年、2003年、2008年、2013年、2018年六次通过国家科技部组织的评估。

实验室现有人员112人，包括有中国科学院院士2人，中国工程院院士2人，国家杰出青年科学基金获得者7人，教育部“长江学者”奖励计划特聘教授6人、“百千万人才工程”国家级人选3人，国家优秀青年科学基金获得者5人，教育部跨世纪优秀人才培养计划基金获得者3人、教育部新世纪优秀人才支持计划入选者13人，全国百篇优秀博士论文奖获得者2人、提名奖获得者2人。实验室拥有2个国家创新研究群体，分别是滕斌教授为学术带头人的“海洋环境及灾害作用与结构安全防护”科研团队和李宏男教授为学术带头人的“工程安全与监控”科研团队。

近5年，实验室承担各类科研项目891项，其中“973计划”项目3项，课题16项，“863计划”课题3项，国家科技重大专项子课题5项，国家重点研发计划项目4项，课题21项，国家科技支撑计划项目1项，课题7项，国家自然科学基金委重大研究计划集成项目1项，重大项目1项，国家创新研究群体科学基金2项，国家自然科学基金206项；获得国家科技进步二等奖3项，技术发明二等奖1项，自然科学二等奖1项，省部级科技奖励61项；出版学术专著42部，发表学术论文2 210篇，其中SCI收录992篇，EI收录1 505篇；发明专利授权131项，实用新型专利授权232项。

海岸和近海工程国家重点实验室机构沿革

届次	时间	实验室主任	学术委员会主任
第一届	1990.10—1994.9	邱大洪院士	钱令希院士
第二届	1994.10—1997.10	王永学教授	邱大洪院士
第三届	1997.11—2004.2	王永学教授	邱大洪院士
第四届	2004.3—2009.2	董国海教授	谢世楞院士
第五届	2009.3—2014.11	董国海教授	欧进萍院士
第六届	2014.12—2019.3	董国海教授	张长宽教授

实验室目前研究方向：

(1)海岸和海洋动力环境及作用。

(2)海岸和海洋岩土工程。
(3)海岸和海洋工程结构。
(4)海岸和海洋工程防灾减灾。
(5)海岸和海洋工程实验模拟技术。
实验室主要大型仪器设备：
多功能综合实验水池(U形造波机)，研制，709万元，2016年。
大型海洋动力环境/结构/海床相互作用O-Tube实验装置，研制，800万元，2018年。
岩土体高温差高压差静动三轴测试系统，购置，705万元，2018年。
低、高频(长、短周期)复合造波机系统，研制，635万元，2008年。
非线性波浪水槽，研制，260万元，2006年。
超大型三轴仪，改装，498万元，2015年。
大型土工鼓式离心机，购置，613万元，2010年。
2 500 kN三轴协调加载实验系统，购置，550万元，2012年。
复杂荷载动静实验机，购置，318万元，2014年。

U形造波

大型海洋动力环境/结构/海床相互作用O-Tube实验装置

实验室开放课题情况

年份	课题数量	投入经费
1989—1995	40 项	97.4 万元
1996—2001	41 项	132.4 万元
2002—2008	45 项	184.7 万元
2009—2015	63 项	367 万元
2016—2018	75 项	225 万元

二、桥梁与隧道技术国家地方联合工程实验室

桥梁与隧道技术国家地方联合工程实验室于 2015 年 3 月由国家发展和改革委员会批准建设，由张哲教授担任实验室主任。实验室自筹建设经费 5 000 万元，辽宁省为实验室建设投入经费 100 万元。

实验室研究方向主要有：

(1)桥梁与隧道结构新材料、新工艺和新体系技术。

(2)桥梁与隧道结构检测、健康监测与损伤预警技术。

(3)桥梁与隧道结构安全可靠性评价和加固技术。

(4)桥梁与隧道结构安全监控技术集成与物联网系统。

实验室主要大型仪器设备：

(1)30 000 kN 压剪实验机，购置，750 万元，2013 年。

(2)5 000 kN 压剪实验机，购置，135 万元，2013 年。

(3)20 000 kN 拉索疲劳实验机，研制，215 万元，2013 年。

(4)5 000 kN 阻尼器实验机，购置，270 万元，2014 年。

(5)1.5 m×1.5 m 单向水平模拟地震振动台两台，购置，150 万元，2011 年。

(6)风洞实验室设备，购置，300 万元，2006 年。

(7)2 000 kN 万能实验机，购置，64 万元，2016 年。

(8)1 000 kN 作动器 2 套，购置，70 万元，2012 年。

三、工程防灾减灾辽宁省重点实验室

工程放灾减灾辽宁省重点实验室于 2007 年 10 月由辽宁省科技厅批准建设。自开放以来始终由李宏男教授担任实验室主任，由周晶教授担任学术委员会主任。实验室研究力量雄厚，拥有中国科学院院士和工程院院士各 1 人，教育部“长江学者”奖励计划特聘教授 3 人，国家杰出青年科学基金获得者 3 人，国家优秀青年科学基金获得者 1 人。实验室共有固定研究人员 39 人，流动研究人员 4 人，其中教授 22 人，副教授 13 人。

实验室研究方向主要有：

(1)工程结构防灾减灾理论与实验技术。
(2)结构动态性能识别与健康监测。
(3)智能材料与结构振动控制。
(4)高层建筑、桥梁、生命线、海洋工程、核电厂等重大工程问题研究。
(5)混凝土与土石材料的动力特性与本构关系。
(6)大坝等水工结构静动力数值分析、模型实验与安全评价技术。
(7)岩土工程建筑物、边坡、地基的地震稳定与数值模拟。
(8)混凝土材料、岩土材料的静动态本构关系与计算模型。
(9)地下结构的抗震分析。
(10)水工结构安全监测、健康诊断和加固技术。
实验室主要大型仪器设备:
(1)水下地震台与波流模拟系统。
(2)高精度大、中、小型静动三轴仪。
(3)复杂荷载实验机。
(4)大型简单剪切仪。
(5)大型结构面剪切仪。
(6)动态信号实时分析系统。
(7)TDR 无线遥测数据采集系统。
(8)RAMAC 地质雷达。
(9)CMT5000 电子式材料实验机。
(10)BOTDA 分布式光纤应变/温度测量仪。
(11)强震观测系统。

四、土木基础设施安全监测与控制辽宁省重点实验室

批准时间:2017 年 3 月
实验室主任:周智(教授)
学术委员会主任:欧进萍(教授,院士)

土木基础设施安全监测与控制辽宁省重点实验室于 2011 年批准筹建,2017 年 3 月通过验收。实验室以欧进萍院士科研团队为核心,已建成可以从事基于力、热、声、光、电等基本物理量监测、转换和数字化处理的有线或无线传感器网络、大规模多种类数据采集、远程通信与数据管理的结构智能监测系统,以及系列结构控制方法、技术与装置的研究开发与工程应用实验基地。瞄准"工程安全"和"防灾减灾"国家重大需求,围绕"安全监测"与"振动控制"两个核心问题,致力于重大工程安全监测与智能控制系统的科学理论和工程技术研究。

主要研究方向有:
(1)土木基础设施安全监测。
(2)土木基础设施智能控制。

(3)土木基础设施系统的全寿命性能设计与维护。

实验室主要大型设备：

(1)动态光纤光栅分析仪，购置，28 万元，2008 年。

(2)大规模数据采集系统，购置，49.6 万元，2009 年。

(3)振动台，购置，81.6 万元，2011 年。

(4)光纤光栅解调系统，购置，44 万元，2013 年。

(5)微波矢量网络分析仪，购置，31.5 万元，2013 年。

(6)无线测试分析系统(2 套)，购置，44.5 万元，2013 年。

(7)分布式单模光纤测温系统，购置，15.5 万元，2014 年。

(8)PXI 数据采集系统(2 套)，购置，91.3 万元，2015 年。

(9)光谱分析仪，购置，26.1 万元，2015 年。

(10)分布式传感系统，购置，59.6 万元，2015 年。

(11)分布式光纤传感解调仪，购置，43 万元，2018 年。

五、水资源调控与防洪减灾辽宁省重点实验室

水资源调控与防洪减灾辽宁省重点实验室于 2017 年 9 月由辽宁省科学技术厅批准筹建，由张弛教授担任实验室主任，王浩院士担任学术委员会主任。实验室旨在成为我省及全国水资源调控与防洪减灾领域的重要示范基地，为创新性基础研究、重大工程关键技术研发、高层次人才培养及学术交流提供平台支持。

实验室研究方向主要有两个：水资源调控方向和防洪减灾方向。

(1)水资源调控方向

变化条件下的水资源优化配置与调控。

水库群防洪、供水与生态多目标联合调控。

城市多水源供水系统调控。

城市管网优化设计与调控。

(2)防洪减灾方向

基于多源信息的洪水预报。

大型流域防洪减灾及洪水资源利用。

防洪调度中的工程安全。

山洪灾害预警及防治。

城市防洪减灾及雨水资源利用。

实验室主要大型仪器设备：

(1)城市供水远程监控平台，购置/研发，142 万元，2017 年。

(2)二维粒子图像测速仪，购置，100.5 万元，2014 年。

(3)便携式 YSI 水质多参数仪，购置，30 万元，2017 年。

(4)水声测量系统，购置，42.8 万元，2008 年。

(5)水轮机效率实验台，购置，32 万元，2015 年。

六、国家级土木水利实验教学示范中心

国家级土木水利实验教学示范中心立足学校“实施精英教育、培养精英人才”的培养目标，依托结构工程、水利工程国家重点学科及海岸和近海工程国家重点实验室，服务于土木水利类本科专业人才培养。现有 12 个实验室、1 个创新实践基地以及 1 个大学生结构设计活动中心、1 个 BIM 研究与实践中心、1 个土木水利虚拟仿真实验教学中心。实验用房面积 19 480 平方米，仪器设备总价值 12 500 万元。承担 13 个本科专业、31 门实验课程的实验教学任务。2009 年被评为辽宁省实验教学示范中心，2012 年通过教育部验收，成为国家级实验教学示范中心。自成立以来，由陈廷国教授担任管理委员会主任，由周晶教授、张土乔教授（中国计量大学）相继担任实验教学指导委员会主任。

国家级土木水利实验教学示范中心提出“优质学科资源服务于本科人才培养”的先进理念，以“协同创新”理论为指导，以适应土木水利工程领域国家和社会发展及科技进步的重大需求为目标，融合一流学科资源，全面构建与学科地位相匹配的本科实验教学新体系，实现了实验教学与学科发展的高度融合，建设了高水平的实验教学平台。

国家级土木水利实验教学示范中心坚持人才培养与科学研究有机结合，以学科前沿实验为先导，制订了全新的培养方案。学生直接参与教授研究团队的在研项目，第一时间了解学科最新发展动态，以及本专业领域的新结构、新材料、新技术、新工艺。以大学生创新创业训练计划项目、科技竞赛活动和综合性设计性实验为载体，积极引导学生自主开展创新研究。在国内率先开设学科前沿实验课程，由具有较高学术造诣的教授团队结合国家级重大科研项目、国内外突发工程事件或重大战略需求设立实验专题。将大量先进的科研设备仪器和工程实验模型应用于本科教学，大批学科前沿课题和工程项目充实到实验内容中，开设了课题前瞻、内容丰富的实验项目。中国建筑第八工程局、苏州一光仪器有限公司等企业有丰富实践经验的工程技术人员受聘担任兼职教师。此外，还邀请国外知名教授来校讲授实验课程。

国家级土木水利实验教学示范中心实施教学改革和重点建设以来，整体水平国内领先，教学成果不断涌现，仪器设备先进超前。获批国家级精品课程 1 门、国家级精品资源共享课 1 门、辽宁省精品课程 4 门。获得国家级优秀教学成果二等奖 1 项，辽宁省优秀教学成果奖 3 项，全国多媒体课件大赛奖 4 项。新出版实验教材 26 部，自主开发虚拟实验软件 6 部，自编讲义 36 部，完善多媒体课件 22 部，与实验教学体系配套的立体化教材建设全面完成，教学软件具有自主知识产权。学生工程实践能力、科技创新能力和团队合作精神普遍提高。国内知名企业定期来校招聘，毕业生供不应求。

国家级土木水利实验教学示范中心的建设，有力支撑了国家“质量工程”建设项目和卓越工程师教育培养计划。土木工程专业、建筑环境与能源应用工程专业、工程管理专业以优异成绩通过国家住房和城乡建设部评估。港口航道与海岸工程专业、水利水电工程、交通工程专业通过工程教育专业认证。“大工-中建八局”卓越计划班顺利实施。中心多次承担辽宁省卓越工程师骨干师资培训任务，在全国相关会议上交流经验，在辽宁省乃至全国发挥了引领示范和辐射作用。《实验技术与管理》杂志曾全面报道大连理工大学国家

级土木水利实验教学示范中心的建设成果。

国家级土木水利实验教学示范中心将以建设国内一流、国际先进的人才培养基地为目标，进一步构建先进的实验教学体系，打造一流的实验教学平台，全面提升学生的创新思维能力和工程实践能力，为国家和经济社会发展做出更多更大的贡献。

土木水利实验教学中心组成情况如下：

(1)基础实验室：工程水力学实验室，工程测量与监测实验室，建筑材料实验室，岩土工程实验室。

(2)专业实验室：水工实验室，港口航道与海岸工程实验室，海洋工程实验室，土木工程结构实验室，桥梁工程实验室，建筑环境与能源应用工程实验室，工程管理实验室，交通工程实验室。

(3)土木水利创新实践基地。

(4)大学生结构设计活动中心。

(5)BIM 研究与实践中心。

(6)土木水利虚拟仿真实验教学中心。

土木水利实验教学中心服务专业：

(1)水利水电工程。

(2)港口航道与海岸工程。

(3)海洋资源开发技术。

(4)土木工程(含国际班)。

(5)建筑环境与能源应用工程。

(6)工程管理。

(7)交通工程。

第四节　国际交流与合作

2009—2018年，建设工程学部共聘请海外学术大师8人，海天学者67人。海天学者和海外学术大师分别来自美国、日本、澳大利亚等国家和地区，其中29人来自QS排名世界前100的学校。学部积极申请各类高端外国专家项目，邀请世界知名学校专家学者到校交流。举办国际会议20余场，扩大了在国际上的学术影响力。

举办国际会议情况统计表

序号	会议名称	举办时间	承办人
1	International Symposium on Risk Control and Management of Design, Construction and Operation in Underground Engineering	2009年10月	唐春安
2	第七届国际岩爆与微震活动性学术研讨会	2009年8月	唐春安
3	The 9th International Conference on Civil and Environmental Engineering, Dalian	2010年11月	李宏男
4	第六届国际智能材料与结构技术研讨会	2011年7月	欧进萍
5	中国-美国-巴西-加拿大四国水电优化调度研讨会	2011年11月	程春田
6	第21届国际冰学术会议	2012年6月	李志军
7	第六届交通出行需求管理国际会议	2013年8月	葛颖恩
8	第十二届土木与环境工程国际会议	2013年9月	李宏男
9	交通规划理论与实践国际研讨会	2014年10月	赵胜川
10	道路与机场铺装技术国际会议	2015年6月	陈静云
11	第六届城市交通、旅游和出行行为分析国际研讨会	2015年6月	刘　锴
12	第八届寒冷气候暖通空调国际会议	2015年10月	端木琳
13	第七届船舶与海洋结构横摇运动国际研讨会	2016年1月	吕　林
14	第十届世界港口城市大学联盟会议	2016年9月	赵胜川 郭子坚
15	第二届中日建设项目治理研讨会	2016年9月	石　磊
16	第三十二届水波与浮体国际研讨会	2017年4月	滕　斌
17	水环境与生态国际研讨会	2017年6月	许士国
18	2017年国际软岩硬土会议	2017年10月	唐春安
19	中英海洋能合作研究项目启动会	2017年11月	宁德志
20	第一届地聚物学术与技术高层国际论坛	2017年11月	王宝民
21	岩石破裂与失稳实验、模拟及监测国际会议	2018年6月	唐春安
22	2018 2nd International Conference on Advanced Technologies in Design, Mechanical and Aeronautical Engineering	2018年7月	宿晓辉
23	第六届海峡两岸地震工程青年学者研讨会	2018年9月	李　钢
24	第17届土木环境工程国际会议(ICCEE2018)	2018年10月	李建波

2009—2018 年，长期出国交流 224 人次，其中访问学者 96 人次，联合培养博士 113 人次，攻读博士学位 15 人次。派出国家以美国、英国、澳大利亚、日本等为主。短期出国交流 2 450 人次，其中参加学术会议 1 561 人次，学术访问交流 889 人次。

长期出国人员情况统计表

年份	总人数	访问学者	联合培养博士	攻读博士学位
2009	22	12	9	1
2010	22	10	11	1
2011	21	10	9	2
2012	30	12	17	1
2013	18	9	7	2
2014	14	3	10	1
2015	27	11	15	1
2016	28	11	13	4
2017	25	11	13	1
2018	17	7	9	1

短期出国人员情况统计表

年份	总人数	参加学术会议	学术访问交流
2009	134	87	47
2010	127	100	27
2011	143	92	51
2012	228	149	79
2013	262	155	107
2014	249	150	99
2015	239	138	101
2016	346	251	95
2017	346	213	133
2018	376	226	150

建设工程学部教师多人次获评国际学术组织荣誉称号，或被授予奖项，学术研究成果受到广泛认可。2014 年，李宏男教授获美国土木工程师学会航空分会杰出科技贡献奖，该奖每年全球最多仅评选 1 人(或空缺)，李宏男教授是该奖设立 10 年来唯一获奖的中国学者；李玉成教授获美国土木工程师学会所属的海岸、海洋、港口与航海工程院港口工程“领军学者”称号，这是中国大陆学者第一次获得该称号。2017 年，李宏男教授被增选为美国土木工程师学会会士(ASCE Fellow)。赵胜川教授获日本土木学会国际活动协力奖。程春田教授团队专利项目“一种水电站群电站与机组混合优化调度方法”、李宏男教授团队专利项目“结构健康监测多类型传感器采集系统”分别获 2017 年日内瓦国际发明展会金奖和铜奖。2018 年，董国海教授被美国土木工程师学会授予“海岸工程领军学者”称号。吕阳研究成果被 *Nature* 系列期刊 *Scientific Reports* 发表。博士生周斌珍、许余建、赵玄烈分别获得第二十二、二十四、二十八届国际海洋和极地工程会议(ISOPE2018)“优秀学生奖”。赵胜川教授指导的越南硕士研究生 Hoang Phuc Hai 的论文获第十一届亚洲运输研究会年度会议青年研究人员论坛(ATRANS2018)“最佳论文和演讲奖”。王

仲副教授及硕士生毋佳玉、侯琳获第十二届亚太交通运输发展大会暨 ICTPA 第三十一届年会“优秀论文奖”。

在人才培养方面，2009 年，与比利时根特大学签订土木工程专业联合培养协议；与美国科罗拉多大学签订土木工程、建筑环境与能源应用工程专业、工程管理专业联合培养协议。2010 年，与普渡大学等 5 所学校签署了学生交换学习项目协议。2011 年，与台湾中兴大学、台湾云林科技大学、葡萄牙里斯本理工大学、德国慕尼黑工业大学、法国梅斯国立工程师学院和高等机械学院签署了以工程学科为基础的学生交换学习项目协议。2016 年，获批与美国伊利诺伊大学香槟分校“3＋2”项目。

2010 年，接待美国普渡大学、麻省理工学院学生交流团，接受英国曼彻斯特大学博士生访学，接待其他境外团组 7 次；2011 年，接待美国普渡大学交流团 1 次，其他境外团组 6 次（台湾云林科技大学、俄罗斯科学院远东分院、韩国仁川大学、日本广岛大学、日本新潟大学、英国巴斯大学）。同时，组织访问了台湾中兴大学、德国慕尼黑工业大学等。2015 年，组织“横滨国立大学日”研讨会分会场、澳大利亚塔斯马尼亚大学代表团访问等国际交流活动。2016 年，就学生交换项目与英国爱丁堡大学、美国加州大学欧文分校、美国加州大学圣迭戈分校等学校代表展开交流。2017 年，与英国爱丁堡大学、美国加州大学圣迭戈分校、美国伊利诺伊大学芝加哥分校、英国卡迪夫大学等开展学生交换项目交流。组织优秀研究生赴澳大利亚、新加坡等高校开展访学活动。美国土木工程师学会大连理工大学学生分会参加 ASCE-ISG 第三届中国地区交流年会。

第五篇

精神风采

第一节　建工精神

1. 建设工程学部部训

厚德　和物　勤学　创新

厚德——德为先，注重培养高尚品德和道德修养，追求真理，坚持真理，爱岗敬业，诚信为人。

和物——追求人与人、人与自然的和谐，包容万物，兼收并蓄，培养团队精神，坚持严谨务实作风。

勤学——业精于勤，勤和学是博学、成才、创新的根本要求和前提条件。

创新——创新是我们一切工作的目标和追求，体现与时俱进的精神。

2. 建工精神

敬业　勤奋　务实　朴素　开拓　创新　团队　奉献

在建设工程学部 70 年的光荣历史中令人骄傲的是形成了建工精神。

建设工程学部的辉煌与光荣，依托的是强大的凝聚力、强势的教学与科研实力，体现的是特有的精神积淀——建工精神。

土木水利事业铸就了这种精神，是校园文化的灵魂，是纯朴的传统习惯，是建工人的品格、气质、风范。

建工精神是被全校认可的光荣。建筑工程学部是一个有信念、有正气、有追求的集体，是一个有整体凝聚力的集体。建工精神是一面鲜红的旗帜，这种精神托起了一代代人的成长，将继续指引学部在新学期抓紧机遇，应对挑战，立足学科发展，不断开创新的局面。

建工精神是党的光荣传统和优良作风的传承和升华，是一种信仰和力量的体现，反映了建工人的坚定信念、进取意识、工作作风和优秀品质。它不只是一种精神，也代表了这个集体特有的气质和个性，他们的思维和追求，也是对建工人品质的颂扬。

建工精神可概括为：

热爱祖国，爱我学部，为学部争光的坚定信念。

不畏艰苦，勇于攀登，敢于超越的进取意识。

勤恳实践，严谨踏实，极端负责的工作作风。

团结协作，淡泊名利，敬业奉献的优良品质。

具体地说，包括以下几个方面：

第一，爱我学部，为学部争光的精神。爱国主义视国家利益高于一切，建工人把对祖国的热爱与忠诚，把爱国的真与壮美落实到爱学部、关心集体的行动中。他们感恩祖国，感恩学部，焕发出为祖国、为学部争光的坚强信念，把个人价值的实现和国家、学校利益的实现统一起来，发扬“铺路石”“为他人做嫁衣”的精神。他们喊出了“我是一块砖，哪里需要哪里搬”的豪言壮语。他们热爱这个有凝聚力，既思想共同又感情共同的共同体，创造归属感的学部，并为之争光。对秉承光荣传统的学部，每个土木人心中深埋着一颗深厚感情的忠心。因为建设工程学部用理想凝聚力量，用理想铸就坚强，用真情凝结爱，培养了一代代建工人。

第二，理论联系实际的精神。坚持理论联系实际的自觉性，走理论联系工程实际的办学之路，面向大中型工程办学，为工程服务，把培养人才落实到工程实践中，对学生进行工程教育是工程师培训的最突出特色。坚持理论教学与工程和生产劳动相结合，加强工程实践教学，增强动手能力，进行工程素质和意识培养，使广大师生经受锻炼是建工人办学的成功之路。

第三，强烈的责任精神。广大师生对国家、社会和未来有强烈的责任感，是建工人的思维。忠于事业，做到近乎苛刻的自律，严格要求自己，对工作狂热的迷恋与追求，对自己言行负责，令人敬佩。

第四，不畏艰苦的奉献精神。建工人的工作特点是带着荒凉走向繁荣又走向荒凉。尽职尽责地战斗在各自的岗位上，以惊人的毅力和勇气战胜各种难题，奉献了青春年华、聪明才智和热血汗水。工作的环境造就了建工人不畏艰苦创业、苦干实干的品格，建立起一支特别能吃苦、特别能战斗、特别能胜利的队伍。

第五，团结协作的团队精神。团队精神是建工精神的突出特色，建工人始终以集体主义的思想为主导。在集体活动和团队协作中，建工人互相合作，包容人与人之间的差异，不拒绝个性，对未来充满信心。更多的人参与、更多的力量融合、更多的人性精神。建工人感恩祖国、感恩学部、感恩团队、感恩同志们，懂得集体分享，传递爱心，有归属感。团队是思想共同体，又是感情共同体，大家在团队中成长，凝聚力量，受教育的目的是培养和积聚力量去帮助别人。

第六，敢为人先的进取精神。建工人不言败，学部的辉煌是一代代土木人勇攀高峰的硕果。面对一系列全新的领域和尖端前沿从不手软，始终不懈探索、敢于超越，取得一个又一个重大成果。

第二节　名家风采

钱令希院士简介

钱令希(1916.7—2009.4)，著名力学家、教育家，江苏无锡人。1936 年毕业于上海中法国立工学院(现上海理工大学)。1938 年获比利时布鲁塞尔自由大学最优等工程师称号。回国后历任铁路桥梁工程师，云南大学、浙江大学教授，1952 年起在大连工学院(现大连理工大学)土木工程系任教授，后调任校科学研究部第一任主任，先后任系主任、研究所所长、副院长、院长、大学顾问等职。1955 年当选为中国科学院院士。1988 年获比利时列日大学以国王名义授予的名誉博士学位。

钱令希教授自工程实践转向力学的科学研究和教学工作，极力主张力学应为工程实践服务并应指导工程师实践。在推动科技进步和培养人才两方面做出了重要贡献。在学术上，他在结构力学、板壳理论、极限分析、变分原理、结构优化设计等方面有深入研究并获得成果。他努力为工程服务，在桥梁、水坝、港工、造船和国防等工程方面都发挥了力学研究的作用。20 世纪 60 年代电子计算机冲击科技领域，钱令希教授大力倡导建立计算力学新学科，他身体力行，更新知识，开展研究，并在大连理工大学带领和培养出一支优秀计算力学队伍。著有《静定结构学》《超静定结构学》《工程结构优化设计》3 部著作。研究成果曾多次获国家自然科学奖及国家科技进步奖。他曾任国务院学位委员会委员，中国力学学会理事长，中国高等教育委员会副会长等多种职务。

他曾任第二、三届政协全国委员会委员，第三、四、五、六、七届全国人民代表大会代表。

钱令希教教授 1979 年被评为全国劳动模范；1994 年应邀赴香港理工大学接受“杰出中国访问学人奖励计划”授奖；荣获 1994 年辽宁省“功勋教师”称号；1995 年获“何梁何利”科学与技术进步奖；1998 年获陈嘉庚技术科学奖；2005 年获“大连市科学技术功勋奖”。

邱大洪院士简介

邱大洪，1930 年 4 月生，教授，博士生导师，港口、海岸及近海工程专家。1951 年毕业于清华大学土木工程系。1991 年当选中国科学院院士，现任大连理工大学教授，大连理工大学海岸和近海工程国家重点实验室学术委员会顾问，大连理工大学土建勘察设计研究院顾问。历任该重点实验室主任、学术委员会主任，第八届全国政协委员，第九届全国政协常委，九三学社中央委员，第二、三、四届国务院学位委员会学科评议组成员，国家自然科学基金会第二、三、四、六、七届学科评审组成员，国家教委科技委员会学科组成员。曾任国际近海力学及极地工程会议流体力学委员会委员，中国海洋学会、中国海洋湖沼学会常务理事，中国海洋工程学会副理事长，《海洋学报》《水利学报》《海洋工程》《港口工程》《海洋通报》等杂志编委等职。

邱大洪教授长期从事港口、海岸和近海工程应用基础研究和工程设计工作。在浅海波浪和波浪力等主要研究领域内开展了一系列有创造性的工作，研究成果为中国港口及海岸工程的设计工作提供了更加符合实际的科学依据。发展了浅水区非线性椭圆余弦波的工程应用理论和实验验证，系统地研究了不规则海浪和椭余波对常见海工结构作用力实用计算法和波浪在海床中的渗流与海工结构物相互作用，部分成果已被列入交通部修订的设计规范。主持完成的“波浪渗流理论的工程应用”项目，1996 年获国家教委科技进步二等奖。主持并参与了国家自然科学重点基金项目、国家自然科学基金委员会与香港研究资助局联合科研基金项目、国家自然科学基金等 10 余项研究工作。主持多项重大海港工程设计，并参与多项工程的模型实验、设计、技术咨询和顾问工作，曾获国家金奖、省部级科技进步奖等 6 项奖励。出版专著《波浪渗流力学》和《波浪理论及其在工程上的应用》，后者获交通部优秀教材二等奖；与他人合编我国第一本港口工程专业教材《港及港工建筑物》；主编了通用教材《工程水文学》。发表学术论文 130 余篇。主持筹建了大连理工大学海岸和近海工程国家重点实验室，1990 年通过国家验收后被批准对国内外开放至今，已先后五次通过国家评估验收。获得“国家级有突出贡献专家”“国家重点实验室建设先进工作者”“全国高等学校先进科技工作者” “辽宁省优秀专家”“大连市的优秀专家”等荣誉称号。

林皋院士简介

林皋，1929 年 1 月生，江西南昌人。水利工程及地震工程专家，1997 年当选中国科学院院士，现任大连理工大学教授。

林皋院士 1951 年毕业于清华大学土木工程系结构工程专业，同年国家统一分配到大连工学院任教。1951 年至 1954 年在哈尔滨工业大学及大连工学院(现大连理工大学)水能利用研究班学习，获优秀毕业证书。1962 年任副教授，1980 年任教授，1981 年成为学位制施行后我国首批博士生导师。

林皋院士长期从事水工结构工程、核电结构工程、地震工程领域的教学和科学研究工作，是我国大坝抗震学科领域的开拓者之一，核电工程结构抗震领域的著名专家。在水坝、核电工程、地下工程等工程建筑物的抗震理论、模型实验技术和数值模拟，混凝土结构动态断裂特性的研究方面，为学科发展做出了重要贡献。代表性工作有层状等复杂地基中，结构与地基的动力相互作用分析，结构与无限水域的动力相互作用分析，混凝土材料的多轴动态强度特性，大坝和核电结构地震响应的精准数值模拟和抗震安全评价等，在解决大坝、核电厂等工程实际问题的关键技术方面发挥了重要作用。出版学术著作 3 本，在国内外主要学术刊物上和国际会议上发表研究论文 600 余篇，培养的研究生已有 70 余名获得博士学位，另 70 余名获得硕士学位，其中包括工程院院士 2 名。

林皋院士先后获国家科技进步一等奖、二等奖各 1 项，教育部国家级教学成果二等奖 1 项。此外，还获得教育部科技进步一等奖、能源部科技进步一等奖、中国地震局科技进步一等奖等10余项省部级以上奖励。被授予辽宁省劳动模范(1989)、大连市特等劳动模范(1986—1987),全国高校先进科技工作者(1990),全国优秀科技工作者(1997),全国模范教师(2004)等荣誉称号。

赵国藩院士简介

赵国藩(1924.12—2017.1),教授,博士生导师,1997年当选为中国工程院院士。1949年6月毕业于上海交通大学土木工程系,1950年8月起,任大连工学院助教、讲师、教授(越级晋升)、结构工程专业博士生导师。1981年3—9月,在美国北卡罗来纳州大学做访问教授。1984年起,陆续兼任上海交通大学、浙江大学、武汉大学等30所大学兼职教授、顾问教授、名誉教授。

赵国藩教授先后发表学术论文400余篇,1985年起,曾获国家科技进步奖8项(一等奖1项,二等奖4项,三等奖3项),省部级科技进步一、二等奖23项。1999年获第八届陈嘉庚技术科学奖和"辽宁省功勋教师"称号。从1985年至今,曾先后30余次应邀担任国际学术会议的主席、主席团成员、分组会主席、委员等职务,1994年起担任《亚洲混凝土模式规范》委员会第1～10届国际委员及1996年第6届国际会议组委会主席。1994年7月—2000年2月,担任国家攀登计划——工程技术重大基础研究项目"重大土木及水利工程安全性与耐久性的基础研究"专家委员会委员。1984年起,历任中国土木工程学会理事、混凝土及预应力混凝土学会理事、纤维混凝土专业委员会主任委员、中国工程建设标准化协会理事、结构可靠度委员会名誉委员等10多个国内学术职务和国际高耸结构协会(IFHS)理事会名誉理事等8个国际学术职务。

欧进萍院士简介

欧进萍,1959年4月生,湖南宁远人,结构监测、控制与防灾减灾工程专家。1987年在原哈尔滨建筑大学(现合并为哈尔滨工业大学)获工学博士。大连理工大学土木工程和工程力学专业教授。2003年当选为中国工程院院士。

主要成果及贡献如下:

(1)在结构地震损伤与动力可靠性方面,建立了结构模糊随机振动基本理论,发展了结构抗风和抗震的动力可靠性分析方法,提出了钢筋混凝土结构的地震损伤分析和设计方法。

(2)在结构振动控制研究与应用方面,研制出多种结构被动耗能减振阻尼器以及磁流变阻尼器、主被动复合调谐阻尼器等控制装置和系统,建立了结构被动耗能减振和主动、半主动与智能控制系统的分析和设计方法,主持编制我国相关设计规范。

(3)在结构健康监测研究与应用方面,研制出多种结构监测光纤传感器、无线传感器以及机敏混凝土传感器等智能传感器,建立了结构健康监测系统设计方法,发展了结构损伤识别、模型修正以及结构安全多级评定的理论和方法,主持编制桥梁结构健康监测设计规程。

(4)在海洋平台结构及其安全保障技术方面，建立了钢质导管架固定式海洋平台结构安全评定与维修决策理论和方法及其大型应用软件系统；提出深海浮式平台锚泊截断混合模型实验方法，提出一种深海多立柱浮式平台结构形式，发展了深海平台结构健康监测与主被动联合定位控制方法。

发表学术论文300余篇、出版著作4部；获得国家科技进步二等奖3项、省部级科技进步一等奖5项、国家发明专利10项。

曾任中国振动工程学会理事长、中国建筑学会副理事长、国际结构控制与监测学会(IASCM)执行理事、国际智能基础设施结构健康监测学会(ISHMII)副理事长和会士。

孔宪京院士简介

孔宪京，1952年1月生，1980年毕业于大连理工大学(大连工学院)水利工程系，1983年、1990年先后获大连理工大学水工结构硕士、博士学位。1992年破格晋升教授，2017年当选中国工程院院士。

1984—1992年先后3次(3年)获日本学术振兴会(JSPS)、日本东京大学奖励基金会全额资助，受聘为客座研究员、博士研究员，在日本东京大学从事土石坝地震破坏机理研究，1998年再次获日本学术振兴会(JSPS)全额资助，作为特邀研究员赴东京大学交流与合作。1996年入选教育部跨世纪优秀人才培养计划，1997年被国家教委、人事部授予全国优秀留学回国人员等荣誉称号，1998年起享受国务院特殊津贴。现兼任中国大坝协会常务理事、中国水利学会水工结构专业委员会副主任委员、中国水力发电工程学会抗震防灾专业委员会副主任委员以及《水利学报》等多家杂志编委等职。

30多年来，致力于土石坝和核电厂海域工程抗震研究与工程实践，是该领域的学术带头人。主持国家自然科学(重点)基金、科技攻关等纵向课题20余项，在土石坝等土工构筑物振动台模型实验技术、地震破坏机理与抗震对策、筑坝粗粒料静-动力特性与本构模型以及三维静-动力弹塑性数值分析方法等方面开展了系统的理论、方法与应用研究；主持研制了国内第一台大型水下振动台和超大型三轴仪等(系列)实验设备，主持研发了大型岩土工程高性能计算软件平台。研究成果在近50个重要水利水电工程和核电工程中得到应用，其中有天生桥、吉林台、糯扎渡、两河口等一批世界级高土石坝工程和我国岭澳、田湾、阳江等约80%已建或在建核电厂海域工程，解决了这些工程的抗震关键技术难题。

先后获国家科技进步二等奖2项(均排名第一)、三等奖1项(排名第三)，省部级科技进步一等奖6项(4项排名第一)。参编国家及行业规范6部，授权软件著作权12项，获批发明专利4项。出版专著3部，发表论文被SCI、EI收录150余篇次，他引2800余次，其中1篇被评为第一届“中国百篇最具影响国内学术论文”。培养硕士、博士研究生近70名。

戚元靖院士简介

戚元靖(1929.4—1994.11)，湖北汉口(今武汉)人。在抗日战争期间，于1938年初随姐姐奔赴延安。1942 年入延安中学、延安自然科学院(北京理工大学前身)学习,并参加工作。1945 年 11 月在延安自然科学院加入中国共产党,翌年 6 月转为正式党员。1946 年冬在晋察冀边区工业部新华工厂任实习技术员。此后,在华北联大、华北军政大学继续学习。1947 年在河北唐县参加农村土改工作,并任土改工作组组长。1948 年在哈尔滨工业大学学习,任党支部兼职书记。1950 年在东北工业部、鞍山钢铁公司任翻译,同年到大连工学院土木工程系学习。1951 年由组织派往苏联列宁格勒建筑工程学院学习,任列宁格勒中国留学生党总支书记、学生会主席。1956 年回国,分配在冶金工业部黑色冶金设计总院(现北京钢铁设计研究总院)工作。先后任工程师、副科长、工程设计队队长、援越专家组组长,院革委会副主任、党委副书记,高级工程师、副院长、院长等职。1982 年任冶金工业部副部长、党组成员兼机关党委书记;1985 年至 1993 年任冶金工业部部长、党组书记。1994 年被推送为中国工程院首批院士。

戚元靖同志在党的第十二次全国代表大会上当选为中央纪律检查委员会委员,1985 年 9 月增选为中共十二届中央候补委员,在党的十三次和十四次代表大会上当选为中央委员。1993 年当选为第八届全国人大代表、全国人大常委会委员、全国人大环境与资源保护委员会副主任委员。

谢世楞院士简介

谢世楞(1935.5—2018.11),浙江省慈溪市人,港口和海岸工程专家,1999 年当选为中国工程院院士。1956 年毕业于大连工学院(现大连理工大学)水利工程系水道和港口工程专业,并分配到北京交通部水运设计院工作,1958 年调到天津交通部第一航务工程勘察设计院工作;1979 年到荷兰代尔夫特理工大学海岸工程研究室深造;1981 年回国后继续在交通部第一航务工程勘察设计院工作。曾任交通部技术顾问,交通运输部专家委员会委员,天津市规划设计委员会主任委员,中交第一航务工程勘察设计院有限公司高级技术顾问、教授级高级工程师,天津市规划设计委员会主任委员,天津大学教授、博士生导师,大连理工大学海岸和近海工程国家重点实验室学术委员会主任,中国海洋工程学会名誉理事长,亚洲和太平洋海岸工程(APAC)会议理事。

长期从事港口和海岸工程设计工作,尤其在深水防波堤、波浪和泥沙理论方面取得了国内外领先的独创成果,完成设计及研究 100 多项,其中有国家重点及大中型项目 40 多项。主持的设计与科研项目中,“离岸深水港建设关键技术研究与工程应用”项目,对离岸深水港的发展具有重大意义,获 2013 年度国家科技进步一等奖;另外还获得国家优秀设计金、银质奖和国家质量银奖 3 项;国家科技进步二、三等奖 3 项;交通部优秀设计一等奖 3 项;交通部科技进步奖 2 项;联合国发明创新科技之星奖 1 项;并有 3 项发明由中国专利局授予了发明专利。参加的长江口深水航道治理工程设计工作,其“长江口深水航道治理工程成套技术”项目,2006 年获中国航海学会科学技术特等奖、2007 年获国家科技进步一等奖。曾在国内外用中英文发表论著约 100 篇。在荷兰进修期间提出的直立式防波堤前海底冲刷的计算方法,多次在国际会议和刊物上被推荐使用,被业内称为“谢氏理论和公式”。这一理论已被实际工程应用和推广,1998 年被纳入交通部《防波堤设计与施工规范》,2003 年被收入美国《海岸工程手册》,为我国港口建设与海岸动力设计打下坚实的理论基础,为我国的港口事业做出了重大贡献。主编的《海港水文》规范,1985 年获国家科技进步二等奖。曾被授予“国家级有突出贡献专家”“工程设计大师”等称号。

王复明院士简介

王复明,1957 年 3 月生,河南沈丘县人。1977 年考取原郑州工学院,1987 年博士毕业于大连理工大学。现任郑州大学水利与环境学院教授,重大基础设施检测修复技术国家地方联合工程实验室主任,水利与交通基础设施安全防护河南省协同创新中心主任。担任中国非开挖技术协会副主席,国务院学位委员会水利工程学科评议组成员,国家高科技发展计划现代交通技术领域专家组成员。立足河南,潜心研究病险工程渗漏防治和非开挖修复技术,多次带领团队投身于应急抢险第一线,受到国家和河南省政府表彰。先后获国家杰出青年科学基金、国家有突出贡献中青年专家、全国留学回国人员先进个人、全国优秀科技工作者、河南省科技功臣、中原学者、国家千人计划专家和全国先进工作者等荣誉。

王复明院士长期从事基础工程设施安全维护理论与技术研究,在基础工程渗漏涌水防治和隐蔽病害诊治方面取得了新成果。作为第一完成人,获国家技术发明二等奖 1 项、国家科技进步二等奖、三等奖各 1 项,并获国际非开挖学术研究奖和河南省科学技术杰出贡献奖。

王复明院士提出了构建土质堤坝柔性防渗体的新方法,建立了非水反应高聚物扩散理论,发明了堤坝及地下工程防渗抢险高聚物注浆成套技术及装备。我国有数量众多的病险堤防、土坝及尾矿坝,渗漏是主要安全隐患。渗漏及突涌水防治也是隧道、地铁等地下工程面临的主要难题之一。基于水泥类材料的传统技术构建的防渗体抗震抗裂性能不足,应急抢险时效性差,王复明院士提出了基于非水反应高聚物构建柔性防渗体的新理念。针对防渗、加固及应急抢险不同需求,研究优化了高聚物注浆材料工程特性指标,主持配制了系列化高聚物注浆材料,具有环保、早强、耐久、高韧等特点。揭示了非水反应高聚物在土体中的片状扩散特性,基于断裂土力学和流变学原理建立了高聚物在土体中的扩散模型。以上述材料及理论为指导,提出了静力压槽、套孔连接、提升注浆等新方法,主持研制了集成化高聚物注浆系统和静压成槽装备,发明了对堤坝扰动小、施工快捷、抗震抗裂性能优良的高聚物柔性防渗墙技术、钢柔复合防渗可回收支护技术和高聚物膜袋封闭注浆快速封堵涌水射流技术,构成了堤坝及地下工程渗漏防治技术体系。该成果应用于南水北调中线工程防渗加固和应急抢险,解决了穿堤建筑物渗漏防治、渠道面板塌陷不停水抢修等难题。与此同时,该成果还应用于黄河堤防、上海苏州河堤防、宁波海堤、郑州地下粮库实验仓及多项病险水库除险加固工程。成果获授权发明专利 16 项(其中美国发明专利 6 项),形成水电建设工法和技术标准各 1 项,获 2014 年国家技术发明二等奖。

王复明院士建立了层状结构介电特性及力学特性反演理论,提出了基于无损检测的高聚物精细注浆方法,开发了高速公路及高铁无砟轨道快速修复新技术。路基路面等层状结构无损检测是国内外日益关注的前沿技术。由于反演方程不适定或呈“病态”,无损检测数据解析长期依赖简化公式和工程经验。王复明基于系统识别原理,构建了路基路面力学特性反演方程，将灵敏度分析和奇异值分解相结合，解决了此类“病态”方程求解难题。在此基础上，建立了层状非均质动力模型、多相复合介电模型和反演方法，开发了具有我国版权的道路无损检测数据分析工程化软件 SIDMOD。经国内外专家现场考评，SIDMOD 软件稳定性和适用性明显优于国际上基于数据库或简化公式的代表性软件 MODULUS、WESDEF 和 MODCOMP。针对我国高速公路水损害防治难点，提出了基于探地雷达和动力弯沉检测的高聚物精细注浆方法，开发了无损检测与快速修复系统技术，解决了高速公路隐蔽病害非开挖修复技术难题。提出了高聚物板底注浆和水平膜袋注浆方法，实现了水泥混凝土路面和高铁无砟轨道脱空及沉降快速修复。该成果应用于京港澳高速公路安阳至新乡段唧泥翻浆病害防治中，80 天内处治病害 24 000 余处，一次性处治完好率达 95%，节省直接费用 53%，节省间接费用 75%，延缓大中修 3～5 年。验收专家认为“是我国高速公路维修技术成果转化推广的成功范例”。至今，成果在河南、安徽、河北、山西等省多项高速公路维修工程中得到推广，并成功应用于高铁无砟轨道板沉降抢修，产生显著经济社会及环保效益。成果获授权发明专利 9 项、软件著作权 2 项，形成国家级工法和行业技术标准各 1 项，获 2007 年度国家科技进步二等奖。

王复明院士揭示了复杂地质环境地下管道灾变机理，提出了高聚物水下复合注浆方法，开发了地下管道非开挖修复新技术。我国有大量地下管道年久失修。管道渗漏不仅造成水资源严重浪费和环境污染，而且导致城市路面坍塌事件多发。地下管道灾变防控与应急抢险面临严峻挑战。王复明院士开展了地下管道非开挖修复足尺实验研究，揭示了复杂地质条件下地下管道渗漏、脱空及沉降机理，阐明了高聚物对管道及介质的胶结挤密作用。开发了高聚物导管注浆、水下膜袋桩及其复合注浆技术，解决了地下管道渗漏脱空治理、涌水涌沙封堵和不均匀沉降修复多项技术难题。广州市某排水管道位于地下 9 m 流沙地层，在潮汐、动水和交通荷载长期耦合作用下，出现严重渗漏、开裂、沉降和路面坍塌。管道紧临居民楼和通讯电缆，传统的管道修复技术难以实施。采用该成果不仅解决了管道涌水涌沙封堵难题，而且成功顶升沉降管道 28 cm，使停止运行 16 个月的管道迅速恢复通水。鉴于王复明在道路与地下管道非开挖修复领域取得的突出成就，他荣获 2014 年度国际非开挖技术协会唯一的学术研究奖。

杨志峰院士简介

杨志峰，1963 年 8 月生，教授，博士生导师，北京师范大学环境学院院长、水环境模拟国家重点实验室主任，担任国际环境生态学会主席、国际能值学会中国分会主席、国际环境信息科学学会生态信息分会主席等。1986—1989 年，在清华大学攻读博士学位；1990—1992 年，在北京大学从事博士后研究；此后在北京师范大学工作。国家创新研究群体学术带头人、国家杰出青年科学基金获得者、“973 计划”项目首席科学家、教育部“长江学者”奖励计划特聘教授。先后主持“973 计划”项目等重大项目十余项，获国家科技进步二等奖 3 项、省(部)级一等奖 10 项，以第一发明人获国家发明专利 18 件，第一作者出版中英文学术专著和教材 12 部，第一或责任作者发表 SCI 论文 135 篇。牵头创建了北京师范大学环境本科专业、环境工程学科、人口资源环境经济学科和水利工程学科，培养或带出了国家杰出青年科学基金获得者、教育部“长江学者”奖励计划特聘教授等一批杰出人才，创建了国家创新研究群体。在流域生态需水保障、湿地和城市环境生态建设等工程技术方面取得多项前瞻性、关键性技术突破，为提高流域、湿地和城市环境生态保护技术水平做出了突出贡献。

周晶教授简介

周晶，大连理工大学教授，博士生导师。1968 年从上海市上海中学高中毕业。经历了三年农村、两年工厂的锻炼，于 1973 年就读大连理工大学水利工程专业，三后年毕业分配到吉林省水利水电工程局工作。1978 年至 1984 年就读于大连理工大学防灾减灾工程专业硕士生、博士生，毕业后留校工作。先后任职讲师、副教授，并于 1993 年起任职教授、博士生导师。其间于 1994 年担任土木工程系主任，1996 年至 2002 年担任土木建筑学院院长。从 2002 年至 2015 年先后担任大连理工大学建设工程学部学位委员会主任、学术会议会主任和大连理工大学研究生督导、博士点点长等工作。

自 1994 年起享受国务院特殊津贴，被评为第四、五届大连市优秀专家。2002 年起连续两届担任国务院学位委员会学科评议组成员。

自 1980 年以来，长期从事工程结构防灾减灾和水工结构抗震安全方面的研究工作。近年在海底管线工程安全问题研究上取得一些新成果。先后主持完成了相关国家自然科学基金重点项目、重大基金集成项目、“973 计划”课题，国家自然科学基金国际合作项目和几十项大型工程委托项目。获得国家教育成果奖二等奖和国家科技进步三等奖，以及省部级科技进步一等奖和二等奖等 10 项。同时在内外期刊上发表论文 240 多篇。培养出 60 多位博士研究生和 70 位多硕士研究生。在工作中注重培养青年教师，团队成员中和学生中多位目前是教授、博导，成为科研和教学主力。

李宏男教授简介

李宏男，大连理工大学教授、博士生导师。国家杰出青年科学基金获得者，教育部“长江学者”奖励计划特聘教授。任国家自然科学基金委员会学科评审组(组长)成员，国务院学位委员会学科评议组成员，国家自然科学基金委员会创新研究群体负责人；美国土木工程师学会(ASCE)会士，兼任国际智能基础设施健康监测学会理事，国际结构控制与监测学会中国分会副主席，中国土木工程学会和中国振动工程学会理事等 20 余个学术团体的常务理事、理事和委员。担任国际期刊 *An International Journal, Structural Monitoring and Maintenance* 主编，*ASCE Journal of Aerospace Engineering* 副主编，《建筑结构学报》《振动工程学报》等学报编委。主持国家基金重大研究计划重点项目、集成项目、重大国际合作项目，“973 计划”课题，国家科技支撑计划重点项目等 30 余项国家级课题。发表国际期刊 SCI 收录论文 280 余篇，国家发明专利 50 余项。获得 2013 年度美国土木工程师学会(ASCE/ASD)“杰出科技贡献奖”，作为负责人获国家科技进步和技术发明二等奖 3 项，省部级科技进步一等奖 6 项。

自从1985年以来，主要从事工程结构的研究工作，在多维地震动理论、结构多维抗震设计理论及其应用、大跨越输电塔体系的防灾减灾计算理论、结构减震控制与健康监测等多个领域的前沿课题上取得了一系列的研究成果。主编我国结构安全监测领域第一部国家行业标准《结构健康监测系统设计标准》和《工程防灾安全监测基本术语》国家标准等。相关理论成功用于大连国际会议中心（夏季达沃斯论坛永久会址、亚洲第一座全金属剧院）、天津港（世界最高等级深水港）等多项重大工程。

董国海教授简介

董国海，1986年毕业于大连工学院造船系，1989年、1992年先后获大连理工大学港口、海岸及近海工程硕士、博士学位。博士毕业后留校任教，1999年破格晋升教授。现任中共大连理工大学委员会常委、党委统战部部长、海岸和近海工程国家重点实验室主任、水利工程（一级）国家重点学科负责人。1994年和1999年先后赴英国水力研究公司（HR Wallingford）和西澳大利亚大学交流合作。先后获得教育部"中青年骨干教师"、"霍英东青年教师"、辽宁省"优秀青年教师"等称号，获得教育部新世纪优秀人才支持计划、辽宁省"百千万人才工程"百人层次等资助支持，获得"辽宁省青年科技奖""中国水利学会杰出青年奖"，入选国家"百千万人才工程""国家有突出贡献中青年专家"等荣誉，2015年起享受国务院特殊津贴。兼任国务院学位委员会学科评议组成员、国家基金委学科评议组成员、国家深海基地建设专家组成员、农业部渔港建设专家组成员；四川大学、天津大学、大连理工大学国家重点实验室学术委员会委员；*Ocean Systems Engineering*、*Acta Oceanologica Sinica* 等期刊编委；中国海洋学会理事、辽宁省海洋学会副理事长、大连市海洋学会副理事长。

30多年来，致力于海洋水动力学及其与海洋工程结构物的相互作用的研究，主持承担国家重点研发计划项目、"973计划"课题、国家自然科学基金重点项目等科研课题30多项，取得了丰硕的研究成果。在浅水波浪变形和破碎研究中，提出了实用的波浪破碎指标，可减小极限波高，降低了工程造价，取得了显著的经济效益；构建了深水大型抗风浪网箱的水动力分析理论体系，解决了设施抗风浪设计的理论方法问题，突破了深水网箱结构设计、产品研发和安全评价的关键技术，实现了适合我国复杂海况大型抗风浪网箱的自主研制；首次提出小波二阶谱、尺度平均的小波能谱、基于小波变换的波浪群性因子等概念用于波浪非线性演化过程分析；开创性地开展了近岸低频波浪的生成机制及其激发港湾振荡的研究。研究成果在多项大型工程中得到应用，包括巴基斯坦瓜达尔港、中缅原油管道工程皎漂港等国际工程，烟大铁路轮渡、洋山深水港、海洋核动力平台示范工程等国内工程。发表学术论文300余篇，被SCI收录100余篇。部分成果为交通部港口工程技术规范所采用，获得国家科技进步三等奖1项（排名第2）、教育部科技进步一等奖1项（排名第1）、教育部自然科学二等奖2项（排名第1、第3）、教育部科技进步二等奖2项（排名第1、第2）。培养硕士、博士研究生70余名，其中1人获全国百篇优秀博士论文，3人获辽宁省优秀博士论文。

唐春安教授简介

唐春安，教育部1999年第一批教育部“长江学者”奖励计划特聘教授，国家杰出青年科学基金获得者。1982年毕业于中南工业大学采矿专业，1984年和1988年分别获得东北大学硕士和博士学位。现为大连理工大学土木工程学院教授，岩石破裂与失稳研究所所长，大连理工大学能源研究院深地工程研究中心主任。第五届国务院学位委员会学科评议组成员；中国岩石力学与工程学会副理事长，*International Journal of Rock Mechanics and Mining Sciences*、*GeoMechanics and GeoEngineering*、《岩石力学与工程学报》等杂志编委。1991—1992年赴英国帝国理工学院做博士后研究，多次应邀学术访问加拿大、英国、瑞典、美国、日本、澳大利亚、瑞士、韩国、新加坡等国家及香港地区。

主要从事岩石破坏机理及其矿山动力灾害的应用基础性研究工作，研究领域涉及矿山岩爆、突水、瓦斯突出、矿震、岩层移动以及岩土工程结构或边坡稳定性分析等。近年来，与合作者在 *Physical Review E*、*Pure and Applied Geophysics*、*Engineering Fracture Mechanics* 等多种学术刊物和会议上发表各类学术论文400余篇(其中SCI收录199篇，SCI他引3 142次、CPCI-S他引638次、CNKI他引16 426次，连续五年入选Elsevier中国高被引学者 Most Cited Chinese Researchers 榜单)。出版《岩石破裂过程中的灾变》《岩石破裂过程数值实验》等学术专著8部。1988年以来，先后主持国家自然科学基金和部委级基础性研究课题10余项，主持国家自然科学基金重点项目“采动煤岩地质环境劣化诱发矿山动力灾害机理研究”，主持国家自然科学基金重点项目和国家重点基础研究“973计划”课题各1项。分别于1994年和1995年获得教育部跨世纪优秀人才培养计划和国家杰出青年科学基金的资助。获得国家科技进步二等奖1次(排名第一)，其他省部级二等以上科技成果奖励5次。曾荣获第四届中国青年科技奖、辽宁省青年五四奖章、宝钢教育基金优秀教师奖，并首批入选“国家百千万人才工程计划”。

滕斌教授简介

滕斌，国家杰出青年科学基金获得者，教育部“长江学者”奖励计划特聘教授。国家自然科学基金委创新研究群体负责人，“973计划”项目首席科学家。分别于1982年、1984年和1989年获得大连理工大学学士、硕士和博士学位，并于1990年至1993年在英国牛津大学工程科学系做博士后研究，1995年至1996年在日本船舶技术研究所做博士后研究。兼任中国海洋工程学会常务理事、《水动力学研究与进展》编委，中国力学学会第六届流体力学专业委员会委员，国际近海和极地工程师协会技术委员会委员。担任 *Journal of Hydrodynamics* 杂志副主编，*Applied Ocean Research*、*International Journal of Ocean System Engineering*、*China Ocean Engineering*、*Journal of Marine Science and Application* 等杂志编委。

自1982年以来，主要从事波浪与海岸和近海工程结构物相互作用的研究与教学工作。分别开展了非线性波浪对任意三维海洋结构物的作用、波浪水流共同对海洋结构物的作用、非线性波浪作用下锚泊结构物运动的耦合分析、深海细长柔性构件涡激振动、内波与海洋结构物作用、大型结构物水弹性分析、海岸结构物基床冲刷等研究工作。提出了波浪力计算的一个新积分方程，被他人所应用；首次计算了波浪、水流在任意三维结构物上的爬高，精确计算了运动物体上的二阶波浪力，被他人用于程序验证；提出了自由水面上二阶速度势的快速计算方法，为三阶波浪力的计算提出了解决途径。开发了频域、时域内非线性波浪对海洋工程结构物非线性作用和结构动力响应的多个大型分析软件。合作出版专著《波浪对海上建筑物的作用》，在国内外期刊和会议上发表论文 200 多篇，获得国家科技进步二、三等奖各 1 项，省部级科技进步一等奖 2 项、二等奖 6 项。

沈永明教授简介

沈永明，国家杰出青年科学基金获得者，教育部“长江学者”奖励计划特聘教授，享受国务院特殊津贴专家，首批全国优秀博士后，大连市突出贡献专家，大连市首批领军人才。1983 年 8 月、1988 年 8 月、1991 年 6 月分别毕业于成都科技大学（现四川大学）水利工程系获学士、硕士、博士学位。1991 年 6 月至 1993 年 6 月在大连理工大学海岸和近海工程国家重点实验室做博士后（国家人事部授予“全国优秀博士后称号”）。1993 年 6 月、1996 年 6 月、1998 年 10 月分别被评为大连理工大学副教授、教授、博士生导师。其中，1993 年 6 月至 1994 年 8 月在英国水力研究中心做高级访问学者；1995 年 9 月至 1996 年 11 月在美国波特兰州立大学做助理研究员；1998 年 11 月至 1999 年 11 月在日本九州大学工学部做国际学术交流基金邀请的外国研究员。担任 *Engineering Applications of Computational Fluid Mechanics* 期刊编委、*International Journal of Ocean and Coastal Engineering* 期刊编委。多年来一直从事河流、近海环境水动力学研究，主持完成了国家自然科学基金重点项目、国家杰出青年科学基金项目、国家“973 计划”课题、国家自然科学基金项目等国家级课题。在国外的 *Ocean Engineering*、*Ocean Modelling*、*Ocean Dynamics* 以及在国内的《中国科学》（A 辑、E 辑、G 辑）、《海洋学报》、《水利学报》等期刊上发表论文 220 篇，其中，SCI 收录 80 篇，EI 收录 118 篇。获国家自然科学二等奖 1 项（排名第 2）、省部级自然科学一等奖 2 项（排名第 1）。

程春田教授简介

程春田，大连理工大学水电与水信息研究所所长。教育部“长江学者”奖励计划特聘教授，国家杰出青年科学基金、国务院政府津贴获得者，入选国家百千万人才工程。主要研究方向为大规模复杂水电系统优化、清洁能源高效利用及电力市场和泛在能源互联。主持国家杰出青年科学基金、国家自然科学基金重大国际合作、国家自然科学基金重大计划重点项目，“973 计划”课题，“863 计划”课题等纵向课题 20 多项；主持中国南方电网、华东电网、云南电网、贵州电网、福建电网、浙江电网、澜沧江流域水电公司、乌江水电公司等企业委托项目 70 多项。授权国家发明专利 30 余项，软件著作权 110 余项；在国内外期刊发表论文 260 余篇，SCI 收录96 条，其中 ESI 高被引论文 7 篇，单篇 SCI 引用超过 300 次的有 2 篇，超过 200 次的有 2 篇，超过 100 次的有 4 篇。以第一完成人获国家自然科学二等奖 1 项，获省部级一等奖 4 项(2 项第一)、省部级二等奖 10 项(5 项第一)；排名第一获日内瓦国际发明展金奖和中国专利优秀奖。主持研发了水调系统高级应用软件通用调度平台，服务于区域电网/省级电网/流域集控/水电站的中长期发电计划、短期及实时调度和水能指标计算，是电网/流域集控生产运行的必备软件，已经在南方电网、华东电网、东北电网、云南电网、贵州电网、福建电网、广西电网、浙江电网、重庆电网及华能澜沧江、华电乌江等得到广泛应用，涉及水电站装机容量 1.9 亿千瓦，占全国水电站装机总容量的 56%；主持研发了昆明电力交易系统，实现了从注册、市场管理、交易、结算全过程，与计量、营销、调度、OMS、OCS、第三方安全验证、工商、银行等无缝对接和电子化，实现了云南全省大工业用电量的 95.3%，省内售电量的62.4%由交易系统完成。主持研发了省级电网节能发电计划系统，应用于云南、贵州每天的日前发电计划；主持研发了省地一体化大小水电协调优化调度系统，实现了云南、贵州小水电全部接入，全面掌控电网的发电能力和大小水电协调优化。主持研发基于 PSD-BPA 的多层级电网稳定协同分析平台，实现了南方电网 5 省，云南电网 16 个地调不同时间尺度下网架模型参数共享与管理，网、省、地方式的自动整合，各种运行方式潮流、稳定等计算结果的分级分层统计分析、告警，提高了计算效率、结果的可靠性。

张弛教授简介

张弛，1998 年毕业于大连理工大学土木建筑学院，2006 年获大连理工大学水文学及水资源博士学位。2013 年晋升教授，2017 年获批教育部“长江学者”奖励计划特聘教授，入选科技部中青年科技创新领军人才。

担任美国土木工程师学会(ASCE)旗下影响因子最高期刊 *Journal of Water Resources Planning and Management*(IF=3.197)副主编，水文水资源领域顶级期刊 *Advance in Water Resources*(IF=3.512)编委，全球水伙伴中国委员会理事、多个国际会议主席及学术委员会委员。目前作为重大计划指导专家组学术秘书及项目办副主任参与基金委水利学科第一个重大计划“西南河流源区径流变化和适应性利用”的学术管理工作。

致力于大规模跨流域水库群的联合调度问题开展研究，创新了多尺度预报信息耦合利用方法体系，提出了跨流域水库群系统多目标建模、求解与决策方法体系，发展了基于方差分解的多元不确定性识别量化方法，为水资源的高效利用提供了理论与技术支撑。主持国家自然科学基金重点项目 1 项，面上、青年基金等项目 5 项，国家科技部重点研发计划项目 1 项，以及水利部、工信部等多项科技项目。研究成果应用在我国多个流域，得到国内外院士及国外期刊主编的高度评价，获教育部科技进步一等奖 1 项(排名第 1)，辽宁省科技进步二等奖 1 项(排名第 1)，大连市科技进步一等奖 1 项。发表论文 80 余篇，SCI 收录 50 篇(一作/通讯 35 篇)，均为本领域权威期刊(WRR 5 篇，JWRPM 6 篇，JH 4 篇，HP 4 篇，HESS 3 篇)，2 篇入选 ESI 高引论文，1 篇获得 J Water Res PL 年度最佳研究论文。出版专著 1 部，已授权国家发明专利 3 项，处于实质审查阶段的 8 项。

王永学教授简介

王永学，国家杰出青年科学基金获得者，国家级有突出贡献的中青年科技专家，享受国务院特殊津贴。1982 年、1984 年和 1987 年分别获得学士、硕士和博士学位，并于 1987—1989 年赴美国佛罗里达大西洋大学做访问学者。现为《海洋工程》《大连理工大学学报》等学术期刊编委，大连市学术专著资助出版评审委员会工程技术专家评审组成员，中国造船工程学会近海工程专业委员会副主任委员，深海能源大会组委会委员等。

主要研究方向为海洋工程动力环境数值模拟与可视化技术；海上工程设施防灾减灾研究。在非线性波浪力学，大尺度结构的非线性波浪力，波浪破碎与冲击，特种防波堤结构及水动力特性，海底管线涡激振动，沉管隧道管段沉放过程的运动响应，海洋空间资源开发利用的基本理论及应用，海冰破碎、堆积机理及海冰对结构物的作用，容器内液体晃荡，计算流体力学等方面取得了多项具有理论意义与应用价值的研究成果。提出的一些新的方法和技术已成功地应用于诸多港口与海岸工程实际中。2000 年以来，完成了国家杰出青年科学基金，教育部跨世纪优秀人才培养计划基金，国家自然科学基金重点项目和交通部西部交通建设项目等国家级课题、省部委课题及横向委托的关键工程技术课题 50 余项。在国内外学术会议与学术期刊上发表主要论文 150 余篇。国家发明专利 2 项(2003，排名第 2；2015，排名第 2)，中国港口科学技术奖二等奖 1 项(2008，排名第 1)，教育部自然科学奖二等奖 1 项(2010，排名第 1)，海洋工程科学技术奖二等奖 2 项(2012，排名第 1；2017，排名第 2)。

伊廷华教授简介

伊廷华，2002 年毕业于烟台大学，2003 年 8—11 月获荷兰政府全额资助在马其顿圣基里尔麦托迪大学做学术访问，2007 年 1 月于大连理工大学取得博士学位(硕博连读)后留校任教，2007 年 7 月—2010 年 9 月在同济大学土木工程防灾国家重点实验室做博士后研究，2012 年 12 月破格晋升教授。

担任国际智能基础设施结构健康监测学会(ISHMII)青年委员会主席，美国土木工程师学会(ASCE)先进材料与结构委员会委员，中国土木工程学会理事/工程风险与保险研究分会常务理事，中国振动工程学会结构抗震振控制与健康监测青委会副主任委员，中国仪器仪表学会设备结构健康监测与预警分会常务理事，辽宁省土木建筑学会常务理事，辽宁省普通高校土木类专业教指委秘书长等；兼任 *Measurement*(*Elsevier*)等 3 个期刊副主编，以及《振动工程学报》《建筑结构学报》等多个期刊编委。

致力于结构健康监测领域的科研工作。主持纵向项目 20 余项，授权专利 18 项、软件著作权 4 项，出版著作 1 部、专业译著 1 部、主编教材 2 部、主/参编标准 6 部，发表论文 150 余篇，多篇入选为中国百篇最具影响国际学术论文、封面论文、ESI 高被引论文、高被引论文第 1 名等，成果在我国首座全组合结构越江桥梁——杭州九堡大桥、我国首座中承式飘带型提篮拱桥——沈阳伯官大桥等重大桥梁工程得到应用，获国家技术发明二等奖、国家科技进步二等奖、教育部自然科学一等奖、华夏建设科学技术一等奖、辽宁省科技进步一等奖等科技奖励。

先后获国家杰出青年科学基金和首批国家优秀青年科学基金资助，入选国家“973 计划”青年科学家专题项目首席科学家、国家“万人计划”科技创新领军人才、科技部中青年科技创新领军人才、教育部新世纪优秀人才支持计划、辽宁省“百千万人才工程”百人层次、辽宁省兴辽英才计划“高层次人才培养支持计划”科技创新领军人才等；荣获中国青年科技奖、Elsevier 中国高被引学者、ICCEE 杰出科学家奖、全国优秀科技工作者、中国振动工程学会青年科技奖、辽宁省青年科技奖十大英才、辽宁省优秀专家等荣誉，先后两次分获教育部霍英东基金和青年教师奖。

陈廷国教授

陈廷国，大连理工大学教授、博士生导师、土木水利国家级实验教学示范中心主任，辽宁省工程力学教学团队负责人，辽宁省精品课程结构力学课程负责人。陈廷国教授是霍英东教育基金会优秀青年教师奖获得者、辽宁省教学名师奖获得者，全国师德标兵，宝钢教育基金优秀教师特等奖获得者，国家“万人计划”教学名师，享受国务院特殊津贴。兼任教育部力学教学指导委员会力学基础课程教学指导分委员会委员、全国高等教育自学考试指导委员会土木水利交通环境类专业委员会委员、国家注册土木工程师（港口与航道工程）执业资格考试专家组成员、教育部本科教学评估专家。

先后为本科生和研究生讲授“结构力学”“结构动力学”“定性结构力学”“实验结构力学”“高等结构分析”等课程，年均授课 250 多学时；同时指导硕士研究生和博士研究生。先后指导、培养多名青年教师，被聘为大连理工大学本科课程教学示范教师。积极推进教育教学改革和工程教育实践，组织出版了结构力学课程全国第一部计算机辅助教学课件，在国内率先开设了“定性结构力学”“实验结构力学”课程，与企业合作研发了可同时进行多组对比实验和自主设计性综合性实验的结构力学实验平台并获得发明专利。负责的“结构力学”被评为辽宁省精品课程，“工程力学”教学团队被评为辽宁省教学团队；获得国家级教学成果奖二等奖 2 项，辽宁省教学成果奖一等奖 3 项，霍英东教育基金会优秀青年教师三等奖 1 项。

作为国家级土木水利实验教学示范中心主任，不断加强基本建设，深化教学改革，实现创新发展，注重内涵、突出优势、强化特色，在全国率先开设了“土木水利学科前沿实验”程课，面向海内外高校土木工程专业设立创新研究开放基金，实现了建成国内一流、国际先进的人才培养基地的建设目标。该中心被评为辽宁省实验室建设先进集体，学校授予陈廷国教授实验教学与实验室建设突出贡献奖。与中国建筑第八工程局有限公司合作共同建设国家级工程实践教育中心，开设“大工-中建八局”卓越计划班，组强学生每年暑假赴中建八局分布在全国的各个工程项目工地开展“真刀真枪”的生产实习。

陈廷国教授积极开展科研攻关，解决重大工程实际问题，从事大型及新型工程结构力学分析和实验研究，主持、参与多项国家自然科学基金资助项目、国家攻关项目、国家教委博士点基金、钢筋砼规范研究项目、辽宁省科委博士启动基金、国家重点实验室基金等基础课题研究。科研团队承担了我国最大的海上石油平台建造基地中国海洋石油公司（青岛基地)组块滑道结构优化任务,“龙滩大坝动静力计算及实验分析”1995 年获教育部科技进步二等奖。

李钢教授简介

李钢,大连理工大学建设工程学部副部长,辽宁省工程防灾减灾协同创新中心副主任。2002 年、2006 年分别获得学士、博士学位,2011—2012 年赴美国伊利诺伊大学香槟分校做访问学者。入选国家“万人计划”科技创新领军人才、国家自然科学基金“优秀青年科学基金”获得者、科技部“创新人才推进计划”中青年科技创新领军人才,获评教育部新世纪优秀人才支持计划、辽宁省“百千万人才工程”百人层次、辽宁省青年科技奖十大英才、中国振动工程学会青年科技奖、大连市高层次人才创新支持计划“顶尖及领军人才”、大连市青年科技之星。先后两次获得 2007、2010 年国家科技进步二等奖。现兼任中国建筑学会村镇防灾专业委员会委员、中国振动工程学会结构振动控制与健康监测专业委员会委员、工程建设标准化协会建筑振动专业委员会委员、中国振动工程学会随机振动专业委员会委员、防灾减灾工程学报编委。

自工作以来一直从事工程结构防灾减灾领域的研究工作,包括工程结构的抗震分析与控制技术、结构动力分析中的非线性问题、钢结构抗震设计与分析、村镇建筑抗震与抗风关键技术,取得了一系列标志性成果。主持了国家重点研发计划项目(经费 3 738 万元)、“十二五”科技支撑计划项目(经费 648 万元)等国家级科研项目 10 余项。发表学术论文 100 余篇,撰写英文专著 1 部,参编国家标准、规程 2 部,授权专利 10 余项,部分成果已经应用于“5・12 汶川地震”的恢复重建工程中。

第三节 媒体宣传

李士豪——我国高速水流问题研究的开拓者之一

李士豪，水利工程专家、教育家，大连理工大学土木工程系的创建者。高速水流问题研究的开拓者之一。为培养我国的水利工程建设人才和解决水利建设中的水力学问题做出了贡献。

李士豪，1914 年 5 月 22 日出生于黑龙江省哈尔滨市的一个小康家庭，祖籍广东省梅县。受当时动荡时局的影响，他先后在哈尔滨、上海和北平读书。年轻的李士豪受邹韬奋编的《生活》周刊的影响，鼓舞了他的爱国与救国热情。1931 年“九·一八”事变时，李士豪正在上海浦东中学读书，他对日本帝国主义侵占我国东三省和南京国民党政府的不抵抗政策倍觉气愤，毅然参加了“上海学生进京爱国示威团”，遭到了反动军警的镇压。1932 年秋，李士豪考入交通大学唐山工学院土木工程系。1936 年获学士学位后，去美国康乃尔大学研究院水利工程专业深造。1938 年 2 月，他完成了题为《水电站的日调节问题》的论文，获硕士学位。同年 6 月，进美国芝加哥大学研究院学习数学。1937 年“七·七”事变爆发，他对祖国的抗日救亡事业极为关心。他读了斯诺著的《红星照耀着中国》(即《西行漫记》)，对中国共产党有了一定的认识，看到了中国的希望与未来。此后，又订阅了《科学与社会》，对马克思主义学说有了初步认识。

1939 年 12 月李士豪回国后，在重庆中央大学水利系任教授，主讲过水文学、河工学、卫生工程、卫生工程设计、水工设计、灌溉工程和工程数学等课程。1943 年 11 月起，兼任水利委员会视察工程师。1944 年，他考察过綦江渠化工程中的闸坝问题，还研究过黄河的洪水预报，试图引进一些新方法，改进当时黄河的洪水预报系统。

在重庆期间，李士豪同情革命，接近进步人士，阅读进步书报。1941 年，他参加了由许德珩、潘菽等进步知识分子倡导成立的“自然科学座谈会”。学习辩证唯物主义与历史唯物主义，学习时事政治，参加重庆《新华日报》副刊“科学”的编辑工作。在皖南事变后，李士豪还秘密张贴过中国共产党关于皖南事变的宣言。周恩来同志在重庆时曾接见过李士豪，并和他亲切交谈，给了他很大的鼓励。1946 年 5 月，九三学社在重庆正式成立。李士豪是它的创始人之一，也是当时的 16 位理事之一。

1946 年 7 月，李士豪到南京国民政府水利部工作，先任视察工程师，后任水利部技正兼器材司帮办。1947 年，他考察过珠江与韩江的河工以及芦苍节制闸的闸后深塘修复工程，1946—1947 年，他主持全国航道网的计划工作。1946 年 11 月，李士豪参加了进步组织“中国民主革命同盟”。1947 年春，南京学生展开了“反饥饿、反内战”运动，李士豪曾两次将反动当局镇压学生运动的阴谋密报该盟指定的联系人。1948 年底，解放军兵临长江，为支援人民解放军顺利渡江，他把长江水文地图秘密交给了地下党组织。1949 年 1 月，李士豪辞去了水利部的职务。

在李士豪辞职的同时，中央大学的一位地下党员问他："在老解放区大连，共产党正创办一所新型大学，很需要人，您是否愿意去？"他不顾家庭困难，表示同意。于是，在党组织的精心安排下，于 1949 年 3 月 28 日自南京至上海，绕道香港、朝鲜，辗转到大连工学院任教授，兼土木工程系主任(1955 年后改为水利系)，并于 1956 年 6 月参加了中国共产党。"文革"前的 17 年，他除担任水利系主任外，还兼任过院工会主席、科研处处长、教务处处长、中国共产党大连工学院党委委员、大连工学院学术委员会副主任、水力学教研室主任等职务，为建立和发展大连工学院，为培养水利建设人才，做出了很大的贡献。

李士豪长期积极参加科协、学会的活动，做了大量工作。在 20 世纪 50 年代初，他参与了筹建旅大市科协及旅大市土木工程学会的工作，从 20 世纪 50 年代后期开始，长期任辽宁省科协副主席。他还担任过中国力学学会理事、中国水利学会理事及名誉理事、中国水力发电工程学会理事及名誉理事、辽宁省水利学会副理事长及中国水利学会水力学专业委员会副主任等职务。李士豪如春蚕、像蜡烛，把自己的一生默默地奉献给了中国的教育事业和水利事业。

艰苦奋斗创建土木工程系

李士豪于 1949 年 3 月任大连工学院土木工程系主任的时候，土木工程系只有几名教师和一块牌子，而第一届学生将在当年秋后进校。虽然准备工作十分紧迫，但李士豪认识到共产党创办的大学应该和旧大学有区别，必须贯彻联系实际和加强学生思想工作的方针，因此在组织教师们确定专业设置、教学计划、课程设置、教学大纲和编写教材时，进行了一定程度的改革。经过艰辛劳动，终于为土木工程系这个"胎儿"的分娩准备了必要的条件。

学生进校后，教师不够，因此每位教师都必须讲几门课。作为系主任的李士豪，一方面通过各种渠道到外地招聘教师，另一方面身体力行，身兼数门基础课和专业课。1952 年，大连工学院筹建新校舍。李士豪认为对土木工程系的学生既应注重基础理论，同时应加强实际锻炼。建造新校舍给土木工程系师生提供了实际锻炼的机会。他和其他教师一起指导学生进行校园测量、道路规划、校舍设计……加快了基建的进度，使大连工学院很快迁入新校舍，即现在的大连理工大学校址。

1951 年高等教育开始向苏联学习，1953 年起，大连工学院土木工程系先后来了 3 位苏联专家。为了学习苏联经验，李士豪带头学习俄文，积极使用苏联教材，吸收他们的长处，还组织在职教师补做毕业设计等。在李士豪的推动下，深化了原有教学体制的改革。

1953 年，高等学校院系调整，苏联专家指导的水能研究班由哈尔滨工业大学调到大连工学院土木工程系。李士豪感到这是培养师资的极好机会。在他的支持下，这个研究班一共办了 3 期。毕业生一部分留在大连工学院任教，大部分到有关兄弟院校任教。后来，他们都成了我国水利工程教育中的骨干教师。为了提高师资素质，李士豪还有计划地派出部分教师到兄弟院校学习，以博采众长。1958 年，高教部要求大连工学院支援部分师资组建郑州工学院水利系，而大连工学院水利系师资并不富裕，但李士豪从大局出发，组建了一个很强的班子，输送给郑州工学院。

李士豪认为培养高质量的工程师，必须有相应的实验室。因此，他积极争取院领导的支持，于1954年先后建成了材力馆（包括结构、建材、材力和土力学实验室）和当时在国内较先进的水利馆（包括水力学、水工、水能和港工实验室），为水利系的教学实验和科学研究提供了必要的物质条件。

大连工学院水利系在1985年又改称为土木工程系，师资力量、专业设置和实验室等各方面都有了很大的发展，但是大家都没有忘却当初创业的艰辛。

传播电测技术　开拓高速水流研究

在20世纪50年代初，我国水利科学研究中极少采用电测技术，和国外先进国家相比有很大差距。李士豪于1955、1956年开办了两期电测技术学习班，请苏联专家讲课，参加学习的不仅有大连工学院的教师，还有国内兄弟院校和有关研究单位的同志。这两期学习班后，大连工学院采用电测传感器，测量水流的脉动流速、脉动压力、水位、应力、振幅和振动加速度等，使大连工学院水利系的实验水平提高了一大步。刚从美国归来的钱学森教授到大连工学院水利系参观时说：回国后走了很多地方，在这里第一次看到在水利工程实验中使用电测技术，感到非常振奋。

电测技术是量测随机脉动量的有力手段。考虑到我国将来会建立一大批高坝，泄洪流速比较高，从国情出发，李士豪于1956年开始研究护坦（溢流坝后平坦的使河床质不被冲刷的保护结构）上的水流脉动压力。这是高速水流的基本问题之一。他对脉动压力的点、面关系，脉动压力的相似律等问题都做过比较系统深入的研究。他是国内最早开展水流脉动压力的研究者之一。

在李士豪的影响和组织下，高速水流问题成了大连工学院土木工程系的主要科学研究方向之一，40年从未中断，具体的研究课题一直和我国水利建设中的实际问题密切结合。如在20世纪50年代末，研究流溪河溢流坝坝面过流时的脉动压力、三峡溢流坝面反弧段的总脉动压力，后来扩展到研究由水流脉动诱生的结构振动，如大伙房水库、乌溪江水库和鲁布革水库的闸门振动等。在研究吉林海龙水库进水塔振动时，李士豪亲自到现场察看振动实况。

20世纪60年代初，李士豪就准备研究高速水流引起的空化空蚀问题，因种种原因，大连工学院研究空化空蚀的基本设备一直到20世纪70年代末和80年代初才陆续建成。那时已年过花甲的李士豪仍亲自参加坝面凹槽等不平整度空化问题的实验研究和指导数值模拟。在他的倡议下，大连工学院水利系于1983年成立了高速水流研究室。这个研究室在他的指导下研究过10多个高坝的空化空蚀问题，为工程设计提供了必要的依据。为了搞清空化空蚀的机理，他又组织高速水流研究室开展了泡动力学研究。已是70岁高龄的李士豪向国家自然科学基金申请并组织完成了“泡动力学及其应用”项目，其研究成果获得了国内同行专家的好评。有的专家说：“20世纪70年代中国在这个领域中还几乎是空白。李士豪教授主持的这个课题的研究工作使这种局面有了根本性的改观。”20世纪90年代初，李士豪开始了用模糊危险性分析方法选择设计空化标准的研究。

李士豪自1956年开始招收指导研究生，他的研究生也大多从事高速水流的研究。多少年来，他一直坚持研究生选题要和生产实际相结合，并亲自为研究生讲课和修改论文。20世纪80年代末，他已年逾古稀，但仍在为研究生讲授“边界层理论”，并历时5个春秋，三易其稿，出版了供水利建筑类专业的研究生使用的《流体力学》教材。

甘为人梯 扶掖后进

李士豪为人淡泊名利，为其他同志从事科学研究做了大量的搭桥铺路工作。1965年，大连工学院承担了部分水下爆炸的研究任务，由李士豪负责。参加这项研究工作的除水利系外，还有无线电系和力学系等。因此，李士豪既要联系院内外的关系，还要协调院内各有关单位的任务，殚精竭虑，全力以赴。他兼任科研处长和教务处长时，经常因开会和行政工作多需要住在集体宿舍。由于工作忙，能用于课题研究的时间很少。他的一位研究生觉得，一个二级教授，何必做那么多“杂事”，就对他的导师说，要有所不为才能有所为。李士豪明白了研究生的心意，但回答说：“要服从党组织的安排，这很重要。”

李士豪从来不要研究生为他服务，反而倒过来为研究生服务。即使在他担任水利系主任兼科研处处长的时候，他仍竭力挤时间为研究生查找文献，并把法文、德文的有关文献全译或摘译后供研究生阅读。1984年以后，已是70多岁的李士豪，每星期至少有三四个上午到图书馆查文献，凡和研究室的研究课题有较密切关系的文献他都复印后交给有关课题的负责人。那几年，他光为他的一个研究生所复印的文献叠在一起，已有两尺多高。研究室每接一个新的任务，每开一个新的课题，李士豪很快就会给大家准备好有关的主要文献。1991年，研究室承接了一个“水库中冰盖形成及冰压力”的研究任务，这对研究室是一个陌生的课题，李士豪主动承担了收集文献的任务，时隔不久，他就复印了十几份很有参考价值的文献，加速了该任务的进展。

李士豪指导的研究生在刊物上发表文章时，一般不署他的姓名。他说，工作主要是研究生做的，不要署他的名。一次，他的一名研究生把一篇论文寄给《水利学报》编辑部，文章上同时署了李士豪的名，他坚持不肯，这时，研究室的另一位教授对李士豪说：“您的名气比较大，挂上您的名，文章也许好发表一点。人家当了您的研究生，总得让年轻人沾一点光啊！”后来，这篇文章刊登了，但李士豪本人填写各种登记表中的“论文、著作”栏时，他从未填写过这篇文章。

李士豪负责的“泡动力学及其应用”这个国家自然科学基金项目完成后，研究室决定申请国家教委科学技术进步奖。按常规，题目负责人是项目完成者之一。李士豪是该项目的带头人和组织者，但他不同意列上他的名字。他说：“题目虽然我挂了名，但我已经退休，没有做什么工作，不挂我，感到很坦然，挂了我，反而压力很大。”最后，获奖人中没有题目负责人李士豪。李士豪离休后，研究室发给他的科研酬金他一分钱也没有要。早在20世纪60年代初，三年自然灾害期间，李士豪就曾说，作为一个共产党员，应该分担党和国家的困难，于是每个月交100～200元党费，一直持续了好几年。

人到无求品自高。但真要做到对名利的无求又谈何容易！李士豪几十年的言行表明，他做到了这一点。他的高尚品德是有口皆碑的。

附：李士豪教授简历

1914 年 5 月 22 日，出生于黑龙江省哈尔滨市；
1932—1936 年，交通大学唐山工学院土木工程系，获工程科学学士学位；
1936—1938 年，美国康乃尔大学研究院水利工程专业，获硕士学位；
1938—1939 年，美国芝加哥大学研究生院数理系，进修数学；
1939—1946 年，重庆中央大学水利系教授，兼水利委员会视察工程师；
1946—1947 年，水利部视察工程师；
1947—1949 年，水利部技正兼器材司帮办；
1949—1992 年，大连理工大学教授，土木工程系、水利系工程主任，九三学社中央委员；
1992 年 1 月 8 日，逝世于大连。

（本文来源于光明网(2006-10-9)）

79 岁林皋院士为紫坪铺水库大坝“会诊”

四川汶川大地震发生后，作为我国水利工程与地震工程抗震专家，大连理工大学林皋院士忧心如焚，寝食难安。他牵挂着位于灾区的紫坪铺水库大坝的安全。5 月 21 日，水利部派出专家兵分六路，前往地震灾区勘察水利设施的震害情况，会商修复预案。已是 79 岁高龄的林皋院士与校党委副书记孔宪京教授，会同来自全国各地的面板堆石坝专家十余人紧急集结，赶到紫坪铺水库考察大坝的实际情况。

大坝安危：事关成都平原百姓身家性命和千万亩良田

地处岷江大峡谷、都江堰上游 9 公里处的紫坪铺水库，承担着为成都平原百姓生活供水发电和 1 086 万亩良田灌溉用水的使命。水库工程浩大，库容量为 11.12 亿立方米，拦河大坝高 156 米。5 月 12 日一场突如其来的汶川大地震，使大坝安全受到威胁。坝址距离震中 17 公里，紫坪铺大坝感受到强烈的震动。

5 月 22 日，到达紫坪铺水库大坝的林皋院士和专家们，感到了问题的重要性和迫切性：“大坝所在地区原属于 7 度震区，建设时提高抗震级别按 8 度进行设计。而这次汶川大地震，震级 8.0 级，震中烈度达到 11 度。这么高的烈度，波及紫坪铺水库，烈度应该在 8～9 度，这是始料未及的。震中地区当时山崩地裂，据大坝上的目击者说，人在坝上根本无法站稳，摇晃厉害，正在作业的起闭机上的电机铸铁固定环也被折断，摔倒在地。我们在现场也看到，左岸坝顶岸坡处大量块石从山坡滚下，仅 3 吨以上的大块石就有二十几块。水库前面建的桥，是成都通往汶川的必经之路，中央六孔震后倒在了河里。”

地震一发生，紫坪铺水库大坝的安全就受到了党和国家领导人的极大关注，说到此，林院士神情严肃：“大坝一旦出现问题，那是不得了的事。这不仅关系到下游的庄稼大地，中华民族引以为傲的都江堰水利工程也要受到波及，相当于在成都广大人民头上悬了一大盆水，其严重性可想而知。”林院士是大坝抗震专家，临行前，他最担心的就是地震给坝体造成的损坏程度，亲眼看见后，才多少松了口气：“没有想象的可怕，虽然大坝遭受到远远超过设计水平的地震作用，但由于设计和施工质量好，大坝仍具有比较高的抗震能力，破坏的程度并不严重，因为采用混凝土面板堆石坝型，建设中堆石经过重型碾 6～8 遍碾压，实际看起来，只是混凝土面板局部接缝处有挤压损坏，周边接缝发生错动，有的面板翘了起来。”

长年从事大坝抗震研究，学术建树卓著的林院士，此刻不敢有丝毫的大意，他和其他专家抓紧时间，对大坝结构反复勘察，不放过任何细节。林院士清楚，科学需要严谨，经验不能代替现场实际，必须做出负责任的准确判断和鉴定，再将勘察结果上报国家。

诊断开方：关键是主汛期到来的考验

经过实测，专家组给出的评估结果是：大坝整体结构稳定安全，局部有损坏，但无大的隐患。必须密切监测，趁水库水位较低时抓紧抢修，赶在雨季和主汛期到来前加固修复，以保障大坝安全蓄水。

林皋院士不无忧心地再三强调：“现在的大坝虽然受损程度不重，但目前水库水位较低，汛期迫在眉睫，一旦洪水到来，水库水位上升后，隐患就会加剧，如果再有余震，上游地区发生山体滑坡或泥石流，对大坝就要构成新的威胁，后果不堪设想。”

考察中，在详细查阅大坝建设各项技术资料的基础上，专家组经过会商评估，对修复方案进行了认真讨论，对大坝的抗震能力、检测标准、加固措施等提出权威意见。林院士说：“归根结底，就是抓紧修复破损的混凝土面板等，这是大坝防渗的关键所在，必须抢在汛期到来前排除所有隐患。”

灾区之行，79 岁高龄的林院士不断被所见所闻感动着：国家领导人对灾区的关心，5 月 23 日，温家宝总理亲自到紫坪铺水库考察受灾情况；人民群众抗震救灾的感人事迹；大批抢险救灾的解放军官兵、医务人员，志愿者等，体现着中国人民顽强不屈的精神。老院士说到这些，声音有些哽咽。作为一名工程技术人员，就是要吸取这次大震所带来的血的教训，总结经验，提高工程的抗震设防能力，应对各种意想不到的灾害。保护人民的生命财产安全。

尽管发生这样不可抗拒的自然灾害，给水利设施造成了巨大破坏，但林院士对我国水利设施的抗震能力还是充满自信、持乐观态度的：“我从 20 世纪 50 年代起从事大坝抗震研究，见证了我们国家主要大坝的抗震建设历史。水利设施一方面造福于人民，另一方面遇到大的自然灾害袭击，也会威胁人民的生命财产安全，由此可以看出提高大坝的抗震能力是多么重要。与国外比，我国大坝的抗震水平居于世界先进行列，可以与美国、日本、俄罗斯等欧洲国家相提并论。近年来，我国水利工程蓬勃发展，建设大坝数量占世界一半以上，是建坝大国，不论大坝高度或技术复杂程度，都属于先进国家。但我们的大坝抗震设计和研究的创新能力还有待提高，距大坝抗震强国还有一定距离。紫坪铺水库大坝这次承受大地震的考验，无疑会提高我们今后大坝抗震设防的信心。”

心系抗震：一生研究成果与大坝安全相随

林皋院士 1951 年从清华大学土木工程系毕业后，就一直在大连理工大学任教，从事水工结构领域的教学和科研工作。他是我国水利工程与地震工程专家，国家重点学科水工结构工程学术领导人，我国大坝抗震学科领域的主要开拓者之一。林院士在水坝抗震理论和模型实验技术、地下结构抗震分析、混凝土的动态特性与本构关系、大坝非线性地震响应与地震损伤发展的数值模拟等方面都有极深的学术造诣。

采访中，林院士并没有过多地谈自己的学术成果："可以说，我这一生都在与大坝打交道，为工程需要服务，重点是解决大坝、海港码头和核电厂海域工程的抗震安全评价等关键技术问题，现阶段的研究方向主要集中在高拱坝非线性地震响应、混凝土动态强度和特性、结构健康诊断方面。记得我最早做的抗震研究是 1956 年广东的流溪河拱坝工程和 1958 年云南的以礼河土坝工程，后来的吉林丰满大坝工程，以及'六五''七五''八五''九五'等国家重点科技攻关研究的龙羊峡、二滩、小湾、溪洛渡等十多座重要大坝工程的抗震安全评价问题。这次到成都参加紫坪铺混凝土面板堆石坝震后处理咨询会，更让我感到大坝抗震研究的重大意义。自从汶川发生大地震后，紫坪铺一词频繁见诸媒体，全国人民都在关注那里，我们这些搞大坝抗震研究的，最后拿出什么样的诊断意见和修复建议，也关系到我们对党中央'以人为本'政策是否真正有所体会。"老院士强烈的责任感和忧患意识溢于言表。

我们了解到，林皋院士多年来曾获得国家科技进步一等奖和教育部、电力部、中国地震局、辽宁省、云南省等科技进步一、二等奖 10 余项，在国内外主要学术刊物和国际学术会议论文集上已发表论文 320 余篇。培养博士和硕士研究生各 40 余名。先后被国家授予全国高校先进科技工作者、国家级有突出贡献专家、全国优秀科技工作者、全国模范教师等荣誉称号。

（本文来源于人民网(2008-5-29)，记者：王金海、张世安）

海岸和近海工程国家重点实验室：无愧于"国家队"荣誉

"你们实验室的名头很响，但好像也不过如此嘛，就是一个大池子。"

在位于大连理工大学的海岸和近海工程国家重点实验室(以下简称"实验室")，有一个用于模拟海洋环境与结构物相互作用的多功能综合水池。每次有客人参观，实验室主任董国海都喜欢带他们来这转一转。然而面对这样一个"其貌不扬"的"大池子"，一些客人有时就会发出那句感叹。对此，董国海并不奇怪，因为这些客人并不了解实验室的历史和现在。如果了解实验室曾经与如今都开展哪些工作，相信他们一定会对"大池子"及其背后的实验室肃然起敬。

引领作用是责任和义务

作为国内首批国家重点实验室，海岸和近海工程国家重点实验室筹建于1986年，那一年，董国海还是大连理工大学的一名大四学生。如今，近30年的时间已逝，当初的学生已成为躬耕于科研教学一线的师者，实验室始终忠实地履行着自己在海洋和近海领域"国家队"的使命。据了解，到目前为止，国内与海洋有关的国家重点实验室共有两个，海岸和近海工程国家重点实验室便是其中之一。成立至今，实验室先后经历了5次评估，几乎每次评估得到的评价都是"在海岸和近海领域充分发挥了国内引领作用"。而在董国海看来，这样的评价并不算很特别的"表扬"。"既然是国家重点实验室，在国内相关领域起引领作用就是责任和义务。"董国海说。

据他介绍，目前实验室的研究方向主要包括：海洋动力因素与海岸、海床和结构物的相互作用；海洋环境污染的动态分析与防治；海岸和近海工程结构体系及其全寿命性能评定和设计；海岸和近海工程系统的安全防护与防灾减灾，以及海岸和近海工程系统的数值仿真与实验模拟技术。

近5年来，实验室承担各类科研项目513项，包括"973计划"项目1项，"973计划"子课题5项，国家自然科学基金重点项目7项。5年间，实验室先后获得国家科技进步二等奖4项、省部级科技进步一等奖14项、二等奖17项，出版学术专著17部，发表学术论文2 136篇…… "作为海洋类的国家重点实验室，我们有义务为国家海洋工程做贡献，这是我们的本分。"董国海说。

"我们的团队自然形成"

作为一家实验室，人才是最可贵的资源。在这方面，海岸和近海工程国家重点实验室"资本雄厚"。据了解，在这家有固定人员112人的实验室中，仅两院院士就有4位，还包括40位正教授和7位国家杰出青年科学基金获得者。正如董国海所说："经过几十年的发展，我们已经形成了一套老中青相结合的人才队伍。" 然而，当一个团队里同时拥有年过八旬的老院士和毕业不久的年轻人时，不同年龄的研究者之间会不会有代沟呢？对此，董国海给出了否定的答案。

"应该说，我们实验室的一个突出特点便是很早就提出了团队式的工作方式。"董国海解释道。在这里，没有哪个人是单打独斗的，几乎所有研究都是以团队的形式进行。但每个团队并不死板，团队间的合作同样频繁。而在团队中，几代人之间的传帮带已形成成熟的体系。

也正因为有了这样的传承积累，2009年，由实验室副主任滕斌牵头的"海洋环境及灾害作用与结构安全防护"科研团队正式获得国家创新研究群体科学基金资助，成为我国海洋类的第一个国家创新研究群体。2012年，该团队顺利通过了国家自然科学基金委员会的考核评估，进入第二建设期。事实上，这并不是这所实验室唯一的一个国家创新研究群体，由实验室教授李宏男为学术带头人的"工程安全与监控"科研团队，在2011年同样获得了国家创新研究群体科学基金资助。"据我掌握的资料，我们是唯一一家拥有两个国家创新研究群体的国家重点实验室。"董国海说。他表示，作为我国科技界最高级别的创新团体，国家级创新研究群体的组成一定是自然形成的，而不能是群体拼盘，否则无法发挥其“集中力量办大事”的作用。“很庆幸，得益于我们对团队建设的长期重视，我们的团队都是自然形成的，对此我很自豪。”

向深海挺进

虽然近年来实验室取得了不错的成绩，但董国海也坦言，作为实验室主任，他也有着一种“紧迫感”。

这种紧迫感来源于扩展研究领域的内在冲动。“作为以近海和海岸为主要研究领域的实验室，我们之前的研究几乎都是围绕着包括港口在内的近海设施进行的。然而近些年，国家对于深海工程的需求日益迫切，这对我们提出了现实要求，我们需要做出更多努力。”董国海说。据了解，深海工程问题一直是国际热点问题。但我国在该领域起步比较晚，目前仍然没有专门的重点实验室，尤其是对上千米深度的海洋工程研究几乎还是空白。

事实上，在深海研究领域，实验室已经取得了一定成绩。比如，我国在深海工程方面第一个“973 计划”项目——深海工程结构的极端环境作用于全寿命服役安全——就是由实验室承担的。在首席科学家滕斌的带领下，项目团队正在刻苦攻关。该项目一旦完成，将为突破我国在深水工程领域的理论和技术瓶颈奠定坚实基础。“认识到国家重大需求，积极拓展研究方向。我们需要有这样的自觉，更需要有切实的行动，唯有如此，才无愧‘国家队’的荣誉。”董国海说。

（本文来源于《中国科学报》(2013-9-30)）

李玉成获美国土木工程师学会港口工程“领军学者”称号

日前，在韩国首尔举行的第 34 届国际海岸工程会议上，国际知名港口海岸工程专家、大连理工大学建设工程学部海岸和近海工程国家重点实验室教授李玉成，以在港口海岸工程领域取得的杰出成就和贡献，获得美国土木工程师学会（ASCE）所属的海岸、海洋、港口与航海工程院授予的港口工程“领军学者”称号。

美国土木工程师学会授予领军学者的过程非常严谨，必须由该学会董事或领域知名专家学者推荐，并经董事会通过。美国土木工程师学会成立于 1852 年，是世界上历史最悠久的专业工程师学会。目前，ASCE 已成为全球土木工程界的领导者，拥有来自全球 159 个国家近 15 万名会员。ASCE 也是全球最大的土木工程出版机构，有 30 多种专业科技期刊、图书、工程手册等。美国土木工程师学会旗下的海岸、海洋、港口与航海工程院成立于 2009 年 10 月，主要由长期推动海岸、海洋、港口与航海工程的个人和专业团体组成，并针对海岸工程、海洋工程、港口工程以及航海工程四项专业领域进行推广改善与专业认证，目前世界各国共计 31 位学者获得“领军学者”称号。

李王成长期从事海岸及近海工程的研究，对波浪与水流的相互作用、桩柱和直立堤所受的波浪力、新型防波堤结构以及海上养殖网箱等海洋流体动力学问题进行了系统研究。在直墙破波波浪力和系泊浮体动力响应方面提出了新的分析计算方法，在工程中被广泛应用并为行业规范所采用，获全国科技大会重大成果奖。提出和发展了波浪在水流和地形联合影响下变形及破碎的线性和非线性理论及计算方法，首次提出不规则波破碎指标，解决了缓坡和极平缓坡上的波浪变形计算方法，为行业规范采用，先后获国家及教育部科技进步二等奖 3 项。提出了桩柱结构波浪水流力的系统计算理论及方法，为行业规范采用，并获部科技进步奖 2 项。和中交水规院共同研发了新型梳式防波堤结构，在大连大窑湾岛堤工程中成功应用，获 2002 年国家科技进步二等奖。系统研究了开孔沉箱结构的波浪力与反射系数计算方法，在大连港等多处工程中成功应用，获得 2007 年国家科技进步二等奖，并被 2011 版《防波堤设计与施工规范》所采用。近年来，李玉成深入系统研究了海上人工养殖网箱的水动力特性和工程优化设计方法，在国际权威期刊发表系列研究论文，引起了广泛关注，推动了该领域的研究进展。李玉成长期致力于海岸和海洋工程领域教学与人才培养，培育了一大批优秀人才，其中包括教育部“长江学者”奖励计划入选者、国家杰出青年科学基金获得者、国家“百千万人才工程”国家级层次入选者以及全国百篇优秀博士学位论文提名奖获得者，为我国海洋和海岸工程领域的教学与人才培养做出了重要贡献。

（本文来源于人民网(2014-6-30)，作者：张世安）

李少壮：奔跑在阿尔卑斯山脚下

据了解，5 月 21 日，法国当地时间凌晨 3 点，一声枪响打破了法国安纳西小镇夜晚的宁静，一场为纪念中法建交五十周年而举办的世界顶级越野比赛正式开始。5 000 名奔跑者从起点出发，迎向绵延无尽又泥泞不堪的 86 千米的长途。来自中国的代表团队里，有一抹身影在比赛中一直冲在前列，和众多欧洲越野跑冠军级别选手展开残酷的争夺，最终翻越 6 座大山，用时 12 小时 56 分 54 秒，用赛场上的努力很好地展现了中国人的精神风貌，向世界证明了国人的铮铮铁骨。他就是来自大连理工大学建设工程学部的李少壮，一个不停奔跑的追梦人。

李少壮在初中的时候，就进入了业余体校进行长跑训练，并且把这个良好习惯坚持到高中。当回忆起自己是如何踏上长跑之路时，李少壮说：“高中时期我还是把长跑当作升学的踏板，但上了大学以后心态就发生了很大的变化，纯粹是因为热爱这项运动而奔跑。”

进入大工之后，体教部为他的发展提供了更加广阔的平台，李少壮也如虎添翼，逐渐迎来自己运动生涯的收获期。除去打破多项学校保持数十年的纪录之外，2012 年李少壮参加了在天津举行的四年一届的中华人民共和国第九届全国大学生运动会，当年辽宁省田径运动会仅获得1银2铜，其中就有李少壮的1铜1银。2013年李少壮参加世界大学生运动会，是学校第一位有资格进入世界大学生运动赛的学生。完成这一比赛后，李少壮又立刻奔赴兰州参加全国大学生锦标赛，斩获2枚金牌，这也是我校历史上首次在全国大学生锦标赛上夺得金牌。李少壮的荣誉太多太多，但他带给学校的、带给学子的远远不只是这些奖牌。他做到以往他人不敢想、不敢做的事情，他的存在成了一种激励、一种鼓舞，他带领学校的体育健儿们打开了走向国际舞台的大门。

李少壮

长跑对于李少壮来说不仅仅是一种爱好，更是一种传播正能量的途径。马拉松等大型长跑比赛都会有相应的奖金。李少壮参与2014年在成都举行的慈善跑，他将第一名的奖金8 000元全部捐给了汶川灾区儿童。李少壮不仅用梦想充实了自己的生活，更用梦想照亮别人，为社会传播正能量，这也许才是他最令人敬佩的地方。

“我不想和别人比较，因为山外有山，人外有人。未来我只希望能够不断地超越自己。”李少壮笑道，长跑将是我终生热爱并将为之奋斗的运动。就是这样一个追风的长跑少年，他的坚定、他的毅力帮助他在奔跑的道路上勇往直前；他的善良、他的仁爱为他赢得了人生道路上更多的尊重。在他洒过汗水的土地上，处处浸润着一名运动者的正能量。

（本文来源于科学网(2014-7-9)，作者：王增强，刘万生）

“真刀真枪”的暑期社会实践

7月4日，大连理工大学-中国建筑第八工程局有限公司（以下简称“中建八局”）第二期土木工程专业“卓越计划班”开班。这个班由该专业的21名学生组成，他们将奔赴中建八局分布在各地的10个项目部，进行为期一个月的“真刀真枪”的暑期社会实践。中建八局为大家配备企业教师，对学生进行“一对一”指导。

这已是该专业的第二期“卓越计划班”。2014年6月，第一期“卓越计划班”开班，土木工程专业29名学生深入中建八局在湛江、深圳、昆明、南宁、北京、杭州、上海、济南、天津、哈尔滨、沈阳、大连、盘锦、通辽等的20个项目部进行社会实践。实践证明，学生无论是在专业认识、技术知识、工程应用方面，还是在工程视野、创新意识、团队精神等方面，都经受了锻炼，开阔了眼界，夯实了基础，效果非常好。这也标志着大连理工大学和中建八局共建的国家级工程实践教育中心启动运行，联合培养人才的工作得到了全面实现。

此前，大连理工大学聘任中建八局马荣全总工程师为兼职教授，另有32位有丰富一线实践和工作经验的工程师受聘为兼职教师。兼职教师们来校做学术报告，开设企业课程和讲座，内容涉及绿色施工、3D打印建筑技术、BIM与施工管理、新型装配式混凝土结构等方面，校企合作实现了高度融合。

（本文来源于央广网(2015-7-6)，记者：张四清、贾铁生；通讯员：王晶华）

工程设计促科研　工程实践育人才

——记原水利工程系主任邢至庄教授二三事

2015年10月6日，原水利工程系主任邢至庄教授与世长辞。逝者往已，生者思之。含泪送别邢老师，回忆起邢老师生前的点点滴滴，不禁思绪万千。

投身工程　项目设计服务国家重大需求

邢至庄老师担任水利工程系副主任、主任期间，参与了我国第一个核潜艇基地的建设工作，组织了我国第一个现代化大型渔港、我国第一个大型开敞式现代化油港的工程设计工作。

1959年，邢至庄、邢次青两位老师从北京海军司令部工程部接受了建设我国第一个核潜艇基地的任务。这项任务在当时是高度军事机密。水利工程系组成科研队伍，深入实际，结合军需形势展开攻关，邢次青、王惟诚、洪承礼等教师和水利工程系的部分学生参加了工程设计工作。在军民融合的时代背景下，在海军、大连工学院党委和水利工程系的精心组织领导下，经历了艰苦细致的计算和实验，1968年，建成了我国第一个核潜艇基地，适应了加强和巩固国防发展的需要。

20世纪50年代，我校港工专业在全国已具有相当实力。为了发展我国海洋渔业，积极落实“教育与生产劳动相结合的方针”，1959—1965年，邢至庄老师同水利工程系的师生一起，参与了我国第一个现代化渔港——大连渔港——的设计和施工。大连渔港是当时亚洲第一大渔港，在辽宁省的经济发展中起到了重要作用。现在的大连湾渔港就是在当时的基础上扩建的。

1974年，我校又承担了我国第一个现代化油港——大连新港油港的设计工作。大庆油田储量丰富，国家急需出口原油创汇，确定每年从大连出口大庆原油。面对这种形势，在大连建设大型深水油港刻不容缓。当时，大型深水油港的建设在我国尚属首创。学校组建强有力的设计队伍进驻大连新港建港指挥部，邢至庄教授担任指挥部副总指挥。当

大连渔港——我国第一个现代化渔港

时，大连新港油港所在的鲇鱼湾还是一个不通电、不通车的小渔村。整个工程期内，参与设计的教师们最多只能一周回到市内一次，其余时间，所有工程设计人员工作和吃住都在现场的简易民房和活动板房里，大家称之为“民房设计室”。据王恩磊老师回忆，1975 年 2 月海城地震，当时大家正趴在图板上绘制工程图纸，突然感觉到桌子开始晃动，靠几根柱子撑起来的活动板房真的成了一个“活动体”。就是在这样艰苦的条件下，邢至庄教授和同事们一道，在现场组织协调大连港务局以及校内数理力学系、机械系、电子系等 6 个系相关专业的老师，确保了工程设计按计划进行，建设项目有条不紊地推进，使原计划三年建成的大连新港油港工程在两年半内顺利完成，于 1976 年 4 月建成投产。这是我国第一座可靠泊 10 万吨级油轮的开敞式深水码头。结合该项目开展的科研课题获得了 1978 年全国科学大会奖和 1981 年国家“20 世纪 70 年代优秀设计奖”。

大连新港油港——我国自行设计建造的第一个现代化油港

20 世纪 80 年代至 90 年代，为加速开发我国浅海油气田资源，邢至庄教授组织水利工程系教师们承担渤海海上采油平台、胜利油田浅海平台及辽河油田采油平台的科研和设计工作。20 世纪 80 年代初，邢至庄教授带领全教研室人员奔赴胜利油田进行浅海油气资源开发规划和设计，曾连续奋战一个月，吃住在条件艰苦的油田第一线。为帮助石油部海上基地选址，与石油部领导跑遍了湛江和海南岛全岛。20 世纪 90 年代初，为了进一步加速开发我国的海上油气资源，年过六旬的邢至庄教授又带领大家进行辽东湾的浅海油气资源开发建设规划与设计，每天坚持工作到深夜。所有最终成果都得到了胜利油田和辽河油田的采纳和高度赞赏。1983 年 5 月，国家教委批准我校海洋工程研究所为部属研究机构，邢至庄教授为第一任所长。

邢至庄教授考察胜利石油滩海油田人工岛

重视实践　努力培养工程应用型人才

邢至庄教授在担任水利工程系主任期间，将自己参与工程的经历和经验融入水利工程系的建设之中，强化以工程设计带动科学研究，以工程实践培养应用人才的工作理念。

在20世纪60年代教育大革命时期，水利工程系将毕业设计由学生独自完成改为师生一起参加真实的工程设计（通称"真刀真枪毕业设计"）。1959年，港工专业师生承担我国第一个大型渔港的勘测设计任务。1959—1965年历届港工专业学生的生产实习都在大连渔港建设工地，毕业设计也结合大连渔港工程进行。1959年水工专业师生参加了辽宁省龙头山水利工程的设计和施工，在工地上结合工程讲施工课，唱响了教育与生产劳动相结合之歌。

根据对这一时期水利工程系毕业生质量进行的调查，来自全国特别是东北地区的普遍反映是：大连理工大学水利工程系毕业生实际工作能力强，业务骨干多，总工程师多，普遍受到称赞。这与从领导层面上重视工程实践是分不开的。贯彻教育与生产劳动相结合突出地体现在生产实习和毕业设计这两个教学环节，水利工程系取得的教学成果在全校形成了良好影响，并且积累了经验，在以后的人才培养工作中一直坚持到现在。

1977年，邢至庄教授带领水利工程系进行教学计划改革，在加强基础理论、拓宽专业面的基础上，实行实验课单独计算学时的做法，以加强实验和实际操作以及解决实际问题能力的培养。尤其在改革开放以后，为适应新技术革命对人才培养提出的新要求，也为了给社会主义建设输送实用型人才，教学与科研生产相结合的理念得到进一步传承和发扬，逐渐形成了水利工程系本科教学既重视理论教学又重视实践教学，既重视知识传授又重视能力培养的优良传统。港工专业之所以在全国排名领先，也得益于以工程实践培养人才这一理念。可以说，工程实践对专业发展、学科建设和人才培养起到了非常重要的作用。

作为一名教育工作者，邢至庄教授认为，作为教师，只有讲授课程的业务水平是不够的，还要广泛涉猎其他方面的专业技术知识，还要懂得教学法，具备较好的表达能力。他注重年轻教师培养，让他们挑重担，积极参加各种纵向和横向科研项目，派年轻教师到工程现场和科研项目委托单位，了解和掌握实际需要与问题，培养和提高他们独立分析问题与解决问题的能力。

邢至庄教授治学严谨，尊重科学，一丝不苟，坚持实事求是、理论与实践相结合的治学路线，取得了一批优秀的教学与研究设计成果，为祖国的教育事业与经济建设、为大连理工大学的发展建设做出了突出贡献。

关心学校　晚年仍心系学校发展

邢至庄教授把毕生的心血都奉献给了水利工程系，离休之后仍十分牵挂学校和学部发展，关心学校在海洋工程方面的发展规划。当听说学校增设海洋资源开发技术专业（国家战略性新兴产业专业）时，他详细询问专业建设需求、课程设置、就业方向等，为学校参与国家战略性新兴产业专业建设感到由衷的高兴。同时，他对毕业的校友也非常关心，每次出席校友会总是给大家以鼓励和嘱托。2012 年，他在身体非常虚弱的情况下，还欣然应邀参加了水利工程系 78 级学生毕业 30 年返校聚会活动并与大家做了坦诚和真挚的交流。

生病期间，邢老师最大的愿望就是能再回到学校、学部看一看。得知学校建设了盘锦校区，还欣喜地想着身体好时要去看看。没想到，这竟成了邢老师未能实现的最后愿望。

2015 年 10 月 6 日，邢至庄教授逝世。10 月 8 日上午，大连理工大学党委常务副书记姜德学、建设工程学部领导班子成员、教师代表、部分老教师等前往大连市殡仪馆送别。邢至庄教授生病住院期间，校长郭东明院士亲自到医院看望。

邢至庄教授任教于大连理工大学近 50 年，从事教学、科研与管理工作，为了专业建设和学科发展，呕心沥血，勤奋工作。他忠诚于祖国的教育事业，培养了无数建设国家的专业人才。他教书育人，为人师表，同时以待人诚恳、谦逊朴素的处世风格，严于律己、诚实正直的人品，赢得了同事、朋友和学生的钦佩和尊敬。

邢至庄教授生活简朴，淡泊名利。他生前要求后事一切从简，不打扰学校和广大师生的正常工作。邢至庄教授这种处事低调、为人谦和的品格，给我们这些晚辈上了最后一堂无声的人生课。

邢至庄教授的一生是创业的一生、奋斗的一生。邢至庄教授虽然离开了我们，但他建树的功绩永远不会磨灭，他的音容笑貌、美德懿言，将长留人间。学校和建设工程学部的广大师生会永远铭记和怀念这位平易近人的师长、辛勤耕耘的老教授、德高望重的老领导。

附：邢至庄教授简介

邢至庄，1930 年 9 月 2 日出生，汉族，上海市人。1952 年 11 月于大连工学院土木工程系港工专业毕业后留校工作。1954 年 9 月至 1956 年 7 月参加港工专业研究生班学习。1952 年 6 月 18 日加入中国共产党。

1985 年晋升教授。主讲《海洋工程水文学》《海上系泊式结构物》《海洋工程新技术》

等课程，培养硕士、博士研究生10余名。主编了《海洋天然气开发与利用》《极浅海油田油气资源开发技术》《辽宁省海岸带开发研究》等著作。主持和组织过大连鲇鱼湾新港油港、辽宁省海洋渔业基地、海军某军港等6项工程的研究设计，发表各类研究报告30余篇。其中，大连鲇鱼湾新港油港的研究设计获国家"20世纪70年代优秀设计奖"。获国家教委科技进步一等奖1项(集体)，国家经委科技进步三等奖1项。

1959年3月至1960年6月任水利工程系副主任。1960年6月至1962年7月、1976年10月至1983年10月任水利工程系主任。1983年5月，任我校海洋工程研究所(直属国家教委)第一任所长。

中国海洋学会第一、二届常务理事，中国海洋工程学会第一、二届副理事长，辽宁省海洋工程学会第一、二届副理事长，国际近海及极地工程学会(ISOPE)会员，中国海洋开发技术咨询委员会委员，《海洋工程》《海洋工程(英文版)》《海洋技术》《中国海洋年鉴》编委。《中国大百科全书》《全国自然科学名词》海洋科学卷的编委、海洋工程分卷副主编及条目的主要撰写人。

1978年获辽宁省先进科技工作者、大连市先进科技工作者称号。1992年起享受国务院特殊津贴。

(本文来源于大连理工大学新闻网(2015-10-10)，执笔：王晶华，敖梦远，张日向。)

消防与应急救援国家工程实验室获批组建

由大连理工大学等国内15家单位共同申报组建的消防与应急救援国家工程实验室获得国家发改委批复组建。这是大连理工大学作为共建单位获批的第一个国家工程实验室，为大连理工大学参与国家重大工程提供了强有力的平台支撑。

据了解，2016年2月，国家发改委、公安部联合发布了《关于组织申报社会治安防控领域创新能力建设专项的通知》，大连理工大学与公安部沈阳消防研究所密切联络，结合相关学科优势，整合化工与环境生命学部、电子信息与电气工程学部、建设工程学部多个教授团队在火灾监测预警与蔓延防控技术领域开展合作，并与沈阳消防研究所签署国家工程实验室共建协议，联合申报组建"消防与应急救援国家工程实验室"。

消防与应急救援国家工程实验室作为我国消防与应急救援领域第一个国家工程实验室，是国家发改委为提高新兴产业自主创新能力于2015年启动实施的六大工程建设的重要组成部分，将有助于全面提升我国消防与应急救援领域的自主创新能力和核心竞争力，突破目前火灾防控和应急救援的瓶颈问题，对推动消防与应急救援领域技术进步和产业发展具有重大意义。工程实验室建设内容分为消防安全部分和灭火与应急救援部分：消防安全部分主要建设火灾监测预报警、电气火灾防控、智慧消防服务支撑等研发平台；灭火与应急救援部分主要建设灭火与应急救援装备、消防机器人与特种装备、灭火救援模拟训练等研发平台。

(本文来源于央广网，作者：贾铁生、龙海波)

大连理工大学两项专利获得第十八届中国专利优秀奖

近日，国家知识产权局发布《关于第十八届中国专利奖授奖的决定》，大连理工大学化工与环境生命学部陈平教授团队的发明专利“含 1,3,4-噁二唑结构双马来酰亚胺及其制备方法”和建设工程学部程春田教授团队发明专利“一种水电站群电站与机组混合优化调度方法”获第十八届中国专利优秀奖。

“含 1,3,4-噁二唑结构双马来酰亚胺及其制备方法”针对传统商品化双马来酰亚胺树脂不能兼具耐高温、可溶解与熔融加工性能等缺点，首次合成了系列集耐高温、可溶解与熔融加工于一体的含 1,3,4-噁二唑环和醚键结构的双马来酰亚胺。以本专利为核心所研制成功的系列创新成果打破了国外的技术封锁和垄断。该系列高性能树脂及其深加工产品已广泛应用于航空航天、交通运输、石油化工、电子电气等领域，推动了我国高性能合成树脂材料及其相关产业的发展与进步，取得了显著的社会经济效益。

本专利技术在高铁输配电绝缘子制品及高压输变电线路上的应用

“一种水电站群电站与机组混合优化调度方法”发明了一种水电站群电站与机组混合优化调度方法，有效解决了具有复杂时空约束的梯级水电站群短期优化调度问题，打破了水电短期调度中水电站与机组混合系统建模与求解的技术瓶颈，为国内外实现高效求解大规模梯级水电站群短期优化调度问题的首创方法。以本专利为核心的梯级水电站群短期优化调度系统已集成至云南、贵州、福建、华东、东北电网及澜沧江、乌江集控中心等企业生产系统，涉及全国 300 多座大中型水电站。截至 2015 年底，该发明专利技术方案已投入运行系统水电总装机规模超过了 6 000 万 kW。

中国专利奖是我国唯一的专门对授予专利权的发明创造给予奖励的政府部门奖，其评奖标准不仅强调专利的技术水平和创新高度，也注重对专利的保护状况以及在市场转化过程中的运用情况。大连理工大学高度重视专利奖申报工作，与学部、学院和教授团队通力配合，积极遴选优质专利，确保大连理工大学优势领域在专利技术转移和成果转化方面发挥应有的作用。2012 年以来，学校共获得中国专利奖 8 项（其中金奖 1 项），在中国大学专利奖排行榜中位列第12名。

(本文来源于中国高校之窗(2016-11-19),作者:姚璐)

"海洋工程国际联合研究中心"通过科技部认定

12月16日,2016年度国家国际科技合作基地(简称"国合基地")工作座谈会在杭州召开。本次会议由科技部国际合作司主办,科技部副部长阴和俊出席并讲话,浙江省政协副主席蔡秀军致辞,科技部国际合作司司长叶冬柏总结发言。河南省科技厅代表组织推荐部门分享了在基地管理方面的经验和做法。四类国合基地代表在会上分别进行专题报告,交流了国际科技合作取得的成绩和经验。会议还向新认定的96家国合基地授予了认定证书,大连理工大学"海洋工程国际联合研究中心"名列其中。会议对2016年度14家评估为优秀的国合基地进行了通报表扬。截至目前,大连理工大学已有三家国合基地获得科技部认定。

海洋工程国际联合研究中心依托大连理工大学海岸和近海工程国家重点实验室(SLCOE),与西澳大利亚大学海洋基础研究中心(COFS)联合成立。SLCOE与COFS的实质性合作可追溯到20世纪90年代。在COFS奠基人M. F. Randolph教授和SLCOE奠基人邱大洪院士的共同努力下,双方完成工程界第一个澳中政府间合作项目"Hydrodynamic and Geotechnical Stability of Offshore Structures"。随后,双方交流与合作不断加深,双方积极开展资源汇聚共享、科学研究和人才培养等方面的国际合作模式探索,积累了丰富的合作经验,取得了丰硕的成果,2015年双方正式协议挂牌成立DUT-UWA海洋工程联合研究中心。今年,COFS主任Mark Cassidy教授带队访问大连理工大学,获得郭东明校长接见,第二届SLCOE-COFS合作研讨会在西澳大利亚大学成功举办。两校将依托海洋工程国际联合研究中心这一优质平台,结合各自研究方向优势强强联合,针对海洋工程中关键科学和工程问题携手攻关,实现全方位深入合作。

(本文来源于中国高校之窗(2016-12-20),作者:龙海波)

《材料力学》课程入选"2016年度来华留学英文授课品牌课程"

近日,教育部公布了"2016年度来华留学英文授课品牌课程"的评选结果,大连理工大学建设工程学部土木工程学院黄丽华副教授主讲的课程成功入选。

大连理工大学自2011年启动来华留学生全英文授课专业建设工作以来,已陆续建设了机械设计制造及其自动化、土木工程、化学工程与工艺等4个本科全英文授课专业,交通运输工程、材料科学与工程、等离子物理体等7个硕士研究生全英文授课专业，另有若干全英文培养博士专业。学校高度重视来华留学生全英文授课课程建设，在师资队伍建设、课程建设经费等方面均给予大力支持，各类全英文授课专业的课程体系建设日趋完善。

2013年，教育部首次启动"教育部来华留学英文授课品牌课程"评选工作，大连理工大学《物理化学》《工程图学》《普通物理》3门课程入选，截至目前，大连理工大学已有4门课程荣膺"教育部来华留学英文授课品牌课程"。

（本文来源于中国高校之窗（2017-1-12），作者：姚璐）

追忆赵国藩：土木结构一代宗师风范长存

2月1日，中国共产党党员、九三学社社员、中国工程院院士、我国著名结构工程专家、大连理工大学建设工程学部教授赵国藩因病医治无效逝世，享年93岁。

春雨含泪，大地悲恸。在追悼会上，赵国藩院士的许多学生纷纷从全国各地赶来，追忆着他们的恩师。缅怀中，感恩之情娓娓道来。

学术建树卓著，功勋典范后人

在国内的工程结构可靠度及钢筋混凝土结构研究领域，有"南丁北赵"一说，其中的"北赵"便是赵国藩。

"先生水平高，贡献大，影响大，我是慕名而来。"河南工程学院校长高丹盈说，20世纪70年代，一本赵国藩参编的教材《水工钢筋混凝土结构学》，以及他提出的少筋混凝土结构，让当时还是一名硕士生的高丹盈心生仰慕，并最终成为赵国藩的博士生。同样，现为北京建筑大学校长的张爱林，也是在读硕士时被赵国藩编著的《工程结构可靠度》所吸引，后来成为赵国藩的博士后。

作为国内土木工程结构可靠性研究的奠基人之一，早在20世纪60年代，赵国藩便在国内首次提出用一次二阶矩法计算安全系数，并提出了结构可靠度计算的实用解析法及荷载、抗力统计模式，在学术界颇具影响，被世界所公认。该方法有效解决了以往靠经验、靠人为判断结构可靠度的不科学和工程建设不安全、不经济的问题。

赵国藩同时也是我国钢纤维混凝土研究的开创者，他从断裂力学原理出发，将用于解释钢纤维对混凝土增强的复合力学理论和纤维间距理论统一起来，为中国乃至世界工程结构研究做出了贡献。

服务国家需求，无私奉献铸师魂

在国家的建设中，为推动结构可靠度理论的工程应用，服务国家经济建设，赵国藩先后主编或合编了7本工程结构标准和规范，并承担7项国家"七五""八五""九五"重大工程关键技术中的10项攻关子题。在这一过程中,追随他的弟子们受益良多。

在高丹盈读书的时候,赵国藩经常带他们深入到工地、企业,推广他的理论和方法,指导工程建设。其间,令高丹盈最印象深刻的便是"老师的科研没有停留在理论上,而是将理论应用到工程上"。

"科学研究要服务国家重大需求和工程应用。在这方面,赵老师为我们树立了很好的榜样,我们就是按照他的思想在搞科研,也是按照他的思想在教育和影响着我们的学生。"在赵国藩率领学生团队参与国家基础性研究重大项目计划("攀登计划")——重大工程结构可靠性与耐久性基础研究——的时候,张爱林就是研究团队成员之一。此后,张爱林带领科研团队创新了大跨度预应力钢结构体系,提出了新的设计理论和方法,其科研成果成功应用于2008年北京奥运会羽毛球比赛场馆等多项重大工程中,并获2015年国家科技进步二等奖。

德高流芳百世,高洁屹立千秋

作为一名教师,60多年来,赵国藩先后培养了87名硕士研究生、75名博士研究生及10名博士后,可谓桃李满天下。其谦和的为人、高尚的学术品格和为人风范,也赢得了学生的敬仰和爱戴。

高丹盈至今还能记住先生的教诲:"做学问首先要做好人,要做好人首先要向别人学习,要学到别人的东西首先要谦和。"张爱林则表示:"我做博士后时赵老师已经70岁,学生的论文他一行一行地看,手把手地教,不厌其烦地改。从他那里,我学到老老实实做人,扎扎实实做事。"

在大连理工大学建筑工程学部副部长吴智敏的回忆中,赵国藩生活简朴,对生活要求极低,午餐是夫人准备的饭菜,在微波炉上一加热,靠它可以工作一整天。张爱林说:"赵老师对帮助过他的人感恩不忘。在我们研究不确定性问题时,赵老师向数学学院的唐焕文老师请教了新的概率论、统计论理论问题,对此,赵老师多次在不同场合表示真诚致谢。他曾说:'饮水,必须思源。'"

高洁风范,余荫泽后。一代宗师虽故去,但明德永存,必将激励后人无数。

(本文来源于中国科学报(2017-2-21),作者:吕东光)

董国海教授荣获国际海岸工程领军学者称号

近日,大连理工大学建设工程学部海岸和近海工程国家重点实验室董国海教授,被美国土木工程师学会(ASCE)授予"海岸工程领军学者(Diplomate of Coastal Engineering)"称号。该称号由ASCE所属海岸、海洋、港口与航海工程院(ACOPNE)评定和颁发,是对获奖者在国际海岸工程领域取得杰出成就和突出贡献的认可。继李玉成教授获得"港口工程领军学者(Diplomate of Port Engineering)"奖励时隔四年后,海岸和近海工程国家重点实验室再次获得ACOPNE颁发的荣誉称号。

美国土木工程师学会(ASCE)成立于1852年,至今已有150多年的历史,是世界上历史最悠久的权威专业工程师协会。ASCE授予领军学者的过程非常严格,必须由学会董事或专业领域顶级专家学者推荐,由海岸、海洋、港口与航海工程院(ACOPNE)组织调查和评估,经过长达半年的多轮论证后,择优提名候选人并由主审进行电话面试,通过面试后提交董事会表决,一致通过后才完成荣誉称号认定。此次ACOPNE认定,董国海教授带领研究团队在海岸工程领域特别是在海洋养殖设施水动力学的研究方面,做出了突出的贡献。

董国海教授,国家重点研发计划项目首席科学家,国务院学位委员会学科评议组成员,入选国家百千万人才工程,长期从事海岸工程领域的教学和科研工作,获得国家科技进步三等奖1项、教育部科技进步一等奖1项、省部级二等奖5项。在海洋养殖设施水动力特性、海岸低频波浪、海洋工程中的数值分析方法、港口的稳定性等方面取得了创新性研究成果,发表SCI论文100余篇。现任海岸和近海工程国家重点实验室主任,中国海洋学会理事、辽宁省海洋学会副理事长,多个学术期刊编委,多个重点实验室、技术研究中心学术委员会委员。霍英东青年教师基金获得者、中国水利学会杰出青年、国家有突出贡献中青年专家、辽宁省杰出科技工作者、大连市突出贡献专家。指导的博士研究生1人获得全国百篇优秀博士论文,3人获得辽宁省优秀博士论文,1人获得国际近海和极地工程师协会(ISOPE)的近海力学奖。

(本文来源于中国高校之窗(2017-2-27),作者:姚璐)

“海洋工程动力环境精细化预报与安全保障及评估技术研究”获批2017年度国家重点研发计划项目

近日,大连理工大学建设工程学部董国海教授主持的“海洋工程动力环境精细化预报与安全保障及评估技术研究”获批2017年度国家重点研发计划项目。

“21世纪海上丝绸之路”(以下简称“海丝”)是国家站在历史高度、着眼世界大局、面向中国与海上丝绸之路沿线区域合作长远发展提出的重要战略构想,加快建设“海丝”沿线港口航道、海峡桥隧等海洋工程,是海上丝绸之路形成和发展的基础条件,也是海上丝绸之路基础设施建设的优先领域。海上丝绸之路重点方向从中国沿海港口过南海到印度洋,延伸至欧洲,沿线地形边界复杂、遭受台风暴潮频繁、波浪动力频域宽广、海岸底质差异明显、大洋海域洋流作用突出,复杂变化环境下,海洋工程动力环境精细化预报与安全保障及评估面临诸多难题。“海洋工程动力环境精细化预报与安全保障及评估技术研究”项目就是在这一背景下组织实施的。

围绕“海丝”关键节点,研究不同海洋动力环境下近岸水动力泥沙相互作用机理,发展波流相互作用与波流边界层泥沙运动理论,预测海洋工程泥沙冲淤演变趋势。研究大气—海浪、海流—海浪等耦合机制,发展海洋动力环境数值预报中的同化技术与预报解释应用技术,形成海洋动力环境精细化预报系统及保障产品。研究低频波浪激发港湾振荡机理及其对港口安全影响机制，发展港湾振荡模拟技术及港内安全评估技术，构建港口工程安全保障及评估系统。研究波流共同作用下桥隧工程局部冲刷和基槽淤积、航道骤淤精准预测及其安全评估技术，建立桥隧和航道工程安全保障及评估系统。研发海洋工程动力环境安全保障及评估系统，依托“海丝”关键节点进行应用。

围绕“21 世纪海上丝绸之路”国家战略，以提升港口航道、海峡桥隧等海洋工程安全保障能力为总目标，研发海洋动力环境精细化数值预报模式及解释应用技术和保障产品，突破波流相互作用、港湾振荡、泥沙冲淤等小尺度过程精细化预报难题，形成海洋工程动力环境安全保障和评估系统。本研究将全面提升“海丝”沿线海洋工程安全保障及评估能力，策应“一带一路”国家战略，产生重大经济社会效益。

该研究团队自 2000 年在国内率先开展低频波浪、港湾振荡、波浪非线性以及数据时频处理方面的研究，利用数值模拟和物理模型实验研究了不同地形和水流对低频波浪生成的影响以及港湾振荡机理的影响因素，研究成果得到了国内外同行的关注。近年来研究团队承担国家“973 计划”课题、国家自然科学基金重点项目等科研课题 30 多项，发表学术论文近 300 篇，被 SCI 收录 95 篇、EI 收录 144 篇。部分成果为交通部港口工程技术规范所采用，获得国家科技进步三等奖 1 项、教育部科技进步一等奖 1 项，教育部自然科学二等奖 2 项、科技进步二等奖 2 项。研究成果在我国烟大铁路轮渡、上海洋山深水港、中缅原油码头、核动力平台等重大项目中得到应用。相关研究满足了国家重点工程的重大需求，推动了技术创新，促进了国家和行业科技进步。

（本文来源于中国高校之窗(2017-8-1)，作者：姜雪）

李宏男教授当选美国土木工程师学会会士

日前，大连理工大学建设工程学部李宏男教授因在结构健康监测与振动控制领域创新研究、高等教育和重大工程实践等方面卓越的行业贡献和广泛的国际影响力，被美国土木工程师学会增选为该学会会士。这是李宏男教授于 2013 年度作为亚洲学者首获“美国土木工程师学会航空部杰出科技贡献奖”以来的又一殊荣。

据了解，能够入选该学会会士，特别是作为非美国本土的国际会士，需要取得国际一流水平的创新研究成果，具备顶尖专业工程师水平的工程实践能力和广泛的国际学术影响力，并需通过极为严格的专业评审。李宏男教授在结构监测健康、结构振动控制、结构多维抗震等领域取得了突出的创新成果，先后荣获国家技术发明二等奖 1 项、国家科技进步二等奖 2 项，担任美国土木工程师学会先进材料与结构委员会副主席，应邀在美国土木工程师学会第十四届挑战环境下的工程、科学、建设和运营系列国际学术会议上作 1 小时大会特别主题报告等。

美国土木工程师学会创建于 1852 年，是世界上历史最悠久的专业工程师学会，拥有来自全球 159 个国家近 15 万名会员。土木工程师学会也是全球最大的土木工程出版机构，有 30 多种专业科技期刊、图书、工程手册等，其中有 9 种期刊在 SCI 收录的土木工程类期刊中总引用量排前 30 名。

（本文来源于科学网（2017-9-12））

大工一科研成果提高我国防波堤规范水平

由大连理工大学海岸和近海工程国家重点实验室李玉成教授课题组完成的“开孔消浪沉箱结构波浪力计算方法的研究与应用”，对改进我国的防波堤规范水平做出了重要贡献，近日已申报 2007 年科学技术进步奖。

据介绍，作为改善工程周围环境条件和结构物前波浪反射、结构物受力的工程措施，近年来开孔消浪沉箱结构在工程上已得到愈来愈多的应用。但是由于已有研究成果仅限于正向波作用、没有顶板，成果或只能计算波浪反射系数或只能计算波浪水平力，计算结果与实际值偏差很大；加之所采用研究方法仅为单一手段（或为理论计算、或为实验成果），这就影响了此类结构的广泛应用。

李玉成教授课题组的研究成果改进并完善了开孔沉箱波浪力的理论分析及计算方法。在理论分析、数模计算和实验研究的结合上，规则波与不规则波的对比分析上，有、无顶板影响的比较上以及水平力与垂直力相位关系的综合分析上均有突破，经教育部专家组评审，认为“本项成果总体处于国际先进水平。其中，斜向波对局部开孔矩形沉箱的作用力和外壁开孔双圆筒与规则波相互作用的两项成果达到国际领先水平”。

据了解，基于本研究成果整理成的“规范条文”已经交通部专家组鉴定，被推荐纳入正在修订并于 2008 年定稿的交通部行业规范“防波堤设计与施工规范”中，将可指导今后我国港口工程的建设；本研究成果已在大连港 25 万吨矿石码头、大连港 30 万吨油码头等四项工程中应用，累计节省投资约 6 400 余万元，取得了显著的经济效益。在港口、海岸和近海工程中，开孔沉箱结构可应用于码头、防波堤及护岸工程，具有良好的应用前景。

李玉成教授 1953 年毕业于大连工学院，现为大连理工大学教授、博士生导师，长期从事海岸和近海工程的教学与科研工作，专长海洋流体力学。其直墙波浪力和大型油轮靠泊力的研究成果于 1978 年获全国科学大会奖，其中直墙波浪力成果被列入交通部海港水文规范，并获首批国家科技进步二等奖。近 20 多年来，他对波浪与水流的相互作用、波浪在浅水区的变形、破碎及折绕射作用以及波浪、水流对小尺度构件的作用以及新型防波堤结构进行了大量研究，其中“深水新型防波堤结构”获 2002 年国家科技进步二等奖，“缓坡上波浪变形及破碎”获 1999 年国家科技进步三等奖，另有 6 项成果获教育部或国家教委科技进步二等奖。先后在国内外发表论文近 200 篇，并被国外著名检索刊物 SCI 及 EI 等引用百余次，著有《波浪对海上建筑物的作用》一书，分别以中英文出版，1998 年获教育部科技进步二等奖（专著类）。

（本文来源于《科技日报》（2017-5-24），作者：梁杰）

大连理工大学博士生随中国第九次北极考察队凯旋

日前，记者从大连理工大学获悉，中国第九次北极考察队完成全部科学考察任务，乘坐“雪龙”号回到上海国内基地。大连理工大学建设工程学部博士研究生曹晓卫随队抵达，胜利完成了自己在校期间的第一次北极之旅。

“雪龙”号胜利归来

本次考察由自然资源部组织实施，历时 69 天。“雪龙”号总航行里程约为 12 500 海里，冰区航行 3 815 海里，最北到达北纬 84°48′。本次考察开展了海洋基础环境、海冰、海底地形、生态和渔业等要素调查，极大地拓展了我国北极海洋学调查的内容，进一步夯实了北极业务化监测的基础，对我国北极科学研究、业务化监测体系建设、北极环境评价和资源利用做出了积极贡献。

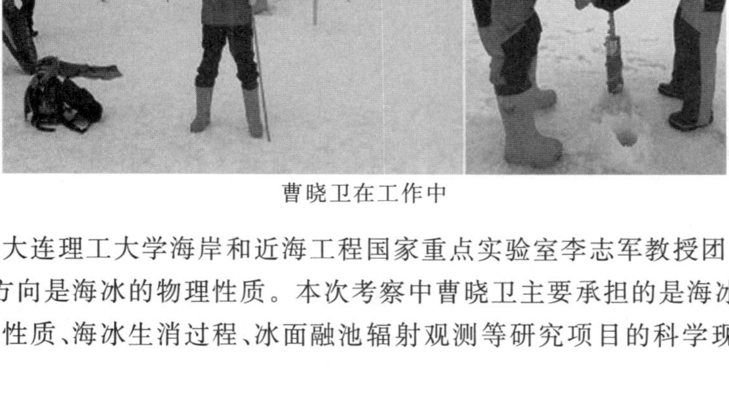

曹晓卫在工作中

曹晓卫是大连理工大学海岸和近海工程国家重点实验室李志军教授团队的在读博士生，主要研究方向是海冰的物理性质。本次考察中曹晓卫主要承担的是海冰走航观测、基本物理和力学性质、海冰生消过程、冰面融池辐射观测等研究项目的科学现场考察任务。

在现场考察过程中，曹晓卫克服北极恶劣的天气条件，与其他考察队员密切合作，圆满完成了各项工作，获得了大量珍贵的第一手北极海冰现场观测数据。

近年来，北极海冰的快速变化已经引发了全球的关注，对东亚极端天气和影响以及对北极新航道开辟的影响成为目前国内外的研究热点。大连理工大学海岸和近海工程国家重点实验室自1999年以来多次参加国内外的极地海冰调查，积累了大量珍贵数据，获得了一系列重要研究成果。本次考察为促进我国极地事业发展进一步夯实了基础，为维护和促进北极的和平、稳定和可持续发展做出了贡献，也是《中国的北极政策》白皮书相关声明的成功实践。

（本文来源于民主与法制网(2018-10-9)）

他们用“大工精神”书写了港珠澳大桥的“传奇”

10月23日，港珠澳大桥正式开通。港珠澳大桥跨越伶仃洋，东接香港，西接广东珠海和澳门，总长约55公里，这座世界最长的跨海大桥的建成，背后凝结着工程师的匠心、闪耀着中国人的创新。在庞大的港珠澳大桥项目团队中，也不乏大工人的身影，他们脚踏实地、勤勉创新，攻坚克难，砥砺前行。几位亲历港珠澳大桥岛隧项目的大工人，讲述了港珠澳大桥建设中的艰辛与传奇。

大工智慧，实现难度系数堪比“天宫一号”对接的“深海初吻”

港珠澳大桥岛隧工程项目包括东、西两个人工岛、中间的海底隧道、沉管隧道以及一小部分连接桥，“港珠澳大桥岛隧项目是整个港珠澳大桥的控制性工程，技术难度最高，投资份额最大，它的工时也控制着整个港珠澳大桥项目的工时。”港珠澳大桥岛隧工程项目总经理部副总经理、常务副总、大连理工大学水利系海洋石油建设工程专业1983届校友尹海卿介绍。

2013年5月6日，港珠澳大桥西人工岛与首节隧道沉管完美实现首次对接，这被誉为“深海初吻”，难度系数堪比“天宫一号”对接。随着“初吻”的完美实现，中交四航设计院副总工程师、港珠澳大桥岛隧工程设计负责人、大工土木工程系港口及航道专业1991级校友梁桁一颗悬着的心终于落了下来。

港珠澳大桥的海底沉管隧道长5 664米，由33节巨型沉管拼接而成。这些沉管每节长180米，近四层楼高，隧道内宽可达双向六车道，重量近8万吨，相当于一辆中型航空母舰，是目前世界上最大的沉管。

2010年，梁桁的设计团队接到任务：设计港珠澳大桥桂山沉管预制厂，采用工厂法预制沉管，即在工厂内完成每节沉管预制，安装时直接将预制好的沉管拖运至指定位置完成对接即可。“所有人对这任务都一脸茫然。航空母舰那么重的沉管怎么预制?”据梁桁介绍，此前世界上只有一个工厂法预制沉管的先例，发生在厄勒海峡通道沉管隧道的建设中，“但那个沉管的断面尺寸要比我们的小很多，两者根本没有可比性。那时候，我们手上只有一本介绍性的英文参考文献 The Tunnel，里面有不到 30 页关于预制工厂的介绍。”梁桁将这项任务形容为“典型的三边工程”，即边勘察边设计边施工。从工程建设上看，沉管预制是整个沉管隧道建设的前提和基础，“如果沉管预制不出来，就没有后期的安装和对接，所以人的目光都聚焦在工厂。”这对工程师们的技术和心理考验可想而知。

“沉管预制厂主要面临两大挑战，一是要形成流水线作业模式，二是需要应对频繁登陆的台风。”梁桁团队根据工程特点、建设地址的地形地貌、周边自然约束等因素找出了一个最适合桂山牛头岛的工厂总平面布置。

梁桁带领团队从 2010 年底开始研讨、设计，经过反复勘察、论证和实验，到 2011 年底，沉管预制厂的土建工作基本完成，建成了约 2.7 万平方米的厂房，中间为两条生产线，各具备 3 个独立的钢筋绑扎台座和浇筑台座，侧翼为其相对应的钢筋加工区。底板、侧墙、顶板的钢筋经加工后在横向和纵向两条流水线上被送至对应的绑扎台座，实现了流水线式的工厂化预制施工模式。“在这之前，外国专家预估预制厂的建成需要三年时间。”

“流水线作业问题解决了，接下来要解决的就是怎么安全存放预制沉管的问题了。”桂山岛处于外伶仃洋，平均每年遭遇台风登陆 1.5 次，常规做法是在外海建设环抱式防波堤以形成避风港，但桂山岛外海处有厚达 20 多米的软土地基，这使得防波堤的建设成本成为天文数字。此外，桂山岛处于白海豚核心保护区，环保上的要求也不允许大规模海工建设。在此情况下，梁桁团队深入研究牛头岛现状，仔细斟酌和反复权衡，大胆提出了在岛内石场现有的巨大采石坑基础上进一步扩大深坞，使其具备同时寄放 4 个管节能力的深坞布置方案。“由于管节在岛内寄放，必要时还可以关闭深坞门，因此即便外海风高浪急，坞内水域依然波澜不兴，管节安全得到了很好的保障。”

从 2010 年底到 2012 年初，这座投资约 10 亿元，历时 14 个月的沉管预制厂建成投产，是目前世界上最大的“现代化”沉管预制工厂。

2013 年 5 月 2 日，进行了一年多的沉管预制工作到了首次接受检验的时候了，首节沉管 E1 管节要被运送至西人工岛暗埋段实现海底对接。“这将是历史性的一刻，也是对我们此前工作的检验，心情很复杂，像古时候的秀才进京赶考。”梁桁直言自己的忐忑与紧张。经过 96 小时的精密操作，E1 管节圆满完成出坞、浮运、安装等环节，成功实现对接。

兴奋过后，梁桁又继续投入了其他管节的预制安装工作。“33 个管节，每个都有自己独有的问题，每个都要具体问题具体分析，哪一个都不能掉以轻心。”梁桁笑称，“从这个角度来讲，每一次都是第一次，我们一直都在走钢丝，我们一直都在攻坚克难。”

大工精神，两次返航三次安装背后不可松懈的质量关

E15 管节的两次返航与三次安装是所有港珠澳人绕不过的话题和记忆，提到挫折，提到印象深刻，亲历港珠澳大桥的大工人尹海卿、梁桁和高纪兵都不约而同地谈到了这节历经曲折而最终成功安装的特殊管节。

“在安装沉管之前，需要在水下先铺设一个碎石基床，从碎石基床开始铺设到安装沉管之前，基床上的泥沙淤积厚度不能超过 4 厘米。”港珠澳大桥岛隧工程项目总经理部副总工兼总工办主任、大连理工大学土木建筑学院交通土建专业 1996 级校友高纪兵介绍，“在前 14 个管节的安装中出现过回淤现象，但没有超标的。”

2014 年 11 月 15 日，E15 节沉管从预制厂经过十几公里浮运到达安装现场，安装前潜水员再次潜水检查，带来了坏消息：基槽泥沙持续增多，回淤超标。

整个团队在监控室经过了漫长、纠结的讨论，如果终止安装，就意味着要重新铺设基床、回拖沉管，这给工程带来了很大的进度压力和经济损失，但另一方面，如果不顾回淤的存在而继续安装，隧道后期漏水是一定的，120 年使用期也很难保证。在进度、经济和工程质量三者之间，大家最终选择了严把质量关：“终止安装，沉管回航。”梁桁直言，在这样艰难的抉择过程中，老一辈工程师们对工程质量严谨苛刻的要求让他震撼，也深受教育。

11 月 17 日，E15 沉管正式回撤。将已经出坞的巨型沉管重新拖回坞中，他们在作业海区顶着五六级大风以及超过 1 米高的海浪条件下返航。约 7 海里的航程，回航编队小心翼翼地走了 24 小时，E15 沉管毫发无损地被拖回沉管预制厂深坞区。这在世界沉管建设史上并没有先例。

“E15 回坞直到第二次出航是我最焦虑的时期，因为项目部委托我牵头组织全国最熟悉珠江口水沙情况的科研单位和专家对 E15 管节安装过程中发生突淤的原因和解决方案进行联合攻关，时间非常紧迫，压力非常巨大。”梁桁坦言，因为深坞区寄存空间是一定的，E15 返航存放就意味着不能继续生产其他管节，工厂基本处于停工状态。而如果长期停工，就会导致大量工人离职。“这些工人都是从 2011 年 12 月就开始培训的，他们熟悉流程和每一道工序，如果他们流失了，后续沉管的预制质量就会无法保障！”因此项目部一边采取各种措施稳定工人情绪，确保熟练工人不流失。一方面力求在最短的时间内找出发生突淤的原因并给出解决办法。

“沉管回坞后，我们立刻组织了包括气象、海洋、泥沙等领域专家会诊，成立‘隧道基槽泥沙回淤专题攻关组’，采取排除法，同时使用卫星遥感测量、多波束扫描、水体含沙量实时监测以及大型三维泥沙数值模拟等高科技手段，最终得出结论：上游的采砂造成了突淤。”据高纪兵介绍，该区域的采砂企业都持有政府批准的合法文件，几乎是整个珠江三角洲所有地区的砂源。面对港珠澳大桥这个国家工程，广东省政府全力协调各方利益关系，果断决定：为确保港珠澳大桥顺利施工，立即停止采砂。

2015 年 2 月 24 日，大年初四，E15 管节回航 4 个月后，再次出征。沉管即将达到安装区时，收到最新消息：E15 沉管碎石基床尾部突然发现 2 000 平方米的淤积物，泥沙厚度为八九十厘米。

分析认为，当第一次出现回淤后，施工人员清理了基床槽底的淤泥，而基槽边坡上也覆盖了一层厚厚的回淤物，当回淤物受到外力扰动后发生了雪崩般的“塌方”。

“遇到这样大面积的泥沙回淤，只能再次返航。”回想当初的场景，梁桁仍难掩失落，E15 沉管的第二次回拖现场海风呜咽，气氛凝重，甚至有人当场落下热泪。

两次返航的深刻教训为工程提出了新的要求：建立一套回淤预警预报系统。经过攻坚克难，梁桁带领团队实现了回淤预警从宏观到微观、从长期到短期以及微量化的创新，保证了此后每节沉管安装前的回淤预警预报。

在创新手段的护航下，2015 年 3 月 24 日，浮运船队携 E15 沉管第三次踏浪出海，经过数轮观测、调整后，E15 沉管在 40 多米深的海底与 E14 沉管精准对接。

大工工匠，他们是超级工程背后的缔造者

经历过种种挫折，种种磨难，最终，港珠澳大桥以 64 项创新技术贡献给世界沉管隧道工程。中国是沉管隧道工程的后来者，然而，“如积薪耳，后来者居上”，这背后是中国工程人员的勤奋、智慧和不屈的斗志。

“港珠澳大桥的创新基本上分为六大方面，分别是外海快速成岛技术创新、沉管隧道基础设计施工创新、沉管工厂预制一体化创新、沉管结构设计创新、自主开发了外海沉管安装成套技术以及管理上的创新等。”尹海卿介绍。

这些创新中，让高纪兵印象最深的是沉管结构设计创新。

自 1928 年人类工程史上修建第一条钢筋混凝土沉管隧道以来，所有沉管结构只有刚性和柔性两种。“刚性结构好比一块长条积木，而柔性结构好比将小积木块拼接成积木条。”高纪兵形象地比喻，但现有工程记录显示，这两种结构体系沉管隧道都是浅埋隧道，沉管回填及覆土厚度在 2～3 米；而港珠澳大桥隧道是世界上唯一深埋沉管隧道，最深沉放水下 44.5 米，上有 20 多米覆盖层，超过浅埋沉管 5 倍的荷载。“如果采用传统的结构体系，沉管结构得不到安全保障。”

面对问题，国外权威隧道专家给出“深埋浅做”的两个解决方案，其一是在沉管顶部回填与水差不多重的轻质填料，这需要增加十多亿元人民币投资，工期也将延长；其二是在 120 年运营期内控制回淤物厚度，进行维护性疏浚，维护费数十亿元人民币。

这样昂贵的代价让中国工程师心有不甘，经过近一年的攻坚克难，他们在刚性结构的基础上提出了半刚性结构的概念，“如果还用积木举例子，就相当于用小积木块拼成积木条的同时，在每两节积木块中间用松紧带连接起来，让它们实现既分离又相互间有联系。”高纪兵介绍，这能有效增强深埋沉管的结构安全性。

半刚性结构理念一提出就遭到了国内外诸多同行专家的质疑，说服权威专家并取得共识似乎比技术论证本身更艰难。这个艰难的过程从 2012 年底一直持续到 2013 年 8 月。最终，他们邀请国内外 6 家专业研究机构进行“背对背”分析计算，从模型实验及原理上验证“半刚性”结构。研究论证结果趋同，证明“半刚性”是从结构上解决沉管深埋的科学方法，最终得到了各方面的一致认可。

经过两年的努力和坚持，“半刚性”只花费了极小的代价就把沉管深埋的构想变成了现实，到 2016 年 11 月 23 日，已安装隧道总长达到 5 130 米，目前它不仅已经是世界上最长的公路沉管隧道，也超过了国内沉管隧道的总和。

从此，世界百年沉管结构的工具箱除了已有的“刚性”“柔性”之外，还增加了“半刚性”

的新成员。

德国模板 PERI 公司大中华地区业务主管郑宽志先生评价道:“港珠澳沉管预制的水准绝对是世界一流的。港珠澳项目总经理部对项目的管理及现场的施工水准可以用通俗的话来讲是一个超级样板工程,这不仅为中国,也为全球的施工定出了一个全新的高标准。”

在港珠澳大桥管理局聘请的第三方咨询单位荷兰 TEC 公司专家、隧道专业负责人和首席隧道专家汉斯·德维特看来:“港珠澳大桥岛隧工程项目团队对所从事工作保有高度责任心,有时候他们或许会深深感觉承担责任的痛苦,不得不逼着他们快速学习许多事情,但最终中国交建会变得更强大,能够在海外的沉管隧道工程中与国际承包商竞争。”

这是大国工匠精神,也是尹海卿、高纪兵、梁桁在采访中一致提到的“大工人的特质”。毕业 16 年,提到母校,高纪兵的第一反应依然是“学在大工。晚自习每个教室都人满为患,去晚了就没位置了。”在尹海卿看来,经过大工浓厚学习氛围的熏陶,哪怕走上不同岗位,哪怕毕业多年,大工人好学、踏实、勤勉、钻研的特质业已溶入血脉基因,成为大工人共同的特质,也成为大国崛起中各行各业先锋精英的共同特质。

除了三位受访校友外,还有更多的大工校友参与到港珠澳大桥的建设中,为他们点赞!

(本文来源于天健网(2018-10-24),作者:周学飞;记者:金东淑)

第四节 校友年度人物

庄锡年:一个大工人的家国情怀

【校友档案】

庄锡年,香港华尔年有限公司董事总经理,香港校友会名誉会长。1952—1956 年就读于我校港口与航道工程专业。毕业后,曾在交通部水运规划设计院和浙江省交通厅工作。80 年代初返回香港,创建华丰进出口公司,是一位跨越房产、建筑化工原料和港口船务等多个行业的企业家;是我校香港校友会创会会员,任第一届理事,第二届、第三届副会长,第四届、第五届会长,现为名誉会长。在香港校友会成立及发展的 23 年间,积极推动各项规章制度的确立和完善,落实校友通讯数据并建立联系渠道,组织多项老幼皆宜的校友活动,鼓励校友畅谈思想、互帮互助,被香港校友亲切地称呼为“庄大哥”,在香港校友会的发展壮大及其亲密、和谐、平等、自由氛围的形成中功不可没。此外,他还积极促进香港校友与母校联系,亲力亲为组织香港校友参加母校校庆 60 周年活动。2009 年荣获我校建校 60 周年优秀校友工作者奖。

母校:60 年前的青春

1952 年,中华人民共和国成立后的第三年,彼时中国的每座城市都洋溢着欣欣向荣的希望和百废待兴的活力,社会主义中国面向海内外所有华人发起号召:共同建设社会主义祖国。

17 岁的庄锡年从香港著名的爱国中学——香岛中学毕业,毅然决然地放弃优越的家庭条件,回到大陆读大学。出于对香港美丽港湾的热爱,庄锡年选择了大连工学院港口及航道工程专业。

大学入学前的暑假,庄锡年从香港回到离开了 6 年的家乡——杭州,“那时候,我外婆还住在杭州。”庄锡年回忆道。随后,他从杭州辗转到上海,又从上海坐了七天七夜火车,穿越了大半个中国,来到大连。当他第一次见到大连火车站的时候,他被震撼了。“大连火车站太漂亮,太先进了!”采访中,庄锡年反复描述着当时大连火车站的二层楼设计和从一楼通往二楼的弧形车道,笑称“它可能是当时全国最先进的火车站了!”。

大学生活的头一个月,因为饮食和生活习惯的突然改变,让庄锡的日子过得略显艰难。学校食堂里的苞米发糕和带壳的高粱米成了他大学里的第一道“难题”。在南方吃惯了米饭的庄锡年,面对没有黏性的苞米发糕和粗糙发黑的高粱米难以下咽,不到一个月,他就瘦了五公斤。“咬不动,不消化,但也只能硬往肚子里咽。”现在回想起来,他仍是连连摇头,“实在是吃不来。”两名香港回来的同学因无法适应这里的饮食,不到三个月都回了香港。

除去饮食上的不习惯,庄锡年还为生活方式上的改变买了一笔不小的单。50年代的大工还没有冲水厕所,所有厕所都是蹲坑式的旱厕。入学不到一个月,庄锡年就将父亲送他的入学礼物——一块纯金的超薄自动手表不小心掉到了旱厕蹲坑里。“当时年纪小,不知道怎么办,也没敢声张。”庄锡年笑道,“后来再去厕所的时候,口袋里就什么都不敢装了。”

多年前的窘事,如今再谈起,已经悄然变成了记忆里的大工趣事。庄锡年坦言,当年身处窘境中的他也从没萌生过“逃回”香港的念头。

谈及学习,庄锡年说:“我比较喜欢学习,特别是实用的专业知识,铁路道岔、材料水泥、钢材结构等。这些积累在我后来的工作中也都派上了用场。”1958年,庄锡年因交通部水运规划设计院机构解散而被下放到浙江省交通厅工作,凭借着扎实的基础知识,他一入职就得到青睐,承担了多个港口工程项目的设计工作,甚至参与了北仑港的选址工作。

“我们专业一共三个班,88个同学,同学间的感情非常好。”提起大学同学,庄锡年言语间是满满的珍视,梁永康、王恩磊、吴慧如、王泽民、王惠钰、罗建民等名字从他口中一一道出,全然不像提起半个世纪前的老同学,仿若亲近的家人一般。

校友:半个世纪的亲人

如果你来过大工,那你一定走过水杉挺拔的情人路,一定邂逅过情人路尽头的伯川图书馆和图书馆前的屈伯川半身铜像。

“高瞻远瞩、廉洁奉公、鞠躬尽瘁”,这是五六十年代的香港校友们对屈伯川老校长的共同印象和一致评价。虽与母校南北相望,隔了大半个中国,香港校友们对母校的感情却并未因距离遥远而衰减分毫。1998年,听说母校要建伯川图书馆和老校长铜像,香港校友会立刻承接下修建铜像的筹资工作,迅速筹集了全部工程款197 315元人民币。如今,屈伯川铜像屹立在以他名字命名的图书馆和他亲手栽种的水杉林之间。

香港校友会成立于1993年,在白炜廉、何平东等校友的倡议和其他校友的支持下,按照当地规定以社团名义完成了注册。作为创会成员的庄锡年见证了香港校友会从无到有,从小到大的全过程,他谦虚地称自己只是前辈们的“追随者”。

庄锡年在香港校友会2003年和2006年的换届选举中连续胜出,连任第四届、第五届会长。担任会长期间,他着手修订了校友会章程、完善了校友的通讯数据、建立了有效的联系渠道。为促进校友间的沟通交流,加强互动,联络感情,庄锡年建议并带领校友会每年定期举行四次会务活动。“一般一个季度搞一次,迎新春聚会、郊游、读书分享会、旅行分享会等等。”因为喜欢组织大家搞活动,且每每在活动现场很活跃,积极营造氛围,庄锡年在老校友中有着“老顽童”的绰号,年轻校友则亲切地称呼他“庄大哥”。“我能在聚会的时候,一口气把各届不同专业的20多位校友的姓名、毕业年份和专业快速地介绍出来。”庄锡年自豪地说。

感念母校情谊、热衷校友活动的庄锡年在积极组织和参与香港校友会各项活动之余,还在毕业49周年之际组织了港工56届校友回母校相聚活动。为寻找分布在全国各地的老同学,庄锡年牵头成立了筹备组,将全国分成几个区域,每个区域设置负责人,通过打电话、发邮件、登报纸等各种方法尽全力寻找。经过3个多月的寻找,最终集合了40多名老同学,是50年前同学总数的一半。

2005年6月,港工56届40多名校友毕业49年后重聚母校,再一次走在大工校园里,再一次拜访当年的老师,校园、老师和同学自己都已不再是旧时模样,曾经的青葱少年,现已逾花甲之岁。"那次聚会让我感慨很多,有些同学自从毕业就没有再见过,记忆里还是他十八九岁时的样子。"感慨时光飞逝之余,庄锡年也暗暗下定决心,以后每两年就要组织大家大聚一次。从2005年到2016年,他们的大聚地点遍及大连、宁波、北京、杭州、深圳、上海、广州、香港……

祖国:源自基因血脉的深爱

年少时放弃优越的家庭条件只身一人前往大陆读书、学习,一待就是30年;20世纪80年代回到香港后,投身香港社会事务多年,为支持特区政府依法施政和香港稳定尽一己之力。庄锡年用他人生中的点滴经历将他的爱国情怀诠释得淋漓尽致。

"爱国是与生俱来的,是本能。我们这一辈人都爱国,都富有民族感情。父母如此,教育我们也如此。"庄锡年的父亲庄保庆先生是著名的爱国商人,在各个时期都一心为国,抗战时期暗中为我军后方运输大量物资,解放初在香港运送民主人士到大连。50年代(联合国对华禁运时期)又组织大量物资回国。虽蒙不白之冤,被关在秦城监狱审查长达12年以至家财尽失,身心俱疲。后经中央平反,他依旧怀着一颗为国效力的心,继续四处奔走。在父亲竭尽所能,不屈不挠地爱国历程中,庄锡年见证了他的坚韧和不屈;也在耳濡目染中继承了父辈的家国情怀。

如今的庄锡年正在慢慢淡出商界,开始越来越多地参与社团活动,在大工香港校友会、杭州旅港同乡会中发挥重要作用;此外,他还积极参与香港社会事务,怀揣一颗赤子之心为香港地区的稳定繁荣持之以恒地努力着。"我们不是没有看到国家的不足之处,我们也了解中国现有的各种问题,但我们相信,在中央政府的领导下,这些不足、这些问题都会在发展中得到很好的解决。我们对祖国有信心,国家的发展前景不可估量。"

(本文来源于大连理工大学校友工作处网站(2016-10-28),作者:刘宴如,金小渝)

李一勇:勇于开拓创新的工程师

【校友档案】

李一勇,中交第一航务工程局有限公司董事、副总经理、总工程师。1978年10月—1982年(1978级),在我校港口与航道工程专业就读。先后任一航局五公司总工程师、总经理,一航局副总经理兼总工程师,主管施工技术、工程质量和科技进步工作。为交通运输部专家委员会委员、享受国务院特殊津贴专家、中国工程建设高级职业经理人。曾荣获天津市五一劳动奖章、茅以升科学技术奖——建造师奖，2014年获全国水运工程建造大师称号。主持完成的上海港罗泾港区二期工程荣获国家优质工程金奖，秦皇岛港煤码头四期、秦皇岛港煤五期水工、广州南沙港区一期、天津港北港池集装箱码头三期等工程荣获国家优质工程银奖，杭州湾跨海大桥工程荣获中国建设工程鲁班奖，秦皇岛港煤五期水工、广州南沙港区二期等工程荣获中国土木工程詹天佑大奖，多项工程获交通部水运工程质量奖、水运交通优质工程奖。主持"离岸深水港抛石基床整平关键技术研究"等多项科研成果达到国际领先水平，"离岸深水港建设关键技术研究与工程应用"获2013年度国家科技进步一等奖(排名第五)，"深水抛石整平船"获2015年度国家专利金奖，多项成果荣获省部级科技奖。获国家知识产权局授权专利十余项。

"鼓励企业开展个性化定制、柔性化生产，培育精益求精的工匠精神，增品种、提品质、创品牌。"

2016年《政府工作报告》第一次将"工匠精神"写入其中。

这让始终以"工匠"定位并执着追求"工匠精神"的李一勇感受到了极大的肯定和鼓励。

传承：源自母校的工匠精神

李一勇1957年出生，70年代读中学。在李一勇的记忆里，他的中学时期很有那个年代的特点，"相比于课本上的知识，学校更强调学生要在劳动中接受教育"。

李一勇中学时曾在汽车修理厂劳动了一年，拆发动机、装发动机、修电瓶、修喇叭……"我现在还记得汽车内部各部分的构造。"李一勇笑着说，"75年到78年，我作为知青下乡，当了三年农民。"在这三年里，除了学会做各种农活，他还学会了缝衣服、做饭、理发甚至盖房子。这段经历让如今的李一勇回想起来，感慨不已："知青这段日子给我最大的财富就是教会我变通和永不放弃。"能迂回，会变通，永不放弃，这在李一勇此后的工匠生涯中让他受益良多。

1978年，大连工学院时任院长钱令希先生在领导大连新港主体工程的设计和建造中提出的"百米跨度空腹桁架全焊接钢栈桥"方案获评全国科学大会奖和国家70年代优秀设计奖。

这给刚刚考入我校港工专业的李一勇注入了一针强心剂，让他对尚有几分陌生的专业萌生了浓厚的兴趣，也对参加过大型工程设计和施工的老师们充满了崇拜和羡慕。"最崇拜的还是钱令希先生。对我们来说，钱先生不是目标，是偶像，是值得追寻一辈子的榜样。"近40年过去，已经在港口工程领域获奖无数的李一勇提起钱先生，言语神色间仍是学生对院长的敬仰和崇拜。

李一勇坦言，因为"文革"的关系，他们这批人在考入大学前几乎都没有条件专心学习，所以，一进入大学，大家都如饥似渴地学习。一方面是填补基础知识的匮乏，另一方面也是珍惜来之不易的学习机会。李一勇当年的授课老师们大都有过港口设计或施工经验，不时将实际案例带入课堂与学生们一并研讨。李一勇就是在这样一个又一个实际案例中渐渐了解并喜欢上了自己的专业。

"对我影响最深的，是当年老师们在工程和教学中坚持的求真务实精神，就是我们大工人特有的‘实’。”在李一勇看来，大工人特有的“实”意味着既要尊重教科书，又要结合实际；既要有广阔的思考空间，又要有能把想象落到实处的勇气和能力。他说，这就是母校教给他的工匠精神，在他此后三十多年的工程实践里，他从未忘却过。

荣耀：不懈创新的工匠之路

1982 年大学毕业后，李一勇被分配到了中交一航局第五公司，从技术员做起，1995 年升至总工程师，2002 年任总经理；2005 年起担任中交一航局副总经理兼总工程师至今，主管公司的施工技术、工程质量和科技进步工作。

回首 34 年职业生涯，李一勇最怀念的既不是做总经理也不是做总工程师，而是跟着项目泡在施工现场的日子。

1993 年，李一勇担任秦皇岛港煤码头四期项目总工程师。在此前秦皇岛港煤码头一、二、三期工程的经验基础上，为了进一步提高效率，缩短工期，李一勇大胆提出将翻车机房混凝土底板一次浇筑体积提升到 3000 立方米，经过现场实验，他的技术得到了验证。3000 立方米成为当时水运工程混凝土施工一次性浇筑最长长度。

施工现场的成就感总是伴随着艰苦。浇筑一次 3000 立方米混凝土需耗时 7 天 7 夜，在这 7 天 7 夜里，必须得保证一直有人监控。“我们就排班，每人 12 小时。当时正赶上冬天，连续 12 个小时站在露天里，偶尔还赶上风雪交加，算是切实体会到了施工现场的艰苦。”

“在施工中想到改良措施，大胆尝试，亲眼见证自己的想法被证实或者被推翻，这个过程是最让我兴奋的。”李一勇坦言，相比于企业管理者和经营者，做一个潜心技术的工匠是他更喜欢的状态。

因为李一勇的创新，秦皇岛港煤码头四期提前半年完工，并被评为国家优质工程银奖。李一勇也因此升任中交一航局第五公司总工程师，是当时集团里最年轻的总工程师。

李一勇坚持把创新贯彻到他的每个项目里，这让他主持的多个项目斩获佳绩，上海港罗泾港区二期工程获国家优质工程金奖；秦皇岛港煤五期水工、广州南沙港区一期、天津港北港池集装箱码头三期等工程获国家优质工程银奖；杭州湾跨海大桥工程获中国建设工程鲁班奖；秦皇岛港煤五期水工、广州南沙港区二期等工程荣获中国土木工程詹天佑大奖……

此外，李一勇本人也先后获得天津市五一劳动奖章、茅以升科学技术奖——建造师奖以及“全国水运工程建造大师”称号等多个奖项。

工匠的荣耀背后也藏着不为人知的辛酸，李一勇的工匠之路有自己的坚守、集团的重托、家人的支持和他对家人的愧疚。“还是在工地做项目的时候，那年，我们在马耳他做项目，当时我太太正怀着孕，我多么想早点儿结束项目回国等小孩儿出生。结果等我回国，儿子都满月了。”多年之后，再谈起这段往事，李一勇神色间仍有些许无奈和愧疚。

未来：机遇并挑战着

“对于搞施工的人，过去的荣誉都应该翻篇，更好的项目、更大的荣誉和挑战永远都应该是下一个。”提及过去的荣誉，李一勇云淡风轻地回应。

据他透露,最近的“下一个”正在申报中。

李一勇及其团队在中交一航局正在推进的港珠澳大桥项目中又完成了多项创新。

为了快速建成人工岛,李一勇团队采用大直径钢圆筒围成人工岛。所谓的大直径钢圆筒,直径 22 米,面积相当于一个篮球场,高度达 50.5 米,相当于二十几层楼。建成人工岛需要 120 个这种规格的大圆筒。“经过论证,这个方案可行。那么,问题来了,怎么振沉这 120 个大圆筒?目前没有这种设备。”李一勇挂帅成立专题组,进行全面测算和研讨,最终决定与美国 APE 公司联合开发了世界上最大的振动锤组——APE600 液压振动锤组。该锤组可以实现 8 锤联动,一天就能振沉 3 个大圆筒。依托这项技术,港珠澳大桥项目中的人工岛实现了当年动工当年成岛。APE600 液压振动锤组被美国打桩承包商协会授予年度工程项目奖,成为世界打桩领域最高水平的代表。“这项技术是我们目前的核心技术,在以后的多个大型水运工程中都将继续运用。”李一勇言语间透着欣慰和自豪。

此外,李一勇团队在港珠澳大桥项目中还创造了目前世界上最大的外海深水整平船,总结出了《预制墩台的干法施工工艺》《桥梁施工监控方案》《预制墩台模版系统结构设计》《装配式钻孔平台设计》等多项国内及世界领先的技术成果。

在李一勇看来,港珠澳大桥项目跟他此前主持的诸多港口工程并不一样,它是一个大型水运工程,是水工技术、施工能力、装备水平和人员素质在外海能力的体现,在某种程度上代表着港口工程在未来的发展趋势。

21 世纪将是中国真正走向海洋的世纪,对于水工人,未来将是更大的机遇和挑战。

纵观李一勇的事业生涯,创新既是他矢志不渝的追求,也是其日复一日的行动。“创新应该是一种思想状态,要时刻想着创新,保持对新鲜事物的敏锐性;创新还必须要具备一定的基础和背景,天时地利人和缺一不可。”他真诚地建议学弟学妹们:“一定要坐得住板凳,耐得住寂寞,不要急着求成果,只要你每天都前进一点儿,就一定会有成果。”

(本文来源于大连理工大学校友工作处网站(2016-5-31),作者:金小渝,丁艺菲)

程泽坤:至情至性的水运工程勘察设计大师

【校友档案】

程泽坤,中交第三航务工程勘察设计院有限公司董事、总工程师、党委常委。1989—1992 年,硕士就读于我校结构工程专业,1992—1995 年,博士就读于我校计算力学专业。1995 年,进入中交第三航务工程勘察设计院有限公司工作,先后任高级工程师、教授级高级工程师、所总工程师、院副总工程师、院总工程师。作为项目总工程师、总设计师,主持设计了洋山深水港区一期至三期工程、盐田国际集装箱码头三期以及扩建工程、世界规模最大的矿石水-水中转港——宝钢马迹山 30 万吨级矿石码头工程等数十项在国内外有重大影响的港口工程;在大型专业化码头、防波堤和驳岸等工程设计方面业绩斐然,有十多个大型项目分别获得国家科技进步(重大工程类)奖,詹天佑土木工程大奖,全国优秀设计金奖、银奖,行业优秀设计一等奖,省部级科技进步一等奖等;主持编制水运行业技术规范7项,专利30多项,发表技术论文40多篇,获得省部级以上科技进步、咨询、设计、优秀论文、詹天佑等30多项;荣获国家首批"百千万人才工程"国家级人选、上海市重大工程立功竞赛杰出人物、交通部青年科技英才等荣誉;2013年被评选为第二届全国水运工程勘察设计大师;作为主要完成人,获得国家科技进步(重大工程类)二等奖1项,省部级科技进步特等、一等、二等奖10多项;全国优秀设计金、银、铜奖各1项,省部级优秀设计一等奖10多项;全国优秀咨询成果一等奖、二等奖各1项,省部级咨询成果一等奖、二等奖10多项;是交通部第二、三、四届专家委员会委员,享受国务院特殊津贴专家,中国工程建设标准化协会水运专业委员会设计组组长,中文核心期刊《海洋工程》《水运工程》《中国港湾建设》编委会委员。

1995年,走出大工校门的程泽坤如愿走进了原交通部第三航务工程勘察设计院的大门,成为中国水运工程设计大军中的一员。

22年间,程泽坤坚持创新工程、直言技术,在不断追求事业的征途中实现自身价值,先后成为国务院特殊津贴享受者、首批"百千万人才工程"国家级人选、上海市重大工程杰出人物。2013年,他不负众望,被评选为第二届全国水运工程勘察设计大师。

读学位是为了更好地干活,为了做更优秀的工程!

1989年,本科毕业的程泽坤为了继续深造考取了大连工学院的研究生,这一读就是6年,直到1995年博士毕业。

"硕士毕业时,我本打算工作。"1992年,大工结构系土木工程专业的硕士毕业生在就业市场上还是很抢手的。但导师赵乃义教授的一句话改变了他的决定,"你再去读一个力学博士,对你将来解决复杂结构设计问题有帮助。"在程泽坤看来,读书就是为了更好地干活,为了做出更优秀的工程,抱着这样的念头,他又踏上了读博的征途。

程泽坤博士期间师从钟万勰院士,博一下学期就跟另外两个师兄弟一起被安排到了上海市政工程设计研究院,承担水池、水塔标准图设计工作。这是一项庞大繁杂的工作,涉及几千套图纸和对应的计算书、施工说明等相关文件,程泽坤三人需要完成的工作就是通过编制软件实现自动生成上述文件。这对师兄弟三人都是一项全新的挑战,"我们只做过结构分析,编程绘制标准图这可没做过!"三人只能边学习边尝试,用了一年多的时间摸索和尝试,最终圆满完成任务。

程泽坤的学习习惯一直从他的大学时代延续到现在,学习已然成为他生命中不可或缺的一部分。每天忙完工作后,他总爱翻一翻资料或书籍,从业界期刊到各单位工程档案材料都被他视为学习资料。事实上,他在主持设计中,许多创新灵感也正源于他的这一习惯。

2000年,时任三航院副总工程师的程泽坤刚到盐田港国际集装箱码头工程报到,就碰到一件棘手的事儿。该项目设计团队第二天一早就要同香港业主雇用的英国技术专家讨论前期结构设计方案。但由于方案属空间结构,需采用大型通用分析软件计算,而熟悉该类软件的人并不多,大家不免对第二天的交流有些担心。程泽坤却在此前的学习中对该软件有所涉猎，他亲自上阵，挑灯夜战，在完善原有方案的基础上，还按照不同标准和要求，提出了备选方案。第二天会议上，业主方高度赞赏了三航院的技术方案，程泽坤这位年轻的副总工程师也给他们留下了深刻的印象。

常怀感恩之心，不忘创新之志

1995 年，程泽坤因一封自荐信来到三航院。随后的五年里，因国家政策调整，水运市场陷入低迷，而与之相关的道路、桥梁等土建市场却形势一片大好，引得水运行业大批设计师、工程师出走。程泽坤留了下来，因为一个最质朴的念头：咱得有感恩之心。

1995 年，即将博士毕业的程泽坤在图书馆翻看《改革开放上海市十大重点工程》一书，其中一篇关于外高桥港区项目介绍的文章引起了他的注意。“我以后如果也能做一个这样的项目就好了！”于是，他很快写好自荐信，将自己此前的研究成果和参与项目都一一写清，还附上了相关图纸。没出一星期，程泽坤收到了三航院的电话，简单的核实之后，求贤若渴的三航院就向他抛出了橄榄枝。

入职半年后，单位解决了他和爱人、孩子两地分居的境况，还分了一套单位住房，这让初来乍到的程泽坤倍感温暖，并在此后整个行业长达五年的低谷期，他都从未生出离开的念头。尽管，一转行就是两三倍的收入差距，尽管，他身边大半个圈子的同行都出走了，他只知道：“咱得有感恩之心。”

随着新千年的到来，水运行业的春天也来了。在程泽坤看来，重大工程是技术载体，同时也是稀缺创新资源，要做就做精品工程。

2000 年，程泽坤主持设计深圳港盐田国际集装箱码头工程，该工程是我国首座参照英国标准和香港习惯做法设计的大型集装箱码头，许多技术标准均超出当时的国内技术规范，如码头主体结构需满足“50 年不修”的要求。对此，程泽坤坚持高标准、严要求制定技术对策：码头主体结构按照全寿命成本最低的理念制定技术方案，通过适当提高不易更换构件的安全度、耐久性，以预留较大结构承载力、耐久性，提高对未来船型和大型设备的适应能力。全新的设计理念对我国诸多码头工程的设计产生了较为深远的影响，成为我国集装箱码头高品质的设计力作。

2005 年该港区在伦敦获得 GlobalInstitute of Logistics（GIL）颁发的“全球最佳集装箱港口”称号，这不仅是该组织第一次为港口运营商颁奖，同时也是中国港口第一次获得此类全球性行业大奖。

在程泽坤的另一代表作——洋山深水港区工程中，为保证 3.5 年的一期工程，程泽坤带领团队精心研究出了一种新型码头接岸结构——斜顶桩板桩承台接岸结构，解决了洋山工程码头与接岸结构选型关键技术问题，达到了节省工期的要求，填补了我国港口界在外海实施高填土挡土结构的技术空白，成为我国水运建设事业的技术品牌。

此外，连云港徐圩港区防波堤工程、宁波舟山鼠浪湖 40 万吨级大型矿石中转码头工程、福建国投湄洲湾煤炭码头工程、宁波大榭 45 万吨原油码头工程……在程泽坤 23 年的水运工程设计生涯中，他用理念创新和技术升级铸就了一个又一个水运工程的精品。

直言是对技术的尊重，对业主的负责！

“说话太直”几乎是三航局所有员工关于程泽坤的共识，对此，他憨憨一笑：“这也是我的大工基因，改不掉的。”

读博期间，因导师太忙，并不能时常敦促程泽坤和师兄弟们学习。但每次见面，钟院士总会给他们布置一些课题，留作学习和思考，也是他们下次面见老师时的“考题”。“先生主张学术自由。在学术讨论上没有师生之别，每个人都平等地阐述观点、反驳异见。”已是学生父辈年纪的钟院士经常在讨论会上跟他们就某一问题争得面红耳赤，这让程泽坤不管多少年后再回想起来都感慨不已，“这是学者和技术从业者该有的自由和较真儿。”

程泽坤的学术自由和技术较真儿在刚一入职时，就引起了不小的“轰动”。程泽坤入职没多久就旁听了一次院里技术委员会的审查会。一位副总工新研发了一个程序，用它替代原算法可以降低约20%的造价。但因降幅过大，遭到一些德高望重的老工程师们的质疑。初来乍到的程泽坤仗义执言，评价一个新理论、新方法是否合理要看它是否更贴合工程实际，是否能更好地解决实际问题，而不应纠结它比先前的理论改进了多少。“不按顺序发言，不讲‘语言艺术’，让很多人都一下子记住了我。”程泽坤笑道，“技术是容不得艺术加工的，一就是一，二就是二。”

从技术员到总工程师，程泽坤的直言始终不变，“每次带团队开技术会，都会找到当年跟先生一起探讨学术的感觉”。因为直言和耿介，程泽坤赢得了越来越多同行的敬重和业主的信任，这是一个技术者的尊荣和骄傲。

目前，程泽坤正在主持洋山深水港四期工程的设计工作。该工程竣工后将成为我国规模最大、最先进的全自动化无人智能环保型集装箱码头。这将是我国水运工程建设领域一座崭新的里程碑，也将是程泽坤手中的又一个精品工程。

（本文来源于大连理工大学校友工作处网站(2017-6-19)，作者：金小渝）

高纪兵：与时代并肩的桥梁工匠

【校友档案】

高纪兵，中国交通建设股份有限公司港珠澳大桥岛隧工程项目总经理部副总工兼总工办主任、中交第二航务工程局有限公司总工办副主任。1996—2000年就读于我校交通土建工程专业。工作17年来，一直在施工一线从事工程技术研究，在港珠澳大桥、苏通大桥等超级工程建设中参与研发了诸多世界领先的技术，累计取得43项发明专利，与团队创造了多项国内外工程记录；荣获湖北省科技进步二等奖、中国航海学会一等奖、中国交建科技进步一等奖、二等奖、公路学会科技进步特等奖、二等奖等，2017年获第五届“中国交建十大杰出青年”荣誉称号。十九大召开前夕，作为全国仅有的9名基层党员代表之一，参加国务院新闻办举行的中外记者见面会并答记者问。

三月的珠海，生机勃勃，蓄势待发，潮湿却舒适的空气中，港珠澳大桥像一条宏伟却轻盈的巨龙横亘在浩瀚无边的伶仃洋上。高纪兵坐在干净整洁的办公室里，第一次静心回顾着走出大学校门后这18年的岁月。

1996年，国家迎来第九个五年计划，机械工业飞速发展，道桥专业人才需求量急剧增加。同年，高纪兵从江苏扬中家乡来到大工，次年，读大二的他毫不犹豫选择交通土建工程专业。“学在大工”是他对大学四年最大的感悟。在交通土建工程专业，繁重的课业压力让他不敢松懈，“我和室友一起，每天晚饭后就满世界找自习室学习”。班级里有一半同学选择考研，但渴望到外面世界看看的高纪兵最终选择走出校园，怀揣梦想走向未来。

蓄势：桥箱上的黎明

2000年6月，高纪兵来到重庆中交二航局二公司工作。一个月的培训后，他迎来了人生中第一所施工桥——鄂黄大桥。“这是我参与过的最苦的桥”，作为为数不多的会用CAD画图的大学生，高纪兵却也每天在工地上跑，24小时连续倒班。“像民工，每天干12个小时，干完就回来睡觉，当然，如果上白班，那么晚上回来还要手写工程方案”他戏谑地说，“鄂黄大桥有两个百米高塔，两塔相距也有几十米，只用一米多宽的临时通道连接，我只能硬着头皮从这边走到那边，每天往返”。

君子求诸己，小人求诸人。少言寡语却踏实肯干的高纪兵，很快得到领导赏识。2002年，他参建了当时世界第一跨径斜拉桥——苏通大桥，这成为他人生重要转折点。四年时间，高纪兵经历了苏通大桥从前期临时工程到贯通竣工的整个过程，在收获事业成功的同时，也组建了幸福的家庭，成为一名父亲。“很多人说我是苏通大桥最大的人生赢家，把所有事情在这里都干完了。”他笑着说。

高纪兵在31岁时担任了当时国内最大跨径连续钢箱梁桥梁——崇启大桥的总工程师。如果说鄂黄大桥是高纪兵经历过的最苦的桥梁，那么崇启大桥就是他经历过的最累、压力最大的桥梁。“作为总工程师，基本上所有的决策、所有的技术方案都需要自己定。”

崇启大桥最大的难度是要将185米的钢箱梁整体吊装，在其他工程师都纷纷摇头的时候，高纪兵一个人将钢箱梁的生产、质量、安全、安装进度、协调等方面工作全部扛在肩上。在钢箱梁吊装施工的两个月里，高纪兵每天凌晨四点钟起床，冲一大杯咖啡带在身上，走上钢箱梁的梁顶，一个人站在梁顶进行吊装的总体协调与指挥，用对讲机指挥着工人进行吊装。“这段经历让我形成了大局观，当从上到下所有事物都交给我的时候，我必须要处理得清清楚楚。”

十年间，高纪兵将年轻岁月的“苦”和“累”都尝尽，经历着中国从“桥梁大国”到“桥梁强国”的转变。十年间，很多与他一同进入公司的技术人员都转去做了行政管理，而他依然坚定地留在一线，毫无怨言地将“脏活累活”包揽，架起一座座祖国山河的脊梁。

2011年，崇启大桥主跨合龙后，高纪兵收到了港珠澳大桥岛隧工程建设的邀请函，他怀着激动的心情办理了工作交接，马不停蹄地从长江口奔赴浩瀚无边的伶仃洋。

创新:征战港珠澳

港珠澳大桥岛隧工程项目包括两个十万平方米的海中人工岛、中间6.7公里的沉管隧道以及700多米连接桥,而岛隧工程项目又是整个港珠澳大桥的控制性工程,技术难度最高,投资份额最大。作为岛隧工程总经理部副总工,高纪兵负责技术研发。然而,刚到新工作岗位的他,对即将面临的艰难和挑战一无所知。“这个工程难点是在海底建一条沉管隧道,而我以往是做桥梁的,所学专业和经验完全用不上。”高纪兵苦笑。港珠澳大桥的海底沉管隧道由33节巨型沉管拼接而成,这些沉管每节长180米,近四层楼高,隧道内宽可达双向六车道,重量近8万吨,比一艘中型航空母舰还要大,是目前世界上最大的沉管。无疑,“自主研发”和“沉管安装”是摆在高纪兵和团队面前的最大挑战。

沉管结构设计创新在高纪兵的记忆中最为深刻。

自1928年人类工程史上修建第一条钢筋混凝土沉管隧道以来,所有沉管结构只有刚性和柔性两种,但现有工程记录显示,这两种结构体系沉管隧道都是浅埋隧道,而港珠澳大桥隧道是世界上唯一深埋沉管隧道,最深沉放水下44.5米,上有20多米覆盖层,超过浅埋沉管5倍的荷载。“如果采用传统的结构体系,那么沉管结构得不到安全保障。”

面对问题,国外权威隧道专家给出“深埋浅做”的两个解决方案:其一,在沉管顶部回填与水差不多重的轻质填料,这需要增加十多亿元人民币投资,工期也将延长;其二,在120年运营期内控制回淤物厚度,进行维护性疏浚,维护费需要数十亿元人民币。

这样昂贵的代价让中国工程师心有不甘,经过近一年的攻坚克难,他们在刚性结构的基础上提出了半刚性结构的概念,“刚性结构好比一块长条积木,柔性结构好比将小积木块拼接成积木条。我们提出的‘半刚性’结构,相当于用小积木块拼成积木条的同时,在每两节积木块中间用松紧带连接起来,让它们实现既分离又相互间有联系。”高纪兵介绍,这能有效增强深埋沉管的结构安全性。

半刚性结构理念一提出就遭到了国内外诸多同行专家的质疑,说服专家取得共识似乎比论证技术本身更艰难,这个艰难过程从2012年底一直持续到2013年8月。最终,他们邀请国内外6家专业研究机构进行“背对背”分析计算,从模型实验及原理上验证“半刚性”结构。研究论证结果趋同,证明“半刚性”是从结构上解决沉管深埋的科学方法,最终得到了一致认可。

经过两年的努力和坚持,“半刚性”只花费了极小的代价就把沉管深埋的构想变成了现实。到2016年11月23日,已安装隧道总长达到5 130米,不仅已是世界上最长的公路沉管隧道,也超过了国内沉管隧道总和。从此,世界百年沉管结构的工具箱除了已有的“刚性”“柔性”之外,还增加了“半刚性”的新成员。

自主研发沉管结构只是海底沉管建设的第一步,每一节沉管安装都是项目“生死攸关”的冒险,用岛隧工程项目总经理林鸣的话说,“33个管节的安装就像连续33次考上清华”!“第一节沉管安装时,项目走了很多人,因为没有信心能成功”,高纪兵说。由于海底隧道是大桥主体控制性工程段,因此,对沉管间安装的误差控制非常严格。“沉管横截面积约 400 平方米，安装最大误差不能超过 5 厘米。”然而，当 E10 管节安装完，误差却为 8.5 厘米，超出既定标准。“是安装技术有问题，还是管理决策流程有问题?”国内外同行专家中充斥质疑，安装施工停滞 3 个多月。

高纪兵坦言：“那是我唯一想做逃兵的一次，这种质疑可能导致我们上百号人一年半的技术攻关被全盘否定。”那段日子，他白天陪同交通部督查小组检查，随时解答对方提出的问题，晚上彻夜不眠，将白天督查情况整理成文汇报。同时，他带领技术团队分析 E10 管节安装过程中各项数据和流程，找出偏差过大的根源。

一个多月后，项目海洋观测团队发现了深水“齿轮现象”，即与普遍认知不同，海底深槽内存在大流速，安装过程中，巨大体量的沉管会受到很大的冲击力，影响安装精度。随后，高纪兵和技术团队完成了“海流实时监测与沉管运动姿态实时监测”和“对接窗口”预报保障系统研发，让沉管安装过程“看得见、摸得着”，成功破解世界级难题，填补世界范围内深水深槽沉管安装的技术空白。

七年的港珠澳工程，让高纪兵找到了自己的解压方式——快走。“每天晚上从营地走到唐家市场，往返路程近 10 公里。走着走着，人就静下来了，头脑也变得清晰了。”

大桥全线贯通的时刻逼得越近，高纪兵和团队的工程师越不敢有一丝松懈和怠慢，收尾工作精细到工程中的每个角落、每条缝隙，希望能将这备受世界瞩目的超级工程犹如艺术品一样交给国家和人民。

梦想：做肩负时代使命的科学工匠

2017 年 10 月 9 日，39 岁的高纪兵作为全国 9 名优秀青年共产党员的代表之一，参加了十九大前夕召开的中外答记者问座谈会，他将 18 年的一线工作经历融入对时代、对祖国的感恩中：“青年人要走在时代的前面，做时代的奋进者、开拓者与奉献者。这个时代给予了我们创新的空间，工程人员只要想得到，就可以做得到，这就是我们工程人生活在新时代的幸福。”

在高纪兵看来，勇敢担当、甘愿奉献、不断创新是成为一名优秀的工程师必须具备三大品质，不仅是“科学家与工匠”的结合体，更要有心中的追求和梦想。“如果每个行业都有梦的话，就会构成中国梦。港珠澳大桥开工前，我们梦想将它做成世界一流的项目，要打破国外技术上的封锁，我们做到了!”

关于未来，高纪兵有些腼腆地说：“这个工程做完后，其实我想要休息一段时间。2000 年毕业到现在，我该安稳下来，有一个稳定的家了。”如实，这个生长在江苏的小伙子，在相继辗转湖北、上海和珠海后，成为中国桥梁建设中肩负使命和重任的中流砥柱。这 18 年来，每年累计 20 天的假期，他从来没有休完过。女儿和家人，一直是他隐埋在心中最深的牵挂。今年，是高纪兵在港珠澳大桥工程中第一次回家过年，未来，他希望每年都能与家人团圆。

（本文来源于大连理工大学校友工作处网站(2018-7-9)，作者：刘宴如）

吴慧明校友获2018年度国家科技进步一等奖

【校友档案】

吴慧明，浙江开天工程技术有限公司总经理。1985—1989年本科就读于我校岩土工程专业，1989—1992年硕士研究生就读于我校土木工程专业，2001年获浙江大学岩土工程博士学位。吴慧明校友是教授级高工，国家级注册岩土工程师、注册监理工程师、中国实验室国家注册评审员、浙江省资质认定评审技术专家，兼任浙江省高知联理事、开天浙大滨海和城市岩土新技术梅山中心常务主任、中国岩石力学与工程学会理事、《地基处理》杂志副理事长、浙江省土木建筑学会工程测试分析学术委员会委员等。先后主编《基桩检测技术与实例》等专著，发表论文50余篇，课题“广义复合地基理论研究及工程应用”研究成果处于国际领先水平，获“中国岩石力学与工程学会科技进步特等奖”。吴慧明校友十分关注学校和建设工程学部的发展，获得学校“2017校友年度人物”校友成就奖，并在2018年5月来校为建设工程学部研究生做了题为《做个有用的人》的报告。

“最好的成长在大工！”

吴慧明出生在江苏南京。父亲是一名数学教师，虽然没有系统教授子女数学知识，却给他们“预设”了学习专业，本着“七十年代社会缺啥就读啥”的原则，三女一子分别就读了医疗、通讯、土木、计算机等专业。“预设”不分性别，成了吴慧明走进岩土行业的第一步。

1985年，吴慧明考入大工，攻读土木工程专业岩土方向。八十年代的大工校园到处充满奋斗的气息，举目而见努力的青年学子，吴慧明亦不例外。课堂、图书馆、宿舍“三点一线”的日子成为青春最美的轨迹，也描摹了她与大工深厚的感情。

“母校教会我的严谨是这一生最宝贵的财富！”吴慧明不无感慨地说。“那时我们做实验，全是老师‘一盯一’，想蒙混过关，门都没有，只要实验有问题，必须找出缘由”。直到现在，吴慧明还记得测量实验、电工实验的场景。当然，也让严谨融入她的骨髓。

严谨换来本领，正气安身立命。“我一直记得副系主任郑芳怀老师。不是因为他对我好，而是对我们所有人都好。这种好不止传道授业，更教会我们拥有正气凛然的大工品格！”吴慧明如是说。“郑老师从来都是一碗水端平，从学业到生活”。“我最好的成长在大工，它教会了我堂堂正正做人，干干净净做事”。今天的吴慧明已成为岩土工程知名专家，在专业领域游刃有余，但她一直认为，这一切都归功于在大工学会的本领、塑造的品格和坚毅的精神。

1989年，吴慧明本科毕业，保送至我校岩土工程专业攻读硕士研究生，三年后硕士毕业，成为宁波大学的一名教师，1997年师从浙江大学龚晓南院士攻读博士学位。当然，也就是在这一年，吴慧明教职，创业成立浙江开天工程有限公司，进入工程一线。

“干工程的女人比男人难！”

“我与岩土真是有莫名的缘分，一个女孩子偏偏就喜欢这个行业，又偏巧对它还有灵性”，吴慧明不无调侃地说。“岩土研究很特殊，没有工程一线经验就很难进步，虽然在宁波大学教学很不错，但终归与我的兴趣和梦想差一步”。其实在离开宁波大学前夕，吴慧明所在学院已有意安排她出任学院领导，但还是被她婉言谢绝。

吴慧明的爱人陈浩军也是大工人，更是她事业最有力的支持者，尽管那时他们已经有了不菲的积蓄和稳定的生活，但为了爱人的梦想还是一同创业打拼。有了爱人全权打理公司业务，吴慧明全心投入工程一线，成为公司里最拼命的一线员工。

父亲的“预设”不分性别，吴慧明也从来没觉得男女有何区别，可工程一线却因为性别让她困难重重。在岩土领域工作的女性很少，即使有也大多从事理论研究，像吴慧明这样直冲一线，一干就是二十余年的女性凤毛麟角。用她自己的话就是，“工程不分男女，不会有人因为女性就放弃要求，干岩土工程，女人可比男人难！”

穿上难看的工作服在现场摸爬滚打，无时无刻都要留意现场安全，跳出体制后出现的不稳定，日复一日通宵达旦的工作强度……都在考验这个执着坚强的女人。“其实，我并不怕专业上遇到问题”，吴慧明以骄傲的大工学子的身份说，“我最怕的是社会水太深，又没有人来教”，而无论是工程商谈还是公司经营，这又都是不可回避的问题。“适应！再适应！”成为夫妻二人最朴素的坚持，一点点学，一点点改，公司渐渐站稳脚跟。

工程一线二十载，淡泊名利繁花开。直到今天，吴慧明仍然每天都到工地去，亲自做勘察，亲自做分析。“我就爱待在那。”吴慧明笑着说，“一般来说，岩土领域很难看见一个老博士成天待在工地上吧？偏巧我就是最特别的一个”。二十余年的工程一线经验让吴慧明迅速成为行业专家。她主持的“高压气溶胶排水固结技术的研究”项目对岩土工程领域的核心基础理论——排水固结理论进行了重新构建，建立了立体的排水固结系统，整合了岩土、机械、自控、材料等多个学科，在北仑万人沙滩地基处理等项目上获得成功应用，被评为“第四届浙江省岩土力学与工程学会科学技术奖特等奖”，这样的案例还有很多很多。近五年，她主持完成的基桩检测项目年均超过 300 项，累计 2 000 余项，产值数亿元，多个项目获鲁班奖、钱江杯、甬江杯等奖项，值得一提的是，舟山连岛工程中的金塘大桥主桥墩的桩基检测达到 117 米，已是当时国内长度最大的桩基工程。每年，她所从事基坑监测项目都有几十余项，累计产值超过数千万元，她做过的技术咨询项目、设计项目、地基处理项目超过百项，解决多个技术难题、处理危难工程。

“在岩土领域还有很长的路要走！”

务实、勤恳、聪明、坚持……这些特质已成为吴慧明被人称道的标签，也由此赢得不少前辈的帮助与支持，博士导师龚晓南院士无疑是其中最受敬仰的一位。岩土工程涉及领域广，从海洋围岛、石油开发配套、超高层建筑，到地铁勘测、民房改建。但这一领域的理论创新却乏善可陈，不少解决方案虽来自一线，但缺乏有力的理论支撑，理论探索与创新成为岩土科学家们不懈的追求，龚院士在这么做，吴慧明也在这么做，“潜心研究不循规蹈矩”成了师徒二人最和谐的默契。

吴慧明在岩土工程理论探索与创新领域可谓是火力全开。“很多在一线得出的工程数据，要比在实验室计算出来的准确得多，因为实验室里很多假设、边界条件和模型有时并不符合工程实际，但一线数据缺乏理论支撑，进步很是困难，需要我们以此为基础深入理论研究，再反馈一线，循环起来。”如此思考的吴慧明，已不再是创业者，更是为岩土工程发展不懈努力的深情岩土人。2017 年，夫妻二人新建“滨海岩土工程与地下空间开发利用新技术研究院”，研究院包括岩土工程与新技术研究开发板块、岩土工程与新材料多学科联合板块、先进智能检测技术与设备研发板块以及专业人才培养的博士后流动站等四个板块，希望通过研究院建设，推进岩土工程科研成果转化速度，打造国内外岩土工程领域的研究最高地，为国家社会发展多做服务与贡献。

有幸在母校见到吴慧明，她正在与建设工程学部岩土工程实验室的师弟师妹们座谈交流，分享工程研究的新思路。用她自己的话说，“我是永远的大工人，在岩土领域我还有很长的路要走，希望能和师弟师妹们一同进步。我也一直在努力，希望能够把前辈、老师们的科研精神、工程经验、学术素养学过来，尽早与岩土领域的世界顶级专家对接，深入研究世界最先进的课题，做好与国内工程实际的有效互动，为我国岩土工程事业发展贡献大工人的力量”。

锲而不舍，金石可镂，岩土女儿吴慧明正怀揣梦想，执着前行。

（本文来源于大连理工大学校友工作处网站(2019-1-18)，作者：朱志伟）

从卡西姆港到汉班托塔港

——一个“老海”跨越 30 年的两则故事

【校友档案】

胡建华，大连理工大学港口工程专业 1984 届本科毕业生，获英国伯明翰大学建筑管理专业硕士学位、澳大利亚国立南澳大学工商管理专业博士学位。全国优秀企业家。招商局集团有限公司党委副书记、董事。曾任香港振华工程有限公司总经理，中国港湾董事总经理，科伦坡国际集装箱码头董事长，招商局物流集团董事长，中国南山开发集团董事长，吉布提港口有限公司副主席，中投海外有限公司外部董事，招商局港口董事局副主席、董事总经理，招商局集团有限公司副总经理等职务。

从学港口到建设港口，再到开展投资、运营港口，胡建华的职业生涯贯穿港口全生命周期，从事国际工程承包业务遍布全球 50 多个国家。2007 年加入招商局后，带领专业团队开展了一系列重大国际项目，包括科伦坡港 BOT 绿地项目、汉班托塔港综合开发、吉布提“前港-中区-后城”综合开发、巴西第二大集装箱 TCP 码头收购等，逐步形成了全球五大洲 50 个港口、园区和物流产业布局，奠定了招商局与国家“一带一路”倡议的高度契合的海外发展战略。在 2018 年 8 月习近平总书记主持的“一带一路”五周年座谈会上，招商局作为唯一一家国有企业代表进行了专题汇报。

初则学商战于外人，继则与外人商战。非富无以保邦，非强无以保富。

——郑观应

2017 年 12 月 24 日晚上，“我在海外”征文颁奖典礼现场，我通过视频和远在吉布提、白俄罗斯的 60 多位海外将士隔空对话，看着一张张海外同事亲切的笑脸，翻着一篇篇来自海外一线的真实故事，不由想起了自己 30 年来征战海外的一幕幕往事。30 年前，我初出国门，参与第一个海外项目——巴基斯坦卡西姆港航道疏浚项目，一个现在看来很不起眼的项目，开启了我们走出去的第一步；30 年后，我们斯里兰卡汉班托塔港项目成功交割，举世瞩目，被称为中国在印度洋国家战略的重大突破。30 年来，我在海外经历了无数的风雨，品尝了多味的人生，有着讲不完的故事。

从卡西姆港到汉班托塔港，30 年头尾的这两则故事也许具有一定的典型性，就给大家做个分享。

卡西姆港的鸣笛

“呜—呜—呜—”，汽笛沉闷地响了三声，那是一艘停靠在巴基斯坦卡西姆港达 8 年之久的荷兰作业船发出的悲鸣。随着这三声鸣响，船缓缓启动，拖着沉重的步伐缓慢驶向大海，头也不回地走了。夕阳下那黯然离去的船影，用这种落寞的方式，向巴基斯坦告别，向一个时代告别。从那时起，中国接管了巴基斯坦卡西姆港航道疏浚工程。荷兰时代的终结，也是中国时代的开启。

1980 年中期的中国，改革开放起步不久，走出国门才迈开试探性的一小步，国际工程承包市场还是西方大企业的天下，中国公司主要做些简单的劳务输出，或者为国际大承包商做点小的分包项目。大学毕业后，我被分配到中国港湾工程公司，这是一家专业从事港口工程建设的大型国企。和当时的很多青年人一样，受女排五连冠的感动，激情澎湃摩拳擦掌，渴望建功立业，我直接给公司领导写信，表示不甘于朝九晚五的办公室生活，主动请缨要到海外闯一闯。1987 年 10 月，我和天津航道局的党委书记一起来到巴基斯坦，参加卡西姆港航道疏浚项目的投标，这是我第一次踏上异国的土地，自此展开了 30 年的海外征程。

10 月的卡拉奇，天气依然炎热潮湿。飞机舱门打开的那一刻，一股热浪扑面而来，热情地欢迎我这个初次走出国门的小伙子。出了机场，一个帅气的年轻人举着牌子等着我们，他就是我们的代理，一见面就给了我一个热情的拥抱，扑鼻而来的是他身上那股混合着香水和汗水的浓烈味道，那种令人窒息的酸爽至今记忆犹新。

当晚 9 点我们赶到了港务局。港务局总工程师对我们表示热烈欢迎，但对我们的能力持怀疑态度。“第一，这是一个技术含量很高的工程项目，需要专业的 4 500 方仓容的耙吸式挖泥船；第二，我们时间紧迫，如果不能按期完工，也就是印度洋季风来之前没有完成的话，港口就要封闭，造成的后果将不堪设想。你们想承揽工程的热情令人钦佩，但你们只有船龄老旧的挖泥船，还远在中国，是否有能力完成预定的挖泥任务，我们很担心”，他直截了当地说。面对总工程师的质疑，我们回答说："我们知道巴基斯坦人民非常崇拜周总理，就打比方说，贵为一国总理，周总理有时穿着打补丁的旧衣服，虽然不一定美观，但实用功能与新衣服没有区别，我们的挖泥船是有年头了，但它依然在中国沿海港口疏浚中正常服役，没有影响实际的挖泥工程。"总工程师深受感动，接受了我们的说法。

我们在打消了对方疑虑后，随即展开了对航道的考察，并于一周后提交了报价。考察的时候，荷兰人的作业船就停在港口最醒目的位置。卡西姆港是荷兰人建的新港，8 年来一直是他们在疏浚维护，每年都有大约两百万方的淤泥淤积，因为独家生意，他们以 64 卢比/方的高昂价格来清淤疏浚。当他们通过在港务局的关系了解到我们的报价只有 32 卢比/方时，立刻坐不住了，赶忙于第二天再次报价 30 卢比/方，并放出狠话说："无论如何都要把中国人轰回去，不准他们进入这个市场，这是我们西方人的地盘，这里没有中国人的立足之地。"

而这个局面让港务局也大吃一惊，没想到荷兰人会把价格降到这么低。于是在感谢中方的同时，港务局也把荷方的最新报价透露给了我们。国际舞台的战斗是争分夺秒的，很快我们便给予对方坚决回击，25 卢比！荷兰人步步紧逼，立刻将报价降到了 23.5 卢比，摆出一副势在必得的姿态，并在媒体大放厥词：我们的船就停靠在港口，随时可以开始疏浚；而中国人要设备没设备，要技术没技术，就是一时头脑发热来投标，交给中国人将会对港口造成无可挽回的损失。

截标的日子马上到了。此时的港务局已无所适从，只得拿出一个折中的办法：同时请两家公司最后报价，并在一个礼拜之后，也就是当年 12 月 22 日中午 12 点，在港务局办公室当场开标，公平竞争。

12 月 22 日，天空万里无云。中午 12 点，在中荷双方的见证下，卡西姆港务局总工程师同时打开了两份报价。都是 20 卢比！空气霎时间凝固了，只有风扇转动的沙沙声在耳旁回响。"居然是同样的价格，居然会报这么低。"我心里思忖着。港务局长一时间不知所措，赶紧召集他的下属短暂讨论，然后宣布："特别感谢你们两家参与投标，你们的价格已经远远超出我们的想象，我对你们的低价格表示感谢，但是对你们相同的价格我们无法做出决策，我们将另行开董事会，请各位先回吧。"

我心灰意冷地拎起公文包，老党委书记好像看出了我的低落，拍拍我的肩膀说："小胡，振作一点，我们并没有失败，真正的战斗才刚刚开始。"果然，接下来的几天，荷方出动了各种游说；而我们这边，驻巴大使也积极协调，我们的合作伙伴甚至在当地报纸《黎明报》上发文，告诉广大民众：中国人来了，这是我们的兄弟，我们将打破荷兰人的垄断，再也不会为高价买单。我们将和中国兄弟一起，打造我们自己的疏浚公司。一场普通的竞标已经上升到政治的高度。

一周之后，我们焦灼的等待终于得到回音，驻巴基斯坦大使发来电报："巴基斯坦政府已决定把卡西姆港航道疏浚项目授予中方，请中国港湾公司即日起尽快准备船舶调遣，一定不能辜负巴基斯坦对我们的信任。"后来我们才知道，巴基斯坦港务局内部两极分化，无法对授标做出定夺，又将此事呈报到巴基斯坦交通部，巴交通部也出现了两种声音，后来是时任巴基斯坦政府总理的居内久先生亲自拍板。交通部的官员告诉我们，当总理先生听了整个招标过程的来龙去脉后，饱含深情地说："我比你们更了解中国。中国是我们的兄弟国家，关键时刻无论中国政府和人民处在何种境地，都始终坚定地支持我们。把项目给中国人，相信他们一定能做好。"

卡西姆港

多年以来，中国人走向海外，都是去中东等地从事房屋建设，以廉价的劳动力换取微薄的外汇。而这一次，我们终于有机会通过我们的专业知识和技能，来从事专业的港口维护工程。其实，这个项目不大，总价也只有两百多万美金，但是在我们心中，却沉甸甸的，它代表着中巴两国多年的友谊、感情与相互信任。我心里暗暗给自己加了把劲，一定要把这个项目做好！最终项目顺利按期完工，并得到了中巴双方政府的赞赏。从此，卡西姆港的疏浚乃至整个巴基斯坦的港口建设，再也没有了荷兰人的身影。也正是从这个项目开始，我作为中国港湾在巴基斯坦的首任首席代表，开始了我第一个常驻海外8年奋斗并幸福的工作经历。

斯里兰卡的"金龟婿"

30年后的2017年，我再一次站在了印度洋边，这一片海还是那样湛蓝澄澈；而我的角色，却已从一名港口工程师，变成了"一带一路"的倡议的践行者。

2017年12月9日的斯里兰卡议会大厦，熙熙攘攘，高朋满座。斯里兰卡汉班托塔港特许经营权生效仪式在此举行，汉班托塔港从这天开始，正式由斯里兰卡政府转交给招商局集团运营，11.2亿美元的总投资，11.5平方公里的土地，10个泊位，3 487米的岸线，运营期99年，距离亚洲至欧洲主要航道10里范围内的黄金位置，是"一带一路"的重要节点。这是斯里兰卡历史上首次将整个港口交给外国公司投资和管理。

在中印边界对峙的敏感时刻，斯里兰卡把这样一个重要的战略资产交给招商局，引起国内外舆论高度关注。我有幸在斯里兰卡总理和诸多部长的见证下，作为招商局集团的代表发表讲话，并接受新华社和中央电视台新闻联播记者的采访。

当斯里兰卡总理宣布特许经营协议正式生效的那一刻，作为一个中国人，一股深深的骄傲与自豪感涌上我的心头。我从2007年加入招商局，便开始了探索港口业务的"走出去"，我们用了10年时间，完成了招商局港口20个国家、53个港口(其中26个海外港口)的布局，而拿下汉班托塔这一印度洋上的明珠，则是继2009年入股科伦坡国际集装箱码头(CICT)之后，在斯里兰卡市场又一重大成功，凝结了数载的艰苦谈判与跟踪历程。

汉班托塔港

2009 年，金融危机席卷全球，其他全球港口运营商都临时放弃了对 CICT 运营权的投标。但凭借前瞻性眼光和专业性判断，招商局毅然选择拿下 CICT。如今，该码头已经成为中斯合作的标志性项目，在合作过程中也得到斯里兰卡方的高度信任。

2015 年 4 月，斯里兰卡总理在北京访问，专门向李克强总理提出，斯里兰卡政府由于无法偿还建造汉班托塔港的高额贷款，想通过"债转股"形式出售汉班托塔港特许经营权，希望得到中国政府和企业的支持。当天晚上，斯里兰卡总理亲自带领若干内阁部长，在北京君悦酒店与我带领的招商局团队会谈，他提出："招商局是全球港口行业的精英和标杆，我们信任你们，你们现在做的科伦坡港项目为我们国家争得荣誉。我们现在遇到了无法偿还汉港项目贷款的困难，希望你们能够出手相助，不仅带来资金解决困难，而且相信你们能管理得更好，我们愿意把我们最好的资源交给兄弟的中国企业，我已经与你们总理沟通，得到了你们总理的支持。"斯里兰卡总理恳切的目光，与当年巴基斯坦卡西姆港总工程师的目光似曾相识，都饱含友好，但双方层次则天壤之别，更重要的是已将怀疑完全变成了信任，甚至有些请求的意味。带着莫大的荣誉和肯定，我们开始了与斯方的谈判。

然而谈判过程并没有想象中那么一帆风顺。第一次技术谈判就遇到了挫折。科伦坡是我最为熟悉的城市之一，也是我长期海外工作的根据地之一，我曾目睹了它内战时的满目疮痍，也欣赏过它和平时期的风光旖旎。然而坐在谈判桌前，港务局主席带领的团队却让我感到陌生。会上，我很客气地说："主席先生，为了更好地了解汉港的状况，我方需要做工程的、法律的、市场的、财务的尽职调查，请贵方协助。"然而，港务局主席跟他的团队却似乎有意无意回避这个话题，总是在打太极。随后一个月，我带领的谈判组多次向港务局正式索要资料，全都吃了闭门羹。

"真是个难缠的对手！"但是谈判还是要继续，我一方面安排细化尽职调查所需的资料，另一方面则派人去港务局和港口部打听情况。5 月的斯里兰卡天气闷热，每次费尽周折，得到的答案却总是冷冰冰的"还在联系，无法提供"。想约港务局的领导私下会谈，却比见总统还难。

蛇口有句著名的口号："时间就是金钱，效率就是生命。"半个月过去了，看着谈判毫无进展，我也有些坐不住了，便安排谈判组成员黄鹏去港务局对副主席进行"围追堵截"。不一会儿我便收到黄鹏的信息，"副主席在办公室，我已经在门口等待。"我这才得以静下心，思考对方拖延的原因。是啊，这个港口的位置确实太重要，它位于印度的后花园，是东西这条航线上非常具有战略意义的位置，离主航线只有10海里，不管是散货船还是集装箱船都从它前面过。这难免会引起其他利益相关国的阻挠，斯里兰卡本地人本来也对外国人经营港口心怀芥蒂。但是，这个港口是国家二十一世纪海上丝绸之路的关键节点，也是招商局在该地区唯一有可能获得主控的港口，我们志在必得！正在这时，我的思绪被一阵急促的敲门声打断。打开门，黄鹏一边擦着他满头的汗，一边急匆匆地说："胡总，副主席……副主席我没有跟住。"我一阵纳闷："你不是在门口等着吗？他还能钻地缝不成?"黄鹏拿起一瓶水，猛灌了一口，然后说："我看到他的车就在楼下，他的秘书也告诉我他确实在里面。我以为胜券在握了，就一直在办公室门口守着。谁知道，等了整整一下午也不见他出门。到了下班点，秘书告诉我说，副主席已经走了。再一看，车也不在了。后来我觉得蹊跷，便绕到楼后，才发现原来他办公室还有一个后门，原来他从后门溜走了。"

这么重要的项目，岂能是捉迷藏的儿戏！我立即要求与港务局召开正式会议。会上，港务局主席还是那副慢条斯理的样子，打着官腔说："你看，我们该做的都做了。我们已经报了港口部了，还没有消息，而且我们这边的资料也不全，我们需要多部门沟通，这都需要时间。"我与他面对面坐着，紧紧地盯着他，眼睛一动不动，他的眼神一直试图在逃避。不等他讲完，我再也忍不住内心的怒火，狠狠地拍了下桌子，站起身来，严厉地跟他说："主席先生，作为投资者，我们带着足够的诚意到斯里兰卡，而且据我了解大部分的资料港务局都可以提供。如果连基本的尽职调查的资料都无法得到保证，那么，很遗憾，我们无法继续这个项目的谈判了！我们今天就会返回香港!"于是项目组一不做二不休，选择以退为进，先返回了香港。斯里兰卡总理对我们的做法表示不解，我向他汇报了谈判情况，并解释说："很抱歉，总理先生，您也知道现在斯方内部有一些分歧，对项目的推进产生了影响。如果斯方内部的问题都处理不好，那很遗憾我们就只能选择退出了。"

回到香港不久，前方便传来好消息，总理为此项目专门召开了内阁会，会上他力排众议，将港口部长、港务局主席、副主席进行了调整，安排了新的团队跟我们对接。谈判组便马不停蹄地赶往科伦坡。这次斯方十分配合，积极为我们提供各类尽职调查所需要的资料。

随后的一年多时间，对方先后四次更换谈判团队，并专门成立技术委员会，与我们进行了五六十轮"斗智斗勇"、艰苦卓绝的谈判，我自己先后3次专门拜会斯里兰卡总统，10次与斯里兰卡总理会面，其中5次与总理面对面的正式会谈。一路曲折，项目终于等到了签约的这一天。

我们谈判团队的一位同事打了一个有趣的比方：汉班托塔港就是斯里兰卡最宝贝的一个闺女，现在闺女要出嫁了，父亲肯定要精挑细选一个金龟婿。斯里兰卡总理之所以为了促成与招商局的合作，以雷霆之势换掉港口部长、港务局主席等一干人马，就是因为在他访华时亲自拜访了深圳蛇口，亲眼看见了以蛇口为代表的深圳的朝气与繁荣，认可了招商局的实力和模式，相信招商局能够盘活汉班托塔港的经济、增加就业，因此认定招商局就是他看好的"金龟婿"。新任港务局主席的话代表了他们的心声："招商局一家公司所管理的资产总额超过了斯里兰卡全国的GDP，选择这个伙伴，够了。"

新时代的弄潮儿

1987年到2017年，我绝大部分时间和精力在海外，在100多个国家留下了我的足迹和汗水，海外情结已经深深地融入我的血液，我早已习惯并喜欢上了发展中国家的风土人情，包括30年前令我窒息的亚非拉兄弟身上的味道。30年海外征战，我亲眼看见了国家日新月异的变化，对中国人在海外的地位变化感受尤为深刻。30年前，我们只能承包简单的对外工程，只能给西方大公司打打下手，而如今，中国公司早已是国际工程承包市场的绝对主体，我们有能力承接各种高难度工程；30年前，我们为了争取两百多万美元的合同和西方人斗智斗勇，而如今，我们有能力拿出数十亿美金收购国外的港口；30年前，我们的承包合同期限一般只有1～2年，而如今，我们获得了99年的运营期；30年前，我们只能输出廉价劳动力，输出工程承包服务，而如今，我们可以进行资本输出、管理输出、技术输出、模式输出，主动带资收购全世界各地的优良资产，积极实施港口全球战略布局；30年前，我们的项目默默无闻，而如今，全世界媒体都对我们在海外项目的一举一动高度关注；30年前，我们要苦口婆心说服兄弟国家的基层官员，30年后，诸多国家总统、总理、部长争相与我们探讨合作。

吉布提自贸区项目框架协议签字仪式

吉布提港

这30年，国家完成从贫穷落后到繁荣富强的变迁，是一代人的辛苦拼搏和不懈努力换来的。而只有国家强大起来，我们的腰杆子才会更硬，讲话才会更有底气。我很幸运能够成为这其中的一员，在海外的舞台上挥洒自己的热情和汗水。

放眼未来30年，那时候的中国将成为世界最大的经济体，中国的公司中将诞生一批领导全球行业的世界一流企业。我们的年轻一代面临的机遇前所未有，具备的海外拓展条件前所未有，施展个人才华的国际大舞台前所未有。

我的儿子是我在巴基斯坦做项目过程中出生的，为在赶赴海外现场处理紧急公务前看到儿子一眼，我和夫人临时商定通过剖宫产使他提前一周来到世界。也许正因为如此，他的血液中也继承了我走向海外的基因和情感，在我儿子以优异成绩从澳大利亚大学毕业后，他坚定地提出，不想待在安乐窝舒适区，要到非洲去，到我曾经战斗的世界，闯出一片天地。我很欣慰，走向海外是国家的大势所趋，新一代年轻人的家国情怀和责任感一点儿也不比我们逊色。我相信，再过30年，新时代的弄潮儿所有的汗水、努力和付出会结出丰硕的果实，我们的中国梦——一个富强、民主、文明、美丽的社会主义现代化强国一定会屹立于世界的东方。

（本文来源于招商局内刊，作者：胡建华）

附　录

附录一　教职工名单

(一)1949—1955 年土木工程系时期(174 人)

卞澄川　蔡　永　曹和云　曹善安　昌　彤　陈璧宏　陈朝鹄　陈德钜　陈洪媛　陈继祖　陈可一
陈美珍　陈汝治　陈士荫　陈守煜　程　江　成源英　崔玉邦　戴宗信　邓播声　董毓新　杜守石
范怀远　范家鼎　方稻香　方佩竹　方　荣　方孝淑　冯章才　傅维垣　高俊升　顾尔鑫　顾飞程
顾兆茂　郭梅仪　郭声洲　郭威勤　关毓麟　韩春第　何广讷　何建国　洪承礼　侯穆堂　胡宗凯
黄　橙　黄大能　黄学禹　纪元芳　江国英　蒋惠民　蒋水心　解树岩　金崇磐　金同稷　李奠国
李　栋　李鉴初　李立万　李隆盛　李士豪　李树瑶　李彦硕　李玉成　李玉琦　梁烈清　林　皋
刘德才　刘德财　刘开仁　刘　榴　刘文信　刘应中　刘子榕　陆匡宙　陆文发　罗学明　马　良
马　啸　马和太　买长孝　米孝和　彭阜南　彭声汉　彭新泰　齐东海　钱令希　邱大洪　邱树本
尚全夫　佘美玲　申震亚　沈蕙兰　沈昌明　沈　梧　宋鹏飞　宋彧浙　眭庆曦　孙德武　孙广忠
孙焕纯　孙景谋　孙绍英　孙希忠　孙意卿　汤兆姗　唐立民　汪琪明　汪　坦　王翠先　王景贤
王　俊　王庆春　王庆寿　王玉枝　王儒贤　王绍成　王世泽　王薇莉　王惟诚　王锡祉　王则明
王中正　王钟泰　邬瑞锋　吴宗盛　夏允积　萧宗谊　辛雨农　邢次青　邢至庄　熊一中　徐明君
徐福生　徐积善　徐克缙　徐彭寿　许福申　许兆銮　杨芳毓　杨国贤　杨宣仁　于国荣　于宗孝
余家璞　余佩谦　俞鸿儒　俞聿修　虞和莹　于忠元　云大真　张继新　张宗盛　张介人　张景琦
张莲贞　张起泉　张万发　张武奇　章守恭　赵德雍　赵国藩　赵廼义　赵　山　赵耀娟　赵昭阳
郑芳怀　周承倜　周传耀　周世昌　周　震　朱传琛　朱骏荪　朱　玮　朱重光　庄　鹏

(二)1956—1973 年水利工程系时期(308 人)

白凤林　卜华仁　蔡银花　蔡　永　曹和云　曹善安　曹永民　陈璧宏　陈朝鹄　陈德钜　陈　汉
陈洪媛　陈继祖　陈可一　陈美珍　陈汝治　陈士荫　陈守煜　陈慰茹　陈贤康　陈新亭　成源英
崇金著　崔玉邦　戴宗信　邓鸿根　邓远福　董毓新　杜守石　范垂义　范怀远　范家鼎　范　煦
方稻香　方佩竹　方　荣　方孝淑　冯章才　傅维垣　高俊升　高喜玉　葛凤楼　谷春荣　顾尔鑫
顾兆茂　顾正浩　顾作新　桂玉昆　郭承侃　郭梅仪　郭声洲　郭淑珍　郭淑松　郭威勤　郭锡智
国宝发　韩国城　何东辉　何广讷　何明昌　洪承礼　侯穆堂　侯荣革　胡德宝　胡立万　胡宗凯
黄　橙　黄其山　黄锡伦　黄学禹　黄玉兰　黄跃坤　江国英　姜爱美　蒋惠民　蒋丽音　蒋水心
解树琛　解树岩　金崇磐　金春山　金同稷　靳国礼　康海贵　康辛临　柯　杰　李奠国　李　栋
李桂芝　李惠贞　李鉴初　李濬炎　李林普　李仁贵　李士豪　李树瑶　李秀林　李学鸿　李彦硕
李玉成　李玉琦　李玉蓉　李祖成　连　竞　廖婉卿　林　皋　林少京　林少培　林少宗　凌家枢
刘大中　刘德才　刘德盛　刘德铮　刘锋荣　刘桂芝　刘开仁　刘　榴　刘　珉　刘　勤　刘显福

刘义骥　刘忠惠　刘子榕　龙中耀　卢佩琼　陆匡宙　陆尚谟　陆文发　吕明琦　罗学明　马和太
马　良　马　啸　买长孝　毛剑飞　米孝和　倪汉根　潘锦嫦　彭阜南　彭声汉　朴秀男　齐东海
钱国梁　钱令希　乔传恕　邱大洪　邱福清　邱树本　曲德仁　尚全夫　邵作义　佘美玲　申震亚
沈昌明　沈　梧　施忠福　石　磊　宋春玉　宋和芳　宋华英　宋鹏飞　宋彧浙　苏福生　苏秀娥
苏秀荣　眭庆曦　孙德武　孙广忠　孙焕纯　孙景谋　孙巨才　孙绍述　孙衍仁　孙意卿　汤兆珊
唐立民　唐仁美　唐铁羽　田左臣　汪琪明　汪　坦　王秉伦　王炳乾　王承伦　王翠先　王德豹
王恩磊　王凤龙　王凤琴　王海清　王焕典　王景贤　王立久　王清湘　王庆寿　王全增　王儒贤
王绍成　王铁成　王薇莉　王惟诚　王岩明　王玉枝　王裕宁　王志超　王志忠　王中正　王忠喜
王钟泰　魏启瑞　邬瑞锋　吴润卿　吴钰明　吴宗盛　武陵甫　夏允积　萧宗谊　谢惠玲　辛洪富
辛雨农　邢次青　邢至庄　熊昌玉　熊一中　徐福生　徐积善　徐克缙　徐丽华　徐孟川　徐明君
许禧申　许福宗　许贵凯　许君钜　许连华　许兆銮　焉儒芬　闫晋垣　阎盛海　顾正浩　杨国贤
杨宏标　杨景芳　杨九宏　杨文祥　易振芝　于国荣　于惠英　于颂良　于文锦　于忠元　余家璞
俞丰修　虞和莹　袁秀娟　云大真　张桂花　张焕顺　张介人　张景琦　张莲贞　张明珠　张启元
张起泉　张汝英　张瑞丰　张　殳　张廷芳　张武奇　张祥久　张宗盛　张祖馥　章恒丰　章守恭
赵德雍　赵国藩　赵金城　赵　君　赵迺义　赵　山　赵廷有　赵宪春　赵亦兵　赵昭阳　赵振国
郑芳怀　郑明珠　郑人龙　郑铁梅　郑秀荣　郑兆和　钟炳盛　仲跻权　周秉中　周承倜　周传耀
周彭年　周世昌　周书勤　周忠华　朱传琛　朱骏荪　朱　玮　朱占非　竺翊明　庄　鹏　邹杏仙

（三）1974—1986 年水利工程系时期（429 人）

白凤林　卜华仁　蔡文洁　蔡　勋　蔡银花　曹后伟　曹善安　曹秀荣　曹亚林　曹永民　陈本沛
陈璧宏　陈朝鹄　陈德钜　陈根达　陈　汉　陈洪媛　陈继祖　陈可一　陈美珍　陈士荫　陈守煜
陈廷国　陈同英　陈望娘　陈慰茹　陈新亭　陈玉花　程　彬　程　亮　程庆云　迟大洲　崇金著
崔　莉　崔善庆　崔　英　戴倩云　单宗岑　邓传芳　邓远福　董继伟　董　伟　董毓新　杜　玲
杜守石　范垂义　范怀远　范家鼎　范路安　范素兰　范　煦　方稻香　方　荣　方学峰　冯章才
付国祥　付　平　干　何　于　良　高桂清　高俊升　高麟诚　高凌辉　高明道　高仁良　高希坤
葛凤楼　谷春荣　顾之浩　顾作新　关丽秋　桂玉昆　郭承侃　郭桂珍　郭建新　郭梅仪　郭美谊
郭淑珍　郭威勤　郭文博　郭锡智　国宝法　韩国城　韩　力　韩丽华　韩丕康　韩延波　韩一赤
郝旭贤　何东辉　何广讷　何晓峰　贺南光　洪承礼　侯穆堂　侯荣革　胡立万　胡维书　华崇宇
黄承逵　黄　橙　黄建波　黄其山　黄耀福　黄吟良　黄玉兰　黄跃坤　黄曾毅　黄震先　嵇忆虹
贾艾晨　姜广武　姜　桦　姜吉文　姜卫星　姜文潭　姜忆南　姜作才　蒋惠民　蒋丽音　蒋永光
解树琛　金崇磐　金春山　金书润　金同稷　金伟良　金先尤　靳国礼　康海贵　康渔源　柯　杰
孔宪京　孔宇航　李大臣　李奠国　李冬生　李　栋　李福雁　李广伟　李桂玲　李桂云　李桂珍
李桂芝　李惠贞　李建敏　李鉴初　李林普　李木国　李仁贵　李汝船　李士豪　李世廉　李树琛
李树强　李树瑶　李伟仁　李伟伟　李心宏　李秀林　李彦硕　李玉成　李玉琦　李玉蓉　李志秀
连　竞　梁赛芳　梁圣复　廖婉卿　林安西　林　皋　林建英　林少京　林　义　林异珠　凌人成
刘长顺　刘春华　刘大中　刘恩田　刘汉礼　刘　杰　刘　勤　刘　锐　刘　璇　刘义骥　刘　毅
刘永泰　刘志杰　龙中耀　娄树莲　楼梦麟　卢佩琼　鲁桂荣　陆化普　陆尚谟　陆　伟　陆文发
吕　昌　吕明琦　吕　霞　吕振玉　栾茂田　栾永斌　马和太　马恒春　马　良　马　鋆　马震岳
穆克玥　倪汉根　潘锦嫦　裴玉英　彭阜南　彭声汉　齐东海　钱国梁　乔传恕　秦云积　邱大洪

邱福清 曲德仁 曲素兰 曲秀华 任玉彦 尚全夫 邵龙潭 佘美玲 申震亚 沈成能 沈吉纳
施振坤 施忠福 宋春玉 宋德玲 宋华英 宋向群 宋玉普 宋彧浙 苏宝石 苏秀娥 眭庆曦
孙纲廷 孙景利 孙巨才 孙克明 孙绍述 孙学才 孙 姎 孙意卿 孙玉华 孙昭晨 索普一
谭小平 汤兆姗 唐仁美 唐铁羽 陶 越 王本德 王 彬 王炳乾 王承伦 王翠先 王大庆
王德豹 王东静 王恩磊 王凤龙 王桂宣 王海清 王洪有 王焕娇 王 建 王俊杰 王立久
王连焕 王 琪 王清湘 王庆国 王庆寿 王全增 王儒贤 王树林 王薇莉 王性诚 王锡祉
王岩明 王义平 王溢波 王永学 王裕宁 王 越 王增新 王志忠 王中正 王忠喜 王子茹
魏启瑞 魏月兰 文明秀 闻丽修 巫錫田 吴再光 吴宗盛 武陵甫 夏海宁 夏允积 萧宗谊
辛雨农 兴 利 邢次青 邢至庄 熊昌玉 须 寅 徐繁坤 徐福生 徐积善 徐丽华 徐孟川
徐 明 徐明君 徐清华 徐世烺 徐万丽 徐宇华 徐振华 许福宗 许贵凯 许绍廷 许士国
许永真 铉绪成 薛延胜 闫淑芳 严兆坤 阎盛海 杨家新 杨国贤 杨洪标 杨化阁 杨景芳
杨 静 杨九宏 杨立群 杨淑华 杨 微 杨文超 杨文祥 杨亚洲 杨玉庆 叶丽达 易振芝
尹华南 于鼎新 于惠英 于 良 于颂良 于文锦 于忠元 俞聿修 虞和莹 袁永博 翟增全
张纲廷 张桂花 张洪勇 张焕顺 张介人 张京奎 张景琦 张 兰 张茂盛 张明信 张明珠
张宁川 张 群 张日向 张汝英 张瑞丰 张 殳 张廷芳 张巍岩 张武奇 张 彦 张义燊
张 毅 张永利 张永泉 张玉侠 张玉洲 张 哲 张祖馥 章守恭 赵桂芝 赵国藩 赵国强
赵金城 赵 君 赵迺义 赵 山 赵廷有 赵 伟 赵亦兵 赵昭阳 郑传平 郑芳怀 钟炳盛
仲跻权 周秉中 周传耀 周惠成 周家民 周 晶 周 琦 周世昌 周书勤 周廷藩 周秀芬
周永平 周振高 周忠华 朱传琛 朱骏荪 朱 彤 朱 玮 朱占非 竺翊明 祝艳凤 邹杏仙

(四)1987—1996年土木工程系时期(275人)

安淑娟 卜华仁 蔡文洁 曹明莉 曹秀荣 曹亚林 曹永民 车 轶 陈璧宏 陈根达 陈 汉
陈洪媛 陈静云 陈美珍 陈士荫 陈守煜 陈廷国 陈同英 陈 巍 陈慰茹 成世凡 程春田
程 亮 迟大洲 崇金著 崔 莉 崔 英 戴倩云 邓伟凡 董国海 董毓新 杜 玲 段小宁
范垂义 范素兰 干 河 高凌辉 高仁良 顾之浩 关丽秋 关增伟 桂玉昆 郭承侃 郭 驰
郭桂珍 郭美谊 郭威勤 郭 琰 郭 莹 郭 勇 郭子坚 韩国城 韩丽华 何东辉 何广讷
何子干 洪承礼 胡蓓蕾 胡立万 胡维书 胡玉霞 华崇宇 黄才良 黄承逵 黄建波 黄 健
黄其山 黄玉兰 黄曾毅 贾艾晨 贾金青 贾 影 姜 峰 姜作才 蒋 锋 蒋惠民 解树琛
金崇磐 金春山 金 生 金先优 康海贵 康建明 康渔源 孔宪京 李奠国 李芳君 李福雁
李广伟 李桂玲 李鸿雁 李鉴初 李金平 李俊杰 李 黎 李林普 李木国 李世廉 李世清
李 彤 李伟仁 李心宏 李彦硕 李英敏 李玉成 李玉华 李玉蓉 连 竞 廖婉卿 林 皋
林异珠 凌人成 刘大中 刘汉礼 刘 勤 刘树军 刘亚坤 刘兆坤 刘志杰 柳淑学 龙中耀
娄树莲 卢佩琼 吴再光 鲁桂荣 陆化普 陆尚谟 吕 昌 吕明琦 吕振玉 栾茂田 栾永斌
马德有 马恒春 马震岳 倪汉根 潘宝峰 潘锦嫦 钱国良 钱学智 邱大洪 曲德仁 曲秀华
金伟良 尚全夫 邵龙潭 申震亚 沈成能 沈吉纳 沈永明 施忠福 佘美玲 宋春玉 宋向群
宋 洋 宋玉普 宋元诚 苏秀娥 眭 晓 孙大鹏 孙纲廷 孙洪梅 孙景利 孙克明 孙绍述
孙 姎 孙玉华 孙昭晨 谭小苹 唐铁羽 滕 斌 王本德 王炳乾 王承伦 王恩磊 王凤龙
王桂宣 王海清 王焕娇 王 健 王立久 王清湘 王庆国 王全增 王儒贤 王瑞敏 王惟诚
王义平 王溢波 王永学 王增新 王志刚 王 卓 王子茹 吴 铁 吴再光 吴智敏 吴宗盛

武陵甫 夏庆福 夏允积 邢次青 邢至庄 徐福生 徐静娟 徐丽华 徐孟川 徐世烺 许劲松
许 青 许士国 薛延胜 严兆坤 阎盛海 杨春平 杨国贤 杨景芳 杨 静 杨九宏 杨立群
杨 庆 杨 微 杨文超 杨文祥 杨正林 伊晓东 易振芝 殷福新 尹华南 于家良 于忠元
俞亖修 虞和莹 袁晶瑄 袁永博 臧 军 翟增全 张焕顺 张建涛 张可顺 张明信 张宁川
张 群 张日向 张瑞丰 张廷芳 张英华 张永利 张玉侠 张玉洲 张 哲 张志波 赵桂芝
赵国藩 赵 君 赵迺义 赵 山 赵廷有 赵 伟 赵亦兵 郑芳怀 周秉中 周发毅 周惠成
周 晶 周景国 周廷藩 周 颖 周永平 周振高 朱 彤 朱 玮 朱占非 祝艳凤 邹志利

(五)1997—2002 年土木建筑学院时期(370 人)

安淑娟 白凤存 邴 晓 蔡 军 曹明莉 曹永民 车 轶 陈璧宏 陈 滨 陈 兵 陈健云
陈 婧 陈静云 陈守煜 陈廷国 陈同英 陈晓敏 陈有川 陈玉花 成世凡 程春田 迟大洲
迟世春 崇金著 褚新立 崔鸿林 崔 莉 崔 英 代 斌 戴国忠 戴倩云 邓 威 邓 宇
刁永顺 丁一宁 董国海 董瑞符 杜 玲 端木琳 范路安 范素梅 符之力 付 勇 高 峰
高 进 高凌辉 高仁良 关增伟 郭 驰 郭丽燕 郭 琳 郭美谊 郭 焱 郭 莹 郭 勇
郭子坚 韩黛丽 韩国城 韩 立 韩丽华 何东辉 何 杨 何子干 贺南光 赫娉芝 洪承礼
洪 雷 洪秀玲 侯文玉 郈 兵 胡安妮 胡蓓蕾 胡立万 胡沈健 胡维书 胡文荟 胡晓玉
黄才良 黄承逵 黄广州 黄 建 黄 健 黄丽华 黄 欣 黄兴州 黄曾毅 纪大海 贾艾晨
贾金青 贾铁宏 贾忠慧 姜宝山 姜 峰 姜广武 姜 桦 姜 萌 姜文潭 姜作才 蒋 锋
解树琛 金 生 靳春兰 靳国礼 鞠 伟 康海贵 孔宪京 孔宇航 寇 虎 李百震 李 冰
李伯军 李大臣 李 丹 李芳君 李福雁 李广伟 李桂玲 李宏男 李鸿雁 李 健 李 杰
李 静 李俊杰 李 黎 李林普 李凌云 李木国 李 青 李仁贵 李世芬 李世清 李 松
李 彤 李心宏 李 昕 李 岩 李 英 李英敏 李玉成 李玉华 李志军 李中军 栗 峥
梁 冰 梁 江 梁圣复 梁书秀 林 皋 林向明 林 义 林异珠 凌人成 刘昌茂 刘昌盛
刘春华 刘汉礼 刘济育 刘 君 刘树军 刘 未 刘亚坤 刘 毅 刘昭阳 刘兆茂 刘志杰
柳长洲 柳淑学 娄树莲 卢佩琼 鲁桂荣 陆 伟 路连筠 吕 昌 吕 强 栾茂田 马德有
马恒春 马 兰 马震岳 孟 德 苗 力 眭 晓 倪汉根 年延凯 潘宝峰 钱国良 钱学智
秦丽君 邱 彬 邱大洪 邱文亮 曲德仁 曲建卫 曲敬铭 曲秀华 任 冰 任玉彦 任铮钺
邵龙潭 邵 明 邵若莉 沈成能 沈吉纳 沈 敏 沈永明 盛长梅 司炳君 宋春红 宋春玉
宋向群 宋永发 宋玉普 宋元诚 苏 萍 苏秀娥 苏志军 粟 峥 孙 彪 孙大鹏 孙符泉
孙鹤泉 孙洪梅 孙 晖 孙景利 孙晓滨 孙学才 孙 彦 孙 姝 孙 杨 孙一鸣 孙一宁
孙玉华 孙昭晨 孙志国 索 健 檀永刚 唐洪祥 唐 建 唐明远 滕 斌 滕新学 万志全
汪兴根 王宝民 王本德 王炳乾 王承伦 王 丹 王凤龙 王桂宣 王国利 王焕娇 王吉忠
王 静 王立久 王丽萍 王 宁 王培庄 王清湘 王庆国 王瑞敏 王时原 王树林 王苏岩
王 焱 王溢波 王 瑛 王迎军 王永学 王 勇 王涌涛 王有明 王在江 王之芬 王志刚
王 卓 王子茹 温 洋 吴晓东 吴智敏 武陵甫 夏庆福 邢至庄 徐静娟 徐丽华 徐孟川
徐世烺 徐 威 许劲松 许 青 许士国 许永真 薛宏宇 薛 岩 阳 辉 杨春平 杨化阁
杨九宏 杨清平 杨 庆 杨 微 杨文超 杨晓昕 杨亚洲 杨 怡 杨正林 杨忠振 叶景岩
伊晓东 易 平 殷福新 尹 林 于大川 于 辉 于清华 俞聿修 原 君 袁海贝贝
袁晶瑄 袁永博 臧 军 曾昭华 翟钢军 战 旗 张 滨 张承兵 张国军 张 宏 张鸿飞

张　虎　张建涛　张金库　张可顺　张立新　张明信　张宁川　张　群　张日向　张维红　张卫革
张锡宁　张险峰　张　毅　张英华　张永泉　张玉洲　张　哲　张　珍　张　震　赵国藩　赵海东
赵金玲　赵　君　赵鹏飞　赵廷有　赵　伟　赵锡润　郑剑锋　周发毅　周惠成　周　晶　周景国
周　荃　周延军　周永平　朱　红　朱　彤　祝艳风　邹德高　邹　强　邹志利

（六）2002—2008 年土木水利学院时期（272 人）

艾丛芳　艾红梅　毕　贺　曹明莉　曹永民　车　轶　陈　滨　陈　兵　陈健云　陈　婧　陈静云
陈守煜　陈廷国　陈同英　陈肖东　程春田　迟大洲　迟世春　崇金著　丛九源　崔　莉　崔　英
戴倩云　丁一宁　董国海　杜　海　杜志达　端木琳　范书立　范颖芳　房克照　冯　新　高凌辉
高仁良　宫治军　贡金鑫　勾　莹　顾　茜　关增伟　郭　驰　郭丽燕　郭美谊　郭　莹　郭子坚
韩国城　韩丽华　韩晓雨　何　斌　何化南　何　杨　洪　雷　侯　爽　邱　兵　胡安妮　胡立万
胡志强　黄才良　黄承逵　黄丽华　霍林生　贾艾晨　贾革续　贾金青　贾铁宏　贾宇峰　姜　峰
姜　萌　姜韶华　姜作才　蒋　锋　金　峤　金　生　靳国礼　康海贵　孔宪京　黎　勇　李冬生
李凤志　李　刚　李　钢　李广伟　李桂玲　李宏男　李建波　李金海　李金宣　李　静　李俊杰
李连崇　李　亮　李林普　李　敏　李木国　李世清　李祥立　李　昕　李　毅　李英敏　李玉成
李玉华　李志军　梁　冰　梁国华　梁书秀　梁正召　林　皋　林异珠　凌人成　刘建卫　刘　君
刘　未　刘亚坤　刘　毅　刘兆存　柳春光　柳淑学　娄树莲　鲁桂荣　吕　品　吕伟华　吕兴军
栾茂田　马恒春　马良栋　马小舟　马震岳　倪汉根　年廷凯　宁德志　欧进萍　潘宝峰　潘盛山
彭　勇　邱大洪　邱文亮　曲激婷　曲秀华　任　冰　任慧韬　任　亮　任铮钺　沈成能　沈吉纳
沈永明　石　磊　舒海文　司炳君　宋春红　宋春玉　宋世德　宋向群　宋永发　宋玉普　宋元诚
孙大鹏　孙鹤泉　孙洪梅　孙　虹　孙艳萍　孙　姝　孙玉华　孙昭晨　谭岩斌　檀永刚　唐春安
唐洪祥　唐　军　唐小微　滕　斌　王宝民　王本德　王炳乾　王　栋　王　刚　王国利　王国新
王国玉　王会利　王吉忠　王　静　王立成　王立久　王培晓　王清湘　王庆国　王抒红　王树刚
王苏岩　王溢波　王永学　王有明　王志刚　王忠涛　王　卓　王子茹　王宗山　吴　浩　吴晓媛
吴智敏　武陵甫　武新宇　肖诗云　徐　斌　徐洪峰　徐劲松　徐静娟　徐世烺　徐向舟　许福友
许劲松　许　青　许士国　杨九宏　杨清平　杨　庆　杨　微　杨晓昕　杨有福　杨忠振　姚　志
伊廷华　伊晓东　易　平　殷福新　于清华　于惟惟　俞聿修　袁晶瑄　袁　颖　袁永博　翟钢军
张　弛　张承兵　张国军　张宏战　张吉礼　张建涛　张金利　张可顺　张明信　张明媛　张宁川
张　奇　张　群　张日向　张世琼　张　硕　张腾飞　张英华　张永彬　张玉州　张运良　张　哲
赵国藩　赵金玲　赵鹏飞　赵　维　赵　伟　赵雪峰　赵艳华　赵云鹏　钟　红　钟　阳　仲伟秋
周惠成　周　晶　周景国　周鹏飞　周永平　朱　彤　邹德高　邹志利

（七）2009—2018 年建设工程学部时期（365 人）

艾丛芳　艾红梅　安永辉　敖梦远　毕春伟　曹明莉　曹　旗　常　钧　车　轶　陈　滨　陈　兵
陈家模　陈健云　陈　婧　陈静云　陈廷国　陈同英　陈肖东　陈小强　程春田　程　亮　迟大洲
迟世春　初京刚　丛培文　崔　强　崔　瑶　丁　伟　丁一宁　丁英俊　董国海　董　伟　杜　海
杜志达　端木琳　范书立　方　芳　房克照　冯　宁　冯　新　伏广涛　付　兴　高凌辉　葛颖恩
耿铁锁　宫治军　贡金鑫　勾　莹　谷岳奕　顾　茜　顾　倩　关增伟　郭美谊　郭　莹　郭子坚

韩宝国	韩俊南	韩丽华	韩晓雨	何 斌	何化南	何建平	何兴文	何 政	洪 雷	洪 雷
侯吉林	侯 爽	胡安妮	胡 晶	胡志强	黄才良	黄国兴	黄丽华	霍林生	贾艾晨	贾革续
贾金青	贾铁宏	贾宇峰	贾子锌	姜 峰	姜 萌	姜韶华	姜岳峰	蒋 锋	金 峤	金 生
康 飞	康海贵	康海贵	孔宪京	李东升	李冬生	李 刚	李 钢	李 根	李广伟	李 宏
李宏男	李建波	李金海	李金宣	李 静	李俊杰	李连崇	李芦钰	李 敏	李木国	李世清
李 特	李祥立	李 昕	李英敏	李迎春	李玉刚	李玉华	李 昱	李志军	李忠富	廉 莲
梁国华	梁若冰	梁书秀	梁正召	廖胜利	林 皋	林世镔	林异珠	刘本希	刘海星	刘建卫
刘京茂	刘精晶	刘 君	刘 俊	刘 锴	刘明生	刘 莎	刘婉秋	刘亚坤	刘 洋	刘 毅
柳春光	柳淑学	娄树莲	卢 鹏	鲁桂荣	吕 林	吕 品	吕伟华	吕兴军	吕 阳	马 克
马 力	马良栋	马 宁	马天辉	马小舟	马玉祥	马 哲	马震岳	马志先	孟楷越	孟秀英
年廷凯	宁德志	欧进萍	欧阳剑	潘宝峰	潘盛山	裴华富	彭 勇	彭 云	齐 乐	乔东生
邱大洪	邱文亮	曲春绪	曲激婷	曲秀华	任 冰	任慧韬	任 亮	任年鑫	申建建	沈成能
沈永明	施 伟	石 磊	舒海文	司炳君	宋春红	宋钢兵	宋世德	宋向群	宋永发	宋玉普
孙大鹏	孙艳萍	孙 姝	孙依人	孙毅超	孙玉华	孙昭晨	覃 晖	谭岩斌	檀永刚	唐春安
唐福建	唐国磊	唐洪祥	唐 军	唐世斌	唐小微	唐 玉	滕 斌	田 苗	万 劢	王宝民
王定保	王东洋	王 冬	王 刚	王国利	王国新	王国玉	王海超	王会利	王吉忠	王继红
王 骞	王晶华	王 静	王立成	王立久	王 鹏	王清湘	王庆国	王抒红	王树刚	王苏岩
王文渊	王孝坤	王言磊	王溢波	王 胤	王永学	王云闯	王峥峥	王志刚	忠 涛	王 仲
王 卓	王子茹	王宗山	卫志军	吴 浩	吴小舟	吴智敏	武新宇	肖诗云	辛卓航	宿晓辉
徐 斌	徐博瀚	徐洪峰	徐 嘉	徐 强	徐世烺	徐向舟	许福友	许劲松	许 青	许士国
许条建	薛 雨	杨 微	杨大令	杨东辉	杨 钢	杨洪齐	杨清平	杨 庆	杨晓昕	杨永鑫
杨有福	姚荣涵	伊廷华	伊晓东	易 平	殷福新	于贵书	于 龙	于清华	于惟惟	袁晶瑄
袁 颖	袁永博	翟钢军	翟志强	张宝刚	张 弛	张崇伟	张 帝	张 栋	张国军	张宏战
张吉礼	张建涛	张金利	张丽华	张丽敏	张明信	张明媛	张宁川	张 群	张日向	张世琼
张 硕	张腾飞	张婷婷	张秀芳	张 学	张雪研	张英华	张永彬	张 昱	张运良	张 哲
张志强	章立辉	赵 伟	赵金玲	赵 璐	赵鹏飞	赵胜川	赵天怡	赵桐可	赵 维	赵雪峰
赵延庆	赵艳华	赵 宇	赵云鹏	钟 红	钟绍鹏	钟 阳	仲伟秋	周晨光	周道成	周红媚
周惠成	周 晶	周景国	周鹏飞	周 扬	周长红	周长俊	周 智	朱 彤	邹德高	邹志利
左 志										

附录二　博士生导师名册

序号	姓名	专业	职称	聘任年份
1	林　皋	水工结构工程、防灾减灾及防护工程	教授	1981
2	邱大洪	港口、海岸及近海工程	教授	1984
3	赵国藩	结构工程	教授	1984
4	董毓新	水力发电工程	教授	1986
5	倪汉根	水力学及河流动力学	教授	1986
6	陈守煜	水文学及水资源	教授	1986
7	李玉成	港口、海岸及近海工程	教授	1986
8	韩国城	水工结构工程	教授	1990
9	陈璧宏	水工结构工程	教授	1990
10	俞聿修	港口、海岸及近海工程	教授	1990
11	唐春安	岩土工程	教授	1992
12	王本德	水文学及水资源	教授	1993
13	欧进萍	防灾减灾及防护工程	教授	1993
14	宋玉普	结构工程	教授	1993
15	周　晶	水工结构工程、防灾减灾及防护工程	教授	1993
16	王永学	港口、海岸及近海工程	教授	1995
17	孔宪京	水工结构工程、防灾减灾及防护工程	教授	1995
18	栾茂田	岩土工程	教授	1995
19	黄承逵	结构工程	教授	1996
20	孙昭晨	港口、海岸及近海工程	教授	1996
21	徐世烺	结构工程	教授	1996
22	马震岳	水利水电工程	教授	1996
23	沈永明	港口、海岸及近海工程	教授	1998
24	滕　斌	港口、海岸及近海工程	教授	1998
25	王清湘	结构工程	教授	1998
26	张　哲	桥梁与隧道工程	教授	1998
27	周惠成	水文学及水资源	教授	1998
28	钟　阳	市政工程	教授	1999
29	王立久	材料学	教授	2000
30	邹志利	港口、海岸及近海工程	教授	2000
31	康海贵	港口、海岸及近海工程	教授	2000
32	李宏男	水工结构工程、防灾减灾及防护工程	教授	2000
33	金　生	水力学及河流动力学	教授	2000

（续表）

序号	姓名	专业	职称	聘任年份
34	程春田	水文学及水资源	教授	2000
35	李俊杰	水工结构工程、防灾减灾及防护工程	教授	2001
36	张宁川	港口、海岸及近海工程	教授	2002
37	李志军	港口、海岸及近海工程	教授	2002
38	董国海	港口、海岸及近海工程	教授	2002
39	吴智敏	结构工程	教授	2002
40	许士国	水文学及水资源	教授	2002
41	杨　庆	岩土工程	教授	2002
42	孙大鹏	港口、海岸及近海工程	教授	2004
43	柳淑学	港口、海岸及近海工程	研究员	2004
44	陈健云	水工结构工程、防灾减灾及防护工程	教授	2004
45	李木国	港口、海岸及近海工程	研究员	2005
46	张吉礼	供热、供燃气、通风及空调工程	教授	2005
47	丁一宁	结构工程	教授	2005
48	贾金青	结构工程	教授	2005
49	柳春光	水工结构工程、防灾减灾及防护工程	教授	2005
50	迟世春	水工结构工程、防灾减灾及防护工程	教授	2005
51	任　冰	港口、海岸及近海工程	副教授	2006
52	陈廷国	结构工程	教授	2006
53	贡金鑫	结构工程	教授	2006
54	陈静云	市政工程	教授	2006
55	唐小微	岩土工程	副教授	2007
56	郭子坚	港口、海岸及近海工程	教授	2007
57	王国新	水工结构工程、防灾减灾及防护工程	副教授	2007
58	袁永博	土木工程管理	教授	2007
59	宋向群	港口、海岸及近海工程	教授	2008
60	端木琳	供热、供燃气、通风及空调工程	教授	2008
61	陈　滨	供热、供燃气、通风及空调工程	教授	2008
62	姜　峰	结构工程	教授	2008
63	王子茹	水文学及水资源	教授	2009
64	刘亚坤	水力学及河流动力学	教授	2009
65	刘　君	水工结构工程	教授	2009
66	赵艳华	结构工程	副教授	2009
67	王树刚	供热、供燃气、通风及空调工程	教授	2009
68	何　政	防灾减灾及防护工程	教授	2010

（续表）

序号	姓名	专业	职称	聘任年份
69	周　智	防灾减灾及防护工程	教授	2010
70	李　昕	水工结构工程	教授	2010
71	杨有福	结构工程	教授	2010
72	肖诗云	防灾减灾及防护工程	教授	2011
73	王立成	结构工程	教授	2011
74	冯　新	水工结构工程	教授	2011
75	王国利	水文学及水资源	教授	2012
76	徐向舟	水文学及水资源	教授	2012
77	常　钧	材料学（建筑材料）、水工结构工程、市政工程	教授	2012
78	宁德志	港口、海岸及近海工程	教授	2012
79	伊廷华	结构工程	教授	2012
80	邹德高	防灾减灾及防护工程、水工结构工程	教授	2012
81	马　力	土木工程管理	教授	2012
82	张腾飞	供热、供燃气、通风及空调工程	教授	2012
83	王宝民	材料学	教授	2013
84	赵雪峰	结构工程	教授	2013
85	张　弛	水文学及水资源	教授	2013
86	年廷凯	岩土工程	教授	2013
87	赵延庆	市政工程	教授	2013
88	李　钢	防灾减灾及防护工程	教授	2013
89	许福友	桥梁与隧道工程	教授	2014
90	刘明生	供热、供燃气、通风及空调工程	教授	2014
91	邱文亮	桥梁与隧道工程	教授	2014
92	梁正召	岩土工程	教授	2014
93	宋钢兵	防灾减灾及防护工程	教授	2014
94	赵云鹏	港口、海岸及近海工程	教授	2014
95	潘宝峰	市政工程	教授	2014
96	李冬生	结构工程	教授	2015
97	李芦钰	结构工程	副教授	2015
98	吕　林	港口、海岸及近海工程	教授	2015
99	吕　阳	供热、供燃气、通风及空调工程	副教授	2015
100	卢　鹏	港口、海岸及近海工程	教授	2015
101	梁书秀	港口、海岸及近海工程	教授	2015
102	曹明莉	材料学	副教授	2015
103	董　伟	结构工程	教授	2016

（续表）

序号	姓名	专业	职称	聘任年份
104	霍林生	结构工程	教授	2016
105	唐洪祥	岩土工程	副教授	2016
106	马玉祥	港口、海岸及近海工程	教授	2016
107	伏广涛	水文学及水资源	教授	2016
108	姚荣涵	交通运输工程	副教授	2016
109	安永辉	结构工程	教授	2016
110	唐　军	港口、海岸及近海工程	副教授	2017
111	唐世斌	岩土工程	副教授	2017
112	彭　勇	水文学及水资源	教授	2017
113	刘　锴	市政工程	教授	2017
114	赵天怡	供热、供燃气、通风及空调工程	副教授	2017
115	宿晓辉	水工结构工程	教授	2017
116	裴华富	岩土工程	教授	2017
117	翟志强	供热、供燃气、通风及空调工程	教授	2017
118	房克照	港口、海岸及近海工程	副教授	2018
119	康　飞	水工结构工程	副教授	2018
120	李建波	防灾减灾及防护工程	副教授	2018
121	乔东生	港口、海岸及近海工程	副教授	2018
122	唐国磊	港口、海岸及近海工程	副教授	2018
123	徐　斌	防灾减灾及防护工程	副教授	2018
124	徐　强	防灾减灾及防护工程	副教授	2018
125	任　亮	结构工程	副教授	2018
126	王　胤	岩土工程	副教授	2018
127	王峥峥	桥梁与隧道工程	副教授	2018
128	张明媛	工程管理	副教授	2018
129	施　伟	港口、海岸及近海工程	副教授	2018
130	王文渊	港口、海岸及近海工程	副教授	2018
131	王海超	供热、供燃气、通风及空调工程	副教授	2018
132	欧阳剑	市政工程	副教授	2018

附录三　博士后流动站人员名单

1. 土木水利博士后流动站人员名单(1988—1998)

姓名	进站时间	出站时间	姓名	进站时间	出站时间
刘凯欣	1988.01	1990.01	韩林海	1995.05	1997.05
吴再光	1988.10	1990.09	王跃方	1995.06	1997.06
马震岳	1989.12	1991.12	晁晓波	1995.07	1997.07
郑建军	1990.01	1992.11	许金余	1995.11	1998.05
邹志利	1990.07	1992.10	林建国	1996.04	1998.06
金　生	1990.09	1992.11	迟世春	1996.07	1998.07
李宏男	1990.09	1992.12	李南生	1997.08	1999.05
杨庆生	1992.01	1994.03	范益群	1997.12	1999.10
谢新民	1992.06	1994.05	李志军	1997.12	2000.03
王君杰	1993.04	1995.06	郑永红	1997.12	2000.12
魏小鹏	1993.07	1998.06	陈沈来	1998.03	2000.07
蒋世全	1994.09	1996.12	李　刚	1998.07	2000.06
张爱林	1994.12	1996.12	王利民	1998.10	2001.12
朱文彬	1994.12	1996.11			

2. 土木工程博士后流动站人员名单(1999—2018)

姓名	进站时间	出站时间	姓名	进站时间	出站时间
孙先念	1999.05	2002.10	李维红	2005.11	2008.03
曾宪明	1999.11	2001.09	吴香国	2006.01	2009.11
魏文礼	2000.10	2003.05	翟新献	2006.03	2010.04
柳春光	2000.11	2003.03	张延年	2006.03	2008.07
卢亦焱	2001.04	2005.01	王大国	2006.05	2010.11
赵德深	2002.01	2006.08	马小舟	2006.07	2007.07
赵德深	2002.01	2006.08	许海军	2006.11	2010.11
王振波	2002.03	2005.03	孙爱伏	2007.03	2011.03
谢肖礼	2002.07	2005.01	马天辉	2007.04	2009.11
郑　罡	2003.01	2007.11	姜谙男	2007.05	2010.06
王东升	2003.02	2004.10	卢　振	2007.06	2010.01
任　冰	2003.07	2006.03	张纪刚	2007.07	2010.11
高立堂	2004.05	2007.03	卢　鹏	2007.07	2009.08
洪　勇	2005.01	2008.07	刘海卿	2007.11	2011.01
徐　涛	2005.03	2010.01	张大勇	2008.03	2010.06
张　崎	2005.06	2007.03	王忠昶	2008.04	2011.09

（续表）

姓名	进站时间	出站时间	姓名	进站时间	出站时间
王言磊	2008.05	2010.07	倪　坤	2012.10	2015.06
李芦钰	2008.07	20110.3	马志先	2012.11	2014.12
钱剑峰	2008.11	2011.03	孙治国	2013.05	2016.01
顾　威	2008.12	2012.02	牟兴森	2013.06	2015.10
白卫峰	2009.01	2011.01	初京刚	2013.07	2016.01
赵同峰	2009.04	2012.05	刘红彪	2013.12	2016.05
张俊波	2009.04	2012.11	刘　莎	2014.01	2017.12
王　刚	2009.04	2014.03	耿　敏	2014.06	2018.12
马良栋	2009.06	2011.09	梁刚涛	2014.12	2018.04
郭　健	2009.07	2013.09	汪语哲	2014.12	2017.02
李　翔	2009.07	2012.10	付传起	2014.12	2017.02
唐世斌	2009.08	2011.09	刘京茂	2015.07	2018.06
唐国磊	2009.09	2011.08	肖　彦	2015.08	
李玉刚	2009.09	2012.04	魏明海	2015.08	
王　刚	2009.11	2016.02	徐　菁	2015.08	
赵天怡	2009.11	2012.04	刘士乙	2015.11	
杨　璐	2010.01	2012.07	杨东辉	2015.12	2018.10
张英姿	2010.01	2011.12	王　鹏	2016.01	
王峥峥	2010.02	2012.02	丛培文	2016.02	
李祚华	2010.02	2012.04	毕春伟	2016.02	2018.12
王铮铮	2010.02	2012.02	赵　宇	2016.06	
何建平	2010.04	2013.04	梁海志	2016.07	
马玉祥	2010.07	2012.07	丁　伟	2016.08	
侯吉林	2010.08	2012.10	李　昱	2016.08	
马　宁	2010.08	2012.11	刘科海	2016.08	
薛齐文	2010.10	2013.12	彭　云	2016.08	
林　迟	2010.12	2013.07	李培刚	2016.08	
江胜华	2011.04	2014.04	余　翔	2017.07	
何益谦	2011.05	2013.07	李迎春	2017.11	
韩俊南	2011.06	2016.04	杜小民	2018.01	
陈景杰	2011.07	2013.08	胡李华	2018.05	
乔东生	2011.09	2013.09	王文华	2018.05	
郑　怡	2011.12	2017.04	张正虎	2018.07	
任年鑫	2012.02	2014.03	王　鹏	2018.08	
王文渊	2012.04	2014.05	陈国海	2018.10	
周　扬	2012.04	2014.07	高军程	2018.11	
邢　军	2012.05	2014.12	杨昕光	2018.11	
范新海	2012.07	2014.07	马英超	2018.12	
于哲夫	2012.08		王运涛	2018.12	
刘　俊	2012.08	2014.10			

3. 水利工程博士后流动站人员名单(1999—2018)

姓名	进站时间	出站时间	姓名	进站时间	出站时间
张亚辉	1999.07	2001.05	张有为	2013.12	2017.12
张华庆	1999.11	2003.09	董磊磊	2013.12	2017.06
张晓兔	2002.07	2004.07	黄筱云	2014.01	2017.12
冀鸿兰	2003.01	2006.05	曲春绪	2014.01	2016.01
周世良	2006.05	2008.07	李洋辉	2014.03	2014.03
孙　丽	2006.11	2010.11	陆　路	2014.06	2018.07
张秀芳	2007.05	2009.04	谢　鹏	2014.07	2016.12
王怀亮	2007.06	2010.12	张　皓	2014.07	2017.09
朱训国	2008.04	2011.07	孙　直	2014.09	2018.02
董　伟	2008.04	2010.05	郑丹晨	2014.10	2018.08
刘春城	2008.05	2011.07	饶永红	2014.12	2017.05
李　钢	2008.07	2011.05	尹　晶	2015.03	
崔春义	2008.07	2012.02	孙家文	2015.03	
王　丰	2008.12	2013.07	张力伟	2015.05	2017.07
张其一	2008.12	2013.07	刘海星	2015.09	2018.12
孟　娟	2009.01	2012.02	辛卓航	2015.11	
李贺东	2009.01	2011.03	张卓群	2016.01	
康　飞	2009.05	2011.06	卫志军	2016.02	
王海涛	2009.12	2012.02	谭　冰	2016.03	2018.07
闫长旺	2010.01	2012.07	梁　辰	2016.05	
崔振东	2010.02	2013.09	甄兴伟	2016.06	
郭峰玮	2010.06	2012.07	叶　磊	2016.08	
杨明军	2010.07	2012.06	彭　伟	2017.02	
乐丛欢	2010.09	2013.02	付　兴	2017.07	
杨　勇	2010.09	2012.10	李　超	2017.07	
刘均玉	2010.12	2017.04	徐　嘉	2017.09	
徐　强	2011.03	2013.02	张栋梁	2017.11	
董　波	2011.10	2014.04	张崇伟	2017.11	
刘跃伟	2012.02	2015.07	娄晓帆	2018.03	
刘婷婷	2012.06	2014.07	樊哲良	2018.04	
王　刚	2013.01	2016.02	徐　琨	2018.07	
邵　磊	2013.04	2016.04	董志骞	2018.08	
王　磊	2013.04	2017.03	温鸿杰	2018.09	
张维声	2013.05	2014.04	Robert Mayon	2018.12	
张新宇	2013.12	2018.03			

附录四 优秀博士、硕士学位论文一览表

1. 全国优秀博士学位论文

作者	题目	指导教师	获奖时间
马玉祥	基于连续小波变换的波浪非线性研究	董国海	2012 年

2. 全国优秀博士学位论文提名论文

作者	题目	指导教师	获奖时间
赵云鹏	深水重力式网箱水动力特性数值模拟研究	李玉成	2009 年
刘 勇	波浪与 Jarlan 型开孔墙式防波堤的相互作用	李玉成	2010 年

3. 辽宁省优秀博士学位论文

作者	题目	指导教师	获奖时间
柳淑学	多向不规则波传播的模拟及反射分析	俞聿修 赖国璋	2000 年
霍林生	偏心结构利用调液阻尼器减震控制的研究	李宏男	2007 年
赵云鹏	深水重力式网箱水动力特性数值模拟研究	李玉成	2008 年
刘 勇	波浪与 Jarlan 型开孔墙式防波堤的相互作用	李玉成	2009 年
杨树桐	基于断裂力学的钢筋、FRP 与混凝土界面力学特性研究	吴智敏	2010 年
马玉祥	基于连续小波变换的波浪非线性研究	董国海	2011 年
李 锐	矩形板问题的 Hamilton 求解方法	钟 阳	2013 年
许条建	离岸组合式网箱水动力特征研究	董国海	2015 年
安永辉	基于振动信息的结构损伤识别的几种新方法	欧进萍	2015 年
赵 亮	建筑能源系统物联网数据监测与传输质量	张吉礼	2016 年
毕春伟	海上养殖网箱内部及周围波流场特性研究	董国海	2017 年

4. 辽宁省优秀硕士学位论文

作者	题目	指导教师	获奖时间
李 军	智能压电摩擦阻尼器的控制理论与实验研究	李宏男	2005 年
周广东	光纤光栅传感器应变传递理论研究	李宏男	2007 年

（续表）

作者	题目	指导教师	获奖时间
刘盈斐	多孔隙生态护岸的实验分析与设计研究	许士国	2007 年
蒋　爽	基于热泵系统的海水热扩散研究	端木琳	2007 年
英瑜雯	松花江污染冰体中有机物残留量的分析与计算	许士国	2008 年
张建侨	细长柔性立管涡激振动的实验研究	滕　斌	2009 年
张永恒	结构健康监测中的 GPS 多路径效应研究	伊廷华	2010 年
陈丽芬	波流混合作用的完全非线性数值模拟	宁德志	2011 年
赵　超	黄土沟坡重力侵蚀过程模型实验研究	徐向舟	2011 年
位建强	碳酸钙晶须增强水泥基复合材料的基础研究	曹明莉	2011 年
王　喆	填充黏弹性材料的钢筋混凝土剪力墙性能研究	李宏男	2012 年
殷　士	辨识室内气态污染源非稳态释放过程的 CFD 反问题建模	张腾飞	2012 年
周　翠	考虑环境因素影响的结构健康监测损伤识别	李宏男	2013 年
韩　瑜	碳纳米管的分散性及其水泥基复合材料力学性能	王宝民	2013 年
林红星	波流与潜体相互作用的非线性数值模拟	宁德志	2014 年
苏晓杰	波浪与带窄缝箱体系统作用的非线性数值模拟	宁德志	2015 年
丁思齐	场致隧道效应压敏材料及其智能交通探测系统	韩宝国	2016 年
姜瑞双	石墨烯水性分散及其水泥基复合材料力学性能	王宝民	2017 年
陶金聚	CFRP 约束自应力混凝土组合柱轴压下力学性能的研究	曹　旗	2017 年

附录五 主要纵向科研项目一览表

(2009—2018)

序号	项目名称	项目来源	经费/万元	负责人	立项年度
1	平台水动力性能、系泊定位系统分析	重大科技专项	200	滕 斌	2009
2	水资源分析和利用	国家自然科学基金(杰出青年科学基金)	200	程春田	2010
3	深海工程结构的极端环境作用与全寿命服役安全	国家重点基础研究发展计划(973 计划)项目	3 200	滕 斌	2011
4	深海平台结构的极端环境作用与非线性耦合响应	国家重点基础研究发展计划(973 计划)课题	680	滕 斌	2011
5	深海柔性结构的非线性流固耦合振动与破坏机理	国家重点基础研究发展计划(973 计划)课题	513	周 晶	2011
6	近海重大交通工程结构全寿命抗震性能评价与设计	国家重点基础研究发展计划(973 计划)课题	468	李宏男	2011
7	我国南海极端环境的工程相关特征及其模拟方法	国家重点基础研究发展计划(973 计划)课题	437	董国海	2011
8	高陡边坡岩体渗透特性与渗流控制机理	国家重点基础研究发展计划(973 计划)课题	280	李 宏	2011
9	座舱环境多场耦合反向设计基本原理	国家重点基础研究发展计划(973 计划)课题	70.93	张腾飞	2011
10	地震作用下核电厂工程结构的功能失效机理及抗震安全评价	国家自然科学基金(重点项目)	290	孔宪京	2011
11	东海沿岸狭长形海湾综合整治集成技术及示范应用研究	国家海洋局	134	孙昭晨	2011
12	重力式码头抗滑、抗倾稳定性的可靠度指标设计方法研究	交通部西部交通建设科技项目	100	贡金鑫	2011
13	多特性小水电群大规模接入消纳关键技术研究与应用	国家高技术研究发展计划(863 计划)课题(课题参加)	930.15	程春田	2012
14	重要基础设施安全监测控制物联网共性集成技术研究及应用示范	国家科技支撑计划(项目负责)	795	欧进萍	2012
15	室内健康环境表征参数及评价方法研究	国家科技支撑计划(课题负责)	346	陈 滨	2012
16	黄河中游砒砂岩区抗蚀促生技术集成与示范	国家科技支撑计划(课题负责)	300	王立久	2012
17	农村住宅中基于生物质的多能互补供热系统技术开发与示范	国家科技支撑计划(课题负责)	145	赵金玲	2012

（续表）

序号	项目名称	项目来源	经费/万元	负责人	立项年度
18	基于健康监测的桥梁结构安全评定与控制	国家重点基础研究发展计划(973计划)项目(课题负责)	661	何　政	2012
19	高碾压混凝土坝全寿命周期性能评估与安全控制	国家重点基础研究发展计划(973计划)项目(课题负责)	755	程春田	2012
20	海洋岛礁风浪流时空分布不均匀性的演化机理和波浪流相互作用理论模型研究	国家重点基础研究发展计划(973计划)项目(课题负责)	612	柳淑学	2012
21	极端条件下高碾压混凝土坝动力响应机制	国家重点基础研究发展计划(973计划)项目(课题负责)	160	陈健云	2012
22	重大工程地震灾变模拟系统——OpenSees的联合开发与应用	国家自然科学基金(重大国际合作交流项目)	300	欧进萍	2012
23	重大工程的动力灾变	国家自然科学基金(重大研究计划——指导专家组调研项目)	300	欧进萍	2012
24	结构多维非线性地震灾变机理及控制	国家自然科学基金(重大国际合作项目)	300	李宏男	2012
25	海洋灾害环境下离岸养殖设施的动力特性	国家自然科学基金(重点项目)	290	董国海	2012
26	大规模复杂水电系统的优化调度理论与方法	国家自然科学基金(重大国际合作项目)	280	程春田	2012
27	结构健康监测	国家自然科学基金(优秀青年科学基金)	100	伊廷华	2012
28	海岸工程和海洋工程	国家自然科学基金(优秀青年科学基金)	100	宁德志	2012
29	东海沿岸狭长形海湾综合整治集成技术及示范应用研究	行业性专项课题参与	134	孙昭晨	2012
30	重大岩体工程灾害模拟、软件及预警方法基础研究	国家重点基础研究发展计划(973计划)项目	1 500	唐春安	2013
31	岩体工程灾害数值模拟高效算法、软件实现与实验验证	国家重点基础研究发展计划(973计划)课题	466	梁正召	2013
32	基于模拟的岩体工程灾害分析、监测与预警方法及实施平台	国家重点基础研究发展计划(973计划)课题	628	唐春安	2013
33	基于热泵的建筑复合能源系统研究与示范	国家科技支撑计划(课题负责)	450	端木琳	2013
34	砒砂岩改性筑坝技术研发	国家科技支撑计划(课题负责)	275	王立久	2013

（续表）

序号	项目名称	项目来源	经费/万元	负责人	立项年度
35	重大建筑与桥梁结构地震灾变集成研究	国家自然科学基金（重大研究计划集成平台项目）	2 700	李宏男	2013
36	河库连通下的特大水库群联合调度基础问题研究	国家自然科学基金（重点国际合作项目）	270	周惠成	2013
37	分布式结构健康监测数据同步采集仪器的研制	国家自然科学基金（科学仪器基础研究专款）	280	李宏男	2013
38	水源水质多维保真采样设备研究	国家自然科学基金（科学仪器基础研究专款）	300	许士国	2013
39	大跨桥梁持续环境荷载的时变效应与服役性能评估	国家重点基础研究发展计划（973 计划）首席青年科学家专题	550	伊廷华	2014
40	大跨桥梁持续环境荷载的时变效应与服役性能评估	国家重点基础研究发展计划（973 计划）课题	265	伊廷华	2014
41	多因素作用下特大跨桥梁性能演化特征	国家重点基础研究发展计划（973 计划）课题	256	贡金鑫	2014
42	特大跨桥梁性能感知理论与方法	国家重点基础研究发展计划（973 计划）课题	272	宋钢兵	2014
43	北极海冰减退引起的北极放大机理与全球气候效应	国家重点基础研究发展计划（973 计划）课题	247	李志军	2014
44	台风多发地区村镇建筑抗风与控制关键技术研究	国家科技支撑计划（课题负责）	648	李　钢	2014
45	基于热泵的建筑复合能源系统研究与示范	国家科技支撑计划（课题负责）	421	端木琳	2014
46	工程安全与监控	国家自然科学基金（创新研究群体项目）	600	李宏男	2014
47	非线性波浪对大幅漂移结构作用的分析方法	国家自然科学基金（重大项目子课题）	240	滕　斌	2014
48	复杂形状结构的波浪近场干涉作用机理和分析方法	国家自然科学基金（重大项目子课题）	240	吕　林	2014

（续表）

序号	项目名称	项目来源	经费/万元	负责人	立项年度
49	结构抗震与减震	国家自然科学基金（优秀青年科学基金）	100	李　钢	2014
50	非线性水波动力学	国家自然科学基金（优秀青年科学基金）	100	马玉祥	2014
51	西南河流源区径流适应性利用不确定性量化方法研究	国家自然科学基金（重点项目）	360	程春田	2015
52	重大建筑与桥梁结构地震灾变集成进一步研究	国家自然科学基金（重大研究计划）	100	李宏男	2015
53	海洋环境流场子系统研发	高技术船舶专项	1 481.76	董国海	2016
54	复杂工程力学高性能应用软件系统研制	国家重点研发计划（课题负责）	200	迟世春	2016
55	大坝突发事件应急监测与隐患快速探测新技术	国家重点研发计划（课题负责）	270	李俊杰	2016
56	住宅通风和空气净化过滤系统性能及能耗评估	国家重点研发计划（课题负责）	286	张腾飞	2016
57	高性能结构抗多次多种灾害全寿命性能分析与设计理论	国家重点研发计划（课题负责）	300	李宏男	2016
58	雨洪利用全过程风险动态控制方法	国家重点研发计划（课题负责）	326	周惠成	2016
59	热电厂余热及废热回收用于集中供热的关键技术研究	国际合作政府间专项	119.64	王海超	2016
60	新型煤与瓦斯突出高灵敏宽频响全光纤微震监测仪	国家自然科学基金（重大科研仪器研制项目）	720.6	唐春安	2016
61	结构健康监测	国家自然科学基金（杰出青年科学基金）	350	伊廷华	2016
62	西南河流源区供水-发电-环境互馈关系及系统弹性研究	国家自然科学基金（重点项目）	350	张　弛	2016
63	海洋土软化特性及海床和基础失稳与灾变机理研究	国家自然科学基金（重点项目）	288	杨　庆	2016
64	建筑环境安全	国家自然科学基金（优秀青年科学基金）	130	张腾飞	2016
65	耦合生态约束与发电目标的西南地区水电系统优化调控方法研究	国家自然科学基金（重大研究计划培育项目）	75	武新宇	2016
66	海洋工程动力环境精细化预报与安全保障及评估技术研究	国家重点研发计划（项目负责）	2 819	董国海	2017
67	松辽流域江河湖库综合调控技术与应用	国家重点研发计划（项目负责）	1 758	张　弛	2017

（续表）

序号	项目名称	项目来源	经费/万元	负责人	立项年度
68	深海资源开发的核心技术	国家重点研发计划（项目负责）	814	程　亮	2017
69	建筑空间和机电设备的智能化技术研究	国家重点研发计划（课题负责）	471	张吉礼	2017
70	港湾低频振荡精细化预测与港口安全评估技术	国家重点研发计划（课题负责）	400	董国海	2017
71	江河湖库连通条件下水资源多目标调控理论与方法	国家重点研发计划（课题负责）	367	张　弛	2017
72	强震作用下特高土石坝多耦合体系损伤演化机理及安全评价准则研究	国家重点研发计划（课题负责）	335	邹德高	2017
73	建筑运行大数据安全与数据质量保障关键技术	国家重点研发计划（课题负责）	280	刘明生	2017
74	城市供水多水源精细化配置与调控	国家重点研发计划（课题负责）	269	彭　勇	2017
75	工业化建筑消能减震结构优化设计理论与性能分析关键技术	国家重点研发计划（课题负责）	188	李芦钰	2017
76	组合结构长期性能监测评估理论与设计方法	国家重点研发计划（课题负责）	151	李冬生	2017
77	考虑可恢复性的浮式海上风机平台设计方法研究	国家自然科学基金（国际合作与交流项目）	294.4	陈　兵	2017
78	海面突发极端巨浪的基础问题研究	国家自然科学基金（重点国际合作研究项目）	229	董国海	2017
79	流域供水-发电-环境复杂关联系统弹性理论与经验分析	国家自然科学基金（重大研究计划培育项目）	80	周惠成	2017
80	东北地区室内外大气细颗粒物微生物组分来源、演化及多尺度时空暴露基础问题研究	国家自然科学基金（重大研究计划培育项目）	75	吕　阳	2017
81	村镇建筑灾变机理与适宜性防灾设计理论	国家重点研发计划（项目负责）	3 738	李　钢	2018
82	高性能村镇建筑抗灾新体系与抗多灾设计理论	国家重点研发计划（课题负责）	847	李　钢	2018
83	海底沉积物力学性质量测系统研发	国家重点研发计划（课题负责）	256	年廷凯	2018
84	建筑节能设计室内外数据获取与处理方法	国家重点研发计划（课题负责）	133	端木琳	2018
85	特大滑坡应急处置与快速治理高效可靠成套技术研究	国家重点研发计划（课题负责）	289	贾金青	2018

序号	项目名称	项目来源	经费/万元	负责人	立项年度
86	特大滑坡成因演变机理与快速防治岩土力学问题研究	国家重点研发计划（课题负责）	310	唐春安	2018
87	深海土与油气管缆的相互作用	国家自然科学基金（重大项目子课题）	380	程　亮	2018
88	海洋养殖设施水动力学	国家自然科学基金（优秀青年科学基金）	130	赵云鹏	2018

附录六 主要科研成果获奖情况一览表

序号	项目名称	主要获奖人	奖励名称	等级	获奖年份
1	港口工程技术规范——海港水文	俞聿修	国家科技进步奖	二等	1985
2	工程结构可靠性理论与应用	赵国藩	国家科技进步奖	二等	1998
3	深水防波堤新型结构形式研究和斜向波与直立式防波堤相互作用研究	李玉成	国家科技进步奖	二等	2002
4	全国水库防洪调度决策支持系统工程	王本德	国家科技进步奖	二等	2003
5	碾压混凝土拱坝筑坝配套技术研究	赵国藩	国家科技进步奖	二等	2005
6	不同水动力条件下污染物输移过程及系统耦合模型研究	沈永明	国家自然科学奖	二等	2007
7	多高层建筑多维抗震分析与振动控制——理论及工程应用	李宏男	国家科技进步奖	二等	2007
8	开孔消浪沉箱结构波浪力计算方法的研究及应用	李玉成	国家科技进步奖	二等	2007
9	复杂防洪调度系统的多目标决策及径流预报理论	程春田	国家自然科学奖	二等	2009
10	核电厂地基及防护构筑物的抗震安全评价及其工程实践	孔宪京	国家科技进步奖	二等	2010
11	工程结构抗灾控制新技术与工程应用	李宏男	国家科技进步奖	二等	2010
12	钢纤维混凝土特定结构计算理论和关键技术的研究与应用	黄承逵	国家科技进步奖	二等	2010
13	高土石坝抗震设计理论研究与工程应用	孔宪京	国家科技进步奖	二等	2012
14	结构振动控制与应用	欧进萍	国家科技进步奖	二等	2013
15	巨型机组水电站建筑结构关键技术	马震岳	国家科技进步奖	二等	2013
16	超高心墙堆石坝关键技术及应用	迟世春	国家科技进步奖	二等	2014
17	大型结构光纤传感监测关键技术及其同步采集装备	李宏男	国家技术发明奖	二等	2015
18	混凝土结构裂缝扩展过程双K断裂理论及控裂性能提升基础研究	李庆华	国家自然科学奖	二等	2015

（续表）

序号	项目名称	主要获奖人	奖励名称	等级	获奖年份
19	超高层建筑钢骨高强混凝土结构体系抗震关键技术及其应用	贾金青	国家科技进步奖	二等	2017
20	深水板桩码头新结构关键技术研究与应用	唐小微	国家科技进步奖	二等	2017
21	高强度、大体积混凝土材料特性研究	赵国藩	国家科技进步奖	三等	1998
22	高等级公路无损检测与CAE技术	周　晶	国家科技进步奖	三等	1998
23	砼静态及动态断裂特性研究	赵国藩	国家科技进步奖	三等	1999
24	波浪谱在缓坡上的变形及破碎	李玉成	国家科技进步奖	三等	1999
25	高土石坝动力分析及抗震工程措施研究	孔宪京	国家科技进步奖	三等	1999
26	波浪方向谱的观测与分析	俞聿修	国家教委科技进步奖	三等	1995
27	普定碾压砼拱坝筑坝新技术研究	赵国藩	电力部科技进步奖	一等	1995
28	水库与井群联合灌溉预报及模糊调度技术研究	周惠成	辽宁省科技进步奖	一等	1998
29	海洋平台结构检测维修、安全评定与实时检测系统	王全增	高等学校科学技术奖	一等	2001
30	高拱坝应力控制标准研究	赵国藩	中国电力科学技术奖	一等	2002
31	高拱坝地震应力控制标准和抗震结构工程措施研究	林　皋	云南省科技进步奖	一等	2003
32	多级孔板消能泄洪洞的研究与工程实践	倪汉根	大禹水利科学技术奖	一等	2004
33	叠层钢板橡胶支座房屋基层底隔震关键技术研究	李宏男	辽宁省科技进步奖	一等	2004
34	开孔沉箱结构波浪力计算方法的研究与应用	李玉成	教育部提名国家科技进步奖	一等	2005
35	大跨越高压输电塔体系抗震研究及应用	李宏男	华夏建设科学技术奖	一等	2005
36	水环境中物质输运模型研究	沈永明	高等学校自然科学奖	一等	2006
37	混凝土裂缝扩展的断裂理论与分析方法	徐世烺	高等学校自然科学奖	一等	2006

（续表）

序号	项目名称	主要获奖人	奖励名称	等级	获奖年份
38	多高层建筑多维抗震分析与振动控制——理论及工程应用	李宏男	高等学校科技进步奖	一等	2006
39	光纤光栅传感健康监测技术及其工程应用	李宏男	辽宁省科技进步奖	一等	2006
40	双排机水电站厂房结构与机组运行优化研究	马震岳	高等学校科技进步奖	一等	2006
41	高拱坝材料动态特性和地震破坏机理研究及其在大坝抗震安全评价中的应用	林　皋	高等学校科技进步奖	一等	2007
42	辽河流域防洪调度新方法及应用研究	周惠成	大禹水利科学技术奖	一等	2007
43	复杂防洪调度系统多准则径流预报方法和决策理论问题研究	程春田	高等学校自然科学奖	一等	2008
44	核电站海域工程堤防构筑物抗震安全评价研究	孔宪京	高等学校科技进步奖	一等	2008
45	结构抗灾控制新技术研究与工程应用	李宏男	辽宁省科技进步奖	一等	2009
46	结构振动控制与应用	欧进萍	高等学校科技进步奖	一等	2009
47	粗粒土静、动力特性研究及工程应用	孔宪京	辽宁省科技进步奖	一等	2010
48	复杂波、流环境中污染预报的理论和方法	沈永明	高等学校自然科学奖	一等	2010
49	城市地下管网运行安全保障技术	柳春光	辽宁省科技进步奖	一等	2011
50	纤维增强聚合物(FRP)加固工程结构关键技术研究与应用	吴智敏	湖北省科技进步奖	一等	2011
51	高土石坝地震破坏机理、动力分析方法及其抗震对策研究	孔宪京	高等学校科技进步奖	一等	2011
52	超高心墙堆石坝关键技术研究及工程应用	迟世春	云南省科技进步奖	一等	2012
53	添加纳/微米材料的高性能智能混凝土与结构	欧进萍	高校科研优秀成果奖（自然科学奖）	一等	2012
54	大型岩土工程有限元静、动力分析软件系统	孔宪京	中国水利发电科学技术奖	一等	2012
55	一种支护深基坑的预应力柔性支护技术的研究与应用	贾金青	辽宁省技术发明奖	一等	2013
56	大水电系统调度方法及自适应软件系统	程春田	中国水利发电科学技术奖	一等	2013

（续表）

序号	项目名称	主要获奖人	奖励名称	等级	获奖年份
57	混凝土坝抗震安全评价体系研究	林　皋	中国水利发电科学技术奖	一等	2013
58	既有建筑安全性改造关键技术研究	李宏男	华夏建设科学技术奖	一等	2013
59	大体积混凝土结构裂缝性能量化测试与控制新技术	徐世烺	高等学校技术发明奖	一等	2014
60	大尺度结构整体形变 GPS 阵列监测关键技术及应用	伊廷华	华夏建设科学技术奖	一等	2014
61	华东电网电能一体优化调度研究及应用	程春田	中国水利发电科学技术奖	一等	2014
62	离岸养殖新型结构关键技术研究及应用	董国海	高等学校科技进步奖	一等	2015
63	钢骨超高强混凝土结构体系抗震关键技术研究与应用	贾金青	辽宁省科技进步奖	一等	2016
64	基于泛在感知的大型装备及生产过程可重构操作优化系统	赵雪峰	辽宁省科技进步奖	一等	2016
65	高性能纤维复材提升混凝土结构受力性能关键技术与应用	吴智敏	湖北省科技进步奖	一等	2016
66	缺水条件下多水源多目标水资源精细配置与调控	张　弛	高等学校科技进步奖	一等	2016
67	变化环境下气象水文预报关键技术	彭　勇	大禹水利科学技术奖	一等	2016
68	海上风电基础结构动力响应及疲劳寿命分析	康海贵	中国电力建设科学技术奖	一等	2016
69	腐蚀环境下混凝土的耐久性寿命预测及抗腐蚀材料研究	周长俊	河北省科技进步奖	一等	2017
70	提高第三代核电结构抗震安全性的研究及其工程应用	林　皋	高等学校科技进步奖	一等	2017
71	高土石坝实验技术与安全评价理论及应用	孔宪京	大禹水利科学技术奖	一等	2017
72	地下管道灾变防控与非开挖修复成套技术	冯　新	河南省科技进步奖	一等	2018
73	结构运营模态测——辨相和理论	伊廷华	高等学校自然科学奖	一等	2018
74	混凝土性能的水作用机理与控制方法	吴智敏	高等学校自然科学奖	一等	2018
75	大型水泵水轮机稳定性与厂房减振关键技术及工程应用	马震岳	中国水力发电科学技术奖	一等	2018

（续表）

序号	项目名称	主要获奖人	奖励名称	等级	获奖年份
76	异性柱框架结构研究	赵国藩	辽宁省科技进步奖	二等	1994
77	大型钢管结构分析方法及伸缩节技术研究	董毓新	水利部科技进步奖	二等	1994
78	全国防洪调度系统研究（第一期）	王本德	水利部科技进步奖	二等	1996
79	大型压力钢管结构分析及伸缩节等技术研究	董毓新	水利部科技进步奖	二等	1996
80	波浪对海上建筑物的作用	李玉成	教育部科技进步奖	二等	1998
81	水环境两相湍流和水质的精细模型研究	沈永明	教育部科技进步奖	二等	1998
82	高强度大体积混凝土材料特性研究	赵国藩	电力部科技进步奖	二等	1998
83	高土石坝动力分析及抗震工程措施研究	孔宪京	电力部科技进步奖	二等	1998
84	底部框支组合墙结构框架墙梁受力状态研究	赵国藩	辽宁省政府奖	二等	1998
85	混凝土超缓凝剂	王立久	辽宁省科技进步奖	二等	1998
86	工程结构可靠性理论与应用	赵国藩	辽宁省科技进步奖	二等	1999
87	辽浑太流域水库群交互式实时洪水预报模糊优化调度系统	王本德	辽宁省科技进步奖	二等	1999
88	污染物扩散输移的湍流模式研究	沈永明	高等学校科技进步奖	二等	2000
89	工程水资源模糊集理论与应用	陈守煜	高等学校科技进步奖	二等	2001
90	建筑模网混凝土结构技术规程	王立久	辽宁省科技进步奖	二等	2001
91	溪洛渡及小湾超大型地下洞室群合理布置及围岩稳定研究	林　皋	中国电力科学技术奖	二等	2001
92	极平缓海滩上的海浪浅化	李玉成	教育部提名国家科技进步奖	二等	2002
93	多向不规则波的折射、绕射研究	俞聿修	教育部提名国家自然科学奖	二等	2002
94	复杂条件下高拱坝（300 米级）建设中的应用基础研究	林　皋	教育部提名国家科技进步奖	二等	2003

（续表）

序号	项目名称	主要获奖人	奖励名称	等级	获奖年份
95	工程水资源(优化)模糊集理论与应用	陈守煜	辽宁省自然科学奖	二等	2003
96	基于语义数据库与WEBGIS的黑龙江省防汛信息服务系统	梁国华	黑龙江省科技进步奖	二等	2003
97	波流作用下的水动力学和水环境预测模型研究	沈永明	教育部提名国家科技进步奖	二等	2004
98	200 m级高混凝土面板堆石坝的应用基础研究	孔宪京	大禹水利科学技术奖	二等	2004
99	金马大桥"大型砼斜拉桥与T型钢构协作体系桥梁"设计技术研究	张　哲	华夏建设科学技术奖	二等	2004
100	悬吊体系地震作用原理及其应用	李宏男	教育部提名国家科技进步奖	二等	2005
101	混凝土自锚式悬索桥分析理论和设计技术研究	张　哲	辽宁省科技进步奖	二等	2005
102	洪水预报调度的智能化理论方法及决策支持	程春田	高等学校自然科学奖	二等	2006
103	深水重力式网箱水动力特性研究	董国海	高等学校科技进步奖	二等	2006
104	高压输电塔体系抗震抗风研究及工程应用	李宏男	中国电力科学技术奖	二等	2006
105	混凝土自锚式悬索桥分析理论和设计技术研究	张　哲	高等学校科技进步奖	二等	2007
106	水资源与防洪系统工程可变模糊集理论及方法	陈守煜	高等学校自然科学奖	二等	2007
107	非线性波浪力对海上工程结构的作用	滕　斌	高等学校自然科学奖	二等	2007
108	钢纤维高强混凝土材料与结构性能研究	黄承逵	河南省科技进步奖	二等	2007
109	水库洪水预报调度系统的智能化算法与实践	程春田	辽宁省自然科学奖	二等	2008
110	开采诱发围岩破坏渗流模型及其工程应用	唐春安	辽宁省自然科学奖	二等	2009
111	非线性波浪及其对特种海工结构的作用	董国海	高等学校自然科学奖	二等	2009
112	工程结构施工与服役期的健康监测关键技术及应用	李宏男	高等学校科技进步奖	二等	2009
113	海底油气管道的破坏机理与状态监测方法研究	周　晶	高等学校科技进步奖	二等	2009

（续表）

序号	项目名称	主要获奖人	奖励名称	等级	获奖年份
114	松嫩平原洪水资源利用及湿地水文驱动修复研究	许士国	大禹水利科学技术奖	二等	2009
115	河流近海水动力及水污染预报	沈永明	辽宁省自然科学奖	二等	2010
116	波流-结构-基床的强非线性耦合作用研究	王永学	高等学校自然科学奖	二等	2010
117	海底管线损伤破坏机理与健康监测方法研究	周　晶	辽宁省科技进步奖	二等	2012
118	跨流域引水后大伙房水库三维调度理论与技术研究	周惠成	辽宁省科技进步奖	二等	2012
119	动态扰动诱发岩石类介质破坏的机理研究	唐春安	高等学校自然科学奖	二等	2012
120	模糊水文水资源学的研究与实践	陈守煜	大禹水利科学技术奖	二等	2012
121	村镇建筑节能及改善室内热环境关键技术研究	端木琳	华夏建设科学技术奖	二等	2012
122	大规模复杂水电系统优化调度理论方法与关键技术	程春田	辽宁省科技进步奖	二等	2013
123	国家地震安全示范社区建设	霍林生	辽宁省自然科学奖	二等	2013
124	新型消能式海上建筑物水动力分析方法与设计理论研究	李玉成	高等学校自然科学奖	二等	2013
125	耦合预报信息的水库群联合优化调度关键技术及应用	张　弛	辽宁省科技进步奖	二等	2015
126	卸压开采裂隙演化与瓦斯富集区微震探测关键技术及应用	唐春安	安徽省科技进步奖	二等	2015
127	复杂地基地震安全分析关键技术研究与工程应用	林　皋	中国电力科学技术奖	二等	2015
128	水电富集电网电能消纳协调控制方法与关键技术	程春田	中国水利发电科学技术奖	二等	2015
129	高土石坝抗震性能及抗震安全研究	孔宪京	中国水利发电科学技术奖	二等	2015
130	离岸抗风浪网箱水动力特性与安全评估关键技术研究及应用	赵云鹏	辽宁省科技进步奖	二等	2016
131	大体积混凝土结构健康监测与损伤控制关键技术研究与应用	李宏男	辽宁省科技进步奖	二等	2016
132	光纤光栅智能拉索设计、制造与工程应用成套技术	周　智	广西壮族自治区技术发明奖	二等	2016

（续表）

序号	项目名称	主要获奖人	奖励名称	等级	获奖年份
133	千万级小水电群消纳与利用关键技术	程春田	云南省科技进步奖	二等	2016
134	复杂环境下空间交叉与平面分岔隧道施工控制技术	王峥峥	天津市科技进步奖	二等	2016
135	强震区 200 m 级高混凝土板坝抗震关键技术研究	孔宪京	中国电力科学技术奖	二等	2016
136	海上风电场关键技术及其工程应用	李　昕	中国电力科学技术奖	二等	2017
137	复杂特性电力市场多维交易关键技术研究及示范应用	程春田	云南省科技进步奖	二等	2018
138	高陡边坡动力灾变失稳机理与多源信息监测预警方法及防治	唐世斌	山东省科技进步奖	二等	2018
139	汶川地震山岭隧道震害形成机理与控制理论	王峥峥	四川省科技进步奖	二等	2018
140	桥梁拉吊索损伤演化及其失效模式的声发射监测技术研究和应用	李冬生	福建省科技进步奖	二等	2018
141	超大跨径桥梁结构健康监测系统关键技术	周　智	湖南省科技进步奖	二等	2018
142	非线性波浪对复杂海洋结构作用的高阶边界元数值分析	宁德志	高等学校自然科学奖	二等	2018
143	结构智能监测与修复的基础问题研究	李冬生	高等学校自然科学奖	二等	2018

附录七 出版教材、学术著作一览表

(2009—2018)

序号	书名	著作责任者	出版社	出版时间
1	计算机图形学	贾艾晨	哈尔滨工业大学出版社	2009
2	水工钢筋混凝土结构学	宋玉普等	中国水利水电出版社	2009
3	工程结构抗震设计原理	陈国兴 柳春光	中国水利水电出版社	2009
4	工程力学	黄丽华等	大连理工大学出版社	2009
5	全国一级注册结构工程师专业考试模拟试题及详解	宋玉普等	机械工业出版社	2009
6	全国二级注册结构工程师专业考试模拟试题及详解	宋玉普等	机械工业出版社	2009
7	全国一、二级注册结构工程师专业考试教程(2019)	宋玉普等	机械工业出版社	2009
8	海岸动力学	邹志利等	人民交通出版社	2009
9	水工建筑物	林 皋等	中国水利水电出版社	2009
10	智能建筑材料	洪 雷	中国建材工业出版社	2009
11	可变模糊集理论与模型及其应用	贾艾晨	哈尔滨工业大学出版社	2009
12	土力学与地基基础工程	郭 莹等	大连理工大学出版社	2010
13	道路勘测设计	潘宝峰等	大连理工大学出版社	2010
14	道路建筑材料	王宝民 潘宝峰等	中国建材工业出版社	2010
15	工程制图	杨小庆 王子茹等	中国水利水电出版社	2010
16	工程制图习题集	杨小庆 王子茹等	中国水利水电出版社	2010
17	水工钢筋混凝土结构	宋玉普等	中国水利水电出版社	2010

（续表）

序号	书名	著作责任者	出版社	出版时间
18	港口规划与布置(第三版)	郭子坚	人民交通出版社	2011
19	城市居住水平发展评价	姜永生 李忠富	哈尔滨工业大学出版社	2011
20	建设工程经济	李忠富	中国建筑工业出版社	2011
21	沿海港口航道仿真理论与实验指南	唐国磊	中国水利水电出版社	2012
22	测量学知识点与实例解析	伊廷华 袁永博	中国建筑工业出版社	2012
23	大学计算机基础实验指导	朱鸣华等	高等教育出版社	2012
24	工程经济学	李忠富等	科学出版社	2012
25	道路桥梁工程施工	潘宝峰等	大连理工大学出版社	2012
26	大型防汛指挥决策支持系统的设计与开发关键技术研究	周惠成	中国水利水电出版社	2012
27	混凝土的动力本构关系和破坏准则(上册)	宋玉普	科学出版社	2012
28	混凝土的动力本构关系和破坏准则(下册)	宋玉普	科学出版社	2012
29	纳米二氧化硅高性能混凝土性能及机理	王宝民	辽宁科学技术出版社	2012
30	新型屋面材料	王立久	中国建材工业出版社	2012
31	Advances in Spacecraft Systems and Orbit Determination	李祥立	In Tech	2012
32	高等钢筋混凝土结构学	宋玉普等	中国水利水电出版社	2013
33	工程结构抗震设计	车　铁等	大连理工大学出版社	2013
34	新编土力学教程	邵龙潭 郭　莹	冶金工业出版社	2013
35	建筑材料实验	吕兴军等	化学工业出版社	2013
36	道路与桥梁工程概论	王会利等	中国建材工业出版社	2013

（续表）

序号	书名	著作责任者	出版社	出版时间
37	建筑施工组织与管理	李忠富等	机械工业出版社	2013
38	钢筋混凝土结构	宋玉普等	机械工业出版社	2013
39	废旧橡胶颗粒复合水泥混凝土制备与性能	王宝民	中国建材工业出版社	2013
40	水电站厂房和机组耦合动力学理论及应用	马震岳	中国水利水电出版社	2013
41	Handbook of Recycled Concrete and Demolition Wastes	丁一宁	Woodhead Publishing Limited	2013
42	砌体结构	徐博瀚等	中国建筑工业出版社	2014
43	全国一、二级注册结构工程师专业考试教程(2014)	宋玉普等	机械工业出版社	2014
44	室内空气污染传播与控制	吕　阳 卢　振	机械工业出版社	2014
45	现代土木工程施工新技术	李忠富等	中国建筑工业出版社	2014
46	建设工程法规	曹明莉等	大连理工大学出版社	2014
47	建设工程监理概论	张国军 王铮铮	大连理工大学出版社	2014
48	材料力学习题集及精解	黄丽华等	武汉理工大学出版社	2014
49	Self-Sensing Concrete in Smart Structures	韩宝国	中国建材工业出版社	2014
50	Handbook of Functional Nanomaterials. Volume 4-Properties and Commercialization.	韩宝国	中国水利水电出版社	2014
51	港口结构混凝土性能退化及耐久性设计	贡金鑫	人民交通出版社	2014
52	自锚式斜拉-悬索协作体系桥	张　哲	大连理工大学出版社	2014
53	山岭隧道抗震设计理论与实践	王峥峥	中国建筑工业出版社	2014
54	桩-土-边坡相互作用数值分析及抗滑桩设计计算方法	年廷凯	中国建材工业出版社	2014
55	The Theory of Structural Nonlinear Analysis: The Force Analogy Method for Earthquake Engineering	李　钢	Wiley	2014

（续表）

序号	书名	著作责任者	出版社	出版时间
56	紫坪铺面板堆石坝震害分析与数值模拟	孔宪京	科学出版社	2014
57	建筑结构抗震设计	李宏男等	中国建筑工业出版社	2015
58	道路工程	潘宝峰等	大连理工大学出版社	2015
59	大学计算机实验指导(第 3 版)	朱明华等	高等教育出版社	2015
60	钢筋混凝土结构设计原理	王立成	大连理工大学出版社	2015
61	全国一、二级注册结构工程师专业考试教程(2015)	宋玉普等	机械工业出版社	2015
62	水工建筑物抗震计算基础	张运良 李建波	中国水利水电出版社	2015
63	工程地质	年廷凯等	大连理工大学出版社	2015
64	道路工程	潘宝峰等	大连理工大学出版社	2015
65	交通运输系统工程(第 2 版)	郭瑞军等	国防工业出版社	2015
66	施工项目管理	李忠富	中国建筑工业出版社	2015
67	建筑结构抗震设计	车　铁等	中国电力出版社	2015
68	工程地质	年廷凯	大连理工大学出版社	2015
69	材料力学	黄丽华	大连理工大学出版社	2015
70	锚固类结构优化设计与施工	贾金青	人民交通出版社	2015
71	凝土面板堆石坝抗震性能	孔宪京	科学出版社	2015
72	筒仓物料颗粒流与有限元数值模拟	王　胤	大连理工大学出版社	2015
73	BIM 结构——Autodesk Revit Structure 在土木工程中的应用	王言磊等	化学工业出版社	2016
74	水力学	刘亚坤等	中国水利水电出版社	2016

（续表）

序号	书名	著作 责任者	出版社	出版 时间
75	装配式混凝土结构	崔 瑶 范新海	中国建筑工业出版社	2016
76	测量学	王井利等	大连理工大学出版社	2016
77	水电站电气设备	马震岳等	中国水利水电出版社	2016
78	基础工程	郭 莹等	大连理工大学出版社	2016
79	深基坑支护设计与施工新技术	年廷凯 孙 旻	中国建筑工业出版社	2016
80	水工钢筋混凝土结构学	汪基伟等	中国水利水电出版社	2016
81	工程经济学(第 2 版)	李忠富等	科学出版社	2016
82	大体积混凝土施工技术	王吉忠	中国建筑工业出版社	2016
83	路基路面工程	潘宝峰等	人民交通出版社	2016
84	海上风电机组单桩基础结构灌浆连接段设计与实验技术	李玉刚	吉林大学出版社	2016
85	Structural Health Monitoring of Composite Structures Using Fiber Optic Methods	周 智	CRC Press Taylor & Francis Group	2016
86	混凝土材料动力性能及其工程应用	李建波	科学出版社	2016
87	高土石坝地震灾变模拟与工程应用	孔宪京	科学出版社	2016
88	土力学实验教程	唐洪祥 郭 莹	中国建筑工业出版社	2017
89	BIM 结构——Autodesk Robot Structural Analysis 在土木工程中的应用	王言磊 王永帅	化学工业出版社	2017
90	土木工程常用软件与应用——PKPM、ABAQUS 和 MATLAB	王言磊等	中国建筑工业出版社	2017
91	Solutions Manual of Theoretical Mechanics	易 平	科学出版社	2017
92	交通信息化环境下随机道路网络拥挤收费理论与方法	钟绍鹏 赵胜川	科学出版社	2017
93	水电站电气设备	马震岳 王 刚	中国水利水电出版社	2017

（续表）

序号	书名	著作责任者	出版社	出版时间
94	BIM 基础及施工阶段应用	姜韶华	中国建筑工业出版社	2017
95	招投标与合同管理	张明媛 李春保	大连理工大学出版社	2017
96	工程估价实务	李　静 王冬梅	高等教育出版社	2017
97	Smart and Multifunctional Concrete Toward Sustainable Infrastructures	韩宝国	Springer	2017
98	碳纳米管增强高性能水泥基复合材料制备与性能	王宝民	辽宁科技技术出版社	2017
99	Inverse Design Methods for the Built Environment	张腾飞	Routledge Taylor & Francis	2017
100	居住建筑室内健康环境评价原则及解析	陈　滨	中国建筑工业出版社	2017
101	中国典型地区居住室内健康环境状况调查研究报告(2012—2015)	陈　滨	中国建筑工业出版社	2017
102	松花江流域河湖水系变化及优化调控	李　昱	中国水利水电出版社	2017
103	土木工程结构损伤声发射监测及评定——理论、方法与应用	李冬生	科学出版社	2017
104	住宅产业化论	李忠富	中国建筑工业出版社	2017
105	交通信息化环境下随机道路网络拥挤收费理论与方法	钟绍鹏	科学出版社	2017
106	结构力学(数字课程)	陈廷国 曲激婷	高等教育出版社	2018
107	土木工程专业 BIM 结构方向毕业设计指南	王言磊等	化学工业出版社	2018
108	建筑工程识图	王子茹等	中国建材工业出版社	2018
109	建筑工程识图习题集	王子茹等	中国建材工业出版社	2018
110	工程估价实务(数字课程)	李　静等	高等教育出版社	2018

附录八 优秀教学成果奖情况

序号	获奖项目	获奖等级	第一获奖人	获奖年度
1	《结构力学》课件	国家教委优秀教材二等奖	姜 峰	1995
2	深化教学手段改革在力学课中努力开展计算机辅助教学	辽宁省优秀教学成果二等奖	姜 峰	1997
3	面向21世纪计算机基础教学的改革与实践	辽宁省优秀教学成果一等奖	陈廷国	2000
4	加强东北地区高校间的交流与协作，推动现代教育技术的应用	辽宁省优秀教学成果一等奖	陈廷国	2000
5	土木工程、水利工程学科研究生教育教学体系改革、课程建设与素质培养	辽宁省优秀教学成果一等奖	周 晶	2000
6	面向21世纪计算机基础教学改革与实践	辽宁省优秀教学成果一等奖	杨 微	2000
7	土木工程、水利工程学科研究生教育教学体系改革、课程建设与素质培养	国家级优秀教学成果二等奖	周 晶	2001
8	土建专业模块式力学教学体系的改革实践	辽宁省优秀教学成果二等奖	姜 峰	2001
9	随机波浪及其工程应用	辽宁省优秀图书三等奖	俞聿修	2002
10	高效消能工	辽宁省优秀图书一等奖	倪汉根	2002
11	画法几何及工程制图 画法几何及工程制图习题集	中国工程图学学会优秀教材奖	王子茹	2003
12	港口规划与布置	交通部优秀教材奖	洪承礼	2003
13	水电站和泵站水力过渡过程	辽宁省优秀图书三等奖	陈壁宏	2003
14	工程项目进度管理	辽宁省优秀图书一等奖	齐东海	2003
15	高校内部教学质量评价体系的构建与实践	国家级优秀教学成果二等奖	张国梁	2005
16	高校内部教学质量评价体系的构建与实践	辽宁省优秀教学成果一等奖	张国梁	2005
17	画法几何及工程制图	国家精品课程	王子茹	2007
18	工程力学	辽宁省精品课程	姜 峰	2007

（续表）

序号	获奖项目	获奖等级	第一获奖人	获奖年度
19	水力学	辽宁省精品课程	金　生	2008
20	水工建筑物	国家“十五”规划教材	林　皋等	2009
21	以结构设计大赛促进课程教学，培养学生创新实践能力	辽宁省优秀教学成果二等奖	姜　峰等	2009
22	工程水力学示范中心建设的探索与实践	辽宁省优秀教学成果三等奖	刘亚坤等	2009
23	水力学	辽宁省精品课程	金　生	2009
24	《土力学与地基基础》课件	全国多媒体课件大赛一等奖	郭　莹等	2012
25	《建筑材料学》课件	全国多媒体课件大赛二等奖	王宝民等	2012
26	融合重点学科资源，建设土木水利类专业高水平实验教学示范中心	辽宁省教学成果奖一等奖	陈廷国等	2012
27	研究型大学拔尖创新人才培养体系的构建与实践	辽宁省教学成果奖一等奖	姜　峰	2012
28	高等工程教育改革与卓越工程师培养的探索与实践	辽宁省教学成果奖一等奖	宋向群	2012
29	基于“做中学”的土建类工程图学系列课程教学的创新与实践	辽宁省教学成果奖二等奖	王子茹 贾艾晨	2012
30	融合重点学科资源，建设土木水利类专业高水平实验教学示范中心	国家级教学成果奖二等奖	陈廷国	2014
31	直线的投影	第十四届全国多媒体课件大赛奖二等奖	王子茹	2014
32	《工程估价》网络课件	第十届全国高等学校计算机课件竞赛二等奖	李　静	2014
33	土木工程施工——桩基础	全国高等学校计算机微课课件大赛二等奖	李　静	2014
34	水利工程施工	辽宁省教学资源共享课	杜志达	2014
35	画法几何	辽宁省教学资源共享课	王子茹	2014
36	建筑材料学多媒体课程	辽宁省教育软件大赛二等奖	王宝民	2014
37	工程地质实验教学改革与实践性教学基地建设	辽宁省“十二五”优秀高教研究成果一等奖	年廷凯	2015

（续表）

序号	获奖项目	获奖等级	第一获奖人	获奖年度
38	港口航道与海岸工程专业数值仿真实验教学体系创建与应用	高等学校水利类专业教学成果一等奖	唐国磊	2017
39	重视优势资源整合，突出创新能力培养，打造一流特色专业	高等学校水利类专业教学成果一等奖	刘亚坤	2017
40	“系列力学课程”实践教学的创新及应用	高等学校水利类专业教学成果二等奖	黄丽华	2017
41	适应海洋空间资源开发需求的本科人才培养体系的创建与实践	高等学校水利类专业教学成果二等奖	王永学	2017
42	依托土木水利学科优势，建设岩土工程本科创新实践教学平台	辽宁省教学成果一等奖	年廷凯	2018
43	建筑与土木工程领域创新型 BIM，工程技术人才培养体系的构建与实践	辽宁省教学成果一等奖	张吉礼	2018
44	土木工程专业精英人才培养体系构建与实践	辽宁省教学成果二等奖	陈廷国	2018
45	以优势学科为依托，培养水利类专业拔尖创新人才	辽宁省教学成果二等奖	刘亚坤	2018
46	“结构力学”课程实践教学的创新与实施	辽宁省教学成果三等奖	黄丽华	2018

附录九　大事记

1949年4月15日，大连大学举行创校典礼。大连工学院在大连大学建校时期共设9个系，土木工程系是其中之一，系主任为李士豪。

1950年7月24日，大连大学建制取消，大连工学院独立办学，院长为屈伯川。

1952年4月，土木工程系教授章守恭翻译的苏联教材《钢筋混凝土结构学》出版。

1952年9月，全国大规模的院系调整开始，东北工学院土木工程系的水工专业、路工专业调来我系，土木工程系共有港工、水工、路工、建筑四个专业组。

1952年9月，土木工程系成立党总支，马啸同志任第一任总支书记，兼助理系主任。

1953年8月30日，我校举行53届毕业生毕业典礼，土木工程系首届毕业生走上了经济建设和教育、科研等岗位。

1953年，哈尔滨工业大学土木建筑系水利工程专业学生93人和苏联专家郭洛切瓦夫斯基及其指导的研究班学员28人调来我系，大连海运学院的港工专业也调入我系。

1954—1956年，水利馆中水力学、港工、水工、水能大厅(含水力机械)4个实验厅相继建成。这是当时具有国内领先水平的实验基地，其中港工实验室已达到国际先进水平。

1955年6月2日，土木工程系改称水利工程系。

1955年6月，钱令希教授当选为中国科学院学部委员。

1956年1月，水利工程系钱令希教授当选为全国政协第二届全国委员会委员，章守恭教授当选为辽宁省人大代表。

1956年，水利工程系教师侯穆堂、邱大洪合作编写了《港口及港工建筑物》一书，是我国海岸工程学科的第一部著作。

1956年，水利工程、数理力学等系的戴宗信、钱令希等教授和林皋等一批中青年教师，结合流溪河水电站工程进行的拱坝结构动力学实验，取得了可喜的进展。

1958年6月，数理力学系系主任钱令希、水利工程系系主任李士豪两位教授在武汉出席"长江三峡水利枢纽科学技术研究会议"。我校决定承担12项研究课题。

1958年11月，我校全面承担第一个现代化的渔港——大连渔港——的规划设计任务。由水利工程系港工专业的邢至庄、邱大洪等教师带领59届学生开展工作。

1958年，钱令希教授带领数理力学和水利工程两系师生参加了南京长江大桥的规划、设计和研究工作。

1960年5月27日，我校成立科研处，李士豪教授兼任处长。

1964年6月，高教部聘请钱令希教授为《高校自然科学学报》数学、力学、天文学版编委,李士豪教授为土木、建筑、水利版编委。

1964 年 12 月 21 日,章守恭教授当选为第三届全国人民代表大会代表,出席三届人大一次会议。

1964 年,水利工程系成立高坝结构与水力学研究室,简称水工研究室。

1966 年 1 月 8 日,《光明日报》头版头条发表文章《教育与生产劳动相结合的一支凯歌——大连工学院坚持 8 年完成现代化的大连渔港设计》,这座渔港是当时全国甚至亚洲最大的渔港。

1968 年,受海军工程部委托,由水利工程系港口及航道工程专业邢至庄、邢次青、俞聿修等教师于 1959 年开始设计的我国第一座现代化的大型军港工程建成。

1971 年 5 月,结合辽阳葠窝水库的修建,由水利工程系负责举办"水工专业实验班",学制 3 年。

1973 年,水利工程系和数理力学系、机械系及电子系等 6 个系全面承担了我国第一个现代化的原油输出港——大连新港——的主体工程设计任务。邢至庄任建港指挥部副总指挥,钱令希教授任顾问,邱大洪和洪承礼讲师等担任设计负责人。

1976 年 5 月 1 日,我系教师主持设计的我国第一座现代化的原油输出港——大连新港——全面建成,投入生产。

1978 年 3 月,中共中央在北京隆重召开了全国科学大会。我系的大连新港设计实验、水库地震及水工建筑物抗震设计规范、直墙式建筑物波浪力和大型油轮靠泊力的研究、拱坝应力计算分析法的改进等成果获得了奖励。

1978 年 7 月,经省里有关部门批准,第一批提升包括我系赵国藩在内的 8 名教师为教授,包括我系邱大洪、董毓新在内的 42 名教师为副教授。

1980 年,我校接受世界银行中国大学发展项目第一批贷款 700 万美元,购进了大量设备仪器,包括地震模拟系统、结构疲劳实验机系统等,对促进我校、系的教学科研事业的发展起到重要作用。

1981 年 11 月 8 日,我校负责主体工程设计的"鲇鱼湾油港(即大连新港)设计"获国家 70 年代优秀设计奖。

1982 年 2 月,水利工程系 784 班邵君锷同学被评为全国三好学生,出席了团中央、教育部在北京召开的奖励大会。

1982 年 5 月,学位评定委员会根据《中华人民共和国学位条例》,首次给研究生授予学位。包括水利工程系在内的全校 6 个系 102 名 78 级研究生经过审核,被授予硕士学位。

1982 年 10 月,在李士豪教授指导下,由水利工程系徐福生等教师通力合作,建成高速水流实验室。

1983年5月17日，海洋工程研究所经国家教委批准成立，所长为邢至庄。

1983年10月18日，水利工程系林皋教授作为代表，出席第十次中华全国工会代表大会。

1983年11月9日，水利工程系成立水利水电研究所，董毓新教授任所长。

1984年4月，水利工程系洪承礼教授被任命为我国重点工程——营口鲅鱼圈建港——指挥部总工程师。

1984年10月10日，我国第三届全国人大代表、第五届省人大代表、著名力学及地基基础专家、校学术委员会主任、水利工程系土力学教研室主任、二级教授章守恭同志逝世，享年75岁。

1985年，由邱大洪教授牵头和主持的针对南海北部湾某油田的国家“六五”科技攻关项目“钢筋混凝土多用平台可行性研究”，通过了评审。方案设计获国家科技进步一等奖。

1985年4月，邱大洪教授被选聘为国务院学位委员会学科评议组成员。

1985年10月，林皋参加研究的丰满水电站泄水洞进水口水下岩塞爆破，俞聿修参加研究的港口工程技术规范——海港水文，赵国藩参加研究的水工钢筋混凝土结构设计规范和洪承礼参加的十万吨级半坞式船台设计获首批国家科技进步奖。

1986年，洪承礼教授被国家科委批准为国家级有突出贡献的专家。

1987年9月，全国通用教材《水电站建筑物》(董毓新，李彦硕，卜华仁等参与编著)获水利电力部优秀教材一等奖。

1988年9月，土木工程系本科新生实行“大土木”教学计划。

1988年，邱大洪教授、林皋教授被评为国家级有突出贡献的中青年专家。

1988年，“港口、海岸及近海工程”被评为国家重点学科。

1989年9月10日，土木工程系副教授郑芳怀在教师节被评为全国优秀教师。

1990年4月11日，学校批准土木工程系成立结构工程研究所，韩国城教授为所长。

1990年4月下旬，邱大洪教授被评为在国家重点实验室建设中做出突出贡献的先进工作者，受到国家计委、国家科委和中科院的表彰。

1990年7月，沿岸和近海工程国家重点实验室通过国家计委委托国家教委组织的验收委员会的验收，并向国内外开放。

1990年11月，徐世烺副教授荣获霍英东教育基金研究类奖。国家教委决定将徐世烺同志列为国家教委优秀青年教师重点跟踪。

1990年，林皋、邱大洪被评为全国高等学校先进科技工作者，赵国藩获得国家教委科技工作者荣誉称号。

1991年，邱大洪教授当选为中国科学院院士(学部委员)。

1991年1月25日，中宣部、国家教委、人事部、国务院学位委员会召开表彰大会，周晶、徐世烺、楼梦麟、马震岳被评为“做出突出贡献的中国博士学位获得者”。

1991年10月，由土木工程系邢次青、赵国藩、赵惒义、连竞等30余人完成的“内河大直径预应力混凝土管桩的码头成套技术”作为四项国家“七五”科技攻关的重大科技成果之一被国家计委、国家科委、财政部授奖。

1992年1月8日，中共党员、九三学社创始人之一、九三学社中央委员、我校建校元老之一、原土木工程系系主任、水利工程专家李士豪教授不幸逝世，享年77岁。

1992年6月，邱大洪教授应聘为第三届国务院学位委员会学科评议组成员。

1992年，马震岳副教授获得中国青年科技奖。

1993年，洪承礼当选为全国人大代表、省政协委员，邱大洪当选为全国政协委员。

1994年4月17日，我校主办的国际海洋工程会议在北京友谊宾馆举行，邱大洪任大会主席。

1994年5月7—9日，国家计委委托国家自然科学基金委组织专家评估组对我校海岸和近海工程国家重点实验室进行了评估。

1994年12月15日，国防科工委设立的光华科技基金会在京颁发上年度奖金，赵国藩教授获一等奖，林皋教授和董毓新教授获二等奖。

1995年1月10日，在国家重点建设工程——广东西江金马大桥施工设计招标中，我校土建勘察设计院一举中标。

1995年6月20日，我校振动与强度测试中心通过了国家技术监督局专家组认真严格的评审和计量认证，这是国家教委所属高校中通过计量认证的第一个近代力学工程测试中心。

1996年5月17日，土木建筑学院成立，院长为周晶。

1996年6月，土木工程系连续三年在校科技实力综合评估中独占鳌头，积分值总和三次均为全校第一名。

1996年10月，董毓新、赵国藩、邱大洪、洪承礼、林皋、王立久6位教授当选为“辽宁省优秀专家”。

1996年，“211工程”正式启动建设，“港口、海岸及近海工程”被列为重点建设子项目。

1997年，徐世烺教授获1996年度国家杰出青年科学基金资助。

1997年，1月21日，孔宪京教授被评为“全国优秀留学回国人员”。

1997年6月10日，邱大洪、洪承礼、宋玉普、赵国藩、董毓新、王立久被中共大连市委、市政府任命为大连市优秀专家。

1997年，林皋教授和赵国藩教授分别当选中国科学院和中国工程院院士。

1998 年 3 月,林皋院士获“全国优秀科技工作者”殊荣。

1998 年 6 月,“水利工程”获得一级学科博士学位授予权。

1999 年,赵国藩院士荣获陈嘉庚技术科学奖。

1999 年,新设建筑环境与设备工程、工程管理两个本科生专业并招生。

2000 年 9 月,“土木工程”获得一级学科博士学位授予权。

2001 年,水工结构工程学科被评为国家重点学科。

2002 年 6 月,土木水利学院组建。

2002 年,学院与英国爱丁堡大学土木工程系签订土木工程专业“2+2”联合培养协议,2003 年有两位学生取得英国签证到爱丁堡大学留学。

2003 年,海岸和近海工程国家重点实验室通过了国家组织的重点实验室评估。

2004 年,“985 工程”Ⅱ期启动建设,学院立项建设一级科技创新平台。

2004 年,《中国水利百科全书》(水力发电分册)(董毓新主编,马震岳、李彦硕副主编)由中国水利水电出版社出版发行。

2004 年,学院批准建设高等学校重点实验室“水科学和水利工程”。

2004 年,在国家学科评估中,水利工程一级学科在各高校中排名第三位,土木工程一级学科排名第五位。

2004 年,土木工程专业以全票通过建设部土木工程专业的评估,位于评估院校的前三位。

2005 年,综合实验三号楼竣工。

2005 年,欧进萍院士荣任大连理工大学校长,同时也成为防灾减灾和结构工程学科的学术带头人。

2006 年 4 月 29 日,学院桥梁工程研究所的风洞实验室落成剪彩,这是学院“985 工程”的标志性成果之一。

2006 年,成立交通工程学科以及相应的交通工程系和本科专业,并从 2007 年开始招收本科生。

2007 年,水利工程被批准为国家一级学科重点学科,“结构工程”为二级学科国家重点学科。

2007 年,学院批准建设辽宁省重点实验室“工程防灾减灾重点实验室”。

2007 年,学院工程水力学实验室被评为辽宁省示范教学实验中心,这也是学院第一个省级示范教学实验室。

2007 年,学院获得教育部“高等学校学科创新引智计划”资助,引智基地建设为高水平国际学术交流和人才培养提供高端平台。

2007 年，获批建设“面向工程的土木水利大类人才培养模式”国家人才培养模式创新实验区。

2007 年，承办了辽宁省大学生结构设计竞赛。

2008 年，新设立交通工程本科专业并开始招生。

2008 年，承办了全国大学生结构设计竞赛。

2008 年，海岸和近海工程国家重点实验室通过了国家组织的重点实验室评估，成绩优秀。

2009 年，综合实验四号楼竣工。

2009 年 4 月 25 日，海岸和近海工程国家重点实验室第五届学术委员会第一次会议在大连召开。欧进萍院士任第五届学术委员会主任，董国海教授任海岸和近海工程国家重点实验室主任。

2009 年 6 月 20 日，土木水利学院举行建院六十周年庆典学术报告会。中国水电工程顾问集团公司总经理、党组书记晏志勇，交通运输部总工程师蒋千，中国水利水电科学研究院王浩院士三位专家来校做报告。

2009 年 9 月 22 日，建设工程学部成立大会隆重举行，校党委书记张德祥教授、校长欧进萍院士共同为建设工程学部揭牌，欧进萍校长在成立仪式上讲话，党委常务副书记孔宪京宣布建设工程学部干部任命决定。

2009 年 11 月，张日向教授指导的“海风之韵”参赛队在“金风杯”第三届全国大学生结构设计竞赛中获一等奖。

2009 年，土木水利实验教学中心被批准为 2009 年度国家级实验教学示范中心建设单位。

2009 年，以滕斌教授为学术带头人的“海洋环境灾害作用与结构安全防护”创新团队获得国家创新研究群体科学基金资助，经费 500 万元。这是我校获得的第二个国家创新研究群体。

2009 年，程春田教授受聘为 2009 年教育部“长江学者”奖励计划特聘教授。

2009 年，赵云鹏博士的学位论文《深水重力式网箱水动力特性数值模拟研究》(指导教师：李玉成教授)被评为全国优秀博士学位论文提名论文。

2010 年 1 月 11 日，国家科学技术奖励大会在人民大会堂隆重举行，程春田教授主持完成的研究成果“复杂防洪调度系统的多目标决策及径流预报理论”获 2009 年度国家自然科学二等奖。

2010 年 4 月 21 日，建设工程学学部教职工向青海省玉树市捐款 35 960 元。

2010年5月，2007级水利水电工程专业张嘉琦获得中国青年创新大赛创新产品设计冠军。

2010年6月，工程抗震研究所党支部获“大连市高校先进基层党组织”称号，董国海、郭莹被授予“大连市高校优秀共产党员”荣誉称号，周惠成当选为“大连市高校优秀党务工作者”。

2010年9月19—20日，由中国工程院土木、水利与建筑工程学部，中国土木工程学会，国家自然科学基金委员会工程与材料学部共同主办的中国工程院首届土木工程高层论坛在我校举行。

2010年11月28日，人力资源和社会保障部公布2010年博士后工作综合评估结果，土木工程博士后流动站获评全国优秀博士后流动站。

2010年11月，中国第四次北极科学考察结束。王永学教授和博士研究生黄文峰参加了整个航次考察，进行北极海冰物理调查研究。

2010年11月，港口发展研究中心获美国Simio LLC公司提供的系统仿真教学基金，形式为32套新一代“智能对象”技术的系统仿真软件Simio(两年期激活)，总价值为63 360美元，并获得免费技术支持。

2010年，李宏男教授入选新一届高等学校土建学科教学指导委员会土木工程专业指导委员会委员，端木琳教授入选建筑环境与设备工程专业指导委员会委员。

2011年1月14日，国家科学技术奖励大会在北京人民大会堂隆重举行，孔宪京教授主持完成的“核电厂地基及防护构筑物的抗震安全评价及其工程实践”、李宏男教授主持完成的“工程结构抗灾控制新技术与工程应用”分别获得国家科技进步二等奖。

2011年5月，《建设工程学部运行管理细则(试行)》发布实施。

2011年5月，王子茹教授获得第七届辽宁省高等学校教学名师奖。

2011年，土木工程专业通过住房和城乡建设部高等教育土木工程专业教育评估委员会本科教育评估，有效期为2009年5月—2017年5月。此次为该专业第三次通过评估。

2011年7月19—22日，学部获第二届全国大学生水利创新设计大赛特等奖，许士国教授获优秀指导教师奖。

2011年7月，在首届屈伯川奖教金评选中，周惠成教授获教学科研类奖励。

2011年8月，以李宏男教授为学术带头人的“工程安全与监控”科研团队获得2011年度国家自然科学基金委创新研究群体资助，这是我校获得资助的第三个国家创新研究群体。

2011年10月12—13日，欧进萍校长、孔宪京常务副书记率团访问北京，走访了水利部、中国交通建设集团公司、水利部水利水电规划设计研究院、中国水电工程顾问集团公司、交通部公路科学研究院等水利、交通领域的管理部门和科研设计单位，就人才培养、科学研究和学科平台建设等进行了深入交流，共商水利和交通事业科学发展大计。

2011 年 10 月 31 日，校党委批复建设工程学部党委选举结果。建设工程学部党委书记：马震岳；副书记：李英敏，王晶华；委员：王立成，刘亚坤，李宏男，陈廷国，陈静云，赵胜川。

2011 年 11 月，博士生周斌珍（指导教师：滕斌）获教育部与国务院学位委员会 2011 年度“博士研究生学术新人奖”（全校 10 人）。

2011 年 11 月 22 日，建设管理系揭牌成立，标志着工程管理学科迈入新的发展阶段。

2011 年，瑞安建业有限公司出资 36 万元，用于建设工程学部 30 名本科生寒假短期国际交流。

2011 年 11 月，全国高校实验室工作研究会会刊、中文核心期刊《实验技术与管理》封一和封二报道了我校土木水利实验教学中心的建设成就。

2011 年 12 月 3—4 日，由教育部学位管理与研究生教育司和中国土木工程学会教育工作委员会主办的 2011 年全国土木工程研究生学术论坛在我校举行，主题是土木工程可持续发展与灾害防治。

2012 年 6 月，建筑环境与设备工程专业通过住房和城乡建设部高等教育建筑环境与设备工程专业评估委员会本科教育评估，合格有效期五年，自 2012 年 5 月至 2017 年 5 月。

2012 年 6 月 28 日，大连高校纪念建党 91 周年暨创先争优活动表彰大会在大连市高校工委召开。建设工程学部党委和本科生 2008 级第二党支部分别被授予大连市高校工委 2010—2012 年创先争优先进基层党组织荣誉称号（全校 15 个）；教师王子茹、本科生王中兴分别被授予创先争优优秀党员荣誉称号（全校 17 人）。

2012 年 8 月，宁德志、伊廷华获首批国家优秀青年科学基金资助。

2012 年 10 月 12 日，教育部第六检查组来校检查，党委书记马震岳教授做了建设工程学部贯彻执行“三重一大”决策制度情况的汇报。

2012 年 11 月 2 日，马震岳教授应邀参加“问知大讲堂”活动，到衡水中学做《从三峡工程建设看认识自然和改造自然》主题报告。

2012 年 12 月 3—4 日，土木水利实验教学中心接受“十一五”国家级实验教学示范中心（建设单位）专家组验收。

2012 年 12 月 13 日，桥隧研发基地剪彩揭幕。

2012 年 12 月，由李宏男教授主编的我国结构健康监测领域第一部行业标准《结构健康监测系统设计标准》，经中国工程建设标准化协会建筑振动专业委员会组织审查批准发布，编号为 CECS 333:2012，标准自 2013 年 3 月 1 日起施行。

2013 年 1 月 18 日，国家科学技术奖励大会在北京人民大会堂隆重召开，孔宪京教授主持完成的“高土石坝抗震设计理论研究与工程应用”获得国家科技进步二等奖。

2013 年 1 月，邹德高、王宝民入选 2012 年度教育部新世纪优秀人才支持计划（全校 10 人）。

2013 年 3 月 12—13 日，海岸和近海工程国家重点实验室接受科技部委托国家自然科学基金委员会专家组现场评估考察。

2013 年 3 月，马玉祥博士的学位论文（指导教师：董国海）《基于连续小波变换的波浪非线性研究》被评为 2012 年全国优秀博士学位论文。

2013 年 4 月，我校 32 位教授被选聘为教育部新一届教学指导委员会委员。建设工程学部入选的委员有：宋向群，水利类专业教学指导委员会委员；赵胜川，交通工程教学指导分委员会委员；陈廷国，力学基础课程教学指导委员会委员。

2013 年 7 月，由唐春安教授担任首席科学家的“973 计划”项目获准立项。

2013 年 1—7 月，作为辽宁省建筑工程专业一级注册建造师继续教育培训单位，建设工程学部成功举办六期一级注册建造师培训班，圆满完成大连、鞍山、锦州等市 1 000 余名建筑工程专业一级注册建造师的培训任务。

2013 年 8 月 24—25 日，2013 水安全与水利水电可持续发展高层论坛在我校隆重举行。来自全国企事业单位、高校的 170 余位水利和水力发电工程领域著名专家学者，结合水安全与重大水科学问题展开深入的研讨与交流，展示了最新的研究成果。

2013 年 10 月 21 日，在中国建筑学会 2013 年年会上，贾金青教授获“当代中国杰出工程师”称号。

2013 年 10 月 30 日，学部关心下一代工作委员会成立，这是我校成立的第一个二级关工委。顾问：林皋，金同稷；主任：马震岳；副主任：戴倩云，李英敏；委员：洪承礼，郑芳怀，鲁桂荣，周晶，陈廷国，王子茹，赵金玲。

2013 年 11 月 8 日，由中国水利发电工程学会、潘家铮水电科技基金管理委员会主办的第五届潘家铮水电奖学金颁奖典礼在我校举行。

2013 年 11 月，董国海教授入选 2013 年“百千万人才工程”国家级人选，并被授予“有突出贡献中青年专家”荣誉称号。

2013 年 11 月，由葛颖恩教授牵头的国际合作项目获英国劳氏船级社基金会资助。我校是劳氏船级社基金会资助的项目中唯一的中方牵头单位。

2013 年 12 月，科技部公布 2013 年材料领域与工程领域国家重点实验室评估结果，海岸和近海工程国家重点实验室通过评估。

2014 年 1 月，李静副教授主讲的“工程估价”网络课程入选国家级精品资源共享课。

2014 年 1 月 10 日，在 2013 年国家科学技术奖励大会上，以我校为主要完成单位的研究成果共获得 5 项国家科学技术奖。其中，欧进萍院士负责、我校作为第二完成单位参与完成的“结构振动控制与应用”，马震岳教授参与完成的“巨型机组水电站建筑结构关键技术”获国家科技进步二等奖。

2014 年 1 月，李宏男教授担任《结构监测与维护》(*Structural Monitoring and Maintenance*)国际学术期刊的创刊主编。

2014 年 1 月，孔宪京教授、程春田教授入选辽宁省“院士后备人选培养工程”。

2014 年 3 月，伊廷华教授入选创新人才推进计划中青年科技创新领军人才。

2014 年 4 月 16 日，为纪念我校土木工程系创始人、第一任系主任、水利工程专家、九三学社创始人李士豪教授，学部开设“士豪讲坛”。中国作家协会会员、辽宁省作家协会副主席、大连市作家协会主席素素应邀做首场讲座——《大连建筑与城市历史》。

2014 年 5 月 21 日，举行纪念李士豪教授 100 周年诞辰座谈会。

2014 年 5 月 28 日，工程抗震实验室举行庆祝林皋院士 85 岁华诞和从教 63 周年植树仪式，在工程抗震实验室前种下两株银杏树，并设立纪念牌。

2014 年，学部 4 部教材入选辽宁省第二批“十二五”规划教材，分别是：《港口规划与布置》(郭子坚主编)、《工程经济学》(李忠富主编)、《水工钢筋混凝土结构》(宋玉普主编)和《道路建筑材料》(王宝民、潘宝峰主编)。

2014 年 6 月 17 日，李玉成教授获得美国土木工程师学会所属的海岸、海洋、港口与航海工程院授予的港口工程“领军学者”称号，这是中国大陆学者第一次获得该荣誉称号。

2014 年 6 月 27 日，大连理工大学-中国建筑第八工程局有限公司“卓越计划班”开班仪式举行。

2014 年 6 月，工程管理专业通过住建部高等教育工程管理专业评估委员会本科教育评估。

2014 年 7 月 24 日，根据《中共大连理工大学委员会关于杨庆同志等职务任免的决定》和《大连理工大学关于董国海等职务任免的决定》，任命杨庆同志为建设工程学部党委委员、书记，董国海为建设工程学部部长，吴智敏、李昕、王宝民为建设工程学部副部长。

2014 年 9 月 26 日，在 2013 年“中国百篇最具影响国际学术论文”中，李宏男、伊廷华等 2013 年发表在 *Structural Control & Health Monitoring* 上的“Recent research and applications of GPS-based monitoring technology for high-rise structures”入选。陈守煜教授 2010 年发表在《大连理工大学学报》的“基于可变模糊集的辩证法三大规律数学定理及其应用”和 2013 年发表在《水利学报》的“水资源系统可变集评价原理与方法”入选 2013 年度“中国百篇最具影响国内学术论文”。

2014 年 10 月 18 日，李士豪教授塑像揭幕仪式举行。

2014 年 10 月 29 日，在美国土木工程师学会“第十四届挑战环境下的工程、科学、建设和运营”系列国际学术会议颁奖会上，李宏男教授获“2013 年度美国土木工程师学会航空分会杰出科技贡献奖”，是该奖设立10年来唯一一位获得此奖的中国学者。

2014年10月30日，学校党委批复建设工程学部党委换届选举结果：书记，杨庆；副书记，李英敏、王晶华；委员（以姓氏笔画为序），王立成、刘亚坤、年廷凯、宋向群、董国海、潘宝峰。

2014年12月，建设工程学部被中国建筑业协会授予全国建筑工程专业一级注册建造师继续教育培训先进单位荣誉称号。

2015年1月4日，学校发出《关于海岸和近海工程国家重点实验室干部聘任的通知》，聘任董国海教授为海岸和近海工程国家重点实验室主任，张长宽教授为学术委员会主任。

2015年1月4日，学校发出《关于深海工程研究中心隶属关系调整的决定》，调整深海工程研究中心的隶属关系：在行政关系上，隶属于建设工程学部；在学术关系上，隶属于海岸和近海工程国家重点实验室。

2015年1月，世界著名出版公司爱思唯尔发布2014年中国高被引学者榜单，建设工程学部6位教师入选，分别是：唐春安（地球与行星学科），张腾飞（建设和建造领域），李玉成、赵云鹏（海洋工程领域），伊廷华、康飞（通用工程领域）。

2015年5月，以我校为主要依托单位申报的“桥梁与隧道技术国家地方联合工程实验室”获得国家发展和改革委员会批复组建。

2015年6月24日，李玉成教授获得国际近海和极地工程师协会授予的海神尼普顿奖。

2015年7月，辽宁省教育厅公布第三批辽宁省协同创新中心认定结果，辽宁省工程防灾减灾协同创新中心获得批准。

2015年7月，宋向群教授获得第十一届辽宁省普通高等学校本科教学名师奖。

2015年10月30日，由桥隧研发基地张哲教授团队独立设计的大连星海湾大桥竣工通车，这是我国首座海上修筑锚碇的地锚式悬索桥、第一座公路双层钢桁架悬索桥，标志着我校在桥梁设计方面实现了新的突破。

2015年12月11日，建设工程学部党委召开党风廉政建设工作推进会。

2015年12月，董国海教授一行访问西澳大利亚大学海洋基础研究中心，与Mark Cassidy主任签署合作意向书，标志着两校海洋工程国际联合实验室培育工作取得阶段性进展。

2015年12月，7名教师受聘为学校本科专业负责人，他们是：土木工程专业，吴智敏；水利水电工程专业，杜志达；港口航道与海岸工程专业，郭子坚；海洋资源开发技术专业，梁书秀；工程管理专业，李忠富；建筑环境与能源应用工程专业，王树刚；交通工程专业，赵胜川。

2015 年 12 月，根据中国工程院公布的中国工程院 2015 年当选院士名单，建设工程学部两位校友增选为中国工程院院士，分别是王复明和杨志峰。

2016 年 1 月 8 日，2015 年度国家科学技术奖励大会在北京人民大会堂隆重举行。李宏男教授主持完成的“大型结构光纤传感监测关键技术及其同步采集装备”获得国家技术发明二等奖。

2016 年 4 月 29 日，第二届“感动大工”年度人物颁奖典礼举行，林皋院士获评“感动大工”年度人物。

2016 年 5 月 5 日，“太比雅智慧水业人才奖助学金”签约仪式暨校企交流会举行，北京太比雅科技股份有限公司出资 100 万元人民币设立奖助学金。

2016 年 5 月，宁德志教授牵头完成的“海洋工程结构水动力特性的分析研究”项目获 2015 年度海洋工程科学技术奖一等奖。

2016 年 5 月，建设工程学部校友庄锡年获“2015 校友年度人物”校友服务奖；李一勇获校友成就奖。

2016 年 6 月 24 日，学校隆重举行庆祝中国共产党成立 95 周年大会，建设工程学部党委书记杨庆教授作为先进基层党组织代表在会上发言。

2016 年 6 月，康海贵教授等参与完成的“海上风电基础结构动力响应及疲劳寿命分析”获 2016 年度电力建设科学技术进步一等奖。

2016 年 7 月 15 日，董伟副教授获得第五届全国水利学科青年教师讲课竞赛(水利水电工程专业组)特等奖。

2016 年 8 月，伊廷华教授入选国家“万人计划”科技创新领军人才。

2016 年 9 月 14 日，建设工程学部党委召开党员代表大会，选举产生由王晶华、柳淑学、李钢、于龙、孟秀英 5 名委员组成的建设工程学部第一届纪律检查委员会，王晶华为纪委书记。

2016 年 10 月 19 日，在“第四届全国高等学校自制实验教学仪器设备评选及优秀作品展示活动”中，陈廷国教授团队和烟台大学、烟台新天地实验技术有限公司联合申报的“结构力学组合实验装置及配套教学模型”获一等奖。

2016 年 10 月 21 日，建设工程学部召开纪念陆文发教授 100 周年诞辰座谈会。

2016 年 11 月 5 日，由《桥梁》杂志社主办的 2015—2016 年度全国十大桥梁人物颁奖仪式在重庆举行，张哲教授获“全国十大桥梁人物”荣誉称号。

2016 年 11 月 10 日，建设工程学部党委召开开“两学一做”学习教育党课报告会，董国海部长做《“学”“做”贯通以知促行推动学部各项事业快速发展》报告。

2016 年 11 月 18 日，我校主办的第一届极地海洋工程国际论坛在大连举行。

2016 年 11 月，根据国家自然科学基金委员会公布的 2016 年度国家杰出青年科学基金资助人员名单，伊廷华教授的“结构健康监测”项目获得资助。

2016年12月16日，“海洋工程国际联合研究中心”被认定为国际科技合作基地。

2016年12月，张弛教授团队的项目“缺水条件下多水源、多目标水资源精细配置与调控”获教育部高等学校科学研究优秀成果科技进步一等奖。

2016年12月，程春田教授团队的发明专利“一种水电站群电站与机组混合优化调度方法”获第十八届中国专利优秀奖。

2016年12月，以大连理工大学为联合单位申报的“消防与应急救援国家工程实验室”获得国家发展和改革委员会批复组建。这是我校作为共建单位获批的第一个国家工程实验室，整合化工与环境生命学部、建设工程学部多个教授团队的技术领域开展合作。

2017年1月，黄丽华教授主讲的材料力学课程入选教育部“2016年度来华留学英文授课品牌课程”。

2017年2月1日，中国共产党党员、九三学社社员、中国工程院院士、著名结构工程专家、博士生导师赵国藩教授因病医治无效逝世，享年93岁。

2017年3月29日，第45届日内瓦国际发明展举行。程春田教授团队的项目“梯级水电站群混合优化技术”获金奖，李宏男教授团队的项目“结构健康监测多类型传感器采集系统”获铜奖。

2017年4月，张硕当选“2016辽宁省高校辅导员年度人物”(全省10人)。

2017年5月16日，为纪念我国已故著名水资源专家陈守煜先生，由大连理工大学出版社出版的《系统模糊决策的可变集理论与应用》专著发行仪式在建设工程学部举行。

2017年6月，2017年度国家重点研发计划立项情况公布，建设工程学部获批2个项目。董国海教授主持的“海洋工程动力环境精细化预报与安全保障及评估技术研究”获批为“海洋环境安全保障”类重点专项项目，张弛教授主持的“松辽流域江河湖库综合调控技术与应用”获批“水资源高效开发利用”类重点专项项目。

2017年6月，国家科技部公布创新人才推进计划入选名单，李钢教授入选中青年科技创新领军人才。

2017年6月，赵胜川教授被日本土木学会总会授予国际活动协力奖，是我国交通运输领域首次获此奖项的学者。

2017年7月22日，中国水利教育协会高等教育分会五届四次理事大会暨2013—2017年教育部高等学校水利类专业教学指导委员会第五次全体(扩大)会议在我校召开。

2017年7月，第五届全国大学生水利创新设计大赛在我校举办。

2017年9月，李宏男教授被美国土木工程师学会增选为会士。

2017年11月7日，在第19届中国国际工业博览会上，李宏男教授等研发的“大型结构光纤传感监测关键技术及其同步采集设备”获创新银奖。

2017 年 11 月 27 日，中国工程院公布 2017 年院士增选结果，孔宪京教授当选中国工程院土木、水利与建筑工程学部院士。

2017 年 11 月，辽宁省水资源调控与防洪减灾重点实验室获批组建。

2017 年 12 月 1 日，教育部科技发展中心发布了《2017 年度高等学校科学研究优秀成果奖(科学技术)授奖项目公告》，林皋院士团队的成果“提高第三代核电结构抗震安全性的研究及其工程应用”获科技进步一等奖。

2017 年 12 月 28 日，教育部学位与研究生教育发展中心公布全国第四轮学科评估结果。学部三个一级学科评估结果如下：水利工程学科，B^+；土木工程学科，A^-；交通运输工程学科，C。

2017 年 12 月，根据国家知识产权局《关于第十九届中国专利奖授奖的决定》，李宏男教授团队的发明专利“一种光纤光栅增减敏应变传感器的封装方法”获中国专利奖优秀奖。

2018 年 1 月 8 日，国家科学技术奖励大会召开，贾金青教授主持完成的“超高层建筑钢骨高强混凝土结构体系抗震关键技术及其应用”获国家科技进步二等奖，唐小微教授参加的“深水板桩码头新结构关键技术研究与应用”获国家科技进步二等奖。

2018 年 2 月，董国海教授被美国土木工程师学会授予海岸工程“领军学者”称号。这是中国大陆学者第一次获得该荣誉，也是继李玉成教授获得港口工程“领军学者”奖励四年后，海岸和近海工程国家重点实验室再次获此荣誉称号。

2018 年 3 月，根据中组部办公厅《关于印发第三批国家“万人计划”入选人员名单的通知》，陈廷国教授入选国家“万人计划”教学名师，李钢教授入选国家“万人计划”科技创新领军人才。

2018 年 4 月，为建立与国际接轨的学科评估模式，助推学科内涵建设，提升国际影响力，土木水利学科接受国际专家组评估。

2018 年 4 月 25 日，2018 年青年学者星海国际论坛建设工程学部分论坛召开，34 位海内外优秀青年学者参加论坛。

2018 年 4 月，教育部公布了首批国家级新工科研究与实践项目，张吉礼教授负责的“多学科交叉复合的智能建筑工程新兴工科专业建设探索与实践”入选“新工科专业改革类项目”。

2018 年 5 月，张弛教授入选教育部“长江学者”奖励计划特聘教授，受聘岗位为水文学及水资源。

2018 年 5 月，董国海教授指导的博士生毕春伟的学位论文《海上养殖网箱内部及周围波流场特性研究》获评为 2017 年辽宁省优秀博士学位论文。

2018 年 5 月，王宝民教授指导的硕士生姜瑞双的学位论文《石墨烯水性分散及其水泥基复合材料力学性能》和曹旗指导的硕士生陶金聚的学位论文《CFRP 约束自应力混凝土组合柱轴压下力学性能的研究》获评为2017年辽宁省优秀硕士学位论文。

2018年6月，张吉礼教授为第一完成人的“实践创新型工程专业学位研究生培养机制的构建与实践”和于龙副教授为第一完成人的“以一流学科建设为依托，土木与水利工程专业学位研究生培养模式改革与实践”两项成果获辽宁省首届普通高等教育教学成果奖(研究生类)一等奖。

2018年6月，教育部公布了我国进入全球工程教育“第一方阵”的工科专业名单，建设工程学部土木工程、港口航道与海岸工程、水利水电工程、交通工程4个专业通过中国工程教育专业认证，工程管理专业通过中国住房和城乡建设部评估。

2018年9月26日，中国第九次北极考察队完成全部任务，建设工程学部博士研究生曹晓卫参加考察。

2018年10月11日，建设工程学部召开教师干部大会，学校党委宣布建设工程学部新一届党政班子任命决定：任命杨庆为党委书记；任命张弛为部长，宁德志、李钢、于龙为副部长。

2018年10月15日，中国交通建设股份有限公司总工程师、港珠澳大桥项目总经理林鸣率团访问我校，林鸣总工程师、交通运输部天津水运工程科学研究院张华勤院长与我校海岸和近海工程国家重点实验室董国海主任代表三方签署悬浮隧道技术产学研合作协议。

2018年11月24日，大连理工大学与英国卡迪夫大学共建智能工程中心揭牌仪式举行。

2018年11月，教育部公布2018—2022年新一届高等学校教学指导委员会名单，端木琳教授入选建筑环境与能源应用工程专业教学指导分委员会委员，郭子坚教授入选水利类专业教学指导委员会委员，赵胜川教授入选交通工程教学指导分委员会委员，陈廷国教授入选力学基础课程教学指导分委员会委员。

2018年11月，陈廷国教授获得宝钢教育基金优秀教师特等奖(全国8人)。

2018年12月18日，2018“渤海湾通道发展建设论坛”在我校举行，中国工程院院士杜彦良教授应邀做《渤海湾通道发展建设的战略思考》报告。

2018年12月，教育部高等教育司发布2018年国家精品在线开放课程认定结果，建设工程学部三门课程入选，分别是：结构力学(陈廷国、曲激婷)，画法几何及土木工程制图(王子茹、何斌)，水利工程施工(杜志达、马震岳、陈婧、王刚、许青)。

附录十 博士研究生名单

(1981—2018 级)

1981 级

水工结构工程

楼梦麟 周 晶

1983 级

水工结构工程

孙克明

地震与防灾工程

陶建人

1984 级

结构工程

徐世烺 宋玉普 关立秋

水工结构工程

黄建波 曹亚林 王复明

高速流水

王学夷

1985 级

海岸工程

孙昭晨

水工结构工程

吴再光 栾茂田 马震岳 何子干 陈根达

结构工程

金伟良 刘亚平 刘天庆

1986 级

水工结构工程

孔宪京 程 亮 张瑞丰 关 飞 郭雪莽

水文学及水资源

周惠成 许士国

结构工程

王凤翼 王瑞敏 彭 放 高丹盈

港口及航道工程

滕 斌 肖 波

1987 级

结构工程

刘鹏程　陈晓宝　李云贵　安玉杰

水工结构工程

林永明　李庆斌　李俊杰　齐聪山　刘超英

水力发电工程

钱学智　路振刚

1988 级

水力发电工程

鲁一晖

水工结构工程

李　彤　翟奇愚　孙造占

港口、海岸及近海工程

潘宏禹　胡玉霞

结构工程

钟　华

1989 级

水工结构工程

刘文廷　李炳奇

结构工程

吴智敏　李清富　高　泉

水力发电工程

巨建民

水文学及水资源

邱　林

水力学及河流动力学

郭　琰

港口及航道工程

臧　军　董国海

1990 级

地震工程

陈怀海

结构工程

王　哲

水文学及水资源

程春田

水力学及河流动力学

曾　平

1991 级

水工结构工程

邵龙潭　周发毅

结构工程

尚仁杰

水力发电工程

温科伟　钟铁毅

水力学及河流动力学

梁　川

港口及航道工程

徐梅坤　张宝和　熊德琦　胡蓓雷　王利生　王　革

1992 级

水工结构工程

张忠义　冯吉利　申爱国　任　冰

结构工程

庄一舟　姚继涛　王桂宣

水力发电工程

刘宪亮

水文学及水资源

李登峰

港口及航道工程

李　黎　李　丽　张宁川　梁青愧　孙大鹏

1993 级

水二结构工程

周洪涛　曲福进　朱尔玉　张永刚

结构工程

赵顺波　王恒栋　彭　军　贾金青

水力发电工程

郭永刚

水文学及水资源

蒋云钟

1994 级

水文学及水资源

王国利

结构工程

刘天云　衣　伟　宋永发

海岸工程

陈　兵

水力发电工程

荆岫岩

港口及航道工程

林　刚　戴　钦　王嘉振　郑志国　王宝庭

1995级

水工结构工程

梁青槐

结构工程

胡倍雷

水力发电工程

董哲仁　刘宪亮

1996级

水工结构工程

申爱国　冯吉利　张忠义　周洪涛

结构工程

庄一舟　王恒栋　彭　军　姚继涛

1997级

水工结构工程

郑治国　陈健云

结构工程

佟晓利　沈全锋　张志明　伍朝晖　赵顺波　刘天云　戴建国

1998级

水工结构工程

王嘉松　秦学志　陈　霞

结构工程

张燕坤　赵志方　宋永发　衣　伟

水文学及水资源

王国利

水力发电工程

马　骏

海岸工程

陈　兵　李铁骊　柳淑学

1999 级

结构工程

蔡贤辉　巴松涛　黄达海　贡金鑫　刘韩生

水力发电工程

王晓松

水利水电工程

聂相田

2000 级

港口、海岸及近海工程

孙鹤泉　张瑞瑾　胡振红　刘德良　姜　萌

水工结构工程

袁旭东　李宗坤　魏大春　袁永博　邹德高　刘金禄　刘宏奎　蔡迎春　杨新辉

水文学及水资源

杜国志　曹永强　伏广涛　许海军　翟宜峰

结构工程

仲伟秋　任慧韬　石　磊　张培文　赵东拂　秦　力　杨健辉　王　丹　李平先
王海超　何世钦　刘祚秋　刘相斌　王文炜　潘盛山　邱文亮　温宇平　曹宝珠
徐泽晶　张利梅　周长东　刘文铤

水力学及河流动力学

刘亚坤

2001 级

港口、海岸及近海工程

王大国　吴修广　王　科　桂劲松　唐　军　张　丹　孙　路　温胜强　韩　凌

水利水电工程

王建明　于雪峰　侯召成　孙万泉

水工结构工程

石志晓　郭成久　任铮钺　王宝民　张同德　李　波　年廷凯　孔德森　原　方
闫滨田　明　俊　徐建国　李　湛　李建波　张业民

水文学及水资源

丁　涛　郑德凤　李　伟　王淑英　于义彬

结构工程

史　波　陈静云　李松辉　刘春城　刘华新　覃丽坤　朱劲松　唐　建　谷　凡
杨贝英　陈凤山　司炳君　张玉梅　纪卫红　曹　伟　孙晓燕　赵少飞　刘忠波
张继良

桥梁与隧道工程

檀永刚　于报楚

岩土工程

刘海成

2002 级

材料学

李维红

岩土工程

张金利　肖成志　张士林　董　伟　樊　成　王忠涛　何　杨　刘占阁　冯晓莹
许成顺

结构工程

王思平　洪　雷　牟晓光　袁建伟　王吉忠　李趁趁　杨　萌　张宏战　徐　磊
刘骥夫　杨彦芳　黄志强　冯秀峰　张小刚　朱美春　潘宝峰　高洪波　李　赫
李贺东　胡安妮

桥梁与隧道工程

黄海新　万其柏　王秋良　韩立中　滕启杰　李生勇

水文学及水资源

董四辉　赵鸣雁　王旭华　韩晓军　李向阳　张　弛　何　斌　王子茹

水工结构工程

李　兵　霍林生　王建全　秦理曼　钟燕辉　金　峤　李　静　李　亮　石明生

港口、海岸及近海工程

张　辉　宁德志　赵金玲　黄　涛　叶碎高　周鹏飞　吕　林　桂福坤　袁丽蓉
勾　莹　郑艳娜　马小舟　王国玉　程永舟　王丽勤

防灾减灾工程及防护工程

张景玮　孙　丽　周　晖　刘德志　袁　颖　闫东明　王国庆　张　军

水力学及河流动力学

王志力

水利水电工程

赵凤遥

2003 级

材料学

罗玉萍　迟耀辉　郑芳宇

岩土工程

朱训国　汪华君　李顺群　崔春义　邓学晶　秦小勇　齐剑峰　赵　杰　范庆来

结构工程

张寿维　徐　兵　张滇军　魏春明　王学志　邴　晓　张秀芳　高　峰　李玉华
李东升　冷　飞　高云莉　王建敏　毕巧巍　黄丽华　丁银萍　徐　波　高淑玲
董香军　张建玲　郭晓霞　刘金云　秦泗凤　姜　睿　王建有　沈　威　乔英娟
张　众　王岳华　孟宪宏

防灾减灾工程及防护工程

焦　莉　李秀领　杨清平　任文杰　艾庆华　崔　迪　胡　军

水文学及水资源

刘玉珍　赵然杭　王兴菊　李文义　李亚伟　伊晓东　李　敏　郭晓亮　刘大庆
王　昊　彭　勇　李丽琴　林剑艺　武新宇

水力学及河流动力学

耿艳芬　顾峰峰

水工结构工程

王忠昶　曹连庆　杜荣强　谷胜利　张　鸿　孙炳全

水利水电工程

陈　婧　刘　未　杨晓明

港口、海岸及近海工程

饶永红　范文孝　黄国兴　陈昌平　孙志国　孙道明　陈玉明　李俊花　张运秋
孙　亮

计算机应用技术

于　滨

供热、供燃气、通风及空调工程

毕海洋

桥梁与隧道工程

张宏斌　陈　军　王会利

2004 级

岩土工程

汪东林　上官子昌　高凌霞　刘红亮　武　科　张振东　李　强　贾景超
曲　鹏　王志云　叶祥记　冷　艺　李培勇

结构工程

高良丽　尚作庆　刘钧玉　魏　华　王　丰　王怀亮　白海峰　王显利　冀晓东
任庆新　张　锐　杜建国　范书立　商怀帅　周长红　杨树桐　何振军　徐永乐
全　伟　曲福来　张云国　张　海　陈　鑫　党永勤　董　伟　陈国周　贾宇峰

防灾减灾工程及防护工程

任　亮　谢清粮　刘清涛　王庆水　赵晓燕　曲激婷　赵大海　李　钢　伊廷华
宋志宇　董汝博

桥梁与隧道工程

朱巍志　张　征　牟瑛娜

土木工程管理

张国军　王晓辉　孙艺键　唐　灿

水工结构工程

潘建平　徐　斌　于　龙　孙秀丽

水文学及水资源

李　刚　李文生　石瑞花　丛方杰　朱永英　刘建卫　于常武　胡吉敏　张　静
张改红　郭　瑜　周林飞　韩　雁

水力学及河流动力学

付俊峰　柏禄海

港口、海岸及近海工程

张　晶　李志华　赵云鹏　刘　勇　汪守东　周　丰　王世澎　臧志鹏　沙　勇
李晓亮　裴玉国　房克照　金　红　韩嘉伟　王　凯　任春平　刘　诚　陈庆义
蒲高军　张士福　李金宣　李玉刚　卢　鹏

材料学

黄凤远

计算机应用技术

周　勇　李志洁

供热、供燃气、通风及空调工程

李　震

水利水电工程

孙　涛　金长宇

企业管理

包世泽

2005 级

岩土工程

麻　勇　郝冬雪　孙福申　金　丹　聂　影　冯晓静　朱亚林　张其一　王　猛
李金玉

结构工程

曲晓东　张　鹏　常　旭　郑　伟　王　伟　许　峰　王伯昕　周英武　高婧婧
朱耀国　刘士润　王　冰　张大伟　蔡新华　李　杉　胡铁明　刘润清　程　云
刘思国　李金波　郭育霞　董　梁　刘岳鑫　钟　红　朱　榆　刘汉勇

市政工程

王　卓

供热、供燃气、通风及空调工程

舒海文

桥梁与隧道工程

杨　光　李天飞　叶　毅　夏国平　陈国芳　苗　峰

土木工程管理

崔新华　刘昭阳　张明媛

水文学及水资源

李学森　许文杰　廖胜利　李旭光　王富强　刘艳丽　王文川　柴春岭　刘　冀

唐国磊

水力学及河流动力学

康苏海　王　昆　艾丛芳

水工结构工程

汪承志　赵　琳　相　彪　白卫峰　李红军

港口、海岸及近海工程

董华洋　郑　怡　郝双户　刘　艳　崔　雷　姜恒志　王环宇　李明昌　赵西增
耿宝磊　李雪临　陈智杰　张成兴　郑元勋　张宏伟　曹凤帅

防灾减灾工程及防护工程

岳茂光　钱　辉　蒋洪涛　孙胜男　孙小猛　康　飞

水利水电工程

王　刚

企业管理

李东晔

2006 级

材料学

杨　梅　赵善宇

计算机应用技术

李　欣

岩土工程

陆海军　荚　颖　张宏斌　付建宝　孔纲强　张小玲　孙曦源　杨清雷

结构工程

尹世平　刘桂荣　王　刚　闫长旺　赵宏明　刘　军　孙　威　姜迎春　梁　猛
关宏波　徐秀娟　张　谦　郑　怡　韩　卓　王　楠　蔡向荣　李庆华　尤志国
王海涛　李荣庆　刘志鑫　徐　卓　国　巍

防灾减灾工程及防护工程

柳国环　何晓宇　刘智光　何双华　贾玲玲

土木工程管理

李　勇　白会人

水工结构工程

唐世斌　郭　成　李明高　胡家顺　陈严飞　景月岭　刘　俊

水利水电工程

赵宝友　张　俊　许新勇　徐　伟　宋志强

港口、海岸及近海工程

郑　坤　张光海　史宪莹　孙英伟　郭立栋　任效忠　刘　珍　孙一艳　李靖波
于　博　吴　迪　雷瑞波　黄明汉　刘昌凤　马玉祥　李　炜　丁兆强　周亚龙
尹　晶　付博新　孙　雷　谭　丽

市政工程

耿立涛

桥梁与隧道工程

王　骞　李斐然　周　朋

水文学及水资源

丁　勇　任明磊　彭　慧　刁艳芳　吴　丽　李　伟　李红霞　刘　丹　冯　峰

水力学及河流动力学

吕　彪

2007 级

岩土工程

刘功勋　陈　榕

结构工程

潘　静　金春福　刘赫凯　胡程鹤　李会军　管俊峰　程万鹏　余　芳　刘　问
徐　锋　魏巍巍　王建超　张　宁　朱　江　王玲玲　王广林　麻　丽　徐　强
李　颖

市政工程

孟　多　田　斌　曹长勇

防灾减灾工程及防护工程

田　利　白凤龙　周林仁　欧晓英　胡　俊　李　敏　刘羽霄

土木工程管理

张　谆　陆　路　李　伟　罗显枫　孙　力

水文学及水资源

仕玉治　马　涛　张　强　张　丹　王书齐　柯丽娜　韩成伟

水工结构工程

曹　伟　王　滨

水利水电工程

宋兵伟　孙玉民　曾　筠　张存慧

港口、海岸及近海工程

房　卓　夏志盛　杨敏冬　张　明　王金华　朱小松　李小超　张振伟　王　岗
唐国强　郭传胜　马小剑　王兴刚　孙忠滨　李承功　吴　浩　郭为军　高　睿
刘赞强　董吉武　刘　思　李雪艳

供热、供燃气、通风及空调工程

金　权

工程力学

杨　川　张　喆　梁海志

运筹学与控制论

杨　宇

控制理论与控制工程

王 磊

2008 级

岩土工程

李 根 刘 超 杨岳峰 杨 钢

结构工程

张 皓 周海鹰 陈小波 马传政 尚世明 徐春一 刘 博 侯利军 朱朝磊
何 伟 宋宏伟 齐宝欣 蒙彦宇 赵乃志 车 媛 孙国帅 方宏远 张 渊
吴 锋 于 磊

市政工程

汪振双 李 锐 赵丽华 李 礼

供热、供燃气、通风及空调工程

梁若冰 金 旭

土木工程管理

杜丙涛 赵泽辉 刘 妍 初京刚 任青华 哈莉娅

水文学及水资源

徐冬梅 王凌河 高吉惠 习树峰 曹明亮 李慧赟 吕素冰 黄丽丽 练建军

水工结构工程

胡雄伟 张 勇 刘 博 刘福海 苏晨亮 邵 磊 周 扬

防灾减灾工程及防护工程

刘跃伟 张 昱 李浩瑾 马 哲

桥梁与隧道工程

王德慧 唐春艳 许 斐

水利水电工程

申建建 孙 鹰 王文渊 左书华 张丽敏 贾 青 石 峰 宋吉宁 张卫平
郭 伟 李龙龙 王新雷 沈良朵 孙家文 王 亮

企业管理

安玉民

2009 级

防灾减灾工程及防护工程

陈宝魁 曲春绪 安永辉 Dilli Ram Thapa

港口、海岸及近海工程

许条建 阳志文 陈晓亮 姜胜超 张俊生 成小飞 左卫广 常 江 崔 成
黄玉新 蒋梅荣 解 静 李明伟 刘 明 刘 彦 任喜峰 王 彦 杨洪齐
周斌诊

工程力学

李耘宇 樊天慧

供热、供燃气、通风及空调工程

刘志斌　贾廷贵　张　鑫

结构工程

马　颖　冯云芬　张　勤　张丽华　贺小项　刘　琳　栾　宇　宋宝峰　荣　华　董丽欣　范兴朗　郝晓燕　侯东序　李　瑶　涂兵雄　王铭明　王　玥　姚大立　王德斌

桥梁与隧道工程

李文武　韩基刚

市政工程

张　阳　高嫄嫄

水工结构工程

王　毅　范　哲　郭　靖　杨昕光　张争超　张志强

水力学及河流动力学

张　南

水利水电工程

李保健　张雷克　王　森　职保平

水文学及水资源

张爱静　曹枝俏　金　鑫　周艳春　赵显波　张艳平　王福兴　黄　鑫

土木工程管理

杜日东　郭　鹏　李浩然　林　静　齐　超

岩土工程

罗　强　费贤俊　胡　畔　贾天让　刘振平　邵　琪

材料学

牛雪莲

2010 级

防灾减灾工程及防护工程

王文明　张卓群　贾子光　左春愿　曾　伟　徐令宇　王花平　吕淑娟　李　旭　赖　韬　任　鹏　张　宇

港口、海岸及近海工程

赵旭东　韩松林　丛培文　卢昱岑　汪求顺　严　开　王　平　顾　倩　黄文峰　赫岩莉　韩　石　姜凤娇　于旭会　商剑平　龙丽吉　贺　铭　高　伟　彭　云　刘必劲

工程力学

廖景胜

供热、供燃气、通风及空调工程

朱佳音　王继红　张雪研　陈　磊　王显军　穆　康　赵　亮　王　睿　周　思

结构工程

张 鹏 吴 熙 程 玲 许 晶 张发盛 朱伟庆 赵春风 朱绩超 张艳青
吴 潜 李 超 张 宇 钟 伟 张士博 施林林 沈 璐 张 学

桥梁与隧道工程

李军歌

市政工程

张铁志 孙 丹

水工结构工程

尹训强 韩泽军 王雪妮 朱 叶

水力学及河流动力学

邢 岩 黄 伟 孙洪亮

水利水电工程

程 雄 马 宁 李树山 吴嵌嵌

水文学及水资源

徐 炜 王 强 梁艳慧 许 翼 祝雪萍 彭兆亮 李 飞 曹小磊 李 昱

岩土工程

张 凯 白 旭 杨 韬 李 刚 马 克 于 群 包春燕 李 彬

土木工程管理

魏 勇 李天华 何爱勇

信号与信息处理

王 静

企业管理

宋德武

2011 级

防灾减灾工程及防护工程

程 勇 张海滨 张沛洲 王 岩 陆 遥

港口、海岸及近海工程

高树飞 牛海英 陈洪洲 高俊亮 夏维达 莫仁杰 谢 宇 韩红卫 季新然
周 勇 刘名名 王 鑫 闫 圣

工程力学

闫 俊

供热、供燃气、通风及空调工程

绳现杰 王 剑 雷 蕾 夏元光 宋嘉林 马忠娇

结构工程

赵成刚 宁喜亮 杨晓艳 于 萍 王 幻 刘 伟 唐晓成 田 悦 张黎黎
徐启程 黄治宇 范国玺 周 博 李鑫鑫 张倩雯 易圣辉 刘 伟 刘 津
赵春风 高 进

桥梁与隧道工程

谭岩斌　田　甜

市政工程

房　军

水工结构工程

倪沙沙　聂章博　张　宇　刘京茂　李世民　王　峰　龚　健　王慧平

水利水电工程

刘本希　冯仲恺　王嘉阳

水文学及水资源

薛志春　张小丽　蔡文君　王海霞　康萍萍　刘玉玉　汪天祥　王　明　彭安帮
丁　伟　孙新国

土木工程管理

姜　爽　白广斌　吴　超　双　晴　张　明　刘　欣　陈　勇　邹　颖
Akogbe K M T Romuald

岩土工程

王克全　刘　鹏　张西文

计算机应用技术

刘　昊

企业管理

戚惠峰

2012 级

防灾减灾工程及防护工程

王珍珍　韦承勋　申　娟　宋建筑　梁亚斌　孙　彤　吴文婧　李亚楠　李嘉祥
于宪政

港口、海岸及近海工程

毛鸿飞　张怡辉　毕春伟　金瑞佳　卓晓玲　刘殿勇　周鸿权　温鸿杰　周　凯
张　祺　徐志林　丛龙飞

工程力学

申　伟　孙宝印　孙天舒

供热、供燃气、通风及空调工程

李　翔　蒋　爽　李双双　宋晓明　宋双林　孙　勇　贾　欣　李　锋　李砚博
王秋月　秦镜洪

结构工程

张建成　牛　健　张　聪　杨建军　陈志裴　江　涛　吕文高　郭　凯　李　赢
王　浩　马英超　陈　昕　李永秋　王丹丹　邱　晨　杨明芳　张　锐　李江伟
朱秀云　郝二通　卢　珊　庞　林　张　杰　袁超林

桥梁与隧道工程

应旭永　李晓姣　姜　涛　耿铁锁

市政工程

孙依人　徐　辉

水工结构工程

董昰亮　李长明　汤　虎　张朝弼　王　峰　余　翔　周晨光

水利水电工程

蒋　莉　陈丽俊　陈　孚

水文学及水资源

富砚昭　卢　迪　姚国军　姜　欣　陈永明　齐　伟　于　冰

土木工程管理

刘辰龙　高德昊　郎　坤　何丹丹　张　平　曹新颖　西德卡　威　廉　艾塞德

岩土工程

刘文化　夏英杰　瑜　璐　胡记磊

电力系统及其自动化

罗　彬

企业管理

何　庆

管理科学与工程

刘秉政

交通系统工程

何明卫

2013 级

防灾减灾工程及防护工程

张耀烨　周翔子　焦　彤　王　奇　郁　胜　高　杰　丁　阳

港口、海岸及近海工程

孙宏月　廖　波　倪云林　张明慧　杨　璨　陈　静　贾　伟　宋　悦　孙振祥
白晓东　高　哲　刘俊舒　马千里

工程力学

祝　双

供热、供燃气、通风及空调工程

胡金钟　彭　亮　林　琦　历秀明　陈婷婷　王宗山　季永明　刘　森

结构工程

封　硕　刘婷婷　常建梅　李文杰　高军程　王云洋　吕海锋　高　松　韩瑞聪
陶　骞　丁言兵　仇建磊　梁永钦　马丽娜　杨志泉　朱立华　李宇婧　付　兴
岳红原　夏春旭　黄　宙　里　尼

桥梁与隧道工程

刘　震

市政工程

王光远　刘　衡　王维营　许　斌

土木工程管理

江　鹏　郭　珂　金海峰　徐京伦

水文学及水资源

朱　林　张　锐　周如瑞　金思凡　刘　瑀　唐　榕　埃瓦尔　艾克拉

水工结构工程

尚小朋　陈　硕　李　鹏　许　贺　王文华　张鹏冲　吕小龙

水利水电工程

袁小龙　王　健　曹　瑞

水力学及河流动力学

丁伟业

材料学

贾　援　马海楠

岩土工程

程关文　廖志毅　丛斌龙　皮哈迪

控制理论与控制工程

孙慧涛

交通系统工程

李静瑶　唐春艳　薛　亮

运筹学与控制论

柏钦玺

电力系统及其自动化

吴慧军

2014 级

防灾减灾工程及防护工程

姜　涛　李　鹏　卢鹏洁　杨福剑　窦思齐　苑晨阳

港口、海岸及近海工程

陈培波　程文婉　赵沛泓　王　磊　李　澍　杨建业　候会敏　徐　杰　李小凤
谭　雷　田正林　张　洋　高　松　马　良　夏维达

供热、供燃气、通风及空调工程

于　昊　袁鹏丽　陈敬东　樊新颖

结构工程

黄海宾　董素芬　余丁浩　李　冬　闫路路　鲍玖文　张延泰　郭　翔　王红伟
贾　硕　董志骞　张偲严　刘　敏　高伟航　李竹恒　杜　彬　成　虎　刘晓蓬

市政工程

曹丹丹　莫　森

水文学及水资源

高　航　王运涛　魏国振　孙　亚　吴　剑

水工结构工程

薛冰寒　韩慧超　庞　锐　陈　楷　俞　琳　靳聪聪　谢芸菲

水利水电工程

杨晓龙　钟儒鸿　苗树敏　牛文静

水力学及河流动力学

郭文召

土木工程管理

李晓丹　代云云　王　淋　周恒宇　申　思　张悦新　刘　帅　王祥瑞

材料学

赵九野　郭保林　房延凤　张立卿

岩土工程

庄端阳　薛志佳　张彦君　李昊刚　于超云　刘兴宗　张　宇

控制理论与控制工程

刘　强

交通系统工程

巴夕尔

管理科学与工程

邬　娜

2015 级

防灾减灾工程及防护工程

刘国阳　李明鑫　滕晓威　李柔含　阳环宇　石　燚　隋　翊　李荣华　邵　炼

港口、海岸及近海工程

罗　丽　陈群斌　谢健健　彭　泰　赵玄烈　冯明威　田　琦　于菁菁　王荣泉
张昊宸　潘文博　丁泽祥　王庆凯

供热、供燃气、通风及空调工程

李西安　马珂妍　周　超　邵妮娜　魏　芸　王永辉　陈　宇

桥梁与隧道工程

滕　飞　吴广润　张明杰

结构工程

曾明会　李　祯　马兴亮　任理娇　冯治斌　王伟男　王　衍　王　妍　谢波涛
王念念　秦　涵　姚小俊　涂　祥　靳永强　胡嘉良　修成竹　李佳龙　马开臣
贾启彬　李志远　杨元全　刘鹏飞　崔云鹏　云高杰　王敦斌　上官祎瑾

市政工程

张景辉　刘少华　徐　茜　沙　吉

土木工程管理

张　禄　周　方　汤　旸　姜　蕾　沙　明　沙百瑞　宋　鹏

水文学及水资源

张　琳　徐　博　刁文博　宋天宇

水工结构工程

周雄雄　祁友婷　刘　洋　王茂华　赵志新　邵晓泉　韩聪聪　张　恺

水力学及河流动力学

赵仕霖

材料学

李继野

岩土工程

高仁哲　钱希坤　武　娜　牛景琳　程　旷　宁凡伟　李　涛　范　宁　季晓檬
李天娇　黄　鑫　张希栋　龚　斌

建筑学

艾努尔

2016 级

防灾减灾工程及防护工程

王琳琳　赵飞翔　王博实　刘远征　常宇飞　陈京钰

港口、海岸及近海工程

贾　晗　宋志伟　唐鸣夫　李亚斌　王冠男　任志浩　曹晓卫　朱干城　于　含
卞宏伟　罗　恒　滕云飞　许媛媛　朱小伟　徐嘉忆　黄学智

供热、供燃气、通风及空调工程

路世翔　仝　仓　张睿航　才晓旭　车文昊　慕缘鹏　郑　淑　张天娇　里亚兹

结构工程

赵　懿　刘　杨　李金珂　裴雪扬　甘　石　邱大鹏　来　潇　郭书恒　张乃龙
苏　璞　樊黎明　张秋宇　李欣儒　段瑶瑶　李璐希　李生元　李　杰　都方竹
柳根金　曾　伟　李高年　张天娇　黄杰忠　李文明　张　皓　曾述主　钟腾飞
李　璐　王燕杰　郑晓伟

桥梁与隧道工程

余海燕　张占彪　吴甜宇

市政工程

陈　龙　王晓英　王　丹　萨拉马特　孙　博

水文学及水资源

苏广宇　余慧娟　马玉蕾　王隆凡　赵梦珂　秦国帅　王　丹　陈晓贤

水工结构工程

刘兴阳 梅润雨 周 磊 鲍石榴 张洋洋 龚士林 陈 承 郭凌云 孙明明

水利水电工程

赵志鹏 于旭光

水力学及河流动力学

林金波 代述兵

土木工程管理

李 龙 杨 震 崔文波 田博全

材料学

李 黎 李洪艳 赵正哲

岩土工程

任玉宾 李志超 刘 飞 屈永倩 董 卓 陈 峰 高 敏 薛瑞雄 焦厚滨
韩云瑞 宋来福 吴 昊 刘 顺

2017 级

防灾减灾工程及防护工程

赵腆辉 罗东雨 李明达 孙伟建

港口、海岸及近海工程

付睿丽 何盼盼 程瑞旭 袁长富 周忠兵 张 益 祖永恒 周 宇 黄 金
牛旭阳 何栋彬 周卓炜 杨 蕙 徐星璐 王 超 徐蕴卓 陈旭东 郝 健
Khan Ajmai Farooq Rashid Hajebi Saied

供热、供燃气、通风及空调工程

李 威 李若楠 Basalike Pie

结构工程

唐亚超 陈冬冬 张 阳 汪 佳 白鲁帅 余丽玲 管德龙 杨小梅 谢超鹏
别雪梦 陈 虹 王佳亮 孟 爽 毋光明 陈 涛 金 松 郭 鑫 许文柳
郑义霖 张 晨 王一木 陈超豪 王枫智 李嘉奇 张 月 郭 强 周国杰
王庆轩 诸 高 唐 琦 郑 旭 姜 帅 臧全胜 Junaid Muhammad Faisal
Khan Mehran

桥梁与隧道工程

王毓祺 王藐民

市政工程

沙 东 孙 立 车天凯 付国志 郑启明

水文学及水资源

邓嘉辉 疏杏胜 李一冰 齐非非 郝 震 高 璐 胡素端 李 璇 宁亚伟
韩建旭 张冰瑶 陈 希 欧阳文宇 Zubair Muhammad Abbasi Naseer Ahmed

水工结构工程

武 行 李艳朋 李海珍 彭增利 张桂彬 曹翔宇 李玉倩 叶文斌

水利水电工程

燕志宇　卢　佳

材料学

李　妍　范程程　邓　双　Ansari Wajahat Sammer

岩土工程

刘　鑫　刘　聪　朱　丰　王杏杏　宋文成　王凯凯　吴宇旗　郭龙骁　王晋伟
亢方超　冯献慧　李万润　宋晓龙　朱　彬　Rizvi Syed Muhammad Faheem
Ahmad Mahmood

土木工程管理

杜艳超　丛旭辉　张胜昔　何　祥　王　亮　温　全

2018 级

防灾减灾工程及防护工程

赵丽芝　赵思曾　刘德方　王嘉健　张蕾蕾　王靖凯

港口、海岸及近海工程

刘航飞　曹迁锴　曹　震　于　淼　刘佳旺　朱俊杰　台　兵　薛庆仁　常承书
曾繁旭　范玉平　杨　健　修苑人　马莜沣　段明印　严明宇

供热、供燃气、通风及空调工程

胡沛裕　王世博　周文倩　燕慧宇　唐新鑫　王佳明　米培源　高子龙

结构工程

杨俊龙　梁启刚　李金鑫　刘慧娟　杨文婷　邹　铮　魏光阳　尤润州　魏　达
张立晓　王　镇　周海超　张　晗　林世伟　韩　阳　于　洋　周玲珠　张　雨
袁文岩　张照博　刘继良　张　旺　贾梦迪　黄　辰　王欣悦　王　睿　赵　楠

桥梁与隧道工程

马召宇　王　旭

市政工程

陈志举　卢佳乐　章　琨　张文松

水文学及水资源

董文元　张　璐　张　勤　张　朝　窦延虹　王　泽　孙　艳　胡欣辰
Choe Yong Gwang

水工结构工程

柳英洲　张凯旋　张荷月　刘鹏飞　秦礼君　梁　朝　龚　瑾　李　多

水利水电工程

张　政　李梦瑶　张　一　贾泽斌

水力学及河流动力学

吴　剑　匙争锐

土木工程管理

何雨佳　葛　明　孟　康　袁梦琪

材料学

司 雯 庞 博 Tadjikhodjaeva Sayyora

岩土工程

王永艺 裴振伟 付 斌 赵晗宇 李永辉 梁 昕 孙安元 郭 宇 独传鑫
郭兴森 田志锋 张思奇

附录十一　硕士研究生名单

（1978—2018 级）

1978 级

地震与防灾工程

楼梦麟　周　晶　蒋永光　杨继华

结构工程

黄承奎　翟增全　王立业　魏世杰

水力发电工程

李伟仁　周永平

水力学

王俊杰　杨纪元　杨玉庆　刘汉礼

海洋工程

左其华　陈本沛　杨洪标

1979 级

结构工程

宋玉普　徐世烺　何立民　李福成

水力发电工程

闫盛海

地震与防灾工程

张瑞丰　刘廉纯

海洋工程

朱大同

土力学

陆尚谟

水工结构工程

王立久

1980 级

地震与防灾工程

孙克明　陶建人　孔宪京

水力发电工程

杨文超　王　济

水工结构工程

黄显利

1981 级

地震与防灾工程

阎承大　邢伯晨　陈敏中

结构工程

关立秋　陈　东　高晓明　陈廷国

水力发电工程

杨代立

高速水流

黄建波　王学庚　黄河宁

港口及航道工程

王永学　向　阳　滕　斌　董延会

海洋工程

顾之浩

岩土工程

曹亚林

水工结构工程

刘永林

1982 级

结构工程

王瑞敏　秦明乐　滕延京

水工结构工程

陈振达　栾茂田　吴再光　唐　达　周振高　郭雪莽　宋　波

水力发电工程

马震岳　俞亚男

海洋工程

伏　浪　金伟良　尹华南

水力学及河流动力学

隋吉学　邹广岐　张绍文

港口及航道工程

孙昭晨　张福然　庄　严

水资源

许士国　周惠成　刘剑钊

土力学

李万明

1983 级

结构工程

刘亚平　彭　放　常生福　姜　峰　黄才良

水工结构工程

关　飞　李裕生　王海波　杨志峰　郭仁东　窦华仁　杨定贵

水力发电工程

马光跃　刘立强

流体力学

程　亮　韦忠泽　李　冰　肖　波

岩土工程

郝长生　朱范宇　何子干

港口及航道工程

徐梅坤　张黎邦

1984 级

水工结构工程

高　扬　朱维平　刘鹏程　刘　飞

水力发电工程

黄勋林　吴　铁

港口及航道工程

张春荣　贾　影

水工结构

衣华为　周发毅　孙国庆

海洋工程

尹子峰　张忠鸣

水力学

徐清云

岩土工程

韩胜得　柳国荣　郭　莹

水资源

李桂花　田　友

结构工程

王瑞敏　王风翼　曲庆卓　于家良　眭　骁

流体力学

何树芬　林永明　刘树军　李　杰　刘久根

1985 级

水工结构

彭振武　许劲松　杨永新　董继辉　刘云刚　余　平　李万升　武永存　晏国民
王　琨　张晓欣　连伟良　韩永清　李俊杰　孙造占　王科滨　周　辉

结构工程

邱绍光　刘　哲　关增伟　袁建伟　景英高　宋永发　伍　军　关志成　张忠刚

冯德刚　陈玉泉　陆　敏　张保和　李云贵　陈晓宝　张学义　张万庆

水力学

段小宁　于明祥　任福安　卢　波　樊建军　郭　巧

岩土工程

张明芳　张业民　王桂宣

港口及航道工程

王发君　宫　成　胡玉霞　李　黎　李芳君　叶正凡　管连江　高洪舟　吴思祥
潘宏禹　张亦飞

水资源

任　杰　刘宝军

水力发电工程

路振刚　钱学智　王常义

1986 级

岩土工程

杨玉柱

地震与防灾工程

冯明辉　李春龙　张东锋　赵永利

测绘

杨忠振　李广勤　贾艾晨

港口及航道工程

金　俐　柳淑学　臧　军　于定勇　董国海　周援衡　刘天德

流体力学

戴丽华

水工结构工程

罗茂峰　赵晓玲　周旭东　霍　伟　胡洪山　王淑琴　许志红　王　鹏

水力发电工程

王桂卿　郭剑利　马文涛　程春田　鲁一辉　杨士荣

结构工程

高　泉　蔡澄清　张志辉　钟　华　刘旭东　郭建松　赵顺波　邵锦瑛　陈　静
严兆坤　相振国　刘　立　袁海莹　郑爱洋　刘永建

岩土工程

李凤华　王明良　邢　民

水力学及河流动力学

徐锡汉　周　斌　郭　琰　张青玉

1987 级

地震与防灾工程

李立学　朱　彤　范建朋　魏翠玲　刘文廷　张喜春

结构工程
陈　健　焦　辉　左宏亮　李东陆　王志杰

土力学
王洪荣　于志强　栗振春　邵龙潭

钢结构
魏德彬　张方银

海岸工程
赵　欣

力学
王保兴　张　力　赵玉民　刁泽浩　于洪治　杨洪斌

水力发电工程
王德军

水工结构工程
王晓松　马作江　李　菡

港口及航道工程
郭子坚

水力学及河流动力学
栗国忱　王青春

1988 级

岩土工程
戴仁健　叶平先

结构工程
王茂林　倪　敢　吴文燕　张广文　秦忠国　康建明　张德福　王海斌
尹放林　张远惠

水力发电工程
徐学章

水力学及河流动力学
汪文华　吴振庆　曾　平

港口、海岸及近海工程
王　红　费勤浩　祝会兵　孙　谦

1989 级

岩土工程
杨　斌　吴慧明

结构工程
孙晓婕　刘　超　胡倍雷　李　斌　许兴华　程泽坤　于　华　彭　骏

海岸工程
何军业　史向宏　徐宏飞

水工结构
田丽萍　姜鸿亮　田景环

地震与防灾工程
冯吉利　邵　宇

港口及航道工程
霍茱金　李永明

水力发电工程
温科伟　刘宪亮　崔诗才

水资源
袁昰暄

1990 级

结构工程
李　丽　黄庆国　高政维　吕克顺　黄大伟　李玉君　王自述　张成江　刘元卿
吕今朝　翟华联　王启龙　邓传贵

海岸工程
何　明　侯亚州

港口及航道工程
任　冰　朱玉明　张彦鹏　黄　涛　于雪峰

水工结构工程
张承谦　耿剑锋　罗玉萍

地震与防灾工程
周洪涛　陈建权　王建华

1991 级

结构工程
谷天心　祁卫东　章志宏　张学涛　伍朝晖　朱　莉　秦顺飞　梁雪梅　刘传海

水力学及河流动力学
刘亚坤

海岸工程
徐承玉　齐桂萍　赵　群

近海及海岸工程
张　健　徐向舟

水工结构工程
刘　军　刘廷权

水力发电工程
杨景涛　黄金美　蒋云钟

地震与防灾工程
宋　浩　张大为

港口及航道工程

董　胜

岩土工程

付连友　刘　平

1992 级

岩土工程

衣　伟

建筑结构工程

居理宏　毕巧巍　张英华　贾四军　朱永红　刘力红　关　萍　杨　冶　陈存恩
孔繁新　张德娟

地震与防灾工程

赵玉波　徐艳杰　张金库　李国威　王世杰

水力学及河流动力学

王晓健

水工结构工程

庞志刚　王成山　杜志达　吕重旭

港口及航道工程

孙　青　史雅君　陈建强

海岸工程

陈志宏　杨　钢　桂满海

近海及海岸工程

陈　兵　温德纯

水力发电工程

潘　东

1993 级

岩土工程

宋任平　付飞营　李　祥

建筑结构工程

王大开　张利军　武军梅　王秋良　张文明　张海军　崔　博　刘文武　魏　星
冯涤海　原　强　李景娟　刘曙光　陈静云　张雪松

地震与防灾工程

吴立军　尹　力　李兴武　陈善阳

水力学及河流动力学

王小峰

水工结构工程

杨蕴明　张建强　陶建科　李　昕　管建勇　朱　骐　陆殿阁　尹长生

水力发电工程

卢正刚　翟宣峰

港口及航道工程

聂向军

海岸工程

徐本和　尚春雨　刘孟哲　朱小青　王　科

近海及海岸工程

郭建红　苏小军　马德堂

1994 级

岩土工程

辛雪梅　黎　勇　李　锦　刘纯升　关立军

建筑结构工程

夏运强　邹积麟　肖　燕　邓　宇　赵军峰　陈根淼　张艳霞　何标甫　于志强
戴建国　贺海平　潘宝峰　马德有　赵广会　李朝阳

地震与防灾工程

张　荣　徐京伦　王　巍　王晓辉　梁新政　关　炯

水工结构工程

李勇浪　徐洪波　刘运志　黄学松　司晓军　纪彤国

水力发电工程

李鸿雁　李成林　刘广平

海岸工程

黄中立　翟钢军　任　冰

1995 级

岩土工程

胡立雄　唐洪祥　曹永喆　尹少鹏　熊　瑛　杨丽莉

结构工程

张绍亮　李世春　纪大海　王海丹　谢应鹏　于跃海　权珍兴　黎裕华　谷　凡
陈　安　高建辉　林海霞　柳　林

地震与防灾工程

贾革续　姜　萌　胡志强　周迎新　连镇营　薛　微　邹德高

建筑材料

仁铮诚

水力学及河流动力学

张修忠

水工结构工程

王蔚然　宿晓辉　张　玲

结构工程

翟东武

水力发电工程

徐海军　陈　婧　衣洪建

港口及航道工程

柴伟成　范悦悦

海岸工程

饶永红　梁书秀　李春花　孙鹤泉

近海及海岸工程

张继春　于春洁

1996 级

岩土工程

曹连伟　焦建奎　王　谦　王　栋

结构工程

曲建伟　李晓明　谷亚宏　曲　晨　徐　刚　王金来　袁　朝　王彦伟　李海江
杨先华　张星云　邱文亮　徐铨彪　初红霞

地震与防灾工程

逯静洲　李　静　周海峰　吕凯歌　闫瑞明

建筑材料

赵岩海　姜洪洋　艾红梅　李　宇　王宝民

水力学及河流动力学

柏　承　许　慧

水工结构工程

徐　欣　孟元龙　张玉双

水力发电工程

梁国华　赵德海　王助贫　王　尧

港口及航道工程

吕庆颖　刘贤志

海岸工程

朱志海　王亚玲　桂劲松　曲月霞　常　梅

近海及海岸工程

崔丽芬　张恩永

1997 级

岩土工程

吕大为　接金宝　阴吉英　王　磊

结构工程

刘佳毅　孙　静　颜　娟　王立成　张　明　陈周熠　梁　正　卢喜经　董安正

段红波　杜蓬娟　孙传兵　郎　杰

防灾减灾工程及防护工程

邢　燕　马冬霞　金　海　孙大伟

结构工程

李　雪　杨文武　刘红艳　穆红英　史　非　王　晴　日和田　希与志

水力学及河流动力学

徐连军

水工结构工程

倪　娜　郭高贵　杨清平　许　青

水力发电工程

陈维江　殷峻暹

港口、海岸及近海工程

孙　韦　宋立元　刘洪杰　滕爱国　叶文亚　李法新　赵　明　朱传华　徐永乐
曹勤方　徐双全　王振华

1998 级

岩土工程

姜韶华　屠　晟　贺　洁　谷秋芳　孙　健

桥梁与隧道工程

潘盛山　徐　亮

结构工程

刘华新　丁生根　刘　涛　周长东　竺　亮　史　波　侯景鹏　韩少锋

桥梁与隧道工程

初晓庚

防灾减灾工程及防护工程

刘　强　孙　波　孔令刚　齐同军

材料学

张　霞　孙昊苏

水力学及河流动力学

刘彦金　易　翱

水工结构工程

热紫燕　张　铎　魏根群　费璟昊

水文学及水资源

欧春平　卢世浪

港口、海岸及近海工程

霍　红　郝　军　王喜文　刘　未　张瑞瑾　张晓莉　胡振红　李建平　王淑平
刘德良　宋永刚

建筑设计及其理论

马楠楠　王　丹　袁海贝贝　邓　威　李　冰　马　琴　王　石　齐卓彦
韩东航　吴晓东

1999 级

材料学

张树忠　童吉强　张　勇　董福琳　王　瓒

建筑设计及其理论

岳　巍　曹　平　文旭涛　朱　江　郭　锐　刘常义　王　帅　王　岩　张春凯
汪　琦　王又佳　尹晓波　苏晓静

岩土工程

张国军　娄　峰　张晨明　孙益振　姜云辉　辛军霞　张慧珍　董秀竹

结构工程

黄治宇　梁德栋　王树平　刘丽广　李玉华　任永青　景玲玲　许倩华　林　涛
宣方龙　王应军

防灾减灾工程及防护工程

刘怀林　方明霁　叶子青　刘海成　陆华纲　姜炳阳　李建波

桥梁与隧道工程

陈　涛　魏志新　余报楚　胡建周　徐德标　沈　洋

水文学及水资源

于义彬　赵玉庆　王大刚　李　敏　朱小凯

水力学及河流动力学

路美丽　夏庆福　孙海涛

水工结构工程

李胜福　崔宝平　牛运华　曹　伟

水力发电工程

徐锦生　王　军　付洪霞　孙万泉

港口、海岸及近海工程

刘晓海　王　涛　刘铁锐　韩　凌　陈鹭缨　葛　岚　唐　军　孙　路　刘忠波
彭静萍　吴喜德　金乃高　黄国兴　王先涛　陈海鸥　左华伟

2000 级

材料学

赵湘慧　詹海燕　宋宏伟　薛　庆　马立国　王　伟

岩土工程

刘占阁　郑卫锋　姚　涛　张亚飞　罗增文　李晓勇　魏峰先　许成顺　张传庆
张　略　冯晓莹　何　杨

结构工程

彭菲菲　杜国付　张小刚　郑日男　李贺东　朱荣华　李　赫　张林俊　高洪波

蔡云帆　冯秀峰　朱美春　李博宁　管仲国　杨高翔　杨　萌　任海东　刘　洋
张宏战　路　纲　王智文　王劲松　姜　鹏　王京元　何　威

防灾减灾工程及防护工程

关立军　张宏斌　宋振河　丁丽娜　李　亮　金　哲　雕　平　张勇强　魏建武

桥梁与隧道工程

范金军　伏首圣　栗　勇　滕启杰　李生勇　邓安泰　李　海　窦　鹏　李晓莉

水工结构工程

李　明　闫东明　刘德志　王立成　张亚忠　侯百军　谭志军

水力学及河流动力学

马媛玲

水力发电工程

王银志　赵凤遥　王晓洁

水文学及水资源

何　斌　祝令亚　卢立冰　王白陆　肖建民　韩义超

港口、海岸及近海工程

王丽勤　胡金鹏　王　艳　刘　圆　佟仕祺　宋　芳　吴　斌　郝春玲　周鹏飞
王　宁　郭海斌　刘才广　赵海涛　张清贺　袁丽蓉　曹卫群　王　鹏　周建国
勾　莹

2001 级

材料学

王文亮　郑晓冬　吴丹琳　张晓伟　张　琦　董文辰　刘　剑　王兆忠　郑芳宇
王丹江　李前哨　杨　新

岩土工程

李　月　梁爱民　李根华　张　克　史旦达　李静峰　范静海　季大雪　韩丽娟
马建超

结构工程

许　佳　马兆标　胡文军　曲激婷　于连广　卓智勇　吴学奎　孟凡鹏
夏国明　王林伟　王朝波　那道尔立　李　君　姜　淳　王　斌　孙宏伟
李大勇　于长江　朱　玥　李孟黎　操晓峰　秦　娟

防灾减灾工程及防护工程

路江龙　刘　军　李晓光　张惠敏　刘　泽　张　涛　朱亚林　崔　鸣　赵晓飞
窦向贤

桥梁与隧道工程

刘金秋　孙立刚　刘洪伟　李盼到　杜　涛　郭慧乾　宋广君　郑　晖　张洪金
朱巍志

水工结构工程

许艳林　杨保军

环境工程

张　晶

水力学及河流动力学

赵　妍

水力发电工程

肖　阳　孙昌佑

水文学及水资源

顾妍平　马小兵

港口、海岸及近海工程

刘振东　周连伟　刘洪义　刘二利　丁　雷　王晓纯　徐国志　黄金刚　周　森
刘　明　谭　丽　解福奇　马宝联　张振平　姜俊杰　王平让　刘国辉　韩冰翰
卢　卫

2002 级

材料学

刘嘉潞　邢　可　张东华　邹云峰　杨新朝　王景贤　任启芳　张苗苗

岩土工程

刘天宇　薛天放　刘艳华　张宇明　黄　建　李　军

结构工程

梁　冰　张春宇　孙根勤　甘　泉　厚　童　郑　爽　徐伟斌　朱　轩　刘连明
芦世海　孙荣书　葛树奎　成家胜　闫　磊　周　丹　胡海波　呼素娟　韩克双
李海枫　黄鹏伟　邓远征　丁宏兵　黄　靖　高继红　刘小虎　徐　嵬

防灾减灾工程及防护工程

李沙沙　相　彪　井秦阳　李　军　任红梅　俞　琳　舒　铁

供热、供燃气、通风及空调工程

刘毓伟　徐秋敏　张晋阳

桥梁与隧道工程

郭子华　宋　鑫　吕福钢　王　美　常付平　安　邦　吴会军　严伟飞　王　博
庄　级　秦灏如

水工结构工程

王竞男　韩　雪　王晓丹　郑仲寿　米厚天　马姝英　张振国　黄静卿　黄加球

水力学及河流动力学

孙晗琦　董莉莉　申宝贵　黄树友

水力发电工程

张东东　张克华　王　刚　沙瑞华　刘　君　杜佐龙

水文学及水资源

任鲁宁　李大洲　隋　意　郭太英　闫骏霞　高　航　雷武奎　冯　涛　李　果
边洪坡　孙英广　张晓刚

港口、海岸及近海工程

吴 浩 李 剑 信 书 姜海荣 刘建明 张红玉 张铭强 刘爱珍 叶 剑
平 丽 商剑平 傅洪尧

2003级

材料学

李 鹏 邢占东 田冬梅 赵善宇 曹庆坚 郭保林 李宗梅 周飞鹏 姜祖强

岩土工程

刘 洋 冯亮亮 孟长江 付建宝 尹长权 郭玉彬 杨志华 张吉宏 李金玉
冀彦卓 夏永成 陈煜淼 吴国华 王 猛

结构工程

杨 玫 陈志勇 孙明坤 陈 飞 张明慧 郭洪亮 水金锋 章坚洋 杨 楠
吴先敏 孙治国 肖 红 李学进 王 健 张大鹏 张 文 曹继峰 徐 勇
王延龙 韩光翔 徐东坡 孙 进 王兴宇 李 坤 付朋辉 李苏苏

防灾减灾工程及防护工程

杜 超 李大东 刘莹光 刘 鑫 张本一 张安玉 孙亚峰 陈元素 褚雪松
林利民 马秀平 王 腾 苏志彬 杨正权 吴利玲 孙 宁 姜爱玲 孙滕阁
王栋磊 贝伟明 李学涛

供热、供燃气、通风及空调工程

孟世荣 李伟涛 陈会娟 张国利 孙 鹏 陈 星 丁颖慧 范萍萍

桥梁与隧道工程

张永杰 李 冬 梅秀道 姜 霖 杨洪波 王大伟 杜高明 李文武 田汉州
张 凯 陶小兰

市政工程

姜 巍 张海平 刘琳琳 贾 鹏 夏天成 姜艳艳 崔纪鹏 谢 韬 董丽娜
付佳伟

水工结构工程

汪红宇 李留强 丰 飞 张彩双 陈 雯 闫晓荣 王 倩 叶华静

水力学及河流动力学

陈 晶 孙 会 蒙富强

水力发电工程

郭 锋 程国瑞 王 洋 张玉明 杨 静 张雪利

水文学及水资源

薛丽娟 樊 琰 李林林 林 冰 刘雪峰 闫春程 陈贵龙 张世坤 霍凤霖
曹玉涛 刘洪岫 康立芸 喻松阳 陈 艳

港口、海岸及近海工程

王 晶 刘 冲 李仕成 杨艳增 陈红军 李晓慧 陈丽琴 孙 冰 韩 明
张丽敏 包伟斌 余大胜 黄小华 温过路 赵风亚 肖 辉 孙立志 张 娟
刘庆荼 郑瑞杰 于曰旻 毛雨婵 刘艳莉 包 艳 方金苗 徐 为 高 璞

汤小霞　何广华　李洪声　扬　懿

2004级

材料学

张文平　喻正浩　董延安　伍君勇　王安成　霍　星　李慧芝

岩土工程

陈　晨　初　巍　孙曦源　宋晓晨　徐晓艳　于　卉　王　楠　孙　岳　栾心国
马太雷　刘　枫　孔纲强　刘　嘉　杨　钢　申群璨　杨清雷　张文峰　李　靖

结构工程

曹　旭　刘　磊　马晓华　邱　晖　李庆华　翟　雪　韩　超　陈　军　尹机会
张宏强　喻常雄　曹　丹　孙维才　易富民　梁耀龙　蔡向荣　王海涛　董　成
尤志国　苏江锋　张纯玉　任清波　康　晶　李　龙　宋　伟　赵海波　刘志鑫
陈生级　卜　丹　张　宁　徐士弢　杨成蛟　崔文涛　时冬冬　徐　卓　国　巍

防灾减灾工程及防护工程

白宗琨　周睿博　洪天华　任月明　解中辉　金　刚　苗　笛　孟凡伟　杜勇刚
高　博　黄锡军　李明高　李兆明　胡家顺　赵　真　贾玲玲　田子坤　段鸿杰
刘海兵　何双华　吕淑杰　王卫争　方炫强　张　栋　倪向雷　张跃红　周广东
何晓宇

供热、供燃气、通风及空调工程

金　余　杨文秀　薛　静　郑晓琴　陈翠英　庄　智　蒋　爽　徐　楠

桥梁与隧道工程

王培晓　赵维贺　刘　涛　姜　涛　沈　璐　郭　聪　孙宝生　李斐然　陈　君
荆友璋　吴成智　方国强　安丽勇　吴宏业　周　朋

市政工程

赵利明　罗　驰　刘佳音　李　胜　牟　达　赵东晖　崔　丛　左　志　耿立涛

水工结构工程

陈业松　孙德胜　陈严飞　赵　磊　景月岭　王变革　范武强　郭建业　赵　娟
尹祥平　黄盛铨　杜　好　史永霞　李　敏　胡春红　沈　慧　吴家耀

水力学及河流动力学

任　妮　靳大雪　吕　彪　王领元　王建超

水利水电工程

张　俊　张国强　吴玉龙　宋志强　晋兴伟　刘建锋　马开彬　曹　伟　邹磊堂

水文学及水资源

孙万光　李占英　张丽娜　刘盈斐　杨春霞　任明磊　张　真　孔　猛　彭　慧
刁艳芳　徐瑞华　董　霞　吴　丽　丁　勇　李　伟　李红霞

土木工程管理

孙　毅　苗毓海　纪晓宏　周　华　常金鹏　李荣星　李光红　宫晓强　录慧丽
林祥金　崔旖娜　王建东　刘祥瞻　阮宏博

岩土工程

陈晨 初巍 孙曦源 宋晓晨 徐晓艳 于卉 王楠 孙岳 栾心国
马太雷 刘枫 孔纲强 刘嘉 杨钢 申群璨 杨清雷 张文峰 李靖

港口、海岸及近海工程

丁兆强 王昕 徐兆全 田丹 付博新 李巍 王达川 孙英伟 孙雷
郭立栋 唐臣 房卓 任效忠 刘娇 唐琰林 孙金丽 刘珍 李炜
周亚龙 马玉祥 孙一艳 赵刘群 王进 沈丹 胡忠璜 肖杰 李靖波
胡雪明 王岩 尹晶 朱立岩 刘昌凤 于博 刘丽娜 吴迪 张鹏
刘娜 雷瑞波

2005级

材料学

姜欢 徐海珣 沙建奇 李如林 袁大伟 李强 程伟峰

防灾减灾工程及防护工程

赵骏 鞠平 李颖 张俊清 白凤龙 马晓雨 张剑 齐翔 赵锦华
侯伟 石健兵 高悦 郎一鸣 张如林 张利华 徐奴文 陆佳 陈云侠
王成武 刘羽霄 李庆伟 王磊 嵇雪蘅 李瀛 肖琴 朱盟 田利
高东伟

供热、供燃气、通风及空调工程

梁洪新 田洪建 田浩 张朝辉 刘静君 华蓉蓉 金权 李恒 郭海超
孙媛媛

结构工程

刘贵 王洪昌 李晶 李颖 李大为 尹有君 陈剑 姜德成 韦明
魏巍巍 王利欢 张海军 扈春霞 于洪涛 孙兴全 徐锋 陈小锋 武玉赞
刘同 瞿小莉 郭夏 梁玉红 马永贺 张传刚 陈桂斌 陈彦菲 张芳芳
赵雪峰 王宏 杨春喜 张帅 张亮 田艳华 饶芳芬 郭树宇 覃霜
夏雪娇 孙健 陈优优 任峰 黄园园 张超 赵石峰 余芳

桥梁与隧道工程

贾光 万家恺 杨光 郑秀莉 王艳军 王维 陈兆毅 柳青月 蒋少寒
原学明 肖岱 郑力 王海波 王亚飞

市政工程

刘军 赵静 白广斌 刘惠 张长锁 王新 赵晓春 赖广胜 赵慧敏
李惠婷 齐爱华 李伟 李明亮 曹长勇 陶学谦

水工结构工程

钟耀 毛雯娟 林嵩 孟宪雷 宋靖华 张甫杰 王建涌 李胜兵 王滨
赵瑞东 李政锦 刘建平 袁素梅 何天福 高冲 孙田甜

水力学及河流动力学

梁博 潘钦 王静伟 黄丹

水利水电工程

张信 娄延辉 姜洋 宋兵伟 张存慧 徐小梅 何鹏程

水文学及水资源

杨斌斌　曾　筠　陆宇峰　黄　旭　张　强　吕涑琦　李　娜　马　涛　仕玉治
唐子田　董艳萍　王　峰　宋绪美　英瑜雯　周　游

土木工程管理

张　谆　刘　杨　闫国栋　李占盛　李三江　姜志浩　周明乾　苏金霞　谢聪聪
蔡俊岭　刘　武　李习清　李明阳　刘　辉　杜丙涛　胡华选
徐　强　王　颖

岩土工程

郑鹏一　陈　硕　王绍鹏　鲁志杰　王　琦　徐　冰　陈　榕　孙　涛　宋岩新
何致宏

港口、海岸及近海工程

刘晓霞　邵　学　刘　冲　薛海亮　董　敏　许　雯　齐　凯　朱兰燕　温洪勇
李承功　屈晓婷　孙忠滨　李雪艳　刘赞强　王兴刚　刘　思　马小剑　郭传胜
唐国强　李大伟　高　睿　王　岗　付　萍　张振伟　金　苗　张庆杰　李小超
梁　燕　王文鼎　吴　丹　黄　俊　朱小松　王金华　许建武　张　明　张　勇
杨敏冬　夏志盛　董吉武　苏琳芳　刘召刚

2006 级

材料学

李文博　张　淼　赵丽妍　李　礼　张晓杰　金基模　杨海成　苗慧民

防灾减灾工程及防护工程

杨新刚　周晨光　刘志强　李　雪　胡雄伟　徐　静　史家平　尤华芳　耿庆东
刘彦辉　陈春雷　毛志伟　朱朝磊　王晓庆　朱秀云　梁树霞　张旭丹　王　杨
张鲁明　许　东　王碧君　何　伟　于品清　王原嵩　卢声亮　齐　念

供热、供燃气、通风及空调工程

孙金鹏　孙宇明　丁千茹　郭　安　陈　佳　王小林　金　旭　章　阳　孙刚森
刘　雷

结构工程

巩　鑫　刘学波　李秋爽　佟洪江　谭智芳　张小云　刘　博　杨　辉　侯利军
刘志凤　范高杰　代　平　林　园　王　巍　吴　芳　姜成科　王文蔚　张　陆
刘　硕　刘　祺　刘亚军　柯志贵　尹晓明　杜振辉　黄照南　陈龙风　赵恒宝
王金锐　安培卿　车广杰　谢　雷　李　伟　于　磊　蔺建廷　张　申　张庆亮
吴　锋　肖利娟　张　健　韩　飞　王灵云　施慕桓　李　娟　阮兵峰　李冰鑫
郭　辉　刘建强

桥梁与隧道工程

吴　迪　杨　军　常文洁　卢文才　刘　军　罗东生　于　洋　黄　健　万晓明
王德慧　王　猛　唐春艳　许　斐　耿铁锁　吴学华　阳治群　庄茂峰

市政工程

李　闯　梁　斌　李　锐　姚世彤　崔云飞　丁　乐　杜　隽　刘　楠　杨　青
刘金玲　乔　娜　魏艳萍　李　坤

水工结构工程

王钲睫 郑 毅 刘福海 苏晨亮 张 昱 李浩瑾 张运花 高明涛 邵 磊
李永胜 张 勇 温 州 毕 静 胡峥嵘 申存科 刘 慧

水力学及河流动力学

马志强 张 娟 孙 韵 刘 刚 杨 涛

水利水电工程

管军华 李慧君 郭青春 高述峰 张 波 吕克金 苏远波 刘晋超

水文学及水资源

王凌河 赵 倩 高吉惠 习树峰 申建建 王冉冉 杜丽杰 张 静 曹明亮
李慧赟 卢玉海 娄莉莉 张 杨 杨凤英

土木工程管理

丛九源 宋广飞 王艾琳 杨宇杰 程 超 方伟俊 宫 蕾 孙梅花 庞云婷
孙亚胜 彭 静 李 丹 陈晓燕 苏永波 赵 利 张秋月 袁 莉 徐春华
昌 磊 周吉来 秦 涛 黄晓光 刘 妍

岩土工程

刘冰雪 万少石 贺 林 李首龙 邵 琪 刘树杰 严默非 周 扬 尤胜明
刘 珑 王铁军 阮孝政 王跃新 刘 超 杨岳峰

港口、海岸及近海工程

肖 鑫 王文渊 侯 勇 宁双林 宋吉宁 魏美芳 郁彩云 周 洋 张卫平
温秀媛 马 哲 张保华 张 茜 杜安民 赵瑞华 杨章锋 李旭东 谷文强
张 强 郭 伟 程一轩 李龙龙 姜全新 隋吉林 时 军 王新雷 沈良朵
曹燕戎 杨安梅 高 军 孙家文 刘蔡胤 赵 静 李献丽 陈志强 吕 威
李 亮 张建侨 韩 朋 陈 超 张海飞 王 亮 吴芳和 冯良记

2007 级

材料学

穆木兰 孙 丹 刘 东 万 涛 白雪娇 李 靖 杨耀龙

道路与铁道工程

高嫄嫄 程伟蔚 郭少敏 王 琰 张召青 孔令然 李正阳 胡 波

防灾减灾工程及防护工程

柯国敏 刘燕军 许春雷 刘 洋 王 芹 王 强 毕可为 王德斌 张 宇
岳 斌 孟海燕 冯晓波 杨留娟 张丹丹 刘敢凤 曲春绪 刘开康 丰茂东
张 峰 郭振永 陈法波 李 琦 丁锦铭 白玉磊 李文枫 李 超 安永辉
王宝峰

供热、供燃气、通风及空调工程

徐 哲 孙亚峰 霍 猛 王宗山 赵 洋 张 剑 张 颖 朱佳音
杨靓慧 赵 阳

机械制造及其自动化

杨洪齐

结构工程

尚春艳　杨勇涛　张秋敏　张丽华　周　红　张永恒　罗宝力　邹　爽　陈　晋
唐晓东　陈开莲　田　贺　高　栋　王　峥　田　磊　丁　威　龚　龙　刁进东
尉文婷　刘　飞　刘　洋　李赵怡　李天庆　宿　莹　张　伟　王　珏　王彦红
董　帅　谢丽媛　辛庚华　张峰峰　李　军　张志伟　郝维钫　赵鹏展　刘丽霞
沈霄鹤　郭　宇　贺　忱　韦有忆　李志鹏　雷鸣遥　李文杰　尤　杰　田亚峰
李　翠　王宝立　吴　瑶　荣　华　达布希拉图

空间信息技术及工程应用

赵　慧　薛明玉　李天华

桥梁与隧道工程

宫　凤　薛宪政　彭亚东　佟文博　张兴华　常学力　龙　飞　尹树桃　王善巍
刘永刚　王　伟　尹　华　董晓兵　陈丽丽　吴　念　李盛洋　李晓姣　李　毅

市政工程

叶　尖

水工结构工程

赵　阳　李秀梅　程　怡　金书成　逄俊杰　付　兵　杜文才　张争超　王　毅
张　斌　级秋华　李光华　柴　洁　田　强　范　哲　邓　涛　涂运伟　杨昕光
陈明阳　刘　朵

水力学及河流动力学

王艳君　张　翼　于　野　王增欣　黄　伟

水利水电工程

马艳晶　姚锋娟　王怀智　李正星　苗宗伟　凌　影　张雷克　毛子首　职保平

水文学及水资源

张艳平　韩红霞　姜　彪　李美娟　王　森　周艳春　任在民　侯　燕　李保健
曹小磊　许　翼　张爱静　曹枝俏　邓显羽　王雪妮　刘　佳　金　鑫　李建兵
王福兴

土木工程管理

张文领　王　凯　李　楠　宋述杰　吴　倩　童杏娟　巴延廷　李　利　李　宾
杨玉凤　王大力　蒋玉飞　陈思思　杨　芳　李智芸　张晓楠　周灵琳　周洁静
殷显焕　吕伟华

岩土工程

胡　畔　卢　雄　刘　成　孙晋永　陈　珍　岳　强　于　跃　耿鸣山　温晓鹏

港口、海岸及近海工程

路　伟　高东博　陈晓亮　李明理　陈旭达　王　彦　付　超　冀　昊　王彦哲
张俊生　张　蕊　尹海涛　刘　彦　刘　宇　杨沛霖　解　静　邓　推　蒋国栋
巩　雪　王　川　李荣敏　顾　倩　万庆宇　成小飞　蒋梅荣　黄玉新　刘光生
周斌珍　刁　伟　王海龙　卢西伟　高　超　原　娟　张　俊　刘　明　桂琴琴
彭　石　阳志文　张　余　佟飞飞　孙建伟　李明伟　顾孜昌　宋志军　任喜峰
常　江　刘思阳　姜胜超　崔　成　张　静　程书恒　张　霞　方　波　许条建

姚丞珈

2008 级

材料学

魏璟璟 薛永丽 苏昊林 刘亚丽 位建强 许 蕊 刘 璐 刘 伟

道路与铁道工程

张军伟 李运超 张 磊 李 超

防灾减灾工程及防护工程

成红武 杨 迅 杨 颖 程 玲 崔 琼 张卓群 李 旭 杨秀萍 沈文赫
陈崇茂 徐令宇 鲁建飞 胡 健 孙云飞 董光辉 黄连娣 韩 亮 王 文
尹训强 徐朝阳 李伟东 杨春雨 张 莹 左春愿 王文明 司益清 杨 超
李 璐 李晓燕 贾子光 边冠博 刘天弘 唐顺勇 陈光明 李世兵 刘向前

供热、供燃气、通风及空调工程

孙宗贤 迟光亮 那国红 单红娜 朱俊亮 吴启任 李洪珠 姚 微 寇希望
王继红 王振江 李 凯 王仁瑾 李鹏辉 杨文晓 张志成

结构工程

王宝媛 杨 茜 牛云格 张永茂 张 宇 魏国亮 胡 钟 熊开兵 曲世洁
毛 伟 王 轩 石昌文 张 鹏 丁穗坤 彭 超 刘 震 路 杰 陈相宇
李 冰 赵 畅 王雪婷 郑新丰 刘 佳 刘 坤 梁城宇 王友刚 余文华
董爱平 李立业 许 晶 常莹莹 朱伟庆 吴 熙 王泽涛 董 海 阎铁群
赵玉忝 孟顺意 朱亚超 王德刚 侯宇星 黄婷婷 张 雷 张 娟 杨 颖
许 波 王晓飞 张 华 黄 东 张发盛 杜凤强 艾 德 吕 品

空间信息技术及工程应用

秦 园 杨 磊 刘 德 赖 韬 周 丹

桥梁与隧道工程

莫山峰 陈 曦 李博强 朱 静 罗松涛 许文俊 胡 美 张兴波 范 菊
卢立兰 徐 军 王吉翀 陈红梅 曹士健 戎华钦 王玥颖 赵 旭 葛晓萌

市政工程

窦刚玉 杜铁军 徐博书

水工结构工程

郑利涛 周 慧 董景刚 孙 强 陆继鑫 曾 伟 张惠军 冯径军 尤丽红
李冬青 贾庆稳 朱亚姬 孙 利 徐雪飞 刘社豪 王慧平 陈红刚 韩泽军
丁明华 朱 叶 杨开荣 朱定国

水力学及河流动力学

尤凤龙 张 帝 郭颂歌 吕 蔚 邢 岩

水利水电工程

吴嵌嵌 郭 放 郭建霞 彭慧慧 谭 斌 王 星 韩 涛 李晓俊

水文学及水资源

张立武 徐 炜 祝雪萍 马 宁 梁艳慧 徐飞龙 王 强 赵 超 程 雄

彭兆亮 关明府 郝利勋 李 辉 高 尧 柴智平 强盼盼 王 静 李树山
杨 洵

土木工程管理

申志涛 任 航 邱兆红 李小浩 宋雅楠 于惟惟 于媛媛 吴典真 李春明
孙秀丽 郭少华 谢兴华 叶公伟 王丽娜 杨建喜 张 进 王少军 侯晨曦

岩土工程

冯国杰 田世斌 王 健 杨 韬 吕 品 袁 野 白 旭 陈培震 蒋正国
张克利 张俊峰 王 超 黄满斌 张 凯

港口、海岸及近海工程

刘 兴 赫岩莉 林 子 赵旭东 张培培 穆 森 邹文峰 李孝展 唐东洋
刘 普 董 佳 仇正中 沈 洁 李光显 臧士文 严 开 郑长新 肖美贞
陈丽芬 王春宝 王振华 韩松林 王明明 崔振磊 李声文 许 哲 刘 丹
魏庆菲 张秋艳 周杰源 何 旭 汪求顺 郑 娟 肖 霄 胡学文 郭保臣
黄文峰 吴国强 王 平 李 响 代英男 丛培文 舒开连 李雪野 丁文涛
姜华林 郭士勇 张婷婷 王 鹏 林 艺 陆 敏 张怡辉 卢昱岑 罗兴远

2009级

材料学

赵梦凝 卢普光 姚 航 白军营 都少聪 谷 鑫 刘 晶 涂 妮

道路与铁道工程

杜仲宝 徐攀攀 王国忠 马 强 李向阳 杨 晶 刘宇星 王志超 王元杰

防灾减灾工程及防护工程

王丽丽 李婷婷 曹闻博 周 丹 崔晶晶 宋一玲 白 雨 潘浩浩 温 泉
龚 涛 陈 鹏 李 璇 宋士强 张 明 阮 涛 张 莹 王招招 李 兴
屈 威 贾 辉 陈耀辉 刘 猛 张松林 王 茜 张 燕 赵 聪 冯 晶
郭玲玲 赵凌雁 杨昌民 刘 倩 孙天夫 胡细伟 张沛洲 李牧轩

港口、海岸及近海工程

韩红卫 陈小芳 管 波 董 敏 张 乐 刘乾烈 谢 宇 金 钊 付韵韵
赵瑞祥 张新润 骆俊彬 王志勇 陈 文 蔡学石 陈 婷 王 鑫 杨锦凌
刘名名 陈 新 张 桦 季新然 禹精瑞 陈 栋 张 威 莫仁杰 林玉芳
文君锋 李 灿 王 彪 程 勇 夏 露 郭喜亮 刘 嫔 王占行 杨国平
王维聪 梁文文 刘 佳 熊 伟 郑苗子 屠姗姗 邓小敏 赵 敏 周 勇
陈 琦 董丽红 叶晓文 高俊亮 周 叶 王志瑜 宋伟华 刘盈溢 胡鹏程
甘建军

供热、供燃气、通风及空调工程

田林林 迟子豪 刘美薇 田维治 许红波 白淑鑫 魏 波 王哲豪 殷 士
乔西萍 李双双 谢艺强 韩传忠 李媛媛 汪星圩 马金星

建筑与土木工程

胡 敏 宋 凯 袁宁宁 王羽霞 闻 伟 郭 磊 汪明刚 孙培华 李 乐
孔祥龙 王沛和 田 哲 张 颖 颜庆丽 于小苇 曹 海 陈柏宇 康长亮

胡 倩　闫英超　张 焱

结构工程

江明姝　李宇婧　张 宇　李 佳　侯 睿　贾君玉　邢立坤　赵秀丽　王 营
蔡 静　范国玺　张明生　梁金永　宿专青　王艳红　班圣龙　杨 栋　张晓丽
高 超　詹君宇　马 超　董雪焕　刘金涛　戴清如　檀永杰　陈志鑫　王玉珠
张园园　张海滨　王 喆　李宾宾　徐振清　王永峰　王建波　孙本昊　宁喜亮
刘冬梅　肖 魁　周 军　王淑梅　范 伟　马高峰　王泽源　范树华　路建华
蒋碧聪　范明明　李淑红　李尚伟　刘 浩

空间信息技术及工程应用

李圆圆　吴 超

桥梁与隧道工程

杜俊涛　田 甜　潘 哲　张小龙　张明杰　单景翼　姜荣斌　卢兰刚　葛旭阳
陈 拄　周可群　蔚志鹏　张威威　祁伟超　应旭永　吴 阳　张 羽　唐学庆

市政工程

李 刚　邱隆亮　李海祥　陈丽媛

水工结构工程

闫 喜　宋宜祥　王玉赞　王 峰　刘京茂　申耀国　聂章博　郑小琼　王振兴
李雪雷　许诏君　龚 健　骆 巍　王阿敏　马 艳　耿 敬　王娜丽　宋 常
李 锋　张 宇　孙文召　张 琳　熊 健　陶警圆

水力学及河流动力学

赵丹禄　汤 慧　裴少锋

水利工程

邵忠安　白 波　熊文文　张玉彬　潘祎男　王力磊　毕春伟　魏晓晓　卢云香
赵东森　李龙祥

水利水电工程

贾 晗　张小云　谷 宁　江礼为　张大鹏　郭佳乐　谭杰骥　毕明君　刘东升
程汉昆

水文学及水资源

陈 超　王海霞　王书芳　张小丽　薛志春　张艳娟　赵凯华　彭安帮　王 猛
胡朝阳　杨 扬　谢伟魏　汪天祥　丁 伟　孙新国　刘本希　燕敏飞　郭燕波
蔡文君

土木工程管理

周文中　侯寒冰　尹 良　陈婷婷　张 丹　孙凌云　梁健娟　李 倩　刘 绘
庄玉石　时晓伟　于丹丹　陈 敏　窦玉丹　双 晴　周 梦　程 坤　邓 郊
江小帆　王德田　王丽娜

岩土工程

刘 鹏　葛进生　王子宾　余鹏程　马亚丽　杨林青　王 振　徐海洋　张林林
张西文　罗七妹　张 兴　马 华　刘元俊　徐 博　曾虹静

2010 级

材料学

韩 瑜 房 明 张 聪 董晶亮 朱福帅 燕 芳 郭志强 韩立东 吕兴军

道路与铁道工程

唐积民 王 峻 王建坤 孙依人 时正武 徐 静

防灾减灾工程及防护工程

杨新涛 郝二通 刘常亮 柴 健 孙彦彦 周 翠 孙 彤 赵 莉 李嘉祥
吴文婧 鲁丽雪 雷晋芳 郑 楠 汪 旭 刘 哲 徐 晓 秦文萍 殷广庆
贺庆云 王丽娜 崔砚军 张伟莉 姜 涛 赵欠南 元军会 孟宪宗 刘金栓
刘刚刚 李亚楠 梁亚斌 刘辰宇 宫 鹏 杨 奕 巴 勤

港口、海岸及近海工程

韩智臣 雷欣欣 赵国正 冯 丽 孙书南 蒋 敏 宋长智 许松乔 韩永雷
秦 辉 孙文博 胡建波 田茂金 朴 正 尹继伟 苟大荀 孙忠顺 温鸿杰
王靖鑫 范从军 李巧生 师艳景 刘延星 郭晓玲 史瑞粉 秦绪祥 卓晓玲
杨甜丽 张志波 周 庆 王留洋 杨 帅 杨宗宇 林黎阳 李鹏飞 胡 涛
龚 煌 蔡 波 张 乐 陈新佳 方金灿 陈 星 李丕安 杨 璨 刘小华
黄 璐 白玉红 金瑞佳 张颖超 刘殿勇 陈 强 杨 萍 韩雅琼 犹 爽
宫治军

工程力学

廖景胜

供热、供燃气、通风及空调工程

于海洋 赵 丹 王 闯 陈 俊 王 凤 杨燕燕 林 琦 叶晓莉 马桂飞
尚道东 李 敏 袁自远 夏南琪 杨 爽 周季夫 赵 越 房天宇 陶 飞

建筑与土木工程

时 军 吴 波 马万龙 唐胜平 曹开胜 孙东玉 方后春 刘云云 王 磊
曲志强 杨仕宽 郭洪宇 李海涛 金海峰 鲁 伟 刘 歆 刘成阁 赵亘恒
徐 从 祖 丰 刘聚磊 周 童 李 翔 江 涛

交通系统工程

鞠金霞 张 强

交通运输规划与管理

谭伟丽 董海洋 吴家伟 闫祯祯 郭兰兰 王 彪 马春飞

结构工程

董苏然 张耀烨 刘耀龙 王定乾 黄 慧 董 海 魏晓锋 杨 雪 马国梁
孙义友 姜宝龙 周慧芳 冯 卓 于忠翰 何龙军 秦 全 张 翔 张旭东
阮平平 陈 磊 张 建 葛荣斌 王 相 张 文 雷 兵 程 伟 姜鹏宾
尹 翠 张继涛 张昊强 麻 晔 陈志裴 王铁东 朱晓瑜 韩知伯 马思明
高会晓 彭 利 杨礼东 李冬晗 朱恺宁 刘明明 曹 凯 胡晓威 甘楠楠
王金金 辛立娟 曹怀超 陈 渊 韩晓雨 丛君义

信息技术及工程应用

刘兆民 郭 庆 王智超

桥梁与隧道工程

王新山 王 斌 王世界 应曙辉 钟 慧 马志芳 陈良田 明 月 禹长永
陈 征 许 琳 胡 超 王 宏 冯琳琳 周跃方 李文江 尚 晋 涂莹莹
左广超

市政工程

张江涛 杨 铁 谭 超 高应振

水工结构工程

梅泽宇 杨依民 高鹏飞 杨 洁 樊国刚 于建楠 丁 涛 龚 松 杨 利
纪林强 明小燕 刘 景 张 凯 王 峰 吕少兰 胡 宏 余 翔 付 猛
徐建峰 屈 迪 刘美令 孙文杰 赵海培

水力学及河流动力学

班胭驷 张 川 陈海鑫 张 格 董玉莲

水利工程

何关洪 吴 迪 许铭洋 郝忠毅 伍志斌 罗 彬 任鑫龙 沈 静

水利水电工程

聂彦春 王 龙 陈丽俊 刁玉红 相昆山 王粉玲 李 益

水文学及水资源

郭 爽 王晓鹏 柳 俊 卢 迪 姜 欣 王甜甜 赵 倩 王 萍 王萍萍
吕俊卿 齐 伟 余 豪 马玉军 王昱倩 李善综 朱 林 严 桥 张皓天
方 晶 刘 莎

土木工程管理

刘辰龙 王 妍 周方明 刘释阳 张 健 夏 雨 李会联 刘晓霞 郝雪莹
邢燕婷 罗玉轩 牟 浩 罗春贺 郭 雯 王 君 程 莉 朱 倩 张 贺
郎 坤 华 夏 张海燕 谢珍珍 杨 扬 霍 平 耿俊峰 陈 广

岩土工程

张 磊 王 岩 孙亚军 廖志毅 赵守正 李振庆 高军程 陈志超 胡兆龙
贾敬辉 马哲超 管毓辉 王冉冉 袁 满 李东晨 刘文化

2011 级

材料学

卢洪正 刘 莎 马海楠 张 源 李 妍 李 勇 侯文博

道路与铁道工程

杨文哲 邢晓莹 白 龙 张景君 盛 立 赵 勇 刘 慧

防灾减灾工程及防护工程

武 扬 侯 洁 陈文茹 李 轩 赵士强 仝宗良 占 超 刘明洲 刘金凤
姚传国 张敬花 岳红原 丁 阳 张鹏冲 董华行 黄坤朋 杜晓东 董志骞
王 奇 曲 原 夏春旭 林 森 王 舒 孙奉劼

港口、海岸及近海工程

郭　乐　宋子路　李洪义　曾启东　陶　涛　李木子　黄　宁　王　聪　谭　雷
赵泓任　左天立　宋　悦　鲁友鹏　李　闯　潘春昌　孙　丽　杨　斌　张杰峰
余　涛　邓　蔷　高　哲　郝菲菲　孟范兵　黄一凡　王桂波　万志男　孙　惠
王开放　吕义港　李新文　白晓东　张　哲　殷学成　程　鹏　赵　蒙　尹洪强
邢　飞　马瑀泽　贾　伟　王秉昌　杨　彪　葛晓丹　杜鹏程　刘玉龙　冯　超
章　康　刘国良　王笛清　林红星　石　进　孙见锋　王云闯　夏维达

供热、供燃气、通风及空调工程

代武贺　刘　颖　徐长全　赵振宇　刘　森　李秀梅　许　可　李　超　任志勇
刘中杰　吴　婷　杜广文　周鸿彪　李晓晨　沈润霖

建筑与土木工程

姜海川　刘福佳　杨博尧　张宏盛　李　倩　冯　琪　邵　楠　单明志　杨　阳
沈　月　朱博闻　何剑平　曾梦涵　马　雨　李智明　于秀雪　陈久鑫　李胜男
连飞飞　丛斌龙　张　岩　毓添婧　李　馨　季永明　刘　颖　付　兴　刘　衡
赵　强　丛海洋　罗亿柳　扶　桑　林宇栋　肖　骋

交通运输规划与管理

唐春艳　王　凡　付在峰　姜　耀　彭　程　张　蒙　崔梦莹　刘慧元　耿现彩
孙冰融　Diop El Bachir

结构工程

蔡保佩　滕丽荣　陈　旭　崔　焱　刘玉雷　王　莹　王大东　李幸钰　周　翠
夏梦颖　耿纪川　常　壮　刘芸芸　曹　然　张成鹏　孙　阔　董惠文　王　强
冉江华　赵　娜　鲍玖文　李　昊　鲍烜平　张利花　缪　俊　陈　灿　王　军
尹相振　李　璐　郑　林　王传伟　田　波　田　亮　牛　芸　庞树涛　王庆康
陈　婷　张宏民　宗刘良　程华伟　董肖松　韩瑞聪　蔡振兴　陈　强　蔡　竞
焦　彤　王功琰　朱　胜　危行财　张俊卫　汤　姗　高　文　周翔子　赵广军
杨　利　郁　胜　徐凤娇　栾　兰　文　竹　刘文丽　张智成　莫卓凯　李　俊
程　海　刘　津　王　幻　张倩雯　于　萍

信息技术及工程应用

黄　鹏

桥梁与隧道工程

吕　哲　殷洪建　赵子鹏　于德安　郭　政　孙　林　张志新　朱爱东　汪荣绣
解　磊　刘　康　赵海亮　赵大永　王　超　毛　健　张　琳

市政工程

许　斌　姜春羽　王维营　时红玉　张锴生

水工结构工程

王文华　杨春雨　李　娜　张　洋　卢国帅　吕小龙　王继东　赵　波　杨青坡
吴　凡　周　琪　张冬冬　魏开涛　田建龙　单其宽　王佩珏　蒋新新　秦　帆
崔冰雪　张树茂

水力学及河流动力学

李浩田 杜凌云 丁伟业 吴 辉 周 乐

水利工程

王鹤霏 王 哲 许 贺 王 健 沈 炜 刘镡璞 陈 飞 魏 欣 王 鹏
李 越 于德双

水利水电工程

杨 光 王 萧 张 鹏 苏奕康 朱 贺 刘莹骏

水文学及水资源

赵燕霞 油芳芳 刘 瑀 张澎辉 惠祥明 吴慧军 魏子钧 何 勇 张 情
周如瑞 王 栋 李 想 金 玲 刘 璐 胡春娟 杨金桥 金思凡 张 锐
张 蓉 任 财 徐 莹 张祎茗

土木工程管理

肖春颖 康大伟 孙丽梅 李 玲 刘 超 黄艳香 王 静 孔雯雯 张亚妮
梁海俊 刘 畅 韩一宁 高 杰 吴佳琳 张绍伶 寇冰清 杨海猛 费 鹍
王金献 郭青澍 杨育昕 王 冬

岩土工程

刘大伟 孙柏涛 邓海峰 王海礁 刘 博 张 宇 吕海洋 肖东坤 史绪鑫
刘少华 刘 倩 武 娜 于超云 张文东 万 勇 董益峰 王剑峰 马 玲

2012 级

材料学

房延凤 张立卿 刘 帅 孔靖勋 黄 河 张会霞 张国卫 彭传玉

道路与铁道工程

于泽民 徐建国 白云峰 袁 强 曹丹丹 曾维樵 时彦宁 李时雨 沙 吉
Enkhbayar Ganbaatar

防灾减灾工程及防护工程

李敬松 杨福剑 宋平平 崔晓蕾 赵 楠 袁 婕 张 锋 窦思齐 乔倩倩
袁永强 秦垒磊 苑晨阳 卢鹏洁 赵 翀 王丙申 宋 彪 韩文海 陈白斌

港口、海岸及近海工程

傅 涛 刘 博 郑杨龙 李明广 田 鑫 杨吉庆 程力壮 王东静 陈传奇
王浩然 程文婉 李 明 王 烨 方亚冰 王晓鹏 李晨光 苏晓杰 王鹏飞
董 航 曹 帅 罗年鹏 朱小伟 尚玉超 陈培波 王 磊 谢梦臻 杨建业
苏方磊 杨 云 刘崇期 张美林 李 强 赵沛泓 李文博 刘春泽 黄宇鹏
魏 冰 李 澍 蒋欣昀 史奔骏 刘 思 杨 鑫 于海洋 王 更 刘 庄
王 辉 胡星星 武昕竹 望 灿 李高阳 单恒年 陈家悦 章 旭 苟 刚
徐志林

工程管理

韩 煦

供热、供燃气、通风及空调工程

梁　川　杨艳霞　刘美杉　吕燕捷　刘靓侃　梅　雄　殷　骏　袁鹏丽　邵妮娜
马鹏真　刘彦青　付　朋　徐　策　刘亚成

建筑与土木工程

杨　易　韩旭亮　裴春雨　周　璇　付柏淋　马国华　甘　露　宋　伟　王　凯
王文斌　李　冰　封　洋　莫德秀　王飞帆　吕葆楠　倪远宝　于洪壮　顾　瑜
白　龙　曲笑生　杨一凡　王宏彬　吴　振　宫世梁　王兴义　邹红杰　徐一超
何　杰　王海超　胡意涛　李冬杰　龚　斌　樊新颖

交通信息工程及控制

何　龙

交通运输规划与管理

白丹丹　张莹莹　池志宇　刘美妮　刘源东　陈　晋　丁　靖　杨　建　俞　博
张　硕　潘晓锋　邬　娜　迈瑟卡　托　尼　杰奎琳　拉斐尔　帕　尼　史蒂芬妮

结构工程

李璐希　张　磊　王枫智　李　勇　郭　星　冯海月　路　晨　江力财　王丽伟
王　召　陈　智　江培情　舒　宇　王　俊　赵同阳　王亚勋　张善良　曹明敏
张延泰　李　猛　张所东　丁　通　林法兴　孟　笑　陆　超　段小亮　刘连鹏
李　鹏　黄业胜　梅莉莉　张　立　秦　海　陈仁进　张玑璐　周荣论　朵润民
逯云芳　阳超成　陈炫维　王　衡　代娇荣　朱振宇　王滋元　胡玉龙　魏　鹏
郭　翔　梁永梅　成　虎　战逸琳　申　宇　程宝威　姬仁楠　冯全明　赵素梅
赵汝男　洪　波　康谨之　孟春媛　王　策　上官祎瑾　李永科　龙　天
丰琳琅　沙　明　索　菲

信息技术及工程应用

李晓婉

桥梁与隧道工程

周世轩　李　炼　冯广琦　马兴亮　唐志强　李　恬　周　晶　王思涛　李慧欣
刘长旭　刘桂良

市政工程

尚冉冉

水工结构工程

韩少玄　孙东媛　赵　亮　薛冰寒　房恩泽　吕晓莹　杨思雨　刘晓蓬　张　辉
邹　浩　鲁礼慧　张雪琪　李云清　王　琪　李士杰　暴艳利　朱　昆　杨小龙

水力学及河流动力学

李　娜　王衍超　李　晔　高东红　高梦露

水利工程

梁道广　李博名　张　瑞　苏允龙　张　洋　刘　宁　邓松涛　马明超　张　荣
马　越　孙凯莲　于潇一　赵　卜　刘玉帅

水利水电工程

王红伟　霍学平　张家祯　白少国　岳晨雨　苗树敏　兰　钦　印术宇　王明辉
牛文静　曹　璐　过团挺

水文学及水资源

葛于晋　张佳宾　张　琦　王念念　刘冬梅　冷祥阳　张　云　杨甜甜　刘　康
宋　影　刘　娜　李莹芹　樊进娟　王运涛　郭文召　李亚琳　张慧哲　魏国振
孙　亚　胡素端　陈金龙

土木工程管理

李丽娜　高　颖　刘雨卉　付　超　刘世青　申　思　黄梦莹　杜子超　刘　燕
吕　航　杨铁梁　李晓丹　代云云　万　亿　阿里德　李如男

岩土工程

刘晓东　白象元　宋　莉　陶言祺　郝佳伟　高振秋　李吴刚　孙剑秋　商立凯
李聪聪　韩小凯　邢　猛　张丽娟　付培帅　李志超　李志阳　张彦君　郑丽娜
刘　凯　周思超　李　宇　庄端阳　薛志佳　吕　阳

2013 级

材料学

刘　岩　余　鑫　许　玲　杜延男　李建民　丁思齐　朱苏峰　韩晓倩

道路与铁道工程

姜　臻　白芳舒　刘　博　刘少华　余耀威　李　锟　陈培松　Bayarmaa Bold

防灾减灾工程及防护工程

焦伟玲　宋建希　李晓海　张春潮　刘学敏　滕晓威　吴晓龙　王雪婷　刘国阳
程　祥　张继伟　李景双　王录录　张耀文　倪培华　万　会　林　楠　张晓威
汪　纤　李明鑫　韩进财　朱　梁　王朝辉　王　朋　李佳龙　李志远　李柔含
靳永强

港口、海岸及近海工程

行天强　贾　勇　郑　玮　郭晓梦　张红彪　谭　欣　徐唯强　李坤鹏　周　政
陈　帆　赵钦阳　姜　宏　常艳玲　李庆昕　徐国梁　唐玉元　王庆凯　李朋飞
陈　戈　冯延奇　吕疆川　李　博　丁泽祥　曹光磊　潘文博　赵理工　刘翰卿
陈　诚　张昊宸　杨茂盛　吴　岩　许世真　赵金秋　张哲瀚　崔坤明　于海鹏
焦子峰　张　腾　张　威　孟祥宇　黄英丽　王荣泉　谢　璇　李　洋　王　允
田永进　周卓炜　宋智杰　程　伟　李　超　连军岭　高云鹏　张　冉　乔菲菲
陈中亚　范文华　张娇凤　庄雨农　邹志年　金　飞　娄　迪　田晓焕　刘星池
张简凡　方泽兴　刘俊舒

工程管理

张　禄　王瑶瑶　包昀培　何雨薇　李　芊　张　宁　刘丽霞　蒋志恒　高　盼
罗安磊　Samson Megersa Syum　Misrak Abinet Terefe

工程力学

祝　双

供热、供燃气、通风及空调工程

王婷裕　龙有为　任雨婷　黄　冬　刘　超　史　晶　周　敏　罗　云　赵　昕
魏　芸　陈　宇　郝文刚

建筑与土木工程

杜晓伟　张鹏斌　贾旭阳　吴蕴泽　刘鹏飞　田　宇　董浩然　董媛媛　门　旭
罗　磊　王可佳　隋　翊　杨　辉　孙　喆　李亚丽　吴　缇　鞠忠伟　陈正弟
武　朔　程鸿伟　董其明　李鑫鑫　李争华　杨　龙　张崇凤　李　浩　周　方
孙广烨　胡　强　李亚仙　史　嫄　井　潇　张家男　张　绩　韩　壮　郑涓旎
李　博　周　超　孙　斌　王廷伟　邹　波　侯永为　王利兴　李智泉　王　云
杨婷婷　夏　进　殷小非　孙会杰　李　俊　王平光　牛建伟　张剑雯　王立岩
王林杰　张积昱　李牧羽　王世奇　殷秀水　李治政　李万润　马　驰　谷守宇
郝　然　毕　佳　钟　颖　王　帅

交通信息工程及控制

赵　骥　吕伟杰　李庆吉　陈梦璐　王　涛　张　凯　唐小军　王筱雨　庞　洁
于晓东　张　琪　高玉龙　王东磊　Tran Van Duy　Zhansaya Yeshniyazova
Nguyen Van Duc　Sadaf Milani

结构工程

姚小俊　金茂鑫　宋贺月　王　鑫　秦　涵　刘　跃　李　彬　袁东伟　朱　作
张　楠　徐健程　张俊林　王晓峰　张雨剑　孙墨林　牛敬涵　姚因杰　李龙龙
周卫杰　束忠文　王真真　罗　昊　陈华伟　刘鸿辰　许青青　程宝娟　杨嫚嫚
刘　昊　何艾容　孙良君　任县伟　宋冬瑞　杨建栋　郝孝伟　王振吉　胡嘉良
曹　静　王　倩　王　诏　丁晓宇　付少俊　张松平　安　宁　何彦君　徐菁菁
董立恒　李江渭　马开臣　王　峥　高锡鹏　林世伟　金盟道　郑合营　郭启金
王璀璀　杨志泉　丁言兵　温凯方　Minahna Mohamed Abdellahi

桥梁与隧道工程

李泽涛　夏剑光　范海东　黄　宜　李体翰　王俊彦　郭翔宇　袁良东　张明杰
刘诗文

市政工程

Nzaramba Eric

水工结构工程

吕风英　左晶晶　韩聪聪　李兴宇　宁凡伟　董博文　牛　翔　刘大康　娄诣科
牟　昊　张新全　刘小平　李明治　孙　迅　杨　培　周雄雄　魏国利　季晓檬
贾启彬

水力学及河流动力学

王　昊　杨吉凯　赵仕霖　唐聪聪

水利工程

刘　皓　苑斋明　袁　玥　张　岩　石慧新　耿　琎　杨小锋　韩亚男　薛海林
张晓楠　李志龙　宋　君　田苗苗　石　燚　狄源硕　马　亮　徐　博　杨明雨
梁子宁　陈曼曼　于　露　黄晓康　王颂翔　张　逍　刘慧亮　赵　辉　郑宏鸿

水利水电工程

张 豪 王 伟 王明霞 秦净净 涂 祥 吴 娴 刘晨曦 严凌志 彭俊凡
高力奇 张跃驰

水文学及水资源

史亚军 王聪珲 孙永军 苏广宇 于浩健雄 宋天宇 潘晓健 张志林
苏万敏 宋晓娟 李 芬 李志福 刘桢义 郭克伦 史文杰 寇丽敏
王 洪 蒲红杰 宋文涛 王旭旭 黄 朔 董占飞 张 露 周彬彬
谢晓倩

土木工程管理

张兆翔 柏瑞马

岩土工程

黄 鑫 李 旺 王寒阳 王 婷 吴宪锴 韩 杰 张 恒 牛景琳 程 旷
邢亚子 钟波波 王 龙 刘 敏 范 宁 李 涛 李天娇 史艳婷 任玉宾

2014 级

材料学

梁晓敏 王 祝 张洋洋 姜瑞双 刘晓晴 盛智博 刘雪峰

道路与铁道工程

张 栓 付国志 李 楗 卢佳乐 车天凯 比力格

防灾减灾工程及防护工程

王忠阳 赵旭阳 李璐璐 程若桐 王银坤 孔芳芳 邱大鹏 渠亚卿 任文静
王 凯 鲍石榴 刘明明 迟 恒 张 宇 李帅帅 贺 帅 田 振 朱茂林
李坤玥 生光辉 贺文洲 王 涛 甘 石

港口、海岸及近海工程

魏建宇 徐文彪 何栋彬 尚志辉 王传凯 于 含 唐鸣夫 王冠男 马翔宇
尚尔进 杜 军 崔维康 李亚斌 刘宏霄 刘春阳 宋志伟 张 贺 霍浩然
杨 啸 张涌昊 王 雪 王志斌 赵一帆 侯坤超 杨志勇 唐军军 铁 文
蔡 丽 陈墨翟 任志浩 徐星璐 王宇婷 李令闯 李文杰 王建康 宋永波
邢小伟 贾 晗 张新未 蒋 为 陈章楷 刘成果 唐 蔚 李 霆 严 松
郝 建 苏文亮 赵佳慧 关 明 胡书义 朱干城 曹迪凡 曹晓卫 付 晓
王 哲 王玲文 廖 鹏 肖 赞 都倩南

工程管理

党建军 岳希坚 周 勇 何 祥 韩 叙 赵秀秀 邢 畅 周 涵 武 静
李英华 张雪娜

供热、供燃气、通风及空调工程

朱元彬 李国辉 党伟康 王天旭 徐 飞 朱 悦 朱宏耀 徐 萌 张天娇
魏山山 谢 然

建筑与土木工程

于贵书 安佳媛 韩 煦 王春阳 包 卓 黄平冬 江元浩 姜 锋 刘安琪
刘华圣 宁美玲 赵梦茜 舒煜航 刘 庆 彭 鹏 杨 峰 张 磊 郑 斌

高玉婷　李慧泽　都方竹　韩凤华　黎　明　张毅鹏　张勇超　张晨宇　李永鑫
洪　宇　李洁峰　王　亮　李生元　程银亮　杜佳星　贾及汉　彭康林　王博实
张人山　张思思　范成明　田博全　张　晴　陈家烨　林　浩　林玉柱　苏　丽
方　珂　王　虹　王文涛　王家涵　田　野　王　超　王胜男　邢　星　曾　强
李洪艳　赵　洋　王晓乐　仝　仓　王　娜　常一鹤　王晓骋　陈润生　江　文
刘兆广　田　军　李志文　王静茹　董　卓　张占彪　燕红亮　陈　岩　陈文通
张子豪　康鹏程　郭鹏飞　刘　哲　聂佳琪　郑　乐　黄　强　张元波　唐晟昊
张　舰　王　旋

交通信息工程及控制

张晓彤　高霜霜

交通运输规划与管理

孙　叶　王全志　张　稳　林子敬　王江波　兰凤民

结构工程

胡乔元　王福禄　邵俊波　李金珂　马丰博　常瑞娟　周宇正　唐旭超　谢　萌
孙丞江　王　卿　刘　嘉　裴雪扬　万广泽　王东来　王黎明　王思莹　韩　鑫
景天雨　牛牧春　李　冬　程　晔　丁　荔　马腾龙　刘　杨　姚雪峰　钟　越
孙　鹏　胡　强　代前前　侯天宇　李奕慧　李映雪　刘　浩　刘建伟　王乃帮
宁婷婷　郭少鹏　杨赛利　张鑫旺　杨碧成　苏利刚　王晨阳　马新月　崔　鹏
李　征　杨　冬　房文琪　张作才　黄翔宇　江海鑫　刘　浩　陶金聚　冯　叶
衡　震　宋泽林　马佰钰　吴英伯　谷明洋　卜法拉　加　德

桥梁与隧道工程

李兴宇　陈　岩　王玉鹏　张丽娜　张杨生　邵思瑶　赵牧舟　刘　潜　高　昊
姜　鲁

市政工程

鲍威霆

水工结构工程

张　博　李强贵　傅兴安　谭鹏涛　顾太欧　屈永倩　曹　阳　银佳男　李云龙
王腾云　钟　胜　戴鹏泉　刘　佳　彭兴楠　武慧生　朱发勇　王琳琳　牛智勇
梅润雨　田继荣　孔建伟　周　磊

水力学及河流动力学

唐　帅　林金波　余江顺　翟保林　刘　潘

水利工程

王　琦　宋泽宇　刘德高　薛武山　颜秋菊　周　炎　凌金龙　白盈盈　楚洪涛
余慧娟　刘　静　王培政　何胜杰　田　爽　宋　健　沈玉超　张凌晨　王璐宁
徐嘉忆　苑　鑫　刘宇明　宋国栋　姚亦周　杨　明　曹　凯　王　媛　郭锋远
王凌枫　赵志峰　苏承国　滕云飞　康　秀　李瀚轩　董　浩　杜木子

水利水电工程

郑秀梅　邵相伟　管莉莉　卫洋波　王佳旗　赵志鹏　苏俊男　吴梦龙

水文学及水资源

孙立飞 陈晓贤 韩 悦 王 丹 韩 广 王海阳 范艳萍 王 喆 温雪营
田瑞雪 孙倩莹 王沛霖 祝许珂 陈见长 高志强 梁满营 王方方 王 静
秦国帅 周 强 王清正 崔欢欢 高卫国 刘 硕 孙 宇 张太衡 李运杰
于旭光

岩土工程

刘 顺 吴泉澳 牛贯非 席一凡 滕金利 杜 涛 王春乐 郭 芳 莫颜保
吴 昊 吴 南 鲁 双 于亚洲 吴 野 田洪圆 张慧慧

2015 级

交通信息工程及控制

戴 尼 马瑞娜

材料学

孙延杰 何子明 赵森林 崔 霞 张 妍 张振兴 赵汝英 韩林阳 孙丹丹

道路与铁道工程

孙倩倩 张苗苗 刘也嘉 陈细杰 李亚龙 刘逍遥

防灾减灾工程及防护工程

赵鹏辉 邢文强 李 洁 杨建勇 赵东旭 陈博智 吴育炎 张 浩 张榕恬
李庆洲 张景威 陈冬冬 谭梦溪 冯唐政 余丽玲 唐亚超 王 立

港口、海岸及近海工程

莫 莎 周 宇 何盼盼 贾 绩 祖永恒 吕梦华 李庆远 袁长富 赵宇迪
李实博 张先云 程瑞旭 程书凤 谭粮田 刘 威 王若愚 索云飞 吴 雪
徐梓峻 王金磊 张荣麟 武华鑫 翟彦勋 张 鹏 魏群易 王亚香 李晓磊
习慧丽 李宗伟 张 健 于 淼 高 敏 徐园园 张 向 丛润泽 冯司宇
龚艺川 黄 金 李卫卫 李照宇 梁 辰 牛旭阳 唐 洁 王 键 王兆传
许 佳 赵 扩 郑天奇 邹建强 蔡 郁 王盛华 张 益 薛 原 刘宏伟
马建兴 时 莹 薛天寒 周忠兵 付睿丽 王智海 张 岩

工程管理

白正宗 陈思宇 吴 峥 郑巧珍 杨 杰 钱瑞盈 刘少飞

供热、供燃气、通风及空调工程

张志远 石何飞 张秋晨 周安平 李 威 邓荀嘉 李若楠 李 杰 徐友扣
王海峰 牛黎明 苏 州 王 哲 甄先子 陈建泉

建筑与土木工程

乔盼盼 孙 畅 刘文波 肖 鸿 刘丰宁 菅淑敏 佘 吉 毛雅倩 张 聪
邴 鹏 苏红果 孙发兵 王 帅 韩少楠 成昊坤 姜 珊 胡光耀 曾 晨
崔文佳 王天博 徐以恒 朱禹熹 张 璐 孔丙飞 郭晓东 李传星 张雨勤
张 轩 郭 妍 王 犇 付昕佳 农少校 赵逸宁 孔皓达 李代卓 刘洪飞
许 文 王昕培 施清泉 韩 阳 岳小筌 郝陶礼 赫飞宇 吕昌明 刘静雪
郭 达 赵安琪 吕涟漪 王 岩 王群鹤 刘慧敏 鲁 睿 王 硕 王佳明
王欣怡 吕 琳 韩 冰 张骁健 秦 峰 姜瑶光 李冰楠 杨潍宁 张 黎

陈　焱　吴海超　张　敏　谢抒霖　唐　军　孙　凯　葛　楚　高　阳　纪官运
葛　燚　江　航　董自修　李传波　刘孟许　张　义　何亚洲　何雨佳　李林华
唐　双　袁文岩　宋培林　王雪莹　许　超　王　续　刘　鑫　葛浩军

交通信息工程及控制

章　琨　毋佳玉

交通运输工程

王　坤　王佳雨　朱翔希　查　坤　郑启明

交通运输规划与管理

张术琳　高　新　罗欢欢　许向辉　曹丽欢　崔枭翔

结构工程

刘振杰　高向东　宫国朋　吴禹希　谢东赤　郑晶晶　耿海东　周佳玉　成　璐
靳海芬　周润芳　刘　阳　马民华　施永安　吴炳楠　谢昊威　叶　浩　吴　迪
常　泽　彭　姚　张红涛　杨小梅　许欣娜　鹿　荡　张海宾　成丽娟　高全青
李　倩　管德龙　井自豪　高晓玉　张珈碧　张　洛　聂　翔　张梓琦　周建谱
彭　灿　顾　红　刘　青　马　跃　唐英健　吴　乔　张　晋　张　阳　朱方芳
宋全宝　刘亚明　魏子韬　汪　佳　郑绪涛　勾国勇　谢　鹏　刘　博　胡新元
张　帆　王佳钰　贾诗颖　郝晓卫　张啸天　邱德金　郭敬华　李紫益　太永伟
白鲁帅

桥梁与隧道工程

田凯论　王　麒　曾冬雷　陈　龙　马召宇　王建辉　弓佩箭　管如意　张　岩
初存杰　李兆凡

水工结构工程

张桂彬　马悦源　徐　征　刘仁强　钱　坤　付国涛　谢锡滨　李　铎　方通通
侯禹君　刘　锁　彭增利　李广州　韩建华　韩忠龙　李玉倩　姚世恩　曹翔宇
叶文斌　赵绍宇　窦玉喆　马振洲　谢宜静　张泽宇

水力学及河流动力学

张鸿煜　刘洁洁　董建武　于洋　申赵勇

水利工程

汪　响　李　晶　朱　祎　李玉登　张　晖　刘叶双　侯先明　何　潇　祖正帅
李东辉　张东锋　杨　爽　祝赛华　周孟然　刘宇辉　王志超　唐泽明　徐海炜
王圣腾　卞文杰　石少宝　郑　琦　王秀增　王同欣　陶　勇　邓　琦　刘志宽
康占宾　闫利辉　周恩蓬　李　凡　丁　哲　姚　程　胡彧元　高彦琛　彭　姗
高　杉　孟天翔　宋嘉昕　张丹阳　杨宇飞　杨苗苗　郭　慧

水利水电工程

屈海涛　冉昱呈　燕志宇　芒　来　陈妤玚　李　昕　周　超　王佳妍

水文学及水资源

疏杏胜　卢　佳　赵　双　董亚迪　张　灿　孙维民　闫旭辉　匡　鹏　赵兴阳
李慧杰　孔　旭　张　倩　卜思瑶　王　璐　杨晓欢　张秀飞　邓嘉辉　张　琛
应其霖　黄　泽　张　朝　李一冰　冯娇娇

岩土工程

董 岩 赵明辉 宋晓龙 崔 鑫 罗 江 李 霞 郎颖娴 张 鑫 延新杰
运 星 张则扬 朱 彬 霍沿东 朱兴运 乔宇来

2016 级

材料学

邢云青 何运轩 翟界秀 熊 苍 司 雯

道路与铁道工程

杨 雪 曾俊惟 朱晓旭 王玄同 栗煜东

防灾减灾工程及防护工程

常 雪 王星亮 张蕾蕾 郭 宇 米晓飞 柳英洲 杜玉涛 王科荐 张 艺
艾伟光 邓煜涵 高 欣 秦礼君 周禹辛 李子豪 王肖飞 王晓晓 褚浩然
杨子义 闫一彬 龚 瑾

港口、海岸及近海工程

庄 峰 苗 丰 李秋辰 郭 新 郑子健 张可心 朱 莹 郑泽宇 曾繁旭
王 硕 朱俊杰 王亦恒 邹树文 段志男 钱弈心 张 震 张天昊 修富义
范玉平 邱诗惠 王 非 杨淩雁 张庆民 刘晓良 卢志明 杭 滔 李 伟
常承书 王倚彤 修苑人 张亚荣 葛 聪 张 翔 王小蓉 张耀泽 曹安琪
刁 震 李 翔 梁 辉 林子淳 刘佳旺 毛艳军 乔云涵 孙玉博 王 宏
薛庆仁 杨 健 于 洋 詹旭奇 张 勇 李 达 母宝颖 石 青 台 兵
张千千 邓格斐 苏 朋 毛 青 庞 丹 席苛梦 王菲菲 孔丹雅 孙熊雄
王 超 郑振钧

工程管理

王奉金 王 娜 赵 菲 曹天卓 苑贺辉 陆家林 陈筱竹 袁梦琪 滕培胜
小王子

供热、供燃气、通风及空调工程

唐新鑫 邢 天 殷晓丽 潘强广 孙星维 贾志洋 王志盟 陈顺之 胡沛裕
孙美玲 周文倩 李发成 王世博 燕慧宇 米琪莉

建筑与土木工程

刘佳琦 徐诗婷 尹 吉 姜 珊 杨振伟 李祎邈 黄佳健 王 涛 张 威
李 泾 王学伍 谭 康 刘玉昌 许艺颖 周双龙 谢常领 陶国荣 刘安康
陈 硕 朵永玉 张恒与 蔡 晋 王 琪 向博伦 焦潞阳 许 欣 陈佳雷
王 刚 王梦赛 王金鑫 丁英俊 高 冲 王佳琪 周佳贞 石 芮 王 政
侯俊豪 杜彦成 鲁 文 苏 醒 姚源彬 李萌萌 李天惠 栾 悦 曲俊龙
汪 鑫 徐越彤 赵晓伟 王宇轩 邵正建 戈 旭 范朋丹 张力夫 杜祥伟
郭晓超 李佳泽 茅 宁 金浩亮 廖美仙 张仁饴 杨 烨 康泽华 赵苑淞
李林泽 刘 强 刁文博 王 元 李光磊 杜永嘉 于 梦 于春阳 尹书禹
陈 璨 祁 瑛 孙兴伟 韦文成 彭海滢 王晓鹤 裴礼栋 段 迪 余小强
祖 超 孙 博 李晓君 沙 爽 刘 煜 王洪志 王文广 黄晨阳 王启林
董冠一 宋深圳 廖文生 白志娟 李坤罡 唐 铭 霍志涛 杜中岳 刘哲毅
涂可瑜 冯嘉琪 刘少华 霍峰磊

交通信息工程及控制

刘　栋　郑刘杰　李茜瑶

交通运输工程

宋　硕　咸　达　孟庆坤　田　文　杨　畔　徐佳欢　林静言

交通运输规划与管理

邹延权　刘　超　侯　琳　张文松　伊凡拉　柯维奇　皇　海　达　莉　李　德

结构工程

王　镇　张豫皖　刘　辉　刘　鹏　王晶秋　代向阳　姬　序　李　欢　武少赟
丁　宁　陈宇彤　李　浩　刘　畅　米　成　聂文建　刘洪滔　张天昊　张　煊
董　璐　刘　鑫　马　苗　任智楠　师　璁　孙闻禹　辛明奇　翟子杰　张　薇
郑乔锋　阮燕锋　刘婉莹　王永帅　章晓炜　刘　恪　杨俊龙　孟宪章　张　璇
林青坤　魏　达　张　硕　周海超　王嘉健　常　歌　何　锴　李　佳　魏光阳
姚雪佳　贾海博　荆传奎　陈贵鹏　柯善杰　李金鑫　王鹏飞　张　坤　王祖能
李梦玥　王中正　邹　铮　周重阳　王四杰　时国明　黄碧莹　史婷伟　唐燕伟
王树钧　张立晓　张祎男　赵晓瑜　杨文婷　梁启刚　闫昌晨　樊翔宇　何　枭
吕志超　张永朋　李志彩　尤润州　刘慧娟　张　晗　李孟遥　李　畅　王靖凯
温明翠　阿　赛　张乃龙

桥梁与隧道工程

薄翔宇　卢绍颖　胡美玲　杨莹莹　乐　锐　贾　茹　胡哈斯　张一林

市政工程

杜　聪　李　进

水工结构工程

于　过　赵思曾　陈学俭　胡　球　周　润　王　丽　黄晶晶　王子豪　郑　娟
刘靓辉　张凯旋　刘德方　刘鹏飞　张亚杰　田　硕　任顺华　李云途　徐舒桐
徐圣捷　毕京龙　梁　朝　翟钰婷　张荷月　郑帅杰

水力学及河流动力学

高　琦　何　勇　梁娜娜　杨浩森　赴争锐

水利工程

王璐菲　郑　瑞　韩　鑫　朱笑然　王德振　张楠男　贾泽斌　张　蕾　沈艺宁
彭寿昌　尚进伟　侯　丹　胡　伟　黄瑛付　高　勇　郑　侃　李安琪　楚寒潇
包木仁　蔡圣茹　王瑞奇　范荣山　李孟斌　孙文若　王　芳　刘　易　崔佳林
杨　浩　陈　卓　马欣宇　李洪宇　胡浩然　李英豪　张亚楠　董　博　钟　涛
范璐璐　刘晨昌　张　倩　孙伟光　郭江丽　卢立鑫

水利水电工程

李　强　张聪通　李梦瑶　朱兆聪　张　政　温　倩　胡雁焯

水文学及水资源

刘　杰　孙亚楠　马　珊　郑依心　董文元　朱晨莹　姬荣彬　闫辉雪　佟敬鲁
翟敏婷　李书鸣　高玉红　吴若溪　付积皓　张　璐　蒋文航　田怡曼　张　锐
张　雯　高　寒　于越男　张　一　余　璐　肖　楠　赵宏烨

岩土工程

田志锋 宋怀博 独传鑫 成晓峰 沙润东 高 乔 张思奇 徐怀宇 林荣烽
唐鸿祚 孔德卿 郭兴森 陈培钊 张梅丽 周令新 唐 敏 杨庄奕 曹志林
郝潇涵 王 硕 王洪波

2017级

道路与铁道工程

姜吉宇 张 冉 王晨光 王孝雄 许 珊 李壮壮 Shahroz Alikulov
Alisher

交通运输规划与管理

宫小雯 Safdar Muhammad Ahmad Muneer Sajan Baig Farrukh
Hussain Aamir Zholdybayev Nurdaulet

结构工程

王丹阳 王密锋 于菊瑶 张 磊 陈西娴 林家政 马 跃 王晨捷 吴天骄
杨 柳 段晓伟 孙朝阳 刘瑞强 张 围 张 洵 谢 寒 包佳栋 毛鹏飞
尹丽丹 朱 昊 李炳男 孙琳璘 于皓晨 张懿婷 陈炳霖 胡若楠 范 宇
顾 硕 孙 梦 王 烁 杨启涛 姜博文 李 格 郑芳彤 冯 凡 薛志林
孙 毅 刘程程 张 宽 赵学孟 杨文斌 王晓倩 陈亚朋 王婕妤 杨 旭
王 杰 谢文博 史兆龙 薛铭圣 刘 鹏 蔡恩健 王 玮 王 伟 李振坤
刘晓江 张 庆 郑丽琼 张 锎 田 昊 吕光辉 张超荣 张 庚 郭 斌
潘林俊 周 靖 刘一赫 Hussain Zahoor Ahmed Shakeel Shahid Muhammad
Jahanzaib Phoung Sokeara

桥梁与隧道工程

李 治 周傲秋 林 阳 王 伟 惠华星 杨 晶 刘 伟 张 迪 李 特
王 强 Mehdi Agha Intizar Kamal Azaz Lekaka Obandza Gilles Franck

材料学

孙晓艳 崔 凯 明 星 王丹娜 梁晓夏 邹 婧 王珍珍

防灾减灾工程及防护工程

刘 博 孙小惠 陆晓炎 陈苗苗 马俊涛 王海潮 部家奇 牛瑜霞 徐鹏飞
卢东哲 杨丰源 李熙康 于逸姝 王 煦 梁 林 刘韦宏 姜燊燊 冯文泉

港口、海岸及近海工程

许 辉 扶 磊 王丽蒙 牛丽娟 王久鑫 高 翔 刘尚辰 赵宇蒙 张少华
杨金凤 刚 傲 马 超 苏高飞 孙 鑫 朱 桐 张凯兵 李若雨 康 喆
马晨哲 毕小奇 高言乐 赵梓含 刘孟琦 侯志莹 吴宏桥 江文斌 肖 帅
杜沛霖 汤明光 陈秋攀 吴俊恺 穆浩然 邝庆文 王 新 郭宝明 张 梦
张 琪 客博伟 王绍宇 梅 浩 刘 飞 屈丽丽 杨玉琪 赵楚嫣 梁 爽
鲍建宇 周 健 倪非非 颜扬翰 储 航 赵晓艺 陈振轩 李相达 张天明
高雪峰 刘清泉 迟凤东 周 林 马子然 漆徐良 吴鸿博 胡 锐 周 婷

工程管理

陈鹏慧　项秋银　左小磊　姜丽萍　荀晓霖　曹志颖　汤家乐　杨　琳
Ilyas　Muhammad

供热、供燃气、通风及空调工程

宋　瑞　徐　伍　李宜轩　霍倩男　李莉莉　梁婧怡　邢杉硕　郭　震　柴竹玥
张宏亮　张若瑜　刘慧芳　任体秀　特日格乐　Sethar Sartaj　Ali Solomykov
Aleksandr　Nasanbat Sainjargal

建筑与土木工程

武明林　李　阳　顾杨杨　郑洪建　李文政　秦江浩　蔡祥鹏　王雨静　王　帅
罗海涛　张方雪　万　驰　余　伟　程　琳　李云鹤　金　阳　景俊豪　张文剑
厉扬戈　屈耀东　赵　文　白丽丽　李　旭　冯西成　刘乐天　王思懿　宋国昕
邹　凯　钟玺峰　刘鹏洋　张　强　于泉夫　曲芳美　薛晓爽　郑婉婷　董皓璐
王晓宇　王凯健　王瑞斌　郭宏鑫　王忆泽　李　中　徐少晨　王传源　朱万鑫
于润泽　王梦曦　王必林　韩金明　卢　佳　李正耀　陈宇超　王海燕　闫　旭
张志博　丁杏杏　娄亚明　黄世俊　鲁欣彦　崔　翔　求美佳　柳慧卿　任伟宾
金　伟　李　鑫　高照明　王　昭　成　昊　李东峰　楚帅飞　朱德庆　葛钊岐
李　楠　王　博　胡东来　王　淋　张宇涵　史永康　刘　仙　王一鸣　王　鑫
蒋　涛　何治能　陆丰梅　贾若钰　陈　默　曲振楠　周雨薇　韩　雪　余兆楠
李芙蓉　华鹏敏　蒋成龙　韩凯红　赵　玥　郑倩文　乐思扬　余东津　于　澜
牛　普　刘肖飞　齐伟斌　高冠群　张　浩　刘希鹏　杨　凯　李国豪　乔　然
雷　婷　张悦豪　刘贵仑　仝玉明　李紫薇　徐扬升　吴振宇　郭佳琪　李志刚
王蕴洁　韩铭哲　闫晓丰　崔佳杰　韩　旭　刘世行　吴佳琪　夏冬冬　顾　坤
李　想　韩芸蔚　于贝妮　朱　彤　华一鸣　章　拓　张　琦　陈永宇　金玉格
陈　焕　朱　密　胡丽军　梁　浩　高奥东　查　睿　孟祥宇　董国发　付静茹
张　剑　刘　飞　边佳若　于　泽　高　琪

交通信息工程及控制

张　路　龙　梦　安　娜

交通运输工程

王明莉　李旭丰　贾　洁　柳　爽　钟季汝　王　睿　程　荣　梁亚林　范鹤亭
孟佳纯

市政工程

魏　鑫　丁　董　贾鸿铭

水工结构工程

郭思远　高文楷　刘文俊　张　浩　卜南乔　韩东东　杨梅晓　修培伦　兰丁宁
刘　西　姜玉宇　张　浩　刘　月　常　钊　张　旭　洪海燕　王鹏南　杨天岐
梅　智　Burdi Sibghatullan

水力学及河流动力学

王秋绎　牟　迪　闫琪琪　陈昊荣

水利工程

王正位 朱 洁 张金男 尹俊文 史 可 袁小叶 崔丽艳 王 昊 杨 强
尚明珠 胡朋瑞 胡 婧 赵 飞 蔡 帅 卢 瑶 王译彬 孙 林 郑 硕
夏雨晴 张 栋 杨玉辰 周颖健 梁永康 乐 斌 韩 笑 姜成磊 任明杰
冯 杰 赵 欢 段玉军 陈浩禾 余勇扬 李雨勃 孙静雯 孙 毅 王少雄
刘 科 徐世铮 王冰洁 孙铭婧 朱 曦 牟虹宇 庞 岩 董雨进 李俊良
赵汝博 王 昌 魏东远 刘鹏阳 牟 楠 代剑豪 叶倩倩 聂梓超 张宇哲
刘 晗 李 川 刘意达 王 栋 陈振宏 孙占鹏 胡亚娴 赵笑阳 张世超
朱鹏昌 王芳芳 刘 威 黄 森 张礼贤 唐 业

水利水电工程

钱 龙 韩凯凯 李向鹏 冯振松 于 鑫 代海旭 薛石平 王 彤 于 申
王荣欣

水文学及水资源

卓闻涛 丁鹏齐 韩春浓 顾建强 王雪峰 王文丽 穆喜平 王 睿 李媛媛
李 彤 李 超 林 洁 吴晨晨 孙方剑 刘启宁 田 文 张 弛 徐士博
董洋洋 王 钦 赵天晴 张 强 申乾倩 金新峰 邵金鑫 张俊涛 张 行
孙艺轩 Parvez Iram

岩土工程

朱大龙 樊馥榕 秦 宇 徐伟梦 高 源 李 帅 李东阳 张培龙 乔俊杰
原富珍 蔡素梅 滑笑笑 朱 旭 张 帆 孙盛玥 赵慧子 王 凯 王 涛
高 欣 王润清 Khan Irshad Rai Partab Malik Faran

2018 级

道路与铁道工程

李彧琦 陶 志 颜世傲 张 峰 张远腾 Khalil Farman Barysenka Dzianis
Prudence Placidia Shubi

防灾减灾工程及防护工程

李成宇 王 靖 武国一 韩付成 程 峰 高 楠 李一鸣 孙泽利 葛培杰
马腾飞 刘鸿宇 陈永康 Shams Muhammad Adnan

工程管理

李韦文 李州扬 王晓莹 石 瑞 张 博 姜玥麒 刘胜男 Al-Zanam
Hesham Aref Ali Ali Azhar Lusuya Mpungwe Chris Abdikafi Mohamed Yabarow

交通信息工程及控制

龚云海 钟树伟 杨 澜 Bayissa Sichale Abdissa

结构工程

王兴超 刘 灿 王梓璇 贾红斌 刘晓鹏 李子栋 刘 增 许肖卓 袁 野
侯 敏 王新月 张书领 袁琪昱 金桥宇 李东升 张圣都 王艺潼 张宇慧
李明昊 贺帅帅 赵艾琳 江万粮 陈春华 付 尧 刘 普 鲁 逸 姜蕾蕾
居诗源 曲高强 刘佳慧 姚 舜 魏宇环 李 岩 贡 悦 李 欢 怀威龙
曹明扬 董官宁 郭新帅 王亚楠 苗雨轩 康 磊 于 超 唐秀洁 张玉欢

张鹏程　陈胜斌　代彤彤　李元龙　李　桐　秦佩瑶　周德田　郭　勇　白晓煜
杨卓栋　赵盛杰　曹晓龙　张晨晨　周国帅　张　楠　李林威　Kazemi Esfeh Sina
Bayarkhuu Bayarmaa

桥梁与隧道工程

陈连鑫　刘灿华　陈太福　袁江川　董博文　张云飞　Rehman Ubaid Ur

材料学

张　雄　智士伟　刘子兴

港口、海岸及近海工程

刘　扬　崔一诺　刘潇英　谭　挺　岳　磊　孙小童　刘子尚　任　聪　李　辉
张嘉诚　魏佳奇　顾新红　范浩煦　王永超　刘诗航　刘　喆　于　琦　丰常龙
何　萌　孙经纬　金　言　于　梅　柯　颂　倪艺萍　李龙强　刘孟奇　孙文豪
范仲琪　王安东　张时斌　刘建超　赵银林　李　臣　桑高亚　袁治巍　陈卫东
崔　杰　张　航　范　成　梁华峰　郭　栋　刘　婷　高　凯　王业钦　赵安冬
秦佳成　晋彦瑞　张　远　冯　鹏　李泰然　李　翔　刘华锟　秦　明　董　猛
夏子程　刘宇航　常利晨　李　倩　丁　悦　赵　州　张松浩

供热、供燃气、通风及空调工程

邓　捷　陈　茜　孙　冰　孟　欣　刘维世　李吉腾　李志伟　顾钦子　王张予扬
孙昊雯　张继谊　郭　敏　魏运昌　张　峰　梁　云　上官银超

建筑与土木工程

赵翊彤　袁小玲　李　童　薛莉莉　张敬川　黄庭惠　齐仕杰　宋　瑞　勾帅武
路晓宇　郑　龙　祁圣涛　张　朝　王文鹏　杜笑岩　王嘉戌　朱海云　秦福伟
王康杰　孙兴业　成思佳　李建宇　杨昕砀　刘文豪　宋永峰　李文坚　杨昆茂
陈俊杰　孙萌飞　魏　然　张　安　赵　伟　丁益林　刘亚娟　叶　芸　朱子平
姚忆雯　杜文龙　张　璞　薛　璐　翟红宇　朱　磊　秦　程　赵焕奇　纪恩武
刘倩文　苏悦铭　刘子楠　李文旭　刘　洋　白少鹏　王　兰　于有川　熊　伟
陈　陈　陈　健　吕贤瑞　高卿林　田树晓　齐梓丞　甘勇俊　王文涛　李昌航
余　猛　卢世伟　田瑞鑫　齐　哲　赵得宪　杨鹏浩　李浩然　任　哲　姜瀚文
安　浩　辛全昊　邹宜轩　王舒宁　李雪欣　周　颖　赵佳艺　赵梓杰　苗莉娜
陈思宇　吕　品　许竞文　高　艳　左婷婷　杨皖凝　刘雨蓓　田玉琳　赵　楠
徐　冲　张辰良　曹佳乐　杨佳辰　郭晓阳　赵鹤锦　宋雨果　王泽明　马　良
王亚浩　李豪宗　郑　克　刘迁苹　伊西庆　朱旺华　郑　石　王　鑫　文　坤
刘子玮　赵航帅　曾　华　苏小菊　方瑞苑　赖　冉　张　涵　杨璐瑶　石晶婷
郭　慧　张梦烁　赵　媛　张楠楠　金　娜　米　雪　冯薪同　张　壮　张梦源
李青松　孟　岩　唐太熊　许新刚　李晶晶　张　建　周　宇

交通运输工程

罗秋霞　席海角　刘玉婷　丛龙泽　张　鼎　郑梦岚　付雨婧　马文婷　彭新潮
张曦月　范鑫贺

交通运输规划与管理

谷鑫鑫　李仁波　宋伟亚　高　虹

市政工程

滕健兴 邰　楠 吴　凡

水工结构工程

张　艺 李艳忠 郭星宏 李诗意 牛燕如 姜秋婷 高航舵 魏　萍 许　新
尹　昭 谢佳明 王亚龙 李春垒 刘绪都 徐明洋 王伟超 张明亮 武新斌
赵雅逊 彭　婷 黄　赉

水力学及河流动力学

邓桠玉 段双帅 杨　姣 杨　宁

水利工程

贾毓功 朱文丽 张晓静 武　坤 高　欢 解明月 张　博 丁　震 瞿天元
姚　铖 谭　瑞 郑海洋 魏子钰 张　仁 唐思维 武添文 刘令军 邹智林
陈胥良 董　梁 席　佳 钱　铖 刘寒松 闫孝廉 刘艾妮 邹存浩 李思源
任大为 杨　鑫 杨　岗 周　华 黄泽福 郑博文 肖茂豪 宋宇宁 徐　鹏
周光平 韩静静 唐静娟 崔鹏飞 刘运鹄 胡天龙 王智群 曹乐乐 黎宇豪
徐长坤 高　森 齐　强 任骄阳 袁泽林 权俊鸣 谭　婕 汤修潮 曹　婷
李克恒 薛坤祥 隋留洋 王昊天 孙志伟 王安安 彭思慧 曾　稳 王亚坡
杜祥㬥 周　龙 申利敏 李志明 张洪艳 任再超 秦　宇 张立尹 杨思宇
范守䡾 林孝彩 王金钊 苏现进 汤　威 薛思思 赖　艳 杨晔峰 钟　豪

水利水电工程

方苗苗 张逸超 徐亚林 靳秉鑫 晏文卓 刘丹彤 程玺龙 王祥祯 张扬科

水文学及水资源

郎欣宇 冯雨菲 崔元元 王　锦 吴雨娇 李金備 张　婵 裴圣伟 蒋　境
华　悦 赵　熙 代金辉 张梦莹 潘　爽 付盛楠 谢楚依 董世佼 王志鹏
晋燚铠 李懿健 王法民 巴艳楠 马令潇 刘战伟 张　艳 陈光泽 靳晓雨
唐际政 杨文辉 郭　锐

岩土工程

于强胜 栾一晓 王晨牟 王　慧 陶奕辰 李晴文 谷忠德 刘春鹏 冯　博
尤金行 李永祺 孙　康 李富杰 宋　健 谢景宜 崔家铭 Ahmed Ammar
Thiam Maimouna Amatou Rahmane

附录十二　本(专)科毕业生名单

1953 届

水工专业

赵永延　于世申　王增裕　巩广宅　孔宪则　杨慈温　徐绍馨　汤鸿璋　郭威勤
周世昌　张肇信　王中正　谭满汉　方　荣　孙绍英　解树岩　张富琨　顾兆茂
刘继德　徐宝文　郭景春　姬翼全　孙广中　佟二勋　高泽绪　白连海　黄中元
高俊升　李玉琦　赵　山

港工专业

卞澄川　邢次青　李乃扬　孙懋德　马瑞康　邢至庄　李玉成　袁一虹　胡　耀
余立中　陈士荫　张汉杰　金同稷　刘霖普　蒲廷芬　萧志成　陈万佳　李棣荣
赵秉钧　罗先田　包文俊　宋　祁　隋长坤

路工专业

李连生　蔡培声　张毓绅　梅广顺　白义兆　肇恒岳　姜作贤　吴振中　孙焕纯
张景琦　陈洪吉　赵德雍　刘文信　李志政　付耀明　任春奇　刘文才　姜云焕
宋永锡　徐英琦　辛雨农　蔡培勋　齐经常　荆玉全　尤德谦　丁达三

建筑专业

孔超群　李兆梁　沈贤玑　张祥久　唐辛德　马文正　唐庆国　张熙光　华耀宗
于连羲　许平意　蔡德慧　严申生　王永安　吴其焱

水能专业研究班

王世泽　陈可一　李大成　周　鹏

1954 届

水工结构专业 401 班

杨占洲　任凤桐　单用绪　李清春　陶栋修　陈其武　程金慧　董兴林　田庆年
马有科　吴天目　从立文　王爱英　陈正作　宋鹏飞　栾士伟　高士英

水能利用专业 407 班

茹益平　梁国政　汪　浩　侯宇光　赵世雄　吴季宏　王　堞　白凤林　田景民
沙锡林　赵敬亭　朱鸿儒　时怀莹　康炳恭　潘尚仁　陈敏电　何焕章　李彦硕
张志乐　俞裕泰　戚元靖　关毓麟

港工专业 408 班

孙景谋　丁家骐　石保群　白远扬　程德萱　方天中　刘世文　支保强　井树溢
伍荣官　洪昌庆　陈世英　费民风　王惟诚　于子峰　韩家治　曹大洲　曾吉麟
林永康　李裕华　刘正中　臧　魁

路工专业 412 班

王景元　熊一中　栾正岐　吴玉珩　冯国印　王大鼎　金国馨　米孝和　陈幼山
张其威　李万涛　栾绍钰　张继成　刘汉声　于国荣　谢安立　张季霖　孙锡嘏
王世旺　王振华　薛启中　林　雯　刘仲莘

水工专业大专 212 班

郭在先　黄　橙　周醒钟　郭惠容　梁书云　程家梁　曾宪典　陆启权　梁祥麟
苏德泉　赵献珊　顾尔民　张景岳　刘忠孝　孟素芬　朱桂英　周玉芬　孙意卿
杨静涵　颜瑞佛　李祥林　戴振球　刘家麟　邹民清　鲁慎吾

水工专业大专 213 班

刘上煊　林祥文　吴进仪　高耀荣　陈祖受　张胜权　方金鳌　云大真　谭天荣
冯开明　黄永绥　雷巡益　蓝标麟　王以江　王修德　赵美娟　冯碧轩　边炳良
金福友　张秉琨　严国梅　曹耀彩　吴金海　周勤特

水能专业大专 214 班

陈常隆　樊启芳　范　煦　葛文辉　朱傅琛　刘淑琴　喻鸿义　郑芳怀　朱家鹏
杨锁忠　陈崇仁　叶昆山　孟广注　戴德君　李善炽　张　科　王华阳　陈谋文
杨太白　李秉林　陈魁芳　欧阳植友

水能专业研究班

董毓新　林　皋　陈璧宏　李鉴初　安申义　吴奠清　曹克明　曹学敏　李　栋
张晓宇　刘子榕　王树人　欧阳华　何格高　王洪炎　颜竹丘　鄢建华　刘　农
韩伯理　吴荣樵　周之豪　沈曾源　刘兰桂　倪汝周　周见名

1955 届

水工结构专业 403 班

曲建功　卞隆兴　王御秋　王惊谷　周　胜　徐福生　华雷津　周从德　黄志斌
朱炳祥　林　牧　史国顺　姜国泰　李　键　袁百汇　闫晋垣　许崑山　惠　应
买长孝　周石卿　陈凤鸣　席国栋

水工结构专业 404 班

汪永真　林明华　董庆昇　戴钧衡　林鸿杰　郭梅仪　杨春发　秦　淮　王世定
傅章吉　徐炳林　陈德钜　李裕中　王行本　郭彦青　陈美珍　田　庚　梁启琳
田维强　李　著　林兰生　原锡盛　梁耀德　张茂盛　童光燧　黄震先

水能利用专业 405 班

余昭凯　李新汉　郑伯坤　周清华　周文铎　李永治　王启泰　许季龙　张　星
杜佩莹　蔡汉芝　孙寿怡　张文昌　张介人　张烈炎　魏朗先　汤兆珊　林青萍
张恒洲　侯　康　宣祥沃　郭成涛　杨树仁　张启文　孙淑凤　刘铎荣

水能利用专业 406 班

梁云秀　周子夜　袁子恭　苑赫宗　于骁中　刘长宗　钟乐晖　何乃禄　李景林
陈绍琳　杨伟真　曹相云　马　祥　许宗贻　刘瑛珍　曹善安　王树德　张宗盛
黄心传　孟庆和　王作人　张有天

港工专业 408 班

赵继章　缪守田　张锡坤　徐德骏　徐能毅　谢湘菱　边泊雄　柴国华　胡宝盈
石湘森　李举国　明士才　洪承礼　马　良　姚庭枢　葛振家　董允礽　朱士楑
金福康　徐绍铭　宋风梧　钟修成　陈银法　虞和莹　马淑贤　饶瑞源　孙继尧
关铁成

港工专业409班

王汉鹏　凌鸣华　屈福源　孙凯元　虞孝彤　钱发宏　徐竟进　许昌国　顾民权
方稻香　何永强　何宝珣　柳仁锭　赵迺义　刘永春　关铁城　傅尔新　查鼎元
王天雄　郭长春　黄振犟　徐明权　杨联正　张文全　张家盛　崔镇涵

港工专业410班

赵子丹　安宝璜　朱骏荪　林汝谦　俞聿修　贾建新　黄金熳　杨大栋　丘胜孚
李惠源　周振球　陈　平　应新福　李浩曾　许云飞　吴中元　林黛妍　顾迺安
从稚辉　高延芳　曹祖德　宁培贵　金杏姊　周斯葆　章恒丰　殷光杰

1956届

水工建筑专业401班

金松林　吴　澄　张盛侠　邓鸿根　叶金汉　陈子富　姜治超　李昌植　徐宇华
朴秀男　黄耀春　王庆祥　李洪在　崔大儒　刘校生　谢惠玲　赵善基　吴焕臣
袁忠亚　徐尚璧　何万江　王伟复　李子盛　王雪松　魏鹤一　陈标明

水工建筑专业402班

李成河　郑文康　刘素珍　宋大田　张永森　蔡大信　李　炜　蔡世奎　钱维栎
赵玉英　陈旺根　洪国兴　刘国贤　孙思惠　刘忠慧　贺兴年　周有忠　杨博文
李功恒　王知柏　张键培　鲁鸿仪　陈良凯　张惠良

水工建筑专业403班

刘　夔　曹学勇　赵文绮　张本智　徐文涛　韩国城　孙喜志　余世玉　李新州
崔广涛　蔡逢春　薛国荣　张金晴　李　锋　杨清光　林德辉　祁治明　许成文
康贵臣　王献泰　胡永锦　刘长宗　黄铁崑　许君钜　胡在钊

水能利用专业406班

郑天民　彭光球　黄让堂　王寿昌　诸葛鉴　王玉枝　林永铭　张建平　柴　康
熊正明　何其正　李兆鹏　周渭滨　李兆鹏　郭仲琨　郭养民　王鸿阁　张乐群
李克光　张宝山　吴宜民　陈寿祖　詹　伦　牛凤云　教凤梅　潘龙珠

水能利用专业407班

楼朱波　刘德铮　洪卫钧　谭天佩　杨艾娟　江明胜　吴景天　常耀中　包大范
杨宝善　胡钟灵　黄延兰　刘襄积　葛维亚　余亚声　李文材　陈　山　刘郁子
李仁佐　陈加旺　林毓材　曹玉娥　马士经　王德浩　刘恩义　朱以涛　王雪松
张熙锦　黄迎苗　刘尚智　吴金海

港工专业411班

郑宜彬　黄义弘　谢世楞　孙爱丽　张世德　徐宝炎　顾　洵　丁国良　宋之琪
徐豪东　王振鹏　梁汉祚　王惠钰　李建华　金奎运　胡　因　黄　轩　王泽民
崔恩国　庄锡年　周家鹤　罗建民　顾佩玉　梁永赓　蔡保华　王恩磊　聂懋昭
杨子尧　陈世润　吴慧如

港工专业412班

蒋　冰　汤华畅　朱仲荣　顾绳仁　李乃杨　林少培　潘振社　沈明玮　鲁东盛
宋黎英　陈德柱　朱祥庆　章恒丰　郑明珠　刘金溯　赵炳龙　廖宏伟　尹达亨

王在逢 李俊尧 李昌淳 黄汉炎 沈 潜 钟声扬 刘 芳 桂玉崑 张成林
陈振蓉 刘克满

港工专业 413 班

林书麟 元 麟 黄福泰 吴志林 陈学源 徐洪涛 何荣宗 黄炳荣 杜郁成
张志励 赵云山 宋爱平 丁振杰 麦少明 周家声 夏斐雯 闭启平 谭永杰
王群志 钟用埒 李俊炎 潘佩霞 许福宗 赵俊升 金永权 吴鹤雄 李玉蓉
曹 踸 何福麟 许汲崇 王应贤 金东振 李睿焱

水能专业研究班

夏允积 陈鉴治 范景伟 许大来 董履平 王烈君 陈荣仁 蒋水心

港工专业研究班

过 达 任佐皋 邱 驹 席与耀 顾家龙 高世钰 范自明 陈国祝 李学聃
蒋惠民 姜 政 何 陵

1957 届

水工结构专业 401 班

宫德清 董庆和 王传信 王德仁 郑於源 郭锐邦 胡运福 陈慰如 朱兰香
翟庆樑 敖青林 吴国权 姜德武 周宝琏 杨佳梅 陈殿英 孟庆森 黄懋文
周 宾 杨 智 罗宗澍 林淑贞 廖婉卿 王渊韵

水工结构专业 402 班

庆德润 杨宝昌 汤瑞瑾 徐洪贵 李佩福 回锡荣 刘忠福 康啊芳 龚维静
张成涧 林民钧 丁贻助 王锡瑄 彭忱明 马檀源 宋家铉 李恩宪 陈桂森
吴雯忠 吴 义 齐天麟 聂佐民 孟翔荣 张鸿章

水工结构专业 403 班

韩冈鼐 胡安本 张中午 邵媖媖 路观平 韩贵霖 侯秀英 吴织云 陶国安
龙启华 蒋国祖 朱仁益 沈世昌 叶 毅 孙远福 张鸿生 孙以辉 朱伟觉
蔡士荣 张启模 王静文 叶奕棋 杜壇生 赖笃生

水工结构专业 404 班

张绍政 冯国治 吕家棣 宋景珊 刘绍轩 冯国祯 秦盛容 张廷芳 杜琼仙
侯恩琳 孙秉文 解树芳 孙敬群 刘岫箴 郭燕鸿 何澄华 梁蔚源 王金善
杨立人 胡乐全 梁承业 张 贵

水工结构专业 405 班

郑石麟 周兴华 聂玉英 侯淑文 徐文中 孙清秀 冯锡强 朱钧陶 曾昭汉
田祥云 黄仇邦 杨玉春 郭崇麟 邓善聪 谢恒邦 马祝辕 周宝骐 陈益桂
郑高正 黎筱伯 杜景春 张润泉 毕于真 国宝法

水能利用专业 406 班

陆 平 周树信 岳峻亭 戴永兰 叶景文 袁彰志 赵宏翥 邹纪元 杨霞如
张汉江 任易文 杨学栋 武志成 赵孝杰 刘炳麟 齐学义 王景祥 唐雪梅
程 江 吴隆德 赵 勋 崔曙明 闫俊如 孙鸿泽

水能利用专业 407 班

沈启鹏 王辅卿 贺伟程 刘颖秋 赖国章 陈心华 何耀堃 刘丽栗 许铭华

于骁中 苏维谦 吴宣民 衣锡山 张银满 刘玉芹 马少华 张柏林 谢德君
李秦生 高次增 谯常忻 宋光耀 魏振邦 衡 恕 朱仁仪 刘玉明

水能利用专业408班

唐广庆 蒋晓霞 闫汉源 张维和 刘爱先 李树德 黄锡伦 赵承普 王有弟
霍玉正 戴承礼 李永馨 于永海 林基兰 雷翔云 李淑芝 胡 宝 吴林海
江家荃 方永璞 张福胜 陈孝友 赵连奎 黄赞毅 严东生

港工专业411班

郭锡智 潘 新 李家财 高广复 陈学敏 雷槐植 赵明旭 黄寄海 陆 玮
蒋国昌 杨万兴 张明亚 周剑鸣 尚德福 赵家国 付俊惠 张春福 吴道志
余芳华 吕文伟 张 辑 钟炳盛 龚克强 高 璘 张秀文 孟庆森 杨玉祥

港工专业412班

王本政 程远璞 卫玉桐 樊绍成 辛鸣富 赵秀珍 樊喜林 王 玉 翁錩年
金广生 刘金山 孙秀山 江菊光 王静琳 曲志成 宋和芳 沈忠元 张 雯
童任华 刘先云 安应琪 陈卓岭 邓福志 徐菊英 吴纯荣 王鸿璘 王秀华

港工专业413班

王葵香 高正中 由淑贤 苏德敏 王济英 史桂崙 涂多惠 苏盛魁 李立光
艾明普 梁仲祥 张伯坤 王锡令 刘树令 李文儒 陈南芝 郭玉成 郭巨武
邹清富 汪维银 胡仁福 杜振九 周展群 金崇焕 付永清 李弈成 沈力平
李 琪 叶奕成

港工专业414班

王常圣 杨玉墀 刘 祥 胡荣华 田忠恕 姜广春 谢铁夫 胡彬记 林英志
丁 敏 李如明 任予明 全承烈 张 玉 李孝安 刘人英 张长华 管光泽
陈洁丝 李光源 萧志学 刘素荣 李 馨 侯 鹏 刘晓东 付景海

1959届

港工专业591班

潘治国 丁亚麟 王宗骅 刘广江 张允真 韩世奇 刘蕴芳 张宗耀 赵 良
孙 哲 王庆泰 鲁殿忠 曲喜魁 李华萍 薛玉琨 潘广孝 孟广芳 王兆礼
夏永杰 丁荣生 邹明宝 蔡传英 李文执 黄其山 刁克礼

港工专业592班

李 郁 金光洛 高东旭 王士昇 全学一 姜齐国 周廷藩 林和钦 张积珠
高光学 竺翊明 李书琴 金泰益 李其浚 高守义 陶雨廷 章寿三 沈忠之
张学俭 付桂森 沈福林 杨雨江 徐安治 时爱民 孟繁龙

港工专业593班

姚彦增 赵之彦 马德山 林井泉 郭恩元 纪克俭 刘大中 邓启云 韩丽文
陈惠林 石运昌 吴永成 毕可钧 郭桂珍 丁希尧 姜维礼 汤少希 姜广永
张蕴芳 汪炳生 谢成武 吕绍英 魏大成 余芳华

水工专业591班

李长信 顾育梧 刘 文 李玉邦 高文惠 杨兴权 卜绍贤 姜宝林 曾庆升
周宗歧 金景玉 倪汉根 艾思平 赵 磊 严钟夔 周玉文 姜秀梅 王葵香

于文锦　王懋宗　靳文应　于金声　王树藩　李绍平　石文辉

水工专业 592 班

凤家骥　高云翔　李宝琛　邹恩玉　赵　玉　王汉杰　李贵智　唐允吉　高桂清
高连城　杨世学　刘芳春　郭玉秋　李庆华　许贵凯　郭媛文　韩文忠　聂永江
魏先平　赵忠槐　张华堂　李守田　金玉顺　李成文

水工专业 593 班

董春生　吴成纶　苏雨芬　黄利范　李正平　宋大魁　周凤琴　刘升华　王小平
金千吉　赵贵发　韩淑慎　蹇家会　才治宇　张鹤楼　肖镇国　郑太镇　王景儒
王光恒　朱国祥　郭燕鸿

水工专业 594 班

刘宝林　张宝光　张明吾　景玉宝　李春勇　许国翰　黄素兰　王日宣　马云长
于淑彬　李文仡　谭锡雅　蔺鸿国　杜贤伟　杨　柳　刘名硕　刘德超　周福国
杨桂武　辛国荣　任麟祥　李炳发　赵　霄　李根化　周兴华

水工专业 595 班

马大鹏　吴庆同　危伯涵　谢荫琪　贾数本　姚　仁　马树勋　袁中祥　王立荃
张学勤　赵普瑞　侯立政　李增大　袁铭铭　谷云清　佟素珍　朱瑞龙　张云台
金广恕　马瀛震　唐树增　李树梅　冯天相　董逢春

水工专业 596 班

赵治学　魏启瑞　孟繁业　刘鹤年　王宝萱　王泰和　邹其福　卢广明　冯玉江
冯墨良　林朝章　吕玉英　杨福昌　梁春兰　郑长顺　张德富　高树源　陈家林
侯康发　段宗臣　何焕文　王之庄　王清海　孙善庸

1960 届

港工专业 601 班

史学平　赵锦奏　宋秀媛　李宝贤　陈传礼　阎家雍　张洪闻　孙树林　郭承侃
田顺华　韩金国　朴俊植　聂运恒　徐有胜　李春荣　孙绍文　张义兴　梁淑媛
张明洙　田　蕙　满　荣　李嘉陵　白宝纯　沈正刚　林毅生　曲其隆

港工专业 602 班

谢玉龙　贺　铮　邓源顺　杜国彬　邓祥明　付培璞　王希舜　黄相才　韩增寿
王锡侯　马希本　孙绍述　张树信　孙鹏飞　郑武夔　周书兰　王广源　朴英男
张慈田　傅桂森　金克翰　朱克明　竺翊明　赵丽云　孙富春　姜广永

港工专业 603 班

孙梅秀　齐玉坤　郭忠勤　王裕宁　刘振栋　徐会园　李世廉　吴宋仁　林继栋
潘光第　王长恕　黄世源　王锡铭　吴承森　吴俊佐　张金声　许东俊　王风翔
宋月曰　孙德义　乔秀山　仲跻权　黄佳臻　马永国　岳东田　张万祥

水工专业 601 班

郑魁峰　赵宪春　施忠福　刘潮清　韩昌浩　王云龙　金星男　史洁民　王桂芝
尹彦武　尹命龙　王　栋　李长珍　周金良　汪静霞　张兴盛　高树林　姚静华
黄右同　张惠民　迟作江　郑云鹏　孙霭人　房继泽　张殿荣　赵荣章　张景和
张秉玺　张金榜　冯树林

水工专业602班

田益富　林毓桂　吴齐云　李锡坤　钟秀亭　卓连国　李铭杰　宋玉杰　贾恩弟
石天柱　罗雅珍　刘焕玲　李鸿学　董秀石　王善存　金兼烈　边鸿涤　刘人正
杨纪禄　钟又然　王大立　金灿镛　续振嘉　郭婧媛　郭恩仁　张德福

水工专业603班

刘雁秋　于洪儒　丁家风　于中川　聂振海　祝国荣　朱占非　马福生　何　敏
赵德有　刘长山　李淑珍　黄英超　黄义河　司连有　关哲祥　刘森林　陈荣光
王者兴　杨长江　林春欣　田树珊　段树令　关德斌　刘克达　金秉烈　吴成纶

水工专业604班

金点龙　赵德才　李宝栓　张同安　刘长风　徐陛明　杨荫曾　赵恒礼　栾树青
肖振东　刘风林　江岳来　王向东　张　兴　李荫荣　魏天裕　朴秉权　郝双玉
刘卫垣　王厚天　徐建康　张绍堂　金献云　张桂蓉　代明英　崔润庆　郭媛文
马　静

1961届

水工专业611班

安志一　陈光洞　戴儒堃　高德惠　宫明海　关景林　郭冬冬　贾鹤泉　兰孝儒
李心宏　刘锡礼　刘兴荣　卢鹤元　朴英虎　邱贤芳　曲英魁　单聚儒　孙传绅
孙志行　唐增渊　王毓琴　吴惠若　闫成信　晏宗尉　杨景芳　张瞳春　赵元弟
赵英琪　周惠华

水工专业612班

安乐泉　毕维江　陈熙之　范素兰　高崇伟　郭绍臣　韩凤忱　韩守�　季煜华
姜国盛　李柏先　李文友　刘长祥　刘英勇　刘永珍　栾修静　孟庆志　孟希成
南京洛　钱继忠　邵世环　宋儒赫　束纯华　唐红英　王鸿安　王梅年　王秀然
王启太　岳　鹏　解尔庸　张定华　张恩元　赵振华　赵明生　薛连生　赵宪春
王治琨　邓光连　武文毗　娄凤阁　吕哲琴　孟宪钦

水工专业613班

常如民　丁富奎　丁汉涛　关得成　韩保全　何承义　黄起国　李常和　李常荣
李光煜　李悦夫　刘福坤　刘贵全　刘树林　缪徽仁　齐太旭　施金芳　石　玮
孙敏坚　孙荣山　唐仁杰　王鸿业　王会仁　王治坤　杨国全　杨立新　余觐廷
张福纯　张树德　张兆发　张振忠　赵连利　周君力

水工专业614班

卜繁武　陈　旺　陈希时　冯松林　韩德志　贾长湘　李德荣　李德学　李华东
李润田　林青松　刘振飞　孟繁春　朴源载　全承奎　师润富　孙先柱　孙江岷
陶同康　王哈祥　王树齐　王相杰　王尔玺　夏长庚　萧永振　解明雨　辛彧彦
徐起寅　杨咸绪　于慧智　余树国　张成志　赵佩嫦　周桂珍　朱广辉　张锡芳

水工专业615班

蔡传伦　富曾慈　高洪来　高有德　关海顺　韩丽丝　何长海　胡玉璧　康庆洪
李华文　李铭章　李述先　李毓之　刘　颖　刘永吉　马　静　曲家廉　申恩平
沈　青　宋德成　陶奎全　王成志　王福慧　王全增　王作惠　吴维明　谢振中
杨载旭　张福珍　张德明　张林皋　陈天生

港工专业611班

邓光连 陈文平 武文毗 董训贤 高广德 韩基勇 胡震宇 黄桂云 黄培元
鞠树权 李桂兰 李惠宽 李世廉 李鑫生 连永梅 梁大年 罗大中 孟庆臣
任耀光 申恩顺 申光彻 苏洪斌 王华军 王禹天 修相顺 徐作仁 闫友柏
杨志忠 赵福蕴 赵裕库 赵雪庸 郑定海 邹至裕 左肖明

港工专业612班

戴冠英 郭家铿 何鸿光 黄跃哲 贾广生 李发菖 李鹏程 李圣符 林长春
林玉莲 刘 影 刘永廷 刘忠德 鲁相奉 马铁良 马维汉 宁国范 逄世汉
孙丽珠 腾绍文 王多坛 王光铭 王增栋 徐特伟 吴润卿 闫永桢 姚宝珩
翟文亮 张宏宇 张鲁年 周永年 申恩平

港工专业613班

鲍宁馨 程绪光 富朴忱 高伯龙 高光哲 贾德泽 梁志江 刘长奎 刘克俊
刘庆仁 刘万志 刘希浩 陆愈忠 田月华 王兆远 王茂林 杨成邦 于素珍
原文兰 张沛公 章兆昌 张宗周 赵秀丽 郑时风 周兴武 朱健梅 邹松林

各专业转院师资班名单

安久和 褚惠春 崔恩礼 冯锡珏 高瑞永 高玉昆 胡殿文 黄耀富
金玉明 李鸿林 李乃金 李学伟 梁学金 林淑兰 刘炳阳 娄凤阁
吕哲琴 孟宪钦 潘延文 曲恩涛 史云峰 沈迪云 苏宝石 唐焕文
唐慧民 王继武 王振中 尉迟灏颐 谢 敏 许肇洲 于丛新 张荣礼
张曙熙 仲济洲 周建港 朱剑如 陈秋如

1962届

水工专业621班

付树文 黄德启 宁士帮 丁庆华 吴文俭 王振纲 佟玉光 王惠民 刘爱杰
赵振江 付万忠 王永平 吴世吉 聂殿升 钱启瑞 林立嵩 周正明 孙延柱
胡尔昌 邓洪才 陈惠君 王之训 商永强 韩殿良 孙宗武 李述先 刘永吉
武宝财 宫锡寅 耿素珍 王化东 黄颂西 富曾慈 王全增

水工专业622班

关志超 高占升 刘一心 王本德 蔡国辉 张世栋 李忠民 杨金诚 李元璞
姜永修 张克绪 李大焕 肇忠尧 耿长胜 秦 力 汪建亚 刘永汉 徐连绵
孙江岷 朱广辉 蔡传伦 王元任 薛世福 赵秉懿 薛长兴 杨世芬 高庆久
陈凤兰 马 净 刘长祥 刘述崇 金德雄

水工专业623班

刘振清 徐 波 王永连 王克强 田春岳 张希三 刘顺宗 马鸿鹏 霍志善
高庆华 郭秀玲 钟 剑 杜青山 刘洪源 王成志 吴维明 张禄久 杨威绪
齐振华 梁希本 高德惠 王崇仁 唐英彪 张明文 谢振中 张维国 徐景武
何耕莘 何子瑜 孙幼博 樊明哲 韩 金 赵英琪 朴英虎 岳 鹏 王世栋

港工专业621班

陈兴东 党树声 曾清德 孔宪纲 李治良 高常俊 高国恩 王凤兰 吕兰华
张文质 乔文申 张上逵 王嘉思 路晋卿 虞文虎 何长贵 王承德 邓志仁
李焕文 倪洪顺 史伟英 龙宗耀 卢国荣 刘汝珏 田效惠 倪耀麟 杨志忠

要松秦　赵学庸　张监臬

港工专业622班

刘子琪　董国壁　朱鸿钊　辛　哲　李安林　岳明显　张觉生　魏喜卿　王乃敏
顾春清　翟成喜　胡若兰　李克范　李焕然　邱奉生　穆德滋　于义纯　郭莲清
宫开源　历德坊　何顺强　苏建华　唐澄心　李铭章　刘振飞　高光哲　宋元恒
李艳娥　郭诚忠　李春正　王保华　于子斌　周兴武

港工专业623班

赵全武　石玉德　戴玉珠　毕世富　韩德兴　赵玉龙　潘丕满　李家忠　胡宗昌
付志先　曹国秀　杨洪儒　林青松　李桂兰　黄川荣　褚惠春　周廷国

各专业转院师资班名单

王启太　王惠秋　关文铎　刘延明　山恒兰　邓姚乾　王乃惠　许鸿海　刘宝金
孙福德　孙　欣　李树峰　吕和祥　陈浩然　张连禄　张贵昌　张维勤　周延国
姜乃斌　柯吉仁　邬银扬　高志学　唐国恩　钱宏钧　陆汗生　贾梅芳　黄占厚
曹锦阳　裘春航

1963届

水工专业631班

张道开　王连祥　高振国　张生祥　白春风　张明文　柳耀国　赵锡民　吴再兴
张玉良　石家禹　贾学广　王春复　袁可法　关景超　田文祥　张文生　刘俊辉
于明德　赵佩玲　阎云才　李长祥　孙树声　高学礼　张培史　林奎生　闫友柏

水工专业632班

姜学士　宋孚顺　王化东　潘义安　刘树坤　铁灵芝　赵永振　郭万桐　王德豹
刘秉泽　赵玉纯　刘广海　戴　玖　顾正浩　那振贵　杜连志　魏振兴　侯风超
宋学让　赵长海　付振德　邱广基　关汉英　马风三　朴金燮　金连仲　林京燮

水工专业633班

张永广　杜春恩　王　政　冯九德　师贵显　孙茂魁　周国刚　林学贵　曲义和
张鸿鹏　王增泽　韩行超　王良辰　顾仁芝　张文生　李心中　王承玺　王贤俊
张学思　徐占楼　李春敏　申伟烈　王春禄　王效和　孙成祥　翁连武　朱成岩
刘飞林

港工专业631班

郭昌慧　邵作义　姜息波　石工原　高景武　牛恩宗　于殿忠　白英度　张文雄
姜清原　杨警声　程启光　龙应樊　王风兰　历鼎新　刘永繡　赵兴文　李景奎
刘铁英　白寿山　张惠弟　金今哲　谷岩照　韩国璋

港工专业632班

王仁钟　方永凯　万国财才　杨长春　李竹兰　王显惠　张仁厚　高光伊
王通善　顾寄平　索普一　刘铭尧　王英培　陈学习　杨德顺　陈　明
王荣海　孙勃增　许嘉禾　白荣惠　张志远　张怀礼

港工专业633班

赫忠原　祁伯泉　刘佳有　于安盛　温致雨　田立时　高仁良　刘荣忠　孙学礼
韩德滋　安帮彦　孙精石　曹风森　林风义　王立鹏　崔宝昌　王　胤　刘树勋

王保存　陈维民　韩福义　吴振芳　葛诗晋　朱洪钊

港工专业港训班

邢世良　赵瑞洲　钱绍彭　王昌有　许龙兴　刘培成　海邦余　刘洪臣　高景文
于子昌　赵连仲　谭家成　王守端　王　瑞　蒋言信　程继余　金柏青　王长祥
王晶满　孙东山　曹士金　吴学敏　王贵志　杨维宝　陈占贵　刘建树

1964 届

水工专业 641 班

方正文　王智远　王克修　田雨茂　刘文洲　刘育慧　汪润中　沈贵清　沈恩复
张益贵　吴素范　吴贵相　孟　堃　赵景顺　姜德奎　姜里仁　姜洪恩　姜福长
唐德林　夏重连　韩忠勇　董葆萍　管枫年　熊兴文　闫云才　苏文华

水工专业 642 班

王承玉　王锡升　王积顺　王良辰　冯汝庆　刘兴国　刘士敏　吕　陆　佟守志
宋长江　沈洪喜　李明仕　李恒忠　李起纯　李庆宽　李连志　张庆一　姜焕业
徐景云　殷桂芬　郭恩仁　常慧莲　韩家荣　吴元夒　常桂兰

水工专业 643 班

王玉珍　王连时　王庆楼　王义明　王凤琴　白俊华　冯景民　冯保森　刘辰龙
刘振来　孙成玉　宋洪元　李德仁　张凤仪　张燕桂　周桂珍　胡兴业　姜俊业
梁振洲　聂复家　滕爱秋　刘奎忠　许秋水　田育甦　曲春民　周秀英　历鸿鸣

港工专业 641 班

丁本信　于希魁　于永志　王振程　王永成　王行淑　王金荣　邓宗林　田绍耕
朱再基　刘　鹏　孙玉卿　孙永志　宋国良　汪永纲　迟家训　李素英　杨秀英
张世崎　吴敦龙　陈好顺　尚世佐　南岳华　侯学孟　梁玉石　高宏兴　唐振风
郭义升　程　锦　温德臣　郭昌慧　臧洪贵　邹明贤　邱凤舞　曹国庆　王有忠
赵永俭

港工专业 642 班

于抑波　于太源　于星鑫　王海亭　王会宝　白宝生　白秀峰　刘　钰　乔丽艳
关治武　宋　允　李华平　李宗惠　李广武　李学洪　李自刚　李　义　苏春富
张维贵　张振莺　周百勇　胡约生　赵成君　赵天瑜　赵廷有　贲云和　高其敏
常桂芳　鞠英华　陶世新

港工专业 643 班

于兴福　马明圣　王　斌　王家麟　王贞阳　王程大　付桂兰　朱德信　刘建树
刘兆富　刘建业　李东升　李树翔　张福刚　张华玉　张世昌　吴福生　陆清林
郑连第　施鸣声　贺国森　钟家春　赫志璿　蔡富河　王笑难

1965 届

水工专业 651 班

孙立尧　王文全　李树栋　吴德魁　张义范　田忠源　李经源　关德武　于福升
张景堂　张永平　候凌云　张桂岩　任玉梅　马君侠　于秀荣　朱长春　安学礼
郭学崇　孙树渭　戴荣泉　魏乐桂　王梓生　何丽君　王奎一　关素华　马　骏
邢继英　冯锡民　陈艳芬　马鸿春　何国柱　徐恩彤　于延仁　刘奎忠　荆　鹤

水工专业652班

王长祥 王宗贵 朱义富 佟立功 黄显华 周志萍 房荣梅 沈洪河 刘光利
彭志圣 张 芳 王大明 李启业 候培丽 马春雨 徐 循 金树声 韩春兴
孙振如 刘惠珍 王承玉 郭纪超 王者才 王常让 赵丽芳 杨炳昌 黄经厚
刘玉梅 方云鹏 赵 君 周春风 李长久 李连志 王学义 薛焕武 孔在先
姜振刚 蒋希儒 刘美云 陈万举

水工专业653班

李福镇 张文琦 高金骥 杨生安 马素媛 吴学起 潘德臣 于淑云 王世盛
祝瑞珍 袁忠良 李文全 李 铭 彭广荣 陆 志 徐凤珍 李毓麟 姚素欣
王绍恩 刘常铁 方金歌 佟玉会 邢安福 靳国厚 孙秀英 秦仁昌 薛连生
吴素范 何长玉 陆宝成

港工专业651班

王永山 徐连有 由振功 汤英南 姜玉田 李长久 金秀坤 张萼芳 袁庆尧
周敬一 阎中兰 许惠金 林万君 温树智 黄金有 刘永悦 王岐峰 蒋风俊
曲德仁 李春柱 武陵甫 高光有 刘文周 王治祥 王凤龙 王 琦 李文林
袁自立 田近良 于太源 张克芳 刘志权

港工专业652班

金 良 刘 澎 陈春田 王书春 荆 兰 刘景全 周巨山 郭秀华 崔恒珂
刘淑珍 刘茂安 王永刚 郭成喜 赵春荣 金长秀 张素琴 刘仲岩 车洪录
张青秀 杨庆校 曲长志 刘 忱 王钟璞 占日春 江树学 王锡政 王笑难
赵永俭 邓宗林 贲云和 杨荣祥 王建栋 徐学禹 王肇泰 陈德高

港工专业653班

黄玺石 阎肖芳 田永祥 冯福林 魏文彬 王渤荣 邵荣顺 王意如 朱宪武
庄国文 李玉珊 杨兴礼 张宝善 李东志 王海滨 邸玉芳 杨人信 薛家相
魏庆先 张荫民 陈海群 李淑云 王学武 秦玉珙 杨荣喜 董长海 徐振贤
高鹏珠 周连有 李林普 李哲明 王玉兰 徐作仁 苏洪斌

1966届

水工专业661班

李喜林 赵殿荣 马庆亮 杨俊德 吕文芳 徐秀文 王家礼 刘仁治 李福臣
于延仁 冯明祥 于凤云 田万仁 陈 炜 陈涌城 王英杰 张 涛 龙德惠
荆显明 王俊杰 金键诚 肖 侃 范文彦 王文达 张福源 吴鹏芳 张 旭

水工专业662班

聂思诚 李宝库 杨纪元 徐安祥 乐芝兰 古林盛 韩庆和 孙秀琰 高世同
刘惠珍 宋美媛 陈其春 沈启源 张汉生 黄荣芝 蒋家騄 俞惠根 刘恩林
孟广伟 张世琥 魏宝善 王贵振 马士勤 林玉枢 向 锋 左春仁 唐铁羽
蒋希儒

水工专业663班

王文德 张士达 金淑芳 曲绍华 张心敏 许仲淳 尹作超 范囤昌 张鑫堂
张玉享 马世范 侯景田 杨玉庆 毛 建 尚冬竹 英丽华 张恩元 李占棠
苏兴让 刘忠库 张 辉 梁朝辉 曾宪富 常淑蓉 唐英彪 孔 麟 吉文生

吕德胜 赵 辉 战书俊 张 兵 唐素兰 宋 毅 蒋家禄 箫主显 黄仙莲
范孟江 孙长水 梁宝奎

港工专业 661 班

贾凤桐 杨运明 刘显福 邢国柱 阎海松 范显普 刘长庆 张清良 孙明礼
李春庆 梁凤鸣 金富芝 殷桂荣 李政文 郭成喜 薛兴隆 付 琨 孙巨才
李祖成 何长玉 陈淑洁 刘余和 孙继林 关显东 任建成 林柏权 徐学禹
刘志权 刘连臣 王振亚 高升丰

港工专业 662 班

王兴豹 赵连举 关治武 陶世新 范德全 张连秀 赵子桥 毛剑飞 刘同昌
张 城 张世禄 程杏妹 李恩祥 王贵升 邹本龙 张德馨 孙永昌 苏在东
韩红才 赵百满 韩永林 周国林 郭海晏 董中亚 郑有华 黄雪香 唐顺娟
孙红志 刁 泰 张 迅 王天保 刘春华 王坛新 刘 筠 马云瑞 崔 林
孙树名 王余娜 刘美云

军港专业

邢国柱 韩洪才 韩永林 刘玉堂 刘长庆 孙永昌 苏在东 张清良 赵百满
周国麟 闫惠仁 范星普 刘显福 孙铁峰

1967 届

水工专业 671 班

宋华林 啜天丕 赵作审 许春虎 曹家绮 那国芬 陈秀兰 孙云香 孙长水
高维嶽 丁学金 鞠永青 王福兴 孙占民 李雁白 周大华 陈凤琴 高明远
沈文冰 陈宝樑 汪有伶 陈本沛 高庆春 安存生 朱善庆 张燕桂 孟昭荣

水工专业 672 班

潘临痒 谭仁豪 刘洪武 于文澄 赵恒信 金秉纲 吕晓苏 李淑兰 邸春华
房吉起 孙宗顺 赵秉信 王忠仁 王国才 赵晓飞 赵松山 周振东 于大光
张春祥

水工专业 673 班

苏 秀 张庆福 李铁男 郭绍勤 胡贵德 刘纪成 田凤桐 王志勇 薛永生
闫肖刿 王又婷 曹忠良 李德生 刘俊峰 杨仁令 白连捷 赵纯贤 王际荣
尚殿魁 余昺豸 贾玉来 崔 琳 夏平怡 梁守春 张京华 王光瑞 郑传兴
赵春盛 马慧先 李航寿 张 波 潘明治 孙 洸 赵永久 张宝卿 李国华
王永顺 常玉兰 王永厚 刘作鞍

港工专业 674 班

姚明德 张余庆 关乃昌 祝振玉 乔贵春 孙耀兰 肖灵非 汪宗海 祁春茂
皮永奎 田允孝 孟艳宏 张云卿 那恩维 邓秀荣 曹荣威 王宝君 卢作福
郭振启 陈为华 张 波 杜 文 郑锡义 马永林 王又婷 于大光

港工专业 675 班

刘玉华 吴景德 徐宗礼 司元政 汤凤兰 刘培杰 袁伟杰 刘成贵 高鸿翼
张庆斌 张秉加 杨国荣 常仲波 田英莉 刘永生 李明柱 牛延芝 费英哲
李国宝 徐美玲 王 凯 贾素坤 李国华 张玉琴 张铁男 曹齐江 从选銮

辛文魁

1968 届

水工专业 681 班

韩胜英　陶文秋　金明镇　张华兴　刘孝铭　朱英华　张　林　张敏政　刘文刚
魏光萍　裴秀丰　李其有　周连珠　金明声　周惠远　高玉阁　徐乾玉　赵万喜
李为民　石绍明　荣国核　刘会智　于　夫　苏联云　张寿祺　云　勇　梁守春

水工专业 682 班

曹鸿珍　徐崇仁　张洪泰　金洪玉　金　涛　李儒荣　王有山　梁永霞　杨代义
张　浩　金汉生　张彦明　艾　斌　刘　祥　孙景林　马永贤　纪乐华　田献民
付喜生　李　辉　赵玉潘　关忠恒　邹明玉　董阁祥　谢文茹　王启民　靳革封
肖荣华　何国传　刁望林　王新有

水工专业 683 班

张景海　张立海　马国昌　杨月林　赵鸿斌　王玉琴　曹金海　霍显文　赵永富
杨之俊　武心正　仲崇爱　王德琛　赵孝明　孙淑美　王昌志　崔　莉　曹国清
陈存山　韩兆民　刘建明　丁德平　陶代华　孙左一　陈瑞英　杨路钧　黄万书
杨　彤　尹永君　张桂娥　云首才

港工专业 681 班

鲍喜忠　谢风山　冯德润　张铁黎　李泽恩　艾鲁滨　马尚洪　刑铁松　陈耀东
遇振才　陆汉良　付忠阳　杨万清　姜永芳　于全佩　于同中　朱宝林　刘兆彦
佟文贺　许长春　盛德贵　苑长岱　张成源　赵文达　邓凤亭　李宜明　马吉祥
周忠顺　昝汝敏　惠宝成

港工专业 682 班

何　武　尹永军　张桂蛾　于学昆　陈洪钧　辛德福　邬士森　胡永辉　满钱聚
于伟群　归　墨　高庆吉　洪伯芬　孙熙珍　张维塘　黄月琴　王文平　张书春
陈凤琴　赵　嫣　徐　林　崔宏图　丁海涛　丁惠君　杨　政　聂兴露　戴义明
杨玉祥　李明福　邸有政　白青山　刘忠恕　王新有　满卫东　张金成　李香柱
金光雄　孙福宽　付绍忠　杨德生　孙中懿　刘富荣　符春棠

1969 届

水工专业 691 班

王志文　姚积英　吴素媛　张英伦　赵春田　李德华　李德维　王爱玲　焦燕萍
徐丽华　张瑞峰　马万福　闫世英　谢鹏飞　冯　春　罗延彬　里景民　王　荣
商仲文　孙德连　林玉川　曹永民　张启元　郭　英　郭福盛　任庆明　雷建民
周长蕴

水工专业 692 班

林钧深　胡赞玲　吴隆生　文海军　马济国　张连全　陆　鸿　施安民　苏秀荣
李汝船　邢秋珍　韩敬忠　孙秉利　侯兆惠　王炳乾　韩玉珍　孙守钧　郑班奎
钱志豪　王立久　薛德宗　周　平　沈长起　韩相安　马保明　董光云　聂美华
傅克茂

水工专业 693 班

刘宪恒 马宗禹 周明泽 张玉范 韩仁智 王 震 王才方 冯思颖 张凤香
王清湘 宋玉普 方盘修 李绍平 王廷臣 郑希义 李和勤 隋庆年 张玉武
张绪经 蒋国大 张 姝 赵云海 王玉海 邱贵轩 宋茂国 宁春满 张长发
姚泽荣 张伟平

港工专业 694 班

严亚勋 张贵忠 陈修柱 陈宝华 胡立万 康海贵 刘聿德 郭景森 王俊岭
张奉孝 沈庞国 于振强 张菊生 张桂香 王树明 裴 根 李 娈 钱惠民
宋家禄 马 言 魏胜平 乔梅荣 刘兰英 刘修智 耿桂升 安秀玉 李家仪
刘谦郁 宋存善 赵冀民 刘德书 李建民 陈德义

港工专业 695 班

张国良 陆尚谟 姜 达 于立臣 王登科 陈凤云 平 凡 薛广瑞 杨 淳
刘恒刚 唐万超 司金英 关文申 胡宝藏 王廷富 孙竹芳 宋庭基 李春盈
王树元 李佳福 边霞光 刘保国 丛培元 殷正荣 刘淑华 徐国谨 王志光
招治安 宋立德 鞠汉亮 蔡源珍 李振西 许桂珍 关文申 范 维 黄志祥
付建岭 马秀彦 陆金海

1970 届

水工专业 701 班

王 爽 贾国章 常会民 林哲恒 苏文满 杜希涛 张志行 赵 敏 吴月秋
付文青 金怀连 林正财 杜占元 王培庆 王龙德 仲崇林 佟伟光 毕玉坤
周学春 李菊生 何若询 程景存 程秀芝 徐 萍 李春光 沈堂钱 唐镛生
杨保民 刘松亭 张国华

港工专业 702 班

李 文 李 仁 王子忠 白明余 李淑艳 盖绍文 马祥骏 王德楼 才秀山
程明远 徐恒录 张维诚 洪仁德 刘 延 朱宽发 冯馥霄 李题松 于政利
杨玉琴 缪春明 蒲家和 刘自明 王天恩 付松涛 于爱琴 黄素英 田巨光
吴彦礽 赵淑珍 赵寿远 陈宝贤 胡文光 康士建 李文英 姜国经 武国华

港工专业 703 班

朴春培 杨九宏 闫盛海 梁淑芹 田小庆 邱凯鹏 王振表 牛兆法 孙静琴
贺文升 高仁广 宋新家 安树生 孙德金 李国祥 凌淑真 赖小萍 吕裔贵
牟天拳 杨子新 申绍秀 黄宗敏 张永华 祝苗叶 邱福清 王敬云 夏蔚成
李赛民 黄志祥 蒲友录 于世宝

港工专业 704 班

李士祥 杨宏标 柳三泓 孙秋玉 李慧珍 邱通国 李荣波 吴水根 王卓民
薛书森 王守义 安宝银 刘永德 于尔捷 曹建国 史本文 杨雨春 唐殿和
徐长盛 刘菊菊 李玉坤 严淑禹 马常增 佟淑英 连士远 赵风兰 郎春和
常迁彬 李学魁 路建荣 皇甫尚平 李道臣

港工专业 705 班

叶秀真 唐苏东 郑学文 崔秀芬 戴贯达 化启庄 冯振居 董伟斌 潘玉莲
李淑兰 王振杰 吴宝荣 范德成 甘 泉 李占忠 牟婷婷 曹永健 李玉坤

于宏泰 胡必超 常乃连 郭 枢 李秀林 张玉武 杨青林 张秀英 张汝明
侯永阁 陶建华 杨兆明

1974届

水工专业711班

许永真 王东飞 郑延军 仲 刚 聂广臣 魏福才 姜日洲 张均伦 马毓延
裴玉英 张春霖 付 平 高志敏 韩延波 林 鹰 赵知峰 张永泉 刘德志
闫宝全 王 学 宋纯玉 王德新 宋振坤 闫静敏 胡景勋 刘秉忠

水工专业712班

郑子儒 任 富 李福绵 侯玉芳 李桂芝 吕云华 李长有 孙殿文 孙文杰
李启双 那斯图 曹丰斗 刘传武 翟培恩 邵质彬 李纯库 刘 杰 尤勤杰
韩德志 李 铁 周兴海 魏 震 徐振华 郭守仁 秦善长 张易先 吴湘复
杨化阁 辛志红 张秀珍 张 荣 李志秀 张瑞祥 王凤喜 刘永泰 许国政
孙连秋

水工专业713班

李长英 孙景利 孙宏章 刘广群 赵水琪 冯国斌 艾英超 杨永纯 邹工义
刘淑英 王 健 刘 启 刘永泉 杨文超 李金和 高 俊 张淑清 赵仁义
杨雨双 张 群 李 明 庄国堂 邢俊英 王宝强 包国顺 张忠义 刘才明
高太山 仲跻全 李 本 毛翠玲 邓福生 宋建忠 唐春福 尹载权

水工专业714班

丁兴章 薛保英 高麟诚 刘 戈 袁荣珍 韩景瑞 王玉忠 李安臣 王淑芬
周继明 初振明 吴俊英 张俊发 李国忠 张佩作 刘德才 郑春华 周恩远
张进坤 关宇凤

1975届

水工专业721班

金宇平 刘 伟 高香莲 韩凤珍 孟繁荣 巴晓民 王洪有 初学锋 陈 义
陈贻豪 黄瑞钊 陈玉杰 周景田 陈捍东 张绍生 李化琪 赵连忠 孙建平
戴倩云 刘荣丽 徐宝成 朱玉军 王明治 刘 瑞 郝铁雄 提九环 许景岐
陆国兴 刘景玉 李 秀 谭文明 朴元根 金昌浩

水工专业722班

柳耀国 张守才 白凤鸣 董赢洲 郭文博 赖志营 刘进军 吴南聪 李纯纪
周国胜 刘功贤 王桂花 干雪云 史风梅 王金荣 梁淑芳 张庆敏 柳淑琦
郑美霞 李永山 杨永成 郭忠武 马永胜 姜思平 孙顺法 蔺东成 陆作人
朱才文 纪显庆 傅方明 孟宪成 夏兆君

港工专业723班

赵玉起 唐永盛 郑荣周 林 良 刘忠华 关则强 吴培诚 伍兆友 吴启华
马 彦 于九安 徐春燕 赵素兰 于长忠 夏 林 王忠青 吴振谦 黄耀光
李信昌 彭伟光 刘先潮 董继伟 冷传金 李连生 杨希传 戴仲荣 欧学炎
杨 初 黄永宁 冯湘生 王建国 刘汝国

水利工程专业进修班

姜继仁	付邦忠	朱志仁	方应生	蔡其君	魏作文	熊尚树	赵振吉	陈士珍
马胡振	周鸣恩	卢育国	崔秀清	赵瑞良	都学勤	凌　飞	陈志彦	杨善根
黄振国	赵亮起	王振才	范喜峰	杨铁生	戴国臣	徐盛礼	王文奎	窦庆年
丁永叔	杨　本	张　健	韩中学	张志纯	吴　瑞	许向荣	杨七仁	

1976 届

水工专业 731 班

陈培清	杨香兰	王兴明	刘开武	赵伟民	李继森	刘德成	郭君乡	王胜科
康佳华	孟庆久	周殿臣	王秀文	郭文奇	高文仲	张宝瑞	尹永世	李宝芳
王天时	秦晓春	李中雪	左战军	孙耶夫	张义武	刘宪武	陈昌玲	王长春
李德强	孙庆芳	张香臣	方海宁	梁天水	刘　文	罗旭平	高光明	王海男

水工专业 732 班

王海南	肖卫业	鹿淑理	邵孝治	吴志刚	邵云雷	张宏林	贾平原	严春生
李玉晶	何桂芝	李亨洙	许　玲	郭卫东	曹荣顺	杨世江	高秀芳	任贵祥
刘玉平	曹望之	龙元兴	孙大光	李　波	王杏宗	马文美	周　晶	李桂玲
李伟仁	王玉芳	关大准	娄万武	王久昌	陆浩潮	彭建新	路学思	

港工专业 733 班

裴风珑	郭学明	唐永强	吕重华	刘振声	王庆范	高秀云	盛永钦	李松林
佟　亮	冯为松	刘风琴	钟发明	杨锡安	郑正祺	余　俭	袁华振	陈天锦
王　勇	王秋岩	魏秋生	王炳茹	张泉忠	杨玉玺	林恒彦	黄柱群	黎永光
吴冬萍	冯绍楚	李启基	林建平	杜智勇	向祥生	孙万世	林彩云	

1977 届

水工专业 741 班

魏铁军	周　英	韩娅娅	王志强	杨士海	戈树林	程满金	张　忠	洪素艳
王秀珍	王培亮	金鹤寿	王月琪	董学凤	李喜民	李焕贵	阮桂生	杨连友
周书林	希日胡	孙晓峰	赵进忠	徐惠民	王俊杰	冯贵全	李瑞谦	王建民
崔小文	田荣贵	侯栓勤	马珠虎	杨金贵	曹　利	曲红军	李学仁	孙国成

水工专业 742 班

赵国巨	冷爱华	高　宇	吴德斌	许振理	刘亚钟	蒋　梅	曹建国	马雅山
杨青山	马青山	王金香	王宝泽	韩国志	赵凤英	苏　孝	王富贵	李武贤
王　宏	刘荣国	王建国	廖云英	员德增	周兴福	凌承彬	刘耀莹	孙洪生
汤兆军	于国清	林修建	李冬玲	温淑艳				

港工专业 743 班

郑勇学	林培言	郑传平	周秀芬	刘晓红	郭春斌	房迺金	王效益	蒋　灏
赵真毅	苏宜胜	赵　秋	李友成	孟庆森	孙建修	祖长华	张建中	张家英
魏守平	侍作华	熊仕顶	殷昌华	邱成簖	郑学方	钟玉威	佟书侠	张　萍
马　莉	原军英	王淑萍	陆启玉	刘绍珍	周在丰	高庆华	孙树滨	

港工专业 744 班

吴世勇	薛吉礼	周厚东	蔚永元	李映厚	杨维杰	汤月祥	吴红云	李树林
于春利	杨怀盛	张方红	王　刚	刘　航	陈玉梅	崔步红	陈风斌	李　斌

陈建成 高宝玉 宋绪安 邹素艳 李春泽 钟智敏 郭玉梅 左其华 王连仲
孟繁凯 赵光成 翁林法 王振海 王为善 徐润忠 洪知非 曹后伟

海工专业745班

李 何 张建军 苏丽华 黄士波 黄三平 吴志生 余光华 杨 有 曾崇文
陈国豪 洪 萍 王 芳 吴春野 詹风歧 郭 芳 李树生 王俊业 白福忱
刘喜传 张淑琴 隋春龙 伊才颖 高登山 冷起胜 李克磊 闫 嵛 李玉珍
石爱丽 陈晓平 冯忠海 林治举 李新敏 李大臣 任玉颜

1978届

水工专业751班

王子茹 闵春艳 董玉艳 刘桂荣 杨 莉 迟玉华 陈 力 孙艳贤 苏志会
张德轩 赵维新 李风君 龙立山 张宏伟 李春山 那文杰 李洪义 郭秀英
潘书建 王树雨 苗淑珍 庄曼丽 邓 苹 武风华 宋桂琴 李龙石 李载新
于元洪 于登深 周广仁 吕 琪 李国军 孙 彦 左 力 王树森 刘玉祥
张振西 金述庆 张富平 卢民安 葛贵评 隋国田 沈成能 孙玉生 周晓东
梁德春 施振坤

水工专业752班

尹学义 王蕴建 武龙甫 任钟淳 王福济 刘丽英 仲崇义 赵惠新 王彦武
郭占义 高中阳 贾 祥 张守礼 史卫平 张志全 闫国权 徐 刚 杨继华
张奇道 迟同纲 陈大林 杨宗源 高 岩 贾宽勋

港工专业753班

李若华 刘玉峰 董文庆 芮乃金 丛顺滋 孙淑兰 吕 昌 刘建民 王兴敏
刘吉贵 高贵香 夏恩荣 褚 宁 朱长江 肖 飞 赵丽娟 刘松平 修国华
王风瑞 李景汇 王 重 聂文智 王继京 杨 微 江存森 张志藩 于永志
刘忠瑞 杨 丽 黄卫津 施 滨 孙德华 吴平泰 司云平

港工专业754班

董风林 徐凡坤 孙周强 方修泮 郑宝有 邓富宽 毕晓秋 王立昌 陶乃全
张文彩 雷印安 李晓维 郑培春 田双珠 郭颖新 魏育芒 刘玉军 陈 琦
闫德胜 高迎飞 张成忠 戴建新 陈云来 于锄功 高莲香 刘光明 李智贤
融国栓 白志敏 张艳华 丁桂清 张文祥 杨久胜 周世贤

海工专业755班

傅国祥 王洪顺 汪道奇 秦仁标 徐永清 张日向 沈利德 张瑞琴 张尽为
吴谊山 曹慧军 倪思成 徐玉珍 盖淑霞 李元章 王云龙 高 升 唐兴金
朱连奎 贾东茂 刘 志 康 建 曾文锋 耿淑梅 刘建一 刘肃力 张桂元
杨士昌 瞿明德 贾忠志 张礼范 石 平 唐 昌 康伟志

水工专业工人班

王德福 张春义 刘庆汉 江德友 柏录平 陶恩甫 张兴顺 张显富 杨克利
张乃栋 戴启军 胡全福 单丽明 白喜军 苗荣生 韩喜利 曾繁华 徐显来
齐凤义 曾伟明 高尚彦 佟 渊 吴安和 李荣佳 武 芳

1979 届

水工专业 761 班

李景忠　张克成　杨锦华　张战平　董恩波　李伟平　周维山　王肖平　陈玉平
耿王发　金志林　崔化宇　冀广福　赵志超　李莉雅　朱连初　杨瑞风　谭敬延
陶建人　吴士刚　杨贷富　熊玉辉　翟宝玉　李淑琴　韩青科　王祥安　屈庆纯
孙立才　袁平　郑世兰　吴东光　乔宝成　潘国安　高会民

水工专业 762 班

李成林　苗连和　朱文才　张树春　孔宪京　高景臣　耿路元　尹圣鹤　赵艳秋
单井辉　马延廷　郭秀英　张玉霞　郑柱春　邹吉富　苗建信　张子文　许运涛
黄德华　吴荣范　史艳玲　梁忠德　赵立光　王德武　丁杰　苍恩高　孙克明
何宝明　吕芹　于成贵　朱明昕　章利军　刘风志　李长奎　方显明

港工专业 763 班

李贵　刘义亭　张玉林　张澎涛　张建山　高孝义　殷庆玉　杨利华　姜福勇
谭业明　梁景明　高鸿林　林锋　王绍奇　丁肇富　郑荣祥　姚维荣　郭锡明
何秉仁　李敏　高宝江　赵广敏　刘伟民　曹玉坤　洪福助　郭心州　刘成
王再林　李爱民　杨建玲　赵艳杰　丁玉花　马燕　杨建玲　付谦

港工专业 764 班

张普江　程永琪　臧永坤　王谦平　蒲增有　薛井为　梁作民　林长泉　俞守胜
张明祖　赖江水　李成　藏胎财　陈炳隆　杨志远　王咸义　曹庆恩　张杰
卢玉波　张大明　王瑞祥　么烈　刘庆利　姜志光　高同国　徐万臣　程依祖
庞志红　李德美　郑玉敏　黄素琼　甄建华　陈合文

港工专业 765 班

隋金钺　付光义　张启祯　黄洪长　代东东　罗太贵　韩明运　卜庆俊　曲维仪
黄建汉　张金连　冯瑞富　王永山　梁顾华　邸哲敏　金同发　刘贤臣　林梓华
薛加明　李杨　王玉玺　刘树人　刘厚满　关宝琪　钱晓宾　郭黎　田桂琴
王莉　易风　徐士和

海工专业 766 班

石惠玲　王永志　李景欢　张信成　刘少青　盖凤兰　陈涛　刘江　张斌彦
姜丽萍　肖代新　张丽娟　吴振芳　亓和平　易富山　庄志信　崔少春　刘志安
朱礼庄　马佳龙　缪列权　胡勇　蔡伟　胡光裕　王洪沛　马连荣　王丽香
李成贵　孙萍　周铭　韩杨　赵德文　张振声　王连焕

水工专业 79 级进修班

袁治平　罗振虎　韩振忠　庞兆先　隋国田　屈广强　于英臣　王德财　段丽敏
陶志华　黄佩琦　张秀青　张淑清　李林华　陈经建　梁忠献　王英　刘文斌
文自汇　高泽贤　梅孝威　岳吉林　张进杰　杨立　奚英伟　周惠勒　张翠芝
郭仁东　王树铭　杨西坤　宿政　顾德鱼　晋天平　宋伟　谢壮初　陆作人
刘云甫　马苏义

1981 届

水工专业 771 班

李晓昕　刘志杰　于梅开　张克　孙壮飞　安肖　马显英　关兴宏　徐德富

宋玉琪　丁俊杰　李　晶　余　虹　单　煜　赵永渤　华崇宇　腾庆爽　李振国
杨代立　崔　巍　李朝仁　吕新志　季绍波　刘书学　冯国华　关志成　霍树平
王建平　董延会　彭新民　刘德勇　唐政生　李桂花　关秋丽　徐一春　刘敬廉
王安红　孙　琦

港工专业772班

何光春　韩吉武　江绍刚　李松涛　张　弘　腾志国　孙育民　刘贵所　梁存福
傅育宁　祝世华　王宪年　战和增　王永学　赵悦欣　陈廷国　王巨轮　吴今权
童卓华　王化仁　王再梅　宋向群　姚伟静　盛传斗　史建山　吴再光　邓铁山
林建华　王长立　王　龙　戴毓林　孙保忠　张忠鸣　姜广华　曹亚林　陈　雁
栾曙光

海工专业773班

王　斌　王清旭　张增华　王　诺　宋增彬　刘作亭　胡有智　李　健　于　伟
田彦华　杨立群　单宗富　赵冬岩　郑　理　蒲玉成　李　弘　乔　木　韩建强
赵德廷　王和平　陈　东　黄河宁　陆化普　刘杰鸣　尹学令　顾志浩　侯金林
罗永银　徐跃钧　彭泽煊　董　平　郑勇男　王宏平　张本生　黄友钦　林风春
赵国强　王淑芹

水工专业774班

葛云长　刘永林　赵子安　郭　军　陈东平　倪　敢　孙连福　张　昕　于　华
张秀兰　李淑兰　姜东阳　李天科　郭宇光　张俊昶　于连生　王学勇　刘书敏
闫承大　王长讯　王晓杰　王　旭　范康宁　周燕文　周　科　王　毅　管百楠

港工专业775班

高晓明　张民军　邹宪仁　孙黎华　梁圣复　容　漪　魏鲁宁　时钟民　祈志强
腾　斌　王有力　曹香光　唐　中　郑建华　朱　承　彭松英　章　陵　李作琦
董喜刚　王庆云　王晓刚　向　阳　于　光　胥小培　崔高峰

1982届

水工专业781班

刘忠顺　张　海　韩基正　沈亚民　郭宇光　包旭辉　宋宣官　隋吉学　周惠成
马震岳　辛德中　徐仁忠　田秀云　丛树样　王义新　戚克顺　孙　鹏　李加彬
汪　洪　薛　韬　王星照　郑春茂　张建宁　谈心宏　胡兆球　俞亚南　程　洲
宋彦刚　张建华　李　达　刘晓帆

水工专业782班

党连文　林淀翔　孙荣博　程　燕　刘亚凤　孙　勇　张德霖　卢岫生　李成君
李丙伟　宋桂英　王承华　鲁一晖　胡乡原　郭少宏　李正运　刘起涛　李志强
王志宏　张　伟　郭雪莽　竺青云　丁俊杰　刘剑钊　许士国　宋国营　付声祥
周振高　李矿生

水工专业783班

胡英范　蔡伟达　王云辉　姜文俊　张　忠　汪力恒　董雨林　唐维科　王俊伟
张志强　邹广岐　陈昌林　李　才　董　伟　王家卫　郭艳梅　刘树堂　刘丽丽
周彦莹　韦　伟　刘玉国　刘　勇　蒋振涛　陈根达　杜崇江　彭　放　孙广秀
孙　琦　李中军　牟传智

港工专业 784 班

吴镜聪 颜 立 缪 莘 朱正晴 宋 波 肖东明 郭陆立 谭志兵 贺南光
邵作宾 李 坚 张弘弼 蒋 千 矫德全 陈永福 李 松 杨 艳 徐士星
李新强 鲍明哲 邵君锷 解曼莹 李来武 曲广平 侯 欣 周 伟 宋文令
李作琦

港工专业 785 班

徐 光 董瑞符 金 慧 曾凡巨 曹 勇 栾茂田 文 立 拓正阳 李一勇
朱建平 陆宁齐 徐建文 李夕忠 苗 茁 牛前锋 唐白山 陆河山 曹承滨
鲍玉萍 李华明 金光明 刘明开 张小端 潘湘翎 邓跃民 金文龙 刘志坚
金银云

海工专业 786 班

张海平 林华山 郑义敏 顾跃康 张绍苏 于本江 周 丹 庄 严 金伟良
姜亿祥 周秀艳 吴国斌 陈寒松 王志勇 房晓明 孙 阳 董 进 闻金平
吕 杰 周晓东 宋 莉 李 玖 汪 冶 王志雄 郑勇男 尹学令 朱顺来
王力达

海工专业 787 班

董 强 胡传密 蒋国毅 尹华南 王 蕊 卢义君 孙克实 孙文波 周延东
李淑民 田明杰 王立山 张福然 刘嵬辉 王卫国 徐国田 刘 勤 王海雁
肖兴华 徐 俭 李东阳 崔凯涛 牟勇建 李绍军 王 胜 高兴敏 时恩哲
马忠平 栾湘东

1983 届

水工专业 791 班

魏曙光 田 华 葛春斌 窦华仁 沈广和 袁永博 高元军 李敬升 乔世用
张 坤 程爱民 马新平 甄文旭 翟 阳 王安洪 赵凌芳 张春燕 杨顺祥
张俊广 林 厚 汤喜昆 王 槟 刘万海 张 路 姜 峰 魏晓东 董建伟
刘月才 周东久 颜景栋

水工专业 792 班

陈江之 荣风强 戴元礼 邹宁波 祁世京 龚建新 金志功 田晓萍 于全发
于雪峰 王延福 唐传利 杨大伟 何金祥 郑沛溟 肖 波 刘兆坤 韩 丽
何凤怡 许 明 马振华 战志林 王晓中 唐 尧 张新意 吴虎子 默猛进
张海波 杨 琦 关 飞

水工专业 793 班

王敬武 刘国强 田 池 陈毓珊 李久莲 王瑾生 张 轩 刘国志 于长剑
杨定贵 刘 飞 刘文中 王福庆 李中镇 金正浩 王忠良 张文革 周全新
刘立强 王 琨 李玉杰 王 永 韩兆伟 吴思浩 张立邦 魏现玉 郑贤忠
张富坚 朱范宇 谢方生 周颜瑾

港工专业 794 班

孙传举 黄曾毅 林中秋 夏松如 刘小春 周 旋 胡扬一 王泽光 曾明汉
李春满 徐 伟 汪黎明 徐斯平 潘 勇 王学东 郭大慧 姜明宝 王家凯
王 宣 徐梅坤 杨际卫 金先尤 朱子平 陈小骏 邵仁武 刘 丹 李艳阳

王仁壮　宫国全

港工专业 795 班

靳燕宁　刘广海　刘湛霖　奚　望　曹敬党　赵之训　刘亚平　汤黎君　陈家宏
蒲高军　刘兴华　方文兴　张　东　王春刚　刘振利　顾德军　武　威　蔡　迪
张永新　王　刚　赖群飞　张　帆　李小花　魏丽丽　张路易　郭天栋　郭剑利
吕　波　徐培勇　白秀忠　赵洪江

海工专业 796 班

杨国华　迟君德　柴向春　闫利军　孔繁新　戴丽华　吴京平　崔新华　王利金
柳长青　张宁川　王桂宣　周安毅　蓝海波　沈建华　卢忠敏　候文玉　于忠兴
王　革　薛万东　王伟平　康立生　王明宜　刘晓明　张坚强　张朝林　尹海卿
张士福　王　宁　陈宏盛

1984 届

水工专业 801 班

石保全　宋昌林　张　军　王德有　尚　洁　庞国良　刘冰营　王宏伟　张朝余
张天学　郭宇波　刘德清　刘　捷　朱维平　刘哲民　董志华　石　裕　王晓松
周建平　王成山　孙国庆　衣华为　传建军　陈合春　刘鹏程　贾艾晨　门乃娇
韩菊红　刘　楠　赵树锋　甄文旭　杨顺祥　乔世用

水工专业 802 班

张　雷　朱　林　王凤翼　赵应俊　柳国荣　吴　克　李东阳　李　季　余文成
王德军　胡朝光　谭成得　刘树军　胡志刚　张宏滨　邓　众　彭旭明　刘继山
李士国　万勇成　许松林　杨金龙　张志树　陈为明　赵生校　邹　杰　苏　萍
杨　辉　龚建新　杨　琦　张　璐　耿　直

水工专业 803 班

周　虹　郑连祥　田　友　曹天林　高　扬　孙洪水　马作江　马广成　朴孝元
刘　谦　周　凯　王凤福　陈书平　李　辉　王　越　苏加林　邵龙潭　苏运生
宋新力　周　斌　柴常勤　黄勋林　单宗岑　周发毅　郭　莹　王军辉　王桂卿
金晓华　林　厚　吴思浩　刘　飞　唐　尧　高元军　张　超　刘向东　余文成

港工专业 804 班

孙晓滨　刘建凯　王　玮　张国力　张永军　刘若雪　王瑞敏　施服民　王　勃
张大拓　张民辉　卞亦眉　苏宝璇　王　平　于新和　饶红旗　董传扬　方育平
张　骏　林家祥　孙曼青　赵秀玖　刘　青　张耀辉　张　颖　吴彩虹　杨景秀
刘仲军　张光玉　曹敬党　李　斌　张洪东　颜凯辉　袁海莹

港工专业 805 班

袁承彬　胡建华　张春蓉　钱启莹　刘立新　冯肖涛　盖卫东　董延洪　徐玉华
郜卫东　赵连明　符策伟　潘立国　于　平　钟　莉　刘　非　杨翔宇　朱敌汉
洪　欣　崔玉辉　吕学敏　娄建维　吴亮碧　江　滨　陶　田　顾永东　苗友良
段翊新　白秀忠　栾永斌　刘德瑜　郭天栋

海工专业 806 班

须　寅　杨亚洲　于家良　韩胜德　尹子峰　付　安　王　伟　才向春　王品毅

孟反山 周 宇 张 岷 王 凯 齐铁军 张宝林 李志刚 王 胜 刘道山
温旭林 毕昆本 徐华良 李 勇 孙小平 刘忠茂 曹敏益 黎汉林 张晓梅
金 俐 孙秀竹 邓秀铭 李 迟 李 旗

水工专业广西班

阳启德 王东平 彭 辉 张国荣 马小勇 付茂军 李宏义 苏启隆 覃如荣
付 强 刘小林 郭太仁 崔志军 阳小刚 王熙光 刘国庆 蒋士斌 李春德
黄光祖 黎小春 梁文贤 冯 慧 黎肇荣 温 娜 黄富刚 孙祖冠 韦俊江
周茂贵 林 荣 陈卫平 韦宝平 杨 设 韦英华 赵辉珍 农子勇 何小毅
彭石清 陈仕祥 梁有健 张阳明 黄焕莹 刘德华 黄 坚 吴绪林 黄 劼
黄展峰 吴进球 陶文政 廖 伟 朱敦荣 李卫宁 夏其益 游海香 覃怀中
单宝珍 孙正伟

1985 届

水工专业 811 班

赵贵生 徐岩彬 姜之东 刘宝锋 王明森 聂和平 钱立中 周 庶 闫铁奎
任玉振 滕 河 杨明福 裴长庚 李月强 廉秀俊 司凤雄 张家红 卢胜芳
胡海涛 马桂珍 孙丽君 王述俊 李耀忠 张学义 肖青文 张晓欣 杨勇新
韩永清 曾 涛 王 毅 王国平

水工专业 812 班

刘晓东 张 超 李云贵 李景岗 邱韶光 卜兆良 王世钧 许劲松 齐志坚
李万升 赵利军 张庆良 冯 义 孙运利 丛 惠 王更生 李东兵 孙小强
崔洪敏 龚和平 闫 放 蔡韦田 董继辉 武永存 叶正凡 陆 敏 刘宝军
郭 巧 任 洁 陆 军

水工专业 813 班

吕成东 许小留 王 奇 任福安 王科滨 陈瑜复 钱学智 刘准星 牛殿国
董青海 李 岩 于明祥 孙世发 刘云刚 路振刚 姜卫强 任金明 王金哲
林珍喜 余 平 周 晖 李俊杰 晏国民 刘 哲 周文生 王常义 刘向东
明向军 伍 军 夏昶晨 张英辉

港工专业 814 班

冯德刈 刘昭阳 王 焱 陈云非 李 峰 刘安石 白淙润 辛 实 毛 鎧
杨军志 汪贵平 丁桂保 李建元 董雅文 薛云虎 周 勇 姚根红 陶东武
张 岩 高建军 严惠兰 林 虹 徐少杰 关 晨 杨志国 关曾伟 段小宁
李宏逵 蔡延华

港工专业 815 班

彭振武 吴兆强 刘志刚 皮冬阳 孙玉涛 刘君实 文观进 黄惠芳 冯凌云
胡泽建 王增忠 徐秉岳 沈 斌 陶 俊 张玉强 刘连生 于 耘 肖 青
华伟毅 郭天栋 吴思祥 李芳君 胡玉霞 王发君 管连江 李 黎 潘宏禹
张亦飞 高洪舟 师 斌

1986 届

水工专业 821 班

王祖利 傅 平 付 义 云宪义 冯彦辉 张洪迪 贾伟一 刘艳杰 曲新江

董红建 宋　华 张文洁 冯　英 柳锋波 赵海生 林海泉 陆忠民 张天明
蔡澄清 王　鹏 陶永庆 南浩俊 张　磊 吉尔格 吴　维 张湘安 梁建文
王　毅 王勇为 孙永胜

水工专业 822 班

陈　鲲 陈秀华 贺东平 贾　鸿 康建明 李春龙 李守东 李　青 李凤华
刘春波 刘　骞 马金龙 朴日省 石广彬 苏忖安 苏翔峰 谭翊武 田立斌
吴　强 杨玉柱 杨士荣 张振国 张念昕 张颖军 周晓光 曾兴广 曾　涛
丛玉胜 黄　新 王　强 赵晓玲 陆　军

水工专业 823 班

强典明 吴锦勇 王　旭 许　青 程春田 陶洪君 罗　野 侯建斌 丛广明
张伟超 高旭东 夏胜交 黄旭平 王　敬 杨孝兵 黄凤芝 姚飞红 李如旭
罗茂峰 王国平 石凤君 洪金领 王兴谦 张　钧 杨柯明 李永祖 魏延久
阿里木 韩志浩 郑永文 陈满圈

港工专业 824 班

徐洪海 韩丽娜 高　阳 邓玉峰 娄树林 徐洪海 韩丽娜 高　阳 邓玉峰
娄树林 陈连竹 臧　军 齐彦博 高　泉 陈大刚 周庆文 陈润福 张丽丽
宋　超 柳淑学 陈浩群 于好泳 孟祥东 郐从建 张顺义 袁云峰 姜志广
唐国辉 许志红 何文柱 李建伟 张　能 黄　敏 蔡苏荣 张振峰 王成锐

港工专业 825 班

胡　深 陈广同 孙东海 宋继浩 徐　峰 林浩明 江昌明 邹北川 杨卫东
余炳星 李　辉 杨建中 严建平 严　波 王晓宇 王韶光 黄东生 张华伟
钱　新 黎　英 石　峰 杨志良 张维红 苏　萍 王　鹏 于定勇 周旭东
刘　立 赵宗伟 徐锡汉 郑大庆 查红武

1987 届

水工专业 831 班

许文海 张少杰 陈　涛 徐平波 赵　优 张　立 焦　辉 周同明 苏丽群
窦志明 和寿恩 宋云河 黄松柏 赵　颖 洪理健 李振刚 丁　伟 付　宁
张立海 高艳萍 王晓民 陈德智 汲广明 李　辉 郑永文 谭一武 王新社
孙旭东 李江斌 党振虎 陈满圈 吴顺勤 彭银生 李明卫 李印生 张顺高
杨春平 马选全 顾　阳 张利明

水工专业 832 班

段　彬 吴天临 赵仰宗 魏　飞 孙秋凤 季学刚 陈　江 李志军
杨红江 夏建昆 张子坚 德力格尔 邓永耀 张德臣 陈　钧 杨　辉
张显文 罗　野 刘文庭 马金龙 宋金玉 曾祥锋 佟　强 董元蛟
朱志明 孙　明 苏　轶 徐劲松 徐育平 赵永刚 段国学 牟善毅
李　菡 郭恩栋 王少军 彭晓萌 宫杰生 刘　晗 杨炳君 韩志浩

港工专业 833 班

王　莉 代　斌 顾　俊 张一禾 叶剑平 刘剑锋 张培雍 刘向阳 王志方
朱立岩 李汉涛 黄小鹭 张洪民 宫伟刚 俞枫岩 黄利周 杨　军 郭子坚
刁泽浩 周志丹 何　芳 潘国红 汪　敏

港工专业 834 班

邵春华　尹　林　芮卫东　赵　军　梁东明　费文权　许建得　廖　坚　张英波
陈　阳　邓伟凡　张宗民　金国强　程建林　赵鸿鸣　董建驹　程　品　徐清蕾
惠　凯　刘学著　麻　勇　徐捍卫　丁顺安

海工专业 835 班

李　韦　李建民　姚广民　罗　晨　金建江　何军业　李艳华　袁　彦　曲范柱
刁永顺　张文义　纪永合　汤立新　腾　欣　曹　承　王洪荣　陈再胜　戴小锋
赵荣飚　郑铁昌　丁宏伟　陈卫达　李　文　魏吉民　赵　欣　张喜春　王保兴
乔　刚　姜则才　陈　健

工民建专业 836 班

宋宜良　杨　光　王素月　沈　敏　冯　艳　吴　扬　张大伟　袁　劼　于志强
王晓莉　刘　锋　张乐平　许兴华　苑忠义　宋泽清　张　波　程绍船　阿为民
左宏亮　陈有库　扬　命　孙　新　崔永哲　解永恒　南国珍　林光烈　白鸡旺
李晓氏　王　忆　哈力亚　彭　春　李峦青　金　云　李立学　金　云

1988 届

水工专业 841 班

李文新　张广文　杜志达　贾忠华　文　滨　吴星日　唐筱宁　温进才　宁华晚
郑宏伃　张自刚　徐卫军　邹　丹　杨宪江　严秀生　黄　青　宁　波　罗　华
苏忖安　张铁军　柳厚祥　马　昌　唐旭阳　徐中睦

水工专业 842 班

林嗣华　王卫东　刘　键　蒋　锐　银登林　耿树清　王慧群　张可书　葛文利
陈艺平　任　强　汪玉华　陈新孝　朱方俊　逄　辉　靳忠财　付国云　王巧荣
周春梅　陈立秋　刘德莉　王永跃　曾皋波

水工专业 843 班

宋学军　吕　斌　陈绪高　王中江　阚江鸿　倪长键　刘松涛　张德福　王　斌
叶金生　陈克军　袁培军　朱国柱　郭荣晶　王向阳　李钟斌　连　勇　虞新华
杨　春　张艳茹　张惠英　刘　纯　吕雁玲　姜　艳　王淑娟　陈永彰

港工专业 844 班

樊晓光　邓大鹏　梁泽生　张华昌　胡红兵　尹应军　彭方红　单联聪　李　杨
唐黎明　杨成武　吴　翔　于晓凯　张　殳　刘有捷　郑建平　陈武成　王俊敬
王锡通　方　侠　王红伟　董　博　王希慧　李　莉　史　文　刘　宏　郑大庆
欧　滨

港工专业 845 班

廉玉琳　陈汉强　黄振汉　区超力　苏长玺　高志华　王　东　徐　进　顾汶华
李浩泉　王定武　周海铀　秦顺飞　王　斌　王光宇　孙　谦　邹红军　阳　侃
李枚勋　何伯奇　林少铭　李增军　刘金秋　谈志英　刘卉芳　刑丽颖　方佳鹄
赵丽娟　沈月飞

海工专业 846 班

黄庆国　许卫红　王强辉　马会彩　刘春杰　陈有亮　毕振球　徐维平　徐　捷

梁　锦　任海轮　李果绵　张永华　安立军　柯　新　闫英琪　韩　梅　顾淑兴
张新斌　姚广民　郑中强　潘雄伟　马灿隆　郭志强　李培富　张　舒　孔　源
刘清华　刘英胜

工民建专业 847 班

赵　宏　王国鸿　李亚平　张红霞　彭　军　李大杨　江　鲁　熊学彪　梁克修
辛　红　张　晶　田树臣　张书明　王常青　贺　强　李　波　于宁哲　孙　刚
赵　明　刘　俊　孙晓婕　刘　征　秦本毅　李鸿鹰　沈　坚　王兴明　瞿林华
彭贤萍　王景波　佘　刚　王　禹　许　宁　王茂林

岩土专门化班

苑竹昌　尤敬红　徐　伟　王凯波　白春丽　李　祥　洪文培　林朝庆　吕晶辉
鲍晓斌　崔克刚　孙保东　李红卫　陈永彰

1989 届

水工专业 851 班

李晓晖　李怀忠　周维顺　车正军　黄建勋　李志祥　孤独奉光　唐造筛
陈伟民　蒯俊山　汪劲兰　李为民　王希光　袁晶瑄　吴国继　徐存光
陈家利　李正斌　韩桥铭　柴祁山　银正涛　张宗旗　胡红燕　徐　烨

水工专业 852 班

霍荣金　彭兆杰　李相国　韩林海　常风生　赵　成　刘　杉　马　军　徐进华
孙培吉　徐广志　袁水斌　陈国富　朱耀民　问建进　吴天红　郭荣晶　林　红
陈　峰　张丕毅　金贤明　谭　杰　查理红　宋学军

水工专业 853 班

殷树华　红　梅　巴特加甫　王慧丽　窦建平　江成祥　张　静　李江华
赵　军　苏德玛　刘来宝　王青枝　王晓江　王光华　阿孜古丽　居来提
吴伟东　海来提　马　明　关尽慷　阿　旦　王　庆　木哈太尔　索甫燕
韩爱萍　吴惠娥　蔡　红　曹丽莉　祁丽娟　热紫燕　哈丽旦　玛依奴
高俊惠　史瑞琴　阿德力

港工专业 854 班

徐洪飞　刘兴伟　白宝岩　周要武　张　凡　李　青　黄　蓓　雷承俊　吴海波
周文辉　程昌华　朱善庆　吴路阳　孙玉珍　于永卓　王文卿　田桂平　刘进生
王春新　杨　斌　顾伟国　党为民　车斯文　谢凤章　徐利民　赵令壮　张冬雪
冼朝晖　邱鹏程　王正祥

港工专业 855 班

刘国军　徐　利　彭　俊　王永强　杜华昌　周文弟　胡明伟　李青春　郭卫民
曾益球　石　勇　安义和　钟　青　孙宏伟　王开章　柳黎明　谢　红　林　源
谈　心　付　辛　张朝阳　朱奚兵　谢子山　朱　雨　郑国成　侯　军　李　奕
陈　全　唐晓涛　黄文生　朱炳坤　武旭东　祝之军

海工专业 856 班

张　晓　车明辉　庄振欢　胡　斌　王　敏　苏辉初　张丘海　邓金水　邹道标
史伟明　严　寰　魏宏伟　李旭志　孙德坤　康荣玉　王洪涛　丁志军　臧书哲

张瑞霞　王志勇　栾滨滨　季永震　尚国强　杨文革　赵学年　毕庆国　佟　敬
张海文　廉辑操　李晓林　廖　军　范思民　綦宝辉　李　倩　张　毅　杨　琳
张　敏　顾百刚　徐宝和

工民建专业 857 班

王　祠　马国祝　张　佶　孟晓红　车静云　谢继红　李世进　郭争气　李有福
田丽苹　田玉香　李少锋　叶　光　向德军　刘　岚　惠　岗　姜晓璐　邹　斌
张启时　邵　宇　李壮志　屠五一　牛来喜　郑　海　赵华胜　金　镕　鄂英杰

工民建专业 858 班

李　文　卢福刚　刘慧峰　成润军　张东方　张　勇　滕　霄　王丽萍　张宪文
顾文祥　邹洪涛　赵晓红　王立新　孙明方　丛　杨　王　楠　石　晶　朱贶雄
陈　军　王海飞　孟　宁　陈廷乾　王建中　张　伟　廖海潮　张文欣　涂建平
赵　刚　严文穗　李雪峰

岩土专门化 859 班

李　凡　谢剑德　张宗尧　吴慧明　王　伟　赵光雄　何许人　何绍梅　高　葳
胡　伟　张学凯

1990 届

水工专业 861 班

温福君　牟连营　吴存虎　张利军　崔　刚　谷庆江　高建权　李晓岩　孟庆革
田熹东　周小明　周玉飞　陈建权　竺立新　王永雷　张承谦　王　勇　蔡厚华
肖文君　周宏量　刘　军　黄维军　袁春文　屈志涛　宋文辉　马德有　钱　巍
赵华清　刘晓文　张　勇　李定康　孙晓宇　汪东兴　查力红　王立宇　周　强
银正涛

港工专业 862 班

宋承高　高　科　李　兵　桂劲松　曹宣东　郭兆东　张　亮　陆　俊　史国光
潘旭平　林　滨　吴为真　宋恩以　刘　晋　孙明喜　杨卫东　袁　原　陈深镇
肖计权　胡昌敏　应伟达　鞠忠勋　刘永乐　李建榆　彭仲民　栾加友　郑卫东
陈文武

港工专业 863 班

王　戈　罗建波　王渤涛　高树申　邱晓冬　孙显锐　李　波　黄　涛　任　冰
马立东　朱友松　石　林　姚　波　陈夏波　苏义清　许德木　旷　敏　孙　青
王欣培　黄　东　卢社平　莫文贺　郑章智　梁　铁　庞　力　武旭东　崔珂琳
祝之军　吴丹刚

海工专业 864 班

姜兴华　何　明　刘春庆　孙　强　许朝晖　陈　雷　沈江鸿　郭　伟　周继宏
刘锦焜　马新兰　林兵华　朱玉明　李传文　王新强　温洪声　杨永生　邱俊钦
张小枚　徐宝和　陈婉明　孟祥东　李雪平　杨春瑰

工民建专业 865 班

李晓明　杨国平　王　强　韩少锋　闫晨阳　孙艳华　曹劲松　刘靖环　张雪松
郝守祥　李旭霞　刘　群　杨丹茹　范连荣　刘雅艳　张旭升　张志成　江健华

陈立新　邹春跃　李　平　吴　平　涂赋杰　易应征　李建鹏　江　峰　曹羽辉
苏　迪　邹永发　王爱民　全　刚　董德胜　张型军　李大卫　张　健　崔永祥
巴云辉

工民建专业 866 班

梁耀峰　康永胜　宿　磊　罗　州　朱　磊　孙立新　张大为　朱文刚　周洪涛
刘　斌　陈泽伟　李东升　韩庆国　高忠军　辛浩州　刘　红　陈伍和　陈纪文
胡逢新　单亦农　陈振军　李红慧　杨建政　高　强　刘雪梅　张　煜　陈明照
盛淑君　韩　霞　千小燕　蔺吉军　韩　忠　许守杰　李健民　于松林　赵景波

道桥专业 867 班

邢志刚　宋力和　张新礼　韩　炜　潘宝峰　吕今朝　李　丹　陈　宁　祝　伟
郭　剑　孙宇兵　马恒松　许　丁　黄成民　唐　君　袁文凯　张　耀　刘　伟
张　岩

1991 届

水工专业 871 班

冯建伟　苏中锐　赵艺新　冷　宏　杨景涛　曹　刚　沙胜玉　马　律　杨晓初
王　明　曾　虎　刘　平　吴勤久　王玉文　徐　涛　孙晓宇　张学涛　饶　念

水工专业 872 班

潘世虎　李和平　路　广　顾　旭　付连友　刘亚坤　李鸿雁　黄金美　刘永庆
蒋春祥　刘　钢　李忠贵　邹积恩　白光民　刘昌文　索文革　金　鑫　王立宇
刘立晖

港工专业 873 班

张　文　管永洪　沈培忠　杨志文　徐承玉　王学福　孙　聪　宋　浩　沈财战
洪　亮　许宝忠　赵启彪　张继勇　韩　兵　戴文辉　马　俊　朱忠余　姜海福
瞿爱明　林　魁　杨学军　沈　坚　梁雪梅　赖　昕　张兰英　葛小莉　叶胜瑜
张德超　吴丹刚

港工专业 874 班

郑天立　韩　莉　刘卫东　韩建东　徐志宏　张　涛　赵　雷　聂福海　陈朝阳
张亚峰　吕海明　孙桂陆　宓宏勇　邬志华　杨　安　郭健松　柯燕娜　任宏飞
张卫周　张俊良　励丹阳　曹人华　许玮青　栾加友　郭健松　徐　文　董　胜
马立新　刘　霞　陈文武

海工专业 875 班

张振坤　程启国　张印桐　戴宝刚　孟爱军　章志宏　武军梅　刘月峰　廖轩东
郑利刚　徐向周　张玉范　杨昌辰　王均锋　元　会　姜　伟　阮少玲　冼云山
邱森荣　杨春瑰　周　鹏　宋辅盛　李雪平　黄文波

工民建专业 876 班

谢大东　纪大海　谷天心　齐　炜　杜　鑫　崔永祥　刘新友　蔡智勇　苏茂盛
贾　利　李付章　李万喜　姜居林　王一文　赵智新　金　岳　田洪河　虞　骞
李广良　刘　闯　张建新　董洪文　耿雅娟　鲍　锋　徐　琳　储红霞　李湛群
王正云　初洪革　王新众　毛　楠　潘建东

工民建专业877班

赵洪权 段 炜 王 涛 白向红 刘刚君 袁龙凯 谷卫东 庞 海 卓劲松
杨和荣 卢小文 杨凯东 安学忠 段 升 赵文勇 高秋安 裴宗未 杨东焱
丁朝辉 董彦龙 徐新伟 王得道 高希梅 王金莲 罗 青 庄丽芳 刘丹岩
陈红艺 谢 军 李荣海 刘四新 侯义军

道桥专业878班

于燕萍 尹 岩 郭 莹 张 辉 杜晓光 蒋延惠 张贵范 王树平 熊海涛
林 岚 李利军 张 新 程海帆 徐 涛 祁卫东 李新益 逄铁铮 张 臣
绪连祥 曹建中 范建国 郑瑞清 陈尔逊 陈 庆 王 犇 张彦清

1992届

水工专业881班

张 玮 庞志刚 李家正 刘淑荣 易文明 李廷高 邱高翔 王 爽 朱孟业
赵玉波 李海霞 王应军 王 刚 杨 剑 丁龙江 赵新永 杨力扬 王新奇
毛和义 栗红霞 王迪友 张艳霞 郭岩柏 张学理 郭宏彦 孙伟东 刘胜明
杨 荣 宋卫东 刘少好 经 涛 宋卫东 王 军 王晓多

港工专业882班

李永军 朱晓华 韩 波 杨明旭 杨晓雷 杨 建 赵庆昱 杨 钢 史雅君
温德纯 任亚东 陈晓川 张沃斌 赵 军 庄克湘 陈建培 张翼飞 刘 翔
唐皓京 成崇华 杨 军 刘 霞 吴丹刚 黄闽辉 沈汐波 邢承海 徐建新
周德军 王国利 刘 娜 马 娟 花 全 杨红民 林裕鸿 郭建平 任书亮

港工专业883班

朱 浩 仇劲卫 张树侠 奚建伟 云 勇 张全林 孙洪海 周建国 黄卓雄
王茹军 李 力 陈香宏 陈婉明 刘延涛 王晓建 徐艳杰 林向明 姚燕丽
王树新 姜宏波 张 俊 陈 池 李 洋 伍若俊 刘兴刚 张四槐 周俊波
李 苏 王克勤 吴一兵 丁 晟 周 鹏 傅勇明 刘绍勇 刘志辉 闫峥嵘
张 健 胡 云 陈建强

工民建专业884班

王 忠 王晓东 唐 杰 王宏庆 刘 陈 蔡相久 衣 伟 黄爱国 郭宏洲
贾 磊 蔺 博 朱永红 张 军 潘建东 侯义军 彭建兵 王绍合 贾四军
邹志扬 张伟超 孙 磊 肖晓东 董朝旭 曲凡晓 郭晓峰 高 冰 孙传广
裴 磊 刘四新 刘聪颖 王 欣 宁 里 侯 莉 张运芳 吴 峤 田永华

工民建专业885班

王国欢 刘力红 董连华 李 东 陈 放 窦丽娟 柳敏之 史 磊 谢 旭
胡守君 邓 南 张柯钧 马建明 张 磊 张海腾 王 军 胡宪华 张英华
史 杰 马国红 陈 宝 常玉生 李 军 秦国晓 赵 强 张 鸣 李廷明
李荣海 毛 楠 张彦清 王国胜 麦育林 于小军 李剑中 商文言 张 航

工民建专业营口大专班

籍红梅 杨 虹 齐永新 曹凤艳 赵景玲 王小莉 陈 丽 路前进 孙庆有
李海波 赵卫东 催泽军 刘基鹏 董 磊 丁广友 齐 放 赵延利 李伟义
张卫东 王兴方 孙家清 赵 义 李 祯 孟冬燕 许从容 刘义增 顾东新

王治穷　奚乃民　王晓东　景　涛

1993 届

水工专业 891 班

李　昕　杨蕴明　卢正刚　张文明　唐丽君　白丙海　刘树国　韦孟康　翟维斌
张帮明　杜建刚　韩小鸣　刘辉文　潘万烈　王书华　李小榆　朴三日　张云峰
陈次荣

港工专业 892 班

杨　勇　李忠成　潘靖仁　李水波　杨　永　刘国亭　李善友　翟　贺　尚春雨
张　震　陈　洋　王爱良　朱　峰　兰　宇　张海军　郦　晓　厉泽逸　刘昌林
黄伟杰　王临之　张　力　刘孟哲　王　科　聂向军　邓宏凯　马春艳　杨　波
任书亮　王海萤

海工专业 893 班

田文浩　张建强　马德堂　尹　利　陈善阳　郭建江　武雪静　虞　娟　郭权海
蔡　彬　陈展文　韦建农　李　伟　姜　华　吕娇云　陈　东　刘天云　周继凯
李振山　陈怀忠

工民建专业 894 班

蔡爱民　陈　河　乌　兰　孟祥良　肖文毅　赵剑豪　张志强　迟艳梅　洪　峙
李　岚　闫继征　张　军　何润泽　王　勇　倪燕兵　宋志刚　丁　筱　张大鹏
亓会川　缪大海　赵　兰　郭　彪　邵群立　孙广颖　孙　力　熊小军　霍丽勇
张鹏飞　刘军鹰　张　航　田永华　李剑中

工民建专业 895 班

王　涛　栾声渤　宋育锋　刘云鹏　赵晓明　崔　季　张立宏　陈漫雪　刘雪峰
何志伟　崔荣豪　丁泽峰　原　强　朱　骐　冯涤海　盛波章　魏　星　高永官
顾文义　周　桐　吴天星　李锦普　何文中　于　刚　许少彬　卢明芳　钟津琳
陈　阳　沙绍梅　陈　娟　柳　林　李　军　商文岩

道桥专业 896 班

王秋良　赵　晖　张务民　谢洪光　李景娟　陈根森　郭洪健　李玉华　孙志嵩
祖熙宇　袁晓军　李妍文　冯卫东　孙　奕　藤启杰　王　琦　祝　强　裴　君
那宏国　孙洪涛　林学玮　高建辉　李　宏　曾　金　崔本东　鲁丽华　邢　玉
宋　洋　孙　英　发　生　高春阳　刘邦佳

1994 届

水工专业 901 班

陶　新　张新民　孙　国　蔡　葠　王正林　胡定坤　夏义好　张　涛　陈忠东
关　炯　刘运志　徐洪波　张　伟　冯建武　袁西贵　张红武　王　威　关立军
梁新政　雷　振　靳红强　金兆辉　王建明　马玉娟　许　慧　苏　江　赵丽丽
王海坤　关海霞　李建华　姚国军

港工专业 902 班

庄　烨　张和林　秦世杰　朱光银　林松清　何玉华　张　洁　张建军　李荣平
刘善刚　王　顿　史铁勇　王海莹　贺海平　黄中立　金斌櫟　孙兴闽　徐　伟

刘　岩　穆　军　龙　云　杨玉森　潘立文　邢　军　罗志强　张永进　任　冰

港工专业 903 班

翟钢军　戴建国　王玉川　姜韶华　苏岩松　刘　洋　常雪峰　郑跃强　侯建飞
郎　杰　张　鹏　郭　薇　刘永满　周晓春　雷　鸣　王　超　徐　戈　王启选
苏茂龙　黄林璋　洪宏兴　樊宝峰　孟昭桐　张艳兰　曹　磊

工民建专业 904 班

徐京伦　王晓辉　刘纯升　李　晋　李久权　林　波　张炜杰　张晓光　李　中
刘　韦　李　彬　张大红　刘海成　赵　敏　张永新　魏国育　崔震彤　王　皓
李　巍　张琼芳　赵利英　孙晋玉　孙天军　贺勇军　张国军　田宣政　张　兵
肖　艳　杨立军　谢　华

工民建专业 905 班

张向前　黄丹华　李宇新　张宏宇　吴晓春　赵军华　敖月军　程章银　张　荣
宋家利　李正平　于志强　蒋红心　何　军　安克强　邹积麟　李　锦　王明虎
孙雪峰　王兴旭　朱　江　袁庆春　廖　峰　陈容纯　杜　辉　李红国　王旭辉
卢　娟　李秀丽　傅琳琳　谢伟东　张　冲　栾声渤

道桥专业 906 班

王　江　宁　静　邵志强　罗爱武　时　进　毕克涛　孙　力　高春阳　李开煜
孙靖廷　金　刚　夏绍君　闵祥虎　陈继仁　段志敏　何　明　魏广宇　刘滨葭
杨　旭　郑晓琛　万　杰　刘慕清　李　巍　田常青　张坤桥　庞力福　倪奕涛
刘　勇　张　峰　刘洪勋　王承志　尚文林　刘树彬　朱雪峰　史海波　金海勇
范宝柱

1995 届

水工专业 911 班

张　鹏　席学军　张春明　王笑冰　汪玉君　韩　永　周　威　程玉辉　韩立阳
张　慧　骆德奎　周　琴　刘　磊　安晓东　李秀林　胡立雄　周荣福　唐　宏
李佩林　胡晓阳

水工专业 912 班

黄柏洪　宿晓辉　张志义　薛　薇　张建明　王同刚　陈　婧　毕可伟　刘廷会
冯　勇　慕洪生　唐平康　王　领　陈东胜　庄锡中　张校军　袁流潇　柴伟成
马颖利　苗毓海　伍贵觉　侯文明

港工专业 913 班

齐　岳　王朝辉　李　刚　马永志　任立恒　王迎军　栗　峥　王海丹　杨文斌
周峥珺　范悦悦　俞尧稳　薛　梦　徐宗新　黎裕华　王文朝　刘宇峰　尹文明
梁　桁　黄　洁　周　旭　王　毅　杨国华　孙芝彬

港工专业 914 班

徐　骏　周　蓉　甄浩煜　郭　科　蒋春平　贾革续　王　威　杜治明　王珂琦
黄黎辉　尤松林　胡中超　杨汝广　安景丰　林　勇　李春花　国明光　张学道
叶景峰　吕元林　林梓云　李　旭　李海玲　黄　凛　邓　磊　史海进

海工专业915班

张继春 杨卫红 吴 伟 李世春 孙 强 姜 萌 于春洁 袁文康 钟泉虎 龚家裕 付艳梅 曲建军 王吉忠 曲亚萍 李正升 黄国兴 张耘山 吴远东 何运林

工民建专业916班

韩志勇 孙洪梅 杨永刚 刘小虎 初建祥 周世飞 张国栋 花 雪 张彦军 康 勇 杭仁慧 姜英波 刘仁杰 黄 雷 蔡运鸿 司相华 张绍亮 谢应鹏 陈润培 毛国栋 申康鹏 刘嘉博 李 岩 李成宏 陈 安 陈 鹏 周志国 王英勇 瞿 明 杨丽莉 胡志强 孙艳斌

工民建专业917班

连镇营 赵 全 高会宾 杨金雷 郭海宾 任铮钺 熊 瑛 唐明远 张永林 尹少鹏 李成玉 魏述琦 曹卫平 梁志恒 陈春清 程海勇 王丙龙 姜茂波 周 静 戴承艳 杨中保 廖 涛 冯 玮 董兆昆 石小东 孙 健 赵金民 张金魁 张岩云 金 玲 杨 诚

道桥专业918班

刘 伟 李照竹 韩宏亮 赵良军 吴 波 聂晶卉 王 旭 曲洪涛 邓江炜 杨宏健 史海波 孙志庚 郑大为 程俊鹏 谭 伦 贺 海 金海勇 张宏斌 邹德宏 崔洪海 张 伟 薄守文 杜少晖 朱雪峰 王国鹏 王广昌 唐喜平 迟 甦 郭 帅 孙世和 曹春阳 张傲宁 范宝柱 王 卓 石 静 林海霞 赵圣琦 高恩玲 张秀杰 张启凡

工民建专业大专938班

金 龙 谢 昕 张子勇 王浩辉 韩 芳 邴英南 门 巍 白 晶 李 莹 孙薇薇 王连刚 李宗禄 房 璟 尚 冰 李宏宇 石英俊 张显彬 陈竺丹 刘珂锐 刘行英 魏永涛 王培亮 李兴武 侯 奇 马开志 孙玉成 吕海波 郑海明 李福伟 吴 锋

工民建专业大专939班

王晓蕾 杜英虎 王 勇 闫 莹 霍 艳 丁 利 魏建华 王 鹏 张 伟 林思源 毛建伟 邹 林 刘书爽 王成博 庞国栋 景园圆 甄文新 潘潍升 刘季福 韩雪亮 郑文娟 孙忠亮 孟庆辉 丁颖颖 鞠新伟 袁建东 吴渊极 孙胜义 于炳林 赵红梅

1996届

水工专业921班

彭会臣 田小平 张智刚 欧春平 崔凯兴 常 虎 孟元龙 王 尧 杨先华 薛建军 朱耘志 杨胜良 史光宇 王岸卓 操利华 王联军 吕艳君 艾 莹 李 斌 李天钟 都兴坤

水工专业922班

李国栋 王怀斌 左海阳 陈 梅 王应章 李小白 于来广 王景龙 刘广华 王成虎 张志斌 李冠军 谭 彬 颜国民 王晓华 李晓明 王助贫 夏庆福 姜伯乐 吕忠波 邵惠强 张弘吉

港工专业 923 班

邓平平　李　静　李　聪　黄宇杰　崔丽芳　王洪刚　李海雄　郭大明　牟　兵
汤全鑫　何运琳　季大润　卞应华　顾　斌　邓胜伟　逯静洲　苏　航　杨国平
杨奎峰　徐柱献　朱志海　叶海波　初晓峰　蔡惠芳　江　洋

港工专业 924 班

王昊洁　金　鹏　谢跃荣　王亚玲　李振宏　覃　静　董秀竹　董　成　汤凤春
吕庆颖　宋善柏　吴向中　黄一靖　柏　威　李立基　钱立明　韦正华　卢长虹
刘玉玺　张振斌　石华平　吴　磊　陶　云　胥滢波　关世鸣

工民建专业 925 班

谢　宁　孙　欣　李　晶　陈海帆　艾红梅　苏云丽　崔　婷　田　嵘　庄吉友
刘德良　王　戈　秦高伟　屈　峰　张建军　郭　驰　张　宁　刘志强　高　松
郭忠凯　王宝军　鲍志清　罗江龙　李小广　王德钧　谷亚宏　吕凯歌　李　彬
郭黎武　李金明　苏　永　李贵荣　夏红星　姜　协　于永青　于　海

工民建专业 926 班

孙垂利　易　翱　王志兴　王传军　刘斯力　韩　越　杨　怡　李继红　王华荣
袁　朝　孙　胜　祝宏毅　王　伟　李文波　贾力鹏　侯　冬　吴韶源　田新成
李　轶　林宏剑　张立涛　刘光福　王　谦　李　颢　丁　一　张志锋　桑文汉
张国东　王　寅　周茂盛　王　力　周文平　崔绍炎　王米原

道桥专业 927 班

杨广茂　张　阳　宋光辉　徐春雨　王胜伟　张　旭　张春铁　王　军　姚　卓
孟祥欣　杨小峰　樊志强　武军伟　杨　辉　盛国军　史春辉　崔晓东　宋继平
张俊峰　王　超　董金文　温树生　王启升　隋振海　牛志新　马　凌　罗　旭
付　杰　翟姗姗　李艳丽　姜　涛

工民建专业大专 948 班

郭建阌　周艳平　李　阳　李海英　周红艳　庄兴华　李　勇　王　刚　李凤娥
胡　静　纪　雷　刘鹏飞　林　震　赵俊杰　陶广义　孙大勇　谭启民　邹儒夫
赵青松　孙　洋　胡福斌　李占军　段陶冶　武　伟　戚　冬　段立德　赵　颖
刘彩云　李笑宸　王亚杰　杨　华

工民建专业大专 949 班

张　杰　赵传忠　王全来　周长青　李晓蕾　王　勇　李春燕　李　兵　张法智
张成岩　白玉富　朱小龙　曹继国　王基昌　李广基　田广庆　周翔升　彭泽莹
李志弨　郭庆岭　商兴波　张延利　白和良　刘丙强　赵玉杰　王建刚　孙洪远

1997 届

水工专业 931 班

同　刚　王　强　窦向贤　满玉龙　项　阳　潘永纯　刘　枫　丛德惠　闵晓平
玉仕炬　邢　燕　宋春红　王大刚　冯　皓　黄树友　丁毓良　金永宏　陈维江
金　涛　张涵钊

水工专业 932 班

王忠涛　陶晓春　任永青　齐庆宁　王耀举　王现领　黄晨曦　于生波　陈承宪

王　海　徐　丹　王南江　朱洪锋　李　勇　栾一涌　胥忠国　赵生华　张华质
杨燕舞　张弘吉

港工专业 933 班

姜玉河　贾学斌　胡殿才　单志浩　岑德前　梁胜发　邹海江　罗　本　张灵辉
杨云安　祈　冰　冯耘霞　邵若莉　吴东远　刘洪杰　徐连军　张　华　乔洪海
陈康健　姜云辉　庞　巍　姜　勇　李　论　孙　健　王维彬　陈　伟　藤爱国

港工专业 934 班

张世熠　李　琛　梅志能　张明强　冯立存　栾雅娟　国　瑞　林政金　谢劲松
杨　庆　梁秋华　陈少鹏　尹汉军　吴伟江　何　捷　顾　勇　邵　亮　刘　强
刘　洋　梁　栋　刘忠鹏　仝东梅　潘根强　张海英　田　圣　韩玉斌

工民建专业 935 班

李赞非　文　兵　肖飞鹏　蒋瑞起　李　鹏　赵将勇　金　銮　刘佳毅　吕大为
孙　静　吴亚群　于海雁　赵世杰　常　胜　曹孟君　王志伟　孙其锋　何铁春
张继斌　闫伟才　戴玉峰　叶育涛　孙宝平　李高峰　孙金伟　闫　伟　邓安泰
齐恩杰　潘　鹏　许　鹏　甘岳山　梁德栋　杨晨丽　董小海　董　海

工民建专业 936 班

颜　娟　倪　娜　邱　菊　李　雪　徐双全　殷峻暹　战　旗　李百震　刘　伟
孙　磊　陈升远　陈志峰　原学武　杨校军　王战生　王　霆　高重一　马庆斌
王　越　孙　鹏　李文惠　肖志刚　刘志锋　赵瑞林　彭良兵　程绍岩　金代军
王进展　周君辉　唐峥雲　林　旭　焦振坤　张　建　刘　扬

道桥专业 937 班

曹　冰　单联伟　李　念　章文斌　张俊杰　左谓志　王志刚　李　猛　李　莹
李　君　梅秀民　邱顺冬　童志华　余永进　王晓辉　李　康　王小华　张　胜
廖太平　施可立　周　权　尹志辉　曹玉忠　黄国庆　曹观营　潘　浩　王志刚

1998 届

水工专业 941 班

张宏战　靳　军　李　阳　王　轶　赵　丹　张瑞瑾　肖尚昆　王　鹤　刘　君
王　超　金艺花　佟胜凯　于　宁　陶明星　施林祥　李秀霞　房克礼　卢立冰
窦连辉　王俊垒　喻　啸　孙小三　刘　强　方林飞　刘绍舜　丁陆军　韦　谋
陈德银　张　建　杨延冲　农宝凌

港工专业 942 班

胡振红　祈　祥　芦志强　田英辉　陶迅文　王　海　张宇宁　张　杰　孙昊苏
徐振华　顾宽海　朱汪来　李顺嘉　李计兵　许文杰　李春玲　孔令学　刘军保
吴尚林　邓远征　肖芳玉　欧日强　张承兵　付　宇　郝　军　刘　骏

港工专业 943 班

屠　晟　许国斌　韩满生　张文斌　黄　建　张　弛　王　瓒　霍　红　张晓莉
李建军　林　刚　胡华峰　汪生福　陈鹭缨　黄　敏　丁瑞明　董志伟　仝成才
黄　海　沈海清　胡　昕　莫国强　王冬松　张　璞　高　威　黄国兴

海工专业 944 班

安　伟　张铁铸　尚海涛　刘晓海　王蕴生　赵乃东　丁生根　徐政峰　杜国平
王　斌　陶付文　邵怀海　贺　洁　陆华纲　谷秋芳　于　皓

工民建专业 945 班

汪　源　宋永刚　刘亮卫　李　军　朱云东　邵　猛　孟　楠　杨　东　吕增友
崔宗涛　宋　喆　张树忠　邓永旗　胡　江　孙亦民　高　岩　顾兆军　宋　光
孙健伟　张宝珠　赵　寅　张　波　颜　斌　吴　倩　张　扬　单慧敏　王文武
元明军　梁海栋　王　丽　张　震　于全超　孟庆典　刘大为

工民建专业 946 班

穆凤军　张德生　张　铎　桑　涛　白　昆　朱海龙　于　洋　刘铁锐　禹永哲
刘彦金　韩光翔　吴巍威　蔡云帆　杨叶萍　王　昊　王　永　郭启军　姚云龙
刘　宇　王国文　张海琳　王　艳　肖　峰　商　华　郑　大　马靖春　陈　军
王　强　王　雷　郭　锐　张辛明　贾洪涛

道桥专业 947 班

尉红衫　马志刚　邵沛洁　刘颖浩　韩蓓蓓　卢世浪　刘　涛　孙海涛　薛东焱
郝春泠　付佳伟　路圣朋　吴建伟　侯　敏　许楚坤　谢劲辉　孙仕强　伦云霞
胡义德　陈朝辉　邬浩军　刘三益　李伟强

1999 届

水工专业 951 班

赵晓云　刘景瑞　牟宝权　孙庆华　葛　鹏　陈文熙　赵卫强　舒　铁　徐锦生
朴世万　马喜峰　那　冬　金　哲　乔立伟　吴喜德　曹　洪　孙益振　张　立
林声艺　马　骏　叶子青　黄治宇　牛运华　邓　诚　李济熇　黄元枢　陈光明
胡　炜　王大为　宋红纲　农宝凌

港工专业 952 班

董承赟　张　海　李　明　宋　芳　尹忠欣　吴　刚　周立屏　董洪武　安　明
姜伯枫　张连嵩　王红岩　闫　伟　张宏斌　赵有明　窦　鹏　薛飞宇　樊仲勋
杨荣君　彭静萍　王进军　张雄辉　陈开明　宋泽杰　张　波　吴尚林

港工专业 953 班

韦明华　景耀东　王　哲　赵　娟　韩绍强　陈宝泉　王春涛　杜志鹏　沈　威
孙　璐　孙秀瑛　孙红钢　王志刚　闫　晔　张　波　郭　涌　刘春林　刘正国
董志强　王文瑞　郑玉江　黎志刚　陈伟彬　肖永刚　刘　勇　王松青

工民建专业 954 班

曹　伟　王　前　崔若熙　张　岩　谭喜峰　张晨明　李军峰　路美丽　韩　凌
单纯昊　董福琳　隋　欣　李迈新　任智勇　李　响　姜　岩　姚立锋　李　勇
周春阡　曲世娇　潘永刚　缪　徐　周静波　童吉强　董存良　李建峰　马建卫
李　蓒　施利斌　蔡光华　肖军明　刘大为　胡　江　彭艺斌

工民建专业 955 班

许　颖　周　阳　王　磊　许倩华　郑　康　白广军　李建波　魏素梅　邢福国
吕俊武　郭　伟　姜炳阳　寥　鑫　罗　华　李荣旭　刘英奎　何　阳　化光兴

张松岩　赵　强　王成武　鲁　正　娄　峰　马　锞　谢　明　黄晖宇　林　涛
龙　磊　吕成发　宣　强　王玉玲　赵日崇　宋　喆　孟庆典　孟　楠

道桥专业 956 班

王清泉　尹志宏　朱大志　陈　涛　宁玉京　刘乐天　万太阳　路　新　彭　铁
田锦丰　宣万龙　张江潮　方金苗　王俊强　司　奎　徐德标　王　健　陈忠星
张　岷　刘志豪　关晓辉　张　凯　詹润涛　韦杰鼎　邓清泉　钱　鲲　李静波
张春峰　张永为

2000 届

水利水电专业 961 班

张贺强　郑艳娜　薛琳丽　冯晓莹　姜殿成　王业红　张家宏　栗　勇　宫国铁
王　琦　庄　年　李晓勇　谭志军　刘牧冲　吴明喜　王东军　徐建华　刘节玲
姜　娟　王　广　胡晓强　何忠富　曾　艳　刘卫星　韦楚来　黄华琼　陈荣高
马小超　唐广盛　周长印

港工专业 962 班

彭再华　赵　鑫　王作力　杨长义　赵培庆　赵华智　陈　宁　张鹏飞　李东星
魏国欣　薛天放　叶　霖　姜福铎　董文辰　于春民　王立民　仲其安　周正兵
赵　伟　潘鹏云　赵晓飞　涂敏生　庄正勇　李业富　夏俊桥　黄金生　林乐伟
杨延堂　宋宏伟　王　雷　薛飞宇　宋哲杰

港工专业 963 班

陈际丰　王新祺　杨占胜　孙庆良　何　波　李瑞刚　魏鸿儒　王梓晗　汪　涛
葛宏征　李贺东　郭　放　刘　宇　刘　剑　吴希尧　佟世祺　卫学亮　林剑艺
吴朝阳　范　瑜　刘术俭　魏峰先　韩炳辰　朱　伟　豆　锋　刘　圆　刘年飞
闫江华　陈　青　李　浩　张荣立　骆建伟　冷　峰　姜伯枫

工民建专业 964 班

崔晓迪　李向阳　王德海　魏建武　周立华　贺冀鹏　刘玉峰　王丽勤　刘子乔
于庆洪　王晓洁　王志刚　周萱葳　李　磊　张　琦　彭菲菲　于　欣　唐　淼
马　超　霍建锋　朱荣华　洪　春　鲍金军　王伟峰　王　伟　周长华　于红海
耿艳芬　卞利军　李滨飞　江灼宣　陈石坚　张小刚　王　荣　黄鹏伟　金增祥

工民建专业 965 班

赵　忻　杜春林　赵湘慧　姚　涛　高　博　刘贺宁　张亚飞　屈　薇　赵　阳
杜国付　李晓莹　勾　莹　何　威　周志丹　王　乐　李　勇　于世铭　孙媛媛
孙世建　宋福臻　孙科宇　关立军　张　宝　曹　承　张永军　刘大榕　钟　震
张勇强　徐明元　薛永成　罗增文　老俊聪　周旭东　王晓利　詹海燕　孟庆典
郑日男

交通土建专业 966 班

郑卫峰　李晓莉　李志峰　牟海泳　胡志国　刘占阁　阎王虎　静国锋　伏首圣
刘金秋　王　涛　姜东利　张　为　吕　佳　王　雷　高纪兵　答宏良　李　震
祝　兵　邓维锋　朱卫国　王　明　王跃台　王京元　张艳君　王英杰　杨　旭
王　艳　万其柏　范金军　周　伟　代廷伟　马媛玲　何　斌　王乎强　姜福照
刘志豪

2001届

水工专业971班

王　良　吕传亮　赵　妍　武新宇　宋　涛　王俊波　田海城　邵　望　沈　骥

张慧敏　胡顺志　张　勇　赵宏伟　龙小红　彭　勇　雷路平　曹艳辉　宋宏金

韦佳安　岳新兴　陶　华　王会利　顾妍平　姜　娜　孙　钢　崔　迪　王小琳

刘大夫　郭晓霞　胥巨龙　卜　枫　莫　丽

港工专业972班

孙英广　王　晶　刘洪义　谷志伟　李　鹏　王绿卿　周明坡　秦　娟　高　磊

操小峰　徐宇轶　郑海涛　王　新　刘　伟　赫　楠　张　涛　徐天畅　汪　源

李一帆　冯家权　陈　光　潘宏喜　张成刚　孙　毅　刘振宇　刘　强　施佳生

赵培庆　林剑艺

港工专业973班

张　伟　张　杨　杨志君　孙大鸣　杨　新　顾峰峰　叶旭东　王世水　路江龙

黄中春　宾　炜　罗　柳　孙永旺　谢　超　刘国辉　张积庆　周利华　王晓峰

孙　亮　张　鑫　董晓梅　刘　康　金　嵩　吴　淼　马健超　许建国　杨升东

宋泽忝　杨延堂　骆建伟　葛宏征

工民建专业974班

孙国栋　童明志　张　蕾　王晓东　哈　达　王海龙　张宁(男)　张　磊

王　争　林　涛　潘正其　傅云炜　罗良红　刘　春　刘　冰　李根华

秦　志　张晓韬　董　伟　曲　扬　孙　敖　孙仁锋　张晓伟　郑　扬

刘　泽　高　航　官　兵　杜　涛　石俊峰　孙茂华　王岳华　张　宁(女)

朱　莹　潘　旭　张　克　刘子乔

工民建专业975班

石　磊　吴映栋　赵　杰　李晓光　韩俊彦　陈　龙　马兆标　业明俊　俞建华

洪日辉　孙明君　徐　蕾　郑红华　许雪军　陈志海　赵鸿宇　杨　斌　刘宏伟

倪骁勇　黄锡军　刘雪峰　王维树　曹　禹　郑晓冬　梁　冰　蔡　君　高　诺

吴　昊　王正芳　芦世海　秦卫中　谷　磊　胡国芹　邹　钰

工民建专业976班

翟大鹏　张维福　温宏伟　王艳军　徐业聪　郑　科　曹雪虎　吴守杰　林赐铭

宋惟青　迟安道　朱清德　胡　涛　黄玉堂　鲁　艳　王世嘉　张君才　刘　敏

吴广强　赵　平　洪　帅　李天助　董雪莲　刘　琳　苏　畅　李　月　易霞刚

梁　峰　赵贵阳　姜　枫　孟宪宏　贺昭辉　王玉松　孙照华　李　煦

道桥专业977班

彭汝富　温希然　邵洪春　赵瑞峰　李盼到　张成鹏　马晓刚　徐慧宇　崔增玉

王建文　王迎春　陆海勇　孙海明　姚永丁　李敬峰　郭慧乾　汪卫华　曾邵武

赵　华　钱江虹　孟宪明　柏禄海　夏天山　李　东　宋亚光　孙立刚　张吉春

白云峰　刘同霞　蔡黎旭　井秦阳　刘志斌　李曦辉　李长伟　李维强　刘志豪

2002届

水工专业981班

李良伟　刘建卫　王　爽　赵瑾璐　厚　童　李　刚　闫春程　王　东　康海冬

王顺华 王 云 方 兴 胡 霞 毕 特 杜运领 李建元 孙玉明 黄加球
唐 雄 廖胜利 王 亮 赵学昌 杨 波 曾广鹏 郭太英 吴 娟 张晓刚
吴成智 隋 意 武云艳 牟 猛 张晋阳

港工专业982班

戴凤波 李学鸥 赵瑞增 董汝博 冯晓龙 商剑平 夏悟民 姜 霖 于福志
王 臣 谢 勇 刘少聪 林伟堂 林绍华 顾玉龙 胡 鹏 成浩文 乔 帅
张 波 曹文秀 王 凯 王家鑫 薛 桐 姜 波 王 毅 金长宇 徐 博
李 绅 徐 嵬 王 新 赫 楠 胥海林 潘宏喜 田大正 隋 军 徐宇铁
车亨燮

港工专业983班

李爱民 王连成 来庆刚 马永平 王 俊 张茂干 康爱荣 邓 浩 卢 鹏
林兰涛 昌黎明 郭中伟 杨作鹏 夏远志 于 龙 乔冬喜 沙运卓 陈 雷
吴 彬 刑占东 孔繁涛 齐 斌 付俊峰 张 俭 周易贤 冷 艺 李晓亮
李玉亮 吴 洋 张积庆 张成刚 孙根勤 谢 勇 刘 岚 郭中伟

工民建专业984班

郭 冲 张永辉 李洪波 梁 磊 冯丽馨 付晓明 张永宏 王晓丹 张宏宇
吉 峰 卢光明 刘小杰 徐先生 李 威 刘 勉 钟 健 刘赫凯 王林卓
邹 颖 甘 泉
相 彪 赵 辉 苏 新 吕福钢 耿铁锁 于海滨 杨 阳 刘连明 刘志臻
孙 峥 张昕焱 徐广智 潘云峰 林海斌 刘 慧 刘 冰 蔡 君

工民建专业985班

杨春喜 王永伟 刘琳娜 刘 妍 郑喜鹏 胡 皓 陈国周 饶 菲 钟迪帆
荆 皓 肖 岱 贾宇峰 宫兴利 刘天宇 徐博瀚 韩 雪 齐 非 李 超
顾斯奇 李金宣 李 刚 王 冰 姜少林 王 洋 信 书 李培勇 郑 爽
权宗惠 曲 鹏 包 月 周 鑫 徐 勇 韩 雷 吴岐贤 刘紫晗 鲁 艳
杨跃森 石 磊

工民建专业986班

周守凯 朱 轩 孙根勤 林旭武 李孝启 吴南雄 杜得刚 郑 辉 曲 鹏
刘 飞 徐 斌 濮 哲 毛 烽 袁 磊 林钧彪 吴 浩 任鲁宁 汪 淼
张振东 赵 晶 李 剑 李大洲 尹月婷 宋长杰 王 伟 赵 鹏 李京昂
王兆续 刘 岚 王竞男 陈 翔 丁 宁 于 涌 于惟惟 佟承武 宋椎青
胡 涛 王 烽 吴广强 梁 峰

工民建专业987班

臧传玉 邢树军 田 杰 王英伟 姜 钧 徐伟斌 金 令 王培晓 赵西增
侯敬会 王永强 胡国华 郭子华 段志刚 马瑞奇 郑吉楠 党元元 耿立涛
王振宇 左 志 金 泉 苗 岩 李 程 张 森 齐 锋 崔 巍 贾 鹏
朱延超 孙 卓 邱文彪 冯连祥 宋 鑫 王 美 孙 宇 陈红星 赵瑞峰
李 东

2003 届

水工专业 991 班

赵瑞存　闫会宗　王曙光　梁静敏　刘盈斐　夏云秋　赵晓宇　高婧婧　陈金宝
陆新佳　丁　威　孙周锋　康　飞　王建佐　仇瑞红　李学涛　汪红宇　刘　一
黄凯文　王江清　向晓辉　洪甘林　罗献忠　刘杰寅　聂　影　孙　娅　龚　关
彭　涛　高海军　姜　鹏　苏　展　夏　辉　陈明哲　郭　锋　宋宏金　韦佳安
王　东　孙玉明　唐　雄　曾广鹏

港口航道与海岸工程专业 992 班

张慈珩　徐雪蛟　耿宝磊　孙佳锐　韩　亮　韩春雷　李晓峰　祝洪军　陈丽琴
武　明　宫再东　王孟杰　金　丹　江小星　曾鸣星　韦伟鸿　曹凤帅　任　哲
丁士杰　王政川　赵　佳　闫　磊　岳　莹　姜　巍　王　嵩　张天达　海　岩
李晓慧　赵东晖　朱宇明　臧　芾　刘　冲　刘国宝　赫　楠　陈　光　李学欧
冯晓龙　昌黎明　谢　勇　林绍华　罗召平

港口航道与海岸工程专业 993 班

杨　宁　李洪声　马　杰　卢玉海　王　永　缪　琛　赵瑞增　孙　冰　唐国磊
胡英杰　杨春霞　罗召平　宁辉滨　许　科　周春霖　张国权　鲁之如　孙民旻
李树军　王玉刚　孙明坤　杨　懿　艾丛芳　齐　越　郝方芳　潘　澍　李林林
李雪临　赵　序　邱焕龙　那　莹　段志刚　夏远智

土木工程专业 994 班

郭　辉　刘庆云　信　任　武金锋　安耀波　王进琦　丁子文　敖仕涛　刘　武
孙　进　栗树文　张保伟　梅秀道　周伟峰　韦　明　白朝元　孙宝建　贝伟明
林树新　朱耀国　陈　亮　杨　勇　王　为　于圣军　赵鸿亮　司建伟　苏　哲
李　绅　郑恒楠　王　晶　李　男　宋　婧　叶　雨　李　博　李学军　陈　磊
孙嘉蔚　李　爽　苏　新　陈　翔　李玉亮

土木工程专业 995 班

张　翀　侯连军　仁风拄　安景峰　张　良　洪　健　冯亮亮　张永杰　叶华静
温永滨　牟　达　魏金武　周英武　李大尉　张安玉　谭　剑　于　贺　王海成
贾晓艳　张春健　陈　飞　陈元素　薛丽娟　王海蛟　苏丹丹　李仕成　崔雪娜
时　磊　杨　彤　孙亚峰　霍志刚　刘　芳　王　坚　马祥禄　刘　洋　张惠刚

土木工程专业 996 班

姜　鹏　冯晓静　吕　坚　吴　彬　金江林　刘旭东　崔　颖　姜海西　陈昌奇
王成远　李晓辉　张雪利　聂云峰　陶小兰　张　斌　何建龙　任红梅　赵　鹏
周芳忆　程　石　伊兴伟　付　瑶　李　冬　王　骞　时　毅　李方舟　臧　姮
于　栋　周　鑫　胡志超　金　川　李海林　陈　涛　王洋阳　吴　波　曹正国
牛京国　赵瑞峰　来庆刚　姜　钧　刘　飞　于福志　张　波　张　淼　孔繁涛
张　俭　王　毅　曲　鹏　徐　勇

工程管理专业 997 班

田　鹏　张　欣　吴辉宾　郭德强　费学术　洪国强　崔成国　吴晓琦　权海艳
沈湘筠　赖万英　陈志勇　赵孝龙　姜　蕾　张　倩　冯士森　孙一宇　佟　岩
郭炳球　衣　千　付才晓　陆　洋　王兴宇　张明媛　杜　超　王洪成　孟祥春

王　竹　王鑫钢　邹　正

暖通专业998班

司义鑫　王宗山　田立国　陈　星　秦冬梅　王李龙　吴益冬　王彦平　孙　鹏
邹国良　吕铁成　朱凤英　彭　俊　安　辉　汪　滢　赵光鹏　刘　铭　田　鑫
刘　名　金祥鹏

2004届

水工专业0001班

刘　勇　刘晓光　贾　琳　金　刚　祝云川　张雪垠　乔元峰　李占英　陈业松
黄　成　张　俊　张丽娜　刘新云　李红霞　刘　呈　刘顺萍　胡春红　谢柳林
朱先文　石　立　付　斌　黄　兵　刘权庆　韦道恒　赖增科　杨召冬　王　旭
崔海涛　李　伟　邹晓临　何晓宇　解中辉　赵晓曦　洪甘林　杨兴中

港工专业0002班

孙英伟　郭立栋　李大雪　唐　臣　杨　艺　柏龙武　张　辉　王常刚　李　杰
邓　勇　周伟龙　詹海宁　张　梅　周玲娟　王　智　程一轩　褚天舒　李　冲
田　丹　孙　雷　张云路　楚维国　刘　廷　赵　晨　黄有堂　赵喜来　林　森
于　博　吴　迪　赵　洋　董艳玮　徐　策　刘丽娜　刘　瑜　徐　林　王孟杰

港工专业0003班

李红川　张志军　李春保　朱文泉　龙海永　袁文龙　李　巍　王昆明　张　鹏
李　剑　蔡炎松　肖艳华　杨　凯　杨毓辰　邱永刚　聂　茜　陈乃夫　王达川
罗　鹏　李树巍　李　琎　徐　鑫　吴连颖　钟　政　孟晓冬　郭　权　游　泳
郭　雪　王晓宇　关丽颖　房　卓　刘　娜　吴国松　付博新

土木工程专业0004班

曹　鹏　李　男　任月明　甄　真　姜　波　陈洪根　李景睿　王少辉　张跃红
杨　彬　周广东　曲　铎　刘微微　罗　驰　宋靖华　初　巍　刘　涛　翟传德
曲绍军　张国发　张　艳　韩　超　陈　晨　刘唐柱　张　进　寇岩滔　陈生年
赵维贺　马　亮　何绍睿　赵　龙　孙曦源　王福浩　文智晟

土木工程专业0005班

安丽勇　唐　军　吕建春　郭　莉　张根俞　李　冰　李昭彦　邓洪钧　陶学谦
王　峰　王亚成　卜　丹　毕大博　张　亮　姜海波　靳大雪　薛宇安　谢　刚
杜晓伟　王　楠　孙思海　于　卉　王　昕　金　秋　焦嗣博　许大光　李云龙
程　达　文　谦　李庆华　宋　洋　李泽龙　田　壮　石忠博　金世永

土木工程专业0006班

李长伟　曹学奇　尹机会　陈永强　谢志南　李昭天　陈　军　许应花　白宗琨
王　欣　苏柱仲　杨　磊　张　博　张锦淑　王培杰　李　旺　张　迪　梁　磊
刘　慧　李春炜　王鹏丹　张　巍　马　迪　赵　亮　孙有为　陈益勇　林世森
由德伟　翟　雪　赵　静　廉　杰　苗　笛

土木工程专业0007班

张力维　刘佳音　范鹏贤　柯建平　杨奉凯　王　浩　史存炎　马晓华　邱有根
黄英剑　刘　潇　金尹花　冯　健　孙　刚　张　宁　王绍鹏　宋晓晨　王丽丽

于兆强 杨福欣 姜 涛 杨清雷 王海涛 吴洪翔 徐晓艳 耿 超 沈 璐
邱 珲 杨雅芬 吴 扬 高 丹 史宪明 方国强

土木工程专业 0008 班

张颖辉 石景军 丛九源 孙 浩 黄 亮 施跃强 钟 远 任荣荣 李红磊
龚聪娜 阮宏博 赵 刚 谷成飞 温 峰 周 潇 康星宇 李 玥 顾吉川
李永淋 常万峰 张 宇 梁 颖 宋 薇 程 帅 齐 超 王晓雪 王 宏
伞小雨 严晓慧 赵丽艳 孙福龙

工程管理专业 0009 班

刘 磊 孙晓明 王 瑞 吴庆山 工建东 舒春文 帅学红 丁慧明 巩振君
路 明 欧其麟 胡方芳 谢 琼 高 颖 贺东锋 康 凡 崔旖娜 白 杨
刘凤菊 范 珍 曾 筠 刘祥瞻 李世超 马奕昊 高乐栋 李登川 王 宏
谢 婷 张 涛 宫照庆 孙 娜

暖通专业 0010 班

谷立静 王鹤立 崔永生 魏晓峰 吴 飞 郑洪男 吴永鑫 田 涛 庄 智
屠凌云 丁 燚 吕 波 任 鹏 蒋 爽 王树伟 张 华 于 遥 常汉卿
崔铭俊 葛 涛 王 冲 高会亮 李 娜 管宏宇 李 洋 刘 琳 边 峰
王 翀

2005 届

水工专业 0101 班

李宁博 张晓东 江 震 滕晓琴 李景元 张雨豪 王兆括 孙 莉 郭 亮
徐瑞刚 崔 蕾 王 峰 李 钟 吴向南 姜魁胜 刘伯鹍 罗金平 石鹤扬
钟 耀 潘洪波 聂银银 何天福 李冰黎 林 嵩 张世全 姚常锋 马 宁
刘东华 王 俊 韩雪丹 施立鑫 孙 博 王明磊 李 蔚 殷振刚 谢伦振

港工专业 0102 班

姜凤龙 马 涛 赵会玲 任 燚 李 扬 刘海涛 曹新宇 王 卉 朱兰燕
黄高新 张亚雄 邓振洲 黄 俊 马 亮 王泽江 李金樯 薛海亮 王冠华
张 弓 孔磬杰 孙新鹏 王 丹 于新帅 齐 凯 赵丽玲 邵 学 王 刚
董 敏 董 丰 邓向恒 江晓刚 郭青澍

港工专业 0103 班

左 军 汪海洋 徐立强 杨 彬 蔡 炯 李 莉 曹红涛 程 煜 杨大波
顾荣敏 徐小梅 杨连凯 梁邦炎 朱小松 蔡新亮 胡海宁 于 熹 赵 扬
杨 雨 高成连 刘锦石 王立铎 孙殿昱 沈振华 刘 冲 王双喜 张 鑫
张文丰 禹晓耕 刘 冰 孔 军 李文荣

土木工程专业 0104 班

张思佳 孙传凯 韩同心 张俊清 芮国存 贾志勇 董向阳 王观麟 李 瀛
苏维东 危秋华 姜 旭 侯晓光 冯耐含 富东凯 柳志刚 苗 苗 钟 莉
刘大海 彭 本 嵇雪蘅 冷亚楠 韩云声 姜云峰 王崇帅 丛云龙 陈 洋
李 昂 李大为 李明亮 王 鑫 周光华 刘利明 党小戈 王 峰

土木工程专业 0105 班

林晓日 李春光 王 伟 万家恺 刘晓波 田艳华 李 俊 崔 然 胡学飞
刘 勇 刘 军 肖 琴 谭北宁 王恩涛 李中原 李 毅 朱佳宁 王 涛
吕永慧 田 芳 刘艳丽 葛 晶 代 平 吴 琼 刘开宇 苏 宁 王洪昌
孙传亮 贾 光 刘英杰 田 杨 黄纪湘 于 丽 吴洪翔 刘博峰 赵 帅

土木工程专业 0106 班

谢春华 战晓峰 王亚飞 曾晓翔 杨伯宇 侯双凯 马 莉 邹树珍 张海吉
于志春 王 艳 李 响 陈立志 岳 霖 刘 洋 陶 韬 荣 蓉 赵建禄
吴慎金 任东明 赵文洋 李 颖 赵洪宇 李 强 陈 鹏 何大为 孙 笑
郜力宁 夏广伟 孔庆斌 邹海君 张 威 李邦明 牛祺慧

土木工程专业 0107 班

李 伟 赵 莉 王永刚 崔久春 王 刚 张 伟 饶芳芬 魏 荣 王 茸
李 煜 王 亮 王昌星 夏振海 刘传海 刘 磊 李 冲 葛茂琳 李义彬
李 俊 盛全国 宋岩新 闫 涛 黄庚新 李 颖 杨大为 赵明焱 陈鑫磊
李忠波 司 洋 赵志辉 郁晨跃 赵 磊 康 帅 张永茂

工程管理专业 0108 班

杨 宇 赵 骏 刘海峰 潘 岚 尹阿丽 鞠 平 李 杰 岳 婷 杜会巧
冯浩远 林 强 官尔东 王金明 李轶珺 郭 晨 王 颖 李 宁 张 琳
王 枫 张 雪 刘增杰 王玲力 范 静 刘 明 李 鑫 孟 淼 李仲然
王 宇 白广斌 徐光宇 方大伟

工程管理专业 0109 班

徐 强 吕伟华 孙雨全 陈爱香 汪振洋 李杜元 牛学峰 刘建军 沈 巍
赵石峰 王金献 胡华选 屈才斌 廖德英 韩 健 唐先源 杨 晶 刘 凯
曲晓慧 曲业赟 周 雪 王 鑫 张紫平 程显媛 沙全治 崔 迪 柳慧燕
刘鑫璐 王莹洁 刘春辉 于满江 王元孟 候车双

暖通专业 0110 班

谷彦新 华蓉蓉 朱振宇 刘 超 李志勇 苏棪培 王 楠 汤 亮 程晓鹏
黄智鹏 石明炜 庄 波 刘静君 何德春 贾 洵 董德岐 关宏凯 孙晓东
孟凡魁 兆艳虹 艾 阳 翁玲玲 赵华宇 佟 亮 王 健 林 兵 张雪峰
李雪玲 张丽侠

2006 届

水工专业 0201 班

李国强 管军华 陈 闯 白 虹 范 娜 耿俊峰 王屹久 李浩瑾 张 静
石亮亮 王琴红 朱 辉 谢树磊 刘福海 郑鹏翔 贾娟娟 黄远泽 罗岁丰
胡 江 甘钊南 唐明秀 王钰睫 杨 俊 高 勇 苏宁刚 王永飞 丛月明
杨育昕 王 娜 栗 佳

港工专业 0202 班

徐 宏 王玉岭 郑 哲 徐效州 邓守来 陈 强 潘 滢 马志强 吴春雷
郑永红 谷占朋 王晓冬 苑 艺 谷文强 马 哲 温秀媛 闫 磊 冯 锴
张 伟 姜雪锐 应巩邦 杜安民 白培杰 王瑞军 李芙蓉 莫先红 计柳迪

姚 南 刘 洋 关丽颖 孔 军

港工专业0203班

杨学斌 任小龙 李一卓 武青山 王汝翀 邹一波 邵文成 王文渊 张 茜
曲 剑 陈英男 江 君 张金中 胡曦光 孙 岳 肖 鑫 赵 岩 张佳运
田 龙 王海林 张保华 侯 勇 张秀敏 李彬彬 尹永欣 王凌河 夏庆义
胡 安 秦 强 王 冉

土木工程专业0204班

陈振元 王 兰 由宗元 刘美荣 郭 扬 张旭丹 安 楠 贾 茹 罗东生
夏春阳 王 宇 王德慧 陈思远 王 铮 董 琳 谷 亮 任仕博 王 巍
林长木 邓 昱 章 伟 闻思远 胡 运 苏新宽 杨 青 张 磊 许 斐
翁 鹤 姜 超 万晓明 李正华 郑会龙

土木工程专业0205班

张 洁 李 雷 郑 欣 谢 喆 董 浩 张 赫 刘冰雪 姜成科 高 栋
李 闯 王长胜 夏荣茂 王 猛 董诗洋 徐 波 罗 琼 张士友 李荣达
王雪卿 刘学波 胡维思 强旭红 李 明 邵 琪 李 斌 秦 凯 付东伟
许云成 黄 勇 朱彦博 王 帅 于泳波 张 恒 佟洪江 伊利亚尔

土木工程专业0206班

包文龙 马希宁 吕福强 赵翠英 闫秋实 吴 迪 邢 尧 张玉良 李秋爽
李 涛 李久福 屈 健 刘 楠 顾延臻 李云飞 和佳一 刘 祺 赵丽妍
刘树杰 杨迎安 周晨光 李鸿波 赵 可 孙德壮 王 岩 张 淼 王 杨
于 洋 庄 冲 况丽娟 李光辉 李亚辉 戚军志 丁 乐 边 疆 孙 珣
黄 弨

土木工程专业0207班

赵 亮 杨新刚 李世阳 于仁全 闫 攀 顾 峰 蔡小玉 王晓庆 刘 阳
林 园 王庆余 王仁科 关 聪 尹 丰 张 磊 庄智超 吕 品 付 尧
王 巍 杨铁文 冯 冠 刘振辉 李志华 李志远 王芬旗 张永鹏 尚庆磊
李 涛 陈 熠 官 蕊 王晓东 汤振阳 董 宇 孙道军

工程管理专业0208班

陈 广 秦立江 吴 迪 王艾琳 宋广飞 丛君义 刘焕纯 马 忻 胡乃龙
李 海 邹 蜜 许 雷 祝 嘉 李宇静 陈 伟 饶华亮 王炜芹 张 军
陆高飞 王 峥 苏豫东 刘 勇 李红岩 董 鹏 王晓军 赵 旭 薛 凯
杨 冰

工程管理专业0209班

巴 图 张 鹏 刘 娜 张丽丽 宋树伟 苗 林 葛巍巍 韩 旭 崔 洋
王 栋 农伟明 刘 玥 李 骥 孙海嵩 杨宇杰 李 冲 孙玉威 彭利良
邱嘉荣 杨球武 韦子龙 王 凯 马国坡 赵 鹏 欧家阳 李灵君 母 睿
史洪楠 郑 重

暖通专业0210班

李 志 李文越 孙宇明 王学志 张 磊 钟卫华 李金龙 陈 佳 范世鹏

贾云嵩　关　震　李金哲　吕　品　林　杨　王小林　张　元　牛福新　于世鹏
李建二　薛凤娟　袁　琦　孙金鹏　白明辉　孙刚森　武　鹏　杜　喆　杜　伟
于　水　韩明泽　宋　伟　阿迪力　李　蕊

2007 届

水工专业 0301 班

李万隆　李玉水　何　萍　黄　阳　范　哲　李　夏　徐　哲　宋颖玲
薛燕妮　董文安　林　潇　陈　哲　张正松　毛子首　黄　伟　杨伟峰
程　飞　胡祥正　黄　磊　贾　璐　赵　洁　罗　毅　陆必京　张巧玲
史秋波　陈治学　汪　久　索朗卓玛　李建兵　王　伟

水工专业 0302 班

李　琳　邢晓彬　金　鑫　范厚阳　常　旭　都兴洋　栾　强　蒲大鹏　刘文斌
赵作成　周雪玲　刘国强　李　岳　芮立龙　王　森　姚艳杰　孟丽玮　娄红岩
刘书丽　邓　涛　钟灿文　唐振华　邓　塝　仁　青　苏　涛　朱　姜　邓方芳
彭晓宇

港工专业 0303 班

韦林广　张　岩　郭春玲　吴　桐　杨　录　秦　飞　刘乾烈　刘　丹　张　涛
王　然　柳成林　徐武周　宋绍品　刘兴木　崔　成　曹玮楚　赵忠会　张　宇
章祝君　徐　翔　刘　伟　张　静　程书恒　嵇　廷　梁　维　朱　蕾　薛瑞龙
张上瑜　张悦新　宋　宇

港工专业 0304 班

杨子烨　仲　昶　刘　宇　宁振凯　杨沛霖　付　超　徐晓航　綦　峰　刘思阳
邵宗惠　张晓峰　姜胜超　杨　威　张　敖　王　浩　程洪剑　董永福　毛　利
彭远续　陈伟平　郭生强　王广锦　蒋国栋　郑玉河　廖　明　贺祺彦　毛剑峰
王　毅　罗宗戚　孙孟杞

土木工程专业 0305 班

徐　壮　龚永庆　李晓姣　原　昊　马　奔　刘　洋　房召亮　陈　翕　王　赫
李秀岩　姜伯宵　潘　祺　佟文博　孙家刚　祁英新　林　乾　叶　尖　徐俊杰
白玉磊　王学强　陈孝舜　李森扬　成红双　梁建刚　刘　楠　刁进东　周立阳
谢宝仪　景俊德　李允登　彭亚东　谢宝仪

土木工程专业 0306 班

聂　尧　高淑腾　王　威　尉文婷　白海涛　伊福洋　雷鸣遥　孙吉鹏
姚冬生　李嘉祥　刘晓升　张　建　于海宾　荆　柳　汤　洋　翁　康
张子夏　史继心　马荣伟　李　罗　孔令然　田　磊　邓宗真　匡毓涛
冉　维　平措多吉　蒋方新　耿鸣山　王　新　闫　飞　于　博　王　浩
李志鹏

暖通专业 0307 班

王　奕　任庆元　唐建华　巩皓华　付磊磊　白振华　刘国胜　张　贺　郭　敏
刘　丹　田家乐　张　颖　姜　杰　马文超　王本进　张　剑　徐毅威　崔冰冰
张福刚　文贤国　庞国佳　姜瑞莲　李静杰　孙亚峰　姚　君　赵　威　夏　钒
姚清龙　曲世丹　徐　哲　卞素贞　刘子扬　刘　锐

工程管理专业 0308 班

苏比娜　付宏蕊　张云翔　张依墨　李　光　杨　幸　胡靖宇　张　晓　陈思思
李　双　王天罡　曹胤卓　鞠凤华　刘虹艺　赵永峰　金　昂　王伟明　刘文科
段　铮　黄俊强　黄　祥　艾立国　金　颖　蒋玉飞　周文中　梁　妹　张怿蓝
宫炳睿　刘　欣　付　婧

工程管理专业 0309 班

陈轶群　姚雪岩　杨　娟　张跃威　杨婧怡　孙浩淼　吕　晖　关恩志　聂永超
隋　娇　杨　芳　王　娜　姚　迪　陈洪娟　金晓健　赵小玲　李智芸　曹伟剑
吴振洲　李艳丽　王凤鸣　徐　盼　李　奇　雷　建　陈为多　解　宁　侯庆薇
陈　姝　祁　迪　阿布都维力　艾克拉木

土木工程(英语强化)专业 0310 班

沈　思　赵恩花　杨欣欣　张　磊　贾子光　卢墨池　马　驰　蒋明赫　徐　成
孔　搏　孙增福　谢　飞　阎轶群　康　莹　姜　琦　张丽新　吕　品　韩雪峰
刘晓亮　丁乃伟　姚敏志　周　强　卜令涛　胡进宝　米金鹏　郑　磊　姚海丰
曹庆喜　汪凯久　单　良

土木工程(英语强化)专业 0311 班

赵　旭　付腾飞　赵　峰　王贤聪　刘有权　宋　毅　张　鹏　栾卫德　王玥颖
李鸿鹏　鄂秋乐　陈　曦　徐一泓　江　蛟　张德潭　韩晓雨　王　垒　江佳斐
李　淋　许小帅　和留生　彭祥涛　骆冰阳　吴　熙　董志为　李　璐

2008 届

水工专业 0401 班

阿依古丽　张立钢　曹文强　李晓俊　芦嵬炜　刘　博　陆继鑫　田英明
刘　新　白恩华　杨　柳　庄庆利　肖小勇　杨　健　黄伟峰　何龙军
李晓燕　李　辉　关明府　张　祎　张洪涛　谢子梁　张　帝　蒋剑飞
刘　科　陈立瑾　向　磊　吴　伟　邓成名

水工专业 0402 班

朱　臣　郝利勋　刘　辉　王　勇　肖　冰　初宏伟　张　歌　张大川　张　亮
揣亚光　田　龙　曹军斌　朱元德　曾　伟　贾洋海　朱俊亚　李向宇　刘　洋
陈　礼　陆端妍　宋小兵　陈治全　王文元　张培培　张　爽

港工专业 0403 班

李文荣　张　鹏　田赫男　丛培文　朱世林　陈玺文　刘　隽　金　鑫　吴慎恺
宫治军　刘炳麟　徐　辉　代英男　卫志军　陈　飞　于　亮　邹国良　袁　冬
张　涛　兰金平　舒开连　孙建军　岳浩杰　许国瑞　王　鑫　郭　文　金荣健
向　松　王　鑫　李松沅　陈　琦　吴瑜琦

港工专业 0404 班

王绍伟　刘广博　臧金梁　纪世尧　陈奕鑫　孔艺默　李雪野　王子奂　赵作成
李　博　张京京　任一飞　王丽莉　张　琳　蒋美娇　赵旭东　韩智臣　殷天翔
张　扬　葛晓飞　陈阵阵　骆俊彬　丁文涛　张　舰　姜华林　王　成　梁艳慧
吕权武　曹　捷　程剑春

土木工程专业 0405 班

李　斌　潘　韬　肖　凝　孟　刚　邵　帅　李　森　王　颖　韩廷飞　王　续
胡　君　王　超　林海明　李晓东　崔再鹏　张　爽　石昌文　滕济贵　王　轩
严志伟　陈培震　王泽涛　蔡　奇　马永兴　邱　瑀　杜铁军　王　豪　王　策
刘桂良　郝　然　蔺志春　金子捷

土木工程专业 0406 班

帕格玛　李　淼　高　帆　华少亮　戎华钦　毛　伟　冯昌召　周志军　窦刚玉
董　海　李继超　陈永宇　高　峰　张轩笛　车　颖　李博强　孙俊峰　高维伟
周昳鸣　袁　立　李运超　刘伟伟　许　德　胡秉偃　顿　珠　常清睿　周　平
袁　健　吕　剑　边冠博　鹿晓雯

暖通专业 0407 班

孙　艳　王振江　李　鹏　杨春华　林　娜　田晓旭　张　乐　孙晓倩　李　凯
贾　犇　李赛男　孙　飞　凌振宇　张恩宇　沙　源　杨文超　迟光亮　杨奎奎
王继红　周志寅　俞剑文　章贵明　杨艳强　王　凯　高　强　王　雷　钟雄然
孟庆鹏

工程管理专业 0408 班

曹兵兵　马　研　刘　超　陈　莹　胡晓娜　孙秀丽　张婉冰　安德福　秦国伟
张　阔　任志扬　刘　丽　胡英杰　孟珊珊　王　雄　叶公伟　刘大伟　吕　杰
赵　勋　赵　辉　黄　潞　高永斌　唐　波　张　笑　谢兴华　张　俭　姚宝俊
程晓亮　杨　雪　李　晶　朴花英

工程管理专业 0409 班

热米拉　王艳宇　刘迎明　郭少华　游　丹　路　辉　于　冲　王文盈　郭晓旭
徐世鑫　王凌飞　谢　莹　车胜瑾　何春晓　李　飞　李　昂　唐丽丽　陆　舟
舒俊江　汪和金　史琳娜　黄　辉　何　阳　周金华　孙翠萍　程雷航　闫邦建
刘聪隆　于　菲　霍　燚

工程管理专业 0410 班

徐振清　耿纪川　陈浩宇　赵凌雁　郭　洋　范　哲　徐　宁　刘　林　吕　游
车东日　何　强　王立彬　明宗松　赵　乐　刘　倩　朴　正　张　乐　于斯滢
杨　勇　李　明　汪灵光　白胜强　陶　振　刘若旻　吴　彪　吴青华　张　羽
朱　航

土木工程(英语强化)专业 0411 班

贾树森　张　琨　王永峰　徐远征　苏　妮　谷玉春　谷　鑫　杨　洋　刘家骥
刘传奇　祁志华　赵　磊　张　悦　郝亮亮　张振宇　温　晖　赵晓楠　郭　磊
金　钊　王　凯　仇高飞　张　涛　丁　勤　曲新钢　梁丙军　石启涛　刘云云
丁志全　武　剑

2009 届

土木工程(英语强化)专业

徐振清　耿纪川　陈浩宇　赵凌雁　郭　洋　范　哲　徐　宁　刘　林　吕　游
车东日　何　强　王立彬　明宗松　赵　乐　刘　倩　朴　正　张　乐　于斯滢
杨　勇　李　明　汪灵光　白胜强　陶　振　刘若旻　吴　彪　吴青华　张　羽

张 琨 王永峰 徐远征 苏 妮 谷玉春 谷 鑫 杨 洋 刘家骥 刘传奇
祁志华 郝亮亮 张振宇 温 晖 郭 磊 金 钊 王 凯 仇高飞 张 涛
曲新钢 梁丙军 石启涛 刘云云 丁志全 武 剑

水利水电工程专业

张 贫 何 兵 倪靖宇 贺彦婷 宋 妍 李 佳 赵凯华 王云闯
次仁米玛 赵 丹 黄 勇 王晓盼 王剑林 仲 佳 何向阳 龙艳玲
于通顺 松阿扎巴 李 锋 黄 维 仝真真 姜安国 王留洋 徐继文
杨 洁 包胜利 李成栋 李安民 唐 瑜 牛 博 郑 巧 简翰笙
宋轶充 达 娃 马承文 隋 鑫 卷旦曲桑 赵良玺 赵 莉 李 季
李俊俊 于伟臣 常 壮 闫福根 赵 闯 王 良 蒋之政 刘本希
宋 常 谢 鹏 孙新国 王娜丽 王 岩 黄春龙 周 权 吕 犇

港口航道与海岸工程专业

王千思 鞠 然 李 倩 袁 鹏 邓家福 余 涛 董 敏 罗宗威 朱世林
张少游 田宏光 李家明 陈 楠 马淞仁 郭 畅 曲海涛 常 颖 李永峰
王 佳 孙 毅 陈 超 邵 帅 郑苗子 周 勇 陈 琦 郭德臣 高 岭
于 亮 王 洋 姚 迪 张文扬 王佳林 李鲁挺 王绍伟 张上瑜 谢 宇
秦 芳 刘晓东 高 放 祝绪阳 程 曦 李 薇 赵 敏 郑允磊 杨钟晖
屠姗姗 邓小敏 刘志远 张恩铭 高 尚 司 岩 孔占军 常纪磊 孙万金
宋晓洁 梁科东 苗 照 唐晟昊 秦 雯 曹文达 张冰丽 苏良德 张建鑫
罗天一 陈江鹏 唐明希 王大智 唐明刚

土木工程专业

苗 述 岑定丰 李木子 雷 雷 李 淼 汤 洋 滕济贵 旦增罗布
杨 萤 陈思佳 张江涛 潘 哲 崔晶晶 刘成刚 尹马林 于德安
索朗扎西 辛文杰 胜 利 曹明亮 郭玲玲 王建波 王 喆 杨昌民
陈 慰 孙 彤 王 磊 王必涛 侯培军 仝 乐 陈 洪 郭 杨
崔云亮 马继越 孙西贝 曹鲁蒙 邱 瑀 李鹏飞 韩廷飞 王少鹏
宋 雪 张 凯 陈启瑞 许国锋 段文彬 旦增曲扎 王 林 邱隆亮
祖梦倩 葛进生 刘 成 李 炼 李建鹏 毕浩东 于晓磊 格桑多吉
郭 祥 陈毅富 孙明鹏 李宾宾 吴 阳 田 苗

建筑环境与设备工程专业

丛 林 朱瑞敏 孙伟杰 刘 畅 王 爽 丁 毅 迟子豪 李双双 于 佳
徐广宇 张 严 王晓燕 张运启 张 宇 薛一鸣 李 然 尹京彪 王 恒
韩舒伊 刘 航 杜 平 殷 士 戴银宝 游 平 乔西萍 刘翠萍 王际洲
房天宇 宋晓佳

工程管理专业

邹 丽 陈其秀 解丽丽 时晓伟 吴红涛 孔 亮 崔文波 孙 浩 刘 莎
周方明 侯寒冰 徐 媛 张 瑜 江 潇 李彦媛 王 威 赵 欢 张 亮
于丹丹 孔凡佳 吴忠秋 石海军 翟明旭 赵军杰 田永辉 万 涛 杨 骋
沈 阳 高 雯 焦 烁 吕亚男 柳 陆 窦玉丹 张 翔 陈婷婷 陈 敏
张晶玉 孙 威 金 楠 尹 良 田兴东 李 涛 唐海亮 孙 辰 曾祥瑞

许　海　庄玉石　刘　秀　陈　伟　双　晴　许俊青　罗　刚　刘广辉　黄　飞
张卜菲　闫　彪　朱益华　周　梦　刘　川　曹　越　欧阳丁一

2010 届

土木工程(英语强化)专业

孙利丽　刘秉承　马思明　宋有财　王龄超　鞠海旭　杜　若　赵尉霖　赵德东
宋天宇　刘　磊　陈添鹏　宫　鹏　马哲超　李　爽　曲福洋　李　鹏　尚　晋
孙丽明　余　敏　史学琛　王　许　宁左葵　吴志锐　陈　曦　孙午涵　李云凯
高会晓　周慧芳　王海涵　李　响　杨　奕　周远野　于富家　林　海　石国良
严　京　刘成阁　郑　楠　周志来　徐　从　李宏强　李忠煜　曹思萌　刘　旭
姚高华　陆知耐　付　嘉　刘吉晗　朱一洲

水利水电工程专业

覃学毅　李　硕　李文军　祝　龙　孙书南　刘　瑀　王天彬　姜　巍
张皓天　许松乔　宋长智　关　放　李　壮　屈　迪　史晓东　韩　闯
孙洪亮　王　盼　叶佳佳　沙晓玲　杨合举　夏小伟　王华栋　罗丹旎
罗　彬　张继伟　普　琼　宋　刚　曲琼扎西　斯郎旺堆　赵　磊　任鑫龙
于建楠　王晓鹏　李　博　张　琳　谷金操　刘美令　张　兵　周　旭
孙振邦　韩　强　李　鹏　王营莹　王中钰　周佰祥　盛　剑　柳　俊
邹明明　李　昱　惠祥明　张澎辉　张　格　邓翰京　李　飞　薛林虎
樊国刚　孙　键　于金源　李佳浓　多吉次仁　德庆边旦

港口航道与海岸工程专业

吴　迪　武丽坤　崔志海　刘云翀　肖涵文　王　然　王向宇　刘　麟　郑国栋
郭丰瑞　石玉阁　卓　越　赵奕翔　沙　亮　富砚昭　刘殿勇　陈凌枫　刘冰洋
傅　涛　娄渊涛　许金辉　柴国威　王罕见　张富玲　李　婷　伍志斌　黄继露
邓西星　贺　铭　何关鸿　兰金平　胡乃栋　张　影　王小磊　郝忠毅　秦　辉
刘洪辉　孙文博　王　昊　王治爻　张　强　张颖超　冷祥阳　乔维壮　李胜伟
路建奇　杨久懿　王慧宇　王　锴　陈　彬　郑　辉　许铭洋　于旭会　葛伟光
周哲宇　彭　芃　刘江涛　李成勇　金瑞佳　王　荻

土木工程专业

韩知伯　任乐明　覃　俊　高应振　刘　菲　王世界　赵宝鑫　姜　帅
吕　哲　刘辰宇　兰公博　沈玉田　舒红斌　郑建建　张　鹏　韩文欢
蔡　业　李沂纯　吴　强　袁　远　张伟健　余治平　蒋　伟　孙嘉宁
尹笑乾　蔡　煜　郭洪宇　格桑旦增　贾　文　鲁　伟　赵亘恒　刘　歆
李　波　杨臣贤　张　乐　李晶新　史延华　于　健　刘　通　张永梅
潘辅国　傅　俊　王思铭　王　宝　梁　宇　唐　杰　李步越　余圣喆
王达凯　虞　杰　王　洋　陈　强　杜　翔　李　超　盛　达　王宏伟
巴桑洛布

建筑环境与设备工程专业

凌翔波　张丽莉　樊秋莎　王永超　祖　丰　王　冰　富　鹏　赵　越　王成贺
孙秉宸　王敏达　邹一山　叶　蕾　刘胜德　周季夫　陈　俊　潘东东　高　楠
邵建练　王　闯　颜学付　许世璋　魏晓锋　黄帝凯　张　蔚　冯　妍　赵　晓

工程管理专业

顾　冰　王梦雨　纪志旺　江　宇　汤伟松　杨学君　左　芳　金碧莹　王宝翼
周　松　张　贺　张　旭　金海峰　吕为鹏　郑　楠　王文汇　赵悦言　金　波
黄丽丽　王意贤　冯　卓　姜宝龙　孟亚凯　周　俊　何华东　秦杨琳　李忠明
石敬璇　刘卓然　高　文　张　尧　肖桃花　王忠强　权　玲　郭　雯　朱　倩
邸　姗　申　亮　程　莉　钱玲珂　曹玉奇　王　君　张筠祺　侯晓迪　蔺宇熹
张世超　杨博尧　宋　健　葛　朦　马　凯　戴　杰　詹　睿　张华宇　李海涛
王　坤　肖　维　胡　利　袁　泉　蒋　利　李思墨　孙　岩　李　维　孙吉生

2011 届

土木工程专业

曹　然　晁　振　陈　熙　丛斌龙　付　兴　高　飞　郭林矗　黄　宜　黄兆龙
贾　玮　姜　淳　姜　杉　孔伟明　李　骥　李　括　李　轩　刘　冰　刘　津
刘君相　刘　威　刘　勇　路民军　马　臻　毛　凯　潘晓健　尚永龙　舒臻孺
孙　林　孙天昊　万　勇　汪　洋　王铭玉　王　萍　王　强　王志鹏　魏志超
文　竹　吴会朝　夏泽锋　徐　平　杨　俊　郁　胜　毓添婧　袁　莉　袁世聪
岳鹏飞　张俊卫　张倩雯　郑　帅　周文冬

土木工程(英语强化)专业

常　婷　陈　庚　陈　阳　程世杰　仇霁申　崔　浩　崔浩哲　戴天驰　都　晓
付　林　傅先平　郭义飞　韩功卿　何明哲　赫明月　李胜男　李　馨　连飞飞
刘　博　刘文娟　刘欣来　刘逸群　刘　颖　柳　鹏　栾　兰　罗　野　马川三
孟宪伟　任霖龙　舒　宇　孙　阔　佟若辰　王　飞　王伟伟　王星亮　王　一
王贇俊　吴智博　武小蛇　夏春旭　夏梦颖　杨明志　易圣辉　于　萍　张　奥
张成鹏　张立鑫　张　琳　张僖洪　张　鑫　张烨晨　张　哲　赵梦甜　朱博闻
朱　航　朱孝禹

工程管理专业

曹博禹　陈德坤　陈久鑫　崔兰江　董惠文　高　杰　高　乐　庚永海　韩一宁
何南熹　金　飙　李　超　李海涛　李萍萍　李　倩　李萱桐　李志龙　梁郁康
刘启汉　刘有巨　刘芸芸　吕　征　马天实　马　雨　毛雯婷　孟繁野　孟虹宇
明　月　邱程程　桑晓夏　时志飞　舒文杰　孙磊娜　孙铭祥　唐　艺　田　浩
田　爽　王　彬　王晨名　王　冬　王　凡　王　幻　王　猛　王　瑶　吴佳琳
杨术理　杨文哲　杨　震　衣艾菊　于秀雪　曾梦涵　张　晨　张晨曦　张宏盛
张　宁　张绍伶　赵洋才　郑　骏

交通工程专业

白　龙　陈力威　丁之阳　高士杰　耿军军　耿现彩　韩　瑞　黄　海　金　浩
雷向阳　李智明　卢　丹　马　铭　秦　汉　孙冰融　孙　昕　汪　超　王超凡
王晓雨　肖　扬　熊俊萍　徐天磊　姚　亚　曾维樵　张　岩　赵　蕊　赵　勇
郑剑锋　邹　煌

建筑环境与设备工程专业

陈苏娜　单德文　丁振文　房艳兵　冯金明　冯　涛　胡　莹　季永明　贾珊珊
李少博　李晓晨　李行哲　吕燕捷　孟莉思　宋　彪　孙尚怡　孙治华　涂垚卿

王浩宇 王阳 魏思祎 魏晓阳 魏元龙 尹东鹏 张星宁 张永哲 赵志钦
周鸿彪

水利水电工程专业

陈俊杰 陈若雷 陈斯 丛林 冯仲恺 傅迪 高荫卓 黄硕 贾海东
贾晔 姜军 赖棋 李建刚 李帅 李爽 李晓宏 李肖男 廖勇
刘镡璞 刘枫 刘遥路 刘叶 刘占超 陆遥 罗冀 罗意 毛翩翩
宁卫琦 宁新 沈炜 孙凌凯 谭雷 唐思 王成龙 王大江 王华栋
王嘉阳 王健 王佩珏 王萧 王哲 魏铂佳 魏敬虎 魏子钧 吴慧军
邢云龙 许贺 姚铮 于福祥 袁哲 张嘉琦 张文福 张晓昕 张宇
赵放 周进 周乐 朱贺

港口航道与海岸工程专业

陈成福 陈飞 程一航 代浩 丁光耀 董锦辉 董雪 董真 杜鹏程
冯超 冯根地 葛晓丹 管玉强 何蔚华 胡博 黄方圆 黄宁 黄志明
李闯 李骥 李俊毅 李时磊 李世强 李越 林森 刘博元 刘国建
刘国良 刘浩 刘爽 刘玉龙 娄渊涛 鲁友鹏 吕飞 吕俊 吕梁
马震 潘春昌 乔倩玉 乔振洪 秦晶 全裕龙 申坤 宋晓英 宋悦
孙丽 孙鹏伟 孙振祥 唐巾评 万宁 王东 王鹏 王三才 王熹芳
王晓宇 王尧 王宗杰 魏昂 魏欣 夏维达 徐凤娇 徐濛濛 闫圣
杨彪 杨斌 张弛 张传政 张庆围 张伊龙 张越 章康 赵泓任
赵庆岩 钟成龙 周俊青 周凌霄 周洋 周震宇 朱允龙 邹纪元 左天立

2012 届

土木工程专业

蔡东奕 陈白斌 陈阳 丛立科 代娇荣 丁朋臣 董辉
嘎松扎西 宫世梁 海山·哈孜肯 韩炜 韩雪 赫家驹 侯金合
侯松 侯欣 贾翔夫 矫立野 孔令剑 李日东 李智
李智博 刘安 刘斌 刘世涛 刘雅楠 卢垚 吕飞
吕健 吕品 马胜男 潘威合 庞林 曲伸 孙克
佟明伦 王功文 王浩然 王衡 王金浩 王俊 王倩
王晓春 王兴义 王洋 王召 旺堆坚赞 吴佳 肖永超
徐聪 徐雪寒 杨历祺 杨亮亮 杨中恺 叶锡永 于云聪
于克的 袁龙锦 张钊功 张恩臻 张飞 张宇锋 赵拓
赵欢 赵良才 赵同阳 朱振宇 钟振兴 朱雯瑞

土木工程(英语强化)专业

白龙 陈金欣 陈可鹏 陈婷 陈炫维 崔静一 董文儒 董一鸣 杜志臣
冯广琦 巩一达 顾瑜 管昭诚 郭旭 韩超 韩加伦 韩文海 洪枫
黄伯麒 姜现 蒋楠 金承旭 李操 李慧欣 李瑞 李胜男 李肖恒
李忠赤 凌宇 刘睿明 娄辉成 鲁宇 马兴亮 牟道晨 潘栋 彭勃
曲笑生 石攀武 宋荣峰 宋骁 孙姝 孙天舒 田力达 宛旭亮 汪立早
王柏阳 王传林 王扬 王子豪 吴礼严 肖卓 闫淇铭 阎明昌 阳超成
杨宁 衣全 于东健 于洪壮 于嘉良 袁超林 袁义佶 张超 张杰

张西伟　张　旭　赵文波　赵忠博

工程管理专业

陈天琪　冯　程　付西洋　高学标　何焕章　何　柳　胡孔李　李　昂　李心锋
刘方梅　吕　航　马超然　马国华　马俊伟　慕吉佳　邱盛手　孙诗华　王　珅
王永强　肖萌萌　谢泽宇　杨铁梁　杨一凡　叶雄飞　殷健伟　于　航　张进涛
朱　立

交通工程专业

段佳飞　付凤杰　高士德　韩　涛　何　龙　黄泉钦　黄永磊　李成杨　李时雨
刘　博　刘志鹏　卢海涛　吕葆楠　倪远宝　钱　伟　邵　川　万玉功　王晓航
邬　娜　吴达伟　吴红亮　于贵书　张贵德　张金秋　张子良　周　杰

建筑环境与设备工程专业

陈　昱　陈　琦　段　然　多吉次仁　付　朋　葛一兵　顾　文　郭无既
何锡伟　黄晨阳　蓝远川　李亚丽　梁海兵　林铭坤　林　森　刘海斌
刘　尧　刘靓侃　刘彦青　吕自荟　栾　海　罗　计　裴正照　乔　镖
沈文文　石　亮　时宇衡　隋　笛　唐　瑞　索朗次仁　徐　策　王宏彬
王晓泠　吴　振　肖平安　姚成金　徐龙辉　徐世勋　杨德林　杨　瑞
张春炅　叶晓飞　苑斋明　曾威扬　张　川　赵良武　张　阔　张　琪
张　雯　张学涛　郑劲松　郑　越

水利水电工程专业

阿不都克力木江·艾力　艾克帕尔江·麦麦提　白海鹏　包　敏　暴艳利
常春晓　陈　孚　陈　杰　程　龙　当　真　董占飞　段昌勇
格桑达瓦　郭　鹤　侯云龙　姜　野　金　雕　李博文　李晨光
李士杰　李思玮　李宜辉　里　哲　连建龙　刘　康　刘　梦
刘　攀　刘晓轻　罗桑云旦　马春腾　马　路　马明超　马佩策
马　越　牛文静　齐　岩　苏星月　苏允龙　孙凯莲　孙　鹏
孙　鹏　孙　喆　汪　琦　王　炳　王明辉　王翊政　王永成
王召辉　王振环　乌仁娜　吴俊龙　吴　凯　肖雨辰　徐志豪
杨　军　于　冰　张　琦　张　瑞　张树栋　赵好龙　赵　亮

港口航道与海岸工程专业

白　俊　陈俊东　陈永豪　程文婉　丛龙飞　邓松涛　丁良兴　樊亮亮　范　伟
方亚冰　房丹青　傅　涛　甘富华　甘　露　宫钰嵩　何　帅　贺　超　胡星星
金秋阳　康荣庆　李博名　李大盈　李登海　李柯燃　李　蓝　李　龙　李　明
李　昕　李　璇　刘　宁　刘士敏　刘　思　刘　庄　罗家则　毛洪涛　欧志枫
石艳红　史奔骏　宋　浠　宋晓龙　孙吉铭　谭炜强　田　鑫　汪海洋　王东静
王　更　王　冠　王浩然　王　辉　王　爽　王文飞　王晓鹏　王修亭　王　烨
王远哲　王振华　王　峥　魏　雷　吴　辰　伍文豪　谢鸿东　徐　鹏　徐志林
闫琪那　严　斌　严鹏飞　杨　鑫　于海洋　于潇一　于　洋　张　林　张　荣
张世杰　张　双　张　晓　张　鑫　张　洋　赵　铭　郑　玮

2013 届

土木工程专业

程国祥 陆淼嘉 郝佳男 张雨勤 陶兵进 唐 玮 崔剑伟 唐鸿峰 梁永钦
杨 帆 闫帅星 秦保阔 甄利民 付 娆 王鹤男 袁东伟 霍连锋 韩 壮
孙小荟 王 倩 徐健程 宋 明 田航江 柳楚楠 李 昂 范海东 张 楠
刁美慧 朱 作 潘 宇 李中元 秦 华 刘 原 王廷伟 刘诗文 王 诏
丁晓宇 腾 格 王晓博 赵 洲 姜 涛 雷增民 陈 帆 赵芮娟 童建坤
邓 超 张 倩 戴 维 邸有权 王艳艳 吴宪锴 韩 杰 曾维飞 谢忠良
郭长风 王 婷 黄成慧 李 彬 袁 燚 蒋 超 李广运 郭金萍 姜道旭
向 枢 李 震 王利兴 王璀瑾 李洪达 王名扬 刘 宇 滕 岱 江舟前
邓 宸 杨 洋

土木工程（英语强化）专业

王 昆 孙明华 夏剑光 黄 宙 毕 然 周玲卉 高 阳 胡嘉良 张耀文
张兆良 张潇予 郑 皓 徐博文 李天娇 尹煜骁 王 宇 程 帅 李牧雨
张文路 郑伟健 王代尧 郭 峰 张俊林 张 淙 王 峥 李亚光 李 勇
王雨蒙 石碧辉 杨志泉 王 斌 王艳哲 卢兴伟 孙玉景 王晓峰 李 露
白芳舒 姜 臻 顾福霖 李柔含 包乃钰 李翼辰 徐广乐 王天征 郑 锐
林 俊 李旻拾 胡焕驰 谢 宇 王思懿 赵富宇 孙墨林 邹 波

工程管理专业

杨明学 于卫权 白玛卓玛 韩彦山 张博阳 陆傲宇 李汉骐 林洋阳
唐琛承 朱柳安 李 芊 杨谨华 顾毅杰 张 宇 罗 磊 葛 达
贾 琼 李 萌 纪沿光 张 浩 吕 品 于双洋 田博全 刘国栋
高志维 孔令杰 张崇恺 李丰昊 高嵩焱 徐伟博 张 宁 张爱苹
陈 戈 陈慧乾 徐泽伟 王可佳 夏 涛 郑涓旎 刘 基 何长森
丁 蕾 施瀚普 田文庄

交通工程专业

蒋文涛 丁言兵 朱杨力 王珊珊 郑进炫 李伟杰 李绍松 金思辉 华为民
王玮琼 李 博 马照成 夏艺源 刘全民 张学昭 吕伟杰 刘力源 卫小磊
孙 乐 唐小军 黄 骏 龚节坤 南 风

建筑环境与设备工程专业

单增罗珠 多吉 高迎梅 王朝询 蔡雨榕 魏丰越 陈美红 黄金木 邵国骥
刘章坤 何国良 刘耀威 任金榜 潘一飞 石 睿 刘书洋 龙有为 谢 安
胡文龙 张 倩 李 翀 陈鹏屹 李彩霞 董 鹏 孙 上 周 超 解加荣
赵 昕 孙 斌 袁 希 魏 芸 崔 美 杨晓蕾 方 玮 叶志旺 张 扬
罗于可 游 峰 宋 卓

水利水电工程专业

田继荣 张 恒 阿米娜 李志远 严凌志 李 尤 林戎丞 于浩健雄
李云虎 李伟亮 李凯召 马 纪 陈曼曼 刘长欣 李子远 彭定健
杨 宇 闫 涵 于月鹏 温贤明 刘宗林 郭旭峰 管秀成 董天奥
曹 瑞 宁凡伟 刘章成 徐 凯 邹 杰 张宇弛 刘 皓 吴 越

王颂翔　张晓东　徐国印　叶然·哈布里哈孜　旦增顿珠　刘　龙
马文泰　卓　凡　林奕星　田海涛　田　伟　苏广宇　杨　鹤　朱晓斌
李宇佳　董博杨　辉张欣　王宇胜　吴　娴　孙庆丰　程宁宇　李兴宇
李晓林　温　斌　徐　博　崔笑庚　宋嘉昕　王璐宁　王文帅　马　亮
唐　榕　姚启航　魏一行　吴　涛　魏国利　隋　翊

港口航道与海岸工程专业

王子维　胡　骏　李朋飞　范文华　於刚节　苏东升　张　冉　戚　伟　黄启贤
周　杨　郭梦月　闫科谛　崔　华　王　君　张红彪　黄晓康　周　政　石小康
胡天雄　高　健　程基伟　刘俊舒　侯永为　李映雪　刘　伟　王天娇　马朝晖
杨　明　张雨剑　李　翔　宫晓霖　乔菲菲　李春洋　李文明　施孟凯　徐国梁
王　琪　杨明雨　谭　欣　马千里　刘晨曦　连军岭　牛牧春　昂　奇　于　露
张　逍　陈中亚　梁子宁　何　洋　刘　跃　李庆昕　张　芮　李坤鹏　张瑞晗
欧阳延　姜　宏　常艳玲　叶阳峰　邱　文　赵钦阳　郑　宾　郎宇航　汤传博
冯德昊　戴显达　王庆凯　李盛尧　陈　帆　孙文声　王皓涵　徐唯强　董　琪
李长亮　张　端　郭晓梦　张焕雨　高　倩　康　玺　彭　果　王雨祥　高云鹏
邓远经　唐玉元

2014 届

土木工程专业

颜墨涵　王博实　杨　峰　加永克珠　平措更堆　陈进舟　彭康林　林灿东
黎高睿　张　成　杜　彬　王亚文　何玲玲　胡一航　单志伟　谢雅文
丁　荔　钟　越　张国帅　林笑汀　宫　鑫　金　珊　杨　可　孙　浩
盛　立　杜　闯　姜　锋　白鹭飞　郭显巍　赵牧舟　杜贤丞　白根铭
刘　浩　丁　之　张志乾　王家涵　范俊曦　白　丽　阿　勇　裴雪扬
李　凯　甘　石　孙　政　操　宇　万广泽　涂可瑜　李代卓　杜盛平
谌福生　辜　雨　马浩佳　龚勇强　任祯钢　丁英俊　王潇健　任　晅
张　雪　李竹恒　徐江宁　张世界　李世洋　郑　斌　邢　成　张人山
米俊丞　高伟康　朱炎奉　王思莹　鲁　坤　耿　亮　徐诚侃　刘　潜
傅　超　陈山城

土木工程(英语强化)专业

刘泽迎　刘华星　王晓尧　王　超　蔡　钦　王　恒　张　磊　陈　都　刘　晓
白玉庆　黄平冬　段　明　赵梦茜　高　昊　曲　畅　边乐明　陈兆宇　李兴宇
徐　博　田　野　彭　鹏　闫　江　牛铁成　聂仁杰　陈相任　周　杰　张名宇
成志洋　张国录　丁　雪　朱阳阳　高　成　李　波　张偲严　孙仁孟　曾　强
贾及汉　唐天宇　马腾蛟　杨文伯　石　雨　高　尚　李　论　赵奕强　杨　宁
宋明东　郑　铁　赵广宇　宋振朋　张继鹏　辛　孟　徐　超　刘　庆　杜佳星
邢　星　马腾龙　刘　敏　单水军　张凌鹏　张　剑　程　晔　王欣欣　于　莹
陈柏宏　高　松　王雪松　王　跃　刘　嘉　肖仕伟　郝从玉　江元浩　牟义林
王黎明　孙　达　王中兴　陈勃彤　鲍威霆　李翔宇　王建涛　肖人杰　于亚庆
朱　亮　李志鹏　代前前　王　赛　王　聪　刘　明　徐泉心　张　羽　陆　宇
刘国春　许广震　王东来　刘治鑫　于清章　王沾祎　张　凯　李奕慧　谭宇平
姚雪峰　鲁　双　杨振邦　侯天宇　张啸天　余钧陶　杨洪伟　王健宇　何　罠

李欣蔚　王宇轩　马远超　倪　丹　陶　涛

工程管理专业

包　卓　雷　竹　李英华　叶丹丹　次卓嘎　王　帆　李　琦　王志强　李　斌
张　琪　范成明　韩　叙　刘安琪　王德强　陈　灿　王　月　闫煜东　李　远
夏浩冬　徐　曼　常大鹏　代　闯　杜春行　朱相卿　赵秀秀　姜笑婷　戴　闯
刘家麟　李　瑞　米　雪　李　鹤　郭　帅　杨　莹　王廷茹　张　晴　谭　璐
张蓓蕾　范静瑶　陈家烨　何霄翔

交通工程专业

吴国丰　宋　硕　兰凤民　黄锦成　曲易乾　田　洋　蒋俊勇　周　倪　李金朋
周泽彬　熊尚仁　阎树健　唐　诗　赵逸宁　徐　洋　车天凯　王鹏飞　肖　冰
叶　松　蒋美玲　宋玉玺　刘维越　王子豪　丁勐涛　张文灏

建筑环境与设备工程专业

杨　贺　格桑曲扎　陈　霖　朱　悦　张秋晨　陈丽榕　张兴鹏　李国忠
归黎丽　陈　亮　张均鸿　张　楠　范志强　高立崇　王　帅　张思思
郑少群　潘　勇　刘哲毅　朱元彬　周　阳　宁美玲　彭　磊　戴洋洋
林　楠　刘长禹　宋　鑫　冯薪同　吕欣格　田晓亮　张　艳　宗海东
李　曾　李　宁　李　阳　魏晨嘉　曾琦杰　甄先子　于海洋　顾顺钦
吴　利　舒煜航　徐　飞

水利水电工程专业

范嘉炜　何　山　郑晶晶　钱　铖　索朗次仁　格桑伦珠　苏承国　丁　宁
武正诚　农少校　陈　楷　徐昊达　顾太欧　张珈源　马　可　张　强
代加林　庞　锐　李　月　寇剑桥　傅兴安　王　鹏　王　蔚　万振宇
高伟航　许茜蓓　赵志强　何绪飞　高振华　顾秋实　谭鹏涛　李晓磊
屈永倩　阿尤普·苏来曼　阿布都热西提·吐尔孙　赵志鹏　李德宏
王瑞奇　张云翔　王孜越　张　楠　张凌晨　王胜男　关思明　周　锐
钟儒鸿　邓文志　李强贵　黄　泽　利国源　吴　剑　许　亢　金相楠
苏光琦　苏俊男　刘宇明　张广鑫　杨　博　张亦弛　白　浩　康　秀
王　恒　杜昀怡　蔡渝春

港口航道与海岸工程专业

蔡　丽　盛　健　张涌昊　宋宏宇　王志斌　孙建军　阮　朋　魏建宇　唐超瞻
童良强　卢立鑫　李亚斌　何明伟　任泽方　王潇宇　张　野　章熙文　杨　啸
刁月雷　唐鸣夫　王　雪　刘宏霄　尚尔进　赵宇迪　徐嘉忆　高国栋　王　龙
李洪江　胡春良　韩　飞　王文波　苏　翌　鲁冠涛　王海宽　徐文彪　邵　博
王龙宇　滕云飞　李东晨　刘春阳　杜木子　涂凌峰　寇游洋　谢抒霖　王　舒
谢文芳　李　三　杜　军　王　潇　何振祥　徐　杰　谭皓文　陈墨翟　吴　彬
崔维康　薛　寒　王　泽　王嘉琪　翟彦勋　冯浩然　高蕴博　张　弛　马翔宇
王冠男　朱翃宇　武　南　殷林勇　孙　超　史嘉梁　刘　鹏　董　浩　徐轶凡
刘士祥　季红蔚　王　东　李瀚轩　昝　哲

2015届

土木工程专业

蔡刚林　王江波　吾尔肯　张骞　崔文佳　邹国泽　李少壮　汪辰
张永平　勾国勇　艾迪　刘博　郑安　赵书威　姜海洋　曾志猛
刘杰　周朋　谢鹏　徐成超　叶顺民　郝陶礼　刘阳　吕昌明
沈绍冬　刘刚　黄建乔　曹赫　韩阳　刘邦禹　张远哲　闫文学
都林　任哲　刘洪飞　姚文山　岳小筌　郭兵凯　顾安琪　晏浩
张晨辉　刘畅　范家鑫　哈希巴特　汤镇宁　刘一卓　陈岩　黄伟
董宏明　韦云登　田进明　尚玉辉　蒋智宇　李悦　高月阳　李天一
杨峻　陈博智　陈宇彤　邱焕平　黄培源　王昕培　任理娇　邢佳安
银冠棋　李浩　李雪　曲晓彭　郑智超　赫飞宇　肖华　王宝
李特　杨江浩　高杨梅　叶浩　孙超杰　陈超凡　黄磊　王旭
吴建　阿旺曲扎　吕卓航　孙林　夏季　王鉴耕　张佳义

土木工程(国际班)专业

施永安　张宸睿　沈珺　李科蒙　戴欢　冷鹏　吴坦烨　范淑谦　阎振铎
吴闯　王梓庆　宇创　高玉鹏　王雨　朱丽丽　杨韶麒　吴育炎　雷志勇
吴诚斌　岳明　郑晓楠　王立强　赵启钧　姜雯　孔祥瑞　谢昊威　孙延杰
王清涛　姜程瀚　潘峰　朱兴龙　丛新宇　陈熙　罗超　胡晟　彭程
李超舜

工程管理专业

王晓丽　陆诚晨　毕诗晗　边珍　次珍　白正宗　王赛　王亚男　白晓光
张淑静　李庆芳　陈亭婷　范晶晶　范思成　何袆林　陈思宇　付昕佳　周琪
吴夏　赵旖晗　张梦梦　张悦　王翘楚　于红阳　张麟　宋佳梦　黄隆东
李芳　吴峥　裴蔚　代能　王玉莹

交通工程专业

李贵贤　德吉白珍　查坤　涂志先　邝迪峰　姜世峰　王婉婷　朱康丽
杜玉冰　章琨　王冲　许鹏　李明汇　邓嘉辉　李璐　郭大斌
田文　王天博　郑启明　许文　张苗苗　孙凯　罗欢欢　刘入嘉
王文庆　沈莉潇　邹禹坤　孟庆坤　喀迪尔·麦麦提　陈明　徐朔南
孙烺

海洋资源开发技术(海洋空间资源)专业

丛润泽　覃凯　程书凤　刘芮宁　王兆传　孙佩　冯司宇　张明　莫祥璟
董伟　赵博森　王冠中　刘昊凡　刘明睿　李晓剑　刘哲　黄浩

建筑环境与设备工程专业

熊力　杨欢　翟昊天　嘎玛丁增　扎西次旺　侯永松　谢腾　郭达
卢俊志　农克伟　尹仕广　梅朋涛　董杰　王多多　牛黎明　徐四维
苏州　王哲　李威　王岩　吕涟漪　赵帮健　周安平　李奇峰
赵安琪　王博渊　胡光耀　陈洁　刘慧敏　雷鹏　徐以恒　史琦
林超　刘馨璐　熊卫东　王诗月　戴一昂　鄂雪娇　王群鹤　李永杰
郭晓超　黄钰洲　杨宸裕　许豪伦　李润杰　李攀

水利水电工程专业

扎依拉·别吉克　燕志宇　鲜　浩　魏进才　陆日出　刘勤武　马民华　金建新
周　飞　敖　权　龙志明　肖志豪　刘晓明　李　昕　臧玉燚　杨玉辰　张泽宇
吴炳楠　高　乔　朱川浩　李若兰　王志宁　高新稳　特来克·努腊克西
刘荣桢　屈海涛　董正洋　王天宝　刘　浩　姚国川　王建喜　钱　坤　张子奇
郭子豪　张定野　申艺宸　王艺霖　赵宇航　曲彦铭　张星粟　田　耕　凌　田
刘　涛　张鑫磊　冉昱呈　杜雪微　涂垚成　杨苗苗　谢宜静　叶　扬　张永盛
彭　姗　田家玮　吕成傲　唐克夫　高　杉　杨成威　许佳亮　钱　龙

土木工程(英语强化)专业

李抒阳　杨振涛　刘　深　张青伟　于元洋

港口航道与海岸工程专业

吴　恒　邹建强　王若愚　徐艺鸣　田　琦　潘治元　陈嘉驹　肇　鹏　刘振波
陈　卓　叶　童　林明畅　牛旭阳　王文彬　胡德煌　谢林志　王金磊　张先云
施清泉　邱诗影　唐　洁　程瑞旭　张荣麟　张　铎　唐若佩　许　佳　胡彧元
牟兴宾　李实博　葛茂楠　徐梓竣　黄　金　董立业　王　鹏　朱志明　龚文俊
胡　凯　韩　勇　笪津榕　于菁菁　韩知松　梁　辰　焦一金　刘冠初　王　键
宋　健　李照宇　袁瀚泉　王作凯　马　兴　姚　翔　李卫卫　吴　雪　高彦琛
刘　威　姚　程　高铁宁　董建勋　索云飞　王晓锋　郑天奇　金　锐　李袁华
龚艺川　傅丽军　程　锦　李培映　周霍曦　谭粮田　高　虹　王佳朋　郑华博
邵洪伟　代耀武　王润强　田志东　刘依林　龙水福　李嘉玮　马欣宇　李东洋
赵　扩　刘世桢　谢　强　陈坤杰　程　平　马　磊

2016 届

土木工程专业

王　中　陈　思　时兴隆　赵成日　范志伟　吴　涛　韩旭辉　迟鸿远　刘　洋
夏吉天　田少峰　王　润　王正爽　丁鸿宇　程　果　马俊峰　于会成　宗红志
张锡朋　朱林涛　赵　昊　张仁饴　谢　炀　郭红刚　杨赠琦　姚源彬　董　璐
余　瀚　成锦科　应云鹤　杨　兴　朱克文　邱宜斌　刘东南　韦璐茜　赵争锐
陈　炜　周　军　龚恺良　王四杰　华琪琪　石　鑫　王佳翔　黄　越　任智楠
王兴超　徐康乾　林令坤　张子优　姜逸伦　王辰光　孟祥雨　杜彦成　王克杰
孙闻禹　王新钧　赵　昊　张　成　黄　和　王祖能　马学福　王久亮　黄祖浩
吕铭洋　魏雨桐　杨砚超　辛明奇　曹孙林　卢松波　刘宏达　苏宏宇　周奕君
王铁力　王正焕　严　震　宋梓宁　张百荷　马　茁　苏兆昱　赵　蓉　马　也
苏　醒　李　昊　师　璁　何　萌　王珂阳　祁　兵　王志宇　代　越　王　亮
韩宇轩　冷欣泽　王了然　戴碧琳　李红菱　张　俊　丁宸汀　夏艺豪　连晟航
黎苡铭　关佳屹云　格桑罗布　次仁扎西　哈力木江·阿力木江

土木工程(国际班)专业

杨时新　李金保　马秋锦　吴邦颖　顾　众　孙广宇　赵恩捷　解田臻　邓　硕
王文琦　邢光超　龚　瑾　刘　鑫　王中正　邹　铮　胡清昕　李忠华　刘锦涛
窦　骏　胡瑞文　吴心宇　杨晓雨　李　龙　宋国昕　张文宣　张　锴　仉振锴
徐浩森　杜永嘉　刘一赫　崔刘亮　阎　晗　翟子杰　马鹏川　郑乔锋　杜春雨

姜再铭　万　菲　张　薇　周重阳　王泽群　李梦玥　曾创烁　王术铭　李文龙

田经纬　郎国伟　王　杰　孙乾翔　赵苑淞　何　勇　张浩天　李方岭　翟奕豪

孟繁禹　袁　佳　王　楠　蔡　晗　王楚柔　郑有恒　高　欣　钟　迪

工程管理专业

李金龙　梁晓岑　孙洪敏　黎　轩　张　倩　王　娜　李宏昊　韩　松

赵　菲　张　怡　查　干　赵兴忠　赵天择　田茂振　白如冰　依丽娜

曾　超　于　莹　韩天伟　刘姝宏　叶逸群　曲　鹏　王耀鑫　嘎多卓嘎

周　飞　梁大吉　韩　爽　马海军　齐若愚　边巴曲塔　余　卫　丁　爽

于　瑶　赵　静　崔成义

交通工程专业

潘世东　李辉柏　林思汛　廖美仙　钟建宇　陈　刚　侯　琳　拉巴卓玛

唐天力　鲁　文　吴璐帆　刘佳宁　饶舜明　郭祎名　牛　锐　李佳豪

李　进　吴　优　薄翔宇　杨　畔　张　健　李茜瑶　张民艺　陈玉婷

德吉央拉　李浩楠　栗煜东　胡云龙　肖融和　杨　涛　曾俊惟　朱晓旭

刘　康　刘　航　印崇萱　罗力晨　黄　坤　陈昭旭　康泽华　薛　白

海洋资源开发技术(海洋空间资源)专业

蒙　焱　康　健　张环宇　王　宏　刘静怡　苏瀚宇　杨普航　李　翔　王开宇

戴佳丽　赵旭杰　于　洋　史鑫鹏　刘博文　严　力　詹旭奇　乔云涵　柳子然

牛　越　张鑫磊　任鹏鹏　刘　明　王兆岩　李伯阳　杜　玥　张坤雷　庞　岩

罗颖杰　郑明达　陈　虎

建筑环境与设备工程专业

张鹏飞　黄光宇　王昱威　郭　智　张　藤　俞　亮　燕慧宇　丁　岚

王金飞　胡治江　齐　坚　李瀚泽　梁锡冠　季　彬　谭　禹　张　翔

蔡　婕　潘强广　万昌正　费德鹏　齐　婵　吴加星　邢　天　何　帅

王　元　孙星维　次仁多杰　王　尧　李光磊　杜东旭　殷晓丽　唐中楷

李朋刚　胡　静　陈帝宏　王双妮　蒋小龙　姜雪峰　朱翘楚　王　璐

唐新鑫　赵旻枫　王小龙　马华培

水利水电工程专业

杨　威　杨　浩　胡浩然　王天祥　郭　达　张佑成　张凌霄　方佳佳

彭德利　于　过　草克土　孟凡淞　泽旺曲扎　王荣欣　张浩铌　杨晨光

张莹莹　曾艺星　李洪宇　邹川龙　张　玉　刘　航　张思远　李英豪

徐　瑞　史　贞　张文华　魏　巍　高　寒　次仁多吉　杜和伦　王曙东

何云希　于越男　王　晨　麦凯歌　李世威　李华明　张　一　次仁尼玛

张聪通　赵　宇　王瑞鑫　周　鑫　梁　晨　吴　桐　王隆凡　郝　博

温飞飞　高　胤　周颖健　李阳曦　程少博　李宪之　程永伟　孙兴伟

胡雁烊　郑依心　李旭晟　罗志杰　赵梦珂　鲁文鹤

港口航道与海岸工程专业

李　虎　姚明明　王　龙　王　硕　王　淼　樊兴辰　徐　瑶　张天昊　郑子健

管　愉　薛庆仁　刘金雨　王昌悦　朱俊杰　李家俊　刘　帅　杨丰雷　陆　函

曹润雨　杨　健　王希阔　李秋辰　孔　婧　金晓吉　唐精瑞　李沐时　朱宇轩

张　旭　韩　露　丁玺瑞　张　璐　陆　盛　宋怡沫　张　震　史天星　曾翠林
郭建华　曹安琪　刘羽佳　顾　硕　汪　兴　刘佳旺　马海朋　朱　莹　邹树文
王　灏　苗　丰　林子淳　刘子建　杨海龙　吴齐波　修富义　吴康成　聂　滔
张慧茜　简鹏刚　韩　婷　段志男　欧阳君　关金桐　杨旭波　郭　新　宣润东
郑泽宇　刘俊健　刁　震　毛艳军　张　勇　游佳弘　叶润丞　王亦恒　张可心
孙玉博　梁　辉　钱弈心　刘阳坤　曾繁旭　梁舟舟

2017 届

土木工程专业

安晓舟　曾　苗　李壮壮　冯西成　兰小航　赵庆安　沈怡丰　钟玺峰
汪思琪　杨　柳　梁显富　王浩宇　郑芳彤　陈炳霖　白惠文　白　鹏
谭美龄　孔鹏飞　李歆伟　王婕妤　杨馨妍　李　晗　拉　琼　胡若楠
蔡　政　张　强　陈光照　王苑萍　肖淳馨　贺杨子　吕昱浩　王珠萍
宋　煜　白玛顿珠　王凤吉　吴鑫旖　王　栋　李　康　乔彦宇　赵慧子
李言哲　和　彬　曲新宇　杨　晶　景利强　熊　涛　蔡宗翰
木合亚提·木巴热克　肖　锦　朱铁君　鲍　捷　杨雨瑄　杨东轩
楼　尚　田家玮　樊馥榕　郑小龙　李冠衡　宫百良　曲连宇　冯云鹏
高　远　袁兴博　刘　伟　张惟一　薛铭圣　王　灼　郝青波　冷慧康
林琰文　李　政　黄毅然　陈红磊　李英东　李忠华　徐　枭　乔天扬
修培伦　徐东运　贾英琦　赵利治　张　旭　李永皓　周祥鹏　张水生
柴绪政　宋兆阳　李　阳　曹　宇　周文杰　白宇帆　李克恒　李　鑫
马天鸿　朱纪明　贾铖修

土木工程(国际班)专业

彭　湃　李家熙　吴斯婷　金圣渊　陈怡珺　马　跃　李林威　张　昊　杜春波
詹玮琛　苏雨萌　郑译诚　陈明玉　王　然　李　强　钟文正　顾杨杨　裴　伟
黄智谦　宋泽南　宫　楠　马　杰　任恒锐　郑　旭　吴天骄　朱宝权　薛　墨
于泉夫　张译文　王英博　卢长林　牟文春　张向东　邓子辉　张　天　陈博技
李志鹏　金喜月　李子昂　陈方杰　江代焱　周阗玉　屈俊臣　肖　力　唐　琦
苏睿奇　郭达亮　胡馨予　李　昊　曹雅婷　李泽达

工程管理专业

郑贻之　纪梦瑶　郑添琳　王　骞　杨逸飞　卢　瑶　赵媛媛　罗培圣
翁涵晖　金　鑫　刘心悦　次仁顿珠　吕晓楠　项秋银　邵毓洋　马张铭
孙　昭　黄晓月　韩志强　陈佳梁　姜天宁　刘　潇　叶　成　旦增平措
杨牧原　钟秦鄂　宋　凯　桑　珠　王乙潼　郭雅利　姜　伟　蔡淑娟
孙一平　戴国红　李　冰　王　博　柴子茹　甘露诗

海洋资源开发技术(海洋空间资源)专业

朱文博　刘家桢　贾子锌　毕小奇　刘桓旭　江文斌　林　枭　田　昊　吴胜利
农启鹏　肖　帅　佟　新　骆　超　李铠彤　王尉迟　李昊璋　王冰洁　苏　文
赵宇蒙　朱明昊　武熙涵　客博伟　徐世铮　邵民强　唐佩瑶　高胜寒　葛新阳
薛鹏飞　赵梓含　孙　毅　王超捷

交通工程专业

田　璐　李武科　周宏凡　刘　震　孙明原　刘　辉　郭延泽　陈舒伟
张　力　车雪琪　蒋　轲　方伯元　罗逸文　丁　董　刘　建　周游洋
王亚澜　陈相茹　郭宇轩　吴　俊　龙　梦　高梦琦　刘佳超　赖健聪
訾　迪　于洪媛　刘宇轩　王梓鉴　王　睿　武锐丫　索朗巴登　刘永恒
许华杰　柳　爽　洛　德　王　佳　张　路　钟季汝　黄　易　唐旭成
鲁　泽　王栋栋

建筑环境与能源应用工程专业

李　旻　孙彬彬　毕雨辰　陈鹏达　王子涵　乐思扬　刘慧芳　孙荻粟　李梦思
侯大越　魏冠琼　颜音实　崔　玥　侯鹏飞　李雨薇　郭芳州　向佳婧　张士禹
刘雅楠　宋　瑞　刘旻鸿　杨　榆　田　雪　黎　仕　郑情文　邢杉硕　刘　健
张劲凇　于　澜　余东津　谷灵通　程　翔　扎　央　唐雨晴　徐　伍　任体秀
赵　玥　刘畅畅　翟　超

建筑环境与设备工程专业

邓宇威　吴秋阳

水利水电工程专业

张根长　熊　哲　索朗群宗　徐　超　惠　楠　李浩南　余建国　陶士勇
孙　鹏　张金男　贾文广　马冬岩　王瑞兴　杨天岐　史　可　陈炳宏
于　臼　石鸿飞　曹雪健　陈　诚　张晓芸　张　栋　刘清泉　马前驰
黄　莎　胡　敏　全孟杰　韩春浓　孙艺轩　刘喜凯　孙方剑　康　良
孙铭婧　茹志明　朱现坤　索朗扎西　杨　婷　邹佳成　丁鹏齐　顿珠扎西
王秋绎　田永灿　张　博　王茂鑫　张　璇　卓闻涛　具慧龙　程　强
张子欣　谭嗣城　王　硕　张冰瑶　布布丽·黑沙　薛朋磊　王雪松
王梦迫　伍　昌　吴晨晨　纪文霖　达瓦卓玛　林佳奇　林　洁
王　彤　钟思明　刘　杰　顾建强　何园园　李佳明

港口航道与海岸工程专业

赵思雨　王　涛　林　浩　李薪丰　项竹青　邱桂泓　石　昊　李相达　屈丽丽
邹远雄　何　协　齐　欣　苏莹明　李若雨　张增国　梅　浩　徐蕴卓　赵银林
许文星　刘　飞　陈禹廷　王森森　李　策　史文炜　张俊涛　刘浩然　于蕴泽
马晨哲　崔修忠　张凯兵　张天明　高雪峰　漆徐良　胡永恩　王　盼　孙经纬
刘尚辰　刘　科　王　超　盖　礴　张　梦　田　资　杨玉琪　洪铭屿　高　翔
那振烨　赵楚嫣　王少雄　王晓阳　程　岩　焦思雨　杨博源　康　博　刘孟琦
康　喆　徐鹏昭　徐尤红　崔　杰　张　琪　杨　赫　张　勇　房惠琪　杨明洁
李俊良　王永亮　张学锐　陈晓稀　盛一安　梁　爽　高言乐　王　铎　王晨捷
谭启豪　钟昊书　赵唯佼　潘　扬

2018 届

土木工程专业

杜　江　郭　鹏　叶浩青　高旭贤　高雪琦　涂皓然　喻悦华　徐志浩
游亚龙　常鹏飞　董恒阳　徐　晋　吴长明　张文雨　伍　阳　陶昭宇
张一鸣　马家乐　吕俊卿　赵翊彤　洪春雷　臧晏民　徐懿娴　陶博茹

薛　强　于吉铎　黄　启　陈　晨　于世慷　郭明航　刘　连　杨嘉琪
郝国伟　张嘉琪　王　健　阚吉伟　孙国耀　邓　超　赵方明　罗洪刚
刘子玮　刘魏鹏宇　陈　龙　刘　超　刘宜培　金桥宇　郜　楠　刘　琦
张　延　吕曦阳　李鹏坤　莫明·克依木　秦佩瑶　方瑞苑　刘　冰
刘　鹏　谢　豪　卓国栋　崔远东　王帅帅　章进取　李　源　魏晋文
李嫦月　尹耀慷　田　立　王　宁　吴朝风　雷　陵　王继成　虞　露
徐子兵　王琮达　郭思静　赵鹤锦　宋　辞　刘子枫　苏悦铭　姜一凡
朱润泽　李　赫　崔家铭　文　坤　蒋一凡　张文约　吴　航　徐安禹

土木工程（国际班）专业

陶泽远　李石磊　吴钦萍　仲　毅　徐正单　王泊宁　张　冲　朱　磊　徐楚言
马牧青　李怡飞　高英健　李文旭　罗杨珺　孙维峰　王铭意　宋世聪　杨名翰
朱晓峰　李翰廷　谢景宜　王　昊　于海鹏　李赫男　管皓哲　梅少华　刘　腮
王雪彦　张文韬　牛凌峰　段　然　李　莹　贾玉博　肖　枭　李　桐　黄冠儒
张家宸　李林睿　于泽伟　李　欢　刘艾妮　王家为　姜思羽　李明宸　周德田
王梦奇　杨　磊　程　峰　贡　悦　孟子鉴　李双双　林孝彩

工程管理专业

陈叶恺　白玛央措　常贻铭　肖致远　何锦鹏　王凤斌　朱晨威　张楠楠
夏　宁　杨　坤　郭　婷　孙悦航　孙铃杰　黎志文　宋　扬　隋晓烨
寇艺馨　姜玥麒　刘胜男　张瑶函　刘家旭　杨惠钰　孙家乐　宋子浩
刘心怡　李韦文　张著铭　李卓青　次旦卓玛　朱雯雯　池晶晶　张　虎
朱晓璐

海洋资源开发技术（海洋空间资源）专业

张佳俊　陈　双　高文博　赵连文　唐冰林　龙锐坤　宋艾青　徐怡帆　孙博宇
翟　玮　王业钦　杨子凡　陈宇晗　彭思慧　高鹏婕　景中元　袁　野　范浩煦
王潇函

交通工程专业

王　宁　丘博文　阿旺顿珠　谭　略　王佳强　沈屹稼　张　策　刘雨蒙
陈奕韬　吕　辉　田翀宇　郭　瑾　龚云海　黄　凯　向泓明　刘佳雯
杨梦婷　熊睿成　石书铭　梁　晨　王　鑫　孙博轩　谷鑫鑫　石成杰
魏浥尘　裴晓航　许育彰　周北辰　郝宝琛　张鹏飞　张恒烨　贾忠强
高　博　张峻箔　韩　鹏　周　政　李忠琦　王泽东　张国新　武　磊
张春航　张文龙　姜大鹤　李东堂　陈向楠　董嘉明　隋世伟　岳元晨
杨丙旺　王　鑫

建筑环境与能源应用工程专业

刘硕楠　郑思琦　张夏丰　张一文　童　晨　许鸿辉　王瑾如　刘诗阳　龚英乾
许竞文　张　恺　李双双　付小懿　唐辉辉　陈　宽　孙宇君　王　源　孙　冰
白耀夫　薄玉添　肖奕鸣　胡锦涛　陈朝阳　何雪琼　朱瑞瑄　王林锋　李梦然
李志伟　刘雨蓓　张继谊　赵佳艺　李沛霖　刘雨萌　王宇航　范海旭　何国环
陆高卿　周　颖　杨琪雅　孙震寰　陈　猛　蒋家祺　黄　笛　谷　裕　曲　桑
邓　捷

建筑环境与设备工程专业

刘海建

水利水电工程专业

吴嘉晟　周恩维　吾希恒　都里昆·吐尔汗　王大力　郭　进　贾毓功　盖世聪
朱文丽　李保坭　李元喆　赵东阁　司　文　张瑞达　李　帅　李　威　赵静怡
陈宇新　黄思雨　张　艳　方　舟　李佳瞳　宋赟祯　刘　奇　李　潇　丁永熙
刘寒松　仁　旺　韩静静　其　美　王高银　地依奴尔·吐拉提　叶林·马木尔汗
李浩浩　王　振　李文飞　唐际政　王　博　靳亚飞　冉　东　申子松　方苗苗
郜泉清　武　坤　谭　鑫　陈光泽　张宝顺　徐彦钊　赵　熙　谷　洋　巴艳楠
丁　震　卜庆鑫　杨文辉　李　海　陈　慧　华　悦　李　尧　彭恒霖　杨广进
边巴措姆

港口航道与海岸工程专业

田柳新　袁宇青　秦梓轩　李　翔　赵鑫哲　张徵珣　汪琨玺　王心锐　袁泽林
常晓宇　孙志伟　杨流阔　秦　明　韩　成　王皓爽　程凯航　李泰然　曹迁锴
王修齐　王安安　李济萌　刘宇航　董官宁　刘　一　倪瑞鸿　赵安冬　王赫霆
刘子楠　刘华锟　冯　鹏　宋　雷　付振兴　赵英能　王昊天　杨力恩　于　琦
谢起依　杨颂阳　常利晨　孙家庆　高　凯　贾　森　高　森　郑宸玥　马　越
邓悠南　鲁孟昊　袁治巍　陈明威　朱兆祯　高　旭　权俊鸣　纪恩文　刘　婷
纪恩武　崔一诺　刘诗航　董　猛　陈卫东　于　鹏　孙乐妍　刘　喆　丰常龙
晋彦瑞　庞勇勇　金东杰

后 记

大连理工大学建设工程学部的前身是建校初期的土木工程系，后经历了水利工程系、土木工程系(扩建)、土木建筑学院、土木水利学院几个发展阶段，2009 年更名为建设工程学部。

2009 年，在大连理工大学建校、土木水利学院建院六十周年之际，土木水利学院党政班子和许多教师(包括离退休教师)纷纷萌生了编写院志的念头，以记录六十年的奋斗与成长、成就与荣光。于是成立了编委会和编写组，拟定编写大纲和主要内容，由几位离退休教师主笔撰稿，办公室和各研究所(实验室)收集资料，协助编写。2009 年 5 月交付印刷，是为第一版。全书由马震岳和司炳君统稿，由编委会负责审定。

2019 年，适值校庆七十周年和建设工程学部创建七十周年。建设工程学部党政班子决定在《大连理工大学土木水利学院院志》的基础上，增编十年来各方面发展情况，形成《大连理工大学建设工程学部部志》。2009 年以前的史实沿用《大连理工大学土木水利学院院志》，近十年来的内容由机关各办公室、各研究所(实验室)提供，由各分管副部长审定。限于总体篇幅，编写过程中不得不忍痛割爱，删繁就简。编撰工作由王晶华统筹协调，敖梦远具体负责。所有参编人员协同配合，铢积寸累，终成此书。

建设工程学部规模较大，学科较多，发展较快。志之所载，不能面面俱到。限于编者水平，如有疏漏与错误之处，诚望广大教职工和校友指正。

《大连理工大学建设工程学部部志》编写组

2019 年 5 月

1960 年学生结合教学对
主楼工地进行实地测量

宋彧浙教授（左一）指导
学生做水工结构实验

20 世纪 60 年代学生到大伙房水库实习

1964 年学生在大连渔港进行毕业实习

1971 年迎来中断 5 年招生后的第一批水工专业新生在辽阳葠窝水库工地开门办学

1976 年水工 75 级学生在碧流河开门办学

1977 年学生在图书馆自习

20 世纪 80 年代学生在校园进行测量实习

郑芳怀和朱玮（左排三、四）先后担任水工 802 班班主任，到宿舍与学生谈心

韩国城教授（左一）到水工专业生产实习工地看望师生

林皋教授在指导博士研究生

学生在进行水力学实验

章守恭教授指导研究生进行海洋建筑物软土地基研究

陆文发教授在指导学生

卜华仁书记为入党积极分子培训班授课

苏君谦、黄奕乔奖学金颁奖大会

林皋院士为学生做报告

宋玉普教授为博士生授课

测量实习场景

辽宁省教学名师宋向群教授在指导学生

辽宁省教学名师王子茹教授在指导学生

2014 年“大工－中建八局”国家级工程实践教育基地揭牌

2017 年第五届全国大学生水利创新设计大赛开幕式

第五届潘家铮水电奖学金颁奖典礼在我校举行

建设工程学部师生赴北极进行科学考察

1954 届水能专业毕业生，国家设计大师 曹克明

1956 届水工专业毕业生，香港华尔年有限公司董事、总经理，
香港校友会名誉会长，2015 年校友服务奖获得者 庄锡年

1963 届港工专业毕业生，中国港湾建设（集团）总公司原副总经理，澳门振华海湾工程有限公司原董事长、大振华（天津）海湾工程有限公司原董事长，我校第一届杰出校友 刘绍尧

1975 届水工专业毕业生姜思平，把青春献给祖国边疆，为西藏水电建设事业勤奋工作

1977 届水工专业毕业生，水利部原党组成员、副部长，环境保护部原党组成员、中纪委驻环保部纪检组原组长 周英

1981 届港工专业毕业生，国家发改委原党组成员、中央纪委驻国家体育总局纪检监察组原组长 王庆云

1981 届港工专业毕业生，招商局集团原董事长、华润（集团）有限公司董事长，我校第一届杰出校友 傅育宁

1982 届港工专业毕业生，交通运输部原总工程师 蒋千

1982 届水工专业毕业生，中国交通建设集团有限公司党委书记、董事长，我校第二届杰出校友 刘起涛

1982 届海洋石油建筑工程专业毕业生，中国船舶工业集团有限公司原党组书记、董事长，我校第三届杰出校友 董强

1982 届港工专业毕业生，中交第一航务工程局有限公司董事、副总经理、总工程师，2015 校友成就奖获得者 李一勇

1984 届水工专业毕业生，中国电力建设集团有限公司党委副书记、董事、总经理，我校第三届杰出校友 孙洪水

1984 届港口建筑工程专业毕业生，招商局集团有限公司党委副书记、董事，2018 校友成就奖获得者 胡建华

1987 届水利工程专业毕业生，水利部全国节约用水办公室主任 许文海

1989 届土木工程专业毕业生，清华大学土木水利学院副院长，教育部“长江学者”奖励计划特聘教授，国家杰出青年科学基金获得者 韩林海

1989 届岩土工程专业毕业生，浙江开天工程技术有限公司总经理，2017 校友成就奖获得者 吴慧明

1990 届水工结构工程专业博士毕业生，清华大学水沙科学与水利水电工程国家重点实验室主任，教育部“长江学者”奖励计划特聘教授，国家杰出青年科学基金获得者 李庆斌

1992 届结构工程专业硕士毕业生，中交第三航务工程勘察设计院有限公司党委常委、董事、总工程师，全国水运工程勘察设计大师，2016 校友成就奖获得者 程泽坤

2000 届交通土建专业毕业生，中国交通建设股份有限公司港珠澳大桥岛隧工程项目总经理部副总工兼总工办主任，2017 年青年校友成就奖获得者 高纪兵

2000 届道桥专业毕业生，三年读完四年课程，被香港科技大学免试录取的硕博连读生 金增祥

1950 年建校一周年运动会上的集体表演

1950 年建校一周年运动会

20 世纪 50 年代学生在排练合唱

20 世纪 50 年代学生在进行拔河比赛

1951 年《伪君子》剧全体后台人员合影

1956 级党支部合影

1958 年在工地演唱《神奇的力量》

1960 年出席旅大市学生群英会的
大连工学院水利系代表合影

20 世纪 60 年代红旗支部先进班水利系 613 班合影

1977 年水利工程系第四届学生会合影

1978 年水利工程系第五届学生会留念

20 世纪 90 年代学生在运动场上

1993 年土木工程系“一二·九”演讲比赛

1998 年学校春季田径运动会

2002 年学生们在表演合唱

2006 年运动会上英姿飒爽

2009 年“峰岚杯”文艺大赛

2018 年“峰岚杯” 舞蹈《忆往昔 · 巾帼武韵》

2009 年运动会为校庆 60 周年献礼

2009 年 6 月土木水利学院建院 60 周年庆典大会

2013 年建设工程学部成立关心下一代工作委员会

2016 年党委书记杨庆教授在学校庆祝中国共产党成立 95 周年大会上发言

2016 年离退休党支部纪念长征胜利 80 周年主题活动

作家素素做客“士豪讲坛”做专场讲座《大连建筑与城市历史》

2011 年 10 月青年教师在沈阳军区综合训练基地参加军营之旅体验活动

2014 年 5 月纪念李士豪教授诞辰 100 周年座谈会

2016 年 10 月纪念陆文发教授诞辰 100 周年座谈会留念

2016 年 7 月参观大连市委“两学一做”学习教育主题展览

2018 年 11 月校党委书记王寒松参加建设工程学部党委（扩大）会议

2018 年 “榜样风采 · 荣耀建工”颁奖典礼暨学风建设质量年启动仪式

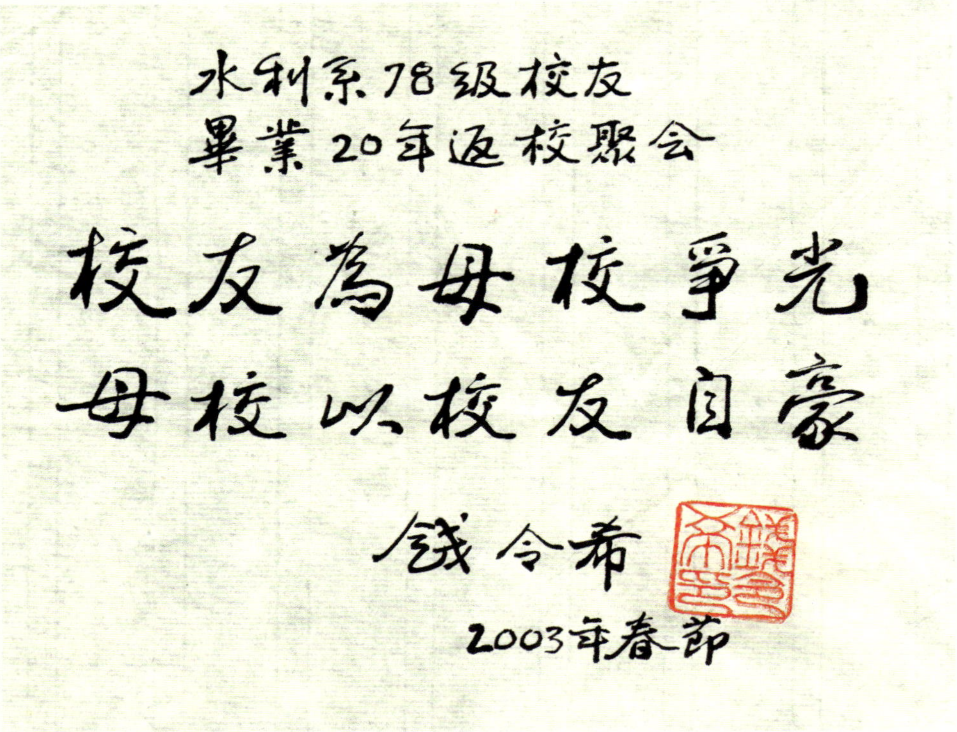

钱令希院士为水利系 1978 级校友毕业 20 年返校聚会题词

2012 年 1978 级校友毕业 30 年聚会为母校捐赠文化石

2014 年 10 月李士豪教授诞辰 100 周年之际，水利工程系 1984 届校友捐立李士豪教授塑像。图为揭幕仪式

2016 年 5 月北京太比雅科技股份有限公司 – 大连理工大学“太比雅智慧水业人才奖助学金”签约仪式

2016 年 5 月建设工程学部“校友导师计划”启动暨首批校友导师聘任仪式

2019 年 4 月大连校友参观校史馆

2019 年 4 月大连校友会建设工程学部分会成立仪式

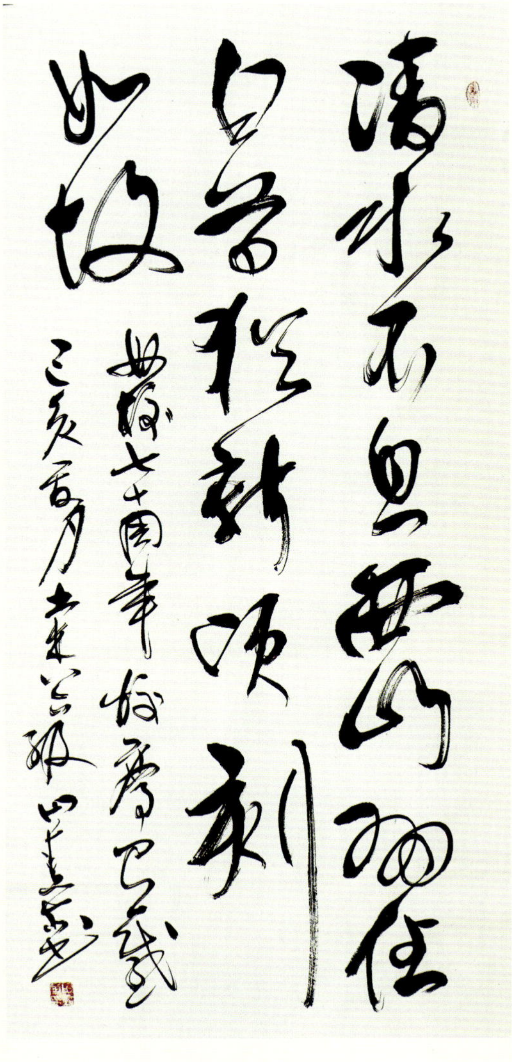

1990 届水工专业毕业生、大连理工大学北京青年校友会会长、北京成樸资本管理有限公司董事长田熹东为母校 70 周年校庆抒怀——凌水不息，西山有住；白首犹新，顷刻如故